Kontaktadresse nach EU-Produktsicherheitsverordnung:
produktsicherheit@fischerverlage.de

Im Winter 1942/43, während Sophie Scholl und ihr Bruder Hans mit den Flugblatt-Aktionen der »Weißen Rose« das nationalsozialistische Regime bekämpften, war Fritz Hartnagel, Offizier der deutschen Wehrmacht, im Kessel von Stalingrad eingeschlossen. Am 22. Januar 1943, dem letzten Tag, an dem noch Flugzeuge dort landen konnten, wurde er mit schweren Erfrierungen ausgeflogen. Als er einen Monat später im Lazarett in Lemberg einen Brief von Sophie Scholl erhielt und ihr antwortete, war das Todesurteil gegen sie bereits vollstreckt.

1937 hatte die Freundschaft, die Liebe begonnen zwischen der sechzehnjährigen Schülerin und dem jungen Leutnant. Wegen seiner häufig wechselnden Dienstorte mussten Briefe meist Zusammensein und Gespräch ersetzen. Trotz aller in Feldpostbriefen gebotenen Vorsicht schrieben beide mit überraschender Offenheit und Ehrlichkeit. So ist eine einzigartige Korrespondenz entstanden, die die innere Entwicklung der beiden Partner und alle Phasen ihrer außergewöhnlichen Beziehung spiegelt, ihre gegensätzlichen Meinungen – etwa zum Berufssoldatentum Fritz Hartnagels –, ihr Bedürfnis nach Nähe und Distanz zugleich, ihr Bemühen, unter dem Druck der Verhältnisse die Fähigkeit zu unabhängigem Denken und verantwortlichem Handeln zu bewahren, „allen Gewalten zum Trotz“.

Erläuterungen des Herausgebers, vor allem zu politischen und militärischen Hintergründen, führen durch diesen Briefwechsel. Ein unvergleichliches historisches und menschliches Dokument aus der Vorkriegs- und Kriegszeit und zur Vorgeschichte der Widerstandsbewegung der Geschwister Scholl und ihrer Freunde.

Sophie Scholl, 1921 in Forchtenberg am Kocher geboren, studierte Biologie und Philosophie in München. Sie gehörte der Widerstandsgruppe »Die Weiße Rose« an. Im Februar 1943 wurde sie zusammen mit ihrem Bruder Hans und dessen Kommilitonen Christoph Probst von den Nationalsozialisten verhaftet, zum Tod verurteilt und hingerichtet.

Fritz Hartnagel (1917–2001) war bis zum Ende des Zweiten Weltkriegs Berufsoffizier. 1945 heiratete er Sophie Scholls Schwester Elisabeth. Er studierte Jura und wirkte zuletzt als Vorsitzender Richter am Landgericht Stuttgart. Er war ein entschiedener Gegner der Remilitarisierung der Bundesrepublik und engagierte sich aktiv und vielfältig in der Friedensbewegung.

Der Herausgeber *Thomas Hartnagel*, geboren 1949, Sohn von Fritz und Elisabeth Hartnagel, studierte Geschichte und Politikwissenschaft und unterrichtet an einem Hamburger Gymnasium.

Unsere Adresse im Internet: www.fischerverlage.de

Sophie Scholl
Fritz Hartnagel

Damit wir uns nicht verlieren

Briefwechsel 1937–1943

Herausgegeben
von Thomas Hartnagel

Fischer Taschenbuch Verlag

Diese Edition wurde von der S. Fischer Stiftung gefördert.

Bildnachweis
© Manuel Aicher, Dietikon/Schweiz: 44, 46, 50, 71, 294, 302, 441
© Privatarchiv Hartnagel: 67, 264, 378, 410, 462, 465
© Jürgen Wittenstein, Santa Barbara/USA: 390

2. Auflage

Hedderichstr. 114, 60596 Frankfurt am Main
Druck und Bindung: BoD – Books on Demand GmbH,
Norderstedt, Germany
ISBN 978-3-596-17939-8

Inhalt

Vorwort

»Gestern habe ich einen wunderbaren blühenden Stock gekauft, er steht vor mir auf dem Schreibtisch am hellen Fenster, seine graziösen Ranken, über und über mit zarten lila Blüten besetzt, schweben vor und über mir. Er ist meinen Augen und meinem Herzen eine rechte Freude, und ich wünschte mir nur, daß Du kommst, bevor er verblüht ist. Wann wirst Du nur kommen?« (Sophie Scholl, 16. Februar 1943 aus München)

»Wieder hat mich heute ein Gruß erreicht, von dem mir als Erstes einige zarte, lilarote Blütenblätter in den Schoß fielen. Und wie ich dann Deinen Brief in Händen halte, und dazu die Sonne schon ganz warm durchs Fenster hereinstrahlt, muß da nicht der Frühling bei mir einkehren? Oder zumindest eine Vorahnung und eine starke Hoffnung auf seine Nähe?« (Fritz Hartnagel, 22. Februar 1943 aus dem Lazarett in Lemberg, damals UdSSR, heute Ukraine)

Mit den Briefen, aus denen diese Zeilen stammen, endet eine außerordentlich rege und intensive Korrespondenz zwischen Sophie Scholl und ihrem langjährigen Freund Fritz Hartnagel. Dieser Briefwechsel spiegelt vor allem die Höhen und Tiefen einer sehr ernsthaften, aber auch schwierigen Liebesbeziehung wider, einer Liebe, geprägt durch die über lange Zeiträume erzwungene räumliche Distanz infolge des Krieges. Darüber hinaus zeigt die Korrespondenz aber auch die persönliche, weltanschauliche und politische Entwicklung der beiden Briefautoren. Im Hintergrund scheinen immer wieder die zeitgeschichtlichen Ereignisse und Entwicklungen zwischen 1937 und 1943 auf. Bedeutsam sind hier insbesondere die Ereignisse des von Hitler-Deutschland entfachten Zweiten Weltkrieges, an dem Fritz Hartnagel als Offizier aktiv beteiligt war. Diese Rolle schuf, so zeigen die Briefe, neben dem Ringen um eine innere Balance von Nähe und Distanz einen zentralen Konflikt zwischen Sophie Scholl und Fritz Hartnagel, der sich aber im Laufe der Zeit mit der wachsenden Distanz des zunächst begeisterten Offiziers zum Soldatentum und allgemein zum Militärischen immer mehr löste.

Ihren letzten Brief, aus dem die zu Beginn zitierten Zeilen stammen, schrieb Sophie Scholl zwei Tage vor ihrer Verhaftung in der Münchener Universität. An dem Tag, dem 22. Februar 1943, an dem ihr Freund diesen Brief erhielt, wurde sie vom Volksgerichtshof unter seinem Vorsitzenden Roland Freisler u. a. wegen Hochverrats zum Tode verurteilt. Sie starb am selben Tag im Vollstreckungsgefängnis München-Stadelheim auf dem Schafott. Ihr Schicksal teilten ihr Bruder Hans und der gemeinsame Freund Christoph Probst, wenige Monate später auch Alexander Schmorell, Professor Kurt Huber und Willi Graf. Damit war der Kern der »Weißen Rose« ausgelöscht, einer Widerstandsgruppe, die wie kaum eine andere dokumentiert, beschrieben, interpretiert und analysiert wurde.

Fritz Hartnagel, der enge Freund von Sophie Scholl von 1937 bis zu ihrem Tod, hat als Offizier den Kessel von Stalingrad überlebt. Er wurde am 22. Januar 1943, dem letzten Tag, an dem Flugzeuge im Kessel von Stalingrad landen konnten, mit Erfrierungen ausgeflogen. Kurz nach Kriegsende heiratete Fritz Hartnagel Sophies ein Jahr ältere Schwester Elisabeth. Fritz Hartnagel war sich des großen Einflusses, den Sophie Scholl auf ihn gehabt hat, stets bewusst. So schrieb er wenige Monate nach Sophies Tod an seine spätere Frau:

»Morgen sind es 8 Jahre, daß ich Soldat bin. Ob sie wohl ganz spurlos an mir vorübergegangen sind? Du mußt mithelfen, diese Spuren bei mir auszutilgen. Da sei bitte ganz unbarmherzig, wie es Sophie manchmal sein konnte, um mich auf den richtigen Weg zu bringen. Und dafür bin ich ihr so dankbar. Wo wäre ich heute, wenn Sophie sich von mir hätte leiten lassen, und ich schäme mich nicht, daß es ein junges Mädchen war, das mich fast vollkommen gewendet hat.«

Fritz Hartnagel starb, 84-jährig, Ende April 2001.

Bald nach dem Tod von Fritz Hartnagel begann seine Witwe Elisabeth Hartnagel, die Briefe, die er in sechs Jahren an Sophie Scholl geschrieben hatte, für ihre Söhne abzuschreiben. Sophies Briefe an ihren Freund wurden bereits 1984 zum Teil veröffentlicht. (Hans Scholl und Sophie Scholl, Briefe und Aufzeichnungen, hrsg. von Inge Jens. Frankfurt a. M. 1984, 1988) Der gesamte erhaltene Briefwechsel hatte zuvor Jahrzehnte auf dem Dachboden (im Schwäbischen der »Bühne«) des Familienhauses gelagert. Für Fritz Hartnagel war es immer völlig klar gewesen, dass Sophies Briefe an ihn, ebenso wie seine Gegenbriefe, ausschließlich der privaten, ja der intimen Sphäre angehörten und keinesfalls der Öffentlichkeit zugänglich gemacht werden dürften. Er war fest davon überzeugt, dass auch Sophie Scholl diese Auffassung geteilt hätte. Anfang der Achtzigerjahre war es immerhin gelungen, ihm trotz großer Bedenken die Veröffentlichung eines Teils der Briefe abzuringen, die Sophie Scholl an ihn geschrieben hatte.

Erste Überlegungen zur Veröffentlichung des Briefwechsels zwischen Sophie Scholl und Fritz Hartnagel entstanden im Zusammenhang mit dem 60. Jahrestag der Hinrichtung von Sophie und Hans Scholl sowie Christoph Probst am 22. Februar 2003. Im Dokumentationszentrum Oberer Kuhberg in Ulm lasen Schüler der Ulmer Schauspielschule Auszüge aus diesem Briefwechsel, die Elisabeth Hartnagel zur Verfügung gestellt hatte. Diese Lesung war für alle Anwesenden so eindrucksvoll, dass der Gedanke, die Briefe einer größeren Öffentlichkeit zugänglich zu machen, konkretere Umrisse gewann.

Der Familie fiel die Entscheidung für die Veröffentlichung des Briefwechsels sehr schwer. Fritz Hartnagel hätte dieser mit Sicherheit vehement widersprochen. Er hielt es immer für unangemessen, wenn am Widerstand Unbeteiligte sich im Nachruhm der »Weißen Rose« sonnten (»*Wir* waren nicht im Widerstand«). In dem Bewusstsein, gegen den Willen meines Vaters zu handeln, habe ich dennoch die Herausgeberschaft für diesen Briefwechsel übernommen. Dabei bin ich nie ohne Zweifel und Skrupel geblieben. Es gibt aber aus meiner Sicht auch einige gewichtige Argumente, die dieses Handeln rechtfertigen könnten:

1. Als Geschichtslehrer weiß ich, dass der Widerstand gegen den Nationalsozialismus und auch das Alltagsleben unter der Diktatur für heutige Schülerinnen und Schüler am ehesten über die Person von Sophie Scholl nachvollziehbar gemacht werden können. Das liegt sicherlich daran, dass das Leben von Sophie und Hans Scholl dank dem Bemühen ihrer Schwester Inge Aicher-Scholl detailliert dokumentiert ist. Es mag auch an dem erfolgreichen Bemühen von Wissenschaft, Publizistik und Schule liegen, historische Frauengestalten stärker als in der Vergangenheit in den Vordergrund zu stellen. Es liegt aber auch sicherlich daran, dass Sophie Scholl, bei allen außergewöhnlichen Charakterzügen, eine ganz normale junge Frau war, deren Freuden, Sorgen und

Nöte sich gar nicht so grundsätzlich von denen heutiger junger Menschen unterscheiden. Ihr Leben bietet so vor allem für Mädchen und junge Frauen positive Identifikationsmöglichkeiten, wie sie die Geschichte, speziell die deutsche, nur wenige zu bieten hat. Der Briefwechsel zwischen Sophie Scholl und ihrem Freund Fritz Hartnagel vermag das Bild von Sophie Scholl um einige wesentliche Aspekte zu schärfen. Zum einen ist ihre Entwicklung vom Backfisch zur reifen jungen Frau genauer nachzuverfolgen, wenn nicht nur Sophies Briefe an ihren Freund, sondern auch dessen Gegenbriefe zur Verfügung stehen. Zum anderen wird in diesem Briefwechsel ein sicherlich für alle jungen Menschen zentraler Aspekt in den Vordergrund gestellt: die Liebe. Das Ringen zweier sehr unterschiedlicher junger Menschen um eine gelungene Liebesbeziehung ist vielleicht das Anrührendste, was diesen Briefwechsel auszeichnet.

2. Die Briefe sind ein hervorragendes Dokument der Alltagsgeschichte. Alltagsgeschichte, längst als eigener historischer Forschungszweig und als didaktisches Prinzip anerkannt, vermag all denen, die die Zeit des Nationalsozialismus nicht miterleben mussten, diese Zeit plastischer zu machen als offizielle Dokumente. Die Briefe spiegeln die Geschichte des Nationalsozialismus in dem subjektiven Erleben von zwei jungen Menschen wider. Dies gilt in erster Linie für den nationalsozialistischen Eroberungskrieg, den Fritz Hartnagel als Offizier miterlebte, aber auch für all die Übergriffe, die sich der nationalsozialistische Staat gegenüber seinen Bürgern, insbesondere den jungen, erlaubte.

3. Viele Briefe sind in der augenblicklichen Situation des Alltags entstanden und gewinnen ihre Bedeutung erst im Gesamtzusammenhang der Entwicklung der beiden Briefautoren und deren Beziehung zueinander. Zahlreiche Briefe bieten aber auch für sich allein tiefe Einblicke in weltanschauliche, philosophische und religiöse Probleme, die zwar die Zeit der Diktatur und des Krieges mit reflektieren, aber in ihrer Bedeutung weit über diesen zeitgebundenen Kontext hinausweisen. Allein dies kann, verbunden mit der literarischen Prägnanz zahlreicher Briefe, eine Veröffentlichung rechtfertigen.

4. Fritz Hartnagel erscheint in vielen Darstellungen des Lebens von Sophie Scholl bestenfalls als Randfigur, oft aber geradezu als etwas engstirniger, soldatisch-preußischer Gegenpol zu Sophie als Heroin der Frei-

heit und Menschlichkeit. Dieses Bild meines Vaters durch die Veröffentlichung auch seiner Briefe zurechtzurücken, ist mir ein wichtiges Anliegen.

Aus gut 400 Briefen wurden für diesen Band 313 ausgewählt, die alle ungekürzt wiedergegeben werden. Maßgeblich für die Auswahl waren folgende Kriterien:

- Die Entwicklung der Liebesbeziehung zwischen Sophie Scholl und Fritz Hartnagel auf dem Hintergrund der durch den Krieg erzwungenen Distanz, mit ihren Höhen und schweren Krisen, soll erkennbar bleiben.
- Die Grundzüge der religiösen und philosophischen Fragen, mit denen sich die beiden auseinander gesetzt haben, sollen deutlich werden.
- Die Persönlichkeitsentwicklung der beiden jungen Menschen muss nachvollziehbar bleiben. Dies gilt, neben der Entwicklung Sophies von der BDM-Führerin zur Widerstandskämpferin, auch besonders für die Auseinandersetzung des Offiziers Fritz Hartnagel mit Soldatentum und Krieg – auch und gerade im zeitweiligen Konflikt mit Sophie.
- Die zeitgeschichtlichen Umstände, unter denen die beiden Briefautoren lebten – Alltag unter der Diktatur hier, Kriegsgeschehen dort – sollen in der Briefauswahl möglichst häufig durchscheinen.

Die Briefe sind chronologisch angeordnet. Eine Reihung nach Brief und Gegenbrief war unter den Bedingungen sehr unterschiedlicher, kriegsbedingt oft sehr langer Laufzeiten nicht möglich. Soweit sich die Zusammenhänge nicht aus den Briefen selbst ergeben, werden sie durch die Kommentierung zwischen den Briefen hergestellt. Eine Schwierigkeit ergibt sich aus der Tatsache, dass alle Briefe, die Sophie Scholl zwischen März 1941 und Anfang Februar 1943 an Fritz Hartnagel geschrieben hat, in Stalingrad verloren gegangen sind. Die aus dieser Zeit erhaltenen Briefe Sophie Scholls waren Rückläufer, die aufgrund der Kriegsereignisse nicht zugestellt werden konnten. Zwei der hier abgedruckten Briefe von Sophie Scholl stellen Entwürfe dar, die vermutlich nie abgeschickt wurden. Der Auswahl fielen insbesondere Briefe Fritz Hartnagels aus der Zeit zum Opfer, aus der keine Gegenbriefe Sophie Scholls erhalten sind. Eine Ausnahme bilden die Briefe aus der Zeit des Vormarsches auf Stalingrad und der Einkesselung der sechsten Armee. Sie sind, von ganz wenigen Ausnahmen abgesehen, alle abgedruckt.

Rechtschreibung und Zeichensetzung wurde originalgetreu übernommen. Unleserliche Wörter oder solche, die nicht mit Sicherheit zu lesen waren, sind in eckige Klammern gesetzt.

Die Briefe von Fritz Hartnagel weisen nach Kriegsbeginn keine Ortsangaben auf, wozu Soldaten aus Geheimhaltungsgründen verpflichtet waren. Die Ortsangaben wurden aus dem inhaltlichen Kontext der Briefe heraus so genau wie möglich ermittelt und in eckige Klammern gesetzt. Bei einer ganzen Reihe von Briefen sowohl von Sophie Scholl wie auch von Fritz Hartnagel fehlt auch eine Datumsangabe, die nicht zuletzt für die Reihenfolge der Briefe maßgeblich ist. Auch hier wurde versucht, aus den Briefen heraus eine möglichst genaue Datierung vorzunehmen, was allerdings nicht immer eindeutig gelungen ist. Solche Datierungsprobleme werden in den jeweiligen Kommentaren erläutert. Die erschlossenen Datierungen wurden ebenfalls in eckige Klammern gesetzt.

Der vorliegende Briefwechsel ist nicht als wissenschaftliche, sondern als Lese-Edition konzipiert. Die mit Abstand meisten Informationen über Sophie Scholl, die Familie Scholl insgesamt, deren Freunde und Bekannte sowie über Fritz Hartnagel stammen aus zahllosen Gesprächen mit meiner Mutter, Elisabeth Hartnagel (geb. Scholl). Manche Informationen haben ihren Ursprung in dem Fundus an »Familienerinnerungen«, der im Laufe der Jahrzehnte aus Erzählungen meines Vaters, der Großeltern Scholl und anderer gespeist wurde. Auf Einzelnachweise dieser Quellen wurde bewusst verzichtet. Auch bei Zitaten aus allgemein zugänglichen Quellen (Personen aus dem nationalsozialistischen Staats- und Parteiapparat, Generäle etc.), die sich in zahlreichen Quelleneditionen finden, wurde auf eine Angabe verzichtet. Das Literaturverzeichnis erhebt keinen Anspruch auf Vollständigkeit; es wurden nur die Titel aufgenommen, die für die Kommentierung der Briefe eine Rolle gespielt haben.

Die hier abgedruckten Briefe von Sophie Scholl und Fritz Hartnagel befinden sich fast vollständig im Besitz von Elisabeth Hartnagel. Lediglich einige wenige Briefe von Sophie Scholl an Fritz Hartnagel, die aus verschiedenen Gründen bei Inge Aicher-Scholl verblieben waren, befinden sich heute im Institut für Zeitgeschichte in München.

Thomas Hartnagel

Biographische Skizzen

Sophie Scholl

Sophie Scholl, mit vollem Namen Sophia Magdalena Scholl, wurde am 9. Mai 1921 als viertes von sechs Kindern von Robert Scholl und Magdalene Scholl, geb. Müller, in Forchtenberg am Kocher geboren. Sie wuchs im Kreise ihrer Geschwister Inge (geb. 1917), Hans (geb. 1918), Elisabeth (geb. 1920) und Werner (geb. 1922) sehr harmonisch auf. Das jüngste Kind der Scholls, Thilde (geb. 1926), starb mit knapp einem Jahr während einer Masernepidemie. Sophie Scholls Vater, ein rational denkender, politisch liberal orientierter Mann, war Schultheiß (Bürgermeister) in der kleinen Stadt in Hohenlohe. Ihre Mutter war eine tief gläubige Frau, die, bevor sie Robert Scholl während des Ersten Weltkrieges in einem Ludwigsburger Lazarett kennen lernte (Robert Scholl leistete als Pazifist Sanitätsdienst), ihr Leben als Diakonissin der Kirche und dem Dienst am Nächsten gewidmet hatte. Diese nur vordergründig widersprüchlich wirkenden Geisteshaltungen der Eltern prägten gleichermaßen die Atmosphäre im Elternhaus. Robert Scholl erkannte zwar, was für das Gemeinwesen richtig war, war aber eigentlich kein Politiker: Taktieren und Kompromisse fielen ihm schwer, der leutselige Umgang mit den Bauern in Forchtenberg lag ihm nicht. So wurde er bei den Bürgermeisterwahlen Ende 1929, die bereits im Zeichen der aufkommenden Weltwirtschaftskrise standen, nicht wieder gewählt. Der Vater verlor in schwieriger Zeit seinen Broterwerb, die Kinder die Heimat ihrer Kindheit.

Nach einem zweijährigen Intermezzo in Ludwigsburg zog die Familie im Frühjahr 1932 nach Ulm, wo Robert Scholl die Teilhaberschaft an einem Treuhandbüro erworben hatte. Dort lebte die Familie zunächst am Michelsberg, dann in der Olgastraße, die während der Zeit des Nationalsozialismus »Adolf-Hitler-Ring« hieß, und schließlich Am Münsterplatz. Die Wohnungen mussten groß sein, sodass Privatwohnung und Büro genügend Raum hatten. Sophie Scholl hatte noch in Ludwigsburg die Aufnahmeprüfung für die höhere Schule abgelegt und besuchte nun die Mädchenoberrealschule. Das Lernen fiel ihr leicht, aber die Schule spielte in ihrem Leben nicht die wichtigste Rolle.

Sophie Scholl war ein stilles, etwas introvertiertes, fast schüchternes Mädchen, das seine Worte immer überlegt formulierte. Trotz dieser zurückhaltenden Art konnte sie schon als Kind sehr mutig sein. Ihr Gerechtigkeitsgefühl war stark ausgeprägt. Schon als Grundschülerin zeigte sie keine Scheu, gegen Ungerechtigkeiten in der damals äußerst autoritären Schule aufzutreten. Später prangerte sie in ihrer BDM-Gruppe offen an, dass eine blonde und blauäugige Mitschülerin als Jüdin nicht Mitglied werden durfte, während sie mit ihren braunen Augen und ihrem dunklen Haar in den BDM aufgenommen wurde.

Dennoch war auch Sophie Scholl von dem, was die Nationalsozialisten als ihre »Revolution« bezeichneten, zunächst fasziniert. Ihre älteren Geschwister Inge und Hans traten am 1. Mai 1933 gegen den erklärten Willen des Vaters, der davon überzeugt war, Hitler an der Macht bedeute Krieg, in die Hitlerjugend ein und stiegen dort schnell in Führungspositionen auf. Im Januar 1934 trat Sophie Scholl bei den »Jungmädeln« ein, der Organisation für Zehn- bis Vierzehnjährige innerhalb des »Bundes Deutscher Mädel« (BDM). Ein Jahr später, mit knapp vierzehn Jahren, stieg sie zur Schaftführerin, Ende 1935 zur Scharführerin und 1937 zur Gruppenführerin auf. Welche Rolle ihr Engagement in der Jugendorganisation der NSDAP für die Scholl-Kinder spielte, ist nicht ganz leicht nachzuzeichnen. Schon früh war bei allen Geschwistern zumindest in Teilbereichen eine kritische Distanz zur nationalsozialistischen Ideologie und zu den konkreten Maßnahmen des komplexen Herrschaftsapparates mit seiner unentwirrbaren Verquickung von Staats- und Parteifunktionen entstanden. Zunächst versuchten sie ihre Verehrung für Adolf Hitler dadurch zu retten, dass sie Verfehlungen unteren Ebenen des Staats- und Parteiapparates anlasteten (»Wenn das der Führer wüsste«). Was Sophie Scholl und ihre Geschwister in der Hitlerjugend suchten und zunächst auch fanden, war Kameradschaft, Naturverbundenheit und nicht zuletzt Abenteuer. Die Ideale der Jugendbewegung – die meisten Gruppen der Bündischen Jugend waren am 1. Mai 1933 samt ihren Führern in die Hitlerjugend übernommen worden – lebten zunächst weitgehend ungebrochen in der Hitlerjugend fort. Es spricht manches dafür, dass Sophie Scholl, nicht zuletzt wegen ihres fast noch kindlichen Alters, nicht so stark von der nationalsozialistischen Ideologie und dem von Hitler propagierten Aufbruch in eine neue Zeit beeinflusst war wie ihre älteren Geschwister. Schon früh erkannte oder fühlte sie Widersprüche zwischen Ideal und Wirklichkeit. Vor allem war es wohl der Widerspruch zwischen den Idealen von Kameradschaft und Gleichheit einerseits und der schon früh beginnenden Ausgrenzung und Verfolgung der jüdischen Bevölkerung, der Sophie Scholl eine gewisse Distanz zur nationalsozialistischen Ideologie, nicht aber zum Leben in ihrer Jungmädelgruppe, wahren ließ. Diese Widersprüche entwickelten sich in dem Maße zum offenen Konflikt, als die Reichsjugendführung ab Herbst 1935 verstärkt gegen das vorging, was sie als »bündische Umtriebe« bezeichnete. Ostern 1936 wurde Hans Scholl als Hitlerjugendführer degradiert, weil er in einer Auseinandersetzung um eine unerlaubte eigene Fahne seinen Stammführer geohrfeigt hatte. Nun baute er erst recht im organisatorischen Rahmen der Hitlerjugend eine eigene Gruppe nach dem Vorbild der d.j. 1.11. (Deutsche Jugend vom 1.11.[1929], begründet von Eberhard Köbel, genannt »Tusk«) auf. Die Verhaftung ihrer Geschwister wegen »bündischer Umtriebe« im November 1937 zerstörte in Sophie Scholl das Gefühl uneingeschränkter Zugehörigkeit zu ihrer Jungmädelgruppe. Sie war stolz auf ihre Geschwister, auch wenn sie im Jungmädelring und in der Schule kritische Fragen über sich ergehen lassen musste.

Im selben Jahr hatten sich Sophie Scholl und Fritz Hartnagel ineinander verliebt. Die beiden kannten sich schon länger, da Sophie Scholls jüngerer Bruder Werner in der von Fritz Hartnagel geführten Gruppe der »Deutschen Freischar« gewesen war. Fritz Hartnagel hatte zu dieser Zeit bereits das Abitur abgelegt, hatte den Arbeitsdienst und die militärische Grundausbildung absolviert und war als Leutnant – er hatte sich für die Offizierslaufbahn entschieden – in Augsburg stationiert. Die Geschichte dieser Beziehung wird in dem vorliegenden Briefwechsel dokumentiert. Diese Geschichte zeigt ein starkes Auf und Ab der Gefühle, einen ständigen Wechsel von Nähe und Distanz, wobei es immer Sophie Scholl war, die beides bestimmte. Dabei darf nicht vergessen werden, dass Sophie Scholl sechzehn Jahre alt war, als sie Fritz Hartnagel kennen lernte, und einundzwanzig, als sie starb.

Sophie Scholl begann, die Möglichkeiten einer freien Entfaltung innerhalb des BDM auszuloten. Mit ihrer Schwester Elisabeth und ihrer Freundin Suse Hirzel sowie einigen anderen Führerinnen verabredete sie im Frühjahr 1938, die Wimpel ihrer Mädelschaften nicht mit den vorgeschriebenen Hakenkreuzen zu versehen, sondern sie frei zu gestalten. Ob dies als politischer Protest oder lediglich als jugendlicher Übermut zu interpretieren ist, ist nicht klar. Nach der Erinnerung von Elisabeth Hartnagel fanden die Mädchen die offiziellen NS-Symbole einfach langweilig; von einem bewussten Protest sei wohl nicht auszugehen. Jedenfalls führte dieses Verhalten zu einem Eklat, der mit der Absetzung Sophies als Mädelführerin wegen »Untreue« und »unbotmäßiger Äußerungen« endete. Auf welche »unbotmäßigen Äußerungen« sich diese Anklage bezog, ist nicht überliefert. Denkbar ist ein Bezug auf Sophie Scholls Vorschlag bei einer Führerinnenversammlung in Anwesenheit der Gauführerin aus Stuttgart, die Schriften Heinrich Heines als Lektüre auszuwählen; sie hatte diesen Vorschlag noch mit dem Hinweis, niemand kenne die deutsche Literatur, der Heine nicht kenne, verteidigt. Die Schriften Heines waren von den Nationalsozialisten schon 1933 symbolisch dem Feuer übergeben worden. Nach dieser Degradierung blieb Sophie Scholl als einfaches Mitglied im BDM und besuchte zumindest gelegentlich auch noch die Heimabende ihrer Gruppe.

Die Tatsache, dass Sophie Scholl Heinrich Heine kannte, weist auf die Bedeutung von Büchern für den ganz allmählich aufkeimenden Widerstand hin. Verbotene Bücher, oder zumindest Bücher, die in Deutschland nicht mehr verkauft wurden, wurden in dem enger werdenden Freundeskreis der Scholl-Geschwister weitergereicht. Darunter waren neben Heine Autoren wie Thomas Mann, Stefan Zweig, Werner Bergengruen oder, etwas später, Paul Claudel und andere Vertreter des »renouveau catholique«.

Im Frühjahr 1940 legte Sophie Scholl ihr Abitur ab. Anschließend trat sie in die Fußstapfen ihrer Schwester Elisabeth und begann am Ulmer Fröbelseminar eine Ausbildung als Kindergärtnerin. Maßgeblich für diese Entscheidung war nicht so sehr der Wunsch, mit Kindern zu arbeiten, sondern die zunächst berechtigt erscheinende Hoffnung, mit der Ausbildung zu einem sozialen Beruf dem gefürchteten Reichsarbeitsdienst zu entgehen. Doch diese Hoffnung stellte sich als trügerisch heraus. Nach ihrer Abschlussprüfung im Fröbelseminar wurde Sophie Scholl zum sechsmonatigen Reichsarbeitsdienst einberufen. In strikter Abgrenzung von den ideologischen Schulungen, die sie dort täglich über sich ergehen lassen musste, wurde ihre innere Opposition zu dem Regime, dem sie hier dienen musste, immer klarer und fester. Als Sophie Scholl die Tortur des Arbeitsdienstes zum größeren Teil überstanden glaubte, erfuhr sie, dass angehende Studentinnen anschließend ein weiteres halbes Jahr »Kriegshilfsdienst« leisten mussten. Das ersehnte Studium schien in fast unerreichbare Ferne gerückt. Die Zeit des »Kriegshilfsdienstes«, die sie in Blumberg nahe der Schweizer Grenze verbrachte, wurde nur dadurch etwas erträglicher, dass ihr Freund Fritz Hartnagel bis zu seiner erwarteten weiteren Verwendung in Afrika nach Weimar versetzt wurde und sie sich zeitweise fast jedes Wochenende treffen konnten.

Am 1. Mai 1942 kam Sophie Scholl endlich zum Studium der Biologie und Philosophie nach München, wo ihr Bruder Hans schon seit 1939 Medizin studierte. Seit Kriegsbeginn war er Mitglied einer Studentenkompanie von Medizinstudenten, die in den Semesterferien zu längeren Fronteinsätzen als Sanitäter abkommandiert wurden. Sophie wurde von Hans in seinen Freundeskreis eingeführt. In diesem Kreis begann Ende Mai 1942 der Widerstand der »Weißen Rose«. Zusammen mit dem Medizinstudenten Alexander Schmorell schrieb Hans Scholl das erste von zunächst vier Flugblättern gegen Hitler und Krieg unter der Überschrift »Flugblätter der Weißen Rose«. Diese ersten Flugblätter wurden in dem Haus der Familie Schmorell in München-Harlaching hergestellt. Die beiden kannten sich aus dem Studium, aus gemeinsamen Famulaturen und aus der Studentenkompanie. Ein weiterer Freund, ebenfalls Medizinstudent, war Christoph Probst. Seine Rolle beim Verfassen, dem Druck und der Verteilung der ersten Flugblätter ist nicht ganz klar. Sicher aber ist, dass er zumindest auf die Texte des zweiten, dritten und vierten Flugblatts Einfluss genommen hat. Hans Scholl und Alexander Schmorell waren jedoch bemüht, Christoph Probst möglichst wenig zu gefährden, da dieser bereits verheiratet und Familienvater war. Ein Flugblattentwurf, den Hans Scholl bei seiner Verhaftung am 18. Februar 1943 bei sich trug, wurde Christoph Probst zum Verhängnis.

Die Widerstandsaktivitäten der »Weißen Rose« wurden im Juli 1942 unterbrochen, da Hans Scholl und Alexander Schmorell mit ihrer Studentenkompanie zum Einsatz in Russland abkommandiert wurden. Dort vertiefte sich der Kontakt zu Willi Graf, den Hans Scholl kurz zuvor kennen gelernt hatte. Seine aus der katholischen Jugendbewegung herrührende Ablehnung des Nationalsozialismus veranlasste ihn schließlich, sich im Spätherbst 1942 dem Widerstand der »Weißen Rose« anzuschließen. Kurz vor Weihnachten 1942 offenbarten die Münchener Studenten ihre illegalen Aktivitäten Professor Kurt Huber, der durch seine versteckt regimekritischen Vorlesungen und durch viele persönliche Gespräche ein wichtiger Mentor der oppositionellen Studenten war. Er schrieb das sechste und letzte, vielleicht das beeindruckendste Flugblatt der »Weißen Rose«.

Was Sophie Scholls Rolle innerhalb der Widerstandsgruppe war, ist nicht ganz klar zu erkennen. So ist nicht sicher, ob sie an der Abfassung der Flugblätter beteiligt war. Im Vernehmungsprotokoll des Gestapobeamten Mohr wird ihr zwar die Aussage zugeschrieben, sie habe das fünfte Flugblatt (Flugblätter der Widerstandsbewegung in Deutschland. Aufruf an alle Deutsche!) unmittelbar nach Silvester 1943 zusammen mit ihrem Bruder Hans verfasst, doch bedürfen Protokolle von Vernehmungen durch die Gestapo besonderer Vorsicht (vgl. hierzu: Gerd R. Ueberschär, Die Vernehmungsprotokolle von Mitgliedern der Weißen Rose, in: Sophie Scholl. Die letzten Tage, hrsg. von Fred Breinersdorfer, Frankfurt a.M. 2005, S. 339–355). Denkbar ist auch, dass diese Aussage dem Bestreben Sophie Scholls zuzuschreiben war, alle Verantwortung auf sich und ihren Bruder zu lenken, zumal sie beide bereits geständig waren. Ganz sicher hat Sophie Scholl eine wesentliche Rolle bei der Beschaffung von Geld und Material sowie der Verteilung und Versendung der Flugblätter gespielt. Umstritten ist auch, wann sie von den Aktivitäten ihres Bruders und seiner Freunde erfuhr. Die Erinnerungen Fritz Hartnagels, die im vorliegenden Band dokumentiert sind, sprechen dafür, dass Sophie Scholl von Anfang an eingeweiht war und die Produktion und Verbreitung schon des zweiten, dritten und vierten Flugblatts im Mai und Juni 1942 aktiv unterstützte. Gegen diese frühe Beteiligung von Sophie Scholl spricht das Verhörprotokoll des vernehmenden Gestapobeamten. Diesem Protokoll zufolge bestritt sie, auf die ersten vier Flugblätter angesprochen, jegliche Mitarbeit – zu einem Zeitpunkt des Verhörs, als sie sich bereits uneingeschränkt zu den Aktivitäten und Zielen der »Weißen Rose« bekannt hatte.

Gegen Ende 1942 und Anfang 1943 versuchten die Münchener Studenten ihre Widerstandstätigkeit auf eine breitere Basis zu stellen. Es gelang ihnen, in Ulm und Stuttgart Helfer für die Versendung der Flugblätter zu finden. Willi Graf, der aus Saarbrücken stammte, knüpfte Kontakte in seine Heimatstadt. Außerdem versuchte er, durch seine Kontakte aus der Bündischen Jugend Mitstreiter in ganz Deutschland zu finden – ohne Erfolg. Hans Scholl traf sich mit Falk Harnack, dem Bruder des wegen Zugehörigkeit zur Widerstandsgruppe der »Roten Kapelle« hingerichteten Arvid Harnack, in Chemnitz. Harnack sagte zu, Kontakte zu Widerstandskreisen in Berlin zu vermitteln, die in Verbindung mit dem militärischen Widerstand standen, der 1944 das missglückte Attentat auf Hitler durchführen sollte. Traute Lafrenz, die zeitweise eine Beziehung mit Hans Scholl eingegangen war, brachte mindestens das fünfte Flugblatt in ihre Heimatstadt Hamburg, wo es von einer oppositionell eingestellten Gruppe von Studenten abgeschrieben, vervielfältigt und verteilt wurde.

Das weitgehend erfolglose Bemühen, den Widerstand auszuweiten, führte bei den Freunden der »Weißen Rose« einerseits zu einer Desillusionierung, andererseits aber auch zur Steigerung der eigenen Aktivitäten. So ist vielleicht auch zu verstehen, dass sie das große Risiko nächtlicher Maueranschriften (»Freiheit«, »Nieder mit Hitler«) eingingen. Dass die gewaltige Last auf so wenigen Schultern lag, was zu einer wachsenden physischen und psychischen Überlastung führte, erklärt wohl auch die Fehler, die mit zur Aufdeckung der Gruppe führten. Es darf aber auch nicht vergessen werden, dass allesamt junge Menschen aus gutbürgerlichem Hause waren, die keinerlei Erfahrung mit konspirativer Arbeit hatten – ganz abgesehen davon, dass auch der für das Wirken im Untergrund geschulte kommunistische Widerstand massenhaft abgeschlachtet wurde. Von der übergroßen Mehrheit der Deutschen allein gelassen oder gar denunziert (wie im Falle von Alexander Schmorell), musste jeder Widerstand scheitern.

Sophie Scholl war das Risiko ihres Handelns durchaus bewusst. Aus verschiedenen ihrer Briefe aus dieser Zeit spricht Unruhe, ja Angst. Ende Januar 1943 hatten Sophie und Hans Scholl für einige Tage Besuch von ihrer Schwester Elisabeth. Elisabeth Hartnagel, geb. Scholl, erinnert sich, dass sie am Abend ihrer Ankunft in München mit Sophie zusammensaß und sie sich bei einem Glas süßen Sekt, den Elisabeth mitgebracht hatte, gegenseitig Gedichte vorlasen. Sophie Scholl begann mit dem Gedicht »Denk' es, o Seele!« von Eduard Mörike:

Denk' es, o Seele!

Ein Tännlein grünet wo,
Wer weiß, im Walde,
Ein Rosenstrauch, wer sagt,
In welchem Garten?
Sie sind erlesen schon,
Denk' es, o Seele!
Auf deinem Grab zu wurzeln
Und zu wachsen.

Zwei schwarze Rößlein weiden
Auf der Wiese,
Sie kehren heim zur Stadt
In muntern Sprüngen.
Sie werden schrittweis gehn
Mit deiner Leiche;
Vielleicht, vielleicht noch eh'
An ihren Hufen
Das Eisen los wird,
Das ich blitzen sehe!

Sophie und Hans Scholl wurden am 18. Februar 1943 verhaftet, als sie vom Hausmeister dabei beobachtet wurden, wie sie Reste von Flugblättern, die sie zuvor vor den Türen der Vorlesungsräume ausgelegt hatten, von der Empore in den Lichthof der Münchener Universität warfen.

Die Eltern von Sophie und Hans erfuhren erst am 20. Februar durch Traute Lafrenz von der Verhaftung ihrer Kinder. Traute Lafrenz war beeindruckt, wie gefasst die Eltern die Nachricht aufnahmen, obwohl sie sich sofort darüber im Klaren waren, dass mit einem Todesurteil gerechnet werden musste. Die uneingeschränkte Zustimmung der Mutter zum Handeln ihrer beiden Kinder wird aus folgender Episode deutlich:

Am Abend des 18. Februar bat Werner Scholl, der zufällig kurz zuvor auf Heimaturlaub aus Russland gekommen war, die Mutter, sie möge doch etwas aus der Bibel vorlesen. Sie las aus dem 7. Kapitel des zweiten Buchs der Makkabäer (Apokryph). Hier wird beschrieben, wie König Antiochus eine Mutter und ihre sieben Söhne festnehmen ließ, weil sie sich geweigert hatten, Schweinefleisch zu essen. Ein Sohn nach dem anderen wurde gefoltert und ermordet. Als nur noch der jüngste Sohn übrig war, redete der König auf die Mutter ein, dem Knaben doch zu raten, sich zu retten. Die Mutter redete in ihrer Sprache zu ihrem Sohn:

»Mein Sohn, hab Mitleid mit mir! Neun Monate habe ich dich in meinem Leib getragen, ich habe dich drei Jahre gestillt, dich ernährt, erzogen und für dich gesorgt, bis du nun so groß geworden bist. Ich bitte dich, mein Kind, schau dir den Himmel und die Erde an; sieh alles, was es da gibt, und erkenne: Gott hat das aus dem Nichts erschaffen und so entstehen auch die Menschen. Hab keine Angst vor diesem Henker, sei deiner Brüder würdig und nimm den Tod an! Dann werde ich dich zur Zeit der Gnade mit deinen Brüdern wiederbekommen.«

Sophie und Hans Scholl sowie Christoph Probst wurden am 22. Februar von einer Kammer des Volksgerichtshofs unter Vorsitz seines Präsidenten Roland Freisler »wegen landesverräterischer Feindbegünstigung, Vorbereitung zum Hochverrat, Wehrkraftzersetzung« zum Tode verurteilt. Entgegen den Vorschriften durften die Eltern Scholl ihre Kinder noch einmal kurz sprechen. Wenige Stunden nach der Urteilsverkündung wurden die Urteile vollstreckt. Sophie Scholl starb am 22. Februar 1943 um 17 Uhr im Vollstreckungsgefängnis München-Stadelheim unter dem Fallbeil. Sie lebte in ihren letzten Tagen und Stunden in einer euphorischen Stimmung. »Das wird Wellen schlagen«, dessen war sie kurz vor ihrer Hinrichtung sicher. Die Gewissheit, dass ihr Tod nicht umsonst sein würde, und die christliche Gewissheit von einem Leben nach dem Tod ließen sie aufrecht und ohne äußere Anzeichen von Angst in den Tod gehen.

Sophie Scholl, Hans Scholl und Christoph Probst fanden am 24. Februar 1943 auf dem Münchner Friedhof Am Perlacher Forst ihre letzte Ruhe.

In einer Reihe weiterer Prozesse wurden in den folgenden Monaten und Jahren andere Mitglieder der »Weißen Rose« und zahlreiche Mitstreiter abgeurteilt:

Am 19. April 1943 wurden vom Volksgerichtshof in München Alexander Schmorell, Willi Graf und Kurt Huber zum Tode, elf Unterstützer, Kontaktpersonen und Mitwisser zu Freiheitsstrafen verurteilt. In zwei weiteren Verfahren in München und Saarbrücken wurden teils langjährige Gefängnisstrafen verhängt. Am 18. Oktober 1944 standen in Donauwörth Hans Leipelt und andere vor Gericht. Hans Leipelt hatte mit seiner Freundin Marie-Luise Jahn nach der Verhaftung der Mitglieder der »Weißen Rose« deren letztes Flugblatt vervielfältigt und verteilt. Der aus Hamburg stammende Hans Leipelt hatte als Sohn einer jüdischen Mutter Unterschlupf am chemischen Institut unter dem Nobelpreisträger Prof. Wieland gefunden. Er wurde zum Tode verurteilt und Anfang 1945 hingerichtet. Seit Herbst 1943 wurde nach und nach auch der so genannte Hamburger Zweig der »Weißen Rose« aufgedeckt. In Hamburg wurde denn auch am 17. April 1945 das letzte Todesurteil gegen Angehörige und Unterstützer der »Weißen Rose« verhängt: gegen Heinz Kucharski. Auf dem Bahntransport zur Hinrichtungsstätte bei Lübeck gelang ihm während eines Bombenangriffs die Flucht.

Fritz Hartnagel

Friedrich (genannt Fritz) Hartnagel wurde am 4. Februar 1917 in Ulm geboren. Mit drei älteren Geschwistern (Emilie, genannt Emmi, geb. 1905; Wilhelm, genannt Willi, geb. 1912; Frida, genannt Fridl, geb. 1913) wuchs er in materiell gesicherter, aber geistig und kulturell wenig anregender Umgebung auf. Sein Vater Friedrich Hartnagel (1879–1957) stammte aus Hummelsweiler bei Crailsheim und war in einfachen Verhältnissen aufgewachsen. Er war zunächst Arbeiter und Postbediensteter und während des Ersten Weltkrieges aktiver Feldwebel. Nach der Ausmusterung 1918 arbeitete er als angestellter Vertreter und baute sich dann eine eigene Firma auf, die mit einem recht großen Vertreternetz Schmier- und Waschmittel vor allem in Niederbayern und im Bayerischen Wald vertrieb. Die Familie wohnte zunächst in einer kleinen Dachwohnung im Ulmer Westen. Die Mutter, Barbara Hartnagel, geb. Strobl

(1878–1945), hielt Ziegen, die im Wallgraben, der damals die eigentliche Stadt von ihren westlichen Vororten trennte, grasten. In seiner freien Zeit musste Fritz Hartnagel Ziegen hüten. Das Geschäft des Vaters lief trotz des schwierigen wirtschaftlichen Umfeldes so gut, dass er 1928 in der Oststadt einen Fabrikationsraum für Schuhschmiere sowie Fett für Rohrstiefel und angrenzend ein Wohnhaus für die Familie errichten ließ. Fritz' Vater gehörte zu den ersten Privatpersonen in Ulm, die ein Auto besaßen. Bei der ersten oder zweiten Fahrt mit dem neuen Wagen fuhr er gegen das Gartentor und setzte sich von da an nie wieder ans Steuer. So stand das Auto jederzeit seinen Kindern zur Verfügung, die diese Möglichkeit auch reichlich nutzten.

Fritz Hartnagels Mutter stammte aus dem Dorf Grimmelfingen, heute ein Vorort von Ulm. Vor ihrer Heirat war sie Hausgehilfin gewesen. Sie ging ganz in ihrem Garten mit Ziegen und Hühnern auf, den die Familie ungefähr gleichzeitig mit dem Umzug ins eigene Haus kaufte. Sie hätte am liebsten ganz dort gelebt (es gab ein gemauertes Gartenhaus, das »Villa Barbara« genannt wurde), ihre Eier und ihr Gemüse auf dem Markt verkauft und sich selbst ernährt. Andererseits war sie aber auch technischen Neuerungen gegenüber aufgeschlossen. Obwohl sie eine Hausangestellte hatte, kaufte sie jede Küchenmaschine, die neu auf den Markt kam, und hatte, für die damalige Zeit ungewöhnlich, eine Waschmaschine. In einem Brief an Sophie Scholls Mutter schrieb Fritz Hartnagel am 15. Februar 1940 über seine eigene Mutter: »Sie ist sehr einfach und schlicht, meine Mutter, aber echt und gut. Sie hat mir dadurch bestimmt Wertvolleres mitgegeben, als andere an Wissen und Bildung von zu Hause erhalten haben.« Fritz Hartnagels Mutter kam am 1. März 1945 bei einem Bombenangriff auf die Bahnlinie Ulm–Stuttgart, die an ihrem Garten vorbeiführte, ums Leben.

Die ehelichen Beziehungen zwischen den Eltern waren recht unterkühlt, beide gingen ihre eigenen Wege, die Mutter im Garten, der Vater im Geschäft. Politisch war der Vater völlig kritiklos, ein echter Mitläufer, und für die Mutter galt: »seid Untertan der Obrigkeit«. Dem Widerstand von Sophie und Hans Scholl standen sie eher ablehnend gegenüber. Andererseits waren sie, als Inge Scholl und ihre Mutter aus dem Gefängnis entlassen wurden, wo sie nach dem Tod von Sophie und Hans in Sippenhaft genommen worden waren, die einzigen, die bereit waren, die Wohnungslosen in einem ihrer Häuser aufzunehmen (was vom Wohnungsamt verhindert wurde).

Fritz Hartnagels Jugend war geprägt durch die Zugehörigkeit zur Bündischen Jugend, deren größter Organisation, der »Deutschen Freischar, Bund der Wandervögel und Pfadfinder«, er angehörte. Vor allem das abenteuerliche Fahrtenleben in der Bündischen Jugend prägte ihn fürs Leben. So unternahm Fritz Hartnagel 1930 als Dreizehnjähriger mit seiner Gruppe eine Donaufahrt mit einer Zille, dem typischen flachen Holzboot der Donauschiffer, von Ulm über Wien und Belgrad bis nach Budapest. Als Zehnjähriger trat Werner Scholl in die Gruppe von Fritz Hartnagel ein, wodurch der Kontakt zur Familie Scholl geknüpft wurde. Fritz Hartnagel ging auf die Oberrealschule für Jungen, die auch Hans und Werner Scholl besuchten. Im Herbst 1935 legte er die Abiturprüfung ab, die für Absolventen, die wie er die Offizierslaufbahn einschlagen wollten, um ein halbes Jahr vorgezogen wurde.

Fritz Hartnagels Entscheidung für den Offiziersberuf hatte mehrere Wurzeln. Da war zum einen ein gewisses Elitebewusstsein, das aus der Bündischen Jugend herrührte. Die Wehrmacht verstand sich selbst als Elite im Staate, die sich bewusst von den braunen Horden der SA und dem gemeinen Parteivolk absetzte, eine Haltung, die allerdings im Laufe der nationalsozialistischen Herrschaft und des Krieges verloren ging. Dieses Elitedenken des Offizierskorps zeigte sich auch darin, dass ein Offiziersbewerber, also auch Fritz Hartnagel, Referenzen brauchte, um aufgenommen zu werden. Zum anderen war durch den Zwang zur Eingliederung der Organisationen der Bündischen Jugend in die Hitlerjugend in Fritz Hartnagel ein gewisser oppositioneller Geist geweckt worden, zumal seine eigene Gruppe vorübergehend Ermittlungen der Gestapo ausgesetzt gewesen war. In der Begründung seines Einspruchs gegen die Einstufung als »Mitläufer« durch eine Spruchkammer schrieb Fritz Hartnagel 1946: »Dank meiner Zugehörigkeit zur Bündischen Jugend (...) stand ich von vornherein den äußeren Erscheinungsformen des N. S. mit Ablehnung gegenüber, aus der mit zunehmender Reife mehr und mehr auch eine Ablehnung im Grundsätzlichen folgte (...)« Er empfand die Wehrmacht, deren damaligem Selbstverständnis entsprechend, als unpolitisch und deshalb parteifern. In dieser Hinsicht wurde Fritz Hartnagel aber nach Eintritt in die Wehrmacht sehr schnell desillusioniert. In seinem Schreiben an die Spruchkammer heißt es weiter: »Allerdings wurden meine idealistischen Erwartungen bald zutiefst enttäuscht von einem Offizierskorps, das entweder verspießert war oder ohne innere Haltung nur der Karriere nachstrebte. Und schon als Fähnrich habe ich jeden davor gewarnt, von der Wehrmacht irgendeine Aktivität auf politischem Gebiet zu erwarten. Der Kommissgeist widerte mich genau so an wie das N. S.-Getriebe außerhalb der Wehrmacht, das aber allmählich mehr und mehr in die Wehrmacht hineingetragen wurde.« Der allmähliche Wandel in Fritz Hartnagels Einstellung zum Soldatenberuf spiegelt sich in dem vorliegenden Briefwechsel wider.

Als weiteres Motiv für Fritz Hartnagels Berufswahl kam seine Begeisterung für Technik, insbesondere die Fliegerei, hinzu, weshalb er sich auch bei der Luftwaffe bewarb (ohne allerdings je selbst ein Flugzeug zu steuern). Der Einfluss seines Vaters, den man durchaus als »Kommisskopf« bezeichnen konnte, spielte dagegen keine oder nur eine sehr untergeordnete Rolle.

Die Offiziersschule besuchte Fritz Hartnagel in Potsdam, wo er von Erwin Rommel, dem späteren »Wüstenfuchs« und Opfer des fehlgeschlagenen Attentats auf Hitler (20. Juli 1944), ausgebildet wurde. Im Frühherbst 1937 kam er nach Augsburg, zunächst als Fähnrich, dann als Leutnant. In dieser Zeit lernte Fritz Hartnagel Sophie Scholl bei einer privaten Tanzparty näher kennen. Die Familie Scholl kannte er bereits, seit Werner Scholl in seiner Gruppe bei der Deutschen Freischar gewesen war. In dieser Familie fand er gewissermaßen ein zweites Zuhause, das ihm an geistiger und kultureller Anregung viel mehr bot als seine eigene Familie. So brach denn seine Beziehung zu den Scholls auch nach Sophies Tod nicht ab – im Gegenteil: Zu Sophie Scholls Schwester Elisabeth entstand eine neue Liebesbeziehung, eine völlig eigenständige, wie Fritz Hartnagel immer betonte.

Die Beziehung zwischen Fritz Hartnagel und Sophie Scholl war, wie der vorliegende Briefwechsel dokumentiert, heftigen Schwankungen unterworfen. Zeiten intensiver Zuneigung folgte mehrfach die fast totale Infragestellung fast jeglicher Gemeinsamkeit. Die Krisen wurden stets ausgelöst durch Sophie Scholl, durch ihr immer wieder durchbrechendes unbändiges Unabhängigkeitsbedürfnis. Fritz Hartnagel erscheint in dem Briefwechsel oft als ein von Sophie und deren schwankenden Stimmungen Abhängiger, ja Verletzter. Seine Briefe zeigen sein manchmal fast unterwürfig erscheinendes Bemühen, »es Sophie recht zu machen«, ihren Ansprüchen zu genügen. Aus diesem Bemühen erwuchs wohl auch seine Beschäftigung mit Theologie oder zumindest mit einem Theologen, der, wie Augustinus, Fritz Hartnagels Lebenseinstellung diametral widersprach. Religion war für ihn zwar auch später, in der Nachkriegszeit, ein Thema, aber doch nicht so sehr als theologisches denn vielmehr als politisches Phänomen. Nach Meinung von Elisabeth Hartnagel brauchte und suchte der Mann, mit dem sie über 55 Jahre verheiratet war, in einer Liebesbeziehung Sicherheit und Rückhalt. Diese konnte ihm Sophie Scholl, vielleicht auch aufgrund ihrer Jugend, nicht bieten, diese suchte Fritz Hartnagel durch seine Nachgiebigkeit stets zu gewinnen. Fritz Hartnagel selbst hat später immer bezweifelt, dass Sophie Scholl ihn, hätte sie das Kriegsende erlebt, geheiratet hätte, auch wenn sie in ihren letzten Briefen und in den Verhören durch die Gestapo eine gemeinsame Zukunft angedeutet hat.

Der Krieg führte Fritz Hartnagel, inzwischen Oberleutnant, 1940 zunächst über die Niederlande und Belgien nach Frankreich, dann im Frühjahr 1941 nach Jugoslawien und im Sommer 1941, nach dem deutschen Überfall auf die Sowjetunion, nach Weißrussland, in die Ukraine und nach Russland. Die Zeit von Herbst 1941 bis Frühjahr 1942 war Fritz Hartnagel in Weimar stationiert. Dies sollte eigentlich nur eine Zwischenstation auf dem Weg nach Afrika sein, aber aus ungeklärten Gründen wurde aus wenigen Wochen ein halbes Jahr. Nach Afrika kam er nie. Fritz Hartnagel vermutete, dass er von der militärischen Führung zeitweise schlicht vergessen worden war. In diesem halben Jahr besuchte er Sophie Scholl, die zunächst in Krauchenwies Arbeitsdienst, dann in Blumberg Kriegshilfsdienst leistete, an fast jedem Wochenende. Es war wohl die intensivste Zeit ihrer Beziehung. Im März 1942 wurde Fritz Hartnagel zunächst nach Frankreich (Le Mans) abkommandiert, wo er eine neue Einheit für den Russlandfeldzug aufstellen sollte. Im Mai 1942 begann schließlich sein zweiter Einsatz in Russland. Seine Fernmeldeinheit wurde schließlich der sechsten Armee zugeordnet und war am Vorrücken auf Stalingrad beteiligt. Im November 1942 gehörte Fritz Hartnagel zu den knapp 300000 deutschen Soldaten, die von der Sowjetarmee in und um Stalingrad eingekesselt wurden. Am 22. Januar

1943, dem letzten (oder vorletzten) Tag, an dem noch Flugzeuge im Kessel landen konnten, wurde Fritz Hartnagel mit Erfrierungen an Händen und Füßen zunächst nach Stalino ausgeflogen und dann nach Lemberg weitertransportiert. Im dortigen Lazarett, dem »Bergsanatorium«, wurden ihm zwei Finger der linken Hand amputiert.

Von der Verhaftung von Sophie und Hans Scholl erfuhr Fritz Hartnagel am 27. Februar 1943 durch einen Brief von Mutter Scholl (siehe »Statt eines Nachworts«) im Lazarett in Lemberg. Obwohl noch nicht genesen, brach er sofort nach Berlin auf, um beim Reichsanwalt am Volksgerichtshof ein Gnadengesuch einzureichen. Durch einen Anruf bei Scholls in Ulm erfuhr er von Werner Scholl – alle anderen Familienmitglieder waren in Sippenhaft genommen worden –, dass die Urteile schon längst vollstreckt waren. Entgegen einem ausdrücklichen Befehl seines Kommandeurs hielt Fritz Hartnagel den Kontakt zu den inhaftierten Mitgliedern der Familie Scholl aufrecht, besuchte sie im Gefängnis und unterstützte sie, so gut er konnte. In dem Schreiben seines Kommandeurs hieß es: »Die hiesige Abwehrstelle hat meine Aufmerksamkeit auf die Tatsache gelenkt, daß Sie noch immer Beziehungen zu der Familie Scholl unterhalten. Ich ersuche Sie, sich nach Rückkehr vom Urlaub bei mir zu einer Rücksprache zu melden. Ich ersuche Sie weiter in Ihrem eigenen Interesse, bis dahin von einem Kontakt mit der Familie Scholl Abstand zu nehmen.« Eigentlich hatte Fritz Hartnagel beabsichtigt, sich vom Hauptmann zum einfachen Soldaten degradieren zu lassen, sah aber schließlich auf dringendes Anraten vor allem von Robert Scholl von seinem Vorhaben ab.

Nach einem längeren Genesungsurlaub in Ulm und nicht mehr aufklärbarer Verwendung in Deutschland wurde Fritz Hartnagel von Spätsommer 1943 bis Juni oder Juli 1944 erneut im Funkmeldedienst in Jugoslawien eingesetzt. Im August oder September 1944 besuchte er einen Kommandeurskursus in Reims (Frankreich). Während dieser Fortbildung für künftiges Führungspersonal der Wehrmacht wurde ihm eine Abordnung ins Führerhauptquartier, die »Wolfsschanze« in Ostpreußen, angekündigt. Zunächst erwog Fritz Hartnagel, die abschließende Prüfung absichtlich nicht zu bestehen, um diesem Einsatz zu entgehen. Dies ließ aber, nach seiner eigenen Aussage, sein Ehrgeiz nicht zu. Schließlich weigerte er sich ganz offen mit dem Hinweis, dass seine Freundin wegen angeblichen Hochverrats verurteilt und hingerichtet worden sei. Daraufhin erhielt Fritz Hartnagel den Auftrag, eine Ausbildungseinheit aus Frankreich nach Deutschland zurückzuführen. Die Alliierten waren am 6. Juni in der Normandie gelandet und gewannen schnell an Gelände. Auf diesem Rückzug aus Frankreich gelang es Fritz Hartnagel, die Zerstörung des Geburtshauses von Louis Pasteur in Dôle im Französischen Jura zu verhindern. Ab September 1944 war er schließlich an verschiedenen Orten in Deutschland eingesetzt.

Über seine Erlebnisse in den letzten Kriegswochen schrieb Fritz Hartnagel in dem oben bereits zitierten Schreiben an die Spruchkammer:

»In den letzten Kriegswochen war ich Kdr. der 1. Ln. Schule [Kommandeur der 1. Luftnachrichtenschule] Halle/Saale. In dieser Zeit brachte ich allnächtlich während des Fliegeralarms innerhalb der Ln. Schule Maueranschriften an, die zur Einstellung des sinnlosen Kampfes aufforderten, so z. B. eine Anschrift am Eingang des Offz. Kasinos: »Offz. an euch liegt es den sinnlosen Krieg zu beenden.« (...) Als die amerikanischen Truppen unmittelbar vor Halle standen, erhielten wir den Befehl uns nach Osten über die Saale auf die dort vorgesehene Verteidigungsstellung zurückzuziehen. Ich ließ daraufhin die mir unterstellten Soldaten im Luftschutzkeller antreten und legte ihnen in einer kurzen Ansprache das Verbrecherische eines weiteren Widerstandes dar. Ich führte aus, daß nunmehr jeder, dem es wirklich um das Wohl des deutschen Volkes ginge, einsehen müsse, daß jeder weitere Widerstand nur noch weitere Zerstörungen und sinnloses Blutvergießen bedeute, daß es für mich einfacher und bequemer wäre, gedankenlose Befehle durchzuführen, daß ich aber aus einem Verantwortungsgefühl für die mir unterstellten Soldaten und gegenüber unserem Volke so zu handeln gezwungen sei. Auf Befragen erhoben sämtliche Soldaten die Hand und gaben dadurch meinem Entschluß die Zustimmung. Vorher hatte ich zwei techn. Beamte im Offz. Rang, die mit meiner Haltung nicht einverstanden waren, entlassen. Sie sind dann offensichtlich zu unseren Verrätern geworden.

Als ich alleine, leider unbewaffnet, über den Kasernenhof ging, wurde ich von einem mir unbekannten Hptm. [Hauptmann] und einem Fw. [Feldwebel] der Flak nach Befragen, ob ich der Kasernenkommandant Hptm. Hartnagel sei, im Auftrag des Kampfkommandanten festgenommen. Mir war sofort klar, daß dies nur den Tod durch Erschießen oder am Galgen bedeuten konnte und versuchte auszureißen, wurde aber sofort von zwei schußbereiten Pistolen bedroht. Daß ich heute noch am Leben bin, verdanke ich nur dem Opfermut meines Adjutanten Oblt. [Oberleutnant] Bauer, der meine Verhaftung offensichtlich bemerkt hatte und mich mit Waffengewalt wieder befreite. Als ich von den beiden zum Kampfkommandanten abgeführt wurde, stand er plötzlich mit dem Ruf »Hände hoch« hinter uns. Ich nutzte die Schrecksekunde aus und konnte, verfolgt von den Schüssen des Fw. seitwärts ausreißen. Indessen entspann sich zwischen jenem Hptm. und meinem Adjutanten ein Duell, in dessen Verlauf Oblt. Bauer einen Bauchschuss erhielt, an dessen Folgen er 8 Tage später gestorben ist. Ich konnte inzwischen meine Männer alarmieren, welche nichtsahnend im Luftschutzkeller saßen. Nachdem wir den schwerverletzten Oblt. Bauer geborgen hatten, zogen wir uns nach allen Seiten gegen deutsche Truppen sichernd nach Westen zurück und begaben uns in amerikanische Hände.«

Im September 1945 wurde Fritz Hartnagel aus amerikanischer Kriegsgefangenschaft entlassen; im Oktober heirateten Fritz Hartnagel und Elisabeth Scholl bei Schneetreiben im fensterlosen Ulmer Münster. Sie bekamen fünf Söhne, wobei der erstgeborene Sohn so schwer behindert war, dass er nur einen Tag lebte. Im April 1946 nahm Fritz Hartnagel an der gerade wiedereröffneten Münchener Universität das Jurastudium auf. Die Entscheidung für die Jurisprudenz entsprang eher der Verlegenheit, eigentlich nicht genau zu wissen, welchen beruflichen Weg er einschlagen sollte, als einem besonderen Interesse an der Juristerei. Das Studium wurde in der Nachkriegszeit in Trimestern absolviert, sodass Fritz Hartnagel bereits 1949 das Erste juristische Staatsexamen ablegte und bis 1951 als Rechtsreferendar seine Ausbildung abschloss. Anfang 1952 wurde er zum Assessor und 1956 zum Amtsgerichtsrat am Ulmer Amtsgericht ernannt. 1970 zog die Familie nach Stuttgart um, da Fritz Hartnagel inzwischen Richter am dortigen Oberlandesgericht und schließlich Vorsitzender Richter am Landgericht geworden war.

Der Beginn der Debatte um eine Wiederbewaffnung der Bundesrepublik seit 1950 war Auslöser eines jahrzehntelangen Engagements Fritz Hartnagels für Frieden und demokratischen Sozialismus. Ein politisches Forum für den Kampf gegen die Wiederbewaffnung glaubte er zunächst in der SPD zu finden, der er 1952 beitrat. Ein Jahr später wurde er Mitglied in der »Internationale der Kriegsdienstgegner« (IdK). Fritz Hartnagel war zunächst kein eigentlicher Pazifist. Seine Opposition gegen die Wiederbewaffnung war vielmehr politisch motiviert: Er fürchtete, dass in der geplanten Bundeswehr all die Kräfte wieder an Einfluss gewinnen würden, die bereits einmal einen verbrecherischen Krieg willig geplant und durchgeführt hatten. Erst im Laufe der Jahre und Jahrzehnte wurde

Fritz Hartnagel zum überzeugten Pazifisten, der grundsätzlich Gewalt als Mittel der Politik ablehnte.

Mitgliedschaft und Engagement in der SPD war in den Fünfzigerjahren für einen Richter sehr ungewöhnlich und eher ungebührlich. So wurde Fritz Hartnagel nach seinem Eintritt in die SPD vor den Gerichtspräsidenten zitiert, der ihm vorhielt, ein solches politisch linkes Engagement zieme sich nicht für einen Richter. Ähnliches widerfuhr ihm, als er nach Einführung der allgemeinen Wehrpflicht 1956 in der Ulmer »Donauzeitung« eine Annonce mit dem Text »Beratung für Kriegsdienstverweigerer durch Amtsgerichtsrat Hartnagel« veröffentlichte. Unterstützung erfuhr er immer wieder durch Richard Schmid, damals Präsident des Oberlandesgerichts in Stuttgart. 1953 wurde Fritz Hartnagel als SPD-Kandidat in den Ulmer Stadtrat gewählt. Seine freie Zeit setzte er vor allem für die Arbeit in der IdK und der Beratung von Kriegsdienstverweigerern ein. Mit der Verabschiedung des »Godesberger Programms«, mit dem die SPD ihre sozialistischen Wurzeln weitgehend kappte, verlor Fritz Hartnagel seine politische Heimat in dieser Partei. Mit der Ostermarschbewegung, die 1960 als Folge der Diskussion um eine atomare Bewaffnung der Bundeswehr aus England kommend in Deutschland Fuß fasste, fand Fritz Hartnagel ein neues Betätigungsfeld. Außerdem gehörte er zu den Unterstützern des »Sozialistischen Deutschen Studentenbundes« (SDS), der, 1946 als Studentenorganisation der SPD gegründet, 1961 vor allem wegen Differenzen in der Frage der Wiederbewaffnung aus der Partei ausgeschlossen wurde. Trotz eines Unvereinbarkeitsbeschlusses der SPD für Mitglieder und Sympathisanten des SDS wurde Fritz Hartnagel aus unbekannten Gründen nicht aus der Partei ausgeschlossen. Obwohl er mit den Zielen und der Politik der SPD, vor allem in der Ära Helmut Schmidt, immer weniger einverstanden war, blieb er doch bis zu seinem Tod Mitglied. Auch wenn Fritz Hartnagel sich als links von der SPD stehend verstand, lehnte er kommunistische Bestrebungen, die sich letztlich an der Sowjetunion bzw. der DDR orientierten, ab. Nachdem die KPD vom Bundesverfassungsgericht als verfassungsfeindlich verboten und damit in den Untergrund gedrängt worden war, war es für Fritz Hartnagel immer ein schwieriger Balanceakt, einerseits die Kommunisten, die nach einer legalen Plattform für politische Agitation suchten, nicht zu sehr vor den Kopf zu stoßen, andererseits aber genügend Distanz zu wahren, um nicht den stets präsenten Vorwürfen der kommunistischen Unterwanderung von Kriegsdienstverweigererverbänden und Ostermarschbewegung Vorschub zu leisten.

Durch die Studentenrevolte 1968 fühlte sich Fritz Hartnagel etwas an den politischen Rand gedrängt. Die politische Radikalisierung der Studenten, die schließlich in eine Vielzahl sich bekämpfender kommunistischer Gruppierungen mündete, erschien ihm als Irrweg. Hinzu kam der Umzug nach Stuttgart, der Fritz Hartnagel das vertraute politische Betätigungsfeld entzog. Erst in der Auseinandersetzung um die Aufrüstung der NATO mit atomar bestückten Mittelstreckenraketen vom Typ »Pershing II«, die vorwiegend in Deutschland stationiert wurden, engagierte sich Fritz Hartnagel Anfang der Achtzigerjahre, inzwischen im Ruhestand, erneut. 1984 beteiligte er sich an der Seite vieler Prominenter an einer Blockade der US-Basis Mutlangen, wofür er zum ersten und einzigen Mal in seinem Leben von einem Gericht verurteilt wurde.

Fritz Hartnagel starb am 29. April 2001 im Alter von 84 Jahren.

Briefe und Kommentare

Ulm, den 20.11.37.

Lieber Fritz!

Die Anneliese scheniert sich, deshalb schreibt die Sofie. (In der Schule). Hiermit schickt Dir die Annelise eine Einladungskarte. Du kommst doch? Jetzt fehlt aber der Lisl u. mir noch ein Mann. (kein Ehemann) Wenn Du jemand nettes kennst, kannst Du ihn von der Anneliese aus gern einladen. Andernfalls würden wir auch ohne Männer auskommen.

Ich lasse jetzt der Anneliese das Wort.

Der Anfang von Sofer ist gar nicht wahr. (A)

Wir wollen nicht streiten, deshalb hören wir auf, Annlis weiß doch nichts Gescheites.

Mit deutschem Gruß
(herzl. Gruß)
Sofie Scholl

Heil Hitler.
Annlies.

[am oberen Rand auf dem Kopf stehend:]
Die Einladungsk. folgen vorauss. erst morgen. (Oskar hat sie noch)

Zum Zeitpunkt dieses ersten Briefes war Sophie Scholl, geboren am 9. Mai 1921, 16 Jahre alt und Schülerin der Obersekunda der Oberrealschule für Mädchen. Fritz Hartnagel, geboren am 4. Februar 1917, hatte den Beruf des Offiziers gewählt und war, mit einigen Unterbrechungen, bis Kriegsbeginn als Leutnant in Augsburg stationiert. Der erste Kontakt zur Familie Scholl ergab sich zum einen über Sophies jüngeren Bruder Werner (geboren 1922), der in Fritz Hartnagels Jungvolkgruppe ging, und zum anderen über Charlotte Thurau, eine von den Scholl-Kindern geschätzte Jungmädelführerin (vgl. den folgenden Brief).

Annelies Kammerer kam nach einem Schulwechsel in die Klasse von Sophie Scholl. Sie war zuerst mit Sophies Schwester Elisabeth (Liesel, geboren 1920) befreundet, kannte aber auch Sophie aus der Jungmädel-Gruppe. Annelies' Vater war Fotograf und Inhaber eines Fotogeschäftes in Ulm. Die Familie Kammerer besaß, für die damalige Zeit etwas Besonderes, ein Grammophon und einige Schelllackplatten mit Tanzmusik. Annelies lud ihre Freundinnen und, soweit vorhanden, deren männliche Bekannte hin und wieder zum Tanztee ein. Bei einer solchen Gelegenheit im Frühherbst 1937 waren sich Sophie Scholl und Fritz Hartnagel erstmals näher gekommen. Annelies Kammerer siedelte nach 1945 in die USA über, wo sie heute unter ihrem Ehenamen Roscoe lebt.

Die Formulierung »Mit deutschem Gruß« ist entweder ironisch gemeint oder, was zum Charakter des Briefes eher passen dürfte, jugendlich-flapsig zu verstehen. Wie Annelies Kammerers »Heil Hitler« gemeint war, ist nicht klar.

Ulm, den 29. Nov. [1937]

Lieber Fritz!

Bilde Dir bitte nichts ein, wenn wir schon wieder schreiben, aber es ist todlangweilig u. wir müssen Dir auch was auftragen.

Also: Frau Kammerer kommt diese Woche zu meiner Mutter u. dann schwätzen sie übers Winterlager, ob sie ihre Töchter fortlassen können oder nicht. Es gehen also nur wir 2 Scholls u. Annelis. Euch treffen wir dann zufällig (das darf H. Kammerer nicht erfahren) Kann man uns 3 nun nach Schindelberg anmelden Ihr meldet euch dann eben nachher bei denselben an. Aber so, daß es unsere Eltern nie erfahren. Kannst Du das machen. Schreib das bitte so bald wie mögl., sonst müßten wir Frau K.'s Besuch bei Fr. Scholl aufschieben.

Wie wir am Samstag morgen heimkamen, war die Glastür geschlossen (kommt sonst nie vor) Wir haben gezittert u. gebebt u. dann mutig geläutet. Mein Vater guckte zum Fensterl raus u. glaubte, es sei die Gestapo. Er war so freudig überrascht, daß nur wirs sind, u. wir wurden nicht verschimpft.

Am 8. Dezember ist das Kränzchen von Inge. Kommst Du? Als mein

Partner oder noch besser mit Charlo. Gib wegen Schindelberg schnell Nachricht.

Es ist soo langweilig hier.

Sofie Scholl

Wir müssen eben Physikaufgaben machen. Aber eine schreibt das Ergebnis immer an die Tafel, u. der Schiffer merkts nicht.

Am Samstag Nacht fahre ich jedenfalls nach München. Wann kommt Charlo nach Augsburg?

Annelies.

Der Annlis ihr Geschmier kannst Du sicher nicht lesen, sie sollte auch zuerst ins Schönschreiben gehen.

Kurz bevor Sophie diesen Brief schrieb, war sie als Schwester des »bündischer Umtriebe« beschuldigten Hans Scholl (vgl. den folgenden Brief) zum ersten Mal in Kontakt mit der Gestapo (Geheime Staatspolizei) gekommen. Im Gegensatz zu ihren Geschwistern Inge, Hans und Werner, die ins Untersuchungsgefängnis nach Stuttgart gebracht wurden, blieb Sophie von der Haft verschont. Die Verhaftungswelle, die die ganze Gruppe von Hans Scholl erfasste, stand im Zusammenhang mit einer reichsweiten Aktion gegen Überreste der bündischen Jugend. Vor dem Hintergrund dieser Erfahrung ist wohl auch die Erleichterung des Vaters zu verstehen. Sophies Vater, Robert Scholl, stand, im Gegensatz zu seinen Kindern, dem Nationalsozialismus von Anfang an ablehnend gegenüber.

Schindelberg liegt nahe Oberstaufen im Allgäu. Die Scholl-Geschwister (Sophie und vermutlich Elisabeth) und Annelies Kammerer wollten dort einige Tage zwischen Weihnachten und Neujahr in einer Skihütte verbringen. Diese Reise kam jedoch nicht zustande, vermutlich scheiterte sie am Widerstand der Eltern.

Inge Scholl (geboren 1917) war das älteste der Geschwister. Nach der Mittleren Reife trat sie in das Treuhänderbüro ihres Vaters ein.

Charlo, Charlotte Thurau (geboren 1917), die eine enge Freundschaft mit den Scholls verband, war Jungmädelführerin in Ulm. Sie besuchte mit Inge Scholl dieselbe Klasse der Oberrealschule für Mädchen. Sie stammte aus ärmlichen Verhältnissen, was sich in ihrer etwas burschikosen Art äußerte. Die Scholl-Kinder verehrten sie geradezu.

Herr Schiffer war der Physiklehrer.

[Briefkopf: R. Scholl
Wirtschafts- und Steuerberater
Ulm/Donau
Olgastraße 81
Fernruf 4536]

Ulm/Donau, den 11. Dezember [1937]

Lieber Fritz!

Hast Du die Karte vom Kaffee Roschmann gekriegt? Sharlo war 2 Tage bei uns. Es wäre nett gewesen, wenn sie länger, ein paar Wochen, bei uns gewesen wäre, das hätte ihrer Gesundheit nicht geschadet. Was hast Du gedacht, wie sie plötzlich nicht mehr da war? Na, Hauptsache, es ist ihr nicht schlecht gegangen. Wir hätten Dir beinahe ein Telegramm geschickt, Du sollst zum O. R. Kränzle kommen. Kommst Du in nächster Zeit mal nach hier? In Deinem Urlaub oder sonst?

Ich liege nämlich jetzt gerade im Bett.

Deshalb schreib ich mit Blei.

Du Fritz, Du hast doch Einfluß auf Charlo? Dann beeinflusse sie mal gut in Hinsicht auf ihre Gesundheit.

Aus dem Schifahren muß unbedingt was werden. Unsre Familie (Hans, Has, Lisl, ich) gehen zumindestens. Es wäre das beste, Sharlo ginge mit. Um Sharlo's Willen. Daß sie sich nicht erkältet, dafür könnte man sorgen. Ich freue mich direkt, aus diesem Schlamassel hier mal rauszukommen in den Schnee. Wenn Hans dabei ist, wird das Lager gesund. Das weiß ich sicher. Und über Neujahr könntest Du kommen, Fritz? Das wäre prima.

Wenn möglich, Fritz, so komme doch bitte mal vor Weihnachten her, ich würde gern mal was mit Dir sprechen. Wenn Du magst natürlich bloß. Herzl. Grüße Deine Sofie.

Charlotte Thurau, die 1936 Abitur gemacht hatte, war plötzlich aus dem Ulmer Freundeskreis verschwunden und hinterließ diverse Schulden (u. a. auch bei Fritz Hartnagel und seinem Bruder). Im Dezember 1937 tauchte sie unvermutet wieder bei den Scholls auf. Sie hatte, ohne jemandem Bescheid zu sagen, in Heidelberg ein Medizinstudium begonnen.

Mit »O. R. Kränzle« ist Oberrealschul-Kränzle gemeint. Das war eine Tanzveranstaltung zum Abschluss der Tanzstunde, aber ohne Eltern. Sophie hatte allerdings nicht an der Tanzstunde teilgenommen, sie empfand dies, obwohl sie sehr gern tanzte, als spießig.

»Has« war der Spitzname von Werner Scholl.

Hans Scholl, geboren am 22. September 1918 in Ingersheim (heute ein Stadtteil von Crailsheim), hatte sich im Herbst 1933 der Hitlerjugend angeschlossen, wo er rasch in Führungsämter aufgestiegen war. Im September 1935 war er einer der Repräsentanten der Ulmer Hitlerjugend auf dem Reichsparteitag, der durch die Verkündung der Nürnberger (Rassen-)Gesetze unrühmlich in die Geschichte eingegangen ist. Hans war verwandelt zurückgekommen, hatte seine Führungsämter in der Hitlerjugend verloren, nachdem er einen HJ-Führer geohrfeigt hatte. Er hatte sich immer mehr von der Hitlerjugend distanziert und sich wie sein jüngerer Bruder Werner der »Deutschen Jungschaft vom 1. November« (d. j. 1.11.; vgl. hierzu den Kommentar zu Sophie Scholls Brief vom August 1939 aus Worpswede) angeschlossen, die wie alle anderen Bündischen Gruppen im November 1935 offiziell verboten wurde. Im Frühjahr 1937 hatte er die Abiturprüfung abgelegt und war nach dem Arbeitsdienst zum Wehrdienst eingezogen worden.

Ulm, 11. Jan. 38.

Lieber Fritz!

Ich hab so viel Zeit zum Schreiben, ich hab eine fade Schulstunde. Annlies fehlt, sie hat schon länger Gehirnerschütterung. Sie wird wohl bald wieder gesund sein. Sonntag waren wir bei ihr u. trieben um, auch Scharlo u. Marcel, Kammerers waren weg.

Das Tanzkränzchen von R. G. ist am 22. Jan. Ich schick Dir keine Einladung, weil ich bloß eine habe. Du kannst doch kommen?

Schreib mir doch bitte, ob du kommst. Der Rote Kreuzball in Stuttgart ist Ende Januar (≈ 29. 1.) Vielleicht klappts da auch. Hast Du am Sonntag schön Schnee gehabt? Hier hatte es 2 Tage. Jetzt tauts.

Vielleicht kommt Sharlo auch auf das Tanzkränzchen, ich glaube aber kaum. Wir gehen aber mal zusammen auf einen Faschingsball.

Ich freu mich, wenn Du kommst. Herzl. Gruß Sofie.

Marcel war der Bruder von Charlotte Thurau (Scharlo).

Die Abkürzung (Tanzkränzchen von) »R. G.« ist nicht klar; vermutlich war damit, wie schon im Brief vom 11. 12. 1937 erwähnt, eine Veranstaltung im Rahmen der Tanzstunde gemeint.

Undatiert [Mitte Januar 1938]

Lieber Fritz!

Ich danke Dir für Deinen Brief. Es ist schade, daß Du in Augsburg keinen Anschluß findest, wo Du doch sicher längere Zeit dort bist. Unser Kreis hier wird auch immer enger. Aber in unserer Familie herrscht ein feines Verhältnis. Scharlo kommt wohl öfters, aber ich verstehe sie nicht mehr,

Du darfst mir glauben, daß ich es versucht habe u. noch versuche. Mit Annlis zu verkehren halte ich für meine Pflicht. Sie hat sich übrigens gerade das Wadenbein gebrochen, sie ist ganz phantastisch ungeschickt.

Am liebsten gehe ich auch hinaus in den Wald, es kann mir so viel geben. Du glaubst nicht, wie ich mich auf den Frühling freue. Ganz toll. Ich kann es ganz gut ohne viel Menschen aushalten.

Kannst Du Kerzen brauchen? Sie sind von unserm Christbaum, die andre Hälfte kriegte Sharlo. Ich zünde mir abends oft eine Kerze an u. lese oder tue nichts. Ich finde Kerzenlicht so still u. tröstlich.

Inge schreibt gerade ein Märchenspiel für die Jungmädel: König Drosselbart. Sie macht das sehr fein. Ich freue mich, daß wir doch auf diese Art etwas tun können.

Es ist fein, was Du über Hausmann geschrieben hast. Paß mal auf, ich schreib Dir einen Vers aus seiner »Lilofee«, der mir grade einfällt.

Das Sündige auf dieser Welt, ich glaube, das ist doch immerdar, wenn jemand für sich selbst behält, u. sich nicht hingibt ganz u. gar an das, was seine Sehnsucht war.

Werner singt neben mir so laut russische Melodien, daß ich einen ganz dummen Kopf habe: Jôba, jôba, jôbajôbajô ...

Lieber Fritz, ich würde so gerne etwas tun, daß Du Dich in Augsburg mehr zu Hause fühlst, nur die Bude nett herrichten oder so. Lachst Du mich jetzt aus?

Es ist fein, daß Du am 19. kommst. Wenn schönes Wetter ist, können wir vielleicht rausgehn. Jetzt schneit es ja wie verrückt. Wenn es wärmer wäre, könnte ich ja mal nach Augsburg trampen. Aber bei dem Wetter lieber nicht! Und dann muß ich mit dem trampen überhaupt warten, bis Annlis gesund ist. Allein trampe ich grundsätzlich nicht. Da hab ich zu schlechte Erfahrung.

Heut hab ich in der Schule schon eine Medusa gemalt. Grauenvoll, sag ich Dir. Man sinkt beinah tot um wenn man sie ansieht.

Jetzt haben wir dann Probe für das Märchenspiel von Inge, ich spiel nämlich den König Drosselbart.

Frohe Grüße bis Du kommst von Sofie.

Auch von Inge einen Gruß.

Fritz Hartnagel war nach dem Besuch der Kriegsschule in Potsdam (wo er von Erwin Rommel ausgebildet worden war) als Leutnant in Augsburg stationiert.

Inge Scholl war Jungmädelführerin. Die Jungmädel waren eine Unterorganisation der Hitlerjugend für zehn- bis vierzehnjährige Mädchen. Das Pendant für Jungen hieß Jungvolk. Für ältere Jugendliche setzte sich die organisatorische Erfassung durch die NSDAP im »Bund Deutscher Mädel« (BDM) bzw. der »Hitlerjugend« (HJ) fort.

Den Schriftsteller Manfred Hausmann verehrten die Scholl-Kinder sehr; Inge und Sophie besuchten ihn 1939 in Worpswede.

Manfred Hausmann war zunächst geprägt durch die Jugendbewegung, deren Einflüsse sich auch in seinen frühen Werken finden, wandte sich aber nach 1933 unter dem Eindruck der NS-Herrschaft immer stärker dem christlichen Glauben zu. Die dramatische Ballade »Lilofee« erschien 1936 im S. Fischer Verlag, Berlin.

Bei Hausmann lautet die von Sophie Scholl zitierte Strophe:

> Das Sündige auf dieser Welt,
> ich glaube, das ist doch immerdar,
> wenn eins sich für sich selbst behält
> und sich nicht hingibt ganz und gar
> an das, was seine Sehnsucht war.

Sophie Scholl machte im Frühjahr 1938 tatsächlich Ernst mit ihrem Vorhaben, Fritz Hartnagel in Augsburg zu besuchen. Überraschend stand sie eines Tages mit ihrer Freundin Lisa Remppis vor dem Kasernentor. Fritz Hartnagel musste die Mädchen entgegen allen Vorschriften bei sich in der Kaserne übernachten lassen und am nächsten Morgen wieder hinausschmuggeln.

2. 2. 38. [datiert von F. H.]

Lieber Fritz!

Dieser Brief soll zu Deinem Geburtstag sein (ich hab ihn nicht vergessen) Deshalb muß ich Dir wohl einiges wünschen. Also: alles Gute u. s. w. In 4 Jahren hab ich Dich dann eingeholt. Hach nein, stimmt nicht. Ich finde es furchtbar fad in der Schule (sonst würdest Du keinen so langen Brief kriegen) in Ulm, in der Jahreszeit u. überhaupt. Wenn schönes Wetter ist, gehe ich spazieren, wenn schlechtes ist, auch. Wenn ich ins Bett gehe, u. überlege mir, was ich geschafft habe, merke ich, daß ich überhaupt nichts geschafft habe. Das ist ja meine eigne Schuld. Ich bin so faul. Ich will froh sein, wenn Frühling ist, u. man Sonntags auf Fahrt kann.

Du, Fritz, kommst Du nächsten Samstag?

Letzten Sonntag war Hans hier. Er wird im Herbst wahrscheinlich nach Bruchsal versetzt. Das ist schade. Dann kommt er noch seltener nach Ulm, wie sonst.

Ich schreibe nicht gerne Briefe, ich weiß da nichts reinzuschreiben, was mich nicht nachher reut. Du kommst doch sicher bald mal her. Einstweilen herzl. Gruß Sofie

Fritz Hartnagel hatte am 4. Februar seinen 21. Geburtstag.

Hans Scholl war im Oktober 1937 zum Wehrdienst eingezogen worden. Da er ein großer Pferdeliebhaber war, hatte er sich zur Kavallerie in Stuttgart-Bad Cannstatt beworben. Im Oktober 1938 wurde er tatsächlich, wie von Sophie befürchtet, nach Bruchsal versetzt.

Ulm, den 26. Febr. 1938

Lieber Fritz!

Ich liege schon im Bett u. hab sogar schon geschlafen u. geträumt. Im Traum war ich auf einem Lager. (Im Traum bin ich meistens auf Fahrt) Neben dem Lager war ein großer See. Abends ging ich zu einer Frau, die ein Boot besaß. Wir fuhren auf den See hinaus, es war mittlerweile schon Nacht, der Himmel ganz bedeckt, u. vor einer Wolkenwand stand der Mond, eine große blasse Scheibe, und warf ein Licht auf den ganzen See. Werfen ist falsch gesagt, der ganze See war so mattgrau. Das ist nichts besonderes, aber in einiger Entfernung des Mondes glühte durch die Wolken ein kleiner roter Punkt. »Das ist die Sonne«, erklärte mir die Frau, »wir leben am einzigen Ort der Erde, wo man Sonne u. Mond gleichzeitig sehen kann.« Weiter weiß ich nicht mehr. Man sagt, Träume hingen von den Geräuschen ab, die man im Schlaf vernehme. Das mag sein. Auf jeden Fall träume ich gerne, ich lebe da in einer seltsamen Welt, in der ich nie ganz froh bin, aber trotzdem denk jetzt bitte nicht, ich sei schwärmerisch oder sentimental, da wehr ich mich schwer dagegen, ich bin sogar schwer Materialist. Ich kann z. B. das Fräulein, mit der Du auf Fasching warst, gut leiden, weil sie mir ein Buch 1,05 RM billiger

Sophie Scholl auf Fahrt mit ihrer Jungmädelgruppe,
vermutlich in Norddeutschland; um 1937

gab, als es kostete. Sie versteht auch was von Büchern. Darf ich ihr einen Gruß von Dir ausrichten?

Du wunderst Dich bestimmt, daß ich Dir son Dreck schreibe. Aber ich muß manchmal was von mir runterschreiben, u. wenn es noch so blöd ist. Wenn Dich der Brief ärgert, so zerreiß ihn bitte. Du siehst, daß es für mich höchste Zeit ist, auf Fahrt zu gehen. Das will ich Sonntag auch tun. Man sollte nie aus einer Stimmung heraus schreiben. Das tu ich sonst auch nie. Aber darf ichs nicht einmal bei Dir, Fritz? Es erleichtert mich so. Es ist so dumm, daß Augsburg so weit weg ist von Ulm.

Ich schlaf jetzt wieder u. denk mich weg auf Fahrt. Ich denk mir alles mögliche Schöne aus. Auch Quatsch. Ich will mal wieder zeichnen, allen Dreck von mir runterzeichnen. Das Produkt braucht ja niemand zu sehen. Gut Nacht.

Sofie

Ulm, den 21.4.38

Lieber Fritz!

Trotzdem Lisl sagt, ich würde mir die Augen verderben bei dem Schlafzimmerlicht, schreib ich Dir jetzt. Wenn sie wüßte, daß es sogar auf ihrem Briefpapier ist. Sie meint, ich schreibe Tagebuch, aber ich schreib lieber Dir. Macht das was?

Leider ist wieder Schule, ich war also heut schon fleißig. Außerdem hab ich heut noch in der Küche die halben Möbel angestrichen, vielleicht sieht man's noch, bis Du kommst. Daß Du am Mittwoch nicht kommen würdest, dachte ich mir gleich. Wenn Du »vielleicht« sagst, heißt das soviel wie »ich komme mit ziemlicher Sicherheit nicht«. War in Augsburg auch Parade? Wir haben hier mit der Schule zugeguckt. Lisa ist wieder fort. Das ist schade. Ich habe ja immerhin mehr nette Leute um mich wie Du. Kommst Du im April nochmal? Inge haut nämlich am letzten ab.

Am nächsten Tag. 22.4.38.

Die Schule ist jetzt vorbei. Ich bin aber saumäßig schlecht aufgelegt. Wenn ich mich bei Annlis über meine Familie klage, dann lacht sie nur

Sophie und Werner Scholl
beim Wandern auf der Schwäbischen Alb;
1938/39

immer furchtbar. Ich habe aber der Lisl aus Wut 3 weitere Briefpapiere geklaut. Sie merkts ja doch nicht. Inges Kette biß ich auch kaputt.

Das hilft leider alles nicht für meine schlechte Laune. Wenn Du jetzt kommen würdest, wäre ich bestimmt gut aufgelegt.

Nach dem Küche richten: Siehst Du, Arbeit macht das Leben süß. Inge war doch nicht so schlecht aufgelegt, wie ich glaubte, sie half mir beim Spülen u. wir dichteten u. komponierten dabei. Sie wird mir fehlen, sie war immer meine liebste Schwester, oder wir verstanden uns sehr gut, ich krieg bestimmt Heimweh nach mir [sic!]. Sie paßte auch in jeder Beziehung auf mich auf, das weißt Du ja. Wer kümmert sich jetzt um meine Arten u. Unarten? Ich werde selber groß. Jetzt gehe ich dann mit ihr in die Stadt, u. wir versuchen, die Männer erröten zu machen. Weil Werner sagt, Mädchen werden rot, wenn ein Mann sie ansieht.

In der Schule schrieb ich Lisa einen Brief u. steckte ihn in den Atlas, den jetzt Werner in die Schule mithat. Er liest ihn bestimmt, das ist mir peinlich. Kismet.

Wenn Du am Sonntag nicht kommst, dann schreib mir doch mal. Ich hab immer so ein komisches Gefühl, weißt Du, wie wenn ich alle Wälder u. Felder spüren würde, die zwischen Ulm u. Augsburg liegen. Und außerdem die Zeit, die zwischen Ostermontag u.? liegt.

Dabei ist es so kalt, daß ich nicht mal ins Freie kann, das ist das, was mich so verbittert. Briefschreiben ist ganz schön, ich kann an Dich hinschreiben (lesen brauchst Du ja nicht) u. Du unterbrichst mich nicht. Das ist aber auch das Langweilige dran. Ich krieg jetzt grad eine ganz blöde Schrift, hast Du das schon gemerkt. Ich würde es ja rührend von Dir finden, wenn Du den ganzen Brief lesen würdest, wenn Du bis hierher lesen würdest. Paß auf, ich würde Dich am liebsten jetzt zwicken oder beißen, daß Du wieder aufwachst. Das tu ich die Annlis in der Schule immer, wenn es fad ist. Wenn Du Zeit hast u. Lust, darfst Du mir noch viel langweiligere Briefe schreiben wie ich, ich lese sie trotzdem. Halloh: den vorhergehenden Satz mußt Du lesen.

Wenn ich mich Dir, Dir mich jetzt vorstelle, dann grinst Du jetzt u. deshalb möcht ich Dich ganz fürchterlich verhauen. Du sollst nicht über mich grinsen, hörst Du? Mach bitte ein ernstes Gesicht. Ich glaube, Du grinst immer noch. Das wäre aber gemein. Dann wollte ich überhaupt nichts mit Dir zu tun haben. Es ist so blöd, daß Du mir keine Antwort gibst, wenn ich auch eine stark entwickelte Phantasie habe, aber Deine richtige Antwort höre ich nicht. Oh, ich möchte Dich am liebsten verhauen. Weißt Du was? Jetzt nimmst Du Dir mal Zeit, das kannst Du als Leutnant, u. schreibst mir. Du darfst alles, den größten Dreck schreiben, u. ich werde es geduldig lesen. Wenn Du bis dahin gelesen hast, dann mußt Du mir bestimmt schreiben. Wenn Du nicht mehr kommst im April, dann kannst Du zumindest noch einen Gruß an Inge hineinschreiben. Gut daß der Brief in einem Cuvert geschickt wird, ich würde ja Dich u. mich sterblich (oder unsterblich?) blamieren. Ich muß jetzt Ausgänge machen.

Also, adiö, u. herzl. Grüße u. Aufwiedersehen oder Aufwiederlesen (ich möchte lesen)

Deine Sofie.

Inge Scholl verließ kurz darauf das Elternhaus, um als Haustocher bei der Familie eines Studienfreundes von Robert Scholl in Lesum bei Bremen ein Pflichtjahr anstelle des Reichsarbeitsdienstes abzuleisten.

Fritz Hartnagel war weiterhin als Leutnant in Augsburg stationiert. Es dürfte die Parade zum Geburtstag von Adolf Hitler am 20. April gemeint sein.

Lisa Remppis hatte zunächst in Backnang im selben Haus wie Sophie Scholls Tante (Elise Leber, geb. Müller, die jüngere Schwester ihrer Mutter) gewohnt, dort hatte Sophie sie kennen gelernt. Später übersiedelte die Familie nach Leonberg bei Stuttgart. Lisa Remppis war die erste große Liebe von Hans Scholl.

Ulm, den 5. Mai [1938]

Lieber Fritz!

Annlies u. ich haben gestern vor einer Einbahnstraße ausgemacht, wenn wir mit dem Rad hinauffahren können u. kein Schutzmann erwischt uns, dann kriegst Du den Zug noch. Ein Schutzmann hat uns nicht erwischt, u. Du hast den Zug leider auch nicht mehr erreicht.

Unser Lehrer fragt gerade (in der Schule): »Braucht jemand Kleingeld?« Der schlaue Mann will aber großes Geld dafür.

Die Sonne ist gelb u. der Himmel blau und beides lacht. Ich hoffe schwer, daß Du am Samstag kommst. Ich mache Dir einen Vorschlag, bei dem Du der Leidtragende bist: Wenn Du von zu Hause ein Auto kriegst, könntest Du uns nach Geislingen fahren. Erika u. ich wollen Kley nämlich was fragen.

Ich hab nicht mal Katzenjammer, obwohls bei Kammerers ziemlich zu trinken gab. Mit den Kerls, die da waren, hättest Du Dich sicher nicht besonders verstanden; höchstens mit Werner Kopp, den kennst Du ja schon. Wir haben ziemlich getanzt. Heute abend geht Inge. Wir feiern nochmal bis sie fährt (ihr Zug fährt erst nach 24h ab) nämlich den Geburtstag meiner Mutter.

Vielen Dank auch für Deine Briefe. Am Donnerstag, nachdem Du weg warst, kam einer an. Wenn's mal arg schön Wetter ist, trampe ich mit Annlis weg, nach Augsburg, dann gucken wir Deine neue Bude an. Dann können wir vielleicht in einer Scheune übernachten, damit wir den weiten Weg nicht nur wegen ein paar Stunden machen müssen. Überhaupt können wir im Sommer viel mehr anfangen. Ich freu mich so aufs Baden, ich will aber jeden Tag an die Iller gehn. Bis zu Pfingsten ist ja auch nicht mehr so lange. Hast Du da frei?

Ich hab ja lachen müssen, wie ich gelesen habe, daß Dein Bursche ein Haarspängchen gefunden hat. Das gehört der Lisa. Hoffentlich hat er es in Deinem Bett gefunden.

Jetzt muß ich aufpassen, wir haben gerade Biologie, das hab ich sehr gern.

Hoffentlich will das Schicksal nicht, daß Du am Samstag Dienst hast.

Herzl. Gruß Sofie

Erika Reif war eine gute Freundin der Scholl-Kinder; sie malte mit Sophie zusammen.

Albert Kley war Maler und Lehrer am Gymnasium in Geislingen; Sophie hatte ihn über Charlotte Thurau (Scharlo) kennen gelernt.

Wer Werner Kopp war, ist nicht mehr aufzuklären.

Sophie Scholls Mutter, Magdalene Scholl, geboren 1881, hatte am 5. Mai Geburtstag.

Sophie Scholl beim Baden an der Iller,
einem Nebenfluss der Donau. Aufnahme von
Werner Scholl; um 1938

Ulm, den 10. Mai 1938.

Lieber Fritz!

Ich war richtig platt, daß Du an meinen Geburtstag, der übrigens mein 18. ist, gedacht hast. Ich bin jetzt 17 Jahre alt. Am Samstag habe ich lang auf Dich gewartet, wie Du nicht kamst, ging ich mit Oskar Stammler zum Maitanz seiner Klasse. Es war sehr glatt, Oskar u. ich saßen allein in einer Ecke u. konnten alles übersehen. Ich habe wieder mal so richtig getanzt. Das war natürlich ein Fehler, denn jetzt heißt es, ich hätte sehr unsolid getanzt. Ich bin immer viel zu harmlos. Aber es reut mich nichts, dazu war mir der Abend viel zu nett, mögen sie jetzt schwätzen. Es ist mir nur nicht ganz egal, wenn es Leute wie Butz Seeger tun. Ich hatte gedacht, sie kenne mich soweit. Na, ich werde den Mädchen hier sowieso immer fremder u. im übrigen habe ich meine Familie. Das ist fabelhaft viel.

Jetzt habe ich Dir aber lange genug von der Ulmer Spießergesellschaft erzählt. (Dazu zähle ich meine Familie natürlich nicht, obwohl man ja oft so richtig im Trott ist) Soll ich mich nach Dir erkundigen? How do you do? Hoffentlich so gut wie mir, wenn Du auch nicht soviel Zeit hast wie ich. Seit einer Viertelstunde bin ich vom Illerwald zurück. Es ist ein ganz herrliches Wetter. Wenn Petrus so weitermacht, gehe ich nächste Woche ins Baden. Ich freu mich schon lange drauf.

Früher gingen wir immer mit dem J.M.Ring in die Iller, Scharlo unsere Führerin.

Ich tat immer, als ob ich nicht schwimmen könne u. dann paßten alle auf mich auf. Das paßte mir. Ich spielte dann versauferles u.s.w. Dabei kann ich seit meinem 6. Lebensjahr schwimmen, aber ohne die Kunststückchen drum rum.

Inge schreibt ganz vergnügt von Lesum, Sie hat es gut getroffen.

Werner sagt mir übrigens gerade, ich soll Dir ausrichten: Er brauche seinen Taras Bulba am Sonntag; wenn Du Lust hast ihn zu lesen, könntest Du ihn gern wiederhaben. Vielleicht bringst Du ihn persönlich. Das wäre nett. Im übrigen warst Du seit [Zahl fehlt wegen Lochung] Wochen nicht mehr richtig hier. Wenn Du kannst, gibst Du mir dann bitte Nachricht? Weißt Du, ich möchte meine Sonntage ganz ausnützen. Andernfalls würde ich etwas anderes ausmachen. Wie gehts Deiner Bude? Ich bin ja sehr gespannt, wie Du sie einrichtest.

Ich freue mich richtig, bis Du kommst, glaubst Du das? Ich hab Dir gestern einen Brief geschrieben, aber ich bin froh, daß ich ihn nicht abgeschickt habe, ich war nämlich gestern schlechter Laune, weil ich den Butz vorher begegnet habe. Jetzt bin ich wieder prima aufgelegt. Das wirkt sich in der Schule verheerend aus. Mitten im Franz, mußte ich heute furchtbar laut lachen. Das kam so: Zuerst machte ich philosophische Betrachtungen (im stillen natürlich), warum es im Mai warm u. im April kalt ist. Dann mußte ich drandenken, wies uns in Augsburg fror u. wie Lisa in der Telefonzelle den Leutnant Ha-ha-ha verlangte: Entschuldigen Sie bitte, ich muß immer so lachen. Annlis u. die ganze Klasse waren sehr erstaunt, daß ich plötzlich so loslachte.

Dann ließ mich eine Lehrerin etwas das 2. Mal übersetzen, ich konnte natürlich nichts, ich hatte ja vorher nicht aufgepaßt.

Leider darf Lisa an Pfingsten keine Fahrt machen, Fimmel v. O. H. L. Remppis.

Jetzt muß ich aber den Tisch decken.

Herzl. Gruß Deine Sofie

Oskar Stammler war ein Freund von Werner Scholl. Sophie Scholl hatte kurze Zeit mit ihm zusammen einen Malkurs in der »Ulmer Schule«, einer sehr konventionell orientierten Kunstschule für Laien, belegt.

»Es war sehr glatt«: Im Schwäbischen bedeutet »glatt« witzig.

Butz (richtiger Name Irmgard) Seeger war mit den Scholl-Töchtern befreundet und wie diese Jungmädelführerin. Ihre Eltern besaßen eine große Villa mit ehemaligem Pferdestall. In diesem fanden die Heimabende der Jungmädel statt. – J. M. Ring: Jungmädel-Ring (zu Jungmädel vgl. Kommentar zum Brief von Mitte Januar 1938).

»Taras Bulba« ist ein Kosakenroman (1842) von Nicolai Gogol. Eine schwärmerische Verehrung für alles Russische resultierte aus der Jugendbewegung und wurde auch von Hans Scholl und Fritz Hartnagel geteilt. Tatsächlich ist Gogols Kosakenführer Taras Bulba offen antisemitisch.

»O. H. L. Remppis«: Oberste Heeresleitung, ironische Bezeichnung für die Eltern von Lisa Remppis.

Ulm, den 23. Mai 1938.

Lieber Fritz! Jetzt staune nicht so, daß Du schon einen Brief kriegst. Man soll nicht immer von sich ausgehn. Wenn ich denke, daß ich auf meiner angefangenen u. nicht fertig werdenden Reinarbeit schreibe, so klopft mein empfindliches Gewissen, u. wenn ich der liebe Gott wäre, so würde ich mich morgen mich krank sein lassen. Wie ich aber meiner Mutter sagte, ich hätte Atembeschwerden, da sagte sie: »Das kommt davon, daß Du gestern u. vorgestern so spät ins Bett kamst.« Das kann auch ein Grund sein. So hat man seine Sorgen. Ich bin also nicht ganz sorglos, wie Du glaubtest. Sonst habe ich aber keine.

Also, weshalb ich schreiben wollte: Kommst Du an Himmelfahrt wahrscheinlich nicht? Das sollst Du mir schreiben, weil ich sonst auf Fahrt gehe. Weißt Du, was mir lieber wäre? Du mußt aber rechtzeitig schreiben, raff Dich empor u. nimm Dir an mir ein gutes Beispiel. Wenn Du am Donnerstag nicht kommst, nehme ich an, daß Du Sonntag oder doch aller-allermindestens an Pfingsten kommst. Auch das sollte ich vorher wissen. Ich habe doch eine zierliche Schrift gekriegt in letzter Zeit, es geht verdammt viel auf einen Briefbogen rauf. Mehr wie bei Dir.

Und dabei hat sich doch seit gestern überhaupt nichts ereignet, außer daß es mir in der Schule ordentlich ging. Hättest Du das geglaubt? Das ist das Schicksal.

Ich habe Dir jetzt die Hauptsache geschrieben. Soll ich Dir auf dieser Seite viele Grüße schreiben? Na also. Hast Du so gut heute ausgeschlafen wie ich? Wie mich Lisel weckte u. »Sofie« rief, dachte ich, sie geht jetzt ins Bett u. ich stelle mich aus Faulheit schlafend.

Wie sie dann dringender rief, u. ich die Augen aufmachte, war ich ganz »perplex«, daß es hell war. Ich war perplex. Du auch?

Was machen meine schönen Blümchen? Ist ein Glück, daß sie mich nichts gekostet haben.

Lieber Fritz, weißt Du, was ich mir wünsche?

Ich weiß es auch nicht. Ne ganze Masse. Beinah hätte ich Dir meinen z. Zt. Hauptwunsch verraten.

Ich will mal ganz bescheiden sein u. mir nur einen ganz furchtbar netten u. schnellen u. langen Brief wünschen. Ich schenk Dir mal wieder Blümchen dafür. Hast Du Dich eigentlich schon geärgert über mein

Lettengeschwätz. Erstens macht Ärger alt u. häßlich, zweitens bist Du 4 Jahre älter, 4 Jahre gescheiter, 4 Jahre besser, 4 Jahre schlechter u. 4 Jahre erfahrener wie ich. Stelle keine zu hohen Ansprüche. Übrigens fällt mir ein, daß Du natürlich bis Donnerstag nicht schreiben kannst. Aber bis Freitag.

Herzl. Grüße Deine Sofie.

15. 8. 38. [datiert von F. H.]

Lieber Fritz!

Du wirst Dich gewundert haben, daß ich Dir kaum schrieb, aber ich war auf Fahrt u. ich konnte Dir einfach nicht schreiben. Ich will mir mal einen Ruck geben, u. ganz ehrlich zu Dir sein, denn das bin ich Dir schuldig. In dem Verhältnis, in dem ich zu Dir stehe, kann ich nicht weiter bleiben. Ich habe es von einer Stunde auf die andre eingesehen. Der Grund? Ich bin einfach noch zu jung, lach bitte nicht, es ist so, es drückt mich zusammen. Ich war bis vor der Fahrt glücklich, aber jetzt bedrückt mich alles. Ich bin noch nicht erwachsen, bitte nimm mir nichts übel, aber ich kann es noch nicht. Das ist der einzige u. wahre Grund. Ich schreibe Dir das, weil ich es nicht ertragen könnte, irgendwie unwahr zu Dir zu sein. Sei mir bitte nicht böse. Ich habe Dir ja viel zu verdanken. Schreib mir bitte bald, ich habe bis dahin keine Ruhe. Ich habe überhaupt keine gehabt deshalb.

Du sollst aber trotzdem noch zu mir kommen u. ich zu Dir.

Du mußt mir eben jetzt wieder ein bißchen helfen. Und denke nicht schlecht von mir.

Sofie.

Gib mir gleich Antwort, bitte! Ich warte jetzt schon immer.

Adresse: S. Scholl, Leonberg, Ad. Hitlerstr. 16
b. Fam. Remppis.

Die Nationalsozialisten hatten in der Hitlerjugend und deren Untergliederungen bewusst Elemente der Jugendbewegung übernommen. Andererseits hatte es auch Gruppen innerhalb der Jugendbewegung gegeben, die sich schon vor 1933 nationalsozialistischem Gedankengut angenähert hatten. Ein wichtiges Prinzip der Jugendbewegung, das in der Hitlerjugend seine Fortsetzung fand, war die »Fahrt«. Sie war immer mit Natur und Zivilisationsferne, auch mit bewusster Distanzierung vom »Spießerleben« der Eltern verbunden. Fahrt war nicht in erster Linie im Sinne von Fortbewegung, sondern von »Neues erfahren« zu verstehen. Wichtig war dabei, sich als Einzelner und als Gruppe auf Ungewohntes einzulassen, sich geistig, emotional und körperlich zu fordern. Bei der Hitlerjugend war die Fahrt, zumindest bei den Jungen, auch immer mit vormilitärischer Erziehung verbunden. – Um welche Fahrt, mit wem und wohin, es sich hier konkret handelte, ist nicht mehr festzustellen.

Sophie war für den Rest der Sommerferien bei ihrer Freundin Lisa Remppis in Leonberg bei Stuttgart zu Gast.

Ulm, den 29. August 1938.

Lieber Fritz!

Ich habe eben Deinen Brief erhalten, in dem Du Deine vermutlichen Krankheiten alle aufzählst. Vielen Dank dafür! Für Deinen Brief natürlich. Du tust mir unendlich leid, das hilft Dir natürlich nichts. Werd nur bald wieder gesund.

Ich liege gerade auch im Bett, es ist morgens, vielleicht 11 Uhr, also schon mittags; Du mußt wissen, es ist der letzte Tag vor dem Schulanfang, ich muß mich noch einmal ganz ganz gründlich ausruhen, obwohl ich das beinahe jeden Tag tue. Ich habe es auch nicht nötig, denn ich habe mich blendend erholt. Ich tue es aber trotzdem, aus Sympathie für mein liebes Bett. – Diese Ferien sind mir unglaublich kurz vorgekommen, kürzer wie die Pfingstferien. Obwohl ich doch so viel erlebt habe. Kannst Du es denn ertragen, wenn ich Dir soviel schreibe? Sonst leg doch bitte schnell den Bogen weg. Andernfalls gehts weiter: Es hatte doch geregnet, als wir weg gingen. Aber als wir im Auto saßen, (ich vorne bei H. Kammerer in viele Sachen eingewickelt, Pillen schluckend, da ich etwas Halsweh u. Fieber hatte) fühlte sich die Sonne verpflichtet, sofort ihr Haupt hervorzustrecken u. ihre wärmsten Strahlen zu uns zu schicken. Vielleicht war es auch Neugier. Dann fuhren wir den ganzen Mittag bis um $^1/_2$ 10 Uhr, da langten wir in Gießen an. Herr Kammerer fährt vorsichtig. Ich ging zur Juhe, wir waren nicht angemeldet); es kamen sofort Jungens u. boten Bonbons an, das verschmähte ich natürlich nicht, es war kein Bett mehr frei, aber sie richteten uns auf dem Boden Fallen. Es war sehr nett. Dann gings am nächsten Tag weiter bis Bremen, vielmehr Lesum. Unterwegs im Ganzen 3 mal Plattfuß. Ich sage Dir, bis wir dann die Franz-Seldtestraße fanden in dem Nest, dauerte rund 1–2 Stunden. Inge war schon im Bett, als wir ankamen, u. empfing uns halb hochdeutsch, was Lisa furchtbar zum Lachen reizte.

Nach 3 Tagen konnte es losgehen. Wir genossen alles unsagbar, besonders die Nordsee bis zum Brechreiz. Nur Inge u. ich. Lisa u. ich fuhren mit einem besonderen Fischkutter, Inge u. Annlis u. Has auf einem andern. Es war noch ganz dunkel, 3 Uhr, als wir uns verteilten, u. Lisa u. ich ärgerten uns furchtbar, als noch 4 Jungvolkführer u. 1 junges Ehepaar zu uns kamen, da ihr Fischer krank wurde. Wie wir dann auf dem Wattenmeer waren, sah man schon keinen Stern mehr, u. wie wir hinter den Inseln waren, ging die Sonne auf. Es war furchtbar kalt, hauptsächlich wegen des Windes, u. Lisa u. ich umschlangen das Kamin. Das junge Ehepaar konnten wir nicht ausstehen. Als nach drei Stunden die Frau anfing sich zu übergeben, da kniffen wir uns vor Freude. Wir aßen noch Brote, bis wir voll waren, u. beobachteten die wechselnden Farben, die das Meer annahm. Dann schickte uns der junge Ehemann barsch nach hinten, was wir, wenn auch entrüstet, taten. Dort lag seine Frau, weinend, lebensmüde. Wir warfen ihr ein paar trostreiche Worte zu, dann rief Lisa, ob wir wieder hervordürften. Das wurde erlaubt. Wir unterhielten uns nun auch mit den Jungen, u. sie erwiesen sich als äußerst nett. Der kleinste war auch schon so blaß u. sprach kein Wort. Ich war froh, daß er wenigstens vor mir kam. Dann holte man zum ersten mal die Netze herein u. wir sahen interessiert zu, langten jedes Fischlein an u. sammelten alle Krebse zu einem Krebskrieg. Die Seesterne sammelten wir auch. Die Fische u. s. w. wurden alle wieder hinausgeworfen, u. sie waren von den Möwen verschluckt, ehe sie das Wasser berührt hatten. Die großen Krabben kochte man gleich u. der Dampf stank ekelhaft. Ich setzte mich grundsätzlich nicht hin, [es] hatte aber keinen Wert. Wir sangen nun, was wir konnten, was uns gerade einfiel. Haut euch schwer ... u.

Voran u. drauf u. dran, und ähnliche. Da hatte ich plötzlich den Mund voll Speichel. Ich konnte ihn aber nochmal schlucken. Nach einiger Zeit hingen Justaf u. ich nebeneinander hinüber. Nun war es zum sichtbaren Verwurf gekommen. Wir sangen aber nachher lustig weiter u. ließen uns ja nichts anmerken. Ich hing noch 5 mal über, dann kamen bloß noch die Magensäfte. Es machte aber garnichts aus, wir waren immer guter Laune. Am Schluß lagen alle wie Heringe am Boden u. schliefen. Eine Seefahrt die ist lustig ... Um 3 Uhr kamen wir heim. Werner hat Dir sicher viel erzählt. Auf dem Weg von Wilhelmshaven nach Karolinensiel (wir fuhren die Strecke per Auto) fuhren wir mal mit einem Bauer. Wir erzählten wir seien von Süddeutschland, darauf sagte er, bei ihm sei auch ein österreichischer Flüchtling. Nun lief grade ein Kalb über den Weg. Inge fragte: Wo kam der her? u. meinte den Flüchtling. Er sagte: Vom Feld, u. meinte das Kalb. Inge fragte: Ach, war er in Kriegsgefangenschaft, worauf der Bauer antwortete: »Da kommt noch einer.« Es lief noch ein Kalb über die Straße. Has u. ich hinten im Auto lachten furchtbar. Wir haben viel so glattes Zeug erlebt. Nachher waren wir noch 5 Tage in Worpswede. Es war ganz fabelhaft schön. Nun ärgere ich mich, daß ich nicht noch dort bin.

Das war ja der reinste Fahrtenbericht. Tja, es ist für mich das netteste, in der Erinnerung zu schwelgen. Man könnte ein dickes Buch über die Fahrt schreiben. Ich habe jetzt die ganze Zeit von mir erzählt.

Liest Du viel, wenn Du krank bist? Ich lese gerade die Buddenbrooks von Thomas Mann. Es gefällt mir sehr gut, die Menschen sind sehr objektiv betrachtet u. ganz überlegen geschildert, aber nicht hochmütig. Kennst Du es schon?

Ich freu mich auf den Brief, den Du mir versprochen hast. Ich weiß jetzt so wenig von Dir. Ich glaube, es sind 7 Wochen her, seit wir uns das letztemal sahen.

Gute Besserung u. einen herzlichen Gruß

Sofie.

Die Familie Kammerer fuhr im August nach Norddeutschland in Urlaub und nahm Sophie Scholl und Lisa Remppis im Auto mit. In Lesum bei Bremen trafen Sophie und Lisa Sophies Schwester Inge. Gemeinsam besuchten die drei den Schriftsteller Manfred Hausmann, den sie sehr schätzten.

»Juhe«: Jugendherberge.

Das Künstlerdorf Worpswede am Teufelsmoor übte auf Sophie große Anziehungskraft aus. Im Sommer 1939 war sie mit Fritz Hartnagel erneut dort (vgl. die Briefe ab 20.7.1939).

Die Werke von Thomas Mann waren in den ersten Jahren der NS-Diktatur zunächst frei verkäuflich. Das galt für die früheren Werke, zu denen auch die »Buddenbrooks« (1901) gehörten, aber auch für die ersten drei Bände der Joseph-Tetralogie, die in den Jahren 1933 bis 1936 erschienen waren. Erst als der jüdisch geführte S. Fischer Verlag, bei dem die Werke Thomas Manns erschienen, Deutschland verlassen musste und seinen Sitz in Wien und 1938 in Stockholm nahm, wurden Thomas Manns Bücher in Deutschland nicht mehr verlegt. Es gibt keine belegbaren Hinweise darauf, dass Werke von Thomas Mann – im Gegensatz zu denen seines Bruders Heinrich Mann – im Mai 1933 der von Propagandaminister Joseph Goebbels organisierten Bücherverbrennung zum Opfer gefallen wären.

Undatiert [Anfang September 1938; aus Augsburg]

Liebe Sofie!

Eigentlich wollte ich Dir auf den Sonntag schreiben, denn dann hätte ich die Aussicht gehabt, gleich wieder einen Brief zu bekommen. Aber gestern haben mich meine Eltern besucht und ich hoffe, auch so Glück zu haben. Als ich Deinen letzten Brief bekam, erlebte ich in meiner Freude darüber eine große Enttäuschung. Als ich den Brief aufriß, war kein Brief darin. Ich wollte schon tieftraurig den Umschlag weglegen, als ich entdeckte, daß ich vergessen hatte, das Futter aufzureißen! Also, sag der Annelies einen Gruß und sie soll sich in Zukunft einen vernünftigen Umschlag besorgen. Daß Ihr nach Eurer Fahrt schon wieder so eifrig arbeitet, muß man geradezu bewundern. Has hat mir schon viel erzählt von Worpswede, von den Sümpfen und von Eurer Fahrt mit den Fischern. Um das letzte beneide ich Euch am meisten, denn ich habe es noch nie erlebt, bei Sturm draußen zu sein. Hoffentlich kann Annelies von Euren Bildern noch einige Abzüge machen lassen, ich möchte gern einige davon haben. Euer Bild hat mir viel Spaß gemacht. Ich hab' an ihm stundenlang »Charakterstudien« getrieben. Ich finde, daß jedes von Euch in ganz typischer Haltung dasitzt. Wenn Du mich jetzt sehen könntest, würdest Du Dich sicher krank lachen. Ich hab' mir nämlich einen

Vollbart wachsen lassen und der sieht ganz martialisch aus. Die einen sagen, ich sähe wie ein Heiliger aus, die andern vermuten in mir einen Meuterer von der Bounty und die Dritten sehen in mir gar einen Rasputin. Aber am meisten Spaß hatte meine Mutter. Sie war ganz begeistert, sie meinte, daß ich das genaue Ebenbild ihres Bruders wäre, der in Brasilien lebt. Dafür habe ich, bis ich nach Ulm komme, wahrscheinlich eine Glatze! Es hat sich nun durch eine Blutuntersuchung herausgestellt, daß ich Typhus habe. Ich habe aber nur noch sehr schwaches Fieber, aber ehe dieses nicht ganz weg ist, darf ich nicht aufstehen. Ich befürchte fast, daß ich noch mal 3 Wochen hier bleiben muß. Und ich werde immer noch fauler. Ich lese fast den ganzen Tag und die übrige Zeit phantasiere ich die tollsten Geschichten zusammen. Ich warte auf einen Brief von Dir!

Fritz

Einen herzlichen Gruß an Annelies.

Angaben zu Fritz Hartnagels Familie finden sich in der biographischen Skizze.

Ulm, den 15. September 1938.

Lieber Fritz!

Du tust mir sehr leid, daß Du noch solange im Bett bleiben mußt, aber das ist die Tücke des Schicksals. Darfst Du Dich wenigstens rasieren? Ich kann mir nicht vorstellen, wie Du jetzt aussiehst.

Am Dienstag waren wir wieder bei Anneliese um zu lernen. Das haben wir nämlich eingeführt, jeden Dienstag von 5–7 zu lernen. Es wurde ja noch nicht viel draus, Has u. Oskar kamen noch, u. dann haben wir geraucht u. getanzt. Gestern war ich mit Lisel in Blaubeuren mit dem Rad. Es war mal wieder ganz prima Wetter, u. dann sahen wir LZ 130 ganz lange, das war sehr fein. Wie wir heimfuhren, hatte die Verdunklung schon angefangen. (Das sollte nämlich ganz unerwartet »am 14. 9« sein). Wir haben schon geglaubt, es sei Krieg, weil soviel Soldatenzüge fuhren u. s. w. Ein Schutzmann in Ulm erlaubte uns, daß wir ohne Licht fuhren, der nächste verbot's wieder. Dann gingen wir noch spazieren, das ist bei Verdunklung sehr nett.

Heute morgen war das herrlichste Wetter, und jetzt? O, ich ärgere mich!

Denk nur, ich habe schon mit Weihnachtsarbeiten angefangen. Nämlich eine Tischdecke für meine Mutter ausnähen. Du brauchst nun gar nicht zu lächeln u. zu denken, die wird doch nicht fertig, denn ich hab sie schon fertig bis auf 2 $^1/_2$ Blumen. Ist Deine Achtung vor mir jetzt gestiegen? Überhaupt habe ich mir vorgenommen, nur Handarbeiten herzuschenken, aus dem einfachen Grund, weil ich keine 10 Pf. habe, etwas zu kaufen.

Ja, man nimmt zu an Weisheit u. Alter, das kannst Du nicht abstreiten.

Es ist wieder Tücke des Schicksals, daß ich heute mittag Schule habe, die zwar zu unserer Weiterbildung dienen soll ... Weißt Du, was Kurbeln ist? Ein sehr kindliches Spiel mit 5 Steinchen, das die Kinder im Kinderheim Zinnowitz Lisel gelernt haben. Das spielen wir mit einer wahren Begeisterung. Ich muß es Dir unbedingt auch lernen, wenn Du mal wieder kommst. Du schreibst mir doch mal wieder, darfst Du das? Es muß Dir doch furchtbar langweilig sein, u. Briefschreiben keine zu große Aufopferung? In der Mathematikklassenarbeit (siehe letzter Brief) habe ich übrigens 3–4 gemacht, das genügt mir. Ich bin doch genügsam? Das soll nämlich eine Tugend sein. Jetzt muß ich dann in die Schule, ich schreib Dir aber bald wieder. Neulich habe ich auch H. G. Hölzinger hier gesehen.

Hast Du meinen Brief von Leonberg aus erhalten?

Den solltest Du mir beantworten. Herzlichen Gruß von Sofie

LZ 130 »Graf Zeppelin II« war das letzte Zeppelin-Luftschiff, ein Schwesterschiff des LZ 129 »Hindenburg«, das am 6. Mai 1939 bei der Landung in Lakehurst, USA, explodiert war. Sophie Scholl beobachtete den Zeppelin LZ 130 auf seiner Jungfernfahrt, die am 14. September 1938 von Friedrichshafen (wo sich die Werft befand) über München, Augsburg, Ulm und zurück nach Friedrichshafen führte. LZ 130 wurde häufiger zu Propaganda-, Spionage- und Aufklärungszwecken eingesetzt und im August 1939, kurz vor Kriegsbeginn, stillgelegt und später abgewrackt.

Bei der Verdunkelung handelte es sich um eine Probeverdunkelung ca. ein Jahr vor Kriegsbeginn. Unter anderem daran lassen sich Hitlers langfristige Pläne erkennen.

In einem Kinderheim in Zinnowitz auf der Insel Usedom (Ostsee) absolvierte Elisabeth (Liesel) Scholl ein Praktikum während ihrer Ausbildung zur Kindergärtnerin am Ulmer Fröbelseminar (Ausbildung von Frühjahr 1937 bis Frühjahr 1939).

H. G. Hölzinger war ein Klassenkamerad von Fritz Hartnagel, mit dem dieser auch in der Bündischen Jugend zusammen war. Die beiden waren die Einzigen in ihrer Klasse, die nach einem vorgezogenen Abitur die Offizierslaufbahn einschlugen.

Den ihr wichtigen Brief aus Leonberg hatte Sophie Scholl am 15. 8. geschrieben.

Ulm, den 24. September 1938.

Lieber Fritz!

Es ist jetzt Samstag abend 8 Uhr, weißt Du, was das für eine hübsche Zeit ist? Meistens die netteste der ganzen Woche. Denn ich kann an den morgigen Tag ohne eine Spur unangenehmen Gefühls denken, u. an übermorgen zu denken, nein, soweit reichen meine Kräfte nicht.

Hans ist heute auch gekommen, u. wir haben nachträglich noch seinen Geburtstag gefeiert, der ganze Abend liegt auch noch vor uns, möglich, daß er bei Annlis verbracht wird. Wir können ja gerade herrlich über unsre Zeit verfügen. Die Woche ist mir ganz rasend schnell vergangen, die Zeit rennt mir unter den Füßen weg, ich bin einfach platt über soviel Unverschämtheit. Ich komm mit meiner Arbeit einfach nicht mit. Das heißt, Arbeit ist wohl ein bißchen falsch ausgedrückt. Aber es wird soviel unnütz Zeit verpläppert. Du tust mir ja auch leid, immer so stillliegen, vielleicht kannst Du Dich dafür literarisch weiterbilden.

Wir haben hier noch ganz herrliche Herbsttage, ich gehe oft fort, in den Wald, weißt Du, der Illerwald ist im Frühjahr und Herbst am schönsten. Manchmal gehe ich auch mit Oskar zum Paddeln, aber dann bin ich am nächsten Tag immer so mit Schnakenstichen geplagt, daß ich halbe Nächte kratzend verbringe.

Annlis hat grad telefoniert, ihre Mutter habe Wein u. Sekt heraufgeholt, stell Dir vor. O es geht uns noch nicht so schlimm.

Aber eigentlich würde ich den Abend anstatt bei Annlis, viel lieber auf Fahrt verbringen. Ich habe nämlich grade etwas von Inge gelesen, nun habe ich wieder ganz dolles Heimweh. Es ist doch ein Glück, daß wir in den Ferien immer loskönnen. Ich bedaure alle diejenigen, die so etwas noch nie erlebt haben, aber eigentlich würde ich es ihnen auch gar nicht gönnen.

Ich muß gerade dran denken, wie ich mit Inge durch das Moor zog auf der Landstraße u. wir haben die Klampfe herausgeholt u. einfach gesungen, u. uns einen Dreck um die dummen Gesichter der verwunderten Menschheit gekümmert.

Jetzt essen wir zu Nacht, darf ich Dir vielleicht auch einen guten Appetit wünschen?

Ich danke Dir auch für Deinen letzten Brief. Sofie.

Sophies Bruder Hans hatte am 22. September Geburtstag; er war zwanzig Jahre alt geworden.

»O es geht uns noch nicht so schlimm.« Diese Bemerkung könnte sich auf die Kampagne »Kanonen statt Butter« beziehen, mit der die Nationalsozialisten einerseits die Rüstungsanstrengungen zu verstärken suchten und andererseits die Importabhängigkeit vom Ausland minimieren wollten (wachsende Devisenprobleme). Die ursprüngliche NS-Politik »Kanonen und Butter« fand ihr Ende mit Hitlers »Denkschrift zum Vierjahresplan« (»1. Die deutsche Armee muss in vier Jahren einsatzfähig sein. 2. Die deutsche Wirtschaft muss in vier Jahren kriegsfähig sein«). Am 28. Oktober 1936 verkündete Hermann Göring im Berliner Sportpalast: »Erst schafft eine starke Nation. Zuviel Fett – zu dicke Bäuche. Ich habe selbst weniger Butter gegessen und habe zwanzig Pfund abgenommen.« Die Politik des Vierjahresplans führte zu fühlbaren Einschränkungen bei Gütern, auch Nahrungsmitteln, des gehobenen Bedarfs.

Augsburg, 25. 9. 38.

Liebe Sofie!

Du brauchst mich gar nicht zu bemitleiden, denn wenn Du sehen würdest wie gut es mir in meinem Bett geht, würdest Du mich sicher beneiden. Da steht ein Glas Moselwein, Trauben, Birnen, Brötchen und sonst noch gute Sachen. Beim Mittagessen werde ich mit allen Delikatessen, mit Ananas, Pudding, Schlagrahm und Eis geradezu vollgepfropft. Das Fatale ist nur, daß ich bis vor wenigen Tagen kaum Appetit hatte, und das ist schlimmer als man denkt. Nun habe ich mir auch noch einen Radio gemietet. Dies tat ich aber weniger zur Unterhaltung als wegen den Nachrichten. Ich kann die Leute nicht begreifen, die mich bedauern, daß ich so ganz allein im Bett liegen muß, und meinen, es müsse das furchtbar langweilig sein. Ich glaube, wenn einer Langeweile hat, ist er selbst daran schuld. Ich könnte den ganzen Tag, ohne ein Buch oder sonst was, im Bett liegen ohne daß es mir langweilig würde. (Andre würden dies allerdings do[o]f nennen) Und das ist für mich das Schönste am ganzen krank sein, daß man Zeit und Ruhe hat an allem möglichen rumzudenken. Wenn man in einem Buch einen Satz findet, der einem wert scheint, drüber nachzudenken, klappt man das Buch einfach für ein paar Stunden zu; man hat ja soviel Zeit. Und doch kommen mir die 5 Wochen, die ich nun hier bin, kaum wie eine vor. Gestern habe ich angefangen zu zeichnen! Allerdings zeichne ich nur Plastiken aus dem Klimsch-Buch ab. Aber trotz der »Vorlage« gibt es für mich noch genügend Schwierigkeiten. Das Buch gefällt mir von Tag zu Tag besser und so oft ich es aufschlage, entdecke ich was Neues. Nun habe ich Dir noch gar nicht erzählt, daß ich bereits an meinem Tisch sitze und Dir schreibe. Gestern durfte ich das erste mal aufstehen. Anfangs kam ich mir vor wie ein Betrunkener und bald fingen auch meine Knie an zu zittern. Aber heute könnte ich bereits tanzen. Trotzdem gefällt es mir gar nicht, dieses Aufsein. Man fühlt sich vollkommen gesund und sieht draußen den blauen Himmel, die farbigen Bäume und muß im Zimmer sitzen. Da bekomme ich eine tiefe Sehnsucht nach der Alb. Für mich hat noch nichts diese Landschaft übertreffen können. Oder macht das nur, daß man unzählige Erinnerungen an sie knüpft? Ich glaube, wer die schwäb. Landschaft kennt wird kaum mehr über Hölderlin, Mörike und andre schwäb. Dichter den Kopf schütteln können, wie ichs während meiner Kriegsschulzeit in Potsdam oft erlebte. Heute machte mir der Arzt schon Hoffnung, daß ich vielleicht nächsten Samstag schon wandern kann. Dann besteht er allerdings darauf, daß ich zum mindesten 3 Wochen Erholungsurlaub nehme. Im Grunde hätte ich ja nichts dagegen, aber in Anbetracht der politischen Lage wirst Du meine Kümmernisse verstehen, wenn ich zu Hause sitzen muß. Trotzdem wäre es schön, wenn ich nächsten Sonntag schon in Ulm sein könnte. Herzl. Gruß von Fritz

Das »Klimsch-Buch« war vermutlich der Band »Fritz Klimsch. Die Welt des Bildhauers«, Rembrandt-Verlag, Berlin 1938. Der Bildhauer Fritz Klimsch lebte von 1870 bis 1960.

»Alb«: Gemeint ist die Schwäbische Alb, ein Höhenzug von rauer Schönheit, der sich nördlich der Donau vom Schwarzwald bis zum Nördlinger Ries erstreckt.

Ulm, 29. September 1938.

Lieber Fritz!

Ich danke Dir schön für Deinen Brief. Mir pressierts grad arg, in 5 Minuten muß ich in den Dienst. Tja. Ich nehme für alle Fälle ein Buch mit, weil es das letztemal so fad war.

Aber meine Pflicht, nicht wahr!

Das ist nett, daß Du Samstag kommst. Jetzt esse ich schnell noch ein Butterbrot, u. denke an all die guten Sachen dabei, die Du genießen durftest.

Alles Gute! Mit deutschem Gruß! (ich gehe doch in den Dienst)

Sofie.

»... in den Dienst«: Es kann sich hierbei nur um den Dienst im »Bund Deutscher Mädel« (BDM) handeln, wie auch der ironische Gruß deutlich macht. Allerdings hatte Sophie Scholl im Frühjahr 1938 ihr Amt als BDM-Führerin verloren. Dazu schreibt Sophie Scholls Freundin Susanne Hirzel: »Liesel und Sofie Scholl, einige weitere ›Führerinnen‹ und ich wurden in feierlicher Zeremonie in der Geschäftsstelle der HJ in der Bockgasse abgesetzt. Den Anlass bildeten unsere neuen Wimpel, auf die wir nicht, wie üblich, Hakenkreuze, sondern Runen aufgenäht hatten, zur Abwechslung und als Nadelstich. Dies bedeutete Verrat.« (Susanne Hirzel, Vom Ja zum Nein. Eine schwäbische Jugend 1933 bis 1945. Silberburg-Verlag, Tübingen 2000, S. 103).

Augsburg, 19. 10. 38

Liebe Sofie!

Nun ist es wieder wie ein Traum. Und ernüchternd erscheint er mir wie tolle Fantasie, die einem das Herz zusammenzieht. Grad wie man von einem warmen Zimmer in die Kälte tritt, so kam ich am Sonntag Abend nach Haus. Meine Eltern waren weg und ich blieb allein mit dem Ticken der Uhr und dem Klappern der Gabel zum Nachtessen. Ich ging noch durch alle Zimmer als ob ich jemand suchen wollte, dann tastete ich auf dem Klavier herum, aber die Saiten erschreckten die Stille und mich – so ging ich. Der Bahnhof wimmelte von hastenden Menschen, schreienden, lachenden u. weinenden. Und wie ein Schlafender wurde ich in den Zug geschoben und mit Koffern gestoßen, bis ich schließlich wie ein kleiner Junge zwischen zwei dicken Männern eingepreßt saß. In meinem Zimmer mußte ich erst eine Weile stehen bleiben, und ich wunderte mich, daß noch alles beim alten ist. Da stehen meine Bücher, darüber die »junge Frau«, zwei Säbel mit der schwarzen Fahne, die Nietzschemaske und mein Bett liegt noch als ob ich erst am Morgen rausgeschlüpft wäre, auf dem Schreibtisch eine Unordnung, wie er sie gewöhnt ist. Nach den ersten dienstlichen Geschäften ging ich am Montag hinaus nach Leiterhofen zum Kaffee ins »Völk«. Dann raste ich wieder in die Stadt hinein zum Abendessen, fühlte mich aber in dem Lokal nicht wohl und rannte wieder ziellos durch die Stadt bis ich schließlich im Kino landete. Dort ging ich mitten im Film wieder raus, vielleicht war er doch zu schlecht. Endlich hatte ich einen Menschen gefunden mit dem ich sprechen konnte, einen betrunkenen alten Mann. Wir verstanden uns sehr gut, und ich glaube es war gar nicht so sehr Unsinn was wir gesprochen haben, oder war ich auch betrunken? Auf alle Fälle brachte ich ihn nach Hause und wir verabschiedeten uns wie zwei alte Freunde.

Die »junge Frau«, die Nietzschemaske und die schwarze Fahne gehörten zur Dekoration von Fritz Hartnagels Jugendzimmer im Elternhaus. Er hatte sie offensichtlich in die Kaserne nach Augsburg mitgenommen. Die »junge Frau« war vermutlich eine Abbildung der Plastik »Junge Frau« von Georg Kolbe aus dem Jahr 1926.

21. 10. 38.

Soeben komme ich von einer ganz herrlichen Geländefahrt zurück. Du kannst Dir vielleicht gar nicht vorstellen welch wunderbares Gefühl es ist diese unheimliche Kraft zu zä[h]men und durch die tollsten Wege od. quer durch Wälder, Äcker und Wiesen, durch Wasserlöcher und über Steilhänge zu jagen, alles in einem rasenden Tempo. Und immer diesen Nervenkitzel an der Grenze des Möglichen zu sein, und wenn Du jetzt den Gashebel ein paar Millimeter zu viel hineindrückst, kannst Du am nächsten Baum hängen. Es war einfach herzbefreiend, und es hat mir wieder mal sehr gut getan. Ich glaube ich bin schon sehr viel gesünder, und wenn ich noch länger bei diesem Nichtstun und Grübeln verblieben wäre, dann wäre ich sicher in eine furchtbare Trostlosigkeit versunken. Ich glaube ich nehme manchmal alles viel zu ernst. – Obwohl es mir in den ersten Tagen recht schwer fiel sich hier wieder einzuleben freue ich mich nun riesig auf die 150 Rekruten, die am Montag kommen werden. Ich bin wieder mal restlos begeistert von meinem Soldatenberuf; und so paradox es klingen mag, wenn Schiller sagt »der Soldat allein ist der freie Mann«, so ist es doch wahr. Nun schwätze ich schon die ganze Zeit von meinen Freuden und meinen Traurigkeiten, ganz egoistisch, dabei ist es doch die schlimmste Eigenschaft, die man haben kann! Und – vielleicht interessiert Dich das gar nicht, was ich Dir da vorquatsche. Aber ein paar Worte mußt Du mir noch erlauben. Weißt Du, wenn ich die letzten 8 Tage überdenke, die ich in Ulm verbracht habe, dann überkommt mich eine seltsame Unruhe. Da liegt dieser Brief vor mir, den Du mir vor wenigen Wochen geschrieben hast, und dann kann ich das alles nicht verstehen, dann belasten mich so viele Vorwürfe, so viel Schuld, dann nenn mich einen Lumpen und Verbrecher, verachte mich – hasse mich! Bitte! Du würdest mir viel helfen. Fritz

»Der Soldat allein ist der freie Mann«: Aus der zweiten Strophe vom »Reiterlied« in »Wallenstein« (»Wallensteins Lager«) von Friedrich Schiller:

> Aus der Welt die Freiheit verschwunden ist,
> Man sieht nur Herren und Knechte,
> Die Falschheit herrschet, die Hinterlist,
> Bei dem feigen Menschengeschlechte,
> Der dem Tod ins Angesicht schauen kann,
> Der Soldat allein, ist der freie Mann.

Fritz Hartnagel
während seiner militärischen
Ausbildung 1936/37

27. 10. 38. [datiert von F. H.; aus Ulm]

Lieber Fritz! Was soll ich Dir denn antworten? Ich weiß ja, daß ich an einer Schuld ebenso trage wie Du, daß ich zurückgesunken bin, ich weiß – ach ich weiß nichts mehr. Wenn Du mich nicht mehr sehen noch hören kannst, wenn Du von mir loskommen willst, so verstehe ich das. Ich werde das tun, was Du möchtest. Aber Gefühle kannst Du von mir nicht verlangen, die man nicht selbst in sich wecken kann.

Wir wollen einen Punkt machen hinter alles was gewesen war. Alles weitere liegt an Dir.

Scharlo hat Annlis geschrieben, sie habe Angst um Dich. Natürlich ist das Krampf, nicht wahr? Warum hast Du denn die Weste geschickt. Ich wage es nicht, sie Dir zurückzuschicken.

Es sind aber 5 RM zu viel. Herzlichen Dank! Die 5 RM, soll ich sie schicken, oder holst Du sie mal? Das mußt Du mir noch schreiben.

Ich würde Dir sehr gerne anders helfen.

Deine Sofie.

10. 11. 38. [datiert von F. H.; aus Ulm]

Lieber Fritz!

Meinen Brief hast Du erhalten?

Wenn ich Dir nochmal schreibe, so tue ich das aus sehr egoistischen Gründen. Ich habe nämlich so ein Gefühl – so ein unbefriedigtes Gefühl – weißt Du, wie wenn noch einiges unklar zwischen uns wäre. Kannst Du verstehen, daß ich das weghaben möchte? Wenn ein Schluß sein soll, so soll er doch ganz klar sein, daß man später darandenken kann ohne das Gefühl, vielleicht kennst Du es gar nicht, aber mich macht es schrecklich unzufrieden mit mir selbst. Kannst Du vielleicht mir helfen? Ich kann es nämlich nicht. – Ich glaube, es ist auch für Dich besser. Ich wünsche Dir alles Gute.

Sofie.

Undatiert [Dezember 1938; aus Ulm]

Lieber Fritz!

Ich sollte doch endlich Deinen Brief beantworten. Darf ich das noch ein bißchen hinausschieben? Vielleicht kommt Dir die Antwort selbst.

Du kommst doch am nächsten Sonntag? Es ist der letzte (oder nicht) Sonntag vor Weihnachten. – Ich war die ganze Woche über ein bißchen krank, u. zu Hause, u. ich würde das ganz gerne vollends bis Weihnachten so weitermachen. Geht aber leider nicht. Am liebsten würde ich die Schule überhaupt aufstecken u. malen anfangen. Geht aber leider auch nicht. Ich habe solche Unlust an der Schule weil ich das Gefühl habe, daß ich überhaupt nichts schaffe. Tu ich ja auch nicht.

Aber sie ist sehr unbefriedigend für mich, verstehst Du. Aber es ist ja nur noch 1 1/2 Jahre, dann will ich mich in die richtige Arbeit hineinstürzen. Ich freue mich unbändig darauf, Du kannst es Dir gar nicht vorstellen.

Bist Du gesund?

Frohe Grüße Deine Sofie.

Sophie Scholl bezieht sich hier auf Fritz Hartnagels Brief vom 21. 10. 1938.
Sophie besuchte zu diesem Zeitpunkt die Unterprima (heute 12. Klasse) der Oberrealschule. Im Frühjahr 1940 legte sie die Abiturprüfung ab.

Ulm, den 22. Dezember 1938.

Lieber Fritz!

Hoffentlich kannst Du auch auf Deiner Bude einen recht schönen Weihnachtsabend haben. Zünde die Wachskerze an, die ich Dir mitschickte, sie riecht wunderbar. Das macht dann schon etwas aus, nicht?

Bitte gib mir so bald wie möglich Nachricht wegen Schindelberg, damit ich Lisa Bescheid sagen kann. Hoffentlich klappt alles, ich möchte endlich mal Skifahren lernen. Und dann freue ich mich so sehr auf die

Berge; es war mal wieder an der Zeit, daß Ferien kamen. Ich komme grade von einer Weihnachtsfeier von Lisel's Kindergarten. Die Kleinen sind ganz goldig. Der Pfarrer erzählte ein Geschichtlein von einem kleinen Jungen, der einen Brief an das Christkind schrieb, namens Peter. Da rief ein Bub aus den Kindern: Des ben i! u. begleitete die ganze Geschichte mit den freudigsten Ausrufen. Und Weihnachtslieder brüllten sie. Allmählich komme ich in die rechte Stimmung. Ich habe für jeden auch ein hübsches Geschenkchen, u. kann mich mit gutem Gewissen freuen. Es ist bei uns nämlich das schönste Familienfest, u. wird von allen sehr wichtig genommen.

Die Krippen sind jetzt fertig, sind mir aber nicht so gelungen. Ich bin deshalb sehr unbefriedigt.

Die Gedichte von Manfred Hausmann habe ich sehr lieb, und schicke sie deshalb Dir. Du solltest sie öfters lesen, bis Du Dich in seinen Ton hineingefunden hast. Sie berühren Dich sonst vielleicht nicht. Die mir gerade am besten gefallen, habe ich angestrichen, Du kannst es wieder wegradieren. Ich möchte sehr gerne dabei sein, wenn Du sie liest. Überhaupt möchte ich Dich gerne ein bißchen alleine haben. Es gibt noch so sehr vieles zu klären. Aber laß es Dir übermorgen recht gut gehen.

Sofie.

Elisabeth Scholl absolvierte im Rahmen ihrer Ausbildung zur Kindergärtnerin ein Praktikum in einem Kindergarten.

»Des ben i!«: Schwäbisch für »Das bin ich«.

Gedichte: Manfred Hausmann, »Jahre des Lebens. Gedichte«. S. Fischer Verlag, Berlin 1938.

Sophie Scholl als Schülerin;
um 1938

Ulm, den 25. Januar 1939.

Lieber Fritz!

Du hältst aber Dein Wort schlecht, nicht mal versprochener Brief ist eingetroffen. Aber da ich von Natur aus kein nachtragender Mensch bin …

Kommst Du am Sonntag? Inge möchte gerne nach Lorch, kannst Du Dich noch an ihren Wunsch erinnern? Aber das hat ja auch Zeit, bis noch mehr Frühlingswetter da ist, obwohl ich mir vorkomme wie im März u. deshalb gut aufgelegt bin, als ob mir noch was schönes bevorstünde, was, darüber denke ich nicht nach. Ich glaube, das macht der blaue Himmel aus.

Lieber Fritz, ich möchte Dich noch etwas fragen, was einfach gefragt sein muß, weil es sonst immer so unfertig in mir herumliegt: Was möchtest Du an mir haben? Du sollst mir das bitte sagen, weil ich mir ja selbst gar nicht im klaren bin. Verstehst Du, ich bin nicht unabhängig von Dir, was ich ja sein sollte u. sein möchte, denn es wäre für uns beide doch befreiender. So ist es mir, als würde ich mich einfach treiben lassen, u. könnte nicht richtig selbst gehen. Verstehe mich bitte nicht falsch. Ich weiß ja selbst nicht, was richtig u. was falsch, hier stehe ich und dort Du, wem soll ich nachgeben. Ich bin so ein gräßlicher Egoist, aber egoistisch zu sein ist in dem Fall schwerer. Ob es richtiger ist, das sollst Du mir sagen. Bitte beantworte mir meine Frage, nicht all das andere. Ich glaube, Du kannst mir nur durch Deine Aufrichtigkeit helfen, bitte tu's.

Es ist so schlimm, immer diese beiden Seiten in mir, Du mußt mir das entschuldigen. Ich möchte Dich so gerne dahaben jetzt, es ist solches Frühlingswetter, wenn man sich das nur alles weglaufen könnte.

Sei doch so gut und lasse mich nicht im Stich.

Deine Sofie.

Du, nach dem Brief komme ich mir so lächerlich vor, bitte heb ihn nicht auf.

Ich meine, ich müßte noch etwas schreiben, aber was?

Ulm, den 31. Januar 1939.

Lieber Fritz!

Ich schreibe Dir schon wieder, um zu sagen, wie sehr ich auf einen Brief von Dir warte. Wenn Du das wüßtest, würdest Du Dich sofort hinsetzen u. einen Bleistift ergreifen. Weißt Du's jetzt?

Nein, sei so gut und tu's. Du sollst mich dabei in keiner Weise berücksichtigen. Oder hältst Du eine Antwort nicht mehr für nötig. Ich so sehr, ich hänge ja davon ab. Und es wäre mir so recht, wenn Du es vor Sonntag tätest. Du mußt doch einfach, wenigstens noch dies eine Mal. Du darfst mich doch nicht einfach so hängen lassen. Du kannst wohl sagen, ich hänge ja dann schon immer, aber ich habe ja Dir auch geschrieben, trotzdem ich mir es lange überlegt habe, u. schon viele Briefe angefangen habe. Nicht wahr, es ist blöd, daß ich dazu solch lange Seite verwende, aber es ist mir eben die Hauptsache, vielleicht macht diese Papierverschwendung Eindruck auf Dich.

Auf der anderen Seite etwas anderes.

Eigentlich, nein, etwas anderes habe ich Dir nicht zu sagen.

Weißt Du, daß ich ganz anders war, als ich Dich kennenlernte u. vorher? Ich denke manchmal mit Neid daran zurück. Aber ich möchte doch nicht mehr nur 1 Jahr jünger sein. Es liegt eigentlich sehr viel in diesem einen Jahr. Ich bin nicht mehr so dumm u. leichtgläubig, ich bin aber auch nicht mehr so sicher u. rein wie früher.

Sei so gut, bringe mir meine beiden letzten Briefe das nächstemal mit, bitte! Ich würde es sonst bereuen, sie abgeschickt zu haben.

Ich freue mich auf nächsten Sonntag, bis Du kommst, ich freue mich auch sehr auf den Hohenstaufen. Obwohl ich nicht so sehr viel davon habe, wenn so viele dabei sind. Man wird dann so leicht abgelenkt. Ich gehe sehr gerne allein spazieren, es kommen mir dann nur gute Gedanken.

Herzlichen Gruß!

Deine Sofie.

Wer an dem Ausflug auf den Hohenstaufen teilgenommen hat, ist nicht mehr zu rekonstruieren. Der Hohenstaufen ist ein Berg auf der Schwäbischen Alb zwischen Schwäbisch Gmünd und Göppingen. Auf dem Hohenstaufen lag die Ende des

11. Jahrhunderts erbaute Stammburg der Staufer, die im 12. und 13. Jahrhundert einige deutsche Kaiser stellten. Die Burg wurde in den Bauernkriegen zerstört. Erhalten sind lediglich einige Ruinen.

Augsburg, 1. 2. 39.

Meine liebe Sofie!

Du mußt mir bitte entschuldigen, daß ich Dich habe warten lassen, aber mir bleibt zur Zeit meistens nur das Viertelstündchen vor dem Einschlafen. Und da habe ich oft gedacht, wie soll ich Dir bloß antworten? Wie soll ich all das ausdrücken, was ich selbst nicht begreife? Ich weiß nur, daß es etwas Großes und Schönes sein muß, das mich bewegt! Ich kann das nicht zergliedern und definieren, denn es ist ein Ganzes, es ist nicht dieses oder jenes, sondern alles. Was ich von Dir haben möchte? Nichts Sofie, gar nichts – nur, was Du mir schenken magst und kannst. Ich will es wahren als mein Heiligstes. Aber nicht als Fordernde wollen wir uns gegenübertreten, beschenken wollen wir uns. Nur ob ich Dir wirklich etwas geben kann, ich habe manchmal schreckliche Minderwertigkeitsgefühle Dir gegenüber. Liebe Sofie, ich weiß nicht ob ich Deine Frage richtig verstanden habe und ob ich Dir damit helfen kann. Ich möchte Dir so gerne helfen. Ich glaube wir verschließen uns beide zu sehr in uns selbst und halten das zurück, was uns bewegt. Und doch bringen uns doch gerade die Briefe, die man mit Herzklopfen in den Schalter wirft, am weitesten. Drum danke ich Dir für Deine letzten Briefe. Oder können wir uns nicht alles Vertrauen entgegenbringen?

Ich wüßte nicht, wie die Woche vergehen würde, wenn ich nicht die Freude auf einen Sonntag hätte, den wir gemeinsam verbringen.

Gute Nacht! Dein Fritz.

18. 2. 39. [datiert von F. H.; aus Ulm]

Lieber Fritz, ich danke Dir sehr für Deinen Brief. Es ist sehr schwer darauf zu antworten. Bitte erwarte von mir keine Aufklärung. Es gibt Dinge, die man nicht ausdrücken kann. Vielleicht später. Wenn sie mir selbst klarer sind. Ich bin ja so froh, daß ich mich bei Dir gehen lassen kann, man hat es manchmal so nötig. Ich bedaure nur, daß ich Dir nichts geben kann, was für Dich wertvoll ist. Ich bin Dir so dankbar, daß Du bis jetzt immer für mich da warst. Das ist das Allerschönste, was Du mir geben konntest, was es vielleicht gibt. Zu wissen, daß jemand da ist. Damit hilfst Du mir ja am allermeisten, daß Du mich lieb hast. Lieber Fritz, ich komme mir immer vor wie die Nehmende. Hab doch bitte Geduld mit mir. Wenn ich an Dir gewirkt habe, wie [es] nicht richtig war, dann vergib mit bitte. Ich habe Dich so sehr nötig.

Deine Sofie.

Laß Dich doch durch diesen Brief nicht abhalten, mir wieder zu schreiben. Ich warte immer auf Deine Briefe. Ich denke sehr viel an Dich.

22. 2. 39. [aus Rudolstadt]

Liebe Sofie

Ich verstehe recht gut, daß Du mir darauf nicht antworten kannst, gibt es doch vieles, was man mit sich selbst abmachen muß, was dann vielleicht auch gründlicher und echter ist. Es ist dann auch befreiender, trotz aller Bedrängnis, die man damit hatte. Nur darfst Du nicht aus Rücksichtnahme, oder sonstigen Hemmungen irgendwas verschweigen was Du eigentlich sagen solltest. Ich bin sehr froh über Deinen letzten Brief. Du weißt gar nicht was Du mir gibst, ganz unbewußt vielleicht, aber das ist gerade das Schöne dabei. Du bist echt und unverkünstelt, wie ein junges Pferd, das noch in keine Kandare gezwängt wurde. Und dafür danke ich Dir.

Es geht mir hier in Rudolstadt sehr gut, ich komme mir vor wie im Urlaub. Es ist herrlich, wenn man sich abends ins Bett legen kann, ohne daß man sich um den kommenden Tag sorgen muß. Man sitzt in seiner

Schulbank und läßt sich irgendwas vortragen ohne etwas dazuzutun. Leider haben wir recht viel Unterricht und nur an 1 Tag in der Woche praktisches Fahren. Aber dafür ist auch schon um 4 Uhr Dienstschluß. Es ist dann schön, wenn man einen so langen Abend vor sich hat, ohne das Gefühl, daß man eigentlich etwas arbeiten sollte. Zwar ist Rudolstadt ein kleines Städtchen, in dem man außer Kaffee trinken nichts anfangen kann. Ich bin darum auch die meiste Zeit in meinem Zimmer, das ich mir in der Stadt gemietet habe. Es ist außer der Kälte die darin herrscht ganz gemütlich. So lese ich viel oder tue überhaupt nichts, was auch ganz schön ist und nicht immer verschwendete Zeit sein muß. Am Mittwoch Nachmittag, der dienstfrei ist, bekommen wir Fahrzeuge zur Verfügung gestellt um unsere Fahrkunst zu heben. So machten wir gestern zu 8 eine Fahrt der Saale entlang. Das Saaletal ist ganz herrlich mit vielen Burgen und romantischen Städtchen. Es ist nur schade, daß ich diese schöne Gegend nicht im Frühjahr genießen kann. Doch ist das auch wieder gut, denn so können wir den Frühling gemeinsam erleben. Ich freue mich schon sehr darauf. Dann müssen wir aber auch jeden Sonntag gründlich ausnutzen. Du kannst in Deinen faden Schulstunden schon einen Fahrplan für den April ausdenken. Es wäre übrigens schön, wenn wir an Ostern etwas gemeinsam unternehmen könnten, wir müssen doch noch unsre Fahrtenkasse aufbrauchen!

Nun ist es aber Zeit ins Bett!

Gute Nacht Sofie.

In Rudolstadt, in Thüringen an der Saale gelegen, absolvierte Fritz Hartnagel eine Ausbildung zum Fahrlehrer.

Ulm, den 28. Februar 1939.

Lieber Fritz, ich danke Dir für Deinen Brief. Das ist fein, daß es Dir in Rudolstadt so gut gefällt. Ist es in einer kleinen Stadt nicht schöner wie in einer größeren? Wenn es geht, möchte ich später mal dort (in einer kleinen) wohnen, oder ganz auf dem Land. Klatsch gibt es überall. Aber es geht nicht überall so hastig zu wie in der Stadt. Sie macht so gerne oberflächlich. Und ich brauche bald 1 Stunde, bis ich draußen bin. Und weil eben alles pressiert, ist das Zeitverschwendung.

Ich bin auch sehr dafür, daß wir die Sonntage ganz ausnützen. In der Erdkunde sehe ich immer den Atlas an, das tu ich so gerne. Ich muß nämlich noch unsre Osterfahrt aushecken. Lisl u. ich gehen gleich am 2. Tag los. (3. April) Kommst Du da vorher mal? Vielleicht können wir uns irgendwo treffen an Ostern? Nämlich wieder ganz nach Ulm zurück, dazu haben wir zu wenig Geld u. Zeit und Lust. Wenn ich den genauen (?) Plan habe, schreib ich Dir's. Vielleicht gehen wir die Alb hinunter (wandern teilweise) dem Schwarzwald zu, u. das Donautal herauf, (Lisel hab ich's zwar noch nicht gesagt, aber immerhin, eine Möglichkeit). Dann sind wir April auf Fahrt. Hoffentlich haut mich's nicht vorher durch. – Gerade büffle ich nämlich auf eine Geschichtsarbeit, ein wahnsinniger Stoff. Von d. Entdeckung Amerikas bis Friedrich d. Großen. (samt der Geschichte Englands, Frankreichs, Rußlands, Schwedens) Bedaure mich! Allein 6 Seiten Geschichtszahlen! Jetzt drängen sich alle Arbeiten. Eine etwas unangenehme Zeit. –

Wie lange hast Du an Ostern frei? Hoffentlich klappt alles.

Jetzt muß ich schnell den Tisch decken.

Schreibst Du mir bald wieder, noch schneller wie ich Dir? Ich freu mich so drauf.

Herzlichen Gruß

Deine Sofie.

Rudolstadt, 5.3.39.

Liebe Sofie,

Wie hast Du denn den heutigen Sonntag verbracht? Ich hoffe recht schön. Ich möchte an den nächsten Sonntagen die nähere Umgebung diese Gegend hier kennenlernen. Dazu war ich heute in Jena. Es gibt dort aber nichts besonderes zu sehen, so daß ich mich schließlich in ein Kino geflüchtet habe. Ich bin dann auch schon um 6 Uhr wieder nach Rudolstadt zurückgefahren, und ich glaube es ist besser so, wenn ich Dir heute noch einiges schreibe.

Deine Begeisterung für eine Kleinstadt kann ich nicht ganz teilen. Ich möchte in so einer Stadt wie Rudolstadt, die man in kaum 15 Min. von Westen nach Osten durchgehen kann, nicht längere Zeit verbringen. Schau, gestern wollte ich mir ein Hemd kaufen, ich bin in mehreren Läden gewesen, doch in keinem bekam ich mehr wie 4 od. 5 Hemden zur Auswahl vorgelegt, und dabei reichlich geschmacklos. In die Schaufenster stopfen die Kaufleute alles hinein was sie zur Verfügung haben und meinen so die meisten Kunden zu gewinnen, da sie jedem etwas bieten. Die Leute gehen schlecht gekleidet, es ist nirgends etwas eignes zu sehen. Man hört nichts und sieht nichts, und bleibt ohne jede Anregung. Und ob man sich immer selbst genügt?

Kannst Du mir mal die Adresse von Scharlo mitteilen? Wenn sie noch in Leipzig ist wäre es von hier aus nicht allzu weit um sie mal zu besuchen. Du wunderst Dich sicher über mein Vorhaben! Aber ich sehe nicht ein, daß man einen Menschen, mit dem man jahrelang verkehrt hat, und den man geschätzt hat, nun plötzlich wegen irgendeiner Angelegenheit vollkommen verurteilt. Ich möchte Scharlo nicht in Schutz nehmen, sie hat mich genau so betrogen, wie viele andere, aber ich halte es für besser sich zu fragen wie sie zu all dem kam, als wie mit Entrüstung über sie hinwegzugehen. Oder glaubst Du, daß man sie verloren geben soll? Es ist aber noch so vieles unklar, daß ich mir kein endgültiges Urteil erlauben will. Darum wollte ich sie noch mal sprechen.

Grüße bitte Deine Eltern und Deine Geschwister recht herzlich von mir. Ich freu mich bis Du mir wieder schreibst. Dein Fritz.

Scharlo (Charlotte Thurau) hatte nach Aufnahme ihres Medizinstudiums den Kontakt zu ihren Ulmer Freunden völlig abgebrochen. Fritz Hartnagel vermutete sie in Leipzig, tatsächlich studierte sie zu der Zeit in Dresden.

Scharlo hatte sich mehrfach Geld geliehen (u. a. von Fritz Hartnagel und dessen Bruder Willi) und nicht zurückgezahlt. Es gab noch weitere finanzielle Unregelmäßigkeiten.

Rudolstadt, 15. III. 39.

Du Sofie,

weißt Du, daß ich das Gefühl habe, als würdest Du mir Wichtiges verschweigen? Du hast letztes Mal einen so verzweifelten Eindruck gemacht, als ob Dich irgendetwas stark bedrücken würde. Oder sehe ich da falsch?

Liebe Sofie, Du mußt mir das sagen. Du brauchst da keine Rücksicht auf mich nehmen, oder kannst Du nicht ganz offen zu mir sein und mir alles anvertrauen? Denk bitte nicht, daß ich über Dich lachen werde oder gar schlecht von Dir denken, wenn Du nur wüßtest, was ich selbst für ein kleiner dummer Junge bin! Manchmal, wenn ich in Deine dunkeltiefen Augen schau, und sie plötzlich so traurig werden, dann ist es mir wie eine große Anklage ich weiß sie klagen mich an, nicht vorwurfsvoll, aber umso eindringlicher. Und ich möchte nur, daß ich Dir helfen könnte. Ich weiß wohl, daß man das Leben nicht rückwärts drehen kann, aber ich habe mal als Soldat gelernt, daß eine Lage nur solange gefährlich ist, solange sie ungeklärt ist. Darum, Sofie, mußt Du mir das sagen. Du darfst nicht alles in Dich hineinschweigen, es könnte dann zuletzt zur Tragik werden, und es sind schon so viele daran zu Grunde gegangen. Und wenn Dir auch niemand helfen könnte, vielleicht ist es doch befreiender, wenn man jemand weiß, zu dem man all das bringen kann was einen bedrückt. Ich wünschte Du könntest mir soviel Vertrauen entgegenbringen

Deinem Fritz.

Ulm, den 20. März 1939.

Lieber Fritz,

Du mußt mir schon entschuldigen, daß ich so lange nicht schreibe, aber ich hatte schrecklich viel für die Schule zu tun. Du mußt nicht grinsen, es ist wirklich wahr. Zum Beispiel: Eine Facharbeit für d. Deutsch, ein Aufsatz illustriert u. schön gebunden, gab bei mir 70 Seiten. Das ist ein richtiges Buch, u. ein riesiges Geschäft. Glaubst Du mir nun?

Die Adresse von Scharlo weiß ich leider nicht genau, nur soviel: Dresden, Postfach Nr. 10. Sie wohnt an einem vornehmen Platz, Namen habe ich leider vergessen. Vielleicht genügt das?

[Nun] muß ich mich aber bedanken für Deinen Brief von vor 14 Tagen. Beantworten kann ich ihn vielleicht nächste Woche. Und das Foto von der Plastik von Klimsch hat uns arg gefreut, Du. Es gefällt mir gut, aber ich habe noch nicht richtig Zeit gefunden, es gründlich anzusehen.

Noch 14 Tage, dann sind Osterferien. Ich gehe zuerst mit Lisel auf Fahrt. Hast Du noch Lust, etwas mit uns gemeinsam zu unternehmen über Ostern? Vielleicht könnten wir uns irgendwo treffen. Wenn Du am 2. April, der ein Sonntag ist, hier bist, können wir das noch besprechen. In den letzten Tagen gehen wir noch zum Schifahren. Ich bin hier gestern und vorgestern auch gefahren, weil alles unter Schnee lag. Gestern hat es aber schon so geschmolzen, daß man nur noch an Nordhängen gut fahren kann. Vor den Ulmer Hügeln habe ich nun keine Angst mehr.

Lisel ist jetzt fertig, kommt aber nach Hall in ein Kindererholungsheim oder sowas. Dann lernt sie noch 2 Jahre Krankenpflege. Und ich? werde nächstes Jahr Kindergärtnerin. Dann habe ich einen Beruf, u. kann anfangen was ich will. Ich bin direkt glücklich über diese Lösung, durch die ich nur $^1/_2$ Jahr an Zeit verliere.

Mutter hat einen Schokoladekuchen gebacken, und möchte, weil Du ihn gerne ißt, Dir etwas schicken. Hoffentlich magst Du ihn noch. Laß Dir's noch recht gut gehen, und langweilige Dich nicht so sehr.

Herzlichen Gruß von Deiner Sofie.

Fällt Dir auch auf, daß dieser Brief so abschnittweise geschrieben ist?

Das Thema der Facharbeit bzw. des Aufsatzes ist nicht bekannt.

Sophie Scholls Schwester Elisabeth (Liesel) hatte ihre Ausbildung zur Kindergärtnerin abgeschlossen. Ihre erste Stelle sollte sie in einem Kindererholungsheim in Schwäbisch Hall antreten.

Sophie Scholl hatte beschlossen, es ihrer Schwester gleich zu tun. Sie glaubte, auf diese Weise nicht nur einen sicheren Beruf erlernen zu können, sondern sich auch den sechsmonatigen Reichsarbeitsdienst zu ersparen, da zu der Zeit noch eine soziale Ausbildung als Ersatz anerkannt wurde (nach der Erinnerung von Elisabeth Hartnagel ging es Sophie nur um Letzteres; sie habe nie vorgehabt, Kindergärtnerin zu werden). Der Arbeitsdienst war zu diesem Zeitpunkt für junge Frauen noch nicht verbindlich, aber wohl Voraussetzung für die Zulassung zum Studium (zum Reichsarbeitsdienst siehe Kommentar zu Sophie Scholls Brief vom 22.9.1939). Die Ausbildung zur Kindergärtnerin im Ulmer Fröbelseminar dauerte für Abiturientinnen nur ein Jahr (»... durch die ich nur 1/2 Jahr an Zeit verliere«: unter der Voraussetzung, dass diese als Ersatz für den Arbeitsdienst anerkannt würde). Die Hoffnung, vom Arbeitsdienst befreit zu werden, sollte sich nicht erfüllen.

Rudolstadt, 27.3.39.

Liebe Sofie!

Die Zeit der Klassenarbeiten wirst Du ja hoffentlich glücklich überstanden haben. Sicher seid Ihr schon richtig in Ferienstimmung. Bei uns hier wird es auch bald soweit sein. Zur Zeit aber stecken wir noch mitten in der Fahrlehrerprüfung. Dies ist das reinste Abitur und dauert volle 5 Tage. Das Schriftliche haben wir hinter uns, nun kommen noch 2 Tage Praktisches und 1 Tag Mündliches. Wir nehmen aber die Sache nicht allzu ernst. Trotzdem ich es hier sehr schön hatte bin ich froh, daß ich bald wieder weg komme. Ich weiß nicht, was aus mir werden würde, wenn ich immer hier sein müßte. Ich merke erst richtig, was es für mich bedeutet, wenn ich von Zeit zu Zeit über Sonntag nach Ulm fahren kann. Weißt Du, dieses Milieu bei Euch wirkt einfach erwärmend. Dagegen ist hier unter meinen Kameraden viel Lautes, Gemeines und Oberflächliches. Ich hab nirgends richtig Kontakt gefunden. Allerdings ist es mein Fehler, daß ich mich nie darum bemüht habe.

Es ist sehr schade, daß Lisl nicht nach Augsburg kommt. Ich dachte schon ich könnte sie öfter mal zum Kaffee od. Tee einladen. Dann wäret vielleicht auch Ihr mal zu Besuch gekommen.

Dein neuer Plan hat mich vollkommen überrascht. Ich weiß noch gar nicht was ich dazu sagen soll. Kannst Du aus finanziellen Gründen nicht studieren oder willst Du das anschließend noch machen? Das mußt Du mir nächsten Sonntag erzählen. Ich hoffe nämlich, daß mir genehmigt wird, daß ich über Ulm nach Augsburg fahre.

Dann kann ich mich auch gleich mündlich bei Deiner Mutter für den guten Kuchen bedanken. Er schmeckt ganz ausgezeichnet. Sag bitte Deiner Mutter und allen, die dabei geholfen haben, recht vielen Dank.

– Ich hab Dir noch gar nicht verraten, daß ich zur Zeit wieder mal im Revier liege. Ich schäme mich nämlich fast und möchte bald an mir selbst verzweifeln. Diesmal hab ich aber nur ein Furunkel, das der Arzt heute aufgeschnitten hat. Ab Morgen hoffe ich wieder Dienst zu machen.

Ich wünsche, daß es bald Sonntag ist, und ich wieder bei Euch sein kann.

Dein Fritz.

Ulm, den 18. April 1939.

Lieber Fritz,

es gefällt mir in Ulm noch gar nicht. Ich merke jetzt erst, wie schön wir es in Schindelberg hatten. Es ist auch ein großer Unterschied, wir sind nun wieder mitten hineingestellt in den Betrieb, auch die Schule hat wieder angefangen. Aber eigentlich möchte ich mich gar nicht mehr so richtig eingewöhnen, dies erscheint mir immer wie ein Zurücksinken, wenn es auch bequemer wäre. Aber wahrscheinlich kommt es mit der Zeit doch so. Ich will wenigstens oft hinausgehen, u. meine Zeit ausnützen.

Gestern abend waren wir im Konzert. Wir hörten eine sehr schöne Altstimme. Wenn man singt kann ich ganz aufpassen. Dann wurde noch die 5. Sinfonie von Beethoven gespielt. Ich kann nicht immer mitgehen. Wenn ich mal wo hängenbleibe, denke ich meine Gedanken aus, und plötzlich ist die Musik wo ganz anders. Ich kannte schon einige Themen, dadurch wurde das Hören leichter. Ich glaube, auch das muß gelernt sein. Manche können es besser, manche weniger. Übung macht doch sicher viel aus. Genau wie das Bilderbetrachten, oder das Lesen. Man muß sich hier sehr zur Gründlichkeit erziehen. Und ich bin so gleich oberflächlich.

Hat nun in München auch das Aprilwetter eingesetzt? Es ist doch recht unverläßlich, wo meine Mutter doch ihre Wäsche aufhängen möchte. Der April kann die Leute schon herrlich schippen.

Schreibst Du mir nicht bald mal, ein bißchen von Dir? Ich weiß ja auch immer nur von mir zu erzählen. Kommst Du am nächsten Sonntag? Du würdest Deine 20 RM kriegen. Das andre folgt langsam nach. – Ich würde mich freuen.

Sofie

[am rechten Rand:] Die Karte gefällt mir so gut. Ich habe einen kleinen Laden mit fabelhaften Kunstpostkarten entdeckt. Man müßte Geld haben.

[am linken Rand:] Schreib mir bitte mal Deine genaue Adresse.

Ende März 1939 hatte Elisabeth Scholl ihre Prüfung als Kindergärtnerin erfolgreich abgeschlossen. Als Belohnung erhielt sie von ihren Eltern 50 Reichsmark. Damit lud sie ihre Schwester Sophie nach Schindelberg im Allgäu ein. Bald nach ihrer Ankunft war das Geld verschwunden, vermutlich in der Unterkunft, einem Massenquartier in einer Hütte, gestohlen. Sophie Scholl schrieb an Fritz Hartnagel, um von ihm Geld zu leihen. Schon am nächsten Tag kam er persönlich, und sie verbrachten einige Tage zu dritt. Fritz Hartnagel bezahlte alles, aber Elisabeth Hartnagel bestand darauf, das Geld von ihrem ersten Einkommen als Kindergärtnerin zurückzuzahlen.

Fritz Hartnagel war seit kurzem in München stationiert.

München, 23.4.39.

Liebe Sofie!

Eigentlich wollte ich heute in Ulm sein, aber ich hatte gestern bis 5 Uhr Dienst, so daß ich den Zug nicht mehr bekommen habe. Ich mache mir sowieso schon Vorwürfe, daß ich beinahe jeden Sonntag in Ulm bin. Hoffentlich nimmt mir das niemand übel.

Gestern habe ich mir mein Sofa auf den Balkon gestellt und ließ mir die pralle Frühlingssonne ins Gesicht scheinen. Da kam es mir für Augenblicke vor als ob ich auf dem Fluh oder sonst einem Berg liegen würde. Doch leider waren das nur Illusionen. Das Erleben kommt einem meistens erst in der Erinnerung richtig zum Bewußtsein. So auch die Schindelberger Tage. Daß sie mir gut getan haben hat sogar der Arzt festgestellt, und der kann doch nur das körperliche Befinden beurteilen. Ich wollte wir könnten öfters einige Tage zusammen weg sein. Wie ich heute Nachmittag spazieren ging und die Sonntagnachmittagspaziergänger bedauerte kam mir plötzlich zum Bewußtsein, daß man ja selbst genau so einer ist, der mit Hut und Handschuhen und langen Hosen durch die Gegend spaziert.

Ob es dann wohl Schwelgen in der Erinnerung ist, wenn man mal wieder auf Fahrt sein möchte mit Sonne und Regen, mit Nacht und Feuer, und wenn man wieder im Zelt schlafen möchte?

Ich wollte nun schon zweimal Hans besuchen, konnte ihn aber leider nie antreffen. Am besten wird sein, wenn ich ihm eine Karte schreibe.

Es ist gut, daß nächste Woche 1. Mai ist, denn sonst könnte ich erst in 3 Wochen wieder in Ulm sein. Nächsten Samstag-Sonntag mache ich nämlich an einer »Nachtorientierungsfahrt quer durch Schwaben« (Gegend Augsburg) mit. Und vom 3. bis 10. 5. habe ich ein schönes Kommando bekommen. Ich muß eine Versuchsfahrt für Sonderfahrzeuge quer durch Österreich sichern. Aber ich hoffe, daß ich anschließend an die Geländefahrt einen Abstecher nach Ulm machen kann um Sonntag-Montag bei Euch zu sein.

Ich nehme an, daß Du das neue Schuljahr mit guten Vorsätzen begonnen hast. Oder verzichtest Du lieber darauf um Dir nachher keine Vorwürfe machen zu müssen?

Ich habe gerade ausgerechnet, daß Du noch zwei Jahre brauchen wirst bis Du zum Studieren kommst. Das ist sehr schade, denn es wäre sicher fein, wenn Du hier in München studieren könntest. Aber bis dahin hats mich wahrscheinlich längst woandershin verschlagen.

Nun muß ich mich aber umziehen, ich möchte nämlich heute Abend ins Theater (Lustige Witwe). Leider muß ich allein gehen! Ich freue mich auf Deinen nächsten Brief. Dein Fritz.

Meine Adr.: Lt. F. H.
Ln. Flum. Ers.[?] Kp. 8/7
München 9
Grünwalderstr. 70

Fritz Hartnagel war im April 1939 bis Kriegsbeginn nach München zu einer Ausbildungskompanie abkommandiert worden.

Mit »Fluh« dürfte die Nagelfluhkette in den Allgäuer Alpen mit dem Hochgrat als höchstem Berg gemeint sein.

Zell im Zillertal, 5. IV [vermutlich 8. V.] 39.

Liebe Sofie!

Ich komme gerade erst von einer Erkundung von unserer morgigen Tagesroute zurück, und es ist schon bald 11 Uhr. Aber da Du morgen Geburtstag hast, sollst Du noch wissen, daß ich auch morgen bei Dir sein werde mit meinen Gedanken wie alle Tage. Beim Aufstehen und beim Schlafengehen, wenn ich etwas schönes oder freudiges erlebe, dann erzähle ich es Dir und es ist doppelt so schön, und wenn mich etwas bedrückt, dann läßt der Gedanke, daß Du dabei wärest, alles ins Lächerliche sinken.

Liebe Sofie Du hast mich dadurch vor so vielem bewahrt, und dafür möchte ich Dir danken.

Ich wünschte, daß ich Dir noch mehr schenken könnte außer diesem Dank.

Schlaf gut in Dein 18. Lebensjahr hinein!

Fritz.

Beim Datum dieses Briefes hat sich Fritz Hartnagel vermutlich verschrieben.

Der Grund für seinen Aufenthalt im Zillertal waren motorisierte Erkundungsfahrten in den Alpen (vgl. Fritz Hartnagels Brief vom 23. 4. 1939).

Ulm, 10. Mai 1939.

Lieber Fritz,

recht vielen Dank für Deinen lieben Brief. Könnte ich Dir alles sagen, was ich möchte u. nicht ausdrücken kann. Ich bin Dir so unendlich dankbar. Denn ich fühle, daß ich die egoistischere bin von uns beiden, aber ich nehme von Dir so gerne und dankbar. Denn bei wieviel Menschen kann man das, ohne die Furcht, damit Verpflichtungen auf sich zu laden. – Hoffentlich bereust Du das niemals.

Nun kam zu meinem Geburtstag noch ein Paket an, riesig groß. Ich entfernte daraus Mengen von Holzwolle u. Papier, und schließlich kam eine kleine Plastik zum Vorschein. Kannst Du mir nicht einen Aufschluß geben, woher das Paket kam? Es war eines meiner schönsten Geschenke.

Ich habe so einen schönen Geburtstag gefeiert, ich lag im Bett an Rachenkatharr, und konnte mich den ganzen Tag an meinem Geschenktisch freuen.

Hoffentlich hast Du recht schöne Tage erlebt. Obwohl das Wetter nicht blendend war?

Hoffentlich erwartest Du nicht zu viel von mir, ich möchte Dich so ungern enttäuschen.

Deine Sofie.

Sophie wurde am 9. Mai 1939 18 Jahre alt. Über die aufwändig verpackte »kleine Plastik« ist leider nichts mehr in Erfahrung zu bringen.

München, 21.5.39.

Liebe Sofie!

Auf meinem Balkon plätschert der Regen ununterbrochen. Dafür ist es aber auf meiner Bude mollig warm, so daß ich endlich mal meine herrliche Wohnung genießen kann. Ich sitze schon den ganzen Nachmittag über Atlas, Karten, Geographiebüchern und Reiseprospekten. Ich bin schon ganz in Urlaubsstimmung. Zwar habe ich erst im Juli Urlaub, aber da ich ihn dieses Jahr ordentlich ausnutzen will muß alles rechtzeitig vorbereitet sein. Und das ist ja auch die angenehmste Arbeit. Ich hoffe, daß dieses Jahr mein alter Wunsch »Dalmatien« in Erfüllung geht. Die Reise soll sogar durch Albanien bis an den Ochrid-See führen.

Das einzig betrübliche dabei ist, daß ich wahrscheinlich alleine gehen muß. – Ich wünsche, daß Ihr für Eure Pfingstfahrt wenigstens soviel Sonne habt wie am Himmelfahrtstage. Geht Ihr nun endgültig auf die Alb? Was ich anfangen werde weiß ich noch nicht. Aber es wäre ein Verbrechen, wenn ich die 10 Pfingsturlaubstage vertrödeln würde.

Schreib mir bitte bald wenn die Fahrt nach Schw. Hall zu Liesl steigen soll, damit ich mich darauf einrichten kann. Ich richte mich ganz nach Euch.

– Da heute das richtige Wetter für Museumsbesuch ist war ich heute Morgen in der Staatsgalerie. Du mußt Dir das unbedingt mal ansehen. Deine Mutter hat Dir ja schon die Erlaubnis gegeben!

Mit am besten gefielen mir die Zeichnungen von [Worms], die einen fabelhaften Schwung haben. Es sind auch zwei Kolbeplastiken hier. Es ist etwas seltsames, wenn man vor einer Plastik steht, die man schon jahrelang von Fotografien her kennt und schätzt, und sie nun in Wirklichkeit sieht. Es ist als ob man vor einem Heiligtum stünde. Begeistert hat mich auch dieser Hodler, von dem ich Dir eine Fotografie beigelegt habe. Leider kannst Du darauf die Farben nicht sehen, das ist nämlich das Herrlichste am ganzen Bild.

Ich wünsche, daß Du den heutigen Sonntag gut verbracht hast; wahrscheinlich auf dem Sofa mit einem Buch? Dafür wirst Du hoffentlich an Pfingsten den Mai noch genießen können, wozu ich Dir viel Freude wünsche. Fritz.

Der Künstlername ist nicht eindeutig zu lesen. Vermutlich aber lautet er »Worms«, womit der Zeichner und Stahlstecher H. Worms (19. Jahrhundert, genaue Daten sind nicht zu ermitteln) oder der Genremaler, Illustrator und Radierer Jules Worms (1832–1914) gemeint sein könnten.

Für welches Bild von Ferdinand Hodler (1853–1918) sich Fritz Hartnagel begeisterte, ist nicht mehr zu ermitteln.

Augsburg, 27. 6. 39.

Liebe Sofie!

Ich kann es noch gar nicht recht glauben, daß es nun wahr werden soll. Zuerst wagte ich den Gedanken gar nicht auszusprechen Dich zu dieser Fahrt einzuladen. Ich bewundere Deine Eltern.

Damit Du weißt, was uns bevorsteht schicke ich Dir eine ungefähre Fahrtroute. Wir haben also 7 Tage ganz für uns, d. h. wir können bleiben wo es uns gerade gefällt. Die Route für den 13.–19. Tag ist also nur ein Vorschlag!

Es ist beinahe unfaßbar, daß wir beinahe 19 Tage, Stunde für Stunde zusammen verbringen können. Ich freue mich so sehr, daß wir mal längere Zeit zusammen sein können, daß wir nicht immer auf Augenblicke angewiesen sind, die nur Ausschnitte sind und deshalb meistens ein falsches Bild ergeben.

Ich bin recht froh, wenn ich Mitte nächster Woche meinen Adjutantenposten wieder verlassen kann, denn man verödet vollkommen, wenn man den ganzen Tag nur Verordnungen, Akten und sonstiges Papier durchstöbert. Das ist alles lebloses Zeug, das keine Empfindung erweckt, und wo diese nicht da ist wird man zur Arbeitsmaschine.

Unser kleines Gartenfest müssen wir leider um 8 Tage verschieben, da ich am 9. Juli an einer Fahrt durch »Bayerns Berge und Tirol« teilnehme. Hoffentlich macht es Euch nichts aus. Dann sind vielleicht auch schon die Beeren reif!

Ich komme nächsten Samstag-Sonntag nach Ulm.

Dein Fritz.

Eine Jugoslawienreise in den dreißiger Jahren war etwas ausgesprochen Exotisches und Abenteuerliches und nicht mit heutigen Urlaubsreisen in diese Region zu vergleichen. Um so bemerkenswerter ist es, dass die Eltern Scholl ihrer achtzehnjährigen Tochter erlaubten, mit einem vier Jahre älteren Mann eine solche Fahrt zu unternehmen.
Das von Fritz Hartnagel ausgearbeitete Programm der geplanten Fahrt ist erhalten:

Erstmalige Fahrten zum Herzen des Balkans.
1.Tag, Sonnabend 22.Juli:
Abreise von München, über Salzburg 22.45 Uhr.
2.Tag, Sonntag:
11.00 Uhr Ankunft in Triest. 13.00 Abfahrt von Triest mit Omnibus nach Fiume und Grenzübertritt nach Susak,
16.00 Abreise von Susak mit dem Eildampfer durch den jugoslawischen Inselreigen nach Süddalmatien. .
3.Tag, Montag:
18.30 Ankunft in Dubrovnik, Hotelunterbringung
4.Tag, Dienstag:
Besichtigung des altehrwürdigen Städtchens und Bootsausflug nach dem Sageneiland Lokrum.
5.Tag, Mittwoch, bis 12.Tag, Mittwoch:
Mit Kraftwagen durch die unberührten Zentrallandschaften des Balkans:

Dubrovnik – Golf von Kotor – Budva – Cetinje – Andrijevica – Pec – Kosovska – Skopje – Veles – Bitolj – Ohrid – Tetovo-Skoplje – Prizren – Pec – Andrijevica – Cetinje – Kotor – Dubrovnik.
Übernachtungen sind in Cetinje, Pec, Skopje vorgesehen.
13. Tag, Donnerstag:
8.00 Abreise von Dubrovnik mit dem Eildampfer durch die dalmatinischen Inseln nach Norden.
14. Tag, Freitag:
17.00 Uhr Ankunft in Venedig. 19.38 Uhr Abfahrt von Venedig über Verona, Brenner.
15. Tag, Sonnabend:
6.30 Uhr Ankunft in München.
Ich habe Urlaub bis 9. Aug., also Mittwoch incl. Drum schlage ich vor:
13. Tag. Donnerstag:
Trennung von der Reisegesellschaft in Dubrovnik.
Weiterreise bis zum
19. Tag, Mittwoch, 9. Aug., über (ungefähr)
Trebinje – Mostar – Sarajevo – Travnik – Jaijce – Banja Luca – bosn. Novi – Agram – Ljubljana – Tauerntunnel – München.

München, 5.7.39.

Liebe Sofie!

Ich muß Dir etwas Betrübliches mitteilen! Wie ich gestern ersehen habe sind die Devisen nach Jugoslawien gesperrt! Ich war nun beim Reisebüro in München, und der Bearbeiter unserer Reise glaubt noch Devisen besorgen zu können, falls wir sofort unsere Reisepässe beibringen könnten.

Wir lassen natürlich unseren Plan nicht so ohne weiteres über den Haufen werfen und versuchen was überhaupt möglich ist. Drum mußt Du sofort Deinen Paß besorgen. Es gibt dazu folgende Möglichkeiten:

1) Du gehst zur Polizei und versuchst ohne Genehmigung der H. J. einen Paß zu bekommen. (Du bist ja über 18 Jahre und nicht mehr H. J.pflichtig!) Nehme am besten gleich Deinen Vater mit.
2) Du holst Dir nur beim Untergau die Genehmigung und versuchst es mit dieser den Paß zu bekommen.
3) Versuche wenigstens die Nummer des Passes zu bekommen und teile sie mir sofort per Eilboten oder am besten telegraphisch mit.

4) Schicke den Antrag mit der Stellungnahme des Untergaus per Eilboten an Lisa oder Nägele's nach Stuttgart und bitte sie die Stellungnahme des Gebiets zu besorgen; dann mit Eilbrief zurück!

Wenn wir die Nummer des Passes hätten würde das vorerst genügen. Sobald Du aber den Paß hast, schicke ihn bitte mit Eilbrief an mich. Die Nummer am besten heute noch! Es geht jetzt um Stunden!! Finanzielle Auslagen spielen in diesem Fall keine Rolle. Vielleicht kannst Du sogar selbst nach Stuttgart fahren!

Hoffentlich nimmst Du mir diesen Befehlston nicht übel? Aber so ist es am klarsten.

Ich glaube, daß es trotz allem klappt!

Herzlichst Dein Fritz.

Die Devisensperre sollte die Fähigkeit des Deutschen Reiches sichern, kriegswichtige Importe zu finanzieren. Vgl. auch den kurzen Abriss der deutschen Außenpolitik vom Frühjahr 1938 bis Juli 1939 im Kommentar zu Sophie Scholls Brief vom 20.7.1939.

Das »Gesetz über die Hitlerjugend« vom 1. Dezember 1936 bestimmte in § 1: »Die gesamte deutsche Jugend innerhalb des Reichsgebietes ist in der Hitlerjugend zusammengefasst.« Aber erst eine Durchführungsverordnung zum Gesetz über die Hitlerjugend vom 25. März 1939 legte verbindlich die Dauer der Dienstpflicht fest. Demnach waren Mädchen von 10 bis 14 Jahren dienstpflichtig im »Jungmädelbund« (JM) und von 14 bis 18 Jahren im »Bund Deutscher Mädel« (BDM). Da Sophie am 9. Mai 1939 18 Jahre alt geworden war, war sie also nicht mehr zum Dienst im BDM verpflichtet.

Nägeles waren eine mit den Scholls befreundete Stuttgarter Arztfamilie, deren Kinder mit den Scholl-Geschwistern auf vielfache Weise verbunden waren.

»Stellungnahme des Gebiets«: Gemeint ist die Gebietsleitung der Hitlerjugend in Stuttgart.

16. 7. 39. [datiert von F. H.; aus Ulm]

Lieber Fritz,

kannst Du diesen Brief sehr schnell beantworten u. seine Bitte erfüllen? Inge möchte gerne, daß wir am Freitag in euren Garten könnten, um ihn ein bißchen anzusehen, damit er zu dem Fest auch von uns noch etwas hergerichtet würde. Vielleicht kannst Du dies schnell Deiner Mutter schreiben, denn wir können ja nicht so ohne weiteres einfallen. Nicht wahr?

Leider konntest Du Sonntag abend, doch nicht kommen. Ich habe jetzt noch mit der Schule einige Scherereien, daß ich frei bekomme, es muß über Stuttgart gehen. Das wird dann schon klappen. Den Paß kann ich leider nicht schneller kriegen, ich tat, was ich konnte. Hoffentlich reichts noch, wenn er endlich kommt. Leider läßt sich die Reichsjugendführung nicht erweichen, u. seinen dienstlichen Weg muß es doch gehen, du liebe Zeit! (Ist Dir schon aufgefallen, wie oft ich das Wort »leider« gebrauche? Es drückt meine ganze Stimmung der Sache gegenüber aus.) Weiß Deine Mutter denn noch nicht, daß Du nach Jugoslawien willst? Sie telefonierte heute meiner Mutter wegen Obst, u. meinte, Du könntest in Deinem Urlaub auch helfen Beeren pflücken.

Und Du, noch den genauen Preis! Du hast also viel bis nächsten Samstag zu erledigen. Bereite Dich vor! Hoffentlich hängt Dir die Schererei noch nicht zum Halse heraus.

In meinem Bett, neben dem ich Dir schreibe, liegt der kleine Scheringer. Er hat seinen Pudel [umgangssprachlich für Schnuller!] im Mund, er schläft schon, u. im Schlaf zieht er manchmal ein bißchen dran, es gibt so einen schlürfrigen Ton. Er ist ein goldiges Kerlchen, mit einem silberblonden Flaum auf seinem rosigen Schädelchen. Es gefällt mir, daß ich ihn heute nachmittag ganz für mich habe. –

Ich freu mich, bis wir mal unterwegs sind, denn vorher glaub ich nicht dran, daß es etwas wird.

Auf Wiedersehen

Sofie.

[am oberen Rand, auf dem Kopf:] Lieber Gott, ist der Brief geschäftlich! Aber wir sehen uns ja bald.

Reisen von Jugendlichen ins Ausland mussten von der Reichsjugendführung genehmigt werden (vgl. auch Sophie Scholls Brief vom 20.7.1939). Die Reichsjugendführung unter dem Reichsjugendführer Baldur von Schirach (bis 1940) war oberste Leitung der Hitlerjugend, legte organisatorische und erzieherische Grundsätze fest und besetzte höhere Führungsfunktionen in der HJ. Zudem hatte die Reichsjugendführung in Kooperation mit Polizei und Geheimer Staatspolizei (Gestapo) quasi polizeiliche Überwachungsaufgaben (ein typisches Beispiel für die politisch gewollte Verquickung von Staats- und Parteifunktionen im Nationalsozialismus).

»... der kleine Scheringer«: ein Sohn von Richard Scheringer. Richard Scheringer hat im Ulmer Reichswehrprozess von 1930 eine wichtige Rolle gespielt: Vor dem Reichsgericht in Leipzig fand vom 23. September bis 4. Oktober 1930 der Hochverratsprozess gegen drei junge Offiziere des in der Garnison Ulm stationierten Artillerieregiments 5 statt. Es handelte sich um die Leutnants Richard Scheringer und Hans Ludin sowie um den Oberleutnant Hans Friedrich Wendt. Sie waren »des Versuchs einer nationalsozialistischen Zellenbildung innerhalb der Reichswehr«, was einen Verstoß gegen das Verbot parteipolitischer Betätigung in der Reichswehr darstellte, angeklagt und überführt worden und wurden zu jeweils eineinhalb Jahren Festungshaft verurteilt.

Der Prozess erregte im gesamten Deutschen Reich größtes Aufsehen, nicht zuletzt weil Hitler am dritten Prozesstag als Zeuge auftrat. Unter Eid sagte er aus, nur mit legalen Mitteln die Macht im Staat übernehmen zu wollen. Nach »zwei bis drei Wahlen«, so Hitler weiter, werde die NSDAP aber die Mehrheit besitzen und »den Staat so gestalten, wie wir ihn haben wollen«. Und dann würden »auch Köpfe rollen«. Kurz vor dem Prozess war die NSDAP bei der Reichstagswahl vom 14. September 1930 mit 107 Mandaten zur zweitstärksten Fraktion im Reichstag geworden.

Während der Festungshaft wandte sich Richard Scheringer vom Nationalsozialismus ab und wurde Kommunist. In einer spektakulären Aktion wurde am 18. März 1931 im Deutschen Reichstag der Übertritt Scheringers zur KPD bekannt gegeben.

In der Zeit der NS-Diktatur ergab sich auf Umwegen ein Kontakt zwischen Scheringer und der Familie Scholl, die ihn wegen seiner antifaschistischen Haltung schätzte. Hans und Werner Scholl verbrachten zumindest einmal ihre Ferien auf dem Hof Scheringers. Elisabeth Scholl trat am 18. Februar 1943 (dem Tag der Verhaftung von Sophie und Hans Scholl) eine Stelle als Kindergärtnerin bei der Familie Scheringer, die sechs Kinder hatte, an. Dieses Beschäftigungsverhältnis endete allerdings bereits wenige Tage später am 22. Februar 1943 mit der Hinrichtung von Sophie und Hans Scholl und der folgenden Sippenhaft, von der auch Elisabeth Scholl betroffen war.

Undatiert [nach dem 16.7.1939; aus München]
(Erst Mittagessen, dann lesen!)

Liebe Sofie!

Damit Du Dich nicht beschweren kannst will ich Dir gleich Antwort geben.

Ihr könnt selbstverständlich jederzeit in unseren Garten. Trotzdem will ich noch nach Hause schreiben, damit sie Bescheid wissen. Nun bin ich gespannt, was Ihr Euch bis Samstag ausgedacht habt, also der ganze Garten mit sämtlichen Lokalitäten steht uns zur Verfügung. Ich habe einen ganz famosen Chef. Da ich morgen, Freitag, nach Augsburg muß meint er, es würde sich nicht mehr rentieren, daß ich nach München zurückkomme, ich soll Freitag Abend gleich nach Ulm weiterfahren! Und dies macht er, ohne daß ich ihn darum gebeten hätte. Nun habe ich ja noch genügend Zeit um alles herzurichten.

Und was unsere zweite »Sorge« anbetrifft bin ich etwas optimistischer wie Du, trotzdem sich eine neue Schwierigkeit eingestellt hat, die aber schon wieder beseitigt ist, und ich hoffe, daß Du damit einverstanden bist. Unsere Reise findet nicht statt. Dafür habe ich uns gleich für eine andere angemeldet, die über Venedig, Split, Hvar nach Dubrovnik führt. Dort bleiben wir 6 Tage und können Ausflüge nach [Cotor, ...] u.s.w. machen und haben vor allem Gelegenheit tüchtig die Adria zu genießen. Von dort aus können wir dann quer durch Jugoslawien während den restlichen 7 Tagen nach Hause gondeln. Das Ganze machen wir als Einzelreise, also ohne Reisegesellschaft, aber organisiert vom Reisebüro. Wir können auf das Reisebüro nicht ganz verzichten, da wir sonst keine Devisen bekommen. Was sagst Du dazu? Bist Du auch so deprimiert wie ich es vorgestern war, als ich erfuhr, daß die Reise nicht stattfindet? Aber glücklicher Weise haben wir gleich wieder einen Ausweg gefunden. Und schließlich ist es ja auch egal, wo wir sind, die Hauptsache, daß wir fort sind, oder nicht?

Übrigens was Einladung für Samstag betr. müßt Ihr organisieren. Mir ist das gleich, d.h. mit wem Ihr Euch vertragt, komme auch ich aus. Bis morgen Abend Dein Fritz.

(Vielleicht reicht es mir erst auf Samstag früh!?)

München, 19. 7. 39.

Liebe Sofie!

Wenn mir die Tränen leichter fließen würden, hätte ich heute sicher geheult, als ich aus dem Reisebüro kam. Innerlich war's mir wenigstens so zu Mute. Unsere Reise kann nicht stattfinden, da wir keine Devisen mehr bekommen!! Nun hat sich also Dein Pessimismus doch bewahrheitet. Es ist nun endgültig nichts mehr zu machen, trotzdem ich alles versucht habe. Aber trotz allem ist es so immer noch besser, denn wenn Du Deinen Paß nicht mehr bekommen hättest wäre dies noch schlimmer. Das war es auch, was mich die ganze Woche schon nicht recht froh werden ließ. Denn ich hätte meine Reise nicht mehr absagen können, da die Kündigungsfrist bereits überschritten ist, und so hätte ich alleine fahren müssen, was ich mir nun gar nicht mehr vorstellen kann, nachdem wir uns schon monatelang auf eine gemeinsame Fahrt freuen. So ist das, glaube ich, noch das bessere Übel. Was wirst Du nun in Deinen Ferien anfangen? Gehst Du mit Inge nach Worpswede? Wenn Ihr es gestattet, würde ich natürlich recht gerne mitgehen. Ich kann aber meinen Urlaub nicht mehr verschieben. Oder könntet Ihr schon bälder fahren? Du Sofie, wenn das noch klappen würde, ich glaube unsre Jugoslawienreise wäre beinahe 100%ig ersetzt. Überleg Dirs mal und sprech mit Inge darüber. Samstag um 12 Uhr beginnt mein Urlaub (bis 9. Aug.) Darum schreib mir bitte gleich wieder, was Du dazu meinst. Wenn Ihr erst Samstag in 8 Tagen fahren könntet, wären es immer noch 10 Tage, die ich mit Euch oben sein könnte. Schöner wäre es natürlich, wenn wir schon früher fahren könnten.

Nun habe ich wenigstens wieder etwas, worauf ich mich freuen kann und ich hoffe, daß Du Dich mit freuen kannst.

Dein Fritz.

Ulm, 20. 7. 39.

Lieber Fritz, grad erhalte ich Deinen Brief. Ich bin ja nicht zu sehr verwundert. Den Paß hätte ich vielleicht noch erhalten, weil mir der Obergau noch liebenswürdigerweise vielleicht wahrscheinlich eine Erlaubnis gegeben hätte. Von der R. J. F. kriege ich keine, da allgemeines Ausreiseverbot ist, d. h. der Jugend wird in dieser kritischen Zeit keine Ausreiseerlaubnis mehr gegeben. Naja, nun wollen wir Jugoslawien endgültig zu Grabe tragen. Kommst Du gleich am Samstag, dann können wir so schnell wie möglich abfahren, denn in die Schule mag ich nun nicht mehr (obwohl ich noch keine Erlaubnis wegzubleiben habe, es merkt ja niemand) Vielleicht können wir montag früh los.

Bis dahin herzlichen Gruß

Sofie.

Schläfst Du in Worpswede auch in der Jugendherberge, oder tust Du Dich irgendwie einpensionieren? Wir können ja auch so herrlich Pläne schmieden.

S.

»R. J. F.«: Reichsjugendführung

»in dieser kritischen Zeit«: Die Annexion Österreichs (»Anschluss«) im März 1938 hatte die Devisenreserven des Deutschen Reiches so aufgefüllt, dass die Aufrüstung unvermindert fortgesetzt werden konnte. Dieser Erfolg ermutigte Hitler, auf dem Höhepunkt seiner Popularität, die tschechoslowakische Frage »in nicht allzu langer Zeit zu lösen«. Dabei ging es zunächst um die überwiegend von sogenannten Sudetendeutschen bewohnten Randgebiete der Tschechoslowakei. Im »Münchener Abkommen« vom 29. September 1938 gestanden die Regierungschefs Großbritanniens und Frankreichs, Chamberlain und Daladier, Deutschland die Sudetengebiete zu, in der Hoffnung, so den Frieden bewahren zu können (»Appeasement-Politik«). Die Tschechoslowakei, die bei der Münchener Konferenz überhaupt nicht vertreten war, wurde gezwungen, das gesamte Sudetenland abzutreten.

Am 15. März 1939 rückte die Wehrmacht in die Resttschechei ein. Die Tschechei wurde als »Protektorat Böhmen und Mähren« Bestandteil des Deutschen Reiches, die Slowakei wurde abgetrennt und ein deutscher Vasallenstaat. Die Westmächte protestierten scharf und Großbritannien gab nun eine Bestandsgarantie für Polen ab und führte die allgemeine Wehrpflicht wieder ein.

Ebenfalls im März 1939 wurde Litauen aufgefordert, auf das Memelland zu verzichten. Litauen hatte die Abtretungsurkunde noch nicht unterzeichnet, als Hitler sich bereits an Bord des Panzerschiffes »Deutschland« auf den Weg nach Memel machte und dort am 23. März begeistert empfangen wurde.

Das deutsche Verhältnis zu Polen hatte sich spätestens seit Ende 1938 verschlechtert. Der deutsche Außenminister v. Ribbentrop hatte nämlich erklärt, dass eine Verlängerung des deutsch-polnischen Nichtangriffspaktes von 1934 nur in

Frage komme, wenn Polen dem Antikominternpakt (zwischen Deutschland, Japan und Italien) beitrete, dem Anschluss des Freistaates Danzig an Deutschland zustimme und den Bau einer extraterritorialen Autobahn und Eisenbahnlinie von Pommern nach Ostpreußen genehmige. Polen lehnte alle Forderungen ab. Im April 1939 kündigte Deutschland den Nichtangriffspakt mit Polen. Im selben Monat wurde auch das Flottenabkommen mit Großbritannien gekündigt.

Seit März/April 1939 kam es zu einer ersten Annäherung zwischen Deutschland und der Sowjetunion, die am 23. August 1939 schließlich zum Hitler-Stalin-Pakt führen sollte, in dessen geheimem Anhang insbesondere die Aufteilung Polens festgelegt wurde. Diese diplomatischen Kontakte dürften allerdings in der deutschen Öffentlichkeit kaum bekannt geworden sein. Ein weiterer Schritt, der auf einen baldigen Kriegsbeginn hindeutete, war eine strikte Devisensperre Anfang Juli 1939, der ja auch die geplante Jugoslawienreise von Sophie Scholl und Fritz Hartnagel zum Opfer fiel (vgl. auch Fritz Hartnagels Briefe vom 3. und 19.7.1939).

Undatiert [August 1939; aus Worpswede]

Lieber Fritz,

ich schicke Dir die beiden Bücher, auch das von Hanspeter. Ich kann es jetzt gerade nicht brauchen. Solang wir weg waren, schlief ein Mann in meinem Bett und guckte meine Bücher durch. Das Buch von Hanspeter wollte er sofort zur Polizei nehmen u. uns anzeigen. Frau Ötken hat das nochmal verhindert, da wir ihre Gäste sind. Aber Du weißt ja selbst, wie Ötkens sind. Sie interessieren sich nun auch für meine Bücher u. sind voll Mißtrauen. Na ja, wir gehen morgen.

Ist auch besser so.

Für das Geld vielen Dank, ich kann es nun gut gebrauchen. Das von meinen Eltern kam noch nicht.

Wir werden uns ja nun bald wieder sehen.

Herzlichen Gruß

Sofie

Hanspeter Nägele war mit Hans Scholl in derselben elitären Gruppierung der Jugendbewegung, nämlich der d.j.1.11. (deutsche jugend vom 1.11. [1929]), die von Eberhard Köbel, genannt »tusk« (von Schwedisch tysk = deutsch), gegründet und geführt wurde. Außerdem leisteten Hans Scholl und Hanspeter Nägele ihren Wehrdienst gemeinsam in Stuttgart-Bad Cannstatt ab. Bei dem Buch dürfte es sich um das programmatische Werk »Die Heldenfibel« von Eberhard Köbel (Plauen 1933) handeln. Fritz Hartnagel, der selbst der Jugendbewegung entstammte, zeigte verschiedentlich Interesse für die d.j.1.11.

Frau Ötken war die Herbergsmutter in der Jugendherberge Worpswede.

Das unangenehme und nicht ungefährliche Erlebnis in der Jugendherberge in Worpswede veranlasste Sophie Scholl, früher als geplant nach Ulm zurückzufahren. Trotz der eindrucksvollen Erlebnisse auf ihrer Norddeutschland-Reise hatte Sophie Scholl Heimweh nach Süddeutschland und Ulm. In einem Brief an ihre Schwester Inge schrieb sie am 19.8.1939: »Sonst aber möchte ich lieber auf der Alb sein. Lieber unter süddeutschen Menschen. Den norddeutschen komme ich nicht nahe. Deshalb freue ich mich auch wieder auf Ulm.« (zit. n.: Hans Scholl und Sophie Scholl, Briefe und Aufzeichnungen, hrsg. von Inge Jens, a.a.O., S. 159f.)

16.8.39. [aus München]

Liebe Sofie!

Eigentlich sollte ich auf dieses Konzeptpapier eine Ausarbeitung für meinen Unterricht schreiben, aber da es heute und um diese Stunde gerade eine Woche her ist, daß ich wieder in München bin, muß ich Dir endlich mal schreiben. Wenn Du einen Blick in mein Zimmer werfen könntest, würdest Du wahrscheinlich nicht mehr fragen warum so lang nicht. Ich bin hier auf meinem Schreibtisch umlagert von Vorschriften, Papier, Lineal, Winkelmesser, Bleistiften – Farbstiften, und der Tisch und Boden sind voll bepflastert mit Landkarten. Es ist hier das reinste Armeeoberkommando. Ich habe, seit ich in München bin, noch nie so viel gearbeitet wie in den letzten Tagen. Wir haben zur Zeit einen [Anwärter]lehrgang hier, der uns sehr viel Arbeit und Sorgen macht. Unter anderen ist auch mein Schwager Rudi Daub dabei – ansonsten lauter Ärzte, Rechtsanwälte, Architekten, Kaufleute – also lauter geistige Größen, d.h. Leute, denen man nicht gerade jeden Quatsch erzählen kann, wenn man sich nicht blamieren will.

Und so kommen mir die 8 Tage, die mich von Worpswede trennen, wie 8 Wochen vor. Und wenn ich dran denke, daß wir 14 Tage fast Stunde für Stunde zusammen verbracht haben, dann kommt es mir manchmal fast schon wie ein Märchen vor. Es ist vielleicht ganz gut, daß ich nicht viel Zeit habe dran zu denken, denn sonst würde mich ein leichtes Heimweh nach Worpswede plagen, das mich so nur abends vor dem Einschlafen drückt.

Nachdem nun die Lisa auch noch weg ist, wirst Du Dich sicher arg einsam fühlen. Für den Fall, daß es Dir nicht mehr gefällt, will ich Dir Deine Fahrkarte beilegen. Oder wenn Du noch länger bleibst, will ich Dir wenigstens versprechen, daß Du, wenn mein Lehrgang am Freitag zu Ende ist, öfters von mir ein Briefchen bekommen wirst, damit Du weißt, daß wenigstens in Gedanken jemand mit Dir durch Worpswede bummelt.

Ich schicke noch einen falsch addressierten Brief von Lisa mit, solltest Du einen haben, der für mich bestimmt ist, dann schicke ihn bitte. Hast Du auch das Kleid schon bestellt? Du mußt mir den Wunsch unbedingt erfüllen! D.h. ich bitte darum. Grüße Has, falls er noch da ist und auch Herrn Schorrelmann.

Schreibst Du bald wieder, was Du denkst und tust oder läßt?

Fritz.

Rudolf, genannt Rudl, Daub ist der Mann von Fritz Hartnagels Schwester Frida.

Herrn Schorrelmann hatte Inge Scholl während ihrer Zeit in Bremen kennen gelernt. Im Sommer 1939 machte er in der Gegend von Ulm Urlaub und nahm Kontakt zur Familie Scholl auf.

Ulm, 26.8.39.

Mein lieber Fritz, ich danke Dir schön für die Bücher u. Briefe. Ich war noch einige Tage in Ehingen bei einer alten Dame. Sie ist jetzt schnell in die Schweiz.

Eigentlich habe ich Dir gar nichts zu schreiben. Ich hoffe nur sehnlichst, daß Du bald wieder Deine Sonntagsbesuche hier machen kannst.

Hast Du manchmal noch Zeit, an Deinen vergangenen Urlaub zu denken? Und hoffentlich hat er Dich nicht gereut? Er ist nun schon lange vorbei, nicht wahr.

Schreib mir doch bitte, wenn Du Zeit hast, wenn es nur eine Karte ist.

Lisa macht mir große Sorgen. Sie ist mit Hans in Ostpreußen. Wie sie nun wieder herkommt, ist mir noch nicht klar. Und wenn es ihre Eltern erfahren, daß sie mit ihm war, gibt's einen Mordsskandal, den ich mir gar nicht ausdenken mag. Ich habe doch in diesem Fall die Verantwortung für sie, weil sie auf jeden Fall auf das gehört hätte, was ich ihr geraten hätte. Na ja!

Für Dich geht jetzt jedenfalls so recht das Geschäft los. Aber ich habe euer Geschäft nicht gern. Und ich hoffe, daß ihr recht bald damit fertig seid.

Das Kleid hab ich bestellt, es wird Dir zugeschickt. Ich denke oft an Dich. Ich wollte Dir auch oft schreiben, wenn ich genau wüßte, wohin.

Hoffentlich erreicht Dich dieser Brief.

Alles Gute!

Sofie

Zumindest der Schluss dieses Briefes muss nach Kriegsbeginn, also frühestens am 1. September 1939, geschrieben worden sein (mit dem »Geschäft« ist eindeutig das Kriegsgeschäft gemeint). Möglicherweise hat Sophie Scholl den Brief am 26. August begonnen und, weil sie »gar nichts zu schreiben« hatte, einige Tage später fortgesetzt.

Die alte Dame, eine Ärztin, die Sophie Scholl in Ehingen bei Ulm besuchte, war eine Kundin von Vater Scholl. Sie hatte Sophie Scholl eingeladen.

Hans Scholl war zu einem Ernteeinsatz nach Ostpreußen gefahren, und seine Freundin Lisa Remppis hatte ihn ohne Wissen ihrer Eltern begleitet. Ihre Rückkehr dürfte durch die massiven deutschen Truppenbewegungen zur Vorbereitung des unmittelbar bevorstehenden Überfalls auf Polen schwierig geworden sein.

Undatiert [31.8.1939; aus München]

Liebe Sofie!

Entschuldige, wenn ich auf Deinem Briefpapier schreibe, aber ich habe mein Schreibzeug schon eingepackt. Ich fahre nämlich heute wieder mal zur Abwechslung nach Augsburg und übermorgen nach Nürnberg zum »Parteitag des Friedens«.

Gerade kam mein Brief zurück, den ich nach Worpswede geschickt hatte, in der Meinung, Ihr würdet erst nach dem 20. abfahren. Habt Ihr Krach bekommen mit den Herbergseltern? Die Bleistiftaufschrift auf dem Brief kommt mir etwas komisch vor!

Nun habe ich allerdings ein schlechtes Gewissen, denn in dem Brief ist noch Deine Fahrkarte drin. Seid Ihr getrampt?

Sag bitte vielen Dank Deiner Mutter für die Einladung und Deiner Schwester Inge für den Brief. Wir machten Samstag-Sonntag einen kleinen Familienausflug. Meine Eltern, meine Schwester und ihr Mann fuhren mit der Bahn auf die Zugspitze, während mein Bruder und ich durch's Höllental aufgestiegen sind. Es war sehr nett, vor allem hat sich meine Mutter riesig gefreut, daß wir alle mitwaren.

Ich weiß nun nicht, wann ich wieder nach Ulm kommen kann. Ich befürchte, erst nach dem 9. Sept.

Seid bis dahin alle herzl. gegrüßt
vom Fritz.

»Parteitag des Friedens«: Höhepunkt der nationalsozialistischen Selbstinszenierung waren die Reichsparteitage, die stets Anfang September in Nürnberg abgehalten wurden. Sie wurden jeweils unter ein Motto gestellt: »Sieg des Glaubens« (1933), »Triumph des Willens« (1934), »Reichsparteitag der Freiheit« (1935), »Reichsparteitag der Ehre« (1936), »Reichsparteitag der Arbeit« (1937), »Reichsparteitag Großdeutschlands« (1938). Der für den 2. September 1939 geplante »Reichparteitag des Friedens« fand aufgrund des Kriegsbeginns am 1. September 1939 nicht mehr statt (»... übermorgen nach Nürnberg zum Parteitag des Friedens«: Daraus lässt sich das Briefdatum 31.8. erschließen).

An dem Familienausflug waren Fritz Hartnagels Schwester Frida und ihr Mann Rudolf (genannt Rudl) Daub sowie sein Bruder Willy Hartnagel beteiligt. Nähere Informationen über die Familie von Fritz Hartnagel können der biographischen Skizze entnommen werden.

Meine Adr.: Lt. F. Hartnagel
Feldpostnummer 33414
Postsammelstelle Stuttgart.

3. 9. 39. [bei Calw im Schwarzwald]

Liebe Sofie!

Endlich kann ich Dir ein Lebenszeichen schicken. Ich sitze im Schwarzwald und bin Adjutant bei einer Nachr. Abt. Wir warten nun stündlich, daß es auch hier bei uns zum Knallen kommt. Wenn wir's auch nicht hoffen wollen, so freuen wir uns natürlich insgeheim darauf. Wir arbeiten nun schon über 8 Tage von den frühen Morgenstunden bis in die späte Nacht hinein um alles gründlich vorzubereiten. Es macht sehr viel Spaß, wenn man mal seine Kriegsschulkenntnisse und Friedenstheorien in die Praxis umsetzen kann.

Ich befürchte nur, daß wir uns so bald nicht wiedersehen werden. Und so bin ich nur froh, daß wir noch unsre Ferien gemeinsam verbringen konnten, die mir immer in glücklicher Erinnerung geblieben sind. Bei Dir auch? Ja Sofie, ich habe ein unendliches Glücksgefühl, das mich nach all dem Drunter und Drüber der täglichen Arbeit immer wieder befreit. Und ich wünsche mir, daß Du es auch empfindest.

Und wenn wir nun wohl für längere Zeit getrennt sind wirst Du mir, hoffe ich, wohl des öfteren schreiben und von Dir erzählen, was Dir gerade in [den] Kopf kommt, oder was Dich bedrückt und beglückt. Ich will dann versuchen so oft wie möglich meinem Dienst ein paar Minuten wegzustehlen um an den Soffer zu denken.

Grüße an Deine Eltern und Geschw. v. Fritz.

»Soffer« war der Spitzname von Sophie Scholl.

Fritz Hartnagel war gleich zu Kriegsbeginn als Adjutant einer Nachrichtenkompanie nach Calw im Schwarzwald nahe der deutsch-französischen Grenze abkommandiert worden. Erwartet wurde nach dem deutschen Überfall auf Polen und den Kriegserklärungen Großbritanniens und Frankreichs, die eine Bestandsgarantie für Polen abgegeben hatten, ein militärisches Vorgehen Frankreichs. Tatsächlich waren weder Frankreich noch Großbritannien militärisch und mental kriegsbereit. Diese Phase des formellen Kriegszustands mit Frankreich und England ohne jegliche kriegerischen Handlungen von September 1939 bis Mai 1940 wird deshalb auch als »drôle de guerre«, als »Witzkrieg« bezeichnet. Der Krieg im Westen begann erst mit dem Angriff Deutschlands auf Frankreich im Mai 1940, der die Wehrmacht durch Belgien und die Niederlande führte.

Der Angriff auf Polen war von der nationalsozialistischen Regierung durch einen am 23. August 1939 unterzeichneten Nichtangriffspakt mit der Sowjetunion abgesichert worden. Dadurch wurde für Deutschland die Gefahr eines Zweifrontenkrieges gebannt. Zwei Wochen nach Beginn des Krieges gegen Polen, als das Land bereits besiegt war, rückte die Rote Armee in den der Sowjetunion zugesprochenen östlichen Teil Polens ein.

Ulm, 5.9.39. [gestrichen: 10 für Oktober]

Lieber Fritz, danke schön für Deinen Brief. Hoffentlich muß ich auf den nächsten nicht wieder so lange warten. Es ist etwas vom gemeinsten, wenn man dauernd im Ungewissen über einen Menschen ist, und sei es nur über seinen Aufenthalt. Hast Du meinen letzten Brief aus Ulm gekriegt? (Auch d. Kleid von Frau Vogeler wurde zu Dir nach München geschickt. Aber das ist ja unwichtig.)

Nun werdet ihr ja genug zu tun haben. Ich kann es nicht begreifen, daß nun dauernd Menschen in Lebensgefahr gebracht werden von andern Menschen. Ich kann es nie begreifen und ich finde es entsetzlich. Sag nicht, es ist für's Vaterland.

Wenn es Dir nur immer gut geht. Gelt, Du hast keinen so gefährlichen Posten?

Hans ist noch immer hier, ich bin sehr froh deshalb. Ich habe jetzt schon Angst um ihn.

Sonst geht hier alles beinahe wie sonst. Ich gehe jeden Mittag mit Hans ins Baden. Wir zeichnen auch viel, Pferde aus Deinem Pußtabuch, die alten Häuser am Münsterplatz farbig, dies alles macht uns sehr viel Spaß. Du kannst Dir's wohl nicht vorstellen?

Die Schule hat natürlich noch nicht angefangen, wer weiß, wann sie anfängt?

Ich denke viel an Dich. Der Sommer liegt schon sehr weit zurück. Kaum zu glauben, daß wir ihn zusammen verbracht haben. Kannst Du

Dich noch erinnern, wie wir in dem Strandkorb saßen, in Heiligenhafen? Mußt Du da nicht lachen?

Wo seid ihr eigentlich genau, darfst Du das nicht schreiben, und was hast Du alles zu tun?

Hoffentlich kannst Du mir bald schreiben.

Alles Gute Sofie.

[am linken Rand, Vorderseite:] Mutter läßt danken für D. Brief
[am linken Rand, Rückseite:] Herzlichen Extragruß von Inge.

»Kleid von Frau Vogeler«: Martha Vogeler (1879–1961), die Frau des 1923 in die Sowjetunion ausgewanderten Malers und Graphikers Heinrich Vogeler, hatte in Worpswede eine eigene Weberei.

»... ich finde es entsetzlich«: Dr. Else Fries, Sophie Scholls Biologielehrerin, mit der sie auch nach der Schule noch Kontakt hatte, berichtete, Sophie habe allen Freunden, die eingezogen wurden, das Versprechen abgenommen, niemals auf andere zu schießen (vgl. Hans Scholl und Sophie Scholl, Briefe und Aufzeichnungen, hrsg. von Inge Jens, a.a.O., S. 340; Hermann Vinke, »Das kurze Leben der Sophie Scholl«, a.a.O., S. 67).

»Heiligenhafen«: Badeort am Fehmarnsund. Die gemeinsame Ferienreise von Sophie Scholl und Fritz Hartnagel hatte die beiden nicht nur nach Worpswede, sondern auch an die deutsche Nord- und Ostseeküste geführt.

Undatiert [nach dem 3.9.1939 aus Calw]

Meine liebe Sofie!

So, nun habe ich Deine drei letzten Briefe noch mal durchgelesen, die schöne Kornblume bewundert und das Kleeblatt abgezählt ob's auch wirklich 4 Blätter hat. Ich mußte dabei lächelnd an Worpswede denken, als wir die Kastanienblätter auszupften. Dann hab ich noch die paar Bildchen betrachtet, die von Dir habe, und die ich in der Eile des Abrückens schnell noch eingepackt habe. Ich bin nämlich schon im Bett, und da es noch nicht mal 10 Uhr ist, dachte ich, daß ich noch ein Weilchen mit Dir plaudern könnte. Ich bin vor einigen Tagen mit meinem Kommandeur fast durch den ganzen Schwarzwald gefahren. Es war herrlich Wetter und ich kam mir vor wie auf einem Sonntagausflug. Nur mußte ich dran denken, daß vielleicht schon in wenigen Wochen all die herrlichen Wälder und Bauernhöfe zusammengeschossen sind.

Ist eigentlich die Lisl wieder zu Hause? Nun wäre ja 7604 wieder voll besetzt – Schade! (natürlich daß es nicht so sein kann). Wie kommt sich der Has als Postbeamter vor? Hoffentlich hat er auch eine Postlermütze. Sofie Du könntest mir eine Freude machen, indem Du mir die bestellten Pfingstfotos mal schicken würdest. Du mußt mir dann schreiben, was sie gekostet haben. Übrigens kannst Du viel Geld sparen, indem Du bei Briefe[n] an mich einfach »Feldpost« draufschreibst. Diese sind dann portofrei. Dies ist schon ein Grund daß Du mir mal öfters schreibst!!! Ich bin froh, daß ich an Dich denken und Dir alles erzählen kann. Fritz

[am Rand:] Herzl. Grüße an alle.

Elisabeth Scholl arbeitete seit Anfang Mai bis zum Kriegsbeginn am 1. September als Kindergärtnerin in einem Solbad für Kinder in Schwäbisch Hall.

7604 war das Kennzeichen des Autos der Familie Hartnagel, das Fritz immer zur Verfügung stand, wenn er in Ulm war.

Warum Werner Scholl (Has), der noch zur Schule ging, bei der Post arbeitete, ist nicht mehr zu ermitteln. Möglicherweise handelte es sich um einen Ferienjob.

13.9.39. [aus Calw]

Meine liebe Sofie!

Ich weiß nicht, wo ich anfangen soll, wenn ich Dir danken will. Ob bei Deinen Briefen oder bei dem reizenden Bild oder bei der Schokolade. Auf alle Fälle ist es für mich immer ein Freudentag, wenn ich etwas von Dir bekomme. Und bevor ich dann abends einschlafe oder morgens aufstehe kann ich noch einen Brief von Dir lesen, der den vergangenen Tag verscheucht und auf den kommenden ein freudiges Licht wirft. Und nun hab ich sogar noch ein Bild von Dir in meinem Nachttischchen und dazu ein gutes »Betthupferle«! Ich wollte Dir schon so oft schreiben, aber entweder habe ich bis in die Nacht hinein zu tun, oder ich bin nicht allein um einen Brief zu schreiben, denn meine Kameraden sind leider meistens anders veranlagt wie ich, der ich abends lieber allein bin, oder zumindest keine Vorliebe für Bier und Zigarettenrauch und schlechte Witze habe.

Wie mein täglicher Dienst verläuft ist schwer zu beschreiben, denn der Adjutant ist das Mädchen für alles, wenn irgendeiner nicht mehr Bescheid weiß, dann kommt er zum Adjutanten. Im Übrigen sitze ich die eine Hälfte des Tages in einem Nebenzimmer einer Wirtschaft, wo ich meine Schreibstube aufgeschlagen habe, und regle die Erledigung der täglichen Post und produziere täglich einen Abteilungsbefehl. Die andere Hälfte des Tages sitze ich bei meinem Kommandeur im Armeeoberkommando und setze die Ideen meines Kommandeurs für den Einsatz der Nachrichtenverbindungen in die Wirklichkeit, d. h. in Befehle um. So verantwortungsvoll und interessant mein Posten ist, da man einen größeren Überblick über das ganze militärische Geschehen hat, so würde ich natürlich lieber vorn bei einer Infantriekompanie oder noch lieber bei der Fliegerei sein.

Ich hoffe auch stark, daß bei einer längeren Dauer des Krieges die jungen Offiziere mehr und mehr bei der Fliegerei eingesetzt werden. Aber Gesuche um Versetzung sind vollkommen aussichtslos.

Du bringst mich in einen großen Konflikt, wenn Du mich nach dem Sinn des ganzen Blutvergießens fragst. Vor zwei Jahren hätte ich Dir vielleicht eine Antwort darauf geben können, wo ich glaubte ausgereift zu sein und mir über all diese Dinge im Klaren zu sein. Aber heute komme ich mir vor wie ein ganz kleiner Junge, der am Anfang seiner Entwicklung steht. Daran bist zum großen Teil Du schuld. Und ich bin froh darum. Aber ich kann Dir trotzdem nicht zustimmen, denn ich habe nicht den Mut aus solch einer Ansicht die Konsequenzen zu ziehen.

Deinen Brief, den Du nach München geschickt hast habe ich erst gestern bekommen. Ich habe nach Worpswede geschrieben, daß sie das Kleid gleich zu Dir schicken soll. Ich hätte es allerdings gerne noch gesehen oder Dir am liebsten selbst gebracht. Aber da wäre es schließlich nicht mal zu Weihnachten recht gekommen.

Hoffentlich mußt Du nicht in eine Fabrik oder sonst wo arbeiten, Du hast ja auch zu Hause bei Deiner Mutter genug zu tun. Ich könnte mir das nicht vorstellen, zum mindesten nicht, daß Du dabei froh wärest.

Drum hoffe ich, daß Du davon verschont bleibst, und daß es Dir immer so gut geht wie mir

Gute Nacht Sofie! Fritz

[am Rand:] Meine Adresse bleibt immer dieselbe!

»... lieber bei der Fliegerei sein«: Die Begeisterung für das Fliegen war ein wesentliches Motiv für Fritz Hartnagel gewesen, sich für die Offizierslaufbahn zu entscheiden.

Seit Kriegsbeginn wurde die Arbeitsdienstpflicht konsequent auch auf junge Frauen angewandt. Darauf dürfte sich die von Fritz Hartnagel geäußerte Hoffnung beziehen, dass Sophie Scholl (nach dem Abitur) »nicht in einer Fabrik oder sonst wo arbeiten« müsse. Genauere Angaben zum Reichsarbeitsdienst finden sich im Kommentar zu Sophie Scholls Brief vom 22. 9. 1939.

Ulm, den 19. September 1939.

Mein lieber Fritz,

ich danke Dir vielmals für Deine Briefe. Ich habe mich so darüber gefreut. Eigentlich wollte ich Dir für den Sonntag einen schreiben, es hat aber dann nimmer gereicht. Wie geht's denn nun bei Euch? Immer noch friedlich? – Hans hat sein Studium wieder begonnen. Vielleicht hast Du gelesen, daß sie in 1 Jahr 3 Semester machen? Hans hat schon ausgerechnet, daß er dann mit 23 $^{1}/_{2}$ Jahren fertig ist. – Solange er hier war, ging ich oft mit ihm zum Baden, wir zeichneten auch meistens zusammen. Peter Pan und die andre Illustration mache ich natürlich fertig, denn ich sehe nicht ein, warum man im Krieg nur die grausig ernstesten Dinge tun darf. Wo doch bei uns sowieso nicht viel vom Krieg bemerkt wird, außer daß man eben nicht so in Fett schwimmt, u. dafür die Stadt mit Soldaten überschwemmt ist. Übrigens, neulich haben wir ein Flugzeug beobachtet, das im Sturzflug zum Münster runterkam, dieses ein paarmal laut brummend überflog, auch einen Looping über der Stadt machte, dann weitersurrte. Dieses war das erste feindliche Flugzeug (franz. Aufklärungsfl.), das wir hier sahen. Es wurde bei Leipheim zum Landen gezwungen. –

Der Hoffnung, daß der Krieg bald beendet sein könnte, geben wir uns nicht hin.

Obwohl man hier der kindlichen Meinung ist, Deutschland würde England durch Blockade zum Ende zwingen. Wir werden ja alles noch sehen.

Lisl ist zur Zeit krank, gestern hatte sie hohes Fieber. Das Wetter ist so sehr plötzlich umgeschlagen. Macht sich das bei Euch sehr bemerkbar? Mit dem Baden ist das nun auch aus. (Für mich wichtig!)

Es gibt nichts mehr, über das man richtig sprechen könnte. Denn alles klingt doch lächerlich, muß es besonders für Dich klingen. Wenn ich Dir erzähle, daß im Garten die Blumen vor Nässe schwarze Ränder um die Blütenblätter kriegen, ausgenommen der Zynia (?) die immer noch in den kräftigsten und schönsten Farben blüht. Dieses alles ist Dir schrecklich entfernt, gelt?

Wenn ich wieder Geld habe, möchte ich Dir einmal das Buch »Führung und Geleit« von Carossa schicken. Wenn Du nur ein bißchen Zeit hast, liest Du es gerne. Ich hoffe, daß Du mindestens an Weihnachten Urlaub bekommst, damit ich mal meine Schulden begleichen kann. Und nicht nur deshalb.

Ich freu mich, bis ich eine Antwort auf diesen Brief erhalte. Bin ich darin eigentlich zu anspruchsvoll? Ich weiß ja nicht, wie es um Deine Zeit bestellt ist.

Ich schreib Dir eben, wenn mirs grade in den Sinn kommt.

Herzlichen Gruß

Sofie

[auf der Rückseite:] Herzliche Grüße Werner
Lisl

Trotz Kriegsbeginn konnte Hans Scholl sein jetzt in Trimestern organisiertes Medizinstudium wieder aufnehmen. Diese Schonfrist währte allerdings nur zwei Trimester: Im März 1940 wurde er zu einer Studentenkompanie eingezogen.

»Peter Pan und die andere Illustration«: Sophie Scholl zeichnete für die Peter-Pan-Übersetzung von Hanspeter Nägele. Das Buch erschien erst Jahrzehnte später: J. M. Barrie, »Peter Pan & Wendy«. Für kleine Leute nacherzählt von May Byron. Ins Deutsche übertragen von Hanspeter Nägele. Mit Zeichnungen von Sophie Scholl. München 1989.

Außerdem war sie mit Illustrationen zu Georg Heyms (1887–1912) Geschichte »Ein Nachmittag« beschäftigt, um die sie der Freund ihrer Schwester Inge, Ernst Reden, für eine von ihm geplante Edition gebeten hatte (vgl. Hans Scholl und Sophie Scholl, Briefe und Aufzeichnungen, hrsg. von Inge Jens, a. a. O., S. 340).

Hans Carossa, »Führung und Geleit. Ein Lebensgedenkbuch«, Leipzig 1933.

Ulm, den 22. 9. 39.

Mein lieber Fritz,

eben kam das Kleid aus Worpswede an. In Deinem Auftrag. Eine Rechnung lag nicht dabei, und ich weiß auch nicht, was ich in dieser Beziehung zu tun habe. – Das Kleid ist schön, ich hab mir's ganz so vorgestellt. Ob Dir's gefallen würde? Ich sehe darin aus wie ein Lappenmädchen.

Unser Zimmer hat sich nun vervollständigt. Das Bücherregal (der Name trifft nicht zu) das Dein Schwager entworfen hat, ist endlich fertig. Aber es ist sehr schön und kann sich mit dem schönsten Bücherschrank messen. Es wird auch seine 400.– kosten. Schade, daß wir Dir's am Sonntag nicht zeigen können. Inge möchte sich auch einen Blüthnerflügel kaufen, und ich hoffe, das klappt auch. Dann können wir Konzerte veranstalten. (Samstagabend fängt's schon an mit Cello u. Klavier. Jawohl, wir haben nun großartige Beziehung zu dem Orchester des Stadttheaters!) Dies alles ist für Dich wohl fast unvorstellbar. Das tut mir leid. Ich komme mir ganz ungerecht vor, wenn wir dies alles noch genießen können, während ihr dauernd in Gefahr seid und nichts dergleichen habt. Hoffentlich nehmt ihr uns das nicht übel.

Ich hoffe sehr, daß Du Dich an Weihnachten entschädigen kannst. –

Die Pfingstfotos will ich Dir abziehen lassen, ich tus zu dem besten Fotograf.

Ich bin immer noch zu Hause. Jetzt gerade nähe ich mir Wäsche. Zu tun daheim gibt's immer. Es ist möglich, daß ich noch zum R. A. D. (weibl.) einberufen werde. Ich hoffe jedoch nicht.

Wann die Schule anfängt, wissen die Götter. Vielleicht nächste Woche.

Schreib mir bald wieder, wie Dir's geht.
Herzlich grüßt Dich
Deine Sofie
Viele Grüße von meiner Mutter. Und vielen Dank für das Kleid.

»R. A. D. (weibl.)«: Die in der Jugendbewegung entwickelte und erprobte Idee des Arbeitsdienstes war schon zur Zeit der großen Arbeitslosigkeit 1931 als Freiwilligen-Arbeitsdienst eingeführt worden. Die nationalsozialistische Regierung wandelte diesen freiwilligen Dienst mit dem »Reichsarbeitsdienstgesetz« vom 26. 6. 1935 in eine allgemeine Arbeitsdienstpflicht für junge Deutsche um. Für junge Frauen war der Arbeitsdienst zunächst freiwillig, erst mit Beginn des Krieges wurde er im September 1939 auch für sie verbindlich. Der Arbeitsdienst dauerte ein halbes Jahr. 1939 waren es allerdings erst 47 % der jungen Männer und gar nur 4 % der jungen Frauen, die tatsächlich Arbeitsdienst geleistet haben.

27. 9. 39. [aus Calw]

Meine liebe Sofie!

Nun muß ich mir einfach mal mit Gewalt Zeit dazu nehmen um Dir wieder zu schreiben und all den Papierkram, der auf meinem Tisch liegt zur Seite schieben. Du kannst Dir denken, daß mir der ganze Kram mit Aktenzeichen, Verfügungen, Meldungen, sonstigem Briefverkehr u. s. w. nicht allzuviel Spaß macht. Währenddessen fahren die andern Leutnants in der Gegend herum, zu Erkundungen und zum Fernsprechbau. Trotzdem ist es hier auch manchmal ganz interessant, da ich jeden Tag einige Stunden beim Armeeoberkommando zu tun habe, wo man dann einen Einblick in das ganze militärische Geschehen bekommt. So hatten wir gestern 3 franz. Gefangene hier, die mit ihrem Flugzeug bei Freiburg abgeschossen wurden und glücklicherweise mit dem Leben davon kamen. Sie machen deshalb auch einen ganz vergnügten Eindruck. Sie meinen allerdings, daß der Krieg noch 3–4 Jahre dauern werde. Und wir sind auch mit Eifer dabei uns auf den Winter einzurichten. Trotzdem herrscht bei uns immer noch tiefster Frieden. Die Franzosen winken über den Rhein herüber und wir hinüber. Bei Kehl soll sogar von den beiderseitigen Brückenbesatzungen die Verbrüderung mit Wein begossen worden sein. – – –

Ich muß manchmal mit traurigen Gefühlen an unsere Sonntagsfahrten zurückdenken. Besonders an den beiden letzten Tagen, wo hier schon richtiges Herbstwetter war. Ich stell mir dann vor, wie schön es nun wohl auf der Alb sein muß und wünsch mir dann, daß wir bald wieder durch die Buchenwälder der Alb streifen könnten. Obwohl viele den Herbst hassen und in seinen Nebeln und Winden und in seiner Herbheit schon das absterbende Jahr sehen, finde ich in dieser Jahreszeit erst die letzte Vollendung, das Genie, das allerdings in seinen Farben, in seiner Wildheit, seiner Trunkenheit und seiner Melancholie vielleicht schon zum Wahnsinn übergeht. Aber darum liebe ich den Herbst.

Nun können wir leider unsern gemeinsamen Herbstferienplan nach München nicht durchführen. Ich hatte mich schon sehr darauf gefreut, daß wir gemeinsam durch die Münchner Ausstellungen gehen könnten. Nach unserer Sommerfahrt glaube ich nun fest, daß man nochmal so viel hat, wenn man etwas zu zweit ansieht. Es kommt mir immer mehr zum Bewußtsein, welchen Einfluß diese Tage auf mich hatten.

Sind nun Deine Illustrationen schon fertig? Hoffentlich sind sie Dir so gelungen, wie Du Dir gedacht hast. Nun hast Du ja sicher viel Zeit, um Dich ganz Deiner Zeichnerei zu widmen. Ich würde Dich sehr gerne in Deinem neuen Kleid sehen. Ich glaube sicher, daß es Dir gut steht, wenn ich an die ungarische Bluse denke, die Du damals anprobiert hast. Du mußt mir mal ein Foto davon schicken. Ich danke Dir auch sehr für die versprochenen Fotos, denn man muß hier von der Erinnerung leben. Nun hoffe ich, daß recht bald wieder ein kleines braunes Briefchen auf meinem Tisch liegt, und daß Dirs inzwischen gut geht. Dein Fritz

Herzl. Grüße an Deine Eltern u. Geschw. Stimmt die Adr. von Hans, München, Amalienstr. 95 noch, damit ich ihm mein Rad schicken lassen kann?

[Am Rand:] Recht vielen Dank für den Brief von Deiner Mutter, den ich soeben erhalten habe.

Ulm, 2. 10. 39.

Mein lieber Fritz,

ich will Dir nur schnell mitteilen, daß die Adresse von Hans dieselbe geblieben ist. Das Rad können gut wir schicken.

Einen Brief will ich Dir später schreiben. Ich habe jetzt nicht die Ruhe dazu.

Wir sitzen fest in der Schule. Man kann sich freiwillig wegmelden in den Arbeitsdienst, dies gilt als Maturum. Aber ich habe kein Interesse daran. Zudem sind die Illustrationen nicht fertig (ach Gott!) u. sie gelingen auch nicht. – Gott sei Dank fallen in der Schule Mathemat. u. Physik weg, der Lehrer ist fort. Habe ich Dir schon geschrieben, daß Hans zum Studieren abkommandiert ist?

Deinen Schwager habe ich neulich getroffen. Er sagte, Du seist sein Chef. Hast Du denn auch was mit Ulm zu tun?

Hier sind wir auch der Meinung Deiner gefangenen Franzosen.

Fortsetzung folgt!

Herzlichst Sofie

Ulm, 6. Oktober 1939.

Mein lieber Fritz,

leider hat es lang gedauert, bis ich dazukomme, die Fortsetzung zu schreiben. Aber trotzdem ich nur in die Schule gehe, gibt es den ganzen Tag immer genug zu tun, einmal große Wäsche, dann Fensterputzen u. s. w.

Ich hoffe, Dir die Fotos bald schicken zu können. Selbst bei Fotographen gehen militärische Arbeiten vor. – Wir sind jetzt genau 2 Wochen in der Schule, heute haben schon wieder die Herbstferien begonnen. Das klingt lächerlich, nicht? Was ich in der Freizeit tu, weiß ich nicht, d. h. es hängt von meiner Mutter ab. Nägeles haben uns in ihr Wochenendhäusle in Murrhardt eingeladen, wir 3 Mädchen würden auch zu gerne hinfahren, mit dem Rad. Vielleicht klappt's. Ich hab mir's in den Kopf gesetzt, stoße aber auf harten Widerstand bei meiner Mutter. Sie wirft mir immer meine schönen Sommerferien vor.

Hier hat wieder Theater und Konzert begonnen. Wie ist das bei euch, seid ihr gänzlich abgeschlossen, von zivilem Leben und Vergnügungen? Ich wünsche Dir's nicht; wie man hier redet, habt ihr's ja noch nicht zu unruhig.

Hast Du keine Aussichten, bald mal Urlaub zu erhalten? Es kann ja sein, daß es nun erst losgeht. Es ist beinahe anzunehmen. Einmal muß es ja zu einer Entscheidung führen. Ich bin froh, daß Hans noch studieren kann. – Vielleicht mußt Du später noch einmal umsatteln in Deinem Beruf.

Ach, es fällt mir schrecklich schwer, einen Brief zu schreiben. Es ist ganz anders, als wenn man spricht. Ich schreibe auch nur, damit Du nicht glaubst, es sei aus Gleichgültigkeit vergessen. Ich denke sehr oft an unsre Sommerferien, die mir meine Mutter vorwirft. Zum Beispiel wie ich einmal im Omnibus neben Dir schlief, auf der Fahrt von Heiligenhafen nach Kiel. Ich schlief so unbekümmert vor allen Leuten. Ich denke auch oft daran, was Du nun für Menschen um Dich hast, mit wem Du näher verkehrst. Darüber schreibst Du nie. Wen von ihnen Du gerner hast. Kommt ihr denn noch mit Frauen und Kindern und Mädchen zusammen, da ihr in einer Gefängniszelle arbeitet? (Neulich träumte ich, ich sei in einer Gefängniszelle, gefangen über den ganzen Krieg. Ich hatte einen dicken eisernen Ring um den Hals, das war das unangenehmste an dem Traum.)

Ich hoffe, daß ich mindestens auf jeden 2. Brief von Dir Antwort erhalte. Schieb Deine Schreibereien geschwind weg. Sie (die Antwort) braucht nicht lange zu sein.

Unterscheidet ihr den Sonntag vom Werktag? Ich wünsch Dir auf alle Fälle einen guten.

Deine Sofie.

Die mit den Scholls befreundete Arztfamilie Nägele aus Stuttgart hatte ein Haus in Murrhardt, ca. 30 km nordöstlich von Stuttgart, am Rande des Murrhardter Waldes.

8. 10. 39. [aus Calw]

Meine liebe Sofie!

Da ich annehme, daß Du Dich genau so freust, wie ich, wenn ich einen Brief von Dir bekomme, will ich Dir heute noch schnell einen Gruß schreiben, denn ich weiß nicht, wann ich wieder dazu komme, da sich bei uns in den nächsten Tagen einiges ändern wird.

Ich bin gerade aus dem Bad gestiegen und sitze nun in einem durch eine Bettflasche gewärmten Bett. Du kannst Dir denken, was das für ein schönes Gefühl ist.

Überhaupt ist die Stunde vor dem Einschlafen für mich immer die schönste des ganzen Tages, wo man nicht arbeiten und nicht denken muß und doch so viel für sich denken kann, drum ist sie trotzdem die wertvollste des Tages, die Stunde, in der man sich selbst gehört. Und da bin ich ganz Deiner Ansicht, daß es Stunden des Alleinseins gibt, die viele andre des Zusammenseins aufwiegen. Aber nicht immer. Es sind noch Stunden des Nachdenkens über Vergangenes und Erlebtes, des Klärens. Dagegen gibt Erleben, das einen weiter bringt und neue Anregungen meistens nur das Zusammensein mit anderen. Es sei denn, daß man alles aus sich selbst schöpfen kann.

Ich kann Dich auch gut verstehen, daß Du Dich von allen Menschen manchmal freischütteln möchtest um eben vollkommen frei zu sein. Drum, liebe Sofie, wünsche ich, daß Du Dich auch an mich nicht irgendwie gebunden fühlst. Verstehst Du mich auch recht? Ich meine Du sollst rücksichtslos sein, da wir uns sonst vielleicht mehr nehmen als geben würden. Wir wollen uns gegenseitig immer offen sein.

Nun schlaf mit mir gut in den andern Tag hinein. Fritz

Ulm, den 29. Oktober 1939.

Mein lieber Fritz!

Entschuldige doch bitte, daß ich solange mit dem Brief warten ließ. Ich habe schon ein paarmal einen Ansatz gemacht, aber wenn man nicht zum Schreiben aufgelegt ist und dazuhin keine Zeit hat, ist es auch nicht so einfach. Ich hoffe, daß Du, wenn Dich mein Brief erreicht, noch in derselben ruhigen Lage bist, wie vor 14 Tagen. Dein Nichtschreiben hat doch keinen besonderen Grund gehabt? Man ist ja bei Euch gleich in Unruhe.

Gerade haben wir sehr friedlich an dem runden Tischchen im Wohnzimmer Tee getrunken (allerdings den letzten) u. haben auf den rosinengespickten Hefenkranz sogar noch Gesälz hinaufgeschmiert. Du siehst, noch ganz wie in Friedenszeiten. Hoffentlich geht Dir nichts ab. – Ich freu mich immer sehr an unsrer schönen Wohnung, und merke jetzt erst, welch ein Verlust es ist, wenn man hier sich einschränken muß. Dies klingt sehr oberflächlich, aber es spielt bei mir eine große Rolle. Schon an der Nordsee, wo wir doch nur einige Tage von Ort zu Ort zogen, sehnte ich mich am Schluß nach einem Bett und Zimmer, das mir selbst gehört. Und dann vollends in Worpswede bei dem B. D. M.

Nun ja, auf alle Fälle fühlen wir uns im Kriege ungeheuer bevorzugt, Euch gegenüber. Ich wünschte mir, Du könntest einige Tage bei uns wohnen, oder Du könntest einmal einige Tage so richtig das Haus genießen. Wenn wir wieder weggingen zusammen, dann würden wir uns Räume mieten, verstehst Du, die einige Tage uns allein gehören würden. Die wir selbst mit Blumen schmücken würden. Und das, was wir zum Essen brauchten, könnte ich kochen. (Eine nette Illusion!) Stellst Du Dir's auch nett vor? Aber nur einige Tage, denn allzulange halte ich's mit einem einzigen Menschen nicht aus. Versteh mich nicht falsch! Aber wenn man nur mit einem Menschen verkehrt, übt dieser einen zu großen Einfluß aus. Hast Du es schon einmal erlebt, daß Du Dich von allen Menschen freischütteln möchtest? Sobald jemand Ansprüche stellt, werde ich, glaube ich, sehr empfindlich. Du weißt es wohl auch, es gibt Stunden des Alleinseins, die wiegen alle die Tage auf, in denen man sich gesehnt hat nach einem Menschen. Dann erscheint das Rücksichtslose (versteh das Wort nicht falsch) als das Wahre u. Mitleid als Schwäche. Nicht nur Mitleid, auch das Heimweh, oder wie man diese Gefühle alle nennen mag. Es ist sehr möglich, daß ich schwach bin.

Ich glaube, ich war die letzten 14 Tage ziemlich fleißig, obwohl mir's schwergefallen ist. Ich möchte jetzt meine Zeit noch ausnützen. Ich bereue es manchmal, daß ich nicht immer gearbeitet habe (zumeist geht meine Zeit im Haushalt dahin, aber trotz allem …)

Gestern haben wir Sonntag gefeiert. Mutter ist verreist, dann komme ich meist mit Inge ausgezeichnet aus. Wir haben Schubertlieder gesungen und neu gelernt, ach, Du solltest sie hören, sie sind wunderbar. – Nachher haben wir zusammen aus den Dramen Henry von Heiselers gelesen, Erika und Ottl Aicher waren dabei. Ich bin froh, daß Werner mit Ottl mehr verkehrt als mit den übrigen Tanzstundenherren seiner Klasse. Ottl ist Werner ziemlich überlegen, außerordentlich eigenartig und schweigsam (eine sympatische Eigenschaft). Er kommt oft zu uns.

In der Schule ist es ernster wie zuvor, da die Reifeprüfung mit Riesenschritten naht. Ich nehme sie nicht allzu wichtig. Leider merkt man bei uns Lehrermangel keineswegs, im Gegenteil. –

Hast Du schon gehört, daß Charlo verheiratet ist? Es ist ja eigentlich gleichgültig, nicht wahr? Ich bin sehr froh, daß Du gar nichts mehr mit ihr zu tun hast. (Sei mir nicht böse deshalb, sie war nicht gut.)

Wir haben noch einen neuen Mitbewohner, den Vogel einer kranken Frau in Miete. Ich putze ihm jeden Tag den Käfig u. gebe ihm Futter und Wasser. Er hat sich allmählich an mich gewöhnt. Wenn ich ihm seine frischgefüllte Badewanne bringe, setzt er sich sofort auf den Rand u. hupft mit beiden Beinen zugleich in außerordentlicher Geschwindigkeit außenherum, bleibt hocken, sieht mich mit dem rechten, dann mit dem linken Auge an, u. fährt schließlich schnell mit dem Kopf hinein ins Wasser u. wieder heraus. Nachdem er sich damit eine Weile begnügt hat, rutscht er mit beiden Beinen hinein, spritzt meterweit nach allen Seiten, u. trocknet sich dann auf dem obersten Stängchen. Ich muß immer laut lachen, wenn ich ihm zusehe. Er ist ganz goldig.

Vielleicht kriege ich bald einen Brief von Dir? Sonst muß ich immer denken, Du seist durch einen außerordentlichen Grund verhindert. Also? Ich denke viel an Dich. Sofie.

»Gesälz«: Schwäbischer Ausdruck für Marmelade.

In der Jugendherberge in Worpswede, in der Sophie Scholl und Hanspeter Nägele nach Fritz Hartnagels Abreise noch einige Tage verbracht hatten, logierte auch eine B.D.M.- und vermutlich auch eine H.J.-Gruppe (vgl. Sophie Scholls Brief vom 15.8.1939: »Solang wir weg waren, schlief ein Mann in meinem Bett«).

Henry von Heiseler (1875–1928) war ein deutsch-russischer Schriftsteller, der dem weiteren Kreis um Stefan George angehörte. Seine Dramen haben überwiegend Stoffe aus der russischen Geschichte zum Thema.

Otto Aicher (1922–1991), renommierter Grafiker und Designer, war seit 1952 mit Inge Scholl verheiratet. Otto (hier genannt Ottl, später Otl) Aicher war Klassenkamerad und Freund von Werner Scholl. Nach der gemeinsamen Verhaftung wegen »bündischer Umtriebe« im November 1937 vertiefte sich auch die Beziehung zu Hans Scholl, dem er bisher wegen dessen Engagement in der Hitlerjugend kritisch gegenübergestanden hatte. Otto Aicher war, entgegen den gesetzlichen Bestimmungen, nie Mitglied der Hitlerjugend. Vor die Alternative gestellt, der Hitlerjugend beizutreten oder das Abitur nicht ablegen zu dürfen, wählte er das Letztere. In ihren letzten beiden Lebensjahren war Otl Aicher auch für Sophie Scholl ein wichtiger Gesprächspartner und Ideengeber.

Erika Aicher war Otls Schwester.

30. 10. 39. [aus Calw]

Meine liebe Sofie!

Nun sind es schon 14 Tage her, und ich bin wieder ganz in meinem Schreibstubenbetrieb untergegangen, so daß es mir schwer fällt mich herauszureißen und meine Gedanken in eine vollkommen andere Welt zu lenken. Hier, wo alle 5 Minuten das Telephon klingelt, wo einer den anderen mit Fragen und Meldungen ablöst, wo den ganzen Tag gehastet wird; – und dort, wo es kein lautes Wort gibt, keine Aufregung, wo alles zeitlos zu sein scheint. Wo ich einfach bei Dir sitzen kann um: »Nicht immer Soldat sein, einmal die Locken offen tragen und den weiten offenen Kragen …« – Hier komme ich kaum einen Abend vor 9 Uhr vom Dienst und habe dann nur ein Bedürfnis – Schlafen. Nicht, daß ich über meine Arbeit klagen wollte, aber die Gefahr einer inneren Verödung ist groß. Man muß viel in sich haben, um davon allein zu leben. Ich habe noch nie mit solcher Begierde Gedichte gelesen, wie vor einigen Tagen, als ich noch abends im Bett Hans Carossa las.

Wie ich gestern Abend aus meiner Schreibstube kam, und der Mond durch die menschenleere Dorfgasse schien, da habe ich mit Dir noch einen Spaziergang gemacht, hinaus, immer der Straße entlang auf die Höhe hinauf über der der Mond tief in den Wolken stand. Nur wenn die Wolkenballen lautlos auseinanderschoben überflutete er die regennasse und dunkelschwere Herbstlandschaft mit seinem sachten Licht, wie aus einer anderen Welt. Wir froren und hielten uns drum fester und gingen schweigend, und wenn nicht die Uhr, die unten im Dorf schlug, mich in die Wirklichkeit zurückgerufen hätte, dann wäre ich wohl mit Dir in den Mond hineingelaufen, der am Ende der Straße stand. – Ich darf Dir doch all meine kleinen Erlebnisse erzählen, die ich sonst niemand mitteilen könnte? Wirst Du mir auch bald von Dir erzählen?

Dein Fritz

Grüße alle aufs herzlichste!

»Nun sind es schon 14 Tage her ...«: Fritz Hartnagel hatte im Oktober 1939 einige Tage Urlaub erhalten, die er in Ulm verbrachte.

Ulm, den 9. November [1939]

Mein lieber Fritz!

Ich danke Dir sehr für Deinen lieben Brief, ich freue mich immer so, wenn Du Zeit, mir zu schreiben, findest. Hoffentlich erhältst Du die Post, die ich Dir sende. Erwähne es doch manchmal in einem Brief. Wird sie eigentlich kontrolliert?

Wenn Du nur den Winter über nichts anderes zu tun hast als zu schreiben! Wenn es euch manchmal ein bißchen papieren ist. Ich kann es gut verstehen, daß Du nun etwas brauchst, um nicht ganz zu versinken in Deiner Arbeit. Das Büchlein von Mörike geht Dir jetzt vielleicht etwas schwer zu lesen, nicht etwa weil es schwer zu verstehen wäre. Manchmal möchte auch ich nur Gedichte, eine kurze Zusammenfassung von vielem, lesen. Aber es ist vielleicht gut, wenn man sich ab und zu die Geduld nimmt, etwas anderes zu lesen, etwas, das einen nicht direkt selbst betrifft (wie etwa ein lyrisches Gedicht). Man muß sich dann zusammennehmen und in eine ganz andere Welt steigen, die einen wahrscheinlich gar nicht interessiert. Ich glaube, man geht nachher doch etwas anders weg davon.

Ich habe zwar das Büchlein noch nicht gelesen, aber ich mag Mörike sehr gerne. Ich kenne nur Gedichte.

Zu der Illustration von G. Heym fehlt mir noch ein Bild. Vergangenen Sonntag war Hanspeter Nägele da, er gab mir den letzten Stoß, daß ich nun auch allen Ernstes hinter seiner Illustration sitze. Ja, ich kann sagen, wenn ich von der Schule komme, geht meine (wenn auch geringe) Arbeit los.

Ich bin so froh, daß Hans noch in München ist. Ich habe um ihn eine ganz blödsinnige Angst, ganz und gar grundlos. Denn er ist ja viel weniger gefährdet als zum Beispiel Du. Ich kann ganz ruhig an Dich denken. Und ich bin froh, es so, ohne jede Verpflichtung tun zu können wie ich will. Es ist schön, wenn zwei miteinander gehen, ohne sich zu versprechen, wir treffen uns da u. da wieder, oder wir wollen immer beieinander bleiben. Sie gehen so einfach ein Stück zusammen, und wenn es sich gibt, daß sich ihre Wege trennen, so geht jedes in seiner Richtung so ruhig weiter. Dieses denke ich mir nur so, und in Wirklichkeit geht alles viel unschöner, mit viel Müdigkeit u. sich gehen lassen vor sich.

Doch man darf ja damit nicht rechnen. Man sollte überhaupt den Mut haben, nur an das Gute zu glauben. Ich meine damit nicht an Illusionen zu glauben. Sondern ich meine, nur das Wahre u. Gute zu tun und bei anderen Menschen vorauszusetzen, wie man es mit dem Verstand nie tun kann. (Das heißt: immer undiplomatisch sein) Nun, man hängt zu sehr am Leben, um so zu sein.

Der kleine Bub, der in unserm Haus wohnt, macht uns viel Freude. Er kommt jeden Tag zu uns; wenn er an der Glastüre steht, (nach Sturmgeläute), sagt er: Ich Apfel! Das »will« läßt er weg. Er ist auch wie so ein Äpfelchen. Es ist ein unbeschreiblich nettes Gefühl, wenn man sein warmes kleines Bubenhändchen in der seinen hält. – Wenn ich Zeit habe, möchte ich mal Deinen kleinen Neffen besuchen, der anscheinend ein Schwesterchen oder Brüderchen erwartet. Wie freue ich mich immer, daß es so viel Kinder gibt. Und bestimmt werde ich meinen Beruf als Kindergärtnerin nicht als Nothilfe betrachten, sondern mit ganzem Herzen ausüben.

Wenn ich neue Fotos habe, schicke ich Dir noch, damit Du das Albümchen vollkriegst. Diese Pfingstfahrt kommt Dir sicher wie ein Ereignis aus alten Zeiten vor. Wieviel hat sich auch dazwischen ereignet! Hoffentlich hast Du auch die Zeit, allerlei Geschichtchen um die Bilderchen nochmals in Gedanken durchzumachen.

Hoffentlich höre ich bald von Dir.

Sofie.

»Wird sie eigentlich kontrolliert?« Sophie Scholl war sich des Risikos, sich in Briefen freimütig zu äußern, durchaus schon früh bewusst. So schrieb sie in einem Brief an Fritz Hartnagel schon im Februar 1939: »Ich möchte nicht, daß meine Briefe jemand anderes liest, deshalb nicht aufheben. Sonst wenn mal die Gestapo kommt.« Erfahrung mit der Geheimen Staatspolizei hatten die Scholl-Geschwister bereits im November 1937 machen müssen (vgl. Kommentar zu Sophie Scholls Brief vom 29. 11. 1937). Die verneinende Antwort von Fritz Hartnagel findet sich im Postskriptum zu seinem Brief vom 3. 12. 1939.

Um welches »Büchlein von Mörike« es sich handelte, ist nicht mehr festzustellen.

»Illustration von G. Heym«: Vgl. den Kommentar zu Sophie Scholls Brief vom 19. 9. 1939.

26. 11. 39. [vermutlich aus Düsseldorf]

Meine liebe Sofie!

Wie kann ich mir einen Sonntagmorgen schöner vorstellen, wenn ich noch halb verschlafen und mit recht wenig Lust zum Arbeiten in meine Schreibstube komme, als wenn ein Brief von Dir auf meinem Tisch liegt. Und dann das umständliche Aufschnüren und Entfalten des Päckchens, bis endlich eine herrliche Tafel Vollmilch[schokolade] zum Vorschein kommt – Du kennst es ja selbst. Dann habe ich allerdings noch lange mit bangendem Herzen den Umschlag und das Einwickelpapier durchsuchen müssen, bis ich endlich Dein Briefchen gefunden habe. Ich glaube fast, Du hast es mit Absicht so gut versteckt! Nun bekomme ich aber bald ein schlechtes Gewissen bei den vielen Päckchen, die ich von Dir in den letzten Tagen bekommen habe. Für das Mörike-Büchlein hättest Du mir gar nichts schöneres schicken können, das mich besser aus meiner nüchternen und manchmal trübseeligen Atmosphäre in diese frohe und herzliche Umgebung holt. Das Fotoalbum ist zu meinem täglichen Bilderbuch geworden, und ich möchte nur hoffen, daß wir auch noch nach dem

Kriege so froh und unbeschwert im Grase liegen und Märchenspiele aufführen können. Ich glaube, das ist mit das Schlimmste an diesem Krieg, daß er uns unsere Jugend nimmt. Wenigstens für meinen Teil.

Von meiner Fahrt hierher gibt es nicht viel zu erzählen. Ich versuchte wenigstens all das Schöne der beiden Tage wie einen Traum durch Schlaf zu beenden. Leider störte mich dabei eine Deutschamerikanerin, die die ganze Fahrt in größter Lautstärke Anbiederungsversuche mit einem unsympathischen Kavalier machte und dabei schrecklich angab. Wie ich dann hier ankam wurde ich gleich durch zwei Päckchen von Dir erfreut und so sachte in mein Alltagsdasein hineingeführt.

Hier in unserem »Kasino« hat sich inzwischen eine große Unsitte eingestellt, nämlich Roulettespiel. Das ist ein reines Glücksspiel mit Geld, wie es in Monte-Carlo gespielt wird, nur daß bei uns der Höchsteinsatz 10 Pf. beträgt. Trotzdem kann man dabei allerhand verlieren. Dagegen habe ich ein Glück, das mir direkt unheimlich ist. Aber Du kannst Dir denken, daß ich über diesen Gewinn nicht froh werden kann. Drum will ich noch so lange spielen, bis ich den Gewinn wieder verspielt habe um das Spiel endgültig aufzustecken. Denn man merkt deutlich, daß einen allmählich der Spielteufel packt.

Gestern hat mich mein Lt. Pfeiffer nach langer Überredungskunst nach Köln zu seinen Bekannten mitgeschleppt. Es war eine der üblichen Einladungen, mit viel Anstand und Verlegenheitspausen, die aber doch noch bei Tanz und »Mokka« in der Diele recht nett endeten. Eine hübsche Tochter und deren Freundin waren auch da. Die Tochter war einer von den Fällen, über die wir schon mal gesprochen haben. Nämlich äußerlich hübsch und an und für sich von netter Art, aber deshalb von einem halben Du[t]zend Leutnants und sonstigen Kavalieren umschwärmt. Die Folge ist, daß das Äußere gelackt, gepudert, geschminkt und poliert wird und die natürliche Art zu einem raffinierten Wesen ausartet. (nicht die natürliche weibliche Raffiniertheit, die Du Has zu erklären versuchtest) So entsteht eine Zimmerpflanze, die, wenn sie mal in Sturm und Regen gestellt würde, sicher kräßlich anzusehen wäre. Ich könnte mir solche Menschen nicht in einem Wald oder auf einer Wiese vorstellen, sie würden sich zum mindesten recht fremdartig drin ausmachen. Und das ist, glaube ich, ein Zeichen, daß sie ihre Natürlichkeit nicht mehr besitzen.

Für die Wolle habe ich mir schon einen Bezugsschein ausschreiben lassen. Ich hoffe nur, daß ich das richtige einkaufe. Wenn Du sonst noch etwas brauchst, was ich auch für mich rechtfertigen könnte, kann ich das ohne Weiteres besorgen. (Z.B. Seife) Geht Ihr an Weihnachten oder Neujahr zum Schifahren? Unter Umständen wäre es vielleicht möglich, daß ich Urlaub bekommen könnte. (etwa 8 Tage). Das wäre allerdings schon ein Teil meines Jahresurlaubs (14 Tage). Aber wer weiß, ob ich den Urlaub später noch bekommen würde. Drum schicken wir zur Zeit auch einen großen Teil unserer Leute in Urlaub. Wenn das wahr werden könnte, (das mit dem Schifahren) wäre es bestimmt mein schönstes Weihnachtsgeschenk. Würdest Du Dich auch drauf freuen? Es ist nur gut, daß es immer etwas gibt, worauf man sich freuen kann.

Fritz

Grüße an alle Lieben im Münsterplatz 33 III. Stock!

Postsammelstelle Stuttgart kannst Du in meiner Anschrift weglassen; nur Feldpost-Nr. 33414

Der Bericht Fritz Hartnagels, er sei von Leutnant Pfeiffer nach Köln zu dessen Bekannten mitgeschleppt worden, legt die Vermutung nahe, dass seine Einheit bereits Ende November von Calw im Schwarzwald nach Düsseldorf (und später nach Gelsenkirchen) verlegt worden war und nicht erst, wie bisher angenommen, »um Weihnachten« (vgl. Hans Scholl und Sophie Scholl, Briefe und Aufzeichnungen, hrsg. von Inge Jens, a. a. O., S. 341).

Ulm, den 28. 11. 39.

Mein lieber Fritz!

Von dem Päckchen, das nun an Dich abgehen soll, habe ich ganz harzbefleckte Hände, sie gehen so schnell nicht sauber. Und wie sie riechen, das merkst Du gleich, wenn Du die ersten Hüllen dieser Post entfernt hast. Ich wette, daß Du nicht daran gedacht hast, was für ein Tag es ist, an dem Du die roten Kerzlein anstecken sollst, und hoffentlich anzustecken Gelegenheit hast.

Damit Du abends, da wahrscheinlich die Schokolade gevespert ist, ein bißchen den Duft hast, den wir an den Adventabenden in der Diele haben. Unser Adventskranz wird ganz groß, mit 4 dicken roten Kerzen, in der Mitte der Diele aufgehängt. Wir haben auch Weihnachtslieder für Flöte und Klavier, und Werner kann »o du fröhliche, o du selige« auf der Geige spielen. Dies alles, auch Weihnachtsarbeiten und andre, werden unsre Adventsabende füllen. Wir haben sie alle so gerne, gerner beinahe als den Heiligen Abend selbst. Mach Dir's auch ein bißchen nett, gelt? Ich möchte Dir ja gerne dazu helfen. Vielleicht kannst Du das Kränzchen auf Dein Nachttischchen stellen. Und an den Äpfeln hat schon jedes von unsrer Familie ein bißchen herumgerieben. Und die Honigwachskerze ist des guten Geruchs wegen dabei. Werner verzehrt sie sogar, aber wir haben's ihm diesjahr verboten, weil man beinahe keine Kerzen erhält.

Ich habe nur immer leise Zweifel, ob Dich die Sachen überhaupt erreichen. Ich warte jeden Tag auf Post von Dir. Vielleicht kriege ich morgen, weil sich unsre Briefe schon so oft gekreuzt haben. Ich hoffe, daß nicht ein ernsterer Grund hinter Deinem (wenn auch erst 10 Tage langem) Schweigen steckt. Du weißt ja immer, daß mir's gut geht, aber was weiß ich von Dir?

Solange ich nichts von Dir habe, denke ich abends immer an unsren Spaziergang auf dem schmalen Uferweg der Donau. Seither haben wir beinahe jede Nacht einen sichtbaren Mond. Erinnerst Du Dich noch, wie der Mond mit Wolken focht? Heute ist er rund und verschwommen, mit einem riesigen Hof, dessen äußerster Rand alle Regenbogenfarben besitzt. –

Aber ich habe lieber wieder einen Brief von Dir in Händen! Kannst Du das nicht machen?

Schönen Advent! Sofie.

3.12.39. [vermutlich aus Düsseldorf]

Meine liebe Sofie!

Es ist wieder einmal Sonntag, der sich aber bei mir von einem anderen Tag nicht viel unterscheidet. Morgens habe ich die Post erledigt und mittags mußte ich zu meinem Kommandeur fahren um die Unterschriften vorzulegen. Inzwischen ist es 4 Uhr geworden und von meinen Kameraden ist keiner mehr anzutreffen. Darum will ich mit Dir noch ein Weilchen schwätzen. Sicher sitzt Ihr gerade beim Nachmittagstee in der Diele.

Als ich in München war habe ich von meinen Büchern nur das Hausmannbüchlein mitgenommen, das Du mir geschenkt hattest. Ich lese es fast jeden Abend gerne und entdecke dabei immer wieder neue Schönheiten. Und ich freu mich dann, wenn ein besonders feines Gedicht mit einem zaghaften, kaum sichtbaren Bleistiftstrich angestrichen ist. Ich kann mir nicht vorstellen, daß er aus Deiner Hand anders kommen könnte, etwa bestimmter oder kräftiger, und ich bin froh darüber.

Ich habe von der Großstadt übergenug. Ich war zwar die ganze Zeit die wir hier sind erst einmal ausgegangen, ins Kino, aber es ist die Stadt an und für sich mit ihren Menschen, die einen bedrückt. Ich wäre viel lieber auf einem Dorf im Quartier, einmal wegen der Menschen und dann wegen der landschaftlichen Freiheit. Ich wollte gerne auf einem Berg oder in einem Wald sein, wo weit und breit kein Mensch zu finden ist. Geht Ihr auch noch manchmal weg? Erzähl mir doch mal davon, damit ich wenigstens einen kleinen Ersatz habe für unsre Sonntagsfahrten. Mit der Wolle hatte ich leider Pech. Trotzdem ich einen Uffz. in über 10 Geschäften rumgeschickt hatte konnte er nur 1 Pfd. auftreiben. Es kam nämlich ausgerechnet ein Tag vorher ein Erlaß in der Zeitung, wonach die Wehrmacht keine Bezugscheine mehr ausstellen darf. Nur 1 Geschäft ließ sich dazu bewegen 1 Pfd. herauszugeben. Wird das 1 Pfd. Wolle zu Deinem Pullover reichen, und ist sie in der Stärke richtig? Hoffentlich hast Du trotz Maturums- und Weihnachtsarbeiten noch manchmal Zeit mir ein Briefchen zu schreiben. Ich freu mich ja jeden Tag darauf!   Fritz.

Du kannst mir alles schreiben, unsre Post wird nicht kontrolliert.

Es dürfte sich um den Gedichtband von Manfred Hausmann handeln, den Sophie Scholl Fritz Hartnagel mit ihrem Brief vom 22. Dezember 1938 geschickt hatte.

»Uffz.«: Unteroffizier

Ulm, 11.12.39.

Mein lieber Fritz!

Dies ist vielleicht der 6. Brief, den ich nun an Dich beginne, und auch fest entschlossen bin, wegzuschicken. Du mußt entschuldigen, wenn ich Dir selten schreibe, aber ich habe es ganz verlernt. In Gedanken schreibe ich viele Briefe an Dich. Sobald ichs aber mal verwirklichen will, sind alle Gedanken wie eingetrocknet. Dann besinne ich mich krampfhaft, und es kommt etwas demgemäß zustande. Ich habe in letzter Zeit auch viel Kopfweh und viel zu arbeiten. Ich glaube, ich faulenze kaum länger als eine Viertelstunde im Tag. Nun ja, ich glaube, Du hast mir schon verziehen, ehe Du meinen Sermon zu Ende gelesen hast. Nun will ich Dir aber gleich danken für die Wolle, die Du mir besorgt hast. Es war ja ein bißchen viel verlangt, daß Du Dich noch darum kümmern mußtest. Aber ich bin so froh daran. Mit den Punkten ist man verdammt knapp dran. Hans hat schon beinah seinen ganzen Jahresbedarf für einen Anzugsstoff verbraucht. Bis jetzt verfrieren wir noch nicht.

Du wirst meine Karte schon erhalten haben, wenn Du dies erhältst. Wie hast Du Dich wegen Weihnachten entschlossen? Ich wäre natürlich viel mehr dafür, im Februar zu gehen. Es wäre herrlich! Stell Dir das vor! So ohne jede Verpflichtung, einfach in Ferien zu sein. An Weihnachten müßte ich eben lernen, u. vielleicht 3 Stunden im Tage frei machen. Aber nachher, wenn erst die Schule hinter mir ist. Ich könnte es kein halbes Jahr länger dort aushalten. 8 Tage Skifahren nach dem Maturum! Und Schnee schickt uns der liebe Gott bestimmt. Geht's nicht? Komm Du, wenn Du kannst, und solange Du noch kannst!

Wenn Du überhaupt mein Adventspäckchen erhalten hast (ich habs vor 14 Tagen, am 27.11. abgeschickt, und warte schon schmerzlich auf eine Bestätigung), so warst Du sicher erstaunt, daß keine rotglänzenden Äpfelchen drin waren. Aber ich habe auf der Post noch die Hälfte auspacken müssen. Es war (d. Päckchen) zu schwer.

Ich hoffe nun sehr, daß Du wenigstens am 2. Advent (ich hätte nicht gedacht, daß ein Päckchen mehr als 6 Tage braucht) die Lichterlein anzünden konntest, und das Büchlein mal durchsehen konntest. Dann ist's doch ein bißchen weihnachtlich, oder vorweihnachtlich geworden, oder nicht?

Spielst Du noch? Ich, wenn ich Dich wäre, würde aufhören, solange ich noch Gewinn hätte. Dann wäre es wenigstens nicht so nutzlos gewesen. Im übrigen ist es ein Unsinn, und ich würde was gescheiteres tun, zum Beispiel an die Sofie schreiben, oder lesen, oder mich nach einem Weihnachtsgeschenk für meine liebe Schwester umsehen, u. umständlich Päckchen richten, mit dünnen Papieren u. Seidenbändeln. Dies ist so nett, Du kommst dann in eine so liebe Stimmung hinein. Wenn Du nämlich gar nichts weißt, was anfangen, dann mußt Du immer was nettes für andre tun, die Zeit reut Dich dann nicht. Das kann man besonders bei schlechter Laune. Es ist eine gute Übung. Aber am Ende mußt Du im Kasino bleiben?

Vorhin habe ich Dein Weihnachtsgeschenk fix und fertig gemacht, und wenns trocken ist, wirds verpackt. Und dann erreicht Dich's hoffentlich in 8 Tagen, bevor Du Dich auf die Heimreise machst. Nun will ich Dir schnell noch das Märchen von der Prinzessin erzählen, die durch den Ring springt. Da war einmal ein König mit 3 Söhnen, mit 2 gescheiten nämlich, und einem unschuldigen, welcher auch der jüngste war. Und wer Thronfolger werden wollte, mußte den schönsten Teppich holen. Der König blies 3 Federn auseinander, die erste flog nach Westen. Der Älteste folgte ihr, die zweite nach Osten, ihr folgte der zweite, die dritte flog geradeaus u. fiel bald zur Erde. Da mußte der jüngste stehen bleiben. Als er grade arg traurig drüber war, oder nicht gar so arg, sah er eine Falltür, stieg hinab, u. geriet in eine Krötengesellschaft. Nach seinem Begehr gefragt, bat er um einen Teppich, und erhielt einen, so schön, wie ihn Menschen nicht weben können. Die 2 Brüder hatten die erstbesten genommen, weil ja ihr Bruder dumm war, u. der jüngste müßte eigentlich König werden. Aber die beiden beschwätzen den Vater. Er stellt also noch eine Bedingung, nämlich: wer den schönsten Ring ... Die Geschichte geht wieder so u. dritte Bedingung: wer die schönste Frau ... Der jüngste holt sich eine kleine Kröte, die zur wunderschönsten Prinzessin wird. Nun noch eine Bedingung: Wessen Frau durch einen Ring springen kann ... Das siehst Du, wie die kleine Prinzessin für ihren dummen Prinzen durch den Ring springt. Er darf dann König werden. Also.

Die Prinzessin ist für die Wand gedacht. Für die Wand bei Deinem Bett.

So, jetzt will ich ans Packen gehen. Damit Du's auch bald kriegst. Und ich krieg hoffentlich auch bald einen Brief. Ich warte grad so drauf wie Du. Deine Sofie

Natürlich von allen die herzlichsten Grüße.

»Mit den Punkten ist man verdammt knapp dran«: Kurz nach Kriegsbeginn wurden die Zwangsbewirtschaftung von Lebensmitteln, zahlreichen Gebrauchsgütern und von Bekleidung eingeführt und Bezugskarten an die Bevölkerung ausgegeben.

14. 12. 39. [vermutlich aus Düsseldorf]

Meine liebe Sofie!

Je weiter sich unser letztes Zusammensein entfernt, umso öder und eintöniger wird es um mich. Die Tage plätschern dahin, einer wie der andere. Und manchmal habe ich ein schlechtes Gewissen, daß ich meine Zeit vertrödelt hätte. Dann wollte ich, daß ich über irgendetwas wütend sein könnte, wenn ich mich schon nicht freuen kann, daß ich gegen irgendjemand Opposition ergreifen könnte, nur um etwas mit ganzem Herzen zu tun. Ich komme mir manchmal so leer vor. Und wenn ich dann in den Spiegel schaue, komm ich mir so fremd vor und wundre mich, wie schlecht man sich doch kennt.

Wenn ich jetzt noch im Schwarzwald wäre in unserm kleinen Dorf, dann würde ich abends hinausgehen auf die Felder und durch den Wald, wo alles unerschöpflich ist. Hier gibts nur Kino und Bars und Cafes, und als ich letzten Sonntag Nachmittag in die Kunsthalle wollte, war sie geschlossen, da alle Gemälde in Sicherheit gebracht worden waren.

Gestern hatte ich in meiner Eigenschaft als Adjutant eine Unterredung mit der Führerin von »Glaube und Schönheit«. Die Mädchen haben sich angeboten im Zeichen des Krieges Weihnachten mit den Soldaten zu feiern!! Von Weihnachten wird dabei allerdings nicht viel zu spüren sein – zum Glück. Die Führerin hat eine verblüffende Ähnlichkeit mit Scharlo T., in ihrer ganzen Art und spritzigen Redeweise. Sie hat mir gleich die ganzen Gedichte und Lieder deklamiert, die sie zum Vortrag bringen will. Ich habe ihr mit Andacht und Würde zugehört! – – –

Ich wollte wieder mit Dir zusammensein, Sofie, wie im Sommer, nicht nur für Stunden, wo man das Vor und Nachher nie ganz vergißt, wieder mit Dir Arm in Arm zeitlos und ziellos dahingehen. Vielleicht auf einer kleinen Schihütte, die nur uns gehört, wo wir selbst kochen können und alles ganz nach unserm Geschmack einrichten können. – – –

Hoffentlich träumst Du auch so schön davon wie ich. Fritz.

Die Feldpost ist wieder mal eine große Schlampe, da sie mir Deine Briefe solange nicht bringt!

Das BDM-Werk »Glaube und Schönheit« wurde Anfang 1938 als Unterorganisation des Bundes Deutscher Mädel gegründet. Damit wollte das NS-Regime die Lücke in der Erfassung der 18–21 jährigen Frauen in NS-Organisationen schließen, die zwischen BDM und NS-Frauenschaft (NSF) bestand. Die Mitgliedschaft war formal freiwillig, oft wurden aber die älteren Jahrgänge aus dem BDM direkt übernommen. Laut Reichsjugendführer Baldur von Schirach war das Ziel die Erziehung zur »körperlich vollendet durchgebildeten Trägerin nationalsozialistischen Glaubens«. Neben der Förderung der körperlichen Voraussetzungen durch Sport standen Vorbereitungen auf die Hausfrauen- und Mutterrolle im Vordergrund. Mit Beginn des Zweiten Weltkrieges wandelte sich die Arbeit der Organisation. Im Mittelpunkt standen nun Einsätze beim Roten Kreuz, in Lazaretten und bei der Ernte. Außerdem engagierte sich das BDM-Werk »Glaube und Schönheit« in unterschiedlichen Bereichen der Soldatenbetreuung.

20. 12. 39. [vermutlich aus Düsseldorf]

Meine liebe Sofie!

Ich will nicht annehmen, daß es ein ernster Grund ist, warum Du Dich so lange in Schweigen hüllst. Oder kommt mir die Zeit nur so lange vor, da ich täglich als erstes schaue, ob nicht ein Brief von Dir auf meinem Schreibtisch liegt? Oder bin ich durch die vielen Päckchen in den letzten Wochen von Dir verwöhnt worden?

Es ist recht schade, daß wir nicht zusammen zum Schifahren können, denn ich habe keine Lust meinen ganzen Urlaub zu Hause zu verbringen, denn man ist nie ganz ungebunden und innerlich so frei, wie wenn ich an Worpswede denke. – – –

Glaubst Du, daß es möglich ist, daß Du nach Deinem Maturum weggehen kannst? Ich würde nämlich dann meinen Urlaub erst im Februar nehmen – da wäre auch das Wetter schöner und der Schnee. Bloß ob ich da noch Urlaub nehmen kann? Aber ich wills um diesen Preis gerne wagen meinen Urlaub zu verschieben, selbst mit der Gefahr, daß ich unter Umständen ganz drauf verzichten muß. Nur ob Du überhaupt Aussicht hast weggehen zu dürfen, das mußt Du mir bitte schreiben.

Den heutigen Abend werde ich mit meinen Soldaten verbringen. Es ist schon die ganzen letzten Tage meine größte Sorge wie ich all die Geschenke für annähernd 500 Mann heutzutage auftreiben soll. Darum bin ich beinahe froh, wenn der Abend vorbei ist und alles geklappt hat. Am liebsten würde ich ja für mich allein spazieren gehen, vielleicht dem Rhein entlang. Aber ich werde auch bei dem Gegröhle von Weihnachtsliedern, bei Bier und Zigarettendunst, mit meinen Gedanken bei Euch sein können und manchmal dran denken, wie Ihr um den großen Geschenktisch steht und Eure Sachen bestaunt, oder wie Ihr ums Klavier zusammen musiziert. Ich wills Euch recht schön und gemütlich wünschen, und daß Ihr Euch über vieles freuen könnt. Und da ich am 1. Weihnachtsfeiertag nicht selbst kommen kann, damit Du mir alles zeigen könntest, wie sonst, mußt Du mir eben ausführlich drüber schreiben. Fritz.

Grüß bitte Deine Eltern, die Inge, Liesl, Hans und Has aufs herzlichste zu Weihnachten.

25. 12. 39. [vermutlich aus Düsseldorf]

Meine liebe Sofie!

Den heutigen Nachmittag würde ich sicher bei Euch zu Hause verbringen, und Ihr würdet mir wieder wie letztes Jahr all die Geschenke zeigen und erklären von wem sie sind und was besonders schönes dabei ist. – Unsere Weihnachtsfeier am heutigen Abend war anfangs ganz schön, zum Schluß allerdings artete sie in eine reine Sauferei aus, da jeder 1 Flasche Wein bekommen hatte. Es wurde auch das Weihnachtsmärchen von Walter Flex gelesen, das natürlich die meisten lächerlich fanden. Mit unseren Geschenken hat es noch gut geklappt, und die Soldaten waren alle erstaunt, daß sie so reichlich beschenkt wurden. Der Saal, in dem wir Weihnachten feierten, sah auch ganz festlich aus. Außen herum standen die Gabentische voll mit Geschenkteller[n], in denen Brötchen, Nüsse, Äpfel, Messer, Rasierapparate, Briefpapier und ähnliche Sachen waren, dabei für jeden eine Flasche Wein, und die Tische waren schön weiß gedeckt mit Kerzen drauf. Es kam auch der Weihnachtsmann, der Scherz-Geschenke verteilte und vor allem die Vorgesetzten durch den Kakao zog. Zum Schluß verteilte er die Post, die auf den Abend aufgespart worden war. Leider habe ich nichts bekommen. –

Letzten Donnerstag habe ich etwas ganz seltsames und furchtbares erlebt. Es fand an diesem Abend unser gemeinsamer Abend mit »Glaube und Schönheit« statt, von dessen Vorbereitungen ich Dir schon geschrieben habe. Es wurden auch einige Mädchen an den Offz-Tisch gesetzt, und nach Schluß der Veranstaltung erfüllte ich meine Kavalierspflicht und brachte das Mädchen nach Hause, das den Abend neben mir saß. Als dieses zu Hause die Haustür aufschloß standen im Hausflur schon die Eltern des Mädchens, und die Mutter, mit der Hundepeitsche auf dem Rücken, fing auch gleich an mit großem Gekreische auf das Mädchen einzuschlagen. Du kannst Dir denken, daß ich augenblicklich vor Überraschung nicht in der Lage war einzugreifen, und bis ich merkte was hier vor sich ging war die Haustür schon wieder zugeschlagen, und ich stand da wie ein Lausejunge. – Mir tat das Mädchen furchtbar leid, nicht nur weil es geschlagen wurde, sondern weil es bei dem Gedanken, daß es vor meinen Augen geschlagen wurde, sich sicher zu Tod schämen wird.

Da kam mir erst wieder richtig zum Bewußtsein, was Du und auch ich doch für fabelhafte Eltern haben. Wenn ich dran denke, wie wir damals morgens um 7 Uhr vom Wild beobachten heimgekommen sind – – –. Ich habe mir vorgenommen, falls ich mal Kinder haben sollte, wenn es irgendwie geht diese nicht zu schlagen. Ich kann mich erinnern, wenn ich mal spät nach Hause gekommen bin, daß der besorgte Blick meiner Mutter mich mehr geschlaucht hat, als wenn ich Schläge bekommen hätte. Durch Gewalt erzeugt man nur Opposition und zerstört das Vertrauen.

Ich habe in den letzten Tagen, in denen ich nicht allzuviel zu tun hatte, oft über das vergangene Jahr nachgedacht. Und ich glaube, daß es für mich ein entscheidendes war. Wenn mir auch vieles zerflossen ist, woran ich glaubte mich halten zu können, und wenn ich in manchen Dingen heute dastehe wie ein 17jähriger Junge, woran nicht zuletzt, oder überhaupt, Du schuld bist, so bin ich eben drum froh darüber. Es ist ja letzten Endes auch ein Fortschritt, wenn man das bisher erlernte als falsch erkennt und deshalb über den Haufen wirft.

Wenn ich dran denke, wie wir Ostern bei strahlender Sonne auf einem Stück schneefreier Bergmatte lagen, und wie wir auf dem Hintern den Berg hinuntergerutscht sind, und uns dann schämten durch das Dorf zu gehen, da wir einen nassen Hosenboden hatten – oder an Pfingsten, wo wir zu viert unter Regenmänteln bei strömendem Regen durch die lehmigen Feldwege der Alb stapften, oder dann wieder auf einer blumigen Wiese Märchen spielten, und dann in unserm gemeinsamen Sommer, im Strandkorb in Heiligenhafen, oder wie Du im Omnibus auf meinem Schoß geschlafen hast, oder wie wir im Dünensand von Sylt lagen und Plastiken machten – dann, glaube ich, war es ein schönes Jahr. Ich hoffe, daß Du auch immer so gerne zurückdenkst wie ich. Ich bereue nichts und bin über alles nur unendlich froh. Manchmal kommt es mir vor, als ob wir geahnt hätten, daß wir uns für längere Zeit trennen müssen durch diesen Krieg, und manchmal wieder glaube ich, daß es so kommen mußte und nur gut für uns beide war. Fritz.

Grüße Deine Eltern und Geschw. mit den besten Wünschen für's neue Jahr.

Ulm, den 28. Dezember 1939.

Lieber Fritz!

Gestern bekam ich Deine Weihnachtssendung, und ich danke Dir vielmals dafür. Ich hatte mein Weihnachtsgeschenk von Dir doch schon. Hattest Du das denn vergessen?

Grade habe ich Deinen Brief aufgemacht, und ich bin genauso enttäuscht wie Du, daß bei der Weihnachtspost nichts für Dich dabei war. Ich habe Deine Weihnachtspost schon ungefähr 18 Tage vor Weihnachten abgeschickt. Am selben Tag wie die Karte, die das letzte von mir war. Hoffentlich hast Du Dir nicht allzuviel Gedanken gemacht. Wahrscheinlich kommt das Päckchen nun gar nicht mehr bei Dir an. Wenn Du's bis zum Jahresbeginn 1940 noch nicht erhalten hast, schreib mir's. Dann hat's jemand anders auch gut gefallen. Da ist dann nichts zu ändern. Ich will Dich dann schon entschädigen.

Nun trau ich nicht einmal ganz, ob wenigstens dieser Brief ankommt.

Das ärgste ist mir, daß Du am Weihnachtsabend nichts gehabt hast. Und in der fröhlichsten Stunde weiß Gott was für bittere Gefühle gegen mich gehegt hast. Gelt, es ist so? Und ich hab mich bei dem Päckchen so angestrengt. So ein schönes krieg ich nicht wieder fertig.

Du, sei so gut, und schreib mir, ob sich Deine Adresse geändert hat. In der Zeitung stand so was. Ich werde mir dann immer Zeit nehmen, trotz angestrengtesten Lernens, Dir zu schreiben, Lieber. – Und nun bist Du mir nicht mehr böse, daß ich Dich so im Stich ließ, dabei wars die Reichspost!

Wenn ich Dich jetzt grade beim Kopf hätte!

Hoffentlich vergnügst Du Dich ein bißchen, bleib nicht so viel in der Stube. Mach doch, wenn Du kannst, Deinem B. D. M. Mädchen eine Freude. Vielleicht ist's nötig.

Also mehr auf Deine Nachricht hin.

S.

[auf der Vorderseite, am linken Rand:] Im Februar möchte ich zum Skilauf. Ungefähr gegen Ende Febr. Geht's?

Der Satz »Mach doch … Deinem B. D. M. Mädchen eine Freude« bezieht sich auf ein Vorkommnis, das Fritz Hartnagel in seinem Brief vom 25. 12. 1939 schildert. Sophie Scholl verwechselt hier offensichtlich »BDM« mit »Glaube und Schönheit«.

1. 1. 40. [vermutlich aus Düsseldorf]

Meine liebe Sofie!

Ich habe nie so sehr auf Post gewartet, wie in den letzten Wochen. Außer Deiner Karte hatte ich seit Deinem Adventspäckchen vom 28. 11. keine Post mehr von Dir bekommen. Und als über die Weihnachtstage auch nichts ankam hätte mich bald eine leise Traurigkeit befallen. Nun aber will ich alles verscheuchen, was mich in diesen Tagen bedrückt hat, und ich bin so froh, und am liebsten würde ich die Schlamperin »Feldpost« richtig verschimpfen, da sie mir Dein Weihnachtspäckchen erst am 29. 12. zugestellt hat. Du kannst Dir denken, wie ich mich dann gefreut habe. Und während ich sonst oft nach Dienst an meinem Schreibtisch gesessen habe und mir ausmalte, wie schön es jetzt wäre, wenn unser Postabholer einen Brief von Dir mir auf den Tisch legen würde, so hatte ich gerade an diesem Tag so viel zu tun, daß ich nicht dazu kam das Päckchen aufzumachen. Abends hatten wir noch eine kleine Tanzerei in unserem Kasino, so daß ich erst morgens um 3 Uhr, im Bett liegend, sachte ein Bändchen nach dem anderen aufschnüren konnte, und die mit viel Sorgfalt eingewickelten Sachen auspacken konnte. Am meisten hat mich Deine Prinzessin, die durch den Ring springt, gefreut. Ich habe zwar anfangs beim oberflächlichen Betrachten gezweifelt, da sie so sauber gemalt und glasiert war, aber ich habe dann bald gemerkt, daß nur Du eine Prinzessin <u>so</u> darstellen kannst, nicht licht und zart mit graziöser Haltung, sondern dunkel und leidenschaftlich, natürlich und doch anmutig. Ich freue mich so, mal etwas von Dir zu besitzen, da ich mir schon so oft eine Zeichnung oder sonst etwas von Dir gewünscht hatte. Nun hängt sie an der Wand, die kleine Zigeunerprinzessin, so daß ich sie von meinem Bett aus gut sehen kann. Und jeden Abend vor dem Einschlafen und morgens beim Aufwachen erinnert sie mich an Dich, und nicht nur dadurch. Die Büchlein von Dir und Inge konnte ich leider noch nicht genau ansehen. Sag bitte Inge recht vielen Dank, und wenn ich mal Zeit und Lust habe würde sie ein besonderes Briefchen bekommen. Bei Deinem Weihnachtspäckchen kam ich mir ganz beschämend vor, da ich Dir nichts ähnliches schenken kann, und da ich in allem ein Stümper und Nichtskönner bin, wenigstens was diese Dinge anbelangt.

Wir haben heute Nacht Sylvester gefeiert in unserem fabelhaft dekorierten Kasino, mit einigen »Damen«, die nach viel Schwierigkeiten organisiert wurden. Es war ganz nett und ausgelassen, obwohl ich selbst zu derartigen Dingen nicht die eigene Initiative hätte. Habt Ihr zu Hause auch etwas gefeiert? – Wegen unserem Roulettespiel brauchst Du keine Sorgen haben, denn wir habens schon längst endgültig aufgesteckt, da es sinnlos und wüst ist, dafür spielen wir jetzt Tischtennis, was auch gesünder ist, da es die Verdauung anregt, anstatt der Nerven. Ich kann mich natürlich nicht ganz aus dem Kasino zurückziehen, da ich ja auch Verpflichtungen gegenüber meinen Kameraden habe, und nicht als Außenseiter gelten will, besonders als dienstältester Leutnant, der ich bin. Aber Du brauchst nicht glauben, daß wir nur spielen und saufen. Das letztere kommt glücklicherweise sowieso ganz selten vor. Es werden auch manchmal ganz anregende Diskus[s]ionen geführt; aber die meiste Zeit ziehen wir uns gegenseitig auf, was auch ein gewisser Denksport ist.

Ich bin nun also nicht in Urlaub gefahren und will das Glück versuchen und erst im Februar gehen. Nach meinem [minimalen/normalen?] politischen Verständnis müßten wir auch im Februar noch »Frieden« haben. Hast Du schon die Genehmigung von Deinen Eltern? Wenn das gelingen würde mit dem Schifahren, will ich gern noch ein pa[a]r Wochen und wenns sein muß Monate auf meinen Urlaub warten. Hast Du Dir schon überlegt, wie wir das machen wollen, auf welche Hütte, oder zu einem Bauern? Wir müssen das bald in Angriff nehmen, damit das Ganze nicht noch an derartigen Dingen scheitert. Das Schönste wäre natürlich ein Häuschen ganz für uns. Oder glaubst Du nicht? Schreib mir bald Deine Meinung darüber, ob wir selbst kochen sollen, und wie lang und wann Du weg kannst. Hoffentlich malst Du Dir was Schönes aus!

Überleg Dir nicht so viel, wenn Du nur schreibst. Sofie, ich freu mich über alles! Dein Fritz.

Hoffentlich haben meine Briefe nicht auch solche Verzögerungen, wie die Deinen. Ich hoffe, daß schon wieder einer unterwegs ist! (von Dir)

4.1.40. [vermutlich aus Düsseldorf]

Meine liebe Sofie!

Es ist etwas seltsames, so oft ich von Dir Post bekomme, habe ich meistens gerade viel zu tun. So war auch heute gerade mein Kommandeur da, als ich Deinen Brief erhielt. Ich stand neben ihm und legte die Unterschriften vor und gab Erläuterungen. Aber mit einem Auge sah ich immer nach dem Brief, der die wohlvertraute Schrift trug, und vielleicht sind auch meine Erläuterungen heute etwas magerer und gleichgültiger ausgefallen wie sonst. Dann sind wir noch weggefahren, so daß ich erst abends dazu kam Deinen Brief zu lesen. Dafür war es auch umso schöner, wenn mich keiner durch irgendwelche Fragen oder Meldungen störte und wenn kein Telephon mehr klingelte. – Daß ich inzwischen die vier Weihnachtspäckchen erhalten habe, hast Du ja schon aus meinem letzten Brief erfahren; und die guten Brötchen sind schon fast alle aufgegessen. Gestern habe ich Inges Büchlein von H. Hesse »Stunden im Garten« gelesen. Es hat mir so gut gefallen, daß ich vorhabe es meiner Mutter zum Geburtstag zu schenken. (Natürlich nicht Inges, sondern ein anderes!) Man sollte alles mit solchen Augen betrachten können, wie dieser Dichter seinen Garten. Und wie oft sieht man gerade das Wüste und Häßliche! Daß Du mein Päckchen erst zu Weihnachten bekommen hast tut mir sehr leid, und dabei hab ich's extra verbotener Weise mit der gewöhnlichen Post weggeschickt, damit es schneller ankommen soll. –

Liebe Sofie, wenn es nur nicht so lang wäre bis Ende Febr., bis wir zusammen zum Schifahren können. Du, wir müssen gehen sobald wie möglich, gleich nach Deinem Maturum, denn sobald der Krieg losgeht ist es natürlich aus mit Urlaub, und je länger wir warten, umso näher rückt der Tag, an dem es mal losgehen muß. Wegen einer Hütte habe ich bereits Beziehungen aufgenommen. Ein Leutnant unserer Abt. kennt den Generalsekretär des deutschen Alpenvereins sehr gut, und er will mal diesem schreiben wegen einer unbesetzten Hütte. Oder was meinst Du?

Du mußt mir auch mal Deine Pläne schreiben. Oder hast Du vor lauter Lernen in diesen unangenehmsten Wochen der ganzen Schulzeit keine Zeit Deine Gedanken mal ausschweifen zu lassen? Ich tu's beinahe viel zu oft! Gute Nacht liebe Sofie! Fritz.

Meine Adr. ist immer dieselbe geblieben.

Hermann Hesse, »Stunden im Garten. Eine Idylle.« Bermann-Fischer Verlag, Wien 1936.

»... sobald der Krieg losgeht«: Dies bezieht sich auf den Kriegsbeginn im Westen (Fritz Hartnagel war zu der Zeit in Düsseldorf stationiert), denn allgemein wurde immer noch ein Angriff Frankreichs und Englands auf die deutsche Westgrenze erwartet (Beistandsverpflichtung gegenüber Polen).

Ulm, 5. 1. 40.

Ich bin froh, daß Dich das Weihnachtspäckchen doch erreicht hat, wenn auch leider mit Verspätung. Und danke schön für Deinen Brief.

Heute war wieder der erste Schultag, nun wurde einiges über das Maturum gemunkelt, ich will's Dir wegen des Skifahrens mitteilen: Anscheinend darf das schriftliche erst nach 16. Februar und das mündliche erst nach 1. März sein. Wie's wahr ist, kann ich nicht beurteilen, denn es wird ja so unendlich viel geschwätzt. Hoffentlich kann ich Dir bald Genaueres mitteilen. Wenn Du es also für besser hältst, gleich Urlaub zu nehmen, dann tu's bitte. Es wird ja größtenteils eine Offensive im März vermutet, aber ich glaube, auch hierin kann niemand mit Sicherheit behaupten. –

Ich möchte Dir noch alles Gute und viel Glück zum neuen Jahr wünschen: Es wird ein entscheidendes sein.

Jetzt will ich dir unsre Geschenke aufzählen nach Deinem Wunsch.

Ich kriegte, außer Deinen reichlichen, meine größten Geschenke, eine Skiausrüstung, d. h. Skihose – Jacke – Stiefel. Bücher: Aufstand in der Wüste (Lawrence) Gedichte, Daumier, Märchen u. Weihnachtslieder; eine Truhe für Briefe u. noch viele nützliche Sachen. Dazu Händel-Orgelkonzerte 4 händig, Walzer u. ungarische Tänze von Brahms, u. Inventionen von Bach. Und noch 2 Liederbücher.

Vater hat in der Hauptsache Bücher gekriegt, Mutter auch und einen Mantel u. selbst gestickte Tischdecken, Hans u. Inge u. Werner u. Lisl auch viel Bücher, Inge noch schönen Schmuck, Stoffe, ach Gott alles mögliche. Es fällt mir zu schwer, alles aufzuschreiben. Unser Weihnachtsbaum, groß u. breit, steht, mit Äpfeln, Schokoladekringeln u. Brötle geschmückt, in der Diele. Die Geyerskinder werden ihn noch leeren. Sie haben uns am 2. Weihnachtstag ihre Lieder gesungen, ganz goldig. Michael trippelte im Takt mit den Füßen. Und was für Stimmen sie haben: Stille Nacht, Heilige Nacht ... u. das liebe traurige (trauliche) Paar ... Sie haben getan, was sie konnten.

Von Herr Geyer haben wir ein Kinderbild zu Weihnachten, und einen netten Neujahrsglückwunsch gekriegt.

Gestern war ich mit Lisl in Geislingen. (Es wird so langweilig, wenn man erzählen will.) Werner Oberle war auch da. Ich habe der winzigen Adelheid die Flasche gegeben, mit den Buben getollt. Im Schnee sind wir auch herumgestapft, es war alles so nett. – Friert's eure Soldaten nicht recht? Auf der Alb hat's 30° Kälte.

Zum Skifahren haben Lisl u. ich Erlaubnis, allein darf ich natürlich nicht. Wenn es ginge, zögen wir in eine Hütte, oder auch zu Bauern. Das Skilaufen wäre natürlich Hauptsache, es könnte herrlich werden. Ich wollte es dann auch richtig lernen, von Dir. Nur, ist es nicht zu spät? Sonst komm eben vorher. Nicht einfach ganz fortbleiben, gelt? –

Entschuldige, wenn ich das Briefschreiben verlernt habe, ich glaube, ich bin zu zerfahren. Es fehlt mir auch jede Geduld. Obwohl ich die jetzt beim Lernen so notwendig brauche. Jetzt beginnt Endspurt.

Ich hoffe nur sehr auf ein baldiges Wiedersehen mit Dir. Warum, glaubst Du, ist eine lange Trennung gut? Ich möchte nur wissen, warum Du das glaubst. – Vielleicht meinen wir beide dasselbe: Entfernung u. Zeit bindet nicht wie Nähe u. Beisammensein. Vielleicht löst es sogar. Vielleicht haben wir voneinander gehabt, was wir haben sollten. Nein, ich glaube, dauernde Nähe von Dir macht mich schwach. Ich vergesse dann, daß ich nicht nur ein Mädchen sein möchte. Dann wünsche ich sogar nichts, als Mädchen zu sein, heute leben und morgen vergehen zu dürfen. Ich weiß es, daß es Schwäche ist, und wenn ich Dir jemals nachgeben werde, so sollst Du wissen, daß ich in dem Augenblick schwach bin, und so viel oder so wenig wie viele Mädchen, die Du und ich nicht sehr hochschätzen. –

Hoffentlich, wenn Du an mich denkst, denkst Du nur an Schönes. Das Schöne bleibt ja viel lieber in Erinnerung als das gewöhnliche. Denn auch jetzt, wo ich nicht bei Dir bin, möchte ich Dir geben, was Du verlangst. Wenn Du kein Verlangen mehr hast, dann denke auch nicht mehr daran, mir gegenüber Verpflichtungen zu erfüllen. Vielleicht erleichtert es mich sogar, wenn Du frei von mir bist, denn manchmal habe ich Angst, Dir das nicht geben zu können, was Dir zusteht, oder was Du verlangen könntest. Vielleicht ist es nur Einbildung, aber oft glaube ich, ein andres Mädchen wäre Dir ergebener wie ich. Verstehst Du? Dies kann u. will ich nicht. Ich glaube, Du verstehst nicht ganz. Schreibe mir recht viel von Dir. Und oft! Gelt? Sofie.

T(homas) E(dward) Lawrence (1888–1935), »Aufstand in der Wüste«, 1927 als gekürzte Publikumsausgabe des 1926 in nur wenigen Exemplaren gedruckten Buches »Die sieben Säulen der Weisheit« in England und den USA erschienen. In deutscher Übersetzung erschienen 1930 und 1932 zwei unterschiedliche Ausgaben bei List in Leipzig.

»Gedichte, Daumier«: Honoré Daumier (1808–1879), französischer Maler und Karikaturist; es dürfte ein Gedichtband mit Illustrationen von Daumier gemeint sein, von denen in den ersten Jahrzehnten des 20. Jahrhunderts eine ganze Reihe in Deutschland erschienen sind.

»Brötle«: Im Schwäbischen kleines Weihnachtsgebäck (Plätzchen).

»Geyerskinder«: Wilhelm Geyer war ein mit der Familie Scholl befreundeter Kunstmaler aus Ulm.

»Gestern war ich mit Lisl in Geislingen«: Sophie und Elisabeth besuchten die Familie des Malers und Kunsterziehers Albert Kley, den Sophie schon früher durch ihre künstlerischen Ambitionen kennen gelernt hatte. Werner Oberle, ein Freund von Kley, war Kunstlehrer an einer Schule in Winnenden bei Stuttgart. Adelheid ist eine Tochter der Familie Kley.

10. 1. 40. [vermutlich aus Düsseldorf]

Ach Sofie, wenn ich jetzt bei Dir wäre, dann könnte ich Dir vielleicht mündlich alles viel besser sagen. – Du fragst, warum ich glaube, daß eine längere Trennung vielleicht nur gut für uns wäre. Ich dachte dabei an unsre gemeinsam verbrachten Sommerferien, die für mich wie in Trunkenheit dahingeflogen sind. Und da glaubte ich, daß es gut war, daß wir durch unsere Trennung Zeit hatten um zur Besinnung zu kommen, anstatt in unserer Gemeinsamkeit weiterzuträumen, denn dann zeigt sich, ob es nur unser gegenwärtiges Zusammensein war, was uns berauschte, erst dann können wir vielleicht sagen, ob unsere gemeinsamen Ferien gerechtfertigt waren, oder nur Schwäche, wie Du es nennst. Nein, nicht lösend empfinde ich diese Trennung, vielmehr bindend und läuternd; zumindest, wenn Du so fühlst, wie ich.

Sofie, ich versteh Dich nicht, wenn Du von Schwäche sprichst. Oder denkst Du darüber so, wie ich Dir damals verständlich zu machen versuchte, in Heiligenhafen, abends, nachdem wir zusammen gelesen hatten? Aber warum willst Du mir dann trotzdem noch geben, solange ich verlange? Ich hab Dich doch gebeten rücksichtslos zu sein. Warum hoffst Du dann auf ein baldiges Wiedersehen mit mir, warum soll ich dann viel von mir schreiben, und oft? Warum Sofie? Ich glaube Du sagst mir nicht alles! Können wir uns nicht alles erzählen, wie es um uns steht? – Aber vielleicht weiß ich ja schon alles und will es nur nicht verstehen. Verzeih mir.

Draußen wartet der Ordon[n]anzfahrer und will die Post mitnehmen; ich habe keine Zeit mehr um zu überlegen, ob ich das Blatt zerreißen soll. Fritz.

12. 1. 40. [vermutlich aus Düsseldorf]

Sofie, mir fällt es so schwer, Dir zu schreiben, da ich fürchte, daß ich das nicht ausdrücken kann, was mich in den letzten beiden Tagen bewegt und vielleicht auch bedrückt.

Was soll ich auch schlechtes von Dir denken, Sofie, wenn ich an Dich denke. Für mich war alles Frühling und glücklich und schön. Glaub nicht, daß ich wunder was von Dir wollte. Ich möchte nur bei Dir sitzen, Deine Hand in der meinen halten, und meinen Kopf an Deine Schulter lehnen dürfen, ich möchte teilhaben an Deinen Gedanken, Deinen Freuden und Traurigkeiten, ich möchte nur ein bischen daheim sein dürfen bei Dir. Ich wünsche, ich könnte Dir dasselbe sein. Dann »Laß uns, wie gut es auch, wie schlimm es um uns stehe, Laß uns barmherzig zueinander sein« (M. H.) – Doch Sofie, ich möchte Dir dasselbe sagen wenn Du mich nicht mehr brauchst, wenn ich Dich nur bedrücke, dann tu so, wie Du fühlst, nimm keine Rücksichten, Du würdest uns nur beide damit quälen. Tu nur, was Du mit ganzem Herzen tun kannst.

Ich hoffe, daß Du es auch zum Schifahren tust, und daß Du Dich ohne Einschränkung darauf freuen kannst. Ich finde es sehr fein, daß Lisl mitgeht, dann sind wir wieder unser Trio, wie letztes Jahr. Ich will geduldig warten, bis Du mit Deinem Maturum fertig bist. Doch wenn es bis in den März dauern sollte, dann sind meine Hoffnungen nur noch sehr schwach. Aber ich will lieber auf meinen Urlaub ganz verzichten, wenn ich aufs Schifahren mit Euch verzichten muß. Was soll ich auch jetzt zu Hause tun? Du bist die meiste Zeit in der Schule, und den Rest des Tages mußt Du natürlich lernen, oder ich halte Dich nur ab davon. Bei mir daheim ist alles bei der Arbeit, und wen sollte ich sonst besuchen? Ich wäre dann die meiste Zeit allein, und das bin ich hier bei all den vielen Menschen auch. – Mit der Hütte zum Schifahren müssen wir uns bald entscheiden. So schön es wäre, wenn wir ein Häuschen ganz für uns hätten, so hat es auch wieder seine Nachteile. Wir müßten z. B. immer selbst heizen, jede Kleinigkeit vielleicht weit herholen. Darum glaub ich, daß ein Bauernhaus, wie Butschers in Schindelberg, doch besser ist. Was meint Ihr dazu?

Ich weiß, daß Du nun viel lernen mußt und wenig Zeit hast mir zu schreiben, aber kannst Du verstehen, daß ich mehr denn je auf ein pa[a]r Zeilen von Dir warte? Fritz.

Das Zitat stammt aus dem Gedicht »Liebe« von Manfred Hausmann (»M. H.«):

> Liebe
> Wenn wir uns nicht mehr haben und uns sehnen,
> Dann ist's, als hätten wir uns endlich ganz.
> Doch wenn wir eins im andern uns geborgen wähnen,
> Verdunkelt sich die Lust, verblaßt der Glanz.
>
> Die Ferne ist es nicht und nicht die Nähe.
> Ach, immer lebt das Innigste allein.
> Laß uns, wie gut es auch, wie schlimm es um uns stehe,
> Laß uns barmherzig zueinander sein!

Manfred Hausmann, »Jahre des Lebens«. Gedichte, S. Fischer Verlag, Berlin 1938, S. 56.

Ulm, 13. 1. 1940.

Mein lieber Fritz,

ich glaube ja kaum, daß nun dieses Päckchen richtig auf den Tag ankommt, auf den es bestimmt ist. Dann feierst halt nachträglich. Brötle hab ich leider keine mehr. Vielleicht kriegst Du zu Deinem Geburtstag so ein schönes Wetter, wie's mir jetzt zum Fenster herein lacht, dazu dann noch ein bißchen Zeit, dann machst Du Dich aber fort, irgendwie wirst Du schon hinauskommen. Zumindest mußt Du Dir Blumen besorgen. Man kann doch auch allein feiern. Und vielleicht feiert zufällig jemand mit Dir. Und dann hab ich noch ein Haufen Wünsche für Dich, was ich Dir alles wünsche, muß ja nicht ausgesprochen sein.

Heute bekam ich Deinen Brief auf den meinen, wahrscheinlich etwas unklaren, hin. Ich kann und möchte jetzt nichts darüber schreiben; aber gelt, Du freust Dich doch auf's Skifahren?

Oder kommst Du früher?

Das Buch »Vorsommer«, kennst Du es schon. Ich bin davon abgekommen, viel Romane zu lesen da ich finde, daß sie oft unnötig verwirren. Ich habe oft das Gefühl (ob es wahr ist, weiß ich nicht), als läse man eine Geschichte, wie man einen Wein trinkt. Die Wirkung ist groß, solange man trinkt, nachher kommt allenfalls noch etwas Katzenjammer, dann ist es genau wie vorher, selten besser. Bei diesem Roman ging mir's nicht so. Er ist so gründlich und klar durchgeführt. Er ist so beherrscht und sauber. Er kann mir selbst klären und erfrischen. – Das andre, eßbare, hat Inge gestiftet. Wir habens bei 19° Kälte eingekauft. – Und von allen Grüße. Feire schön. Und denk dabei nicht an ungeklärte Dinge. Guck, wenn Du einen blauen Himmel hast, Dir lieber diesen an, dann kommst Du in die schönste Laune. Du!

Sofie.

Fritz Hartnagel hatte am 4. Februar Geburtstag.

Karl Benno von Mechow (1897–1960), ein von den Scholl-Geschwistern sehr geschätzter Autor, schrieb Romane über die Verbundenheit des Menschen mit der Natur. Sein 1933 erschienenes Hauptwerk »Vorsommer« (bei Langen Müller in München) »ist einer der schönsten Liebesromane der neueren deutsche Literatur« (Internationales Biographisches Archiv 26/1962 vom 18.6. 1962). Von 1934 bis 1944 gab v. Mechow zusammen mit Paul Alverdes die zeitweilig verbotene Monatszeitschrift für Dichtung, Kunst und deutsches Leben unter dem Titel »Das Innere Reich« heraus.

15. 1.40 [aus Ulm]

Mein lieber Fritz,

eigentlich habe ich mich hergesetzt, zu lernen. Es gehen mir aber immer andre Gedanken im Kopf herum. Viel noch nicht zu Ende gedachte. Ich muß sie wegschieben, denn sie wollen mich immer zerstreuen. Vielleicht muß ich sie besser erledigen. Weißt Du, den Brief, den ich Dir einmal von Leonberg schrieb, hab ich in Gedanken noch tausendmal geschrieben. Vielleicht etwas anders im Wortlaut. Damit Du mich besser verstehen solltest. Wirklich geschrieben habe ich ihn nie, da ich mich davor fürchtete. Ich fürchtete mich vor der Leere, die darauf folgen würde, ich fürchtete mich vor dem Verzicht auf Wärme, der es für mich wäre. Ich fürchtete mich auch vor Dir, denn meine Schuld war es ja, daß es überhaupt so weit kam. Ich fürchte mich noch. Ich weiß es noch nicht, ob ich dies hier wegschicke. Ich glaube, Du weißt es selbst nicht was ich Dir vorenthalte. Ich glaube auch nicht, daß Du es verstehen kannst und willst. Dann vielleicht, wenn Du ein andres Mädchen kennenlernst. Verstehst Du, ich habe nie jemanden gerner gehabt als Dich, außer, es ist vielleicht auch unrichtig ausgedrückt, außer mir selbst. Ich kann mich nicht aufgeben für Dich. Ich weiß schon, was Du denkst. Du denkst, das soll sie ja gar nicht. Aber im Grunde müßte sie es eben doch. Um gerade zu sein.

Vielleicht habe ich alles noch zu unklar ausgedrückt. Vielleicht bist Du nur verwirrt jetzt. Ich habe aber versucht, Dir unser Verhältnis so hinzustellen, wie es ist. Ich nehme mehr weg von Dir als Du von mir empfängst. Eines Tages bist Du vielleicht enttäuscht. Das würde ich gerne vermeiden. –

Wenn Du nicht drauskommst aus dem Brief, so sieh ihn als ungeschrieben an. Ich möchte ja nichts andres als Klarheit. Deshalb müssen wir uns ja nicht fremder werden. Vielleicht stünde dann nimmer die Furcht zwischen uns, die ich so immer habe, daß ich etwas in Dir wecke und großziehe, was vielleicht einmal umkommen muß. Sei mir nicht böse, wenn ich alles ganz falsch sehe.

Deshalb, damit wir als Menschen uns nahe bleiben, deshalb sollst Du mir oft schreiben. Weil ich Dich kennen möchte, damit Du mich immer kennst, damit wir wenigstens barmherzig zueinander sein können. Oder ist es falsch?

Ich wünsche es, auch jetzt, daß wir uns bald wiedersehen. Es ist vielleicht gut. Es ist bestimmt gut. Wir müßten uns nicht so unnütz abquälen, wie wir tun. Wenn Du mich verstanden hast, und wenn ich Dir nicht wehe getan habe, dann reut mich gar nichts, was wir miteinander verlebt haben. Und wenn Du müde bist, sollst Du meine Hand in der Deinen halten, und Deinen Kopf an meine Schulter legen.

Sofie.

»... den Brief, den ich Dir einmal von Leonberg schrieb«: am 15.8.1938.

Mit ihrer Formulierung »... damit wir wenigstens barmherzig zueinander sein können« bezieht sich Sophie Scholl, wie Fritz Hartnagel in seinem Brief vom 12.1., auf das Gedicht von Manfred Hausmann.

20. 1. 40. [vermutlich aus Düsseldorf]

Meine liebe Sofie!

Heute habe ich gleich zwei Briefe von Dir bekommen und noch ein Päckchen dazu. Du kannst Dir denken, daß ich am liebsten irgendjemand umarmt hätte. Und als ich heute Nachmittag bei untergehender Sonne durch die verschneite und sonnenglänzende Landschaft nach Wuppertal herübergefahren bin, glaubte ich bald der Schnee und die Sonne hätten sich nur mir zuliebe eingestellt, und mein Wägelchen, das leicht beschwingt durch die Schneewehen hüpfte, hätte auch die Gefühle seines Fahrers gespürt. Als ich das Päckchen ausgepackt hatte, habe ich lange nicht gewagt, das schöne Bild zu zerstören und die Strohblumen wegzunehmen und das Buch auszupacken. Ich danke Dir und Inge, soviel man eben danken kann. Ich bin fast erschrocken, als ich dran dachte, daß ich bald 23 Jahre alt werde und wohl schon zu den Erwachsenen zähle; ich merke allerdings manchmal nicht viel davon. Ich habe gerade im Kalender festgestellt, daß es ein Sonntag ist, mein Geburtstag, und ich will es so machen, wie Du mir vorschlägst, ich will hinausgehen in den Wald. Du hast recht, wenn man einen Himmel über sich sieht, und Bäume um sich hat, ist alles viel freier und froher. Dies fehlt mir sehr, unsere Sonntagsfahrten auf die Alb. Dann ist auch hier die Gegend furchtbar öde, und der einzige Wald, der Stadtwald, ist Sonntags von Menschen überlaufen. Dafür gibt es hier Bars und Kinos und Kabaretts in rauhen Mengen. Und wenn man ausgeht, muß man eine Liste der Lokale mitnehmen, die für Soldaten oder Offiziere verboten sind. Drum geh ich auch recht wenig aus, oder höchstens, wenn mich jemand mitschleppt. Du frägst, was ich dann sonst treibe. Leider sehr wenig produktives. Wenn ich nicht im Kasino mit den anderen Offizieren zusammensitze, dann versuche ich an meinem Schreibstubentisch Dir einen Brief zu schreiben. Und wenn es jedesmal Wirklichkeit würde, was ich mir vorgenommen hatte, so müßtest Du zum mindesten jeden 2. Tag einen Brief von mir bekommen. Aber leider verliere ich mich meistens zu sehr mit meinen Gedanken, oder ich reise auf der Karte herum, die mir gegenüber riesengroß vom Boden bis zur Decke an der Wand hängt.

Für unser Kasino haben wir uns ein Klavier gemietet. Aber ich spiele nur, wenn ich allein bin, und das ist selten. Dann brauche ich auch immer einige Zeit, bis ich vom Klimpern zum Spielen komme. Einmal kam gerade unser Leutnant Pfeiffer dazu, mit dem ich mich manchmal ganz gut verstehe. Wir sangen dann einen ganzen Abend lang Lieder, und ich spielte dazu bei gelber Schreibtischlampenbeleuchtung. Es war sehr fein. Pfeiffer war auch eine zeitlang in der bündischen Jugend, jedoch nicht richtig erlebt, aber er kennt die meisten Lieder. Wir sitzen auch manchmal beisammen und kommen dann meistens auf tiefsinnige Gespräche. Er besitzt als Pastorensohn etwas Innerlichkeit und sucht allerdings verzweifelt nach irgendeinem Halt. So erzählt er mir manchmal seine intimsten Dinge, was mir fast peinlich ist. Andererseits hat er leider eine Art an sich, daß ich ihn manchmal prügeln möchte. So verfällt er ins Gegenteil und wird zu einem großen Angeber. Mit einer Unverfrorenheit stellt er dann wieder seine eigenen Leistungen in Vordergrund, daß es mir direkt weh tut, und ich kann dann nur mit dem beißen[d]sten Zynismus antworten. So komme ich bei ihm über das »Sie« nicht hinaus, und es ist sehr schade darum, da er andererseits ein sehr feiner Mensch ist. Mit den übrigen Leutnants komme ich über ein äußerlich kameradschaftliches Verhältnis nicht hinaus, da sie alle andere Interessen haben.

Ich bin in den letzten Wochen geradezu zu einem Politiker geworden, was Du bei mir sicher nicht vermutet hast, und ich vertrete hartnäckig meinen Standpunkt, daß wir vor April nicht losschlagen. Aber ich hoffe, daß diese Gedanken nicht nur meinem Wunsch entspringen, nämlich dem Wunsch mit Dir und Lisl zum Schifahren zu dürfen. –

Ich möchte glauben, daß es gut ist, daß Du auf meine Briefe nichts geschrieben hast. Vielleicht ist es überhaupt falsch über diese Dinge zu sprechen, und Du hast als Mädchen wieder instinktiv richtig gehandelt. – Bleiben wir uns das, was wir uns sein können, was ich Dir, und Du mir bedeutest, liebe Sofie. Fritz.

– Ich glaube mit der Wolle sind wir quitt, ich habe Dir ja auch noch nicht die Fotos bezahlt, die ich offiziell bei Dir bestellt hatte.

»... nach Wuppertal«: Es handelte sich wohl um eine dienstliche Fahrt vom Stationierungsort Düsseldorf nach Wuppertal.

21. 1. 40. [vermutlich aus Düsseldorf]

Meine liebe Sofie!

Ich habe heute einen schönen Sonntag verbracht. Zuerst habe ich mich ordentlich ausgeschlafen, auf das ich mich die ganze Woche freue. Es ist ein herrliches Gefühl, wenn man zur gewohnten Zeit aufwacht und dann nicht denken muß: In spätestens 5 Minuten mußt Du aus dem Bett gestiegen sein; sondern wenn man noch 1 oder 2 Stunden weiterträumen kann und ohne irgendein bedrückendes Pflichtgefühl an etwas Schönes denken kann. – Wenn wir beim Schifahren sind, dann stehen wir nicht immer so früh auf (Soviel ich Dich kenne bist Du damit sicher einverstanden), dann schwätzen wir noch ein bischen, oder vespern noch was Gutes im Bett, oder tun sonst irgendwas; aber die Blockflöte darf diesmal nicht kaputtgehen! – Also, nachdem ich mit viel Überwindung (ohne die geht es bei mir nie) aufgestanden war und im Kasino gefrühstückt hatte ging ich zu einer Eiskunstlaufveranstaltung. Unter anderen trat auch das Paar Marie Herber-Baier auf mit einigen Tänzen: Tango, Foxtrott, Rumba und einem herrlichen Walzer. Es war sehr schön (außer, daß ich nach 2 Stunden durch und durch gefroren war.)

Heute Nachmittag war ich in einem Konzert. Drei Brandenburgische Konzerte v. J. S. Bach wurden gespielt. Ich habe diese Musik sehr gern. Sie ist so klar und einfach, ohne Problematik, dabei aber wie über alles Irdische erhaben. Der Schluß dieser Musik, nicht wie bei Wagner mit minutenlangen Steigerungen, sondern selbstverständlich und bescheiden ausklingend. Wenn ich mal wieder in Ulm bin mußt Du mir auf dem Klavier Bach vorspielen, den Du gerade übst, gell? – Da fällt mir ein, wie wir uns doch letzten Sommer vorgenommen hatten zu musizieren, einfache Volkslieder mit Geige, Blockflöte und Glampfe. Hoffentlich tut Ihr's auch ohne mich.

Gestern Abend und heute Nachmittag habe ich noch etwas in Deinem Buch »Vorsommer« gelesen. Die beiden ersten Seiten haben mir so gut gefallen, daß ich sie gleich nochmal gelesen habe. Vor allem dies: »es überkäme einen vor solchem Bescheidensein eine fast andächtige Stimmung; man freue sich, man werde warm und fühle sich zuletzt angetrieben, selbst die Augen besser offen zu halten und mehr zu schweigen.«

Das war mein Sonntag. Fritz.

28. 1. 40. [vermutlich aus Düsseldorf]

Meine liebe Sofie!

Ich danke Dir für Deinen Brief. Ich bin die letzte Woche viele Stunden dagesessen um Dir zu schreiben, aber ich wußte nicht, was ich Dir antworten soll, und ich weiß es auch jetzt noch nicht. Ich will Dir nur danken, Sofie, dafür, daß Du offen und wahr zu mir warst, und daß Du mir schreibst, wie Du denkst. Wenn es mir auch manchmal schwer zu Mute wurde und [ich] eine große Leere um mich empfand, so bin ich doch froh über diese Klarheit. Ich habe sie genauso herbeigewünscht, wie Du. Eigentlich hätte ich alles längst wissen müssen, Du hast es mir ja damals von Leonberg geschrieben und im Sommer wieder in Heiligenhafen gesagt. Aber wir dürfen nicht von Schuld reden; ich glaube, daß man in diesen Dingen nicht von Schuld reden kann. Ich hoffe, daß Du Dich nun nicht mehr zu fürchten brauchst, und daß Du frei und unbeschwert sein kannst. Wenn ich trotzdem zu Dir kommen darf um mich bei Dir auszuruhen, so bedeutet das sehr viel für mich. Nur, ob ich auch für Dich etwas Wärme sein kann? Sonst komme ich mir vor, wie ein Bettler. Wir sollten uns bald wieder sehen und uns bei der Hand halten und in die Augen schauen können, dann wäre alles nicht so schwer.

F.

»... damals von Leonberg«: am 15. 8. 1938.

Ulm, den 31. 1. 40

Mein lieber Fritz!

Wenn Du jetzt hier wärst, hätte ich viel Zeit für Dich. Ich habe jeden Tag nur eine – zwei Stunden Schule. Das kommt von den Kohleferien. Ganz frei mag man der Maturumsklasse nicht geben, sonst hätten wir zum Skifahren können, Ich ärgre mich mal wieder furchtbar. Wahrscheinlich ist die nächste Woche wieder so. Magst Du nicht kommen?

Letzten Montag, Sonntag und Dienstag war ich mit Lisl in Eybach.

(Ich habe Schule geschwänzt). Es liegt ein wunderbarer Pulverschnee, ungefähr 60 cm tief (bzw. hoch). Auch auf der Alb kann man schön Skifahren. Heute lieg ich mal im Bett, da ich arg Nasenbluten u. Kopfweh habe. Es ist ganz praktisch, nun hab ich doch morgen eine richtige Entschuldigung für die Schule.

Es wundert mich, daß Du Dein Geburtstagspäckchen so früh erhieltst. Die Feldpost ist eben unberechenbar wie eine Frau.

Wahrscheinlich hast Du inzwischen wieder einen Brief von mir erhalten. Ich glaube wenigstens daß ich ihn abgeschickt habe.

Ich glaube, daß man über Dinge, von denen Du dachtest, ich schweige, sehr wohl sprechen oder schreiben soll, da sie nicht unwichtig sind und unausgesprochen vielleicht unrecht sind. Glaube auch nicht, daß alles, was ich tue, das instinktive Handeln eines Mädchens ist, damit sprichst Du mir ja, vielleicht ungewollt, jede Selbständigkeit ab. Instinktiv ist ein sehr unbestimmtes Wort. Es wird sowohl bei Tieren wie bei Menschen (besonders bei Frauen) angewandt, wenn man sichs mit dem Verstand nicht mehr recht erklären kann. –

Und daran zweifelst Du doch nicht, daß ich mein Hirn auch manchmal zum Denken gebrauche, nicht nur in der Schule.

Und nun habe ich nicht instinktiv richtig gehandelt, sondern ich habe Dir wieder geschrieben. Nimm mir's nicht übel.

Überleg Dir Deinen Urlaub nur immer recht gut. Vielleicht ist's doch besser, Du kommst gleich. Ich würde mich arg freuen.

Wie gehts eigentlich Deiner Schwester? (Komisch, daß ich da Dich frage, aber ich gehe grade so ungern zu andern Leuten.) Hat sie wieder Zuwachs?

Grade war Deine Mutter hier und hat sich erkundigt, wies um Deinen Urlaub steht. Ich finde, Du solltest kommen, schon wegen Deiner Mutter. Hat sie nicht auch ein Anrecht auf Dich? Mit meinem Maturum, da weiß selbst der Herr Kultusminister nichts zu sagen. Also gelt?

Ich schreib Dir vielleicht morgen wieder.

Komm bald. Sofie.

Wegen der großen Kälte (bis –20 °C) wurden die Schulen für einige Zeit geschlossen, um Kohle zu sparen (»Kohleferien«).

Sophie Scholl hatte mit ihrer Schwester Elisabeth in Eybach einen Pfarrer besucht, der der Bekennenden Kirche angehörte. Er stammte ursprünglich aus Hessen, wo Pfarrer der Bekennenden Kirche entlassen und ausgewiesen worden waren. Als Arbeits- und Heimatloser lebte er einige Zeit bei der Familie Scholl in Ulm, bis er im württembergischen Eybach wieder eine Anstellung als Pfarrer fand. Eybach gehört heute zur Stadt Geislingen/Steige.

4. 2. 40. [vermutlich aus Düsseldorf]

Meine liebe Sofie!

Ich schreibe trotz allem »meine« Sofie. Ich behalte Dich ja bei mir, Du bist mir nichts anderes geworden, als das was Du mir schon immer warst. Und wie ich es bisher tat, wenn ich im Zweifel war, wie ich handeln sollte, dann dachte ich nur, was ich tun würde, wenn Du dabei wärest, und so will ich es auch weiter halten.

Heute ist mein Geburtstag. Wie ich heute morgen die Schreibstube betrat, haben meine Leute mit strahlenden Gesichtern lauter denn je »Morgen Herr Leutnant« gebrüllt, und als ich dann in mein Zimmer kam stand ein großer Blumenstock (ich glaube eine Art Alpenrosen) auf meinem Tisch mit einer Karte: »Herzl. Glückwunsch zum Geburtstag die Unteroffiziere und Mannschaften des Stabs.« Ich habe mich sehr darüber gefreut. – Nachmittags war ich draußen. Es strahlte allerdings kein blauer Himmel, wie Du es mir gewünscht hast. Der Himmel war wie eine große graue Wolke, aus der von Zeit zu Zeit der Regen auf den grauen und schmutzigen Schnee rieselte. Dann hab ich Dein Buch Vorsommer zu Ende gelesen. Es kam mir manche Stelle vor, als hättest Du sie selbst geschrieben für uns, und es ging mir oft der Atem schwerer, wie manchmal bei einem Brief von Dir; und ich habe das ganze Buch auch als einen Brief von Dir aufgefaßt.

Ich habe manchmal Angst, ich hätte Dir etwas sehr Wertvolles und Schönes genommen, etwas zerstört, worin Du glücklich warst, nämlich das Kindsein. Aber es ist sehr schwer das Gefühl mit dem Verstand zu bezwingen. – Wegen meinem Urlaub bin ich mir noch nicht klar. Glaubst Du, daß Deine Kohleferien noch länger dauern werden? Es wäre vielleicht in mancher Hinsicht gut, wenn ich gleich fahren würde. Aber ich möchte auch wieder ungern auf ein pa[a]r Tage Zusammensein verzichten, in denen wir ungebunden wären. Was meinst Du? – Ich habe eine leise Angst, so sehr ich mich darauf freue und danach sehne.

Fritz.

18. 2. 40 [vermutlich aus Düsseldorf]

Meine liebe Sofie!

Eben bin ich 2 Stunden durch den Stadtwald gestapft, sodaß ich jetzt ganz müde bin. Es hat hier in den letzten Tagen wieder viel geschneit; der Schnee liegt 20–30 cm hoch, was für die hiesigen Verhältnisse ganz ungewöhnlich ist. Am liebsten wäre ich auf meinem Spaziergang irgendeinen Berg hinuntergesprungen, oder hätte mich mit jemand im Schnee gerauft, aber die Uniform und die vielen Leute zwangen mich dazu, wie ein braver Sonntagsspaziergänger umherzuwandeln. Durch all die vielen Menschen wurde es mir auch nicht ganz frei zumute, trotz Schnee und Wald, blauem Himmel und strahlender Sonne; aber wenn die frische Luft alle Augenblicke durch den Qualm einer Zigarre oder den aufdringlichen Parfümgeruch einer pelzbemäntelten Dame verpestet wird. – Ich erinnere mich, wie ich gerade vor 4 Jahren im Schwarzwald war und oft stundenlang durch unberührten Schnee und zwischen tiefverschneiten Tannen gewandert bin, ohne irgendeinen Menschen zu treffen. Man fühlt sich dann zu diesem Wald gehörend, wie ein Wild und sieht viel klarer mit ungetrübten Augen. Heute morgen war ich in einer Ausstellung des Kunstvereins. Mir hat wenig zugesagt. Am allerwenigsten das Publikum. Meistens dicke Großindustrielle oder sonstige Kaufmannstypen, die wohl die Ausstellung nur besucht haben, weil es zum guten Ton gehört, daß man sich mit Kunst beschäftigt. Das Verständnis äußerte sich dann in solchen Bemerkungen, wie ich sie bei einer Dame hörte, die eine etwas volle Plastik von Eva betrachtete und sagte: »Ja, vollschlank ist jetzt wieder modern!« –

Zur Zeit lese ich fast jeden Abend noch eine Viertelstunde in Deinen Rilkegedichten. Es ist mir anfangs nicht leichtgefallen, mich hineinzulesen. Aber nun entdecke ich fast jeden Abend ein paar Gedichte, und ich lese immer gern drin. Vielleicht auch erst seit Deinen letzten Briefen. – Wann ich genau in Urlaub komme, weiß ich noch nicht, da mein Vertreter Lt. Preisser erst am Donnerstag aus dem Urlaub zurückkommt, und dann muß ich ihn zumindest noch einen Tag einarbeiten. Bevor ich nach Ulm komme, habe ich auch noch einen Tag in Augsburg zu tun, sodaß es Donnerstag oder Freitag wird, bis ich kommen kann. Aber auf einen Tag mehr oder weniger kommt es jetzt auch nicht mehr an, nachdem wir uns schon über ein Vierteljahr nicht mehr gesehen haben. Ich freue mich sehr darauf.

Fritz

8.3.40 [aus Ulm]

Mein lieber Fritz,

vielleicht sitzt Du grade da, in der Mittagspause, und schreibst mir? Nachher muß ich mich noch fest mit Schulweisheit anfüllen, am Montag werden wir dann das letzte Mal geplagt. Hoffentlich kannst Dus machen und bis spätestens Mittwoch kommen. Am 20. ist nämlich Schlußfeier, da will mich Mutter nicht entschuldigen; ein Fehlen würde natürlich gemerkt, da man feierlich mit Handschlag verabschiedet wird. Am Mittwoch ist der 13., da könnten wir bis 19. abends wegbleiben. Grad rechne ich aus, daß es dann auch reichen würde, wenn Du am Donnerstag u. im allerschlimmsten Fall Freitag früh kommen würdest. Gelt Du, richts doch so ein, Dir ists doch auch recht, wenn wir noch ein bißchen beisammen sind. Denk halt ein einzig Mal: Sofie vor Pflicht. (bzw. Dienst) Du kannsts schon machen, gelt? Ich weiß gar nicht, wie ich ohne diese Hoffnung die letzten gräßlichen Schultage überstehen sollte. Es ist ganz scheußlich in der Schule, ich habe die ganze Zeit über an andre Dinge gedacht, und nachher nichts gewußt. Gelt, du kommst bald. Weißt Du, ich trau Dir nicht so ganz, daß Du recht draufdrückst. Wenn ich Dich aber recht bitte und Dir verspreche, daß ich gewiß netter bin wie das letzte Mal, dann kommst Du vielleicht. Bis dahin wünsch ich mir, daß die Zeit recht schnell und schmerzlos vergeht.

S.

[auf dem rechten unteren Viertel der Rückseite, um 90° gedreht:]
Ich würde Dir da gern was nettes schreiben, aber das darf man ja nicht!

S.

9.3.40. im neuen Quartier! [Gelsenkirchen]

Ach Sofie, wenn Du meine Umgebung sehen könntest, dann würdest Du meine Stimmung begreifen. Wie mein Blumenstock, den ich von meinen Leuten zum Geburtstag bekommen habe, welk und mit zerfallenen Blüten auf meinem Tisch steht, so sieht alles um mich aus, die Häuser, der Himmel und die Menschen. Wir sind mitten im Industriegebiet gelandet und in einem ehem. berüchtigten Kommunistenviertel untergebracht. Ich kann Dir in Ulm keinen Stadtteil nennen, der nicht geradezu ein Paradies gegenüber diesen trostlosen Straßenzügen ist, mit verrußten und verdreckten, formlosen Steinhaufen. Die Leute leben hier in unglaublichen Verhältnissen. Die meisten Familien verfügen lediglich über eine Küche und ein Schlafzimmer, in dem neben den Eltern noch meistens ein Haufen Kinder haust. Einem Soldat[en] unserer Abteilung ist es beim Quartiermachen passiert, daß ihm ein Arbeiter sein Bett neben seiner Frau angeboten hat, während er selbst während der Nacht in der Zeche arbeitet und nur tags in diesem Bett schläft! Ich habe mich in einem Waisenhaus einquartiert, bei kath. Schwestern um ungebunden zu sein wie bei Privatleuten. Die Bevölkerung macht einen genauso trostlosen Eindruck. Bevor ich in meine Schreibstube komme, muß ich durch eine Wirtschaft, voll mit Arbeitern. Da sitzen sie wie eingesperrte Raubtiere, und mir kommt es vor, als ob sie im nächsten Augenblick aus ihren Bauern aufspringen und mir die Tressen von den Schultern reißen wollten. Es gibt hier eine Unmasse von Kindern, die eine Frechheit besitzen, wie ich sie noch nicht erlebt habe. Läßt man zum Beispiel einen Wagen unverschlossen stehen, so ist er im nächsten Augenblick mit einer jaulenden

Kinderschar besetzt, die nur mit Gewalt wieder rauszubringen ist. Wie würden da unsre Schwabenkinder in schüchterner Entfernung stehen, vielleicht mit dem Finger im Mund und stumm mit großen Augen staunen!

Sofie, wir sind doch glückliche Sonnenkinder! In all diesem Schmutz denke ich daran, wie wir am Gemstal-Paß im blendenden Schnee in der Sonne lagen. Und die Hoffnung, daß wir es bald wieder tun können, läßt mich frei und froh werden. – Liebe, liebe Sofie – – –

Bis Dich dieser Brief erreicht, hast Du wahrscheinlich ein Teil Deiner mündl. Prüfung schon hinter Dir, und da ich Dir die Daumen halten werde ist es bestimmt gut durchzuhalten! Oder nicht?

Fritz.

»im neuen Quartier«: Fritz Hartnagels Einheit wurde von Düsseldorf nach Gelsenkirchen verlegt. Wegen dieser Umquartierung musste Fritz Hartnagel seinen Skiurlaub mit Sophie Scholl im Kleinwalsertal in den Allgäuer Alpen unterbrechen. Auf diesen ersten Teil des gemeinsamen Urlaubs bezieht sich Fritz Hartnagel, wenn er davon schreibt, »wie wir am Gemstal-Pass im blendenden Schnee in der Sonne lagen« (statt »Gemstal-Pass« muss es wohl richtig heißen »Gemstelpass«). Sophie Scholl schwänzte dafür zwischen dem schriftlichen und dem mündlichen Abitur für einige Tage die Schule. Mitte März 1940, nach Sophie Scholls mündlichem Abitur, wurde der Urlaub fortgesetzt.

21.III.40. [aus Gelsenkirchen]

Ach Sofie, es kommt mir so dumm vor, wenn ich Dir schreiben will. Am liebsten würde ich den Brief voll mit Schweigen packen, so wie wir oft geschwiegen haben als wir noch zusammen waren und uns dabei näher waren als sonst. Aber wie soll ich dies in Worten ausdrücken? Wenn ich Dir was sagte, dann konnte ich vorgestern Dir noch in die Augen schauen und Deine Hand fühlen. Jetzt, wenn ich so auf das Blatt Papier erzähle weiß ich nicht, ob Du überhaupt zuhörst, ob's Dich freut oder traurig macht. Darum kommt mir das Schreiben auf einmal so unpersönlich vor.

Ich weiß auch nicht, was ich Dir erzählen soll. Wenn ich Dir schreibe, wie ich hier angekommen bin, wie alles über meine braune Hautfarbe staunte, und daß mein Arbeitseifer durch meinen Urlaub arg gelitten hat, dann erscheint mir das alles nach unseren gemeinsam verbrachten Tagen so belanglos und nebensächlich. – Ich will Dir nur erzählen, daß ich gerade auf Deinem Bettrand sitze, Dir nochmal mit der Hand durch die Haare fahre und übers Gesicht streiche und Dir leise ganz nah ins Ohr flüstere:

Schlaf gut, liebe Sofie! F.

Ulm, 21. März 1940.

Heute ist Frühlingsanfang, Du. Steckst Du schon wieder fest in Kohlen und Papierstaub? Hast Du einen Augenblick Zeit, an die Mondnacht auf dem Hochalmpaß zu denken? Jetzt werden dort bald die Krokusse herausschlüpfen. (Weißt Du auch noch ihren wenig anständigen Namen?) Letztes Jahr haben wir dort den Frühling erlebt. Aber dieses Mal war es schöner, gelt? Hast Du gut geschlafen? im Zug? Ich mußte die ganze Zeit dran denken, wo Du jetzt wohl bist. Ich saß neben meinem Physiklehrer an dem Abend, u. es war sehr anstrengend, ihm zuzuhören, da er einen Sprachfehler hat. Meine Mitschülerinnen stellten fest, daß ich dringesessen wäre wie grad vom Himmel runter. So kam ich mir auch vor. Im Himmel wars arg schön gewesen. Oder nicht?

Paß auf, in dem Papierchen hab ich 3 Wünsche für Dich (solche, die in Erfüllung gehen!) Sie lagen mir alle 3 auf einmal auf der Hand. Gebrauch sie gut.

Soll ich noch mehr schreiben. Es ist ja noch gar nicht lange her, als Du noch da warst. Deshalb hab ich mich an Deine Abwesenheit noch gar nicht gewöhnt. Vielleicht werdet ihr mal näher nach Ulm versetzt, daß ich Dich besuchen könnte. (Wärst Du noch im Schwarzwald!) Solange müssen wir uns eben oft schreiben. Gelt?

Herzlichen Gruß

Sofie.

Nach der Fortsetzung des gemeinsamen Urlaubs in den Allgäuer Alpen war Fritz Hartnagel wieder zu seiner Einheit nach Gelsenkirchen zurückgekehrt. Am letzten Tag des Skiurlaubs hatte er sich den Fuß verstaucht, sodass er einen Arzt aufsuchen musste. Dadurch konnten die beiden noch einen Tag länger als die geplanten vier Tage zusammen bleiben. Der Hochalmpass liegt wie der Gemstelpass in den Allgäuer Alpen, beim höchsten Berg des Kleinwalsertals, dem Großen Widderstein. In diesem Brief erwähnt Sophie ihre Abiturfeier, die unmittelbar nach ihrer Rückkehr nach Ulm stattfand.

25. 3. 40. [aus Gelsenkirchen]

Ich weiß nicht, wo Du jetzt bist, aber ich vermute, daß Du gerade mit Lisa zusammen durch irgendein Dorf auf der Alb bummelst und vielleicht auch etwas drüber hinaus, wo keine Menschen mehr sind. Ich wollte so gerne nicht nur in Gedanken mit Euch gehen. Gerade an Ostern ist es mir recht schwer gefallen, hier in dieser Industriestadt, wenn ich dran dachte, wie schön es auf der Alb sein müßte, wenn schon hier durch Rauch und Dunst die Sonne so warm auf das Pflaster strahlt. Ich habe mich bemüht mir die Feiertage so schön wie möglich zu machen. Ich bin an beiden Ostertagen in den benachbarten Wald hinausgegangen, der allerdings von Osterspaziergängern wimmelte, drum gefiel mir's nicht sehr. Heute Nachmittag bin ich zufällig mitten im Wald unserem Lt. Pfeiffer begegnet, der auf dem Motorrad angebraust kam und angeblich einen Weg für einen Geländelauf erkundete. Wir fuhren dann zusammen kreuz und quer durch den Wald und scheuchten alle Spaziergänger auf. Ich bekam wieder Lust zu einer richtigen herzerfrischenden Geländefahrt, aber leider muß man ja mit dem Benzin sparen.

Meine Schwestern vom Waisenhaus haben zu mir auch den Osterhasen geschickt und mir zwei bunt bemalte Eier in einem selbstgebastelten Körbchen und einen Blumenstrauß auf den Tisch gestellt. Aber das Schönste von ganz Ostern waren Deine beiden Päckchen, besonders da sie so unverhofft kamen. D. h. als ich Ostersonntag keine Post bekommen hatte, habe ich nicht mehr damit gerechnet. Aber wie ich abends in mein Zimmer kam lagen zwei Päckchen mit Deiner Schrift auf meinem Tisch, die wahrscheinlich mein Bursche dorthin gebracht hatte. Ich habe mich aber erst ausgezogen und umständlich gewaschen (das glaubst Du natürlich nicht, aber es stimmt doch!) und habe dann im Bett die Päckchen aufgeschnürt. Ganz zum Schluß kam dann Dein Brief als Schönstes dran. Ich dachte erst Du wolltest mich ärgern mit dem zusammengefalteten Papierchen, auf dem nichts gestanden war. Erst als ich Deinen Brief gelesen hatte kam ich drauf was es zu bedeuten hatte und habe die Wimpern noch alle auf meinem Deckbett gefunden. Eigentlich müßtest ja Du Dir selbst dafür was wünschen. Aber ich habe mir drei schöne Wünsche ausgedacht. Für die beiden Büchlein und all die guten Sachen danke ich Dir Sofie und denen, die mitgeholfen haben vielmals.

Ich kam mir hier genauso aus dem Himmel gefallen vor wie Du bei Deiner Schlußfeier. Unser Oblt. Keller meinte ich hätte mich ganz verändert seit meinem Urlaub, ich sei viel aufgeschlossener und menschlicher geworden. Trotzdem stimmt mich der Gedanke, daß der nächste Urlaub in unbestimmter Ferne liegt, trostlos, wenn man sich auf nichts freuen kann. Ich plane deshalb schon wieder und knoble herum, wie ich zu einem Urlaub in absehbarer Zeit kommen könnte. Ich will meinen Kommandeur mit allen Kräften bearbeiten, daß er der gesamten Abteilung noch eine Woche Urlaub gibt, solange die Lage noch ruhig ist (aber nicht nur aus egoistischen Gründen!). Dann wäre es wunderbar, wenn ichs so machen könnte, daß ich meinen Urlaub über Pfingsten nehmen könnte! Wie ich gerade im Kalender feststelle könnten wir dann vielleicht Deinen Geburtstag gemeinsam feiern! Aber das sind vorerst nur Träume, und träumen ist schön.

Bei uns scheint heute der Mond ganz hell. Ich finde es so tröstlich, wenn ich dran denke, daß Du, wenn Du gerade einen Abendspaziergang machst oder zum Fenster hinausschaust, den Mond genau so siehst, und daß es derselbe Mond ist, der uns über dem Hochalbpaß geleuchtet hat. Wenn ich daran denke fühle ich uns gar nicht so weit getrennt. –

Herzliche Grüße an alle!

von Fritz.

Ulm, den 3. April 1940.

Gestern abend fuhr Lisa weg. Wir waren vorher noch 2 Tage auf Fahrt mit dem Rad bei ganz herrlichem Wetter. Wir besahen uns 3 Klöster, Unter- Obermarchtal u. Zwiefalten. In Obermarchtal, gegenüber der schönen Barockkirche (zu nahe mag ich sie nicht ansehen) haben wir in der Schloßwirtschaft übernachtet, in einem Doppelzimmer mit dunkelroten Plüschmöbeln. Und zum Nachtessen kriegten wir 2 Spiegeleier je, Wurst u. Butter, alles ohne Marken u. um wenig Geld. Es war fürstlich. Wie's dunkel wurde, gingen wir noch spazieren an die Donau, man kommt durch ein ganz enges Pförtchen auf eine notdürftige Staffel, die durch den Wald an die Donau führt. Anfangs waren nur 2 Sterne im Westen, aber allmählich kamen alle hervor, und wir suchten, mit Hilfe von Lisa's Brille, ein paar uns bekannte Sternbilder zusammen. Wenn sie noch keine Namen gehabt hätten, wir hätten sie in dieser Stunde benannt. Die Donau ist an der Stelle wie ein See, an 2 Seiten Wald, man sieht ja nachts so wenig u. wir sahen nur das Schöne. Im Wasser konnten wir das Spiegelbild des Orion wiedersehen, u. noch viele andre. Wir gingen irgendeinen geraden Weg nach Westen, und sahen schwarzen Wald u. darüber die Sterne. Das war arg fein. Vor dem Bettgehen tranken wir noch einen Glühwein, die Stammgäste alle sahen uns schmunzelnd zu. Wir schliefen bis 9 Uhr in unsern Ehebetten. Und am nächsten Tag wieder so schönes Wetter. Zuerst, bis die Sonne den Reif weggeschmolzen hatte, besahen wir die Kirche, den Kapitelsaal, fanden auch ein paar verborgene Türen u. durchstöberten verbotene Räume. Dann fuhren wir weiter (wie unsre Sitzflächen uns quälten, will ich Dir nicht erzählen.) Bergab sausten wir u. bergauf stiegen wir prompt ab. Natürlich hatten wir kurze Ärmel u. Söckchen an. Es waren ja die 2 ersten recht warmen Frühlingstage. In Zwiefalten, das ist auch ein nettes Nest, speisten wir um 70 Pf. zu Mittag (3 Teller Suppe Mordshaufen Kartoffelsalat, u. jeder 10 St. Leberknödel!), sahen uns die Kirche an, kauften 2 Rollen Drops, und machten uns an die Heimreise. Von 2–4 Uhr pennten wir in einem noch unbelaubten jungen Laubwäldchen, bloß in Hemd und Hose, u. ließen uns die Sonne auf den Wanst scheinen. Dann gings im Eiltempo weiter, denn wir verspürten, aber nicht eingestanden, Hunger. In Ehingen suchten wir 2 Kaffees auf, u. verspeisten Eis u. Kuchen, u. versorgten uns mit Brezeln. Dann gings wieder gemütlich. Als wir eine Insel in der Donau entdeckten, stiegen wir ab, zogen Schuhe u. Strümpfe aus, und wateten heldenmütig hinüber. Dort probierten wir, ob wir noch mit Steinchen flitzen konnten, bis die Abendsonne zu schwach schien. Da wateten wir wieder hinüber, (das Wasser reichte nicht ganz an die Hose) u. suchten Veilchen. Ich fand ein schönes Schneckenhaus, das, mit feuchtem Moos ausgestopft, unsrem Veilchenstrauß vorzüglich als Vase diente. Sie sahen, nach 20 km (d.h. in Ulm) noch wie grade gepflückt aus.

Heut ist der Himmel Gott sei Dank grau, denn ich muß im Büro arbeiten. O ich bin unglaublich fleißig: 8 Arbeitsstunden im Tag (nicht übertrieben). Mein kleiner Finger ist ganz lahm vom Schreiben.

Hoffentlich hast Du Zeit und Geduld gefunden, diesen langen Brief zu lesen. Aber Du bist ja geduldig. Du warst erst 3 mal ungeduldig zu mir; das 1. Mal beim Autofahren, wie uns der Omnibus entgegenkam, damals hätte ich heulen können.

Das 2. Mal, als wir in Kiel Zimmer suchten, da war mir's wurscht. (?) U. das 3. Mal, als mir immer die Skibindung krachte. Da hätte ich lachen können. Weißt Du's noch?

Möglicherweise erhalte ich morgen einen Brief von Dir. Aber so lang wie dieser ist er bestimmt nicht. Freuen tut er mich aber genauso. (»er« ist doch hoffentlich schon unterwegs?)

Also jetzt einen herzlichen Gruß bis ich Dir wieder einen beantworten muß. Sofie

Unter- und Obermarchtal sowie Zwiefalten sind barocke Klosteranlagen an oder in der Nähe der oberen Donau, zwischen Sigmaringen und Ulm gelegen. Ehingen ist eine kleine Kreisstadt an der Donau oberhalb von Ulm.

Sophie musste ihrem Vater in seinem Wirtschaftsprüfer- und Steuerberaterbüro bei den Jahresabschlüssen helfen, die bis Ende Mai erstellt werden mussten. Dies war immer eine Zeit größter Anspannung im Hause Scholl.

7.4.40. [aus Gelsenkirchen]

Meine liebe Sofie!

Leider kann ich Dir keine Palmkätzchen oder etwas ähnliches schicken, ich könnte Dir höchstens etwas Ruß und Kohlenstaub, wie er auf meinem Schreibtisch liegt, in den Briefumschlag schütten; aber damit will ich Eure gute Luft in Ulm lieber nicht verschmutzen. – Ich habe Deine Erzählung von Deiner Fahrt mit Lisa drei- od. viermal durchgelesen und seither jeden Tag, und ich brauchte nicht die geringste Geduld dazu, wie Du meintest. So konnte ich wenigstens in Gedanken Eure Erlebnisse nachempfinden. Sonst lebe ich hier nur in der Erinnerung, und es ist gut, daß ich mir manches zusammenträumen kann, denn ohne das wäre alles trostlos. – Ich war übrigens damals in Kiel gar nicht ungeduldig, eigentlich sehr zuversichtlich, nur Du hattest gleich nach dem ersten Hotel alle Hoffnung aufgegeben. Und auch beim Schifahren hatte ich nur eine Wut auf die blöde Bindung. Und wann warst Du mal über mich ungeduldig? Das mußt Du mir erzählen!

Gestern (Samstag) Nachmittag bin ich mit der Straßenbahn nach Essen gefahren und habe mir die Schaufenster angesehen. In den Schuhläden waren schon die Sommerschuhe ausgestellt, und ich blieb darum auch bei jedem Schuhladen stehen, wie damals in Lübeck, wo wir für Dich Schuhe kaufen wollten. Zum Schluß habe ich über eine Stunde in einem Buchladen rumgestöbert. Das Büchlein, das ich gekauft hatte, und das eigentlich für Dich bestimmt war, habe ich dann glücklich im Ratskeller liegen lassen, wo ich zu Nacht gegessen habe. Ich will morgen gleich meinen Burschen hinschicken. Hoffentlich bekommt ers noch.

Heute war ich beim Pferderennen. Es war das erste, das ich sah und ich habe darum nicht viel verstanden. Aber ich hatte bald bemerkt, daß das Wetten dabei das Wichtigste ist. Ich habe die Spielregeln leider nicht begriffen, sonst hätte ich auch gewettet. Das ist allerdings der einzige »Sport« dabei. Denn die Jokey's in ihren fantasievollen bunten Blusen, wenn sie ihre Pferde ins Ziel peitschen um die pa[a]r tausend Mark zu gewinnen, würden eher auf einen Jahrmarkt passen als auf ein Pferd. Den Siegern wurde auch kein Beifall geklatscht, da ja immer nur ein Pferd siegen kann, und darum nur der Bruchteil klatscht, der drauf gesetzt hatte. Mit das Interessanteste sind die verschiedensten Zuschauer, vom Arbeiter, der eifrig Notizen machend und meistens schimpfend (weil sein Pferd verliert), den Kampf verfolgt bis zum Großkapitalisten, der in seiner grauen Melone seinen Verlust mit Gelassenheit hinnimmt, sich lediglich eine neue Zigarette anzündet. Es wäre für uns beide die beste Gelegenheit gewesen all die verschiedenen Typen durch den Kakao zu ziehen, wie wir's oft so gerne machten.

Die beiden Büchlein, die Landstreichergeschichte und das russische Schauspiel habe ich nun zu Ende gelesen. Sie haben mir beide gut gefallen. Auch mit dem »mystischen Positionen[«] bin ich nun glücklich durch (Ich lese dicke Bücher nicht gern). Ich habe mir überhaupt vorgenommen meine ganze Freizeit zum Lesen zu verwenden. – Deine Prinzessin, die Du mir zu Weihnachten geschenkt hast, habe ich nun auch wieder in meinem Zimmer aufgehängt. Sie kommt sich sicher recht seltsam unter all den Heiligenbildern vor. Aber so hab ich wenigstens abends und morgens etwas von Dir und aus deiner Atmosphäre um mich. Hoffentlich auch bald wieder in Form eines Briefes!

Fritz.

Bei der Landstreichergeschichte könnte es sich um folgendes Buch handeln: Manfred Hausmann, »Lampioon küßt Mädchen und kleine Birken«, Carl Schünemann Verlag, Bremen 1928.

Das »russische Schauspiel« und die »mystischen Positionen« sind nicht zu ermitteln. Die »Prinzessin« ist eine Zeichnung von Sophie Scholl.

Ulm, den 9 April 1940.

Mein lieber Fritz!

Ich habe so ein Gefühl, als käme morgen ein Brief von Dir an, hoffentlich ist es nicht trügerisch. Ich freue mich immer so sehr darauf. Manchmal denke ich daran, wie schön es wäre, wenn Du statt in Gelsenkirchen in Ulm wärest. Die Tage, da ich nur mit leichten Gedanken bei Dir war, scheinen mir schon so lange vergangen. Hoffentlich darfst du an Pfingsten kommen, ich kann es immer noch nicht so recht glauben. Wenn wir auch alle, wie die andern auch, mit Unruhe auf eine Veränderung der

Lage, Deiner Lage u. der Lage aller Soldaten warten, ich wünsche sie doch immer weit hinaus, bis Du noch einmal hier warst. So eigennützig bin ich. Manchmal graut mir vor dem Krieg, und alle Hoffnung auf eine bessere Zukunft will mir vergehen. Ich mag gar nicht dran denken, aber es gibt ja bald nichts anderes mehr als Politik, und solange sie so verworren ist und böse, ist es feige, sich von ihr abzuwenden. Wahrscheinlich lächelst Du, und denkst, sie ist ein Mädchen. Aber ich glaube, ich wäre sehr viel froher, wenn ich nicht immer unter dem Druck stünde, ich könnte mit viel besserem Gewissen anderem nachgehen. So aber kommt alles andre erst in 2. Linie. Man hat uns eben politisch erzogen. (Jetzt lachst Du wieder.) Ich möchte mich nur wieder bei Dir ausruhen, und nichts andres sehen und spüren als das Tuch von Deinem Anzug.

Ist dies ein schlechter Brief? Es ist kein frischer Luftzug in Dein dumpfes Zimmer. Womöglich macht es Deine Stubenluft noch dumpfer. Nimm mirs nicht übel. Das dauernde Angespanntsein macht so nervös. Überall angespannt, auch zu Hause bei uns, wo immer bis nachts gearbeitet wird, wo mein Vater gereizter Stimmung ist, wo keine ruhige Stunde aufkommen mag. (Dies ist wieder übertrieben, manchmal kommt schon eine, aber sie ist selten.)

Morgen werden wir mit den Kindern Reigen machen. Es ist mein 2. Tag im Fröbelseminar. Ich half vorher im Büro. Ich freu mich sehr auf die Kinder. So bin ich endlich in einer ganz anderen Umgebung. Ich glaube, ich komme mit ihnen aus. – Heute hörte ich Klaus zu. Er glaubte sich allein im Zimmer u. spielte eifrig in seinem Bettchen. Dazu redete er sehr ausdrucksvoll, aber leider unverständlich. Es war goldig.

Gelt Du, schreib mir bald wieder. Wenn Du Zeit hast, dann beantworte doch einfach jeden Brief von mir. Dann hast Du Dir bestimmt nichts vergeben. Deine interessanten Diskussionen brauchst du deshalb nicht abzubrechen, aber Dir in einer faulen Stunde einen Aufschwung geben. Auf Deine Laune brauchst Du keine Rücksicht zu nehmen.

Kannst Du meine Schrift noch entziffern? Ich muß mich mal wieder anstrengen.

Aber ich bin zur Zeit gar nicht in der Stimmung dazu. Gelt, recht unbeherrscht.

Hat's bei Euch schon Blumen? Morgen will ich mir ein Primelsträußchen verehren lassen. Primeln wachsen so viel im Söflinger Pfarrgarten.

Also jetzt einen Gruß, erzähl mir bald von Dir und schreib mir recht lieb, ich hab so ein Bedürfnis danach. Und ärgere Dich nicht über den dämlichen Brief.

Sofie

Am 9. April 1940 wurde über den Rundfunk die Nachricht vom deutschen Einmarsch in Dänemark und Norwegen verbreitet. Grund für dieses Vorgehen war der Versuch Großbritanniens, Deutschland vom schwedischen Eisenerz aus Kiruna abzuschneiden, das überwiegend über den Hafen des norwegischen Narvik verschifft wurde. Es kam zu einem Wettlauf nach Narvik zwischen britischen Kriegsschiffen und der – letztlich erfolgreichen – deutschen Wehrmacht, die im Eiltempo durch Dänemark und Norwegen marschierte. Die vorsichtige Hoffnung, dass der Krieg mit dem Sieg über Polen beendet sein könnte, hatte sich damit zerschlagen.

Anfang April hatte Sophie Scholl mit der Ausbildung zur Kindergärtnerin am Ulmer Fröbelseminar begonnen.

Der dreijährige Klaus Rennicke lebte mit seiner Familie im selben Haus wie die Scholls am Ulmer Münsterplatz. Auch sein älterer Bruder Peter und der jüngere Dieter (»Dieterle«) spielen in Sophie Scholls Briefen hin und wieder eine Rolle.

15. 4. 40. [aus Gelsenkirchen]

Du, meine liebe Sofie, ich habe mich so gefreut über Deinen Brief, gerade weil auch Du einmal zu mir kamst mit Deiner Last. Und ich möchte Dich gern in meine Arme schließen und Dir mit der Hand über Dein Haar streichen, damit Du alles vergessen kannst, und wir würden in unseren Augen versinken können. Mich stimmt der Gedanke so glücklich und läßt alles andre so nebensächlich erscheinen. Und wenn der Tag noch so drüber und drunter ging mit Ärger und Hasterei, und wenn es mir abends scheint als ob meine Augen tief und leer im Kopfe stünden, dann wischst Du mir alles aus dem Sinn, mit Deinen Händen, Deinen Augen, Deinem Mund, Du liebe Sofie –

Man sollte immer über den Dingen stehen können. Sind doch die meisten Menschen Sklaven ihrer Arbeit und lassen sich von ihrem Beruf diktieren, ja sogar die Eintönigkeit, oder Hast, oder Aufregung ihrer Arbeit im Gesicht abdrücken. Ich wehre mich manchmal verzweifelt dagegen und möchte lieber ein Landstreicher sein als ein hochangesehener Offizier, auf dessen Befehl Hunderte von Menschen gehorchen, vor dem sie sich krampfhaft zusammenreißen und eine sogenannte Ehrenbezeugung erweisen. Ich fürchte mich nicht vor der Verantwortung, nur manchmal habe ich das Gefühl, als ob ich nicht mehr meinen Weg selbst ginge, sondern gedrängt würde. Es sind vielleicht nur wenige Menschen, die sich außerhalb dieser Arbeitsmaschine halten können, die Künstler und die Liebenden und andere, die dem Göttlichen in irgendeiner Form nahe gekommen sind.

Ich wünsche, daß Du mit Deinen Kindern, die Du zu betreuen hast, viel Freude erlebst und so ohne Kummer sein kannst wie diese Kleinen mit ihren klaren Augen. Ich wollte Dich gerne mal sehen, mitten unter Deiner Kinderschar. Aber nicht nur das, vor allem möchte ich bei Dir sein und bei Dir im Grase liegen und mit Dir schwätzen wie so oft beim Schifahren und nach Deinen Gedanken fragen und in Dir versinken dürfen. –

Fritz.

Undatiert [vermutlich Mitte April 1940; aus Ulm]

Mein lieber Fritz,

denke, wenn Du dies Päckchen öffnest, ich wäre dabei. Nein, dann wäre ein Päckchen unnötig, ich würde einen Tee machen u. Brote richten, es sollte so richtig gemütlich werden. Du müßtest sittsam mir gegenüber sitzen, damit Du den Tee nicht verschüttest, und nachher täten wir auf Dein Sofa (oder hast Du keines?) sitzen und was angucken, und auf einmal wäre das Heft oder Buch auf den Boden gefallen, und wir würden es beide liegen lassen. Kindisch, gelt?

Wärst Du nicht so weit weg, dann würde ich Dir Szilla, Anemonen, Huflattich, Kuckucksblumen und Veilchen schicken. Aber sie würden so nur verwelken. Such Dir selbst mal. Ich will Dir heut nicht viel schreiben, ich will auch nicht schreiben wovon alle Welt spricht (in sehr verschiedener Weise). Am liebsten würde ich Dir Frühlingsgeschichtchen erzählen. Denk sie Dir aus. Über den Wald, die Wiese, das Wasser und uns beide.

Und werd nur kein hochmütiger gleichgültiger Leutnant. (Entschuldige!) Aber die Gefahr, gleichgültig zu werden, ist groß. Das wäre, glaube ich, schlimm.

Alles Gute, viele Grüße

Deine Sofie

Alle Welt sprach vom »Unternehmen Weserübung«, der Besetzung Dänemarks und Norwegens durch die deutsche Wehrmacht.

21.4.40. [aus Gelsenkirchen]

Meine liebe Sofie!

Gestern war bei uns ein wunderbares Wetter, und auch heute noch. Die Sonne brannte so heiß auf das öde Pflaster und wurde von den schmutzigen und geschmacklosen Häusern zurückgestrahlt, daß ichs nicht mehr aushielt unter diesen Menschen, die genauso öde und trostlos dreinschauen, wie diese Häuserfronten, trotz strahlender Sonne und blauem Himmel. Ich habe mir eine Landkarte genommen und den nächsten größeren Wald ausgesucht, dann habe ich mich auf die Straßenbahn gesetzt und bin losgefahren. Ich mußte allerdings über 2 Stunden mit Straßenbahn und Omnibus fahren, bis ich endlich am Ziel war. Aber dann war ich in einem richtigen Wald, wie ich ihn seit wir hier sind nicht mehr erlebt habe. Er hatte eine ganz andere Struktur, als unsere Tannen und Buchenwälder auf der Alb. Niedrige und knorrige Kiefern wechseln ab mit schlanken Birken, die den Wald schon mit hellgrünen Flecken durchsetzen. Dann kommen wieder Flächen mit Heidekraut und niedrigen Kiefernbüschen. Ich ging stundenlang bergauf und bergab auf weichem sandigem Untergrund, und die Fahrrinnen auf den Wegen zogen helle Streifen durch die Heidelandschaft. Das Schönste war, daß ich die ganze Zeit keinem Menschen begegnet bin. Allein fühle ich mich immer am wohlsten, dann kann ich meinen eigenen Gedanken nachgehen, oder überhaupt nichts denken, oder ich kann wenigstens in Gedanken mit den Menschen gehen, mit denen ich gern zusammen wäre. Dann hab ich mich ins dürre Gras gelegt und mir die Sonne ins Gesicht scheinen lassen und hörte nur noch die Vögel und den Wind durch die Büsche rascheln.

Ich habe auch ein Marienkäferchen gefunden, eines mit 7 Punkten, und ich habe mir dabei gewünscht, daß wir bald zusammen so im Gras und in der Sonne liegen können. Weißt Du schon, ob Du an Pfingsten frei bekommst und wann? Es ist die einzige Hoffnung, die mich bei frohem Mut erhält. Abends habe ich dann noch im Bett bei Kerzenlicht (das elektrische war kaputt) in Deinem Wiesenblumenbüchlein gelesen. Es war der richtige Abschluß für den Tag und paßte zu meiner Stimmung. Heute ist auch noch schönes Wetter, aber ich mußte den ganzen Nachmittag dasitzen und warten bis die Vernehmung eines Feldwebels in einer peinlichen Angelegenheit durch einen Kriegsgerichtsrat zu Ende war, um dann den Haftbefehl entgegenzunehmen. Dann bin ich noch mit Lt. Pfeiffer im Park spazieren gegangen. Wir waren aber fast die ganze Zeit gegenteiliger Meinung. Zuerst meinte er, daß das Heiraten (seine größte Sorge) nur eine verstandesmäßige und geschäftliche Angelegenheit sei, wovon er sich selbst durch meine heftigsten Proteste nicht abbringen ließ. Und wie wir so in dem Park an Hunderten von Spaziergängern vorbeigingen, mußte ich feststellen, daß es mir graut bei dem Gedanken, daß ich vielleicht mal als Familienvater auch so durch den Park spazieren könnte, mit dem Stock in der Hand und der Zigarre im Mund, wogegen mein Lt. Pfeiffer sich nichts Schöneres denken könne, als durch einen wohlgepflegten Park zu spazieren. Da mußte ich denken, daß er doch recht arm ist, und daß seine äußeren Förmlichkeiten und Vornehmtuerei seine einzigen Freuden sind. Ich fühlte mich so reich dagegen. Oder ist das überheblich?

Nun habe ich so viel von meinem Samstag-Sonntag erzählt, daß ich Dich vielleicht langweile. Aber ich hab's nur so ausführlich gemacht, weil ich in Gedanken alles mit dir zusammen erlebt habe, nicht nur gestern im Wald, auch heute im Park, und da mußte ich denken, daß Du Dich hier sicher nicht wohlfühlen würdest und recht schlecht unter diese Menschen passen würdest, und ich war froh darum!

Herzlichen Gruß an alle, Dein Fritz.

Muß ich mich das nächste Mal mehr anstrengen mit meiner Schrift? Vielleicht findest Du's gar rücksichtslos?

16. 5. 40. [aus Holland]

Meine liebe Sofie!

Da gerade der Postfahrer zurückfährt will ich Dir schnell noch einen Gruß schreiben. Du denkst Dir doch nichts besonderes, wenn ich nicht so oft schreibe wie sonst, aber Du kannst Dir ja denken, daß ich zur Zeit recht wenig Zeit habe zum schreiben. Wir sind nun schon mitten in Holland, in der Nähe von Tilburg. Die Bevölkerung ist äußerst freundlich und zuvorkommend zu uns, man könnte meinen, wir wären mitten in Deutschland. Den Krieg merken wir nur an einigen gesprengten Brücken und abgebrannten Häusern. In Richtung Breda und in Breda selbst sieht es allerdings verheerend aus. Durch Bombenangriffe wurde die Stadt ziemlich zerstört. Auf den Straßen liegen umgeworfene Autos, Kriegsmaterial und tote Pferde in großer Zahl.

Der eine Tag in Ulm kommt mir ganz unwahrscheinlich vor. Es war alles zu sehr gedrängt und hastig. Hast Du mir den eiligen Abschied im Bahnhof übel genommen? Du warst so plötzlich weg. Da heute die Postsperre aufgehoben ist, hoffe ich, daß in den nächsten Tagen ein Brief von Dir ankommt. Nachdem ich auf meinen Urlaub verzichten mußte, warte ich noch mehr darauf wie sonst, wo Pfingsten in Aussicht war.

Dein Fritz.

Ich habe die 2 Paar Strümpfe gekauft. Wir dürfen aber vorerst keine Päckchen wegschicken. Schreib mir, was Du brauchen kannst, bevor alles ausverkauft ist.

Am Morgen des 10. Mai 1940 begann mit dem Überschreiten der niederländischen Grenze durch Verbände der Wehrmacht der Westfeldzug. Um die stark befestigte französische Maginot-Linie zu umgehen, sah der Operationsplan »Sichelschnitt« den Angriff der Heeresgruppe B auf die neutralen Niederlande und Belgien vor. Nach dem zu erwartenden Vorrücken französischer und britischer Truppen zur Unterstützung des belgischen Heeres nach Belgien sollte die Heeresgruppe A durch Luxemburg und die Ardennen bis zur französischen Kanalküste vorstoßen. Die Heeresgruppe C sollte sich vorerst mit Scheinangriffen entlang der Maginot-Linie begnügen. Die Niederlande kapitulierten nach der Bombardierung von Rotterdam bereits am 15. Mai 1940, nur fünf Tage nach Beginn der deutschen Offensive. Die Kanalküste erreichten die deutschen Verbände am 20. Mai (Evakuierung von 370 000 Mann alliierter Truppen über den Hafen von Dünkirchen nach England), ein Waffenstillstandsabkommen mit Frankreich wurde am 22. Juni 1940 im Wald von Compiègne geschlossen, genau an dem Ort, wo die deutsche Niederlage im Ersten Weltkrieg besiegelt worden war.

Fritz Hartnagels Fernmelde-Einheit war der Heeresgruppe B zugeordnet, weshalb er sich am 16. Mai »mitten in Holland« befand. Das ca. 20 km westlich von Tilburg gelegene Breda war von Verbänden der deutschen Luftwaffe aus nicht ganz klar rekonstruierbaren Gründen bombardiert worden. Zwei Erklärungen sind denkbar:

1. Um den niederländischen Widerstand zu brechen, erhielt die Luftwaffe den Auftrag, die Hafenstadt Rotterdam am 14. Mai massiv zu bombardieren. Die Nachricht vom selben Tag, dass die Niederlande bereit waren, Kapitulationsverhandlungen aufzunehmen, kam zu spät: Nur die zweite Bomberstaffel konnte noch informiert werden und lud ihre Bombenlast auf einem Ersatzziel ab. Dieses Ersatzziel könnte die ca. 40 km südöstlich gelegene Stadt Breda gewesen sein.

2. Französische Truppen waren von Belgien aus nach Breda vorgerückt, um die niederländische Armee zu unterstützen. Diese Truppen mussten sich nach kurzem, aber heftigem Gefecht wieder zurückziehen. Angesichts der bedeutenden Rolle, die die deutsche Luftwaffe bei den Kampfhandlungen im Westen insgesamt spielte, könnten die Zerstörungen in Breda in diesem Zusammenhang entstanden sein.

Ulm, den 16. 5. 1940.

Mein lieber Fritz!

Heute vor einer Woche wurde ich neunzehn. Weißt Du es noch, wie wir diesen Tag beschlossen haben? Was hat sich inzwischen bei Dir ereignet? Es ging alles so sehr schnell. Auch Dein Abschied auf dem Bahnhof.

Ich warte nun sehr auf eine Nachricht von Dir. Gelt, Du schreibst mir, sobald Du die Zeit und Erlaubnis dazu hast. Denn nun, da alles so ungewiß ist, ist eine Nachricht noch vielmehr vonnöten. Hans und Hanspeter sind auch versetzt worden und wir wissen noch nichts von ihnen. Auch hier spüren wir etwas vom Krieg, denn kaum eine Minute bleibt das Ohr verschont von dem Geräusch der Flugzeuge.

An Pfingsten jedoch war es ganz herrlich, und es ist wunderbar, daß nichts die Natur aus ihrem Gange bringt. Wie wir so im Grase lagen, über uns die so lichtgrünen Buchenzweige vor dem mit weißen Spinnweben überzogenen Himmel, da konnte Krieg und Sorge kaum mehr Platz finden neben dieser Schönheit. Am Bach war die Wiese ganz rot durchdrungen von Lichtnelken, und es gab herrlich große u. saftige Dotterblumen. Aber auch sonst noch hunderterlei Blüten u. Kräuter wuchsen in Wiese und Wald. Auf dem Baum über uns pfiff ein Vogel, und ein andrer antwortete aus dem Wald mit derselben goldigen Melodie. Ich hatte ja eine Mundharmonika zum Geburtstage gekriegt, und beim Wandern konnten wir spielen und singen.

Noch was Nettes muß ich Dir erzählen: In der Brombeerhecke im Garten (sie ist leider erfroren und hat kein einziges Blatt) hat ein Vögelchen genistet und brütet über 4 gelbweißen Eilein. Ich bin froh, daß die Hecke recht stachlig ist, denn sonst würden's die Lehrbuben vom Schreiner daneben doch nicht in Ruhe lassen.

Klaus und Peter gingen in den freien Tagen oft mit mir fort. Klaus ist arg anhänglich geworden und heult herzzerbrechend, wenn er mit dem Kindermädchen statt mit mir ada muß. Gestern abend kam er wieder weinend im Schlafanzügle rauf u. sagte: »Mutti net da is.« Und wie ich ihn wieder ins Bettle gelegt hatte, sagte er ganz zufrieden: »Gell, Du viel dableibe.«

Deine Narzissen sind jetzt verblüht. Ich hatte sie so gerne und mochte sie gar nicht wegwerfen. Eine habe ich gepreßt. Hast Du in Holland schon schöne Blumen gesehen. Denn es ist doch das Gartenland. Hoffentlich sind die Unschuldigen nicht alle zerstört worden. Wie geht es Dir, sitzt Du an der Grenze? Nicht wahr, Du schreibst mir bald.

Es ist schade, daß wir Dein Geburtstagsgeschenk nicht zusammen ansehen können. Es ist sehr schön und viel zu viel für mich. Überhaupt hätte ich Dir zu erzählen und zu sagen gehabt, was ich Dir alles nicht schreiben kann. Denn unsre Gedanken sind so verschieden, daß ich mich manchmal frage, ob dies denn so nebensächlich ist, was doch eigentlich eine Grundlage für Gemeinschaft sein sollte. Aber dies alles soll nun weggeschoben sein. Denn nun, da Du und ich nicht der Freundschaft und der Kameradschaft bedürfen, sondern der Liebe, nun ist es wirklich Nebensache. Wir wollen uns so halten, bis wieder Zeiten kommen, wo wir wieder allein stehen können.

Denk auch manchmal an etwas anderes als nur an Deine Arbeit. Kommst Du manchmal noch zum Lesen? Ich wünsche Dir sehr, daß Du diesen Krieg und diese Zeit überstehst, ohne ihr Geschöpf zu werden. Wir haben alle unsre Maßstäbe in uns selbst, nur werden sie zu wenig gesucht. Vielleicht auch, weil es die härtesten Maßstäbe sind.

Denke manchmal an mich, aber träume nicht von mir. Ich bin in Gedanken viel bei Dir mit guten Wünschen und mit Liebe

Deine Sofie.

Fritz Hartnagel war es kurz vor Beginn des Frankreichfeldzuges gelungen, noch einmal für einen einzigen Tag Urlaub zu bekommen. So konnte er Sophie Scholls 19. Geburtstag am 9. Mai mit ihr in Ulm feiern.

Hans Scholl hatte sein Studium unterbrechen müssen und war im März 1940 zur Wehrmacht einberufen worden. Auch sein Freund Hanspeter Nägele musste Kriegsdienst leisten.

18.5.40. [aus dem nordöstlichen Belgien]

Meine liebe Sofie!

Entschuldige bitte, wenn ich nicht viel schreiben kann. Auch jetzt muß ich mir mit Gewalt die Zeit nehmen, da in einer halben Stunde einer ins Heimatgebiet zurückfährt, und dem wollte ich noch etwas mitgeben für Dich. Hoffentlich kommt es gut an. (Nachträglich einen guten Geburtstagskaffee!)

Gestern hatte ich ein großes Glück, sofern man da noch von Glück und nicht von Vorsehung reden kann: Ich war mit Lt. Pfefferle auf Erkundung einer Baustrecke bei Turnhout (in Nordbelgien). Etwa 50 m vor einer Brücke bekamen wir einen Plattfuß, wir haben noch mächtig darüber geschimpft. Plötzlich, als ein Bauernfuhrwerk über die Brücke fuhr, flog die Brücke mit einem ungeheuren Krach in die Luft. Der Bauer flog 10 m neben uns als ein scheußlicher Fleischklumpen in eine Wiese. Von dem Fuhrwerk war nichts mehr aufzufinden.

Die Brücke war wahrscheinlich mit einer Druckmine geladen. Das

Schrecklichste dabei war, daß einige 100 m hinterdrein die Frau des Bauern kam, die nun verzweifelt nach ihrem Mann suchte.

Es war mein erstes Erlebnis, das mir die Scheußlichkeit des Kriegs richtig zum Bewußtsein brachte. Als ich mittags in meiner Schreibstube saß, und im Radio ein herrliches Mozart-Menuett gespielt wurde, fragte ich mich, warum nicht alle Menschen diesem Menuett zuhören können, sondern sich ermorden und verstümmeln müssen. –

Sei herzlich gegrüßt, Dein Fritz.

Auch einen Gruß an Deine Eltern und Geschwister.

Turnhout liegt östlich von Antwerpen nahe der belgisch-niederländischen Grenze.

Ulm, 19.5.40.

Mein lieber Fritz,

heute, Sonntag morgen, habe ich der Briefträgerin schon im Nachthemd die Haustüre aufgeschlossen. Zum Dank überreichte sie mir neben andern Deinen Brief. Ich habe alle Deine alten schön zusammengebunden in eine Zigarrenkiste. Dieses ist der erste von den hoffentlich noch zahlreich nachfolgenden, die vielleicht später auch einmal zusammen gebündelt werden. Er kommt mir auch nicht vor wie alle anderen, eben als Nachfolger der Vorangehenden; sondern als erster. (Dies ist ja auch ein neuer Abschnitt, der für Dich begonnen hat, und auch in kleinerem Maße für uns.) Ich konnte mir beim Lesen denken, in welcher Weise du ihn geschrieben hast. Es hat pressiert, nicht wahr? Wahrscheinlich hat für Dich auch in der Menge Deiner Arbeit jetzt erst der Krieg begonnen. Ich will versuchen, Dir so oft wie möglich zu schreiben. Denn einige der Briefe werden wohl auch verlorengehen. Aber denke auch daran, daß wir zu Hause, auch ich, nun mehr auf Feldpost warten wie bisher. Wenn es nur ein ganz kurzer Gruß ist.

Kann man denn vom besetzten Gebiet überhaupt Päckchen schicken? Erkundige Dich doch zuerst, bevor Du etwas schickst. Aber wenn es gehen sollte, und Du erwischt ein paar Schuhe, dann bin ich arg froh. Ich könnte sie nötig brauchen. (Schuhgröße 38 1/2 od. 39.) Überhaupt kannst Du mir derartig nützliche Dinge schicken, soviel Du magst (Rechnung natürl. mit), da ich ja auch bedürftige Schwestern habe. (Strümpfe od. Stoffe od. Wolle). Wenn Dir's aber ungeschickt ist, dann laß um Gottes Willen, den Krieg überstehen wir auch so. Entschuldige, daß ich überhaupt von solchen Dingen schreibe.

Ich habe Dir schon geschrieben, wie wir Pfingsten verbracht haben, gelt? Lisa konnte nicht kommen, und hättest Du dableiben können, wir beide hätten ganz allein an den Bodensee müssen. Ich denke oft an unser Skifahren. Es war fein, gelt? Wir haben, wenigstens das zweite Mal auch nicht so arg gebummelt. Ich hoffe, daß wir nächstes Weihnachten wieder fort können, dann will ich noch mehr dazulernen. Jetzt siehts ja grade so aus, als ob Du schon zu den Sommerferien fort kämst. Aber vielleicht siehts nur augenblicklich so aus, und es dauert noch lange.

Entschuldige, wenn ich keinen rechten Brief zusammenkriege. Du weißt ja, das geht nicht immer. Aber jetzt ist dies ja auch nicht sein Zweck, er soll Dir nur sagen, wieviel ich in Gedanken bei Dir bin.

Und das mußt Du doch ein bißchen spüren. – Du hast mir doch einmal versprochen, Du würdest mir neue Fotos von Dir schicken (von einem Teeabend oder so.) Ich hätte so gern etwas kleines von Dir, das ich immer bei mir haben kann. Ich habe nur die Fotos, wo Du bei uns bist. Meistens aber bist Du doch in einer ganz anderen Umgebung, die wahrscheinlich viel wichtiger u. einflußreicher für Dich ist. Ich möchte sie gerne auch ein bißchen kennen. Und wenns nur die Uniform ist, die ich auf einem Bild an Dir sehen kann. Du weißt ja selbst, wie fremd, ja wie gegensätzlich sie mir manchmal ist. Ich möchte mich, da sie ja zu Dir gehört, wenigstens bekannt mit ihr machen.

Einen herzlichen Gruß und viele gute Wünsche Deine Sofie.

25. 5. 40. [aus Bastogne in Belgien]

Meine liebe Sofie!

Deinen lieben Brief habe ich zu einem denkbar späten Zeitpunkt erhalten. Wir waren gerade auf dem Marsch nach Deutschland zurück an der Maasbrücke angekommen und mußten warten, bis wir drüber konnten, als mir Dein Brief ausgehändigt wurde. Dann konnte ich mich noch die ganze lange Fahrt bis in die späte Nacht hinein darüber freuen und ich hätte ohne Deinen Brief die untergehende Sonne bestimmt nicht so viel beachtet und so schön gefunden. Wenn ich etwas Schönes sehe, dann bilde ich mir immer ein, Du wärst bei mir, und wir würden uns gemeinsam dran freuen. Wir liegen nun in Bastogne in Belgien und fahren morgen weiter nach Frankreich hinein. Ich habe schon sehr viel Schönes gesehen, z. B. die belgischen Dörfer, die zwar teilweise recht schmutzig sind, aber vielfach sind die Häuser mit ihren grauen Schieferdächern ganz weiß gestrichen und geben inmitten der dunkelgrünen Bäume eine ganz seltsame Stimmung, die ich gerne gemalt hätte, wenn ichs könnte. Dann haben mich die Ardennen sehr viel an unsere Schwäbische Alb erinnert und zwar an die Gegend von Wiesensteig, während das Maastal von Sedan nach Charleville sehr viel an das Unterland und ans Neckartal erinnert. Ich fühlte mich manchmal ganz daheim und malte mir aus, wie wir über diese Höhen und Täler wanderten. Auf der andern Seite gibt es auch wieder sehr viel Trauriges und Trostloses zu sehen. In den Städten sind oft ganze Stadtteile abgebrannt und ein wüster Trümmerhaufen. Die Zivilbevölkerung ist alle geflüchtet und nun hausen die Soldaten in den Wohnungen. Ich selbst habe hier in einer Klosterschule das Zimmer einer Madeleine Verstraeten belegt, in dem noch die ganzen Kleider hängen. In den Wohnungen sieht es oft verheerend aus. Obwohl auf Plünderung die Todesstrafe steht, ist sehr viel mitgenommen worden. Ich gebe darum fast täglich Belehrungen und Warnungen an meine Leute. Man sieht hier erst, wie grauenhaft ein Krieg gerade für die Zivilbevölkerung ist. Stell Dir mal vor, daß französische Soldaten in Eurer Wohnung hausten und alles durcheinanderwühlen!

Vorgestern bin ich etwa 20 km an nahezu 15–20 Tausend französischen Gefangenen vorbeigefahren. Sie sahen durch die langen Märsche, durch den Hunger und die Niedergeschlagenheit recht mitgenommen aus. Die vielen Tausende mußten von dem leben, was sie an der Straße fanden. Ich wollte darum etwas Gutes tun und gab einem Gefangenen einen Laib Brot, worauf gleich eine Streiterei um das Brot losging und ich konnte nur durch energische Stimme und Drohungen für eine gerechte Verteilung sorgen. Ich kann leider nicht genügend französisch um mich mit ihnen zu unterhalten.

Gestern und heute hatten wir Ruhetag, und ich konnte endlich mal wieder richtig ausschlafen. Den gestrigen Abend verbrachte ich mit einem Spaziergang mit Oblt. Keller. Wir kamen sehr bald auf philosophische Probleme. Aber Oblt. Keller ist fast doppelt so alt wie ich, hat alles schon zu Ende gedacht, und setzt einem nun die Endergebnisse seiner Gedankengänge vor, die sehr viel enthalten, aber auch schwer zu verstehen sind. Aber vielleicht bin ich nicht gescheit genug oder denke ich zu logisch und gesetzmäßig. Ich bin jedoch recht froh in ihm einen Menschen zu haben, mit dem man auch über tiefere Dinge reden kann, und der nicht über alles großzügig und oberflächlich hinweggeht. Ich danke Dir so sehr für Deinen Brief, liebe Sofie, er war so beruhigend und wärmend.

Nun sehe ich nicht mehr was ich schreibe und wünsche Dir einen guten Abend und gute Nacht. Ich wache mit meinen Gedanken bei Dir bis Du schläfst.

Dein Fritz.

Die von Fritz Hartnagel beschriebene Truppenbewegung ist geografisch nicht ganz nachvollziehbar. Die Maas bildet streckenweise die deutsche Grenze zu den Niederlanden, nicht aber zu Belgien. Der aktuelle Stationierungsort Bastogne liegt in den belgischen Ardennen nicht weit von der Grenze zu Luxemburg entfernt. Das beschriebene Maastal von Sedan nach Charleville (Charleville-Mézière) liegt ca. 100 km südwestlich davon in Frankreich. Denkbar ist, dass die Nachrichteneinheit, die Fritz Hartnagel befehligte, unabhängig von größeren Truppenbewegungen sehr flexibel agierte.

Wiesensteig ist eine Kleinstadt im Kreis Göppingen auf der Schwäbischen Alb.

27.5.40. [bei Cambrai in Frankreich]

Meine liebe Sofie!

Eben habe ich Deinen Brief auf langen Umwegen erhalten. Da wir in den nächsten 14 Tagen durch unsre Verlegung an eine andere Front bestimmt keine Post mehr bekommen hätten, habe ich den Postholer nach Holland zu unserem alten Feldpostamt zurückgeschickt um die inzwischen angelaufene Post abzuholen. Währenddessen ist aber unsere Abteilung wieder weitergerückt, und der Postfahrer hätte uns bestimmt noch einige Tage suchen müssen, wenn ich ihn nicht heute zufällig in St. Quentin getroffen hätte. Auf der ganzen Fahrt zum Quartier aber hatte ich dann nur die leise Hoffnung, daß die Postsäcke auch für mich einen Brief von Dir enthalten, was dann nach einer langwierigen Sortiererei, deren Ende ich kaum erwarten konnte, auch zur Wahrheit wurde. Du weißt ja, wie sehr ich mich über jede Zeile von Dir freue, liebe Sofie, auch wenn es nach Deiner Meinung kein rechter Brief ist.

Mir selbst geht es oft so, daß ich Dir viel zu schreiben hätte, was ich aber nur schlecht in nüchterne Worte fassen kann, und dann sieht es auf dem Papier oft viel blasser aus, wie es gemeint war. Und nun, wo ich nur wenig Zeit und vor allem wenig Ruhe zum Schreiben habe, wenn da meine Briefe vielleicht etwas kürzer und manchmal etwas nüchterner werden, dann brauchst Du Dir nichts besonderes dabei denken, gelt! Es ist nur weil ich manchmal in der Eile nicht die richtigen Worte finde.

Wir haben nun unseren langen Marsch beendet und sind bei Cambrai angekommen. Ich liege mit meinem Stab in einem herrlichen schloßähnlichen Bauernhof, der wie eine Wasserburg rings von einem Wassergraben umgeben ist, der auch einen schönen Park mit einschließt. Leider habe ich nicht immer Gelegenheit all das zu genießen, da ich meistens erst spät ins Quartier komme. Ich bin froh, daß ich nicht mehr so viel in der Schreibstube sitzen muß. Ich bin fast jeden Tag unterwegs. Gestern haben wir in Lille direkt hinter der kämpfenden Infantrie 11 franz. Kraftfahrzeuge requiriert, die die Franzosen eben als Gefangene verlassen hatten. Heute war ich auf Erkundung in Amiens und Arras. So schön diese Fahrten einerseits sind, so erlebt man dabei doch wieder sehr viel Trauriges. Endlose Flüchtlingskolonnen ziehen die Straßen entlang, verlumpt, ermüdet und hungrig. Sobald man anhält wird man um Brot angebettelt, was man natürlich nur selten erfüllen kann. Gestern kam eine Frau zu unserem Arzt, die durch einen Granatsplitter ein großes Loch in der Oberlippe hatte. Sie war 7 Tage ohne jede ärztliche Behandlung. Andererseits erwachen die schlechten Triebe zur vollsten Blüte. In Duai sah ich, wie Flüchtlinge sämtliche Läden plünderten mit geradezu gieriger Hast. Vor den Konfektionsgeschäften lagen die nackten Ausstellungspuppen und vor den Weinhandlungen lagen die Betrunkenen, während der Wein im Rinnstein floß. In vielen Städten sind ganze Straßenzüge abgebrannt. Längs der Straße liegen die ausgebrannten und zusammengeschossenen Kraftfahrzeuge und gräßlich stinkende Pferdekadaver. Manchmal liegen auch noch gefallene Soldaten am Straßenrand, deren Anblick mir oft lange nicht aus der Erinnerung schwindet.

Dann komme ich zu Dir, liebe Sofie, und geh mit Dir den Kanal entlang, der nahe an unserem Schloß vorbeiführt, dann denke auch ich an unser Schifahren und vergesse alles Traurige und schlafe glücklich ein, und dies umso mehr, wenn ich weiß, daß auch Du mit Deinen Gedanken zu mir kommst. – Ich danke Dir sehr für jeden Brief! Dein Fritz.

Herzliche Grüße an alle Scholls!

Ich habe augenblicklich leider keine Fotos, ich muß mir erst welche pumpen, dann schicke ich sie Dir.

Das im vorigen Brief Fritz Hartnagels angekündigte Vorrücken von Belgien nach Frankreich hatte in der Zwischenzeit stattgefunden. Fritz Hartnagels neues Quartier bei Cambrai in der Picardie (dort finden sich auch alle anderen in diesem Brief genannten Orte) lag südlich von Lille nahe der belgischen Grenze.

27.5.40. [aus Ulm]

Mein lieber Fritz!

Eben komme ich heim von der Schule, und als große Überraschung ist ein (noch gut erhaltenes) Paket von Dir da. Am liebsten würde ich ganz Ulm zum Kaffee einladen. Recht vielen Dank. Im Grunde habe ein bißchen ein schlechtes Gewissen, daß Du so an uns denkst, und ich Dich noch in einem Brief mit Wünschen belästigt habe. (Die Aussicht, einfach erhalten zu können, was man gerade braucht, war zu verlockend.) Diese Wünsche aber, das darfst Du mir glauben, sind mir im Grunde ganz unwichtig. Es ist nur eine Freude, wie wenn Du etwa ein paar schöne neue Reitstiefel kriegst, aber sie sind nur Wunsch u. kein Verlangen. Entschuldige also meine Unverschämtheit u. vergiß sie.

An der Brücke, da hat wohl Dein Schutzengel in den Reifen gestochen, damit ihr nicht weiter konntet. Wie könnte er anders, da er doch alle meine Wünsche, und die andrer für Dich kennen muß.

Seid ihr noch in Holland? Oder Belgien? Hans schrieb auch schon 2 Mal, ganz fröhlich. Er ist Meldefahrer, sie werden jetzt in Frankreich sein. Sein letzter Brief ist aus Neuf-château. Anscheinend kommt er glänzend mit der Bevölkerung aus (dies ist wichtig für Hans) u. macht den Dolmetscher für die ganze Einheit. Seine Feldpostnummer ist übrigens 21437.

Ich werde mich heute abend noch hinsetzen, und an Dich schreiben. Jetzt ist die Zeit zu kurz. Ich denke immer an Dich.

Sofie.

Mit »Schule« ist das Ulmer Fröbelseminar gemeint, wo Sophie Scholl ihre Ausbildung zur Kindergärtnerin absolvierte.

Hans Scholl befand sich zu der Zeit südlich von Fritz Hartnagel im mittleren Frontabschnitt: Neufchâteau liegt im südlichen Belgien in den Ardennen nahe dem französischen Sedan.

29.5.40. [datiert von F.H.; aus Ulm]

Mein lieber Fritz,

es ist ein ganz herrliches Vorsommerwetter, wenn ich Zeit hätte, würde ich mich an die Iller legen, baden, nichts tun, und versuchen, nur an das zu denken, was ich um mich herum an schönem sehe. Es ist nicht leicht, alle Gedanken an den Krieg zu verbannen. Wenn ich auch nicht viel von Politik verstehe, und auch nicht den Ehrgeiz habe, es zu tun, so habe ich doch ein bißchen ein Gefühl, was Recht u. Unrecht ist, denn dies hat ja mit Politik u. Nationalität nichts zu tun. Und ich könnte heulen, wie gemein die Menschen auch in der großen Politik sind, wie sie ihren Bruder verraten um eines Vorteils willen vielleicht. Könnte einem da nicht manchmal der Mut vergehen? Oft wünsche ich mir nichts als auf einer Robinson-Crusoe-Insel zu leben. Manchmal bin ich versucht, die Menschheit als eine Hautkrankheit der Erde zu betrachten. Aber nur manchmal, wenn ich sehr müde bin, und die Menschen so groß vor mir stehen, die schlimmer als Tiere sind. Aber im Grunde kommt es ja nur darauf an, ob wir bestehen, ob wir uns halten können in der Masse, die nach nichts anderem als nach Nutzen trachtet. Denen, um ihr Ziel zu erreichen, jedes Mittel recht ist. Diese Masse ist so überwältigend, und man muß schon schlecht sein, um überhaupt am Leben zu bleiben. Wahrscheinlich hat es bisher nur ein Mensch fertiggebracht, ganz gerade den Weg zu Gott zu gehen. Aber wer sucht den heute noch?

Mein lieber Fritz, vermutlich wird Dir mein ganzer Brief sehr fremd vorkommen. Vermutlich wirst Du so sehr viel zu sehen u. zu tun haben, daß Du nicht mehr an Dich zu denken die Zeit hast. Ich habe deshalb ein bißchen Angst.

Nicht wahr, manchmal abends denkst Du an mich? Du träumst dann manchmal von unseren Ferien. Aber denke nicht nur an mich, wie ich bin, sondern auch, wie ich sein möchte. Erst wenn Du mich dann noch ebenso lieb hast, können wir uns ganz verstehen. Wir kennen uns viel zu wenig, ich bin sehr viel schuld daran. Ich hatte dies Gefühl immer, und war zu bequem, es zu ändern. Du sollst nicht glauben, daß uns dies trennt, denn ich bemühe mich sehr, bei Dir in Gedanken zu sein, Dich nur noch zu halten. Aber glaube auch nicht, daß dies im Krieg keine Rolle spielt. Ein schweres Ereignis ist kein Grund sich gehen zu lassen. Mein Lieber, versteh mich richtig, und entschuldige nur, was Dir an diesem Brief ungeschickt erscheint Vielleicht sind viele von meinen Worten läppisch, verletzend, überflüssig. Dann denke daran, daß ich von mir aus urteile, vielleicht denke ich viele meiner Eigenschaften in Dich hinein.

Einen Gruß von Herzen Deine Sofie.

Undatiert [5. Juni 1940 aus Ulm]

Mein lieber Fritz,

diese Überschrift mit Bleistift wurde vielleicht im September geschrieben. Anscheinend, wie jetzt auch, im Bett. Ich muß Dir doch mindestens, nach drei langen Tagen, wieder einen Gruß schicken. Ich dank Dir sehr für Deinen Brief. Du kannst Dir die Ungeduld kaum denken, mit der wir die Post erwarten. Von Hans hörten wir schon 14 Tage nichts mehr. Um so mehr freue ich mich, wenn ich etwas erhalte; Mutter telefoniert immer gleich Deiner Mutter, wenn sie sich bei mir über Dein Befinden erkundigt hat. Oder ist Dir's nicht recht?

Heute habe ich im Kindergarten mit den großen Buben Matador gebaut. Zuerst dachte ich daran, eine schöne große Kanone zu bauen. Aber ich verwarf's dann wieder ganz. Man soll nicht schon bei Kindern diese verhängnisvolle Neigung großziehen. Dafür bauten wir ein wunderbares Feuerwehrauto mit einer langen Leiter. Das ist ein nützlicheres Instrument.

Ich habe immer sehr viel zu tun, wenn ich heimkomme, sollte ich auch noch den ganzen Abend schaffen. Ich bedaure es, daß ich dadurch gar nicht zum Lesen u. Schreiben komme. Ich habe eine Menge Briefschulden. Bei Dir bin ich immer noch am schnellsten mit meinen Gedanken. Ich habe Dein Quartier auf der Karte gesucht, aber ich konnte es, ehrlich gesagt, in Deinem Brief kaum entziffern. Eigennamen mußt Du bitte etwas deutlich schreiben.

Einen Tag später: Ich will den Brief schnell für die Post fertigmachen. Damit Du öfters was erhältst, kann ich ja die Fortsetzung extra schreiben. Ich hab grad keine Zeit. Heut nacht fielen hier die ersten Bomben.

Die Kinder bereiten mir große Freude. Die Arbeit mit ihnen ist ungeheuer ermüdend, da man sich ihnen ganz hingeben muß, sich ganz auf sie einstellen. Dies ist bestimmt kein egoistischer Beruf, und ich glaube kaum, daß ich ihn auf die Dauer aushalten könnte. Dazu bin ich zu egoistisch erzogen. – Klaus liebt mich zur Zeit innig, Du kannst Dir denken, daß mich dies auch beglückt. Auch Peter kommt am liebsten zu mir.

Ich bin mit vielen guten Gedanken bei Dir. Deine Sofie.

Nach Auskunft des Ulmer Stadtarchivs fielen die ersten Bomben auf den Ulmer Vorort Söflingen in der Nacht vom 3. auf den 4. Juni 1940, ohne nennenswerten Schaden anzurichten.

»Matador« ist ein Konstruktionsbaukasten aus Holz.

5.6.40. [unbekannter Ort in Nordost-Frankreich]

Meine liebe Sofie!

Heute habe ich zwei Päckchen und einen Brief von Dir bekommen, die wahrscheinlich noch über Holland gingen. Und da heute seit langem wieder der erste Tag ist, an dem ich noch vor Dunkelheit nach »Hause« kam, kann ich Dir gleich mit einem Brief dafür danken, und ich kann den ganzen Abend mich darüber freuen, daß ich etwas von Dir in Händen habe. Und meine Umgebung ist auch richtig dazu angetan um meinen Gefühlen freien Lauf zu lassen. Da die Ortschaften alle voll mit Truppen belegt sind, mußten wir in den Wald ziehen. Wir schlafen zur Zeit in Zelten, und auch meine Schreibstube haben wir im Freien aufgeschlagen und mit einem Tarnnetz überspannt, so daß ich jetzt wie in einer Gartenlaube sitze. Nur ein quäkendes Gram[m]ophon der Nachbarkompanie stört noch die Ruhe. Alle Augenblicke fällt irgendein Käfer aus den Bäumen auf mein Schreibpapier und manchmal lassen auch die zahlreichen Maikäfer etwas fallen. Nur an dem unaufhörlichen Fluggeuggebrumm und an dem fernen Kanonendonner merkt man den Krieg. Heute Nacht allerdings dröhnte unaufhörlich das Trommelfeuer der Artillerie, die den heute morgen gestarteten Angriff vorbereitete.
Eben kommt unser »Wolf« (unser Hund) zu mir und drückt seinen Kopf fest gegen mein Bein und will gestreichelt werden. Er ist ein ganz drolliger Wolfshund, mit dem man herrlich spielen kann. Er erinnert mich immer an Klaus, da ist seltsam, aber er hat im Gegensatz zu anderen Hunden einen richtigen Gesichtsausdruck, an dem man merkt ob er lacht, ob es ihm gut geht oder wenn er traurig ist. Er ist auch für mich das was für Dich vielleicht der Klaus ist. Ich glaube, daß Du ihn auch gut leiden könntest. Wenn Du ihn brauchen kannst würde ich ihn Dir nach dem Krieg mitbringen.

Es ist schade, daß ich nicht früher gewußt habe, daß Hans in Neuf-Chateau ist, denn als wir in Bastogne waren kam ich fast täglich durch Neuf-Chateau und ich hätte ihn besuchen können. Wenn Du ihm schreibst, dann setz auch von mir einen Gruß dazu. – Du schreibst so wenig von Dir selbst, Sofie, wie Dir Deine Tätigkeit im Fröbelseminar behagt, was Du sonst treibst, und wie es um Dich steht, was Dich freut und traurig stimmt. Ich denke oft dran, wie wir die Pfingsttage gemeinsam verbracht hätten und mal mir viel Schönes aus. Es wäre, glaube ich, für uns beide gut gewesen, wenn wir für einige Tage die äußere Schale hätten ablegen können um uns ganz für uns selbst zu sein. Nun müssen wir eben versuchen im Brief uns frei zu machen und alles zu sagen, was wir auch uns erzählten, wenn wir beisammen wären und nur noch uns sehen und fühlen würden. – Nun wird es dunkel, und ich will noch mit Dir einen Spaziergang in den Wald hinein machen und dann mit den Gedanken bei Dir in meinem Zelt einschlafen. Schlaf auch Du so schön und so froh ein wie ich.

Dein Fritz

8.6.40. [unbekannter Ort in Nordost-Frankreich]

Meine liebe Sofie!

Nun habe ich gestern und heute einen Brief von Dir bekommen und ich will Dir gleich wieder schreiben, trotzdem mich eben Oltn. Keller zu einer gebratenen Ente mit Kopfsalat eingeladen hat. Aber ich möchte ja, daß Du Dich genauso freuen kannst wie ich nun 2 Tage hintereinander. Deine Briefe kommen anscheinend nicht immer in der richtigen Reihenfolge an, drum mußt Du Dir nichts besonderes denken, wenn ich in meinen Briefen auf Deine früheren nicht immer eingehen kann, da ich sie noch nicht erhalten habe. Gestern bekam ich Deinen Brief vom 29.5. und heut den v. 5.6.40.

– In den letzten Tagen hatte ich nicht mehr allzuviel zu tun, so daß ich wenigstens abends 1–2 Stunden für mich hatte. Gestern Abend war ich sogar beim Baden in einem benachbarten See. Es war für mich nicht nur eine körperliche Erfrischung, wenn man mal abseits von allen Kriegsgedanken unter blauem Himmel und zwischen spiegelndem Wasser und gelben Seerosen sein kann und den spielenden Wasserlibellen zuschauen kann. Ich dachte dabei an die Stunden, die wir an der Iller verbracht haben und auch an die, die wir um diese Zeit dort verbringen würden. Wenn mir aber dann wieder zum Bewußtsein kommt, daß ich mich im Krieg befinde, dann habe ich irgendwie ein schlechtes Gewissen, wenn ich dran denke, daß nun vorn die Schlacht tobt, deren Rollen man in der Ferne hört, und ich sitze hier in der Sonne und träume. Ich habe mich darum auch zur Fallschirmtruppe gemeldet, als vor einigen Tagen die Möglichkeit zu einer Meldung bestand. Aber mein Kommandeur hat meine Meldung unterschlagen und mich für unentbehrlich erklärt. Ich glaube, das wirst Du verstehen, wenn schon ein Krieg sein muß, daß ich ihn nicht in der Etappe verbringen möchte.

Es ist wohl möglich, liebe Sofie, daß wir uns noch zu wenig kennen, aber ich glaube, daß unser Denken nicht so verschieden ist, wie es manchmal den Anschein haben mag. Vielleicht ist es oft meine Schuld, daß bei Dir der Eindruck entstehen mußte, da ich oft Deiner Meinung entgegengetreten bin, ohne im Grund andrer Ansicht zu sein. Weißt Du, ich will manchmal nur die Gegenseite vertreten, wenn niemand da ist, der sie verteidigen kann. Das kommt wahrscheinlich daher, daß ich in zweierlei Atmosphären lebe, nämlich in einer der Pflichten, d. h. in der der Leute, die täglich um mich sind und in der anderen, die ich als die meine oder unsere bezeichnen möchte, so bin ich immer gezwungen mich auch mit der Gegenseite ernstlich auseinanderzusetzen. Ich komme vielleicht deshalb auch schwerer zu einem Ziel. Mir sind noch so viele Dinge unklar, die mir als gelöst erschienen sind. Du brauchst deshalb nicht glauben, daß ich anders denke wie Du. Ich will ja auch nur wie Du, das Wahre und Gerechte und das Gute und ich glaube wie Du, daß das Erreichen eines höheren Lebensstandarts und einer uneingeschränkten Machtausübung nicht das Letzte sein kann. – Wir müßten wieder längere Zeit beisammen sein können. Darum kommen mir auch die Tage, die ich hier verbringen muß als verlorene Zeit vor, da sie einen nicht weiterbringen. Oder ist das zu egoistisch gedacht?

Ich denke immer an Dich, so wie Du bist, da ich mir nicht vorstellen kann, was an Dir anders sein könnte. Du bist so gut, und ich hab Dich darum lieb.

Dein Fritz.

14. 6. 40. [bei Cambrai in Frankreich]

Meine liebe Sofie!

Nun ist unser neuer Sprung in die Gegend zwischen Soisson und Chateau Thierry wieder beendet und unser ganzes Nachrichtennetz nach viel Aufregung und Drunter und Drüber wieder aufgebaut. So hatte ich heute sogar Zeit um mit unserem Wolf zu spielen. Wir taten Fangerles. Der Wolf hatte ein Stück Holz im Mund und ich versuchte es ihm zu entreißen. Er kam immer ganz dicht an mich heran, und wenn ich zufassen wollte machte er plötzlich einen Satz und sprang freudig hüpfend davon. In den letzten Tagen war er etwas krank. Er hatte eine Augenentzündung und wir wuschen ihm täglich ein paar mal die Augen mit Borwasser aus, was er sich geduldig gefallen ließ. Aber nun ist er wieder gesund und munter.

Liebe Sofie, ich kann Dir nicht alles in einem Brief schreiben, was ich an den Tagen an denen ich nicht zum Schreiben komme, Dir sagen wollte, für Dich dachte und fühlte. Es würde vielleicht auf dem Papier auch recht lächerlich wirken. Darum muß ich alles in mir aufsparen bis ich wieder bei Dir bin. Aber meistens sind dann die Tage so kurz, wie das letzte mal, daß vieles, was ich Dir zu sagen hätte, bei mir bleiben muß. Nachdem nun heute Paris gefallen ist habe ich die egoistische Hoffnung, daß der Krieg bald zu Ende geht, und daß wir dann vielleicht für längere Zeit zusammen sein können. Aber nicht nur deshalb wünsche ich ein baldiges Kriegsende. Wenn man sieht, wie jeder Kriegstag unermeßliche materielle und auch andre Werte zerstört, muß man sich fragen, ob diese Zerstörungen nicht für die gesamte Menschheit einen Verlust bedeuten. Gestern haben wir einen französischen Soldaten beerdigt, der in unserem Quartierort tot in einem Haus lag. Er hatte einen sehr feinen Gesichtsausdruck und in seiner Brusttasche fanden wir einen so schönen Brief, wie er nur in französischer Sprache geschrieben werden kann. Ich glaube, daß er lebend mit seinem Geist und dem Glück, das er anderen bereitete mehr gedient hätte, als durch seinen Tod. Wir haben ihn neben einem anderen französischen Soldaten beerdigt, auf dessen Kreuz stand: »Pour la France.« Das ist vielleicht die einzige Erklärung, die diesem Tod einen Sinn zu geben sucht. Aber wer kann diesen Begriff La France oder Deutschland erläutern? Ich habe noch niemand gefunden.

Du darfst nicht zu viel arbeiten Sofie. Nicht nur weil Du Dich körperlich kaputt machst, sondern weil es wichtiger ist, daß Du Dich für Dich selbst erhältst, als daß Du ein gutes Abschlußzeugnis als Kindergärtnerin machst. Ich meine Du darfst Dir die Zeit, die Du für Dich brauchst, zum Lesen und Schreiben und Nichtstun, nicht nehmen lassen. Gelt das tust Du? Nun seh ich nicht mehr was ich schreibe, aber ich will mit meinen Gedanken bei Dir bleiben wie jeden Abend.

Einen lieben Gruß

Dein Fritz.

Soissons und Château Thierry (Geburtsstadt von Jean de La Fontaine) liegen am Fluss Aisne, nicht weit von Reims entfernt.

Nach dem Durchbruch durch die französischen Verteidigungslinien entlang von Somme und Aisne erreichten Panzerverbände der deutschen Heeresgruppe B am 8. Juni die untere Seine bei Rouen. Gleichzeitig stieß die Heeresgruppe A in Richtung Marne-Linie vor. Vor den auf Paris anrückenden deutschen Truppen zog sich die französische Regierung nach Bordeaux zurück. Zahlreiche Einwohner von Paris flohen. Nachdem sich die deutsche Heeresführung durch einen Unterhändler die Räumung der Stadt durch die französische 7. Armee hatte zusichern lassen, zogen Wehrmachtsverbände am 14. Juni kampflos in das menschenleer wirkende Paris ein.

Ulm, den 17. Juni 1940.

Mein lieber Fritz!

Ich bin heute schon früh zu Bett, es reicht vor dem Schlafen noch einen Brief an Dich. Es ist ja gerade nicht der günstigste Augenblick zum Schreiben, die politischen u. militärischen Ereignisse füllen so sehr aus. (Heute hörten wir, Frankreich wolle die Waffen niederlegen) Es graust mir überhaupt unsäglich vor dem Schreiben. Das ist aber nur eine Müdigkeit, Faulheit u. Leere, die Gott sei Dank überwunden werden muß. Auch mir ist manchmal danach zu Mute, die Waffen zu strecken. Aber, allen Gewalten zum Trotz! Es geht ja im Leben immer auf u. ab. Man muß nur warten können. Ich werde versuchen, mich nicht mit Träumen zufrieden zu geben, mit Schöngeistigkeit und noblen Gesten. Man darf heute nicht sehr weichherzig sein.

Auf meinem Nachttisch stehen zwei Rosen. An die Stiele und das Blatt, die ins Wasser hängen, haben sich winzige Perlen gereiht. Wie schön u. rein dies aussieht, welch kühlen Gleichmut es ausstrahlt. Daß es dieses gibt. Daß der Wald so einfach weiterwächst, das Korn u. die Blumen, daß Wasserstoff u. Sauerstoff sich zusammengetan haben zu solch wunderbaren lauwarmen Sommerregentropfen. Manchmal kommt mir dies mit solcher Macht zu Bewußtsein, daß ich ganz voll davon bin u. keinen Platz mehr habe auch nur für einen einzigen Gedanken. Dies alles gibt es, trotzdem sich der Mensch inmitten der ganzen Schöpfung so unmenschlich u. nicht einmal tierisch aufführt. Allein dies ist schon eine große Gnade.

Von mir erzählen, das wird nicht zu viel. Wenn ich Dir berichten wollte, welche reine Freude mir die Kinder machen, dann müßte ich lügen. Beinahe jedes Kindergesichtchen drückt schon so mächtig aus, was es zu werden verspricht. Und das sind eben solche Menschen, wie es jetzt gibt. Aber noch haftet an den meisten der kindliche Schmelz, den wir lieben, weil wir ihm nachtrauern. Das Befriedigende an der Arbeit mit ihnen ist, daß sie einen voll u. ganz beanspruchen, daß man nachher vollständig ausgepumpt ist. Aber – und dies ist gut, leer ist man nachher nicht.

Wenn Du mein Verhältnis mit Klaus mit dem Deines Hundes vergleichst, so machst Du mir damit eigentlich einen Vorwurf. Vielleicht ist er nicht ganz unberechtigt. Aber ich glaube, daß ich, so gut mir seine Anhänglichkeit getan hat, ihn doch nicht nur als solch kleinen Troststifter betrachtet u. behandelt habe, sondern auch als Mensch. Wenn er auch erst ein kleiner ist, so ist er doch ein werdender. – Hast Du schon einmal jemand beobachtet, der Kinder <u>nur</u> zur Freude hat, und länger sich mit ihnen beschäftigt hat als einige Stunden? Das wird nämlich unheimlich anstrengend, wenn man sich dauernd in die kindliche Welt versetzen muß, u. trotzdem darüber stehen soll. Dann gehört Geduld dazu u. Liebe, um nicht kurz angebunden u. wieder schrecklich erwachsen zu werden. Ich habe mich auch bei Klaus immer bemüht, oft mit Erfolg.

Deinen Hund, wie gerne hätte ich ihn nach dem Kriege. Ich habe ihn jetzt schon gern. Aber so mitten in der Stadt? Wenn er nicht ein besseres

Quartier findet als bei mir, dann bring ihn. Hat er aber irgendwo eine ihm mehr entsprechende Umgebung, dann tu das für ihn bessere.

Ich freu mich, bis ich wieder etwas von Dir höre. Vielleicht bekommst Du sogar bald Urlaub?

Herzlichen Gruß Sofie

Am 17. Juni 1940 unterbreitete der neue französische Ministerpräsident Henri Philippe Pétain dem Deutschen Reich aufgrund der aussichtslosen militärischen Lage ein Waffenstillstandsangebot.

»Aber, allen Gewalten zum Trotz!« Dies ist eine Zeile aus Goethes Gedicht »Feiger Gedanken«. Sie war, wie Sophie Scholls Schwester Inge später berichtet hat, wohl eine Art Motto der Familie Scholl. Oft habe der Zuruf »Allen!« genügt, um einem Familienmitglied Mut zuzusprechen. Hans Scholl schrieb den Vers an die Wand seiner Zelle, ehe man ihn in den Gerichtssaal führte.

In Goethes Gedicht stehen die Zeilen in folgendem Kontext:

Feiger Gedanken
Bängliches Schwanken,
Weibisches Zagen,
Ängstliches Klagen
Wendet kein Elend,
Mach dich nicht frei.

Allen Gewalten
Zum Trutz sich erhalten,
Nimmer sich beugen,
Kräftig sich zeigen,
Rufet die Arme
Der Götter herbei.

(Nach: Hans Scholl und Sophie Scholl, Briefe und Aufzeichnungen, hrsg. von Inge Jens, a.a.O., S.342).

Sophie Scholl musste von Mitte Juni bis Mitte Juli 1940 im Rahmen ihrer Ausbildung ein Praktikum in einem Ulmer Kindergarten absolvieren. Ihre Erfahrungen und Reflexionen aus dieser Zeit fanden ihren Niederschlag in mehreren Briefen an Fritz Hartnagel.

Ulm, 22. Juni 1940.

Mein lieber Fritz!

Wie lange ist es denn her, seit ich Dir das letzte Mal schrieb? Inzwischen ist schon wieder ein Brief von Dir zu mir gekommen. Wie ich mich immer freue. Auf Deinen letzten Brief zu antworten, ist sehr schwer, da man schriftlich schlecht sagen kann, was man nur in Hin- und Widerrede ausmachen kann. Ich glaube es zu gerne, daß Du mir, wenn wir auf weltanschauliche und, davon schlecht zu trennen, politische Gespräche kommen, nur aus Opposition widersprichst. Ich kenne dies, man tut es sehr gerne. Ich aber habe nie aus Opposition gesprochen, wie Du vielleicht auch heimlich glaubst, im Gegenteil, ich nehme unbewußt immer noch etwas Rücksicht auf Deinen Beruf, in dem Du gebunden bist, das es vielleicht letzten Endes auch ausmacht, daß Du diese Dinge vorsichtiger wägst, vielleicht auch Zugeständnisse machst hierhin u. dorthin.

Ich kann es nur nicht verstehen, daß man etwa zusammen leben kann, wenn man in solchen Fragen verschiedener Ansicht, oder doch zum mindesten verschiedenen Wirkens ist.

Der Mensch soll ja nicht, weil alle Dinge zwiespältig sind, deshalb auch zwiespältig sein.

Diese Meinung trifft man aber immer und überall, weil wir hineingestellt sind in diese zwiespältige Welt, deshalb müssen wir ihr gehorchen.

Und seltsamerweise findet man diese ganz u. gar unchristliche Anschauung gerade bei den sogenannten Christen.

Wie könnte man da von einem Schicksal erwarten, daß es einer gerechten Sache den Sieg gebe, da sich kaum einer findet, der sich ungeteilt einer gerechten Sache opfert.

Ich muß hier an eine Geschichte des alten Testamentes denken, wo Mose Tag u. Nacht, zu jeder Stunde, seine Arme zu Gott erhob, um von Gott den Sieg zu erbitten. Und sobald er einmal seine Arme senkte, wandte sich die Gunst von seinem kämpfenden Volk ab.

Ob es wohl auch heute noch Menschen gibt, die nicht müde werden, ihr ganzes Denken u. Wollen auf eines ungeteilt zu richten?

Ich möchte mich damit jedoch nicht auf die Seite stellen, die einfältigen Sinnes ist in der wahren Bedeutung des Wortes. Ich kenne kaum eine Stunde, in der nicht einer meiner Gedanken abschweift. Und nur in einem winzigen Bruchteil meiner Handlungen tu ich, was ich für richtig halte. Oft graust mir vor diesen Handlungen, die über mir zusammenwachsen wie dunkle Berge, so daß ich mir nichts andres wünsche als Nichtsein, oder als nur eine Ackerkrume zu sein, oder ein Stücklein einer Baumrinde. Aber schon dieser oft überwältigende Wunsch ist wieder schlecht, denn er entspringt ja nur der Müdigkeit.

Die Müdigkeit, sie ist das größte, was ich besitze. Ihretwegen schweige ich, da ich reden sollte, da ich Dir bekennen sollte, was uns beide angeht. Ich verschiebe es auf später. Ach ich wünschte, eine Zeitlang auf einer Insel zu leben, wo ich tun u. sagen darf, wie ich möchte, und nicht immer Geduld haben muß, unabsehbar lange.

Nun erhältst Du einen solchen Brief, wo Du nur fröhliches u. Gutes erfahren solltest.

Ich bitte Dich nur, halte mich nicht für gut, da ich schlecht bin. Tu es meinetwegen, damit ich nicht immer die Angst haben muß, Dich einmal schwer enttäuschen zu müssen. Ich erkenne, wie ich bin, und bin zu müde, zu faul, zu schlecht, dies zu ändern.

Entschuldige, wenn Dich der Brief verwirrt. Ich kann mich aber nicht immer zeigen, wie ich nicht bin. Sofie.

In einem Gespräch mit dem Autor Hermann Vinke (»Das kurze Leben der Sophie Scholl«, a. a. O., S. 71–74) äußerte sich Fritz Hartnagel zu den politischen Meinungsverschiedenheiten mit Sophie Scholl: »Was die Politik anging, so war von uns beiden Sophie die Tonangebende. Wir haben oft diskutiert und waren zunächst keineswegs in allen Fragen einer Meinung. Nur zögernd und widerwillig fand ich mich bereit, ihren Gedanken zu folgen. Es bedeutete einen gewaltigen Sprung für mich, mitten im Krieg zu sagen: ›Ich bin gegen diesen Krieg.‹ (...) Aber der Schritt, als Offizier innerlich auf die andere Seite überzuwechseln, forderte seine Zeit.«

Die Geschichte aus dem Alten Testament findet sich in 2. Mose, Kapitel 17, Vers 11 und 12:

Vers 11: »Und wenn Mose seine Hand empor hielt, siegte Israel; wenn er aber seine Hand niederließ, siegte Amalek.«

Vers 12: »Aber die Hände Moses wurden schwer; darum nahmen sie einen Stein und legten ihn unter ihn, dass er sich darauf setzte. Aaron aber und Hur stützten ihm seine Hände, auf jeder Seite einer. Also blieben seine Hände fest, bis die Sonne unterging.«

24.6.40. [aus der südlichen Champagne, Frankreich]

Meine liebe Sofie!

Durch das rasche Tempo der letzten Tage habe ich bald jedes Zeitmaß verloren und ich habe jedenfalls das Gefühl, daß mein letzter Brief schon weit zurückliegt. Und dabei habt Ihr mich so reichlich bedacht, mit einem Päckchen, einem Brief von Dir und einem von Deiner Mutter mit einem winzigen neuen Testament, und eben kam noch ein Brief von Inge an. Sag bitte einstweilen allen meinen herzlichsten Dank, bis ich dazu komme jedes einzelne mit einem Brief zu bedenken.

Die letzten Tage waren bei uns sehr abwechslungsreich, wir haben fast alle 2 Tage Stellungswechsel gemacht, so daß wir mit unseren Nachrichtenverbindungen kaum mehr nachgekommen sind. Du darfst aber nicht glauben, daß Deine Briefe in diesem allgemeinen Durcheinander verschwinden oder mir fremd erscheinen. Sie lösen das zur Nüchternheit erstarrte Gesicht des Krieges, und ich durchwandere sie wie einen schönen Wald inmitten einer Öde. Die Gefahr abzustumpfen ist sehr groß. Ich kam vor einigen Tagen das erste mal dazu etwas zu lesen. Wir hatten wieder unsere Zelte aufgeschlagen, und als plötzlich ein Platschregen kam mußten wir uns unter die Zelte verkriechen. Während der Regen auf die Planen trommelte habe ich dann in dem Wiechert-Büchlein gelesen, das mir Deine Mutter noch bei meiner Abfahrt mitgegeben hat. Ich hoffe, daß ich in den nächsten Tagen etwas mehr Zeit zum Lesen und auch zum Schreiben habe, da nun der Feldzug in Frankreich beendet ist. Ich habe meinen Stab in einem herrlichen Chateau einquartiert, das zwischen Yonne und Loire etwa 80 km südostw. Orléans liegt. Ich selbst bewohne ein geradezu fürstliches Zimmer. Ich kann von meinem Bett durch zwei große Fenster, die bis zum Boden reichen, direkt in den Park schauen, warum mir auch das Aufstehen täglich schwer fällt. Wir warten nun auf die Nachricht, wo wir neu eingesetzt werden und was mit uns geschehen soll.

Ich hatte in der vergangenen Woche Gelegenheit nach Paris zu kommen. Du kannst Dir denken, daß mein erster Gang zum Louvre war. Aber zu meiner großen Enttäuschung war er geschlossen und bleibt auch während des Krieges geschlossen. Auch vom übrigen Paris war ich enttäuscht. Die Bauten sind fast alle unbedeutend, außer »Notre Dame« in gotischem Stil. Ich habe überhaupt in Frankreich mehr Kultur erwartet. Die Geschmacklosigkeit und der Kitsch sind zahlreicher, wie bei uns. Dabei findet man in fast jeder Wohnung und oft sogar in den geringsten Bauernkaten Bilder, Photos, Zeitschriften und Bücher mit dem verkommendsten Inhalt. Aber ich will mir an den wenigen Tagen und bei meinen mangelhaften französischen Kenntnissen noch kein Urteil über den Franzosen erlauben.

Ich will die ruhigen Tage nutzen und Dir morgen Abend wieder schreiben, falls mich keine neuen Ereignisse daran hindern.

Sei einstweilen mit der ganzen Familie Scholl herzlichst gegrüßt!

vom Fritz.

Am 22. Juni 1940 war der Waffenstillstand mit Frankreich im Wald von Compiègne unterzeichnet worden. Dazu wurde der Eisenbahnwaggon, in dem die deutsche Kapitulation 1918 vollzogen worden war, eigens aus einem Museum an den historischen Ort transportiert. Mit dem kaum für möglich gehaltenen »Blitzsieg« gegen Frankreich war Hitler als »Größter Feldherr aller Zeiten« auf dem Höhepunkt seines innenpolitischen Ansehens angelangt.

Um welches »Wiechert-Büchlein« es sich handelte, ist nicht mehr zu ermitteln. Der Schriftsteller Ernst Wiechert (1887–1950) war seit 1939 von den Nationalsozialisten verfolgt worden, wurde vorübergehend in Gestapo-Haft genommen und für einige Monate in das Konzentrationslager Oranienburg verbracht.

28.6.40 [aus Ulm]

Mein lieber Fritz!

Vorgestern erhielt ich wieder einen Brief von Dir. Es freut mich, daß Du auch manchmal Zeit für Dich findest. Dein Wolf hat mich ganz an unsern Lux erinnert, der bis vor einem Jahr noch im Garten hauste. Wenn ich draußen etwas schaffte, stand er auch plötzlich neben mir u. hielt einen Stecken im Maul. Das hieß: laß probieren, wer der Stärkere ist. Ich habs aber nie mit Gewalt fertig gebracht, ihm den Stecken zu entreißen, sondern immer mit List. (Dabei wurden auch seine Zähne geschont) Aber zur Zähmung der Hunde trägt das Spiel nicht bei. Lux biß seitdem jeden, den er nicht kannte. Eine Zeitlang hatte er einen Kameraden, einen ganz jungen Wolfshund. Der kroch, wenn jemand kam, immer unter eine Bretterbeige u. guckte unglaublich drollig drunter hervor. Aber der ist gestorben, u. Lux ist von einem seiner langen Spaziergänge nimmer heimgekommen.

Hans schreibt, daß er Tag u. Nacht zu tun habe. Er ist wieder ganz gesund (so schreibt er) u. in einem Lazarett, ich glaube, bei Reims. Er hatte die Verwundeten von Soissons wieder helfen herzustellen. Die Einstellung der meisten Leute hier ist so: wie der Krieg ausgeht, ist egal, wenn nur mein Sohn oder Mann bald wieder gesund heim kommt.

Es hat den Anschein, als ob es den Franzosen auch nur um ihre gut bürgerliche Ruhe gegangen wäre. Es hätte mir mehr imponiert, sie hätten Paris verteidigt bis zum letzten Schuß, ohne Rücksicht auf die vielen wertvollen Kunstschätze, die es birgt, selbst wenn es, wie sicher war, keinen Nutzen gehabt hätte, wenigstens keinen unmittelbaren. Aber Nutzen ist heute alles, Sinn gibt es nicht mehr. Ehre gibt es wohl auch nicht mehr. Die Hauptsache, daß man mit dem Leben davonkommt. – Nun, da Frankreich in den Händen des Führers ist, wird auch ein Urlaub nicht so ausgeschlossen sein?

Wenn ich nicht wüßte, daß ich wahrscheinlich viele ältere Leute überlebe, dann könnte mir manchmal grauen vor dem Geist, der heute die Geschichte bestimmt. Nun, wo der große Löwe geschlagen hat, wagen sich Schakal u. Hyäne hervor, um auf ihre Rechnung zu kommen.

Sicher stehst Du ganz anders als ich in all dem heutigen Geschehen. Du hast viel zu tun. Ich tu meine Arbeit, die sich in Krieg u. Frieden gleich bleibt. Manchmal tu ich sie gerne, oft auch nicht. Du findest es sicher unweiblich, wie ich Dir schreibe. Es wirkt lächerlich an einem Mädchen, wenn es sich um Politik bekümmert. Sie soll ihre weiblichen Gefühle bestimmen lassen über ihr Denken. Vor allem das Mitleid. Ich aber finde, daß zuerst das Denken kommt, u. daß Gefühle oft irreleiten, weil man über dem Kleinen, das einen vielleicht unmittelbarer betrifft, vielleicht am eigenen Leib, das Große kaum mehr sieht. Man kann auch einem Kind nicht sogleich alles zur Linderung bringen, wenn es weint. Denn oft ist es besser für das Werden des Kindes, wenn man nicht seinem ersten Gefühl nachgibt.

Wenn ich jetzt in den Garten gehe, dann kann ich immer etwas heimbringen. Es ist ein schönes Gefühl, so vom eigen gebauten, wenn es noch so klein ist, zu ernten.

Gestern war ich auch an der Iller, nicht zum Baden. Ich bin gern abends allein an einem Fluß. Nichts lenkt mich ab.

Du siehst, ich komme immer zu meinem Teil.

Ich arbeite eher zu wenig als zuviel. Noch lange nicht leiste ich das, was ich könnte. Und eines habe ich mir abgewöhnt: das Träumen von Dingen, die mir angenehm sind. Das lähmt. –

Jetzt einen herzlichen Gruß, bald werde ich mich wieder hinsetzen, um Dir wenigstens in Briefen näherzukommen.

Sofie.

Soissons liegt an der Aisne. Entlang der Flüsse Somme und Aisne fand die große Durchbruchsschlacht der Wehrmacht gegen die französischen Streitkräfte statt. Hans Scholl war dort bei der medizinischen Versorgung der Verwundeten eingesetzt. Als Meldefahrer auf dem Motorrad war er mehrmals gestürzt. Dabei hatte er sich eine Rippe gebrochen (»Hans ... ist wieder ganz gesund«).

Die Formulierung »wo der große Löwe geschlagen hat, wagen sich Schakal u. Hyäne hervor« könnte sich auf den Kriegseintritt Italiens gegen Frankreich (10. Juni 1940), zu einem Zeitpunkt, da Frankreich bereits geschlagen war, beziehen. Italien beanspruchte daraufhin die französischen Gebiete am Mittelmeer bei Nizza.

4. 7. 40. [aus Wissant bei Calais, Frankreich]

Meine liebe Sofie!

Das Versprechen, am andern Tag wieder zu schreiben, konnte ich leider nicht halten, da inzwischen der Befehl zur Verlegung eingetroffen war. Wir sind nun bei Calais nur 15 km von der Küste entfernt eingesetzt. Bei meinen Fahrten durch diese Gegend wurde ich dauernd von der Erinnerung an unsere Ferien in Worpswede begleitet, da die Landschaft, die Häuser und die Luft so viel Ähnlichkeit haben. Wenn ich von meinem Zimmer, das in einem kleinen Chateau liegt, über den Park hinwegschaue, liegt unter mir eine blaudunstige Landschaft, als ob ich auf dem Weiherberg in

Worpswede stehen würde. – Vor diesem Ausblick sitze ich nun schon den 6. Abend und versuche Deinen letzten Brief zu beantworten. Aber es fällt mir mit jedem Tag schwerer eine Antwort zu geben, eine Erläuterung dessen, was zwiespältig, ober- flächlich und gleichgültig erscheinen mag. Ich kann dir nur sagen, daß ich sehr glücklich wäre, wenn ich das gefunden hätte, worauf ich mein Wollen ungeteilt richten könnte.

Manchmal habe ich das erschreckende Gefühl, daß ich es bin, der diese dunklen Berge auf Dich wälzte und Dich ermüdete. Darum Sofie, ich bin kein Kranker, der nur Fröhliches und Gutes erfahren darf, auch wenn ich im Krieg bin. Schreib mir bitte immer so, wie Du vor Dir selbst denkst, und sei so zu mir, wie Du bist, Du tust mir damit sehr viel Gutes!

Dein Fritz.

Fritz Hartnagel war nach der Kapitulation Frankreichs mit dem Stab seiner Nachrichtenkompanie in einem Château bei Wissant nahe Calais stationiert. Es liegt am Canal du Nord, der die Oise (und damit die Seine und Paris) mit der Straße von Dover verbindet.

Die Verlegung von Einheiten an die Kanalküste könnte im Zusammenhang mit den Planungen für eine Invasion Englands durch Hitler-Deutschland gestanden haben. Am 19. Juli 1940 richtete Hitler ein »letztes Friedensangebot« an Großbritannien.

In einem Brief von 7. 7. 1940 schrieb Fritz Hartnagel von einer Fahrt durch Dünkirchen, »das allerdings trostlos aussieht, da es fast vollkommen zerstört ist«. Dort waren am 26. Mai 1940 über 300 000 französische und britische Soldaten eingeschlossen worden. Durch einen Haltbefehl Hitlers an die Wehrmacht, dessen Motivation unklar blieb, war es ihnen gelungen, nach England zu entkommen.

14. 7. 40. [aus Wissant bei Calais, Frankreich]

Meine liebe Sofie!

Eben haben wir unseren Kommandeur verabschiedet; er ist zu einem höheren Stab kommandiert worden. Es ist sowohl ihm, wie uns recht schwer geworden, da es von beiden Teilen, wie ein Ausscheiden aus einem Familienkreise empfunden wird. Im Dasein eines Adjutanten ist dies ein entscheidender Augenblick, da der Kommandeur mit seinem

Adjutanten auf engste Zusammenarbeit und damit auf gutes gegenseitiges Verstehen angewiesen sind. Mein neuer Kommandeur, ein Major, ist in manchem gerade das Gegenteil zu unserem alten Kommandeur. Während Letzterer etwas langsam, bedächtig, umsichtig, fast pedantisch und manchmal etwas zu weich war, ist mein jetziger Kommandeur furchtbar rasch und großzügig, beinahe etwas oberflächlich, vor allem weniger menschlich und leicht brutal. Aber ich glaube, daß ich auch mit ihm gut auskommen werde, wenn auch nicht in einem so persönlichen Verhältnis, wie mit Hptm. Rogalla, den ich nun bald 3 Jahre kenne.

Ich habe heute schon wieder einen Brief von Dir bekommen und darf mich gleich für 2 Briefe bedanken, die ich seit meinem letzten Brief bekommen habe. Einer davon in einem Päckchen mit so guten Brötle, daß ich sie fast alle auf einmal aufgegessen habe. Unser Wolf saß treuherzig daneben und gab freiwillig Pfötchen, bis er auch einen Gruß von der Sofie abbekommen hatte. Er macht mir von Tag zu Tag mehr Freude, und ich könnte mir auch keinen Hund vorstellen, der besser zu Dir passen würde, wie unser Wolf. Ich freu mich schon darauf, bis ich ihn Dir vorstellen kann. Ich spiele fast jeden Tag eine viertel Stunde mit ihm auf der Wiese, entweder Fangerles, oder wir raufen miteinander, wobei er unermüdlich ist, oder er legt sich auf den Rücken, streckt alle Viere in die Höhe, die Vorderbeine wie Hasenpfötchen, und schaut einen mit großen Augen fragend an und will am Bauch gestreichelt sein, wobei er vor Vergnügen die Augen dann zukneift. Er hat nur zwei Unsitten, nämlich daß er jeden Fremden mit furchtbarem Gebell empfängt und daß er gegenüber anderen Hunden eifersüchtig ist und zu winseln und bellen anfängt, wenn man sich mit einem andern Hund beschäftigt.

Mein Vergleich von unserm Wolf mit Klaus war wohl etwas unglücklich. Es ist natürlich ein ganz wesentlicher Unterschied zwischen einem Kind und einem Hund. Aber was sie beide gemein haben, das ist das Natürliche und Offene, frei von jeder menschlichen Hinterlist, daß man sie deshalb rückhaltlos gern haben kann und diese einen wieder gern haben, daß es Lebewesen sind bei denen man für Augenblicke alles andere, oft betrübliche, vergessen kann. Darum ist wohl für Dich der Klaus und für mich der Wolf etwas ähnliches. – Ich habe manchmal

Sorge, daß Du von Deiner Arbeit zu sehr in Anspruch genommen wirst. Drum laß in Deinen Ferien das Lernen lieber bleiben und tu etwas für Dich; es muß ja nicht gerade Faulenzen sein, obwohl dies manchmal einen weiter bringt als alles andere, aber nur das Faulenzen zwischen dem Arbeiten.

Ich wünsche Dir sehr viel Gutes und Frohes in Deinen Ferien.

Herzl. Grüße an die ganze Fam. Scholl!

Fritz.

Ulm, 19.7.40.

Mein lieber Fritz,

schnell noch einen Gruß, bevor ich einschlafe. Einen Brief kann ich jetzt nicht mehr schreiben, dazu bin ich zu müde. Heute mittag war ich mit Inge zusammen 2 Std. mit dem Rad weg. Es war sehr schön u. ich kehrte so reich heim. Wie gut, wenn man so einfach nehmen kann, ohne daß es nachher mangelt. Wie gut, daß Wald u. Wiese u. Wolken sich immer so gleich bleiben im Gegensatz zu uns Menschen. (Auch wir bleiben uns ja, von einem Riesen aus gesehen, gleich, aber gegeneinander wechselt das Verhältnis doch dauernd.) Und selbst wenn man meint, alles müßte bald untergehen, so steht am nächsten Abend der Mond doch wieder gleich am Himmel. Und auch die Vögel singen immer so süß u. eifrig u. denken nicht daran, was es viel nützt. Hast Du es schon gesehen, wie sie da ihr Köpfchen ganz hingegeben schräg zum Himmel hinaufheben, u. wie ihre kleine Kehle anschwillt? Es ist schön, daß dies immer da ist. Und dies hast Du so gut wie ich. Daran kann man sich Frohsinn erwerben, nicht wahr?

Deine Sofie.

30. 7. 40. [aus Wissant bei Calais, Frankreich]

Meine liebe Sofie!

Ich wünschte mir, daß Du die vergangenen Tage bei mir gewesen wärest, wie Du mich in meinen Gedanken immer begleitet hast. Ich war 6 Tage unterwegs auf Kommandoreise und zwar in Brüssel, Antwerpen, Rotterdam, Den Haag und Amsterdam. In Amsterdam selbst habe ich 3 wunderschöne Tage verbracht. Es hat mich alles so sehr an unsern Urlaub im Sommer erinnert, die nordischen Bauten wie in Bremen oder Lübeck, das Bummeln durch die Straßen und Beschauen der Schaufenster, der Besuch des Reichsmuseums. Leider waren auch hier die meisten Bilder weggebracht worden. Am Sonntag sind wir kreuz und quer durch den nördlichsten Zipfel von Holland gefahren, abseits von den großen Autostraßen, auf schmalen Dammwegen, die dicht neben den unzähligen Kanälen verlaufen. Diese Kanäle liegen höher als die Wiesen, die sie rechteckig umranden, und in denen weit zerstreut einige Bauernhöfe liegen. Das Ganze in unbeschreiblich schönen, satten Farben. Ich bin von diesem nördlichen Teil von Holland, der zwischen Nordsee, Rheinmündung und Zuidersee liegt einfach begeistert. Das ganze Land ist so sauber, daß man nicht wagt ein Stück Papier aus dem Fenster zu werfen. Ein Haus hübscher, sonniger und freundlicher als das andere. Und so sind auch die Menschen, man sieht kaum ein vergrämtes oder mißgestaltetes Gesicht, alles sauber und geschmackvoll gekleidet, daß es einem das Herz erfreuen kann. Es tut einem der Gedanke weh, daß dieses Volk von Individualisten allem Anschein nach seine Selbständigkeit verlieren wird. Hoffentlich wird es nicht zu sehr »vernaziet«.

In Amsterdam habe ich eine Jacke für Dich gekauft. Ich habe mir allerdings erst nachträglich überlegt, ob Du sie überhaupt brauchen kannst, und ob Du nichts Nützlicheres hättest brauchen können. Ich habe sie einfach gekauft, weil sie schön war und weil sie mir gefallen hat. Es ist eine ungarische Jacke aus weißer Baumwolle und mit blauer Stickerei. Hoffentlich macht sie Dir auch so viel Freude. Mit dem Schicken oder Mitgeben durch einen Urlauber will ich allerdings noch etwas vorsichtig sein, da die Grenzkontrolle zur Zeit sehr streng ist, und vielfach im besetzten Gebiet gekaufte Waren einfach zu Gunsten der

N. S. V. beschlagnahmt werden. Ich will drum warten, bis ein günstiger Augenblick zum Schmuggeln kommt.

Auf der ganzen Fahrt von Holland zurück habe ich gehofft und mich darauf gefreut, daß inzwischen vielleicht ein Brief von Dir angekommen ist. Und es lagen dann sogar zwei Briefe auf meinem Tisch. Leider warst Du inzwischen schon wieder krank. Es kommt mir so dumm vor Dir einfach eine gute Besserung zu wünschen, und dabei kommt der Wunsch meistens doch zu spät. Wenn ich Dir nur etwas helfen könnte, etwas von Deiner Krankheit abnehmen könnte, oder nur bei Dir am Bett sitzen und Dir die Hand halten, falls es Dir gut tun sollte.

Ich glaube, daß einige Wochen Ferien mit blauem Himmel, Blumen und singenden Vögeln und viel Schönem sehr gut für Dich wären. Es kommt doch vielfach die körperliche Erkrankung nur von einer seelischen Erkrankung. Kann ich Dir dabei nichts helfen? Ich wäre sehr froh darüber.

Dein Fritz.

Meine neue Adresse lautet:
Feldpost-Nr. L33414
Luftgau-Postamt Münster i. W.

Der Zweck der Hollandreise ist nicht überliefert. Es könnte dabei um die Sicherung von Nachrichtenverbindungen gegangen sein oder um die Beschaffung von Genussmitteln für die deutschen Wehrmachtseinheiten in Nordfrankreich, wie sie Fritz Hartnagel im Brief vom 25. 8. 1940 beschrieben hat.

Die Nationalsozialistische Volkswohlfahrt (N. S. V.) war eine der größten und in der Öffentlichkeit bekanntesten NS-Massenorganisationen. Sie wurde unter ihrem Leiter Erich Hilgenfeldt zu einer reichsweiten, ständig expandierenden Wohlfahrtseinrichtung, die weitgehend die Aufgaben der freien und öffentlichen Wohlfahrt monopolisierte. Sie finanzierte sich aus staatlichen Mitteln, sah aber eine ihrer wesentlichen Aufgaben auch in der Requirierung von Spenden aller Art aus den verschiedensten Quellen. Während des Krieges gewann die Betreuung und Versorgung von Bombenopfern und Flüchtlingen immer mehr an Bedeutung. Die Arbeit der N. S. V. war, auch wenn dies in der Öffentlichkeit nicht so deutlich wurde, von rasse- und erbbiologischen Selektionskriterien bestimmt, indem nur »rassisch wertvolle« Bedürftige gefördert werden sollten.

Warth, den 1.8.1940

Mein guter Fritz. Heute habe ich unsre Skiwege, die wir im Februar und März miteinander gemacht haben, im Sommerschmuck gesehen. Und ich war freudig überrascht, denn auch im Sommer sind die Berge sehr schön, wenn auch wieder auf ganz andre Weise. Man sollte gute Augen haben, um alle die wunderbaren Einzelheiten sehen zu können. So sehr habe ich mich schon lange nicht mehr an Blumen gefreut wie heute. Überhaupt war ich schon lange nicht mehr so glücklich, wie heute morgen, als wir, Lisa u. ich, an einem kleinen Hügel auf dem Gemstalpaß saßen, vielleicht auf demselben, auf dem es mich damals so plötzlich fror. Der Hügel selbst war es vor allem, der mich so beglückte. Er war über u. über geschmückt mit Steinrosen, mit Glockenblumen, von denen ein Büschel, zwischen den Steinen hervorwachsend, wohl hundert Glöckchen trug. Dann mit vielen Kräutern, mit wilden [Mauern u. Brünnlein], mit Enzian, großen und kleinen, mit Vergißmeinnicht, Arnika, u. noch hundert andern Blumen, deren Namen ich nicht kenne, von denen aber jedes ein Wunderwerk war, von selten inniger Farbe u. Form. – Jetzt sind wir beiden in einem katholischen Pfarrhause hier gelandet u. freuen uns. Leben werden wir von Schwarzbrot u. Butter u. Käse, denn diesmal ist kein Fritz dabei, der ein gutes Essen bestellt wie für Fürsten. Aber das ist ja auch nur Nebensache. Dafür haben wir Vollmilch. Acht Tage lang werde ich mich hier erholen, bis ich in ein Kindersanatorium noch Bad Dürrheim komme.

Wie aber geht es Dir? Du machst einem rechte Sorgen mit Deiner ungewohnt langen Schreibpause. Ein Glück, daß Du kein Flieger bist. (Erikas Schwager ist auch schon 4 Wochen lang vermißt). Jetzt hoffe ich aber, daß Inge, die in einigen Tagen nachkommt, mir mindestens <u>einen</u> Brief von Dir mitbringen kann. Du schreibst sonst viel öfters.

Mußt Du viel arbeiten oder kriegst Du bald Urlaub? Hans schreibt diesbezüglich immer sehr hoffnungsvoll u. ich freu mich sehr auf ihn u. seinen, beziehungsweise meinen, Hund. Aber Du bist wahrscheinlich so edel u. arbeitest lieber, gelt? Hoffentlich wirst Du nicht so bald nach Engelland versetzt. Das wäre doch weit weg u. mit der Post ginge das nicht so rasch. Ich denke recht oft an Dich u. viele Spaziergänge erinnern mich an unsre Skiferien.

Das sind sehr nette Erinnerungen.

Schreib mir bald.

Sofie

Kurz vor einem bevorstehenden Praktikum im Rahmen ihrer Ausbildung verbrachte Sophie Scholl zusammen mit ihrer Freundin Lisa Remppis Anfang August eine gute Woche Urlaub in Vorarlberg (Warth) und Tirol (Steeg) an den Hängen des Lechtals. Die Berge und Pässe, die Sophie Scholl im Frühjahr mit Fritz Hartnagel auf der Nordseite bestiegen hatte, erreichte sie von hier aus auf der Südseite.

Erika Reiff, deren Schwager vermisst wurde, war eine Ulmer Freundin der Scholl-Geschwister.

Steeg in Tirol, den 8. 8. 1940

Morgen bin ich schon wieder daheim, jetzt nachdem wir hier in Steeg ein unbezahlbares Quartier gefunden haben. Es regnet zwar, aber dafür ist es in der Stube umso gemütlicher. Du kennst sicher die großen niederen Kachelöfen u. die gemütlichen gepolsterten Bänke drumherum. Das ist der schönste Platz zum faulenzen. – Die Berge werden mir immer lieber, u. auch die Menschen hier. Selten wurden wir so gastlich u. warm aufgenommen wie von den Leuten hier, u. wenn's uns mal schlecht gehen sollte, so wissen wir wohin wir zu gehen haben. Zudem weht eine herrlich freie Luft hier, in jeder Beziehung. Wie gut können einfache Menschen sein. – Gestern reisten wir in Warth weg, Inge war noch hinzugekommen. Vorher waren wir noch auf die Hochkrummbacher Alpe eingeladen, wo Lisa u. ich schon vorher auf Spaziergängen gevespert u. vor allem Milch getrunken haben. Die Hirten sind sehr nett u. gastfreundlich, u. wenn ich noch länger Ferien gehabt hätte, so wären wir bestimmt oben geblieben. Unsre Milch haben wir uns selbst gemolken, u. hätte ich das noch ein paarmal geübt, so wäre ich sicher eine gute Stallmagd geworden. Ich kann Dir gar nicht beschreiben, wie gut die Menschen zu uns waren. Ein Einheimischer, der mit uns an der schwierigsten

Wand des Warther Hornes aufgeklettert war, suchte immer wieder seinen Rucksack durch, um etwas für uns zu finden. Er hatte auch gleich eine Stellung für uns bereit, wo wir in seiner Nähe die Ferien hätten arbeiten können. Und die Leute von unserm jetzigen Quartier sind ebenso rührend u. besorgt.

Nur ganz selten kam mir ein Bild oder Gedanke von der Zeit kurz vorher in den Sinn, etwa der Gedanke an meine Eltern, an den Krieg, an Dich oder an sonst etwas. Wer hätte es für möglich gehalten, daß einen so ein winziges Blümchen so sehr erfüllen kann, daß einfach kein Raum für einen andern Gedanken mehr da war, daß man sogar bis zum Zerspringen gefüllt war, daß ich hätte zu Erde werden mögen, so gern hatte ich sie, oder daß ich hätte den nächsten Menschen in die Arme nehmen können, so froh war ich. Am liebsten legte ich mich auf die Erde, da war ich all den kleinen Wesen so nahe u. ein Teil von allem. Die Ameisen u. Käfer betrachteten mich auch nicht anders als ein Stück Holz, u. ich hatte es deshalb ganz gern, wenn sie mich bekrabbelten. Alles war so sehr schön.

Deinen Brief hab ich erhalten. Vielen Dank. Ich bin froh, daß es Dir noch gut geht. Und vielleicht wartet schon wieder einer auf mich in Ulm.

S.

9.8.40. [aus Wissant bei Calais, Frankreich]

Meine liebe Sofie!

Heute vor einem Jahr, am 9.8.39. bin ich von Worpswede abgereist. Ich werde hier in dieser Umgebung so oft an diese Tage erinnert. Heute abend war ich noch vorne am Kanal zum Baden. Die Brandungswellen kommen so mächtig und so kurz hintereinander daß man kaum zum Atmen kam und oft genug den Mund voll Salzwasser bekam. Wie ich dann anschließend am Strand auf und ab gesprungen bin, da es ziemlich kalt und windig war, mußte ich an unser Bad in Heiligenhafen denken, wo wir auch so sehr gefroren haben und uns dann in einen Strandkorb kuschelten. Ich glaube fast, daß ich manchmal zu sehr in der Erinnerung lebe, und das ist ein Zeichen, daß man nicht weiter gekommen ist. Ich habe in den letzten Tagen einen $^{3}/_{4}$ m langen Brief und ein Päckchen voll guter Brötle von Dir bekommen. Du weißt ja, wie ich mich immer auf Post von Dir freue, und jetzt, wo wir nicht besonders beansprucht sind, noch mehr, als in Zeiten, wo man von morgens bis abends von seiner Arbeit beansprucht ist. Ich habe inzwischen durch einen Urlauber die versprochene Jacke nach Ulm bringen lassen. Ich bin gespannt, wie sie Dir gefällt.

In letzter Zeit habe ich sehr oft darüber nachgedacht, was Dich in Gegensatz zu meinem Beruf und meiner Arbeit bringt. Ich glaube Du siehst manchmal im Soldatenberuf nur das Äußere und beurteilst nicht den soldatischen Gedanken an sich, sondern seine sogenannten Vertreter. Es wäre genau so abwegig, als wenn man z.B. das Christentum nur nach denen, die sich Christen nennen, beurteilen wollte. Ich habe während meiner militärischen Dienstzeit nur sehr sehr wenige getroffen, die ein wirklich soldatisches Vorbild gewesen wären. Auch daß Staat und Partei das Soldatentum zu einem ihrer Schlagworte erhoben haben und dabei aber jedem soldatischen Denken zuwiderhandeln ist kein Grund das Soldatische an sich zu verurteilen.

Ich sehe im Soldatentum eine Lebenshaltung, die in einigen der wenigen Sätze der »Pflichten des deutschen Soldaten« zum Ausdruck kommt: Selbstbewußt und doch bescheiden, aufrecht und treu, gottesfürchtig und wahrhaft, verschwiegen und unbestechlich ... Nur Leistungen berechtigen zum Stolz ... Charakter und Leistung bestimmen seinen Weg und Wert ... Oder dazu noch das Schlieffen-Wort »mehr sein als scheinen«. Ich glaube, daß diese Haltung ein wertvolles und erstrebenswertes Ziel ist. Mir ist darin immer Moltke Vorbild gewesen, der nichts mit Einbildung oder Angeberei zu tun hat, aber auch nichts mit Brutalität oder Geistlosigkeit, wie sich viele den Soldaten vorstellen.

– Ich sehe meine Aufgabe als Offizier weniger in der Ausbildung in irgendeinem Waffenhandwerk, als in der Erziehung zum Soldaten. Ich weiß, daß ich dazu noch sehr viel an mir selbst arbeiten muß, aber wenn ich je in der Lage sein sollte darin etwas zu leisten, sehe ich in meinem Beruf eine der schönsten Aufgaben.

Liebe Sofie, ich schreibe Dir das, damit wir uns besser verstehen und uns näher kommen können.

Ich wünsche, daß Du in Deinen Ferien schon viel Schönes gesehen und erlebt hast. Dein Fritz.

»Die Pflichten des deutschen Soldaten« wurden 1934 noch unter Reichspräsident v. Hindenburg neu gefasst, enthielten aber bereits eindeutig nationalsozialistische Elemente:

»Die Pflichten des deutschen Soldaten:

1. Die Wehrmacht ist der Waffenträger des deutschen Volkes. Sie schützt das Deutsche Reich und Vaterland, das im Nationalsozialismus geeinte Volk und seinen Lebensraum. Die Wurzeln ihrer Kraft liegen in einer ruhmreichen Vergangenheit, in deutschem Volkstum, deutscher Erde und deutscher Arbeit. Der Dienst in der Wehrmacht ist Ehrendienst am deutschen Volk.

2. Die Ehre des Soldaten liegt im bedingungslosen Einsatz seiner Person für Volk und Vaterland bis zur Opferung seines Lebens.

3. Höchste Soldatentugend ist der kämpferische Mut. Er fordert Härte und Entschlossenheit. Feigheit ist schimpflich, Zaudern unsoldatisch.

4. Gehorsam ist die Grundlage der Wehrmacht, Vertrauen die Grundlage des Gehorsams. Soldatisches Führertum beruht auf Verantwortungsfreude, überlegenem Können und unermüdlicher Fürsorge.

5. Große Leistungen in Krieg und Frieden entstehen nur in unerschütterlicher Kampfgemeinschaft von Führer und Truppe.

6. Kampfgemeinschaft erfordert Kameradschaft. Sie bewährt sich besonders in Not und Gefahr.

7. Selbstbewusst und doch bescheiden, aufrecht und treu, gottesfürchtig und wahrhaft, verschwiegen und unbestechlich soll der Soldat dem ganzen Volk ein Vorbild männlicher Kraft sein. Nur Leistungen berechtigen zum Stolz.

8. Größten Lohn und höchstes Glück findet der Soldat im Bewusstsein freudig erfüllter Pflicht. Charakter und Leistung bestimmen seinen Weg und Wert.«

(Quelle: Hans Poeppel/Wilhelm-Karl Prinz von Preußen/Karl-Günther von Hase, »Die Soldaten der Wehrmacht«, Herbig, München 1998)

Hellmuth von Moltke der Ältere (1800–1891), den Fritz Hartnagel zum Zeitpunkt dieses Briefes als Vorbild nannte, war seit 1857 Chef des preußischen Generalstabs. Unter seiner militärischen Führung siegte Preußen gegen Dänemark (1864 mit Österreich), Österreich (1866) und im Bündnis mit den anderen deutschen Staaten gegen Frankreich (1870/71), weshalb er gelegentlich neben Bismarck als Urheber des deutschen Nationalstaates bezeichnet wird. Er galt als strategisches Genie und erkannte als erster die Bedeutung moderner Technik für die Kriegsführung. Er soll den Krieg nicht geliebt, aber auch den ewigen Frieden für eine Schimäre gehalten haben. Großen Einfluss hatte er auf die Reformierung der Offiziersausbildung. Er erkannte, im Rahmen einer klar abgesteckten Strategie, den Offizieren der unteren Befehlsebenen eine größere Eigenverantwortung zu als bisher. Von ihm, nicht von Alfred Graf von Schlieffen (1833–1913; Chef des deutschen Generalstabs von 1891 bis 1905, Urheber des nach ihm benannten Plans für einen deutschen Zweifrontenkrieg gegen Russland und Frankreich) stammt das von Fritz Hartnagel zitierte Motto »Mehr sein als scheinen«.

Bad Dürrheim, den 11. August 1940.

Mein lieber Fritz!

Meine erste freie Zeit hier will ich verwenden, Dir zu schreiben. Wie ich vorgestern vom Gebirge heimkam, hoffte ich, einen Brief von Dir vorzufinden, und ich fand einen Brief vor, Kaffee u. Tee u. eine wunderschöne Jacke. Ich habe mich sehr darüber gefreut, recht herzlichen Dank dafür. Ist es nicht zuviel? Es verstehen nur wenig Leute zu schenken u. zu nehmen, daß es nicht zuviel ist. – Es ist nur schade, daß ich die Jacke hier nicht anziehen kann.

Bist du noch Adjutant, oder hat Deine veränderte Adresse nichts zu bedeuten. Wieviel Neues ihr sehen könnt durch den Krieg. Schöner wäre dies natürlich in Friedenszeiten.

Von hier kann ich Dir noch gar nichts erzählen, ich bin ja erst seit gestern da. Die Kinder sind im Alter von 3–17, Jungen u. Mädel. Sie sind alle aus besseren Kreisen, leider, u. begnügen sich fast ausschließlich mit einem Mordsgeschrei. Ich bin gespannt, wie ich mit ihnen auskomme. Um ehrlich zu sein, ich freue schon, bis es wieder vorbei ist. Der Leiter ist ein Major mit seiner Frau. Anscheinend sind Vettern, Söhne, Väter u. sämtliche Anverwandte auch Offiziere.

Du kannst Dir denken, daß mir der Abschied von den Bergen trotz der kurzen Zeit, die ich dort verbrachte, recht schwer gefallen ist. Ich war zwar vor 3 Jahren einmal einen Sommer dort, aber diese letzten Tage haben mir viel tiefere u. innigere Eindrücke vermittelt. Wenn ich Geld hätte, so würde ich später ganz dahin ziehen. Nicht ins tiefste Tal, aber so auf halbe Höhe. Sicher würde ich dort viel seltener krank werden. Alle die kleinen Blumen, die kleinen Dinge, die, von der Nähe betrachtet, dem Berg so freundlich seine bedrückende Wucht wegnehmen, erfreuen einfach. Deshalb kann man auch seine Menschen, soweit sie nicht von einem andern Einfluß verdorben sind, nicht dem Städter oder unsern Bauern gleichsetzen. Ich habe es vorher noch nie erlebt, daß ein Bauer solche Freude hat an Pflanzen u. so lieb mit Tieren umgehen kann. Diese Bauern nehmen wohl auch den Melkschemel, wenn sie eine Kuh nicht anders an den vorgeschrieben Platz befördern können, aber wie rührend sprechen sie nachher wieder mit den Kälbchen. Hier ist noch »das Ganze« in seiner primitivsten Form. (Sicher gibt es auch andre) Dies hat auch uns so gut getan.

Hoffentlich bekommst Du noch vor dem Englandangriff (wann soll er denn erfolgen?) Urlaub. Mehr denn je habe ich das Bedürfnis, auch zwischen uns ganze Klarheit zu schaffen. All dies Halberledigte drückt mich, bewußt oder unbewußt, doch die ganze Zeit. Und schriftlich – das ist beinah ausgeschlossen, da es oft unschreibbare Dinge sind.

Außerdem, glaubst Du nicht auch, daß es Dir guttun würde? Es dürfte dann allerdings nicht gerade auf Schule fallen. Schreib mir doch, ob die Sache aussichtslos ist.

Im übrigen, solange ich hier bin, bin ich Dir doppelt dankbar für Deine Briefe, u. wenn Du nett zu mir sein willst, dann schreibe mir recht oft. Wenn ich nicht zu oft dazu komme, dann mußt Du die Schuld der Arbeit hier zuschieben. Aber ich glaube, es wird nicht so schlimm.

Für heute herzliche Grüße Sofie.

Am 10. August 1940 begann für Sophie Scholl ein vierwöchiges Praktikum im Kindersanatorium Kohlermann in Bad Dürrheim (Schwarzwald).

Nach der Kapitulation Frankreichs erwartete man in Deutschland allgemein den Angriff auf England. Hitlers Politik gegenüber Großbritannien war seit den Dreißigerjahren von dem Bemühen gekennzeichnet, mit London durch eine Politik der Lockungen und Drohungen zu einer Übereinkunft zu kommen, um den Rücken für den geplanten Krieg gegen die Sowjetunion frei zu bekommen. Seine Vorstellung von einer Aufteilung der Welt zwischen Deutschland und Großbritannien in Interessensphären setzte Hitler, wenn auch mit vielen Schwankungen, gegen Widerstände vor allem in der militärischen Führung durch. Die Planung der Invasion Großbritanniens unter dem Tarnnamen »Seelöwe« verfolgte Hitler deshalb auch nur halbherzig.

Nach ersten Luftangriffen gegen Ziele in Südengland seit dem 10. Juli 1940 begann am 13. August 1940 mit dem »Adlertag« der Großangriff der Luftwaffe gegen die britischen Inseln, der allerdings bereits im September aufgrund hoher Verluste der deutschen Luftwaffe als gescheitert betrachtet werden musste. Im Gegensatz zum Frankreichfeldzug war es nicht gelungen, die Lufthoheit zu gewinnen. Die Vorbereitungen für das Unternehmen »Seelöwe« wurden aufgrund der bereits verlorenen Luftschlacht um England, der Überlegenheit der britischen Kriegsmarine und widriger Witterungsverhältnisse vorerst de facto abgebrochen.

Bad Dürrheim, 14.8.40.

Mein lieber Fritz!

Ich sitze am Sandkasten in der Spielwiese und benütze die freie Mittagspause, um Dir zu schreiben, denn wer weiß, wie lange die Briefe noch gefördert werden. Wie die politische Lage ist, habe ich nur von den Gesprächen der hiesigen Kriegsbegeisterten eine Ahnung.

Schließlich macht es mir auch nicht viel aus, ob ich viel oder wenig weiß, die Stimmung bleibt trotzdem dieselbe. – Ich habe hier ziemlich zu tun, ohne dabei das Gefühl zu haben, das man nach einer erschöpfenden Arbeit für gewöhnlich hat. Ich kann auch nicht frei arbeiten, da ich immer bereit sein muß, auf einen Wink der Frau Major etwas andres zu tun. Das macht ein bißchen unsicher. Frau Major ist sehr nett, sie hat meistens einen lustigen, manchmal sogar ein bißchen derben Ton an sich (obwohl sie einen Verstoß gegen die Etikette nie verzeihen könnte). Aber mir ist sie zu laut. Dabei überhört man zu gern das Stille. Das Gefühl hat man bei ihr. Alle anderen sind norddeutsch. Ich habe mich an niemanden angeschlossen, ich habe auch gar nicht das Bedürfnis. Im Gegenteil, ich bin dankbar für jede Minute, die ich allein sein darf. Leider habe ich eine Zimmergenossin. Ich habe aber schon künstlich einen Streit mit ihr inszeniert, damit ich nicht mit ihr zu sprechen habe.

Schon ihre körperliche Nähe tut mir weh. Ich kann sehr schlecht neben ihr schlafen. Die ganze Nacht verläßt mich das Gefühl nicht, das ihr Schnarchen im Schlaf u. das Geräusch des Atmens mit verstopfter Nase in mir hervorruft. Dies mag kleinlich sein, aber es reibt meine Nerven vielleicht am meisten auf.

Ich hoffe, daß ich ein eignes Zimmer erhalte, wenn am Freitag meine beiden Kolleginnen abreisen. Meine Arbeit wird zwar dadurch die doppelte sein, aber ein eignes Zimmer wird dies alles überwiegen. – Meine Ferien liegen nun schon weit zurück u. ich kann es mir kaum vorstellen, daß Lisa noch in Tirol ist. Meine Tage verrinnen sehr langsam, u. das zweite Frühstück ist für mich wie sonst das Abendbrot.

Anfang September bekommen wir kleinere Kinder. Diese Hilfebedürftigen sind dankbarer als die großen Bengel u. verwöhnten Dämchen.

Hier im Wald habe ich schon etwas nettes erlebt. Ich saß irgendwo u. las ganz unbewegt, als ein Eichhörnchen sich vorsichtig näherte u. schließlich meine Mappe beschnupperte, zerkratzte u. zerbiß. Als alle Mühe vergeblich war, kletterte es an meinem Rücken hoch bis zum Hals. Wahrscheinlich wurde es durch die Körperwärme meines Halses erschreckt; es rutschte herab u. fuhr an der nächsten Tanne hoch. Das ist nett, gelt?

Ich habe bisher leider noch gar keine Post erhalten. Aber das kann noch heute mittag kommen. Von Dir habe ich ja erst vor 8 Tagen etwas erhalten, u. ich bin nicht so kühn, schon wieder etwas zu erhoffen. Wenn Du aber diesen Brief früh erhältst, setzt Du Dich vielleicht bald hin und schreibst mir, weil Du die Freude über einen Brief ja selbst kennst. – Hans ist immer noch in einem Lazarett u. hat viel zu tun. Er war auch schon einige Male in Paris u. hat schon in d. Biskaya (?) gebadet. Was werdet ihr erst in einem halben Jahr alles gesehen u. erlebt haben. Then you will speak english perfect, or?

Jetzt will ich meinen nicht sehr amüsanten Bericht über meine jetztige Tätigkeit beenden. Laß Dir's so gut wie möglich gehen, u. schreib mir bald mal

Sofie

Die politische Lage, die Sophie Scholl hier anspricht, war seit dem 13. August 1940 durch den Großangriff der Luftwaffe gegen England geprägt. Auf den Krieg gegen England weist auch die auf Englisch gestellte Frage hin.

Hans Scholl war im August 1940 in einem Lazarett in Versailles eingesetzt.

Bad Dürrheim, 19. 8. 40.

Heute morgen erhielt ich einen Brief von Dir. Ich warte zur Zeit immer auf Briefe. Recht herzlichen Dank. – Weil ich jetzt gerade Mittagsruhe habe, (d. h. aufpassen muß, daß keines der 20 Kinder, die 2 Std. lang auf der Terrasse geschlafen haben, spricht oder sonst was tut) kann ich Dir dabei gleich antworten.

Ich denke auch manchmal an den letzten Sommer, aber ich denke nicht nach darüber. Dazu habe ich nicht die Zeit.

Aber ich glaube, Du verkennst mich, was die Ansicht über Deinen Beruf anbetrifft. Oder vielmehr glaube ich, daß der Beruf des Soldaten ein andrer ist heute, als Du es beschrieben hast. Ein Soldat hat doch einen Eid zu leisten, seine Aufgabe ist es doch, den Befehl seiner Regierung auszuführen. Es kann sein, daß er morgen genau der entgegengesetzten Anschauung gehorchen muß wie gestern. Sein Beruf ist gehorchen. Die soldatische Haltung ist doch eigentlich kein Beruf. So ideal, wie Du sie Dir vorstellst, ist sie doch eigentlich die sittliche Forderung eines jeden Menschen. Ich verstehe gut, daß Du Deinen Beruf als einen Beruf der Erziehung ansiehst. Aber ich finde, daß dies nur ein Teil von ihm ist.

Wie aber kann ein Soldat eine wahrhaftige Haltung haben, wie Du sagst, wenn er doch zum Lügen gezwungen wird. Oder ist das keine Lüge, wenn man heute der Regierung einen Eid ablegen muß u. morgen der? Denn mit dieser Lage muß man doch schließlich rechnen u. sie war auch schon einmal da. Soviel ich Dich kenne, bist Du ja auch nicht so sehr für einen Krieg, u. doch tust Du die ganze Zeit nichts andres, als Menschen für den Krieg ausbilden.

Du wirst doch nicht glauben, daß es die Aufgabe der Wehrmacht ist, den Menschen eine wahrhafte, bescheidene, aufrechte Haltung beizubringen. Und wenn Du dies mit dem Christentum vergleichst: ich glaube, ein Mensch kann auch Christ sein, ohne gerade Kirchenmitglied zu sein. Überdies ist ein Christ nicht gezwungen, anders zu sein als es seine Hauptforderungen verlangen. Wenn aber die Forderung eines Soldaten ist, treu, aufrecht, bescheiden, wahrhaft zu sein, dann kann er dies bestimmt nicht ausführen, denn wenn er einen Befehl erhält, so muß er diesen ausführen, ob er ihn für gut oder für nicht gut hält. Wenn er ihn nicht ausführt, wird er doch ausgeschlossen, oder nicht?

Entschuldige, wenn ich unklar oder unzusammenhängend geschrieben habe. Die Bengel machen es einem so schwer. Man kann nur dauernd schimpfen. Dabei sind ihre Witze, mit denen sie sich großmachen wollen, größtenteils so kindlich albern, daß ich im stillen lachen könnte.

Ich schreibe Dir sicher bald wieder. Zur Zeit bist Du ja mit meinen Briefen gesegnet. Jetzt ist Mittagsruhe vorbei. Ich muß Schluß machen.

Herzlichst Sofie

21.8.40. [aus Wissant bei Calais, Frankreich]

Meine liebe Sofie!

Eben bin ich aus Holland zurückgekommen und habe zwei Briefe von Dir vorgefunden, worauf ich mich schon den ganzen Weg freute. Ich hatte die 6 Tage, die ich in Holland war, schon ein schlechtes Gewissen, da mein letzter Brief immer weiter zurückrückte. Und wie ich nun aus Deinen Briefen aus Deinem neuen Arbeitsgebiet entnehme, bist Du dort recht einsam und brauchst gerade jetzt mehr Post denn je. Ich will Dir drum gleich heute abend noch einen kleinen Gruß schreiben und nur hoffen, daß ihn die Post so schnell wie möglich zu Dir befördert.

Hast Du inzwischen ein eigenes Zimmer bekommen? Ich glaube das ist sehr wichtig für Dich, da man alles Unangenehme des Tages leichter ertragen kann, wenn man wenigstens am Abend und in der Nacht ganz für sich sein kann und von niemandem in seinen Gedanken gestört wird. Und Du mußt dazu noch einen so unsympathischen Menschen um Dich haben! – Ich bin froh, daß Du einen so schönen Urlaub in den Bergen erlebt hast; vielleicht kannst Du jetzt in dieser lauten und so unpersönlichen Umgebung etwas davon zehren. Ich will Dir sehr viel schreiben in den kommenden Tagen und hoffe Dir damit etwas zu helfen und Dir die Tage, die Du in dem Kinderheim verbringen mußt, zu verschönen. Am Schönsten wäre es, wenn ich gleich selbst zu Dir kommen könnte. Aber ich weiß nicht, ob es mir gelingen wird Urlaub zu bekommen, da zuerst die Verheirateten fahren sollen, dann ist die Lage mit England z. Zt. mehr als ungeklärt. Aber schreib mir bitte recht bald, wann ich am besten in Urlaub kommen soll, so daß wir wenigstens ein pa[a]r Stunden im Tag für uns haben. Ich will dann das irgendwie Mögliche versuchen.

Gute Nacht liebe Sofie

Dein Fritz.

25.8.40. [aus Wissant bei Calais, Frankreich]

Meine liebe Sofie!

Eben habe ich zum Sonntagsfrühstück einen Brief von Dir bekommen. Ich will Dir gleich wieder schreiben um Dir ebenso eine Freude zu machen. Es ist auch am besten, wenn man noch in der selben Stimmung schreibt, die der Brief in einem erzeugt hat. Später denkt man meistens zu viel und dann bringe ich keinen Brief mehr zustande, da oft so viele Gedanken gegeneinanderlaufen.

Auf meiner letzten Hollandfahrt habe ich mich als Kaufmann betätigt und um etwa 12000 RM eingekauft: 1300000 Zigaretten, 750 kg Kaffee, 100 kg Tee, über 10 Ztr. Schokolade und vieles andere. Ich habe davon schon genügend für mich bezw. für Dich zur Seite stellen lassen, damit ich mit jedem Brief Dir etwas aufs Nachttischchen mitschicken kann, damit Du vor dem Einschlafen noch mit ein pa[a]r Gedanken an mich erinnert wirst. Meistens aber schreibe ich Dir abends und da muß ich schon die letzten Worte bei Dunkelheit schreiben, so daß es zu einem Päckchen nicht mehr reicht, und Du kommst dabei viel zu kurz. (Die Post fährt morgens schon in aller Frühe weg!)

Daß es Dich manchmal versucht in irgendeinem Romanheft zu lesen kann ich gut verstehen und ich finde es gar nicht so schlimm. Vielleicht ist es ganz gut mal so was zu lesen, um das andere nachher umso mehr zu schätzen. Ich glaube kaum, daß Du der Versuchung dauernd unterliegen würdest. Zu einem Brief an mich würde es sicher auch dann noch reichen. (So egoistisch bin ich!) Aber Du erfährst ja zur Zeit selbst, was ein Brief bedeutet, wenn man niemand hat, der einem näher steht.

In unserem Schlößchen, wo ich als »Herr des Hauses« residiere, haben wir zur Zeit eine sehr nette Gemeinschaft. Wir sitzen fast jeden Tag nach dem Essen oder abends noch etwas zusammen, der Oberarzt, zwei Inspektoren (Beamte) und ich. Wir sind zwar alle vier vollkommen verschieden, aber verstehen uns doch sehr gut, da keiner zu sehr von sich eingenommen ist und eine gegenseitige Achtung besteht. Das ist die Grundbedingung für ein gutes Verhältnis. Da einer der Inspektoren ein typischer Problematiker ist, kommen wir sehr oft auf tiefsinnige Gespräche. Wenn solche Gespräche auch zu keiner Lösung führen, so tragen sie doch manchmal zur Klärung bei. Es beruhigt oft, wenn man sieht, wie vielfach sogenannte erwachsene Menschen noch vor ungelösten Dingen stehen.

Oft besucht mich auch unser Oblt. Pfeiffer, von dem ich Dir schon erzählt habe, und wir gehen dann im Park spazieren und er schüttet mir seine Herzensnöte aus. Ich versuche dann so gut ichs kann ihm zu helfen und komme mir manchmal etwas väterlich vor, da er nicht bedenkt, daß der andere auch seine Nöte haben könnte. Aber er hat eine feine und anständige Gesinnung. Es ist nur schade, daß er oft in seinen anerzogenen Formalitäten befangen ist.

Meine Tätigkeit als Adjutant macht mir zur Zeit weniger denn je Spaß, und mein Arbeitseifer läßt bedenklich nach. Der Gedanke, daß wir unter Umständen noch den ganzen Winter hier verbringen müssen, stimmt trostlos (Wir haben vorgestern bereits die Heizung ausgebaut.) Ich sehne mich darum sehr nach einem Urlaub. Einstweilen müssen ihn die Gedanken, mit denen ich bei Dir bin, ersetzen! Herzliche Grüße Dein F.

Undatiert [Ende August 1940; aus Wissant bei Calais, Frankreich]

Meine liebe Sofie!

Ich habe heute mal einfach alles liegen lassen und liege nun bei strahlender Sonne auf dem Dach unseres Schlößchens um Dir zu schreiben. (Die Abende werden schon wieder so kurz, daß sie kaum mehr zu einem Brief ausreichen.)

Gestern habe ich noch einen Brief aus Deinen Sommerferien in den Alpen erhalten. Ich freue mich mit Dir, daß Du so schöne und glückliche Tage erlebt hast. Hoffentlich werden sie durch Deine jetzige, vermutlich weniger schöne Umgebung nicht überschattet. Ich meine die menschliche Umgebung. Dagegen wird der Schwarzwald Dir wohl vieles ersetzen können, wie er auch mir vergangenen Herbst sehr viel ausgeglichen hat.

Liebe Sofie, ich habe wieder das sehnlichste Bedürfnis, daß Klarheit zwischen uns herrscht, und diese drückende Ungewißheit von mir genommen wird, die nun schon 2 Jahre auf mir lastet. Ich dachte in den vergangenen Wochen wohl jeden Abend darüber nach, aber die Gedanken drückten mich nur immer tiefer in meinen Sessel. Oft dachte ich, daß ja alles klar ist zwischen uns. Du hast es mir ja geschrieben und gesagt, wenn ich dann aber wieder an die vielen Stunden denke, die wir zusammen herzlich verbracht haben – wie wir uns damals am Gartenzaun bei mir zu Hause verabschiedet haben, dann ist mir wieder alles unklar. Aber dieses ewige »himmelhoch jauchzend zu Tode betrübt« macht müde. Und ich bin schon sehr müde geworden in letzter Zeit.

Oft wollte ich Dir so vieles schreiben, aber dann saß ich stundenlang und wagte nicht Dir dies alles zu sagen, da ich nicht wußte, wie Du das empfinden würdest. Dabei wäre aber noch so vieles ungeschrieben geblieben, was man nicht schreiben kann. – Briefe sind nur immer Bruchstücke und geben oft ein ganz falsches Bild. – Es wäre sicher für uns beide sehr gut, wenn wir zusammen sein könnten. Ich will darum alles tun um wenigstens ein paar Tage Urlaub zu bekommen, wenn es die Lage irgendwie erlaubt. Es wäre natürlich sehr schön, wenn wir etwas zusammen fort könnten. Hast Du nach Deiner Ferienpraxis im Kinderheim nicht noch ein pa[a]r freie Tage? Schreib mir bitte bald, wie es Dir am günstigsten wäre. Ich richte mich dann nach Dir. Ich würde mich unsagbar freuen! Einstweilen Dir alles Gute und Schöne

Dein Fritz.

3.9.40. [aus Wissant bei Calais, Frankreich]

Meine liebe Sofie!

Ich freu mich, daß ich, seit ich Dir das letzte mal schrieb, mich schon wieder für zwei Briefe von Dir bedanken kann. Auf den einen, der meinen Brief betrifft, kann ich Dir zur Zeit noch keine Erwiderung geben, da es sich letzten Endes doch um grundsätzliche Fragen handelt, über die ich mir noch nicht klar bin, und die auch nicht von heute auf morgen zu einer Lösung kommen können. Ich mühe mich schon über 1 Jahr darum, eigentlich seit jenem Tag, als wir damals beim Schifahren mit Liesl zusammen abends im Bett darüber sprachen, und als Du fragtest, was heißt das überhaupt »Volk«. Es hat damals niemand eine Antwort darauf gegeben. Ich wäre Dir sehr dankbar, Sofie, wenn Du mir schreiben würdest, wenn Du mal Zeit dazu hast, was für Dich der Sinn und Zweck eines Volkes ist, oder wie Du Dich überhaupt dazu stellst. Ich glaube, daß das die erste Frage ist, um überhaupt über den Soldatenberuf und unsere heutige Zeit ein Urteil fällen zu können.

So wichtig diese Dinge auch sind, so glaube ich doch, daß sie für unser persönliches Verhältnis, das uns wohl beide bewegt, nicht ausschlaggebend sind. Kommt es nicht vor allem darauf an, was der eine für den anderen als Mensch bedeutet, wie er ihn schätzt und achtet, und da nicht alles auf dieser Welt gedacht wird, auch wie er für ihn empfindet. Anschauungen und Meinungen sind dabei weniger maßgebend, höchstens aus welchem Boden sie entsprungen sind. Ich meine, man muß den Mensch an sich nehmen.

– Unser Wolf ist zur Zeit leider sehr krank, und wir befürchten, daß er es nicht überstehen wird. Er kann sich kaum mehr auf den Beinen halten. Wir machen ihm Umschläge alle zwei Stunden und tun alles was ihm gut tun könnte. Leider kann man aus seinem hilfesuchenden Blick nicht lesen, was er immer brauchen würde.

Ich war gestern und vorgestern mit einem Oberleutnant, der bei uns zu Gast ist in Paris. Ich bin recht ungern gegangen, da mir der Oberleutnant recht unsympathisch war. Vielleicht kennst Du es, wie aufreibend und unbehaglich es ist, wenn man mit einem Menschen zusammen sein muß, mit dem man keinerlei Berührungspunkte hat und der dazu noch sehr von sich eingenommen ist. Es war deshalb die ganze Fahrt nicht sehr schön. Ich kann sehr gut verstehen, wie unwohl Du Dich in Deiner Umgebung fühlen mußt, zu der Du keine Verbindung hast. Ich hoffe darum, daß Du wenigstens immer Deine vier Wände um Dich aufbauen kannst.

Ich wünsche, daß Dir die Tage, die Du noch dort verbringen mußt recht schnell vergehen.

Dein Fritz.

Bad Dürrheim, 3.9.40.

Mein lieber Fritz,

nur kurz, solange meine Füllertinte reicht, will ich Dir heute abend noch schreiben u. mich bedanken für Deinen lieben Brief u. die Schokolade, die gleich heut abend noch, dank ihrer Seltenheit, manche Freude angerichtet hat. Denn ich habe, nimm mir's bitte nicht übel, auch andre versuchen lassen, unter anderen die Tante Inge (die einzige außer mir unter immer noch 35 Kindern) u. der hat's besonders gut getan; sie hatte nämlich heute abend einen scheußlichen kleinen Nervenklaps, da sie für diesen Betrieb u. diese Behandlung (sie ist nicht schlecht, aber eben so: die Kinder alles, die Tanten nur für die ersteren) nicht geschaffen ist. Dann haben sie die Küchenmädchen erfrischt, die mir immer, wenn's was Gutes gibt, ein Tellerchen zurückstellen u. mir sonst noch manchen Gefallen tun. Endlich hat sie auch nicht unsre Sekretärin nicht verschmäht, die neben mir schläft u. die ich, trotzdem ich kaum mit ihr spreche, gut leiden mag. Sie ist ein Zwischentyp zwischen Inge und Scharlo.

Nicht zu vergessen: Sie hat mir auch geholfen, 3 Neuangekommene, 2 u. 3jährige, die schrecklich nach ihrer Mutter heulten (stundenlang, morgen wird's noch eine Weile weitergehen) zu trösten. Die Kleinen, von denen mehr u. mehr kommen, indes die Großen abreisen, machen mir mehr Freude, da das Gefühl des Helfenwollens bei diesen hilfebedürftigen Geschöpfen allmählich eine persönliche Antipathie überwindet. (Ich wünschte, ich käme einmal allen oder fast allen Menschen gegenüber so weit) Die kleinen Persönlichkeiten machen viel Arbeit, ich muß durchschnittlich 5 Kinder abends von Kopf bis zu Fuß waschen, anziehen u. was es alles gibt (jede Nacht ein nasses Bett wenn nicht noch mehr) u. dann noch 10 andern die Ohren u. Nägel nachsehen bzw. putzen, Waschwasser nachfüllen u.s.w. Heute wurde es 10 Uhr bis ich ganz fertig war. Jetzt esse ich, trotz schon geputzten Zähnen, noch ein Schoklädle von Dir. Ich lehne auch nicht dankend ab, wenn Du mir nochmal schickst, denn mit dieser materiellen Kleinigkeit (d.h. sehr geschätzten Seltenheit) kann man so manches Nützliche anfangen s.o.

Hoffentlich geht es Dir immer gut

Jetzt gute Nacht Sofie.

[am linken Rand:] Entschuldige den einseitigen Brief u. fasse ihn auf wie er gemeint ist. S.

Bad Dürrheim, 5.9.40.

Mein lieber Fritz,

nur kurz will ich dir die Ankunft Deines Briefes bestätigen, u. Dir als Antwort die freie Zeit schreiben, die mir nach der Praxis noch bleibt. Dies ist voraussichtlich vom 10. bis 16. September. Wahrscheinlich kommt dieser Brief zu spät, um Deinem Urlaub einen Zeitpunkt vorzuschlagen. Aber es wird uns auch so Zeit bleiben.

Deine Schokolade hat inzwischen weitere gute Wirkung ausgeübt. Gestern nach dem Fliegeralarm (um 12 h nachts.) kam ich mit unsrer Sekretärin, die neben u. außer mir als einzige in einem besonderen Bau schläft, ins Gespräch, wir lehnten uns zum Fenster hinaus, sahen den Leuchtkugeln zu u. den vielen Sternschnuppen (eine seltene Nacht mit ungefähr 20 Sternschnuppen, eine zog eine ganz lange rote Bahn hinter sich, die erst nach einigen Minuten erlosch) u. merkten kaum, wie die Zeit verging. Weil mich mein knurrender Magen störte, holte ich Kuchen von zu Hause u. Deine Schokolade, u. wir ließen es uns neben dem Sprechen gut schmecken. Wir hörten erst auf, als ich mich richten mußte zur Arbeit, also eine Nacht mit 1/2 Stunde Schlaf. Ich war heute nicht sehr müde, obwohl es ein Mordstrubel war, in den, eher niederdrückend als erhebend, Dein Brief eintraf. Einen Augenblick hätte ich mich direkt gehen lassen mögen u. heulen, Deine Müdigkeit, sie wollte geschwind auch nach mir greifen. Verzeih, wenn ich Dich nicht zu Ruhe u. Klarheit kommen lasse. Nun erst sehe ich, wie viel ich an Dir gefehlt habe.

Hoffentlich haben wir eine ungestörte Nacht.

Gruß Sofie

8.9.40. [aus Wissant bei Calais, Frankreich]

Ich danke Dir liebe Sofie, daß Du mir so oft schreibst. Du hast ja in den vergangenen Wochen, da Du von zu Hause weg warst, wohl selbst erfahren, was ein Brief bedeutet, und wenn er noch so kurz ist und vielleicht nur von »Kleinigkeiten« handelt. Du brauchst nicht glauben, daß mich diese Kleinigkeiten in meiner augenblicklichen Umgebung befremden. Sie kommen mir höchstens heimelig vor und erfreuen deshalb oft am meisten.

Mein letzter Brief mit der Annahme, daß Du nach Deiner Dürrheimer Zeit noch ein pa[a]r freie Tage hast, hat sich inzwischen wohl überholt. So bedauerlich das auch ist, so war ich doch darüber erleichtert. Es ist zwar recht egoistisch gedacht, aber es wäre für mich sehr bitter gewesen, wenn Du noch Ferien gehabt hättest, und ich hätte aus irgendwelchen Gründen keinen Urlaub nehmen können. Ich will nun das Ende dieses Monats noch abwarten und dann entweder warten bis der Krieg zu Ende geht oder anfangs Oktober meinen Urlaub nehmen. Es ist wohl so, daß man eine wenig erfreuliche Zeit besser überstehen kann, wenn vorher und nachher etwas da ist, das einen freuen kann. So sind mir die doch recht trostlosen Tage in Gelsenkirchen noch gut vergangen, da sie zwischen meinem Urlaub vor Ostern und Pfingsten lagen. Aber es ist sehr schwer seine Heiterkeit zu bewahren, wenn das was da war immer weiter in die Vergangenheit versinkt, und das was man erwartet noch in unbestimmter Ferne liegt. Man muß sich dann eben mit der Gegenwart abfinden wie sie ist und versuchen ihr das Beste abzugewinnen.

Meinen Wolf vermisse ich von Tag zu Tag mehr. Er hat mich jeden Morgen als erster begrüßt, wenn ich in die Schreibstube kam und der Stabsfeldwebel sein »Achtung« brüllte, dann kam er gleich mit lautem Gebell aus seiner Ecke herausgesprungen und störte die ganze militärische Zeremonie. Er drückte dann seinen Kopf an mein Bein, gab Pfötchen und wollte gestreichelt sein. Oft, wenn wir allein waren, und er seinen Kopf mir in den Schoß legte, dann konnte ich ihm viel Liebes erzählen, und er hat es wohl auch verstanden und sich durch Belecken meiner Hand dann dankbar gezeigt. Vielleicht kannst Du verstehen, daß es wohl tut, wenn man zu irgendeinem Lebewesen recht gut sein kann, wo man sonst überall seine Gefühle verbergen muß.

Sei herzlichst gegrüßt liebe Sofie!
Fritz

Auch wieder Grüße an alle Scholl's.
F.

Die Annahme Fritz Hartnagels, der Krieg könne bald zu Ende sein, dürfte sich auf die Aufgabe der Pläne für eine Invasion der Britischen Inseln gestützt haben.

Leonberg, 12. 9. 40.

L. F.!

Ich wäre froh, wenn sich's mit meinem Urlaub so verhalten wollte, wie Dir Deine Mutter geschrieben hat. Aber leider ist's ganz anders. Ich blieb bis gestern in Bad Dürrheim, da ich vorher unabkömmlich war. Und auch dann konnte ich nur weg, weil meine Schwester Elisabeth zum Ersatz u. zur Aushilfe gekommen war, bis eine Kinderschwester kommen kann. Gestern mittag also wurde ich entlassen, nachdem ich morgens noch zum letzten Mal die Solbäder gerichtet u. die Kleinen versorgt habe. Es ist ein schönes Gefühl, zu sehen, wie man die Liebe der Kleinen gewonnen hat, u. das tut man ja beim Abschied. Um ihre Liebe habe ich mich immer bemüht. Einem kleinen Jungen mußte ich versprechen, gleich wieder zu kommen. Er weinte jedesmal, wenn ich zur Bahn ging. (Meistens um jemanden abzuholen.) Der Abschied fiel mir schwerer, als ich es für möglich gehalten hätte. Auch, weil ich meine Schwester zurücklassen mußte. Zum Schluß wurde ich noch reichlich belohnt. Die Frau Major war sehr herzlich zu mir (ich habe mir langsam aber sicher beider Zuneigung errungen, die Gott sei Dank sofort auf Lisl übertragen wurde) u. gab mir 50 RM, mein erstes selbstverdientes Geld. –

Die Schule beginnt allerdings schon wieder am Montag, den 16. September, u. die paar Tage verbringe ich bei Lisa.

Aber nimm Dir Urlaub, so früh Du kannst, auf Ferien meinerseits ist auch im Herbst nicht zu rechnen.

Für heute die herzlichsten Grüße

Sofie

Nachdem ihre Schwester Elisabeth sie abgelöst hatte, verbrachte Sophie Scholl einige Tage bei ihrer Freundin Lisa Remppis in Leonberg.

Ulm, 17. September 1940.

Mein lieber Fritz!

Hoffentlich gelingt es Dir, Deinen Urlaub im Oktober zu erhalten. So sehr ich ihn einesteils fürchte, so sehe ich doch immer mehr ein, wie gut er für mich u. ebenso für Dich wäre. Mein lieber Fritz, ich mache Dir wohl oft sehr dunkel?

Als ich in Bad Dürrheim war, wo es mir doch gut ging, wo ich aber letzten Endes allein auf mich gestellt war, (und zwar das erste Mal in meinem Leben), wie leicht konnte ich alles ertragen, weil ich meine Eltern und Geschwister, diesen warmen Kreis, immer als schönen Boden wußte, auf dem ich stand. Ich habe mich oft selbst gewundert, woher mir die Heiterkeit kam. Und da habe ich immer größere Sehnsucht bekommen nach einem Grund, der mir immer ist, unabhängig von jeglichen Einflüssen. Dann erst könnte man die wahre Heiterkeit besitzen. So aber fühle ich mich manchmal verlassen.

Ich habe Dir wohl ein bißchen den Boden genommen, der Dir Kraft geben sollte, den Trübsinn der täglichen Erlebnisse zu überwinden? Oder ist es vielleicht doch nicht so? Ich möchte gerne, daß Du Dich auf mich freust, aber nicht deshalb, damit Du mich besitzen kannst!

Ich bin schon im Begriff, Dir zu schreiben, was ich Dir nur sagen möchte, da ich mich im Schreiben verliere.

Ich habe mit Dir getrauert um Deinen Hund, der mir so unbewußt manche Aufgabe Dir gegenüber abnahm. Aber hab nicht zu lange Heimweh nach ihm. Und, nicht wahr, freu Dich so wie ich auf Deinen Urlaub.

Vorhin ist schon wieder ein Kaffeepäckchen u. Seife von Dir angekommen. Wie verwöhnst Du uns! Gestern abend habe ich Kuchen gekauft u. meine Geschwister u. Frau Rennicke eingeladen zu Deinem Kaffee.

Und entschuldige bitte, wenn ich nun eine unverschämte Bitte an Dich habe (ich komme mir ganz schlecht dabei vor) Kannst Du mir nicht zu Deiner Bulgarenjacke einen weißen Wollstoff zu einem Faltenrock besorgen, ich hab nämlich kein Kleid das zu ihr paßt. Aber noch viel nötiger sind mir ein Paar Schuhe Nr. 39. (ich besitze außer meinen Skistiefeln keine wasserdichten u. trag nach Regenwetter dauernd Erkältungen davon)

Aber wenn es Dir irgendwelche Beschwerden macht, dann laß es gleich, ich bin sowieso immer in Deiner Schuld.

Nimm mir doch bitte diese Aufdringlichkeit nicht übel, wenn sie Dich ärgert, dann zerreiß doch gleich den Brief.

Willst Du mir schreiben, wann Du Deinen Urlaub nimmst?

Einstweilen die herzlichsten Grüße

Sofie.

19.9.40. [aus Wissant bei Calais, Frankreich]

Meine liebe Sofie!

Ich schreibe heute den schwersten Brief, den ich Dir je geschrieben habe. Ich war mir lange darüber im Zweifel, aber nun weiß ich, daß ich es Dir schreiben muß, ganz gleich, wie Du es empfinden wirst, da Du wissen sollst, wer ich bin.

Ich war in Amsterdam in einem Café, der Pianist spielte Chopin-Lieder und am anderen Tisch saß ein Mädchen (eine Jugoslawin, wie ich später erfahren habe.) Auf einmal waren zwei große, schwarze Augen auf mich gerichtet, nicht neugierig oder herausfordernd, sondern eher etwas traurig und träumerisch. Ich war von diesen Augen wie gebannt, alles drum herum versank und mir schlug das Herz bis zum Hals, bis ein trauriges Lächeln um ihren Mund spielte. Und damit, mit diesem traurig lächelnden Blick, war eigentlich schon alles geschehen. Wir haben uns am andern Tag getroffen, und ohne daß wir viel gesprochen haben, sehr schnell gefunden. Dann als ich sie in den Armen hielt, da wirbelten mir für Augenblicke die Gedanken durch den Kopf, wie ich Dir damals beim Schifahren sagte, daß ich es gemein finden würde nach all dem bei einem anderen Mädchen zu sein, und ich habe es auch die ganze Zeit noch so empfunden, und dann wieder der Gedanke, daß ich mich sinnlos an Dich binde, daß ich mich doch schon längst in einer Sackgasse befinde. – Und dann haben wir uns alles geschenkt. – Ich schreibe Dir das alles, nicht um mich zu verteidigen, nur damit Du verstehen sollst, wie ich dazu kam.

Als ich vorgestern wieder hier in meinem Bett lag und den Schlafsack über den Kopf gezogen hatte, da kamen mir die Tränen; das erste mal, seit wir zusammen beim Schifahren waren. Aber ich weinte nicht über das was ich getan hatte, sondern weil ich durch all das nicht losgekommen bin von Dir, sondern nur noch ein viel stärkeres Verlangen nach Dir habe, das mich beglückt und doch so unsagbar traurig macht. – Vielleicht kannst Du nicht verstehen, daß diese Dinge bei mir einen so großen Raum einnehmen, aber oft möchte ich glauben, wie dieser Engländer sagt, von dem Du mir mal erzähltest: »The love is the sense of the life.« – Verzeih mir wenn ich Dir weh getan habe. Dein Fritz

Ich danke Dir für 3 Briefe, die ich inzwischen bekommen habe.

20.9.40. [aus Wissant bei Calais, Frankreich]

Meine liebe Sofie!

Nun ist mein Brief von gestern abend schon unterwegs zu Dir, und ich warte, ich weiß nicht auf was. – Als ich heute morgen noch mit schlafgeschwollenen Augen und durch die Wärme der Nacht in dieser klaren Morgenluft leicht fröstelnd durch den Park ging, der Regen der Nacht stand noch in den Wegen und hing an den Gräsern und Blumen wie Tränenperlen, doch zwischen den Bäumen schien strahlend und warm die Sonne hervor und ließ die Tropfen glitzern, da war auch mir die Wärme der Sonne nach dieser verworrenen Nacht wie das tröstende Empfinden nach vergossenen Tränen. Im Glanz dieser Sonne schämte ich mich etwas meiner Unbeherrschtheit von gestern abend. Ich will bescheiden sein und warten und nehmen was mir zukommt, wie das kleine Glück dieses Morgens und all das Schöne, das uns die Tage und Nächte schenken, wenn man mit offenem Herzen empfindet. Vielleicht sind es nur wenige, die größtes geschenkt erhalten.

Ich schäme mich und bin bang, daß ich all meine Last auf Dich geladen habe und Dich damit noch mehr bedrücke, anstatt von Deinem Kummer abzunehmen. Verzeih, ich will geduldig und bescheiden sein.

Dein Fritz.

23.9.40. [aus Wissant bei Calais, Frankreich]

Meine liebe Sofie!

Ich danke Dir so sehr für Deinen Brief, den ich eben bekommen habe. Auch ich habe eine leise Angst vor meinem Urlaub. Aber wenn Du Dich darauf freuen kannst, auch dann noch, wenn Du meinen vorletzten Brief erhalten hast, dann freu ich mich auch, dann will ich die Lust schwarz zu sehen und alles Schöne zu zerstören, die mich manchmal in einsamen Stunden befällt, unterdrücken und mich mit ganzem Herzen darauf freuen, bis ich bei Dir bin in Deiner wärmenden Umgebung. Vielleicht können wir nach alledem viel freier zusammen sein. Und wenn Du's noch kannst, und wenn ich Dir nicht zuviel nehme, dann laß uns, wie wir's uns damals versprochen haben, laß uns barmherzig zueinander sein. Dann, glaube ich, wird sich alles klären, wie es gut für uns beide ist. Wenn mich auch der Schmerz noch manchmal drückt, so ahne ich doch, wenn auch noch ungewiß, einen neuen Boden.

Ich möchte in Deinem Schoße alles von mir weinen dürfen, liebe Sofie.

Draußen sind jetzt die Regenwolken verschwunden und die Pappel vor meinem Fenster leuchtet golden in der Abendsonne.

Ich freu mich ja, wenn ich für Dich was besorgen kann, warum soll ich mich denn darüber ärgern? An den Einkauf der Schuhe habe ich mich bis jetzt noch nicht herangewagt, da ich nicht weiß, ob sie schwarz oder braun, etwas fester oder leichter sein sollen, und das wichtigste, wie sie nach Deinem Geschmack gefallen. Aber wenn sie dann nicht recht sein sollten, wird sicher jemand da sein, dem sie gut genug sind. – Wie ich die Jacke eingekauft habe, habe ich mir gleich gedacht, daß ich zu wenig mit Verstand eingekauft habe und mir nicht genügend überlegt habe, zu welchem Zweck Du sie überhaupt gebrauchen kannst. Hoffentlich kann ich noch einen passenden Stoff dafür bekommen.

Wenn unser Doktor am 3. Okt. aus seinem Urlaub zurückkommt will ich versuchen, wenn es die Lage und mein Kommandeur erlaubt, gleich anschließend am 4.5. od. 6. zu fahren. Ich freue mich, daß es bis dahin keine 14 Tage mehr sind. Dein Fritz.

»... laß uns barmherzig zueinander sein«: Erneut das Zitat aus dem Gedicht »Liebe« von Manfred Hausmann (vgl. Fritz Hartnagels Brief vom 12.1.1940).

Ulm, am 23.9. [1940]
in der Schule

Mein lieber Fritz!

Ich weiß es nicht genau, ob meine Briefe jetzt seltener werden. Aber es ist wahrscheinlich. Denn wenn ich von der Schule komme, habe ich immer viel zu tun, u. Du kannst Dir denken, daß ich zu Hause immer viel mehr Ablenkungen habe. (Das ist eigentlich falsch gesagt, denn sind Zeichnen, Klavierspielen u.s.w., wozu ich trotz allem selten komme, Ablenkungen?)

Auch jetzt sitze ich im Seminar u. hätte eigentlich Praxis, aber eine halbe Stunde will ich sie noch hinausschieben. Beantworten kann ich Deinen letzten Brief nicht genau, er liegt zu Hause. Aber für Deine letzten Päckchen recht vielen Dank, die Strümpfe konnte ich besonders brauchen, ich teilte sie mit meinen Schwestern.

Wir erwarten jeden Tag Hans, der mit einem Urlaub um diese Zeit rechnet. Aber wie's im Krieg ist, nix gwiß weiß mer net. An u. für sich wäre es mir lieber, Dein Urlaub würde nicht mit dem von Hans zusammenfallen, kannst Du verstehen?

Ich könnte mich jedem von Euch beiden uneingeschränkter widmen. Aber ich will nicht noch Sonderwünsche. Ich bin schon zufrieden, wenn ihr überhaupt kommt.

Du hast mich gebeten, Dir meine Ansicht über Volk zu schreiben. Dazu wird mir die Zeit jetzt nicht reichen, obwohl mir der Begriff, wenn auch nicht scharf umrissen, ziemlich klar ist.

Die Stellung eines Soldaten dem Volk gegenüber ist für mich ungefähr wie die eines Sohnes, der seinem Vater od. seiner Familie schwört, in jeder Situation zu ihm od. ihr zu halten. Kommt es vor, daß der Vater einer andern Familie Unrecht tut u. dadurch Unannehmlichkeiten bekommt, dann muß der Sohn trotz allem zum Vater halten. Soviel Verständnis für Sippe bringe ich nicht auf. Ich finde, daß immer Gerechtigkeit höher steht als jede andere, oft sentimentale Anhänglichkeit.

Und es wäre doch schöner, die Menschen könnten sich bei einem Kampfe auf die Seite stellen, die sie für die gerechtfertigte halten.

Ich hielt es immer für falsch, wenn ein Vater ganz auf seiten seines Kindes stand, etwa, wenn der Lehrer das Kind gestraft hatte. Selbst wenn er es noch so liebte. Oder gerade deshalb. Ebenso unrichtig finde ich es, wenn ein Deutscher oder Franzose od. was er sein mag, sein Volk stur verteidigt, nur weil es sein Volk ist. Gefühle leiten oft irre. Wenn ich auf der Straße Soldaten sehe, womöglich noch mit Musik, dann bin ich auch gerührt, früher mußte ich mich bei Märschen gegen Tränen wehren. Aber das sind Sentimente für alte Weiber. Es ist lächerlich, wenn man sich von ihnen beherrschen läßt.

In der Schule wurde uns gesagt, die Einstellung eines Deutschen sei eine bewußt subjektive. – Solange sie dabei nicht auch objektiv ist, kann ich dies nicht anerkennen.

Aber diese subjektive Haltung hat vielen Leuten eingeleuchtet, u. manche, die nach einer Form für ihre sich widerstreitenden Gefühle suchten, haben sich aufatmend zu ihr bekannt.

Sicher sind meine oft ungeschickten Vergleiche u. mein Drauflosschreiben verwirrend. Hoffentlich findest Du hindurch. Ich will versuchen, das nächstemal klarer u. überlegter zu schreiben. Heute reicht es nicht mehr.

Hast Du inzwischen Deine Hollandreise beendet? Hoffentlich hast Du dabei viel Schönes erlebt. Dann höre ich wohl wieder von Dir? (Obwohl ich mich nicht beklagen kann)

Für heute die herzlichsten Grüße

Sofie

Die Antwort auf Deinen letzten Brief, u. was Volk ist für mich, will ich Dir später geben.

Entschuldige das Heftpapier!

Den Hund, den ich erhalten sollte, mußte Hans auch wegen Krankheit erschießen. Ihr seid also in ähnlicher Situation, u. ich hab mich umsonst gefreut.

Undatiert [Ende September 1940;
aus Wissant bei Calais, Frankreich]

Meine liebe Sofie!

Es ist Sonntag Nachmittag, 4 Uhr. – Der Wind peitscht den Regen an mein Fenster, es ist empfindlich kalt, und ich spüre nichts von der gemütlichen Wärme, die man oft gerade dann empfindet, wenn draußen ein rechtes Unwetter ist.

Sicher sitzt Ihr gerade beim Tee oder Kaffee (sofern Ihr noch welchen habt!). Vielleicht kann ich schon nächsten Sonntag auch bei Euch sein.

Ich weiß nicht, ob es schon so lange her ist, wie es mir vorkommt, daß ich Dir das letzte Mal geschrieben habe. Aber die Ungewißheit was und wie ich Dir schreiben soll und darf hat es mir sehr schwer gemacht, trotzdem ich in jeder freien Stunde, die ich zur Zeit zahlreicher denn je zur Verfügung habe, versuche Dir zu schreiben. Dabei vernachlässige ich all die Briefe, die ich allein bei Deiner Mutter, bei Inge und bei Liesel, die mir ein feines Büchlein geschickt hat, schuldig bin.

Hoffentlich nehmen sie es mir nicht übel. Dann scheint mir oft auch alles Schreiben überflüssig, in der Hoffnung, daß ich bald bei Dir sein kann. Trotzdem wäre ich Dir sehr dankbar, wenn ich vor meinem Urlaub noch etwas von Dir bekommen würde. Ich könnte dann ruhiger fahren.

Vorgestern war ich in Gent und habe die Gelegenheit benutzt um für Dich etwas zu kaufen, da man hier in Frankreich nichts mehr bekommt.

Von dem Stoff, den ich für Deinen Faltenrock gekauft habe, lege ich ein Stückchen bei. Ich weiß nicht, ob es das Richtige ist, ich glaube, er ist etwas zu dünn. Schafwolle habe ich leider nicht mehr bekommen, es soll aber echte Baumwolle sein. – Ich habe Dir schon geschrieben, daß ich mich an die Besorgung von Schuhen nie recht gewagt habe, es war auch einer meiner schwersten Käufe, da ich bis jetzt Damenschuhe nur sehr wenig beachtet hatte, dann wußte ich nicht welche Farbe und Form sie haben sollten und wie sie beschaffen sein sollten. Die Läden waren fast alle nahezu ausverkauft, so daß ich in jedem Geschäft nur 2–3 Paare zur Auswahl vorgelegt bekam. Ich bin deshalb etwas besorgt, ob sie Dir auch gefallen werden. Wenn übrigens Du und Deine Schwestern Damenstrümpfe und Damenunterwäsche gebrauchen können, dann schreibt's mir bitte sofort mit den nötigen Angaben, vielleicht erreicht's mich noch rechtzeitig. Ich kann in unserer Marketenderei jede Menge besorgen.

Entschuldige bitte, wenn ich so viel »geschäftliches« schreibe, aber diese Sachen, die vielleicht für Dich recht wertvoll und selten sind, könnte ich am besten in meinem Urlaub mitnehmen, da ich sonst nur 4 Päckchen zu $^1/_2$ kg im Monat schicken kann. – Ich schreibe von meinem Urlaub, als ob ich die Erlaubnis schon in der Tasche hätte, dabei habe ich meinen Kommandeur noch nicht einmal danach gefragt. Er gibt nur mit Widerwillen Urlaub. Da er selbst anscheinend keinerlei Bindungen an zu Hause und an seine Familie hat und mit seinem allabendlichen Doppelkopfspiel restlos befriedigt ist, kann er es nicht verstehen, wenn man in Urlaub fahren will.

Ich hoffe trotzdem das Beste und freue mich darauf.

Dein Fritz.

Ulm, den 26.9.40.

Heute morgen habe ich Deinen Brief vom 19.9. erhalten. Ich danke Dir. Bist Du von Deiner Hollandreise zurückgekehrt? Kannst Du mir nicht einmal so etwa beschreiben, wo Du Deinen ständigen Wohnsitz hast? (Soweit man in diesem Fall von »ständig« reden kann)

Heute war ich beim Schneider u. ließ mir die Jacke von Dir anpassen. Sie ist zu schön. Du beschenkst mich immer viel zu sehr.

Ich will Dir später Deinen heutigen Brief beantworten. Bis jetzt habe ich noch nicht ausreagiert. Vergiß doch aber über das u. mir das jugoslawische Mädchen nicht. Oder ist es nicht nötig, daß ich Dich daran erinnere. Ich merke es immer mehr an mir selbst, wie viel zu leicht man seine Verantwortung auch für andre Menschen nimmt. Obwohl man doch an seiner eigenen genug hat.

Weißt Du nun schon, wann Du Urlaub bekommst? Nimm Dir doch solange dies noch möglich ist. Das Kriegsende würde ich lieber nicht abwarten. Das liegt zu ferne. –

Ich habe jetzt wieder Klavierstunde. Ich arbeite immer noch an der A-Dur-Sonate von Mozart. Das nächste Mal kommt dann eine Haydnsonate.

Ich hoffe, Dir Deinen Brief bald beantworten zu können.

The love is the sense of the world. Manchmal möchte ich es glauben. Wie wenige aber haben das erfaßt, oder, wenn sie es erfaßt haben, handeln danach.

Entschuldige bitte das schlechte Papier, die Bleistiftschrift u. eventuelle allgemeine Redensarten. Ich habe etwas Kopfschmerzen.

Laß bald mal was über Deinen Urlaub hören.

Herzliche Grüße Sofie

30.9.40. [aus Wissant bei Calais, Frankreich]

Meine liebe Sofie!

Ich habe heute zwei Briefe von Dir bekommen. Herzlichen Dank dafür. Ich will nichts dazu schreiben, da ich vielleicht, bis Dich dieser Brief erreicht, schon bei Dir bin, und dann ist wohl jedes geschriebene Wort überflüssig geworden. Ich habe mich jedesmal sehr auf meinen Urlaub gefreut, aber noch nie habe ich ein so dringendes Bedürfnis darnach gehabt, wie diesmal. Ich kann mir's gar nicht ausmalen, wenn er nun nicht genehmigt würde.

Heute hatte ich vor meinen Kommandeur um die Erlaubnis zu fragen.

Aber da gerade Einsatz war, war er sehr aufgeregt und schimpfte und tobte, da habe ich es vorgezogen eine bessere Laune abzuwarten, zumal er tags zuvor einem Leutnant meiner Abteilung den Urlaub abgelehnt hat. Falls es mein Kommandeur genehmigt, wollte ich mit unserem Inspektor zusammen, der auch in Urlaub will, mit dem Wagen fahren. Trotzdem es etwa 900 km sind könnten wir so, wenn wir in aller Früh wegfahren abends schon in Ulm sein, das wäre dann Freitag Abend. Andernfalls muß ich mit dem Zug fahren und würde erst im Lauf des Samstags eintreffen.

Ich will hoffen, daß ich überhaupt fahren kann und freu mich einstweilen darauf.

Herzlichst Dein Fritz

Der Heimaturlaub, den Fritz Hartnagel vorhatte zu beantragen, wurde tatsächlich genehmigt. Anfang Oktober 1940 kam er für einige Tage nach Ulm.

Ulm, 21. 10. 40.

Lieber Fritz!

Ich hab Dir inzwischen (seit Du weg bist) schon einmal geschrieben, aber das Einwerfen immer vergessen, nun ist der Brief veraltet. Ich habe Dir auch nicht viel zu sagen. Seit Du weg bist, sind ja erst einige Tage her, dazwischen hat sich nicht viel ereignet. Es war noch einige Tage ganz herrliches Herbstwetter, aber ich konnte es nur durchs Schulfenster genießen, und wäre doch so gerne ein bißchen in den Wald. Was mir in diesen Ferien gefehlt hat, das waren einige Tage, die mir allein gehört hätten. Denn selbst in der Umgebung der liebsten Menschen hat man manchmal das Bedürfnis, allein zu sein. Dies nicht etwa aus Sentimentalität, sondern weil es so nötig wie Essen und trinken ist. Wie kann ein Mensch zu sich selbst finden, wenn er immer auf andere aufmerken soll. –

Aber in diesen Ferien war es wirklich die Hauptsache, wie es Dir erging. Und da hab ich das Gefühl, als seiest Du ein bißchen zu kurz gekommen. Durch meine Schuld. Aber wie sollte es anders gehen? Ich hoffe nur, daß Du in Deinem Kreis nette Menschen findest. Auch manchmal ein weibliches Wesen. (Man muß ja nicht gleich lieben). Aber leider kann ich gar nichts dazutun.

Im übrigen glaube ich, daß Du es in letzter Zeit sehr wohl auch allein aushalten kannst. Ich habe das in Deinen letzten Briefen mit großer Freude gemerkt. Nur wäre es schade, wenn irgendeine Bitternis in Dir zurückbliebe.

Herzlichen Gruß Sofie

Ulm, 24. 10. 40.

Lieber Fritz!

Ich komme mir halb verhext vor, wenn ich dran denke, daß vor einer Woche noch Ferien waren, u. daß wir letzten Mittwoch den Abend noch in Eurem Gartenhaus gefeiert haben. So lange her kommt mir das wahrscheinlich deshalb vor, weil meine Tage so ausgefüllt sind. Wenn ich nur meine nötigsten Pflichten alle erfüllen wollte, so fände ich wohl kaum Zeit, diesen Brief zu schreiben. –

Heute morgen habe ich mit den Kindern einen Drachen gebaut, der ist so groß beinah wie ich, schön blau und rot und ganz vorschriftsmäßig. Sein Schweif ist bald 5 m lang. Jetzt wollen wir ihn morgen steigen lassen. Gebe Petrus einen guten Wind, u. zugleich einen Schutzengel für den heißgeliebten Drachen.

Ein Kindergartenmädelchen sagte neulich: »Tante, i han übermorgen Hochzeit ghet.« (Ich bin vorgestern auf einer Hochzeit gewesen.) Oft erlebe ich so was nettes mit den Kindern.

Wenn ich Glück hätte, könnte ich im Frühjahr anfangen zu studieren. Zu dumm, daß die Universitäten den Arbeitsdienst verlangen. Denn von der R. A. D. Pflicht bin ich befreit worden. (d. h. wer jetzt von meinem Jahrgang noch nicht dran war, braucht auch nicht mehr ...). Soweit wäre ich hübsch geschlüpft, hoffentlich kann ich weiter schlüpfen.

Von Dir ist inzwischen noch nicht der erwartete Brief eingetroffen. Oder habe ich kein Recht mehr zu warten? Das wäre ja auch möglich.

Lebst Du noch in Deinem (oder Monsieur X's) Schloß? (Grad fällt mir ein, le monsieur s'appelle Monsieur Chevalier, n'est-ce pas?) Und hast einen geruhsamen Tageslauf außer den Fliegerangriffen, die für Dich Deine Abendunterhaltung sind? (Auch bei uns waren die verdammten Engländer wieder u. konnten es nicht anders einrichten, als uns um Mitternacht aus den Betten zu jagen)

Jetzt mache ich aber Schluß nach einem nicht sehr inhaltsreichen Brief. Denn die Gedanken, die mir jetzt manchmal kommen, (vielleicht weil meine Nächte nicht sehr lang sind) sind nichts zum Aufschreiben.

Ich glaube, das Verhältnis unsres Briefwechsels wird ungefähr dasselbe wie vorher bleiben, so 1:2?

Für heute einen herzlichen Gruß Sofie

»R. A. D.-Pflicht«: Reichsarbeitsdienstpflicht

Bereits am 11. Mai 1940 hatte die neue britische Regierung unter Winston Churchill die Bombardierung deutscher Städte beschlossen. Aufgrund der technischen Unterlegenheit der deutschen Luftwaffe und der hohen Verluste in der Luftschlacht um England nahmen Luftangriffe auf Ziele in Deutschland seit Herbst 1940 zu.

Ulm, 26. 10. 40.

Lieber Fritz!

Schneit's bei Euch auch schon? Es ist scheußliches Wetter. Aber meinetwegen, ich könnte es sowieso nicht ausnützen. Mein Tag ist ausgefüllt bis zur letzten Minute.

Mutter meinte gestern: Wenn ihm nichts passiert ist, hätte »er« eigentlich schon schreiben sollen. – Ich sag mir aber: Wenn »ihm« was passiert wäre, hätte er schon längst geschrieben od. sonstwas von sich hören lassen. Also Dein (allerdings erst 10 Tage dauerndes) Schweigen ein gutes Zeichen?

Im übrigen, heftigen Briefwechsel kann ich nicht von Dir verlangen. Es ist wohl auch nicht nötig.

Ich kann wohl annehmen, daß Dich wenigstens einer meiner Briefe bis heute erreicht hat.

Hans hat inzwischen mit seinem Studium in München wieder begonnen. Er ist bis zum April beurlaubt (leider ohne Löhnung).

Sieh Dich auch nach einem Hund um, Fritz, den Du mir das nächste Mal mitbringen kannst. Denn einen kaufen, das erlaubt mein Vater nicht. Und ich hätte so gern einen, gerade jetzt.

Aber gelt, dauernd will ich. Ich bin ein grausiger Egoist. Und scheine es immer mehr zu werden.

Alles Gute, u. hoffentlich geht's Dir nicht schlecht.

Sofie

28.10.40. [aus Wissant bei Calais, Frankreich]

Liebe Sofie!

Vielen Dank für Deinen Brief. Ich laß Dich lange warten, aber ich kann Dir zur Zeit nicht schreiben, so oft ichs inzwischen schon versucht habe, aber ein Gedanke verwirft den anderen. Ich brauche noch einige Zeit um die augenblickliche Leere in mir zu überwinden und an irgendetwas Freude zu finden.

Ich habe mir vorgenommen Dir nicht zu schreiben, wenn die trübseeligen Stunden über mich kommen. Ich möchte Dich nicht damit belasten. Manchmal geht es ganz gut. Aber vielleicht kannst Du verstehen, daß es nicht ganz schmerzlos geht zu unterdrücken, was mir lange Zeit das größte Glück war.

Herzliche Grüße an alle Scholls vom Fritz.

Ulm, den 4. November
abends. [von F. H.(?) hinzugefügt:] 1940

Lieber Fritz,

ich liege im Bett, während ich Dir schreibe. – Ich will den Brief und das Päckchen aufs Gerate-wohl an Dich schicken u. hoffen, daß es Dich erreicht. Denn ich weiß ja gar nicht, wie es Dir geht u. wo Du bist. Weil Du so stumm bist. Du machst uns viel Angst mit Deinem Schweigen.

Könnte ich ein paar Worte von Dir hören! Wenn es Dir gut geht, oder auch wenn es Dir schlecht geht, so schreibe mir doch! Was ist denn geschehen?

Da ich nichts von Dir erhalte, lese ich wieder Deine alten Briefe; sie können mir auch nicht sagen, wie es jetzt um Dich steht.

Du hast mir einmal geschrieben: ich will still u. bescheiden sein. Und ein andermal: ich ahne einen neuen Boden. – Ich habe die beiden Sätze in Beziehung zueinander gebracht, u. so verschieden sie klingen, ich glaube, sie stammen aus derselben Empfindung. Und ich habe mich sehr darüber gefreut. Denn wenn man diesen Boden ahnt, dann tappt man nicht mehr ganz ziellos. Und ich glaube wohl, daß Du in Zukunft weißt, was Du tun mußt, wenn Du auf diese Stimme hörst. Auch für uns beide bedeutet dieser neue Stand viel. Für mich wenigstens war er bisher eigentlich die größte (u. auch schönste) Veränderung unserer Freundschaft. Und dies muß er, wenn ich Dich richtig verstanden habe, für Dich auch bedeuten. Denn die Fäden der Beziehungen laufen nicht mehr zwischen Dir u. mir, sondern zwischen uns u. etwas höherem. Und dieser Zusammenhang ist doch der bessere.

Oder habe ich Dich ganz falsch verstanden? Ich glaube aber nicht.

Gestern, am Sonntag, war ich im Klosterwald mit Inge. Es ging ein ganz lustiger Herbstwind, daß die Spitzen der Tannen mit lautem Krachen gegeneinanderfuhren, u. eine Tanne, die nicht elastisch genug war, mußte es mit dem Leben büßen.

Die Lärchen haben alle ihre Nadeln noch, aber sie sind schon ganz gelb. Es war ein wunderbarer Anblick, wenn der Wind so in sie hineinfuhr u. sie sich mit allen ihren großen u. kleinsten Ästchen nach einer Seite bogen. Wir lehnten uns gegen den Wind, verhaart wie die Hexen, u. immer wieder wirbelten über uns die Blätter hin, als seien sie von einer starken Hand von oben schräg heruntergeschleudert worden. Und auch die Blättchen am Boden purzelten in großen Scharen davon, als müßten sie immer noch schneller. Wie haben wir über sie gelacht.

Geht in Deinem Park auch ein Wind? Erzähle mir, wenn Du kannst. Es ist so aufreibend, in Ungewißheit zu warten. Wenn ich nur durch meine Wünsche etwas von Dir herbeizwingen könnte! Ich kann ja gar nichts tun als warten.

Hoffentlich erreichen Dich meine Grüße! Und mach diesem unnötigen Warten jetzt ein Ende, bitte.

Sofie

5.11.40. [aus Wissant bei Calais, Frankreich]

Liebe Sofie!

Ich habe wieder einen Brief von Dir in Händen. Inzwischen wirst Du ja meine beiden vorhergehenden auch erhalten haben.

Ich komme mir selbst manchmal recht lächerlich vor in meiner Unbeherrschtheit, und ich kann oft nicht verstehen, was mich so durcheinanderbringt, was mir jede Freude nimmt und diese Öde und Trostlosigkeit in mir überhand nehmen läßt. Ich glaube, es ist nicht so sehr, daß ich Dir nicht meine ganze Liebe zuwenden darf; damit habe ich schon vor meinem Urlaub begonnen mich abzufinden. Aber ich dachte, wir könnten uns trotzdem ein wärmendes »zu Hause« sein, ein Ort, an dem man alle Freude und alle Tränen fließen lassen kann. Dies meinte ich, als ich Dir schrieb: »Laß uns barmherzig zueinander sein.« – Und ich habe manchmal das Gefühl, als ob ich Dich auch darin verloren hätte. Ich bin in meinem Urlaub nie ganz frei und ohne Hemmungen gewesen, ich bin nie ganz aufgetaut. – Dies soll kein Vorwurf sein, Ihr wart ja alle so gut zu mir, ich hätte auch gar kein Recht dazu, denn ich möchte ja nur das von Dir, was Du mir geben kannst. Vielleicht empfinde ich auch ganz falsch, wenn ich annehme, daß Du Deine Ferien lieber anders verbracht hättest, vielleicht in Leonberg. Vielleicht war es nur der Umstand, daß wir sehr wenig und nur kurze Zeit allein waren. Vielleicht aber versuche ich auch nur einen Kompromiß zu schließen und trenne das eine vom anderen, was sich gar nicht trennen läßt und im Grund genommen dasselbe ist.

Ich weiß keine Antwort darauf.

Fritz.

Ulm, 7. 11. 40.

Lieber Fritz,

heute vor drei Wochen bist Du abgereist, u. heute höre ich Gott sei Dank wieder etwas von Dir. Vielen Dank für Deinen Brief. Du brauchst mir nur ab u. zu schreiben: Mir gehts gut, oder schlecht oder was gerade stimmt. Was mußten wir in der letzten Zeit alles vermuten, da Du ja nicht nur mir gegenüber so schweigsam warst.

Indessen hoffe u. wünsche ich von Herzen, daß Du mir bald wieder unbeschwert (versteh das Wort bitte nicht falsch) schreiben kannst.

In der letzten Zeit, wenn ich über den Grund Deines Schweigens nachdachte, so war ich mir nicht klar, ob zwischen uns jetzt alles so ist, wie es sein soll, ob Du nicht stumm ein bitteres Gefühl gegen mich in Dich hineinfrißt. Und ich finde, man soll gleich alles ins Reine bringen, da man nie weiß, ob einem die Zeit ein andermal dafür vergönnt ist.

Jetzt halte ich dann einen Vortrag über den Vorsommer. Noch eine halbe Stunde habe ich Zeit, mich vorzubereiten. – Wenn Du Zeit hast, so suche einmal die Stelle, wo der Psalm vorkommt: Gib Licht meinen Augen, oder ich entschlafe des Todes, u. mein Feind könnte sagen: über den ward ich Herr.

Ist es Dir nicht lästig oder hinderlich wenn Du so oft Post von mir erhältst. Du kannst mir's ruhig sagen. Es wäre ja nicht unverständlich.

Ob ich wohl wieder so lange auf einen Brief warten muß? Herzl. Gruß!

Sofie

Thema von Sophie Scholls Vortrag war Karl Benno von Mechows Roman »Vorsommer« (vgl. Sophie Scholls Brief vom 13. 1. 1940).

Psalm 13, Vers 4: »Schaue doch und erhöre mich, Herr, mein Gott! Gib Licht meinen Augen oder ich entschlafe des Todes, und mein Feind könnte sagen: Über den ward ich Herr.«

Ulm, 12. 11. 40

Lieber Fritz,

einen kurzen Gruß, bevor ich wieder an die Arbeit geh. Hier auf dem Münsterplatz erlaubt sich der Wind so lustige Witze, daß man dumm wäre, wenn man nicht lachen würde. Und wenn ich hinausgehe, dann macht er mir meine ganze Frisur (an der ja ohnehin nicht viel ist) zuschanden. Da bekommst Du richtig Lust zum Springen u. Mittun. Schade, daß ich die Zeit nicht habe.

Hoffentlich kommt er auch zu Dir, der Wind, u. holt Dich ein bißchen hinaus, daß Du gar nicht mehr anders kannst als Dich freuen, am Wind u. an Dir, weil Du es bist, an dem der Wind so herrliche Gefühle auslöst. Das kriegt er bestimmt fertig, paß einmal auf.

Diesen Wunsch u. noch viele gute andre hab ich für Dich. Wenn sie in Erfüllung gehen, dann bist Du auch nicht unschuldig dran.

Und gib Dich nur nicht mit Dingen ab, bei denen nichts herauskommt. Das soll man ruhig (u. nicht immer ohne Gewalt) hinter sich werfen.

Einen guten Gruß

Sofie

Wenn Du eine Wut auf mich hast, dann hab sie ruhig, aber schrei sie dem Wind oder auch mir zu, u. drück sie nicht so in Dich hinein.

13. 11. 40 [datiert von F. H.; aus Ulm]

Lieber Fritz,

heute besitze ich die Unverschämtheit, mit einer Bitte zu kommen. Aber – in der Not frißt der Teufel Mücken, u. man muß eben seinen Stolz überwinden. – Wenn es Dir möglich wäre, für meine Mutter ein paar Schuhe zu bekommen (die meinen sind nicht notwendig) wir wären Dir alle sehr dankbar. Meine Mutter läuft nun schon monatelang auf die Ortsgruppe nach einem Bezugsschein für Schuhe. Nun hat man ihr heute gesagt, sie bekomme überhaupt keinen. Bezugsscheine erhält man nur alle 2–3 Jahre.

Meine Mutter besitzt aber nur noch ein Paar Schuhe, u. hat sehr schlechte Füße. Sie hat Schuhnummer 40, u. braucht breite u. dehnbare Schuhe. – Wenn Du wüßtest, wie ekelhaft diese Dinge einem gemacht werden, – könnte man nur im Winter barfuß laufen. Es tut mir leid, daß ich Dich wegen solch einer lächerlichen Angelegenheit belästigen muß. Aber diese kleine Sorge wird, sobald sie drängend wird, riesengroß. Ich glaube, Du nimmst mir dies nicht übel.

Könnte man dies nur einfach hinter sich werfen – aber man ist eben so auf das Zeug angewiesen.

Heute hat Werner Geburtstag, grad wird der Kaffee gekocht. Schade, daß Du nicht dabei bist. Doch bin ich froh, daß Du vorher gekommen bist, die Arbeit türmt sich um mich. Aber bald ist auch diese Zeit herum, und dann kann ich, wenn nichts mehr dazwischenkommt, mit dem eigentlichen Lernen, nämlich von Selbstgewähltem beginnen.

Wie geht es Dir? Hoffentlich hast Du nicht zu sehr unter den Fliegerangriffen zu leiden. Am 9. Nov. kam die R. A. F. nach München, traf allerlei um die Feldherrnhalle, diese selbst aber nicht. Auch Ulm hatte 4 Std. Alarm, es wurde aber nur die Umgegend (Weißenhorn u. s. w.) bombardiert.

In dieser Gefahr stehst Du ja jeden Tag. Aber Du wirst schon einen guten Schutzengel haben.

Einen Brief kann ich noch nicht von Dir erwarten, es kam erst einer vor 4 Tagen, schade.

Viele herzl. Grüße

Sofie

Bereits am 27. August 1939 waren mit Wirkung vom nächsten Tag die Rationierung von Lebensmitteln, Kleidung und Energie eingeführt und Bezugsscheine an die Bevölkerung ausgegeben worden.

Werner Scholl wurde am 13. November 1940 18 Jahre alt.

Bombenangriffe auf deutsche Städte begannen gegen Ende 1940. Nach der Niederlage Frankreichs waren Luftangriffe für die Alliierten die einzige Möglichkeit, aktiv gegen Deutschland Krieg zu führen. Wegen des deutschen Radars waren Präzisionsangriffe bei Tag nicht möglich. Deshalb ging die Royal Air Force schon früh dazu über, massierte Angriffe mit einer großen Zahl von Bombern zu fliegen, da dadurch das eigene Risiko vermindert werden konnte. Im November 1940 waren diese Angriffe allerdings noch selten, zumal in Süddeutschland. Die erste massive Flächenbombardierung musste Köln in der Nacht vom 30. auf den 31. Mai 1942 erleiden.

Wehrmachtseinheiten an der französischen Kanalküste, also nur ca. 50 km von der englischen Küste entfernt, waren ständigen Attacken aus der Luft ausgesetzt.

17. 11. 40. [aus Wissant bei Calais, Frankreich]

Liebe Sofie!

Vergangene Woche war ich in Holland und bin erst gestern Abend zurückgekommen. Ich hatte mich schon die ganze Fahrt darauf gefreut nach meiner Rückkehr einen Brief von Dir vorzufinden. Als aber dann gleich 7 Briefe auf meinem Tisch lagen, da wären mir fast die Tränen gekommen. Liebe Sofie, ich schäme mich ja so. Du schreibst mir unentwegt, ganz gleich, wenn Du auch nur wenig von mir zu hören bekommst. Ich glaube, Du hast mir damit viel geholfen.

Ich kann Dir jetzt noch nichts zu all den Briefen schreiben, da ich heute Abend von Oblt. Pfeiffer eingeladen bin und gleich weg muß (So ungern ich auch gehe).

Ich will Dir nur einen Gruß schreiben, da ich sehe, daß Du wartest. Darum möchte ich keinen Tag versäumen. Morgen schreibe ich Dir mehr.

Fritz.

18. 11. 40. [aus Wissant bei Calais, Frankreich]

Liebe Sofie!

Ich dank Dir für all Deine Briefe. Vielleicht ist mir dadurch, daß Du mir schreibst, der Grund für meine Mutlosigkeit schon genommen. Du sagst, daß es nur ein egoistischer Grund sei, wenn Du mir schreibst. Ich könnte sehr froh sein darüber, wenn ich nun wüßte, welches dieser Grund ist.

Ich habe wohl etwas ähnliches gemeint, wie Du es empfunden hast, als ich Dir schrieb, daß ich einen neuen Boden ahne. Ich dachte auch an einen neuen Boden für uns beide, daß wir nun nicht mehr zueinander gehen, dafür aber miteinander, einen Weg, nach dem wir uns wohl beide sehnen.

Sofie, Du weißt es am besten, wie es um mich steht, daß ich wohl in jeder Beziehung auf einem Null-Punkt angekommen bin, daß ich ganz von vorn anfange. Ich weiß nichts und ich kann nichts. Wie soll ich da zu Dir stehen, wie Hans-Peter und die anderen, die alle ihren Weg gehen? Was soll ich Dir geben? Es ist vielleicht ein lächerliches Minderwertigkeitsgefühl, aber ich werde es nie ganz los. Oft glaube ich, daß Du vor mir davonlaufen möchtest, wie damals, als wir an der Donau gingen, daß ich Dich hemme auf Deinem Weg und Dir nur eine Last bin.

Ich fühle mich nirgends ganz wohl, wo ich nur Gast bin, wo ich kein Heimatrecht habe, und ich will lieber verhungern als Almosen nehmen.

Wie sollte ich auch eine Wut auf Dich haben, es macht mich nur traurig manchmal, wenn ich müd bin.

Der Postfahrer wartet auf meinen Brief. Vielleicht schreibe ich heute Abend weiter.

Sei herzlich gegrüßt.

Fritz.

Mit Hans-Peter dürfte Hanspeter Nägele gemeint sein.

Ulm, den 23. November [1940]

Lieber Fritz,

heute erhielt ich von Dir einen, nein zwei Briefe u. eine Riesen-Pralinenschachtel. Für die Briefe danke ich Dir vielmals, sie haben mir ja in Aussicht gestellt, daß ich bald mehr u. ausführlicher von Dir hören werde, vielleicht morgen schon. Und daß mich alles, was Dich angeht, interessiert, wirst Du Dir denken können. – Über die Pralinenschachtel eine besondere Lobeshymne zu singen, ist überflüssig, Du kennst uns ja. Und sie wird redlich verteilt werden, auch an abwesende Familienmitglieder. –

Heute hab ich Dir ein kleines Adventspäckchen gerichtet, hoffentlich kommt's nicht allzuspät. Die Kerzchen mußt Du eben ein bißchen grade biegen. Ich will Dir nur bald wieder schicken, sie werden früh heruntergebrannt sein. Hoffentlich sind es keine trüben Gedanken, die Dir bei ihrem Schein kommen. Und die Adventsgeschichte, die hast Du ja.

Nun wird es heute abend wieder nichts mit einem langen Brief. Ich bin zu müde. Du nimmst es mir doch nicht übel?

Die Tannenzweigchen obenauf, die mußt Du an einem Abend, an dem Du das Kränzchen anzündest, verbrennen. Dabei mußt Du aber allein sein (höchstens ein Kind oder ein Tier könnte Dir Gesellschaft dabei leisten.) Du glaubst nicht, welche gute Stimmung der Duft verbrannten Tannenreises hervorzaubert.

Mit herzlichen Wünschen für diese Abende, die Dir allein gehören sollen.

Sofie

Ulm, 24. 11. 40.

Lieber Fritz,

heute morgen erhielt ich den halb erwarteten Brief. Vielen Dank! Ich werde zwar nicht ganz klug draus. Was soll der Satz von Heimatrecht u. Almosen? Was ich Dir dazu sagen kann (den Zusammenhang hab ich ja nicht verstanden): Es ist besser, man sucht die Heimat nicht außer sich, dann ist man auch nicht auf Almosen angewiesen. Wie schnell kann man eine scheinbar sichere Heimat bei Menschen verlieren. Man soll unvergängliche Dinge nicht im Vergänglichen suchen. –

Heute war ich schon mit Inge fort, ganz in der Frühe, im Harthauser Wald. Erst war es neblig, naßkalt. Aber vor der Sonne mußten alle Wolken vergehen. Die kahlen Bäume glänzten fröhlich wie im Frühling, es gab Farn, vielerlei Moos u. Sauerklee, u. vor uns sprang ein Reh auf. Wir wären gern immer weiter gegangen. Aber was täte man nicht alles gern!

Die Zweiglein sind vom Harthauser Wald. Hoffentlich bereitet Dir das Päckchen einen friedlichen Abend.

Frohe Grüße Sofie

25. 11. 40. [aus Wissant bei Calais, Frankreich]

Liebe Sofie!

Heute und vorgestern habe ich wieder einen Brief von Dir bekommen.

Vielen Dank dafür, auch für die Grüße und die wunderbare Zeichnung vom kleinen Klaus. (Er geht anscheinend schon in Deinen Fußstapfen!?).

Ich glaube, da Du darnach frägst, ich habe Dir nicht einmal den Empfang Deiner guten Brötchen, die schon längst aufgegessen sind, und auch der beiden Büchlein, bestätigt. Du wirst verstehen, daß der Inhalt Deiner Briefe mir im ersten Augenblick wichtiger war.

Mein letzter Brief liegt wohl schon wieder weiter zurück, als ich es gerne gewollt hätte. Aber ich habe in den letzten Tagen angefangen ein Buch zu lesen, von dem ich nicht mehr losgekommen bin. Ich möchte fast nicht glauben, daß es Zufall ist, der mir gerade dieses Buch in die Hände gespielt hat, als ich in meinem Urlaub das Buch gekauft habe. Es ist Hermann Hesse's »Weg nach Innen«. Ich könnte gerade jetzt wohl kein schöneres Buch für mich finden, als dieses. Es ist mir beinahe zur Bibel geworden, da es in Worten andeutet, was ich selbst begann zu ahnen, als ich Dir schrieb, ich will still und bescheiden sein. Kannst Du begreifen, welchen Weg ich gegangen bin, wenn Du weißt, daß ich mir lange Zeit den Piotr (von Klabund) zum Vorbild genommen hatte?

Obwohl mir es manchmal schien, als ob die Hingabe für einen Menschen schon Erfüllung wäre und letzter Sinn, wenn auch nicht der schlechteste, so glaube ich doch, wie Du mir in einem Deiner Briefe geschrieben hast, daß der Gegenstand unserer Sehnsucht ein anderer sein sollte, als die Wärme und das Geborgensein bei dem anderen. Aber wer kann auf Wärme und das Geborgensein bei dem Nächsten ganz verzichten, wer hat so viel Kraft ganz allein zu gehen? Überkommt nicht jeden einmal Müdigkeit, eben weil wir Menschen sind, und wenn dann keiner ist, der einem Halt gibt, könnte da die Versuchung, einfach liegen zu bleiben, nicht einmal zu groß werden?

Vielleicht nimmst Du die Wärme und den Halt, welchen Dir der Kreis Deiner Familie gibt, als Selbstverständlichkeit hin.

Hoffentlich hast Du die Zeit und die Ruhe, trotz Deiner vielen Arbeit, die Adventsabende zu feiern, und auch sonst noch einige Abende für Dich zu haben.

Vielleicht ist es gut, wenn man seiner Arbeit gegenüber einen gewissen Wurstigkeitsstandpunkt einnehmen kann, wenn es not tut, bevor man sich selbst verliert.

Einen herzlichen Gruß, Fritz.

Ich lege noch die Bescheinigung für einen Leica-Apparat für Hans bei. Vielleicht reicht mir die Zeit, daß ich mit diesem Brief noch einige Päckchen mitschicken kann.

Die Schuhe für Deine Mutter will ich gerne besorgen, sobald ich Gelegenheit dazu habe.

Hermann Hesse (1877–1962), »Weg nach Innen« erschien 1931 bei S. Fischer, Berlin. Das Buch enthält vier ältere Erzählungen von Hesse: »Kinderseele«, »Klein und Wagner«, »Klingsors letzter Sommer« (alle 1920) und »Siddharta« (1922). Den Titel des Buches lieferte ein Gedicht, das erahnen lässt, was Fritz Hartnagel an Hermann Hesse faszinierte:

Weg nach innen

Wer den Weg nach innen fand,
Wer in glühndem Sichversenken
Je der Weisheit Kern geahnt,
Daß sein Sinn sich Gott und Welt
Nur als Bild und Gleichnis wähle:
Ihm wird jedes Tun und Denken
Zwiegespräch mit seiner eignen Seele,
Welche Welt und Gott enthält.

Hermann Hesses Bücher galten in Deutschland seit 1939 als unerwünscht.

Klabund (d. i. Alfred Henschke, 1890–1928), »Pjotr«, erstmals erschienen 1921 bei Erich Reiss, Berlin.

»Pjotr ist Wohltäter und Mörder, Liebender und Betrügender in einer Person, ein mit allen mythischen Zeichen ausgestatteter Antichrist, der sein Volk unbarmherzig in eine Apokalypse treibt, die er zunächst für heilsam hält, aber als nutzlos erkennen muss.« (Klabund. Ein charakterisierender Essay, von Christian von Zimmermann, in: Metamorphosen 19 (1999), S. 28–31)

Für den »Leica-Apparat« für Hans Scholl, einen Fotoapparat der auch heute noch renommierten Marke, hatte Fritz Hartnagel einen Bezugsschein besorgt.

25. 11. 40. [aus Ulm]

Lieber Fritz!

Ich möchte Dir auf Deinen letzten Brief gleich antworten, da das, was gleich getan wird, nicht mehr belastet.

Am liebsten hätte ich, nachdem ich den Brief gelesen habe, nein gerufen. Das möchte ich auch jetzt noch. Dies ist nicht der rechte Weg, nicht die wahre Einsicht, die aus dem Brief spricht. Du sollst nicht in jeder freien Stunde an mich schreiben wollen. Nicht einmal denken. Ich habe erkannt, u. es konnte gar nicht anders sein, daß Du Dir in Gedanken baust, was in Wirklichkeit nicht sein kann. Dies ist so gefährlich. Warum besinnst Du Dich nicht auf Dich selbst? Suche Dir doch einen höheren Trost als Träume.

Wenn Dir meine Briefe Berechtigung zu diesen Träumen gegeben haben, dann sind sie falsch, unrecht ausgedrückt oder mißverstanden.

Könnte ich Dich so hart machen, wie Du jetzt sein mußt.

Soll ich Dir nicht mehr schreiben?

Ich glaubte auch an ein Miteinander, aber an ein Miteinander von Menschen, wie es eigentlich sein sollte. Verlocke mich nicht, einem Gefühl nachzugeben (dessen Ziel u. Ende ich nicht absehe) u. Erkanntes deshalb aufzugeben.

Man sollte das Leben eines Mönches führen, ehe man sich hineinstürzt, wohin Gefühl u. Begehren wollen.

Du hältst mich [für] hart, unbarmherzig. Ich glaube nicht, daß ich das bin. Es ist mein größter Wunsch, Dich dahin zu führen, oder wenigstens einmal Deinen klaren Blick dahin zu lenken, wo für mich das Erstrebenswerte des Menschen ist.

Dein Brief ist aber, dies glaube ich u. das ist mir ein Trost, in einer Stimmung geschrieben, u. manchmal wird Dir auch eine Stunde kommen, wo Du Dich nach einer Unabhängigkeit von Stimmungen sehnst u. nur noch eine Abhängigkeit suchst.

Glaube, daß ich trotz allem mit warmem Herzen an Dich denke.

Sofie

Wie lange braucht ein Päckchen von mir, bis es bei Dir ist? Ich möchte es wissen wegen Weihnachten.

Klaus hat ein Brüderle bekommen, heute früh.

Ulm, den 1. Dezember 1940.

Lieber Fritz,

ich wollte Dir gestern schon schreiben, fand aber die Zeit nicht. Nun kann ich mich heute auch gleich für die Mandeln bedanken, die mit der Sonntagspost angekommen sind. Hast Du dabei an die Weihnachtsbrötchen gedacht, als Du sie schicktest? Dazu kommen sie wie gerufen, u. Du sollst bestimmt auch was davon versuchen. Von Mutter u. Inge deshalb noch besonderen Dank. – Nach einem Brief oder handgeschriebenen Gruß suchte ich allerdings vergebens das ganze Päckchen durch, u. das wollte mir geschwind die Freude trüben. Aber ich merkte gleich, daß das töricht sei, u. daß man, besonders Du, nicht immer schreiben kann, wenn man möchte u. sollte. Ich nehme an, daß Dir trotzdem nichts fehlt. Und ich habe die halbe Hoffnung, daß dafür in den nächsten Tagen etwas kommt.

Heute haben wir einen ganz großen Adventskranz in der Diele aufgehängt, der soll heute abend das erste Mal angezündet werden. Ich hoffe sehr, daß Du an dem heutigen Tag auch ein Kränzchen hast u. ein paar Lichter, von Deiner Mutter oder von mir. Es würde mich sehr interessieren, wielange ein Päckchen von uns zu Dir braucht, schreib mir das bitte einmal (sonst kommen die meinen immer am falschen Zeitpunkt an.)

Du glaubst nicht, wie rasend schnell mir die Wochen vergehen. Ich bin gerade ganz glücklich darüber, nur sollten mir längere Abende bleiben (Sie dauern für gewöhnlich bis 12 Uhr) Ich hätte so große Lust, für mich zu arbeiten, aber daran kann ich gerade nicht denken. Wenn mal ein Stündlein frei ist, wird schnell eine Arbeit für Weihnachten hineingestopft, denn meine Geschenke dürfen diesjahr keinen Pfennig kosten, so bleibt mir nichts übrig, als sie selbst zu machen. Mein großer Wunsch ist immer: mehr Zeit für mich. – Aber ob man jemals Zeit für sich hat? Manchmal kommen mir Zweifel bei unserem Tempo. Im Grunde jedoch bin ich ein Optimist.

Vorhin habe ich 4 Stunden an einem Gemeinschaftsbild für die Schule gemalt. Das ist für mich zugleich Freude u. Geduldsprobe, denn hier heißt es zärtlich u. pünktlich malen bis ins Kleinste. Es wird aber auch ein wunderbares Märchenbild, auf dem man nach einer Stunde Betrachtung noch nicht alles entdeckt hat. Ich nehme alle auffindbaren Naturgeschichtsbücher zu Hilfe. Schade, daß es am Schluß nicht mir gehört.

Nun sind es nur noch 3 1/2 Wochen bis Weihnachten. Darüber bin ich so froh, dann kommen endlich ein paar Tage ausspannen, wenn möglich im Gebirge mit Skiern. Eine Aussicht, die immer wieder hochhält.

Ich bin nun sehr gespannt auf Deinen nächsten Brief, am liebsten wär ich ein Hellseher u. ich wüßte immer, wie es Dir geht. So aber bin ich ganz auf Dich angewiesen, u. sehe so dumm u. untätig Dir von ferne zu.

Viele Grüße

Sofie

Ulm, 5. 12. 40

Lieber Fritz,

wieder reicht es mir nur zu einem nur kurzen, aber herzlichen Dank für die vielen guten Sachen, mit denen Du mich u. die andern immer bedenkst. Die Pralinenpackungen sind, rein äußerlich, ganz wunderbar! Und wie gut wir Seife u. Strümpfe u. den Kakao brauchen können, weißt Du ja. Wir kommen uns vor wie Krösusse. – Wenn Du einen besonderen Weihnachtswunsch hast, sag ihn mir bitte, ich würde Dir so gerne etwas geben, das Du gerne haben möchtest, u. wenn's auch Zeit in Anspruch nimmt (dann würde es eben später werden). Ich weiß gar nicht, womit ich Dir auch ein bißchen Freude machen könnte.

Deinen Brief, ich habe ihn gestern in einem Päckchen erhalten, möchte ich Dir später beantworten. Er hat mich in mancher Hinsicht beruhigt, u. hat mir wieder vor Augen gehalten, welche Privilegien ich genieße. Denke nicht, ich würde es vergessen, oder nicht mehr beachten, was mir unser Familienkreis ist. Er ersetzt wirklich ungeheuer viel. Ich werde mich insofern nie mit Dir vergleichen dürfen. Für Dich ist das sicher manchmal bitter. Und weißt Du wie ich mir manchmal vorkomme, wie ein ungerecht belobtes Kind, das sich in seinem Vorrecht vor andern nicht glücklich fühlt.

Vom Skifahren habe ich Dir schon geschrieben. Gehst Du mit? Die Entscheidung überlasse ich Dir, Du selbst wirst am besten wissen, was gut u. richtig ist. –

Entschuldige, wenn ich so wenig u. nichtssagend schreibe, es ist oft schwer, anders zu sein, aber Du weißt ja, daß ich oft mit meinen Gedanken bei Dir bin.

Mit vielen Grüßen von Herzen

Sofie

6.12.40. [aus Wissant bei Calais, Frankreich]

Liebe Sofie!

Ich weiß nicht, was ich auf Deinen vorletzten Brief schreiben soll. Vielleicht ist auch jede Antwort überflüssig, denn nach allem was Du mir schreibst, brauchst Du keinen Menschen und dann wohl auch keine Briefe. Wenn jedes von uns beiden seinen ganzen Trost und Halt im »Höheren« findet, dann ist der eine dem anderen wohl überflüssig geworden. Was wollen wir noch voneinander?

Ich suchte in Dir einen Menschen, zu dem man immer kommen kann mit seiner Last, bei dem man seine Schale ablegen kann, mit dem man sich mit frohem Herzen über alles Schöne freuen kann, mit dem man gemeinsam seinen Weg sucht. Und ich hoffte dasselbe für Dich zu sein. Ich glaube nicht, daß dies nur Gefühle sind, denen man nachgibt. Aber ich will versuchen allein zu gehen, wenn ich auch todmüde bin.

Es würde auch eine gemeinsame Schifahrt an Weihnachten, bzw. Neujahr, nicht auf dem Weg liegen, den Du mir vorweist. Du zweifelst selbst daran. Ich habe jeden Urlaub gern bei Euch verbracht, und eigentlich nur von diesen Tagen und von der Hoffnung auf die nächsten gelebt. Aber ich glaube, daß ich nach alledem nicht mehr ohne Hemmungen und Gastgefühle sein könnte, und in meinem Zustand würde ich Euer ungezwungenes Zusammensein nur stören, wie ein Fremder. Ich glaube, ich kann nicht mitgehen.

Ich danke Dir auch für die beiden Päckchen und vor allem für das Adventskränzchen, wenn auch das schöne Bild des Kränzchens mit den 4 roten Kerzen, den gelben Flammen, mit dem warmen Licht und der Ruhe, das es ausstrahlt, mit einer leisen Wehmut vermischt war, wie die Erinnerung an Vergangenes.

Du brauchst mir nur zu schreiben, wenn es Dich dazu drängt.

Fritz.

Vergangene Woche hatte ich Gelegenheit in Gent die Schuhe für Deine Mutter und für Dich zu kaufen. An den Geschmack allerdings darfst Du keine Ansprüche stellen, denn die Verhältnisse, die ich Dir schon geschildert habe, sind bedeutend schlechter geworden. Ich hätte Deiner Mutter lieber einen Schuh zum Schnüren oder mit einer Spange gekauft, aber so etwas gab es nicht. Und da die Schuhe besonders breit und auch weich waren, habe ich sie genommen, jedoch nicht mit der Freude, die man über einen guten Kauf hat. Die Schuhe für Dich waren von mehreren Geschäften die einzigen in dieser Art. Hoffentlich passen sie wenigstens in der Größe. Ich schicke sie mit diesem Brief weg. F.

10.12.40. [aus Wissant bei Calais, Frankreich]

Liebe Sofie!

Ich danke Dir für Deine Briefe, die ich gestern und heute bekommen habe. Ich will Dir schreiben, da Du mir schreibst, wenn ich auch nicht weiß warum Du das tust. Entweder ist es ein großes Mißverstehen, das uns trennt, oder Deine Briefe sind nur das, was ich meinte, als ich Dir von Almosen schrieb. – So unfaßbar es nun auch ist, aber ich sehe keinen Weg mehr zu Dir. Wahrscheinlich sagst Du, das sollst Du auch nicht, such Dir den Weg zu höheren Dingen. Vielleicht zweifelst Du an meinem Suchen und an meinem Willen zur Wahrhaftigkeit. Aber wie soll man an etwas Halt finden, das man nicht sieht, das viele ihr ganzes Leben nicht finden, da sie des Suchens müde geworden sind. Ist da nicht schon ein Trost und ein Halt und neue Kraft, wenn man sich nicht ganz allein weiß?

Vielleicht hast Du auch meine Briefe, auf die Du mit einem entschiedenen »Nein« geantwortet hast, nicht richtig verstanden. Es war wohl aus einem Gefühl heraus geschrieben, vielleicht aus einem Gefühl der Hilflosigkeit, des Nicht-Verstehens, des Nicht-mehr-weiter-Wissens, und auch aus dem vielleicht irrigen Gefühl als ob wir uns im Grunde verstehen könnten, wenn wir uns wirklich gegenübertreten könnten, so wie wir sind.

Vielleicht meinst Du, daß ich nur die körperliche Wärme, etwas Sinnliches, bei Dir suche. Wenn ich mich auch manchmal dagegen wehren muß, so ist es doch etwas ganz anderes, was mich an Dich bindet. Es ist wohl etwas dabei, was sich Männer, die nur Meinung gegen Meinung stellen, nicht geben können, etwas seelische Wärme und Herzlichkeit. –

Es wäre gut, Du würdest es mir rückhaltlos sagen, wie Du zu mir stehst.

Kannst Du verstehen, daß ich so nicht mitkommen kann zum Schifahren?

Da Du mich nach einem besonderen Wunsch fragst, so will ich etwas wünschen, wenn auch die Päckchen, die ich Dir schickte, keine Berechtigung dazu geben, denn sie sind ja nur eine Selbstverständlichkeit. Vielleicht ist es sehr viel, was ich mir wünsche, nämlich eine Zeichnung von Dir, irgendeine Skizze von früher, nur ein pa[a]r Linien von Deiner Hand. Die kleine, springende Prinzessin ist das einzige, was ich von Dir habe. Sie hängt auch hier wieder in meinem Zimmer. Aber wenn es zuviel verlangt ist, dann laß es nur, ich sag es ja nur, da Du mich danach fragst. Auf keinen Fall möchte ich Dir etwas von Deiner sowieso knappen Freizeit nehmen, die Dir allein gehören soll.

Einen herzlichen Gruß, Fritz.

Ulm, 10. 12. 40.

Lieber Fritz,

ich würde Dir gerne Deinen Brief beantworten. Aber um dies gründlich zu tun, müßte ich zuerst noch einmal »Weg nach innen« und »Pjotr« lesen, denn sie liegen zu lange bei mir zurück u. rufen, wenn ich mich daran erinnern will, nur undeutliche Gefühle (allerdings deutlich genug, um den Gegensatz der beiden Bücher zu erkennen) in mir hervor. Um sie aber zu lesen, fehlt mir jetzt gerade die Zeit, so muß ich noch warten. Nun merke ich aber, daß ich die Bücher für Dich bisher nicht sorgfältig genug gewählt habe, d. h. ich konnte das früher auch nicht, weil es mir genug war, wenn ein Buch schöne Sprache hatte u. in Gefühlen schwelgte. Denn eine Zeitlang, da war mir Gefühl alles.

Ich merke, es gelingt mir schlecht, Dir zu schreiben. Ich komme, beim überlegen, zu keiner fertigen Formulierung. Ich bin etwas übermüdet.

Das mag nicht ganz schuldlos daran sein. Hast Du Dir Deinen nächsten Urlaub schon überlegt? Ich glaube, Deine Antwort kenne ich schon halb.

Entschuldige, wenn ich schon wieder Schluß mache.

Sei herzlich gegrüßt u. schreib mir, sobald Du Lust hast. An Deinen Briefen liegt mir gerade soviel.

Sofie

11.12.40.

Lieber Fritz,

vorhin kam ein schon halboffenes Schuhpäckchen an. Ging der Brief verloren, oder wurde er nicht geschrieben? – Aber vor allem heißen Dank (den Preis wirst Du mir wohl im nächsten Brief mitteilen?) Sind sie für Mutter gemünzt? Dafür sind sie leider viel zu eng, denn meine Mutter kann nur ausgesprochen breite brauchen. Nun führen wir Schwestern einen edlen Wettstreit im Verzichten. Ein endgültiges Ergebnis ist noch nicht erreicht. Auf jeden Fall sind wir goldfroh, daß wir überhaupt ein Paar haben.

Dein letzter Brief war vor 16 Tagen geschrieben, nun warte ich immer auf einen nächsten. Ich will Dich damit nicht drängen, mir öfter zu schreiben, ich will Dich hierin überhaupt nicht mehr beeinflussen, denn ich weiß ja, daß Du bewußt tust, was Du tust. Aber ich möchte noch viel mehr Anteil an Dir nehmen können. Es ist beunruhigend, wenn man so wenig von andern erfährt. Denn von Deinem eigentlichen Berufsleben, davon weiß ich ja gar nichts. Aber ich glaube, das ist auch nicht Dein Wesentlichstes. Und an dem andern, daran habe ich doch ein wenig teil. Verstehst Du, ich möchte nicht ein Teil jenes andern Lebens sein, aber ich möchte teilnehmen daran, das heißt zuschauen, um nicht einmal eine Pflicht zu versäumen. Aber dieses ist eine wahrscheinlich unberechtigte Anforderung, außerdem eine unmögliche.

Wenn Dich der Brief erreicht, wird es wahrscheinlich nicht mehr lange bis Weihnachten sein. Freust Du Dich ein bißchen?

Sofie

Ulm, den 15.12.40.

Lieber Fritz,

ich habe heute zwei Briefe von Dir erhalten, u. Deinen bescheidenen Weihnachtswunsch will ich Dir sicher nicht versagen. Nur von mir aus, verstehst Du, schenke ich nicht gerne so ganz eigene Arbeiten. (ich käme mir dabei vor, wie jemand, der ein erstes eigenes Gedicht hemmungslos u. selbstbewußt veröffentlicht.) Nach Deinem Wunsch schick ich Dir eine kleine Skizze, vom Dieterle, das ist der kleine Bruder von Klaus, u. die Mutti sagt immer Susi zu ihm, das kommt von Süßi u. ist nur ein Kosename. Es ist das erste Mal, daß ich mich an einem so Winzigen versucht habe, und um es ruhig zu halten, mußte ich ihm meinen Finger in den Mund stecken, denn es hatte noch Hunger. Da hat es dann ganz innig daran gelutscht. Daß mir die kindlichen Verhältnisse des Köpfchens einige Schwierigkeiten gemacht haben, siehst Du an dem ziemlich verschmierten Papier. Hoffentlich hast Du nichts besseres erwartet.

Ich habe gerade die Zeit nicht, auf Deine Briefe näher einzugehen, aber ich werde es nachholen. Es tut mir weh, daß Du soviel Bitternis in Dir hast. Es liegt wohl ein großes Mißverstehen vor zwischen uns, aber ich möchte sagen, es liegt an Dir, denn Du kannst oder willst mich nicht verstehen. Glaubst Du denn, daß man zwei Herren dienen kann? Soviel ich mich noch entsinne, ist das auch nicht die Erkenntnis Siddhartas, von dem Du doch gerade viel hältst. Glaube nicht, daß ich auf die Wärme des Menschen verzichten könnte. Ich weiß nicht, u. ich zweifle fast daran, daß ich es je kann. Ich überschätze mich nicht. Aber ich möchte es können. Damit meine ich nicht, daß ich die Wärme des Menschen verachte. Aber ich glaube, erst an überwundenen Dingen findet man den wahren Genuß. Aber es ist nicht gut, wenn ich so viele schlecht überlegte Worte an Dich schreibe. Geschriebene Worte sind viel schärfer als gesprochene. Es wäre besser, wir könnten miteinander sprechen. Trotzdem möchte ich nicht zuraten zum Skifahren. Ich will mich nicht überschätzen. Ich glaube, wenn wir geduldig sind, finden wir den Weg wieder zueinander, als Menschen, nicht anders.

Laß mich ruhig an Dich schreiben; warum sollen wir, aus einer schnellen Verzweiflung heraus, alles abbrechen. Wenn Du nicht kannst u. willst, so laß es ruhen, ich will nicht müde werden, den Frieden, der uns noch verbindet, zu erhalten.

Glaubst Du nicht, daß das Geschlecht könnte vom Geiste überwunden werden?

Nun aber, da es Weihnachten wird, freue Dich doch ein bißchen. Könnte ich nur manchmal bei Dir sein.

Viele Grüße, von uns allen und viele gute Wünsche

Sofie.

18. 12. 40. [aus Wissant bei Calais, Frankreich]

Ich danke Dir, liebe Sofie, für all Deine Briefe und das Buch, die ich in den letzten Tagen von Dir bekommen habe. Auch Deine Mutter und Inge haben mir einen Brief geschickt. Ich glaube Du weißt es, mit welch dankbarer Freude ich diese Grüße immer aufnehme. Sag es auch bitte Deiner Mutter und Inge bevor ich dazu komme und die richtige Zeit finde ihnen zu antworten.

Ich glaube mein letzter Brief liegt schon wieder weit zurück. Aber der Grund dafür liegt nicht bei mir. Seit vergangener Woche ist mein Kommandeur in unserem Chateau eingezogen, und da mußte ich Abend für Abend mit ihm zusammen verbringen, obwohl wir eigentlich nichts Rechtes miteinander anzufangen wußten und uns wohl beide gelangweilt haben. Dadurch gehen mir meine kostbaren Abende verloren, die ich ganz für mich verbringen konnte. Ich fühle mich hier am wohlsten, wenn ich allein bin. Nun bin ich froh, daß mein Kommandeur heute über die Weihnachtstage in Urlaub gefahren ist.

Außer den mehr dienstlichen Sorgen um die Ausgestaltung des Weihnachtsabends, und an den Tannenzweigchen, die ab und zu mit den Päckchen aus der Heimat kommen, merkt man hier nichts, daß in wenigen Tagen Weihnachten ist. Die Landschaft hier am Kanal ist auch nicht dazu angetan um eine Weihnachtsstimmung hervorzurufen. Vor meinem Fenster liegt die braungrüne Ebene, die in der Ferne, dort wo das Meer ist, in Dunst übergeht. Hier und dort eine Baumreihe, den Straßen und Wasserläufen entlang, vielleicht eine Baumgruppe, in der ein pa[a]r niedere Lehmhütten versteckt sind, ein Schornstein einer Ziegelei; aber was über den [schweren/kargen?] Boden herausragt verschwimmt in der feuchten und dunstigen Luft. – Flandernlandschaft in ihrer schwermütigen Schönheit.

Keine weiß bedeckten Hänge und schneebeladenen Tannen, und vor allem nicht die kalte und klare Luft, in der man glaubt Schnee zu riechen und die weihnachtlich froh macht. – Eigentlich hätte ich ab 26.12.14 Tage Urlaub. Aber ich bin noch nicht mit mir einig, ob ich ihn nehmen soll. Ich weiß ja nicht, was ich mit ihm anfangen soll ohne Dich. Und so, in solchen Unklarheiten und Zweifeln, die uns trennen, so kann ich nicht mitkommen mit Euch. Im Grunde warte ich ja immer noch auf ein Wunder, das uns im Vertrauen zusammenführt, so daß wir frei und unbeschwert zusammen sein können. Ich weiß nicht, was ich Dir noch sagen soll, ich hab Dir alles schon geschrieben, ich kann nur warten. – Und allein verbringen meinen Urlaub, da hab ich vorerst Angst vor mir selbst, vor der Lust, alles Schöne und Gute über Bord zu werfen.

Sofie, Du allein kannst es wissen, was wir uns sein können. Ich nehme, was Du mir geben kannst. Aber ich möchte Dir dafür auch etwas geben können. Es ist notwendig um gegenseitig frei und ohne Hemmungen zu sein.

Vielleicht findest Du das alles lächerlich, aber mich rührt es auf bis auf den Grund. Ich kann nichts dafür.

Mit allen guten Wünschen für Dich

Fritz.

Ulm, 20.12.40.

Lieber Fritz,

herzlichen Dank für die Schuhe, die Du meiner Mutter besorgt hast, sie sind heute früh angekommen. Vergiß doch auch nicht, mir ihren Preis u. den der vorher angekommenen bald mitzuteilen.

Ich muß jetzt gleich wieder weg in den Kindergarten. An Weihnachten ist's mit den Kindern arg nett. Nur so kalt. Beim Heimweg heute haben fast alle Kinder geheult vor Kälte. Morgen habe ich das letzte Mal Schule.

Ich finde es auch besser, wenn Du nicht an unserm gemeinsamen Skifahren teilnimmst. Du wärest, glaub es mir, nicht befriedigt. Dazu ist zu viel zwischen uns zwei allein auszumachen. Vielleicht hast Du 2 Monate später Zeit u. Lust.

Im übrigen hoffe ich, morgen oder übermorgen zu einem ausführlichen Brief zu kommen.

Hab inzwischen viele Grüße von Herzen und denke manchmal ohne Bitterkeit an mich.

Sofie.

27. 12. 40. [aus Wissant bei Calais, Frankreich]

Liebe Sofie!

Wahrscheinlich wirst Du diesen Brief erst vorfinden, wenn Ihr vom Schifahren wieder zurück seid. Ich hoffe, daß Du einige Tage erlebt hast, von denen man zehren kann. Bitte schreib mir auch etwas darüber. Daß ich nicht in Urlaub gefahren bin, hat sich auch gut mit meinen dienstlichen Pflichten getroffen. Denn es ist damit zu rechnen, daß wir in den nächsten Tagen oder Wochen hier abrücken und einer neuen Verwendung zugeführt werden. Dabei gibt es natürlich für den Adjutanten allerlei zu tun.

Ich habe in den letzten Tagen so viel schöne Sachen von Dir od. von Euch bekommen, daß ich gar nicht weiß, wo ich anfangen soll mich zu bedanken. Da ist Dein mit so viel Mühe geflochtener Teller, gefüllt mit guten Sachen, das Hutzelbrotlaibchen, das ich mir jeden Nachmittag zum Kaffee schmecken lasse, und vor allem Deine Zeichnung vom kleinen Dieterle.

Ich dachte schon, mein Wunsch sei etwas anspruchsvoll, aber er wurde wider Erwarten schnell mit einem so feinen Bildchen erfüllt. Es ist für mich nur so beschämend, daß ich Dir nicht auch etwas Selbstgemachtes schenken kann. Aber ich kann nicht mehr als danken und Dir sagen, daß Du mir eine Freude gemacht hast. Dann kam gerade am Heiligen Abend das Päckchen mit dem schönen Zinnbecher an. Ich habe dieses gehämmerte Zinn sehr gern. Sag bitte allen Scholl's einstweilen herzlichen Dank dafür. Auch eine Karte von Dir erhielt ich an diesem Abend, die mir bald einen längeren Brief verspricht. Ich erwarte ihn nun mit Ungeduld und hoffe, daß er uns weiterbringt. Vielleicht reden wir beide manchmal aneinander vorbei. Du glaubst, daß das Mißverstehen allein auf meiner Seite liegt, oder daß ich Dich nicht verstehen will. Ich habe manchmal den Eindruck, als ob Du der Ansicht bist, als wollte ich an unserem alten Verhältnis festhalten, oder vielmehr ein solches Verhältnis anstreben, das mir lange Zeit mein sehnlichster Wunsch war. Ich glaube allerdings, daß es nichts Schlechtes war, was ich mir wünschte (vielleicht schreibe ich Dir ein andermal darüber). Aber nachdem ich weiß, daß es nicht sein kann, habe ich versucht es zu überwinden. Vielleicht hat in meinen Briefen manchmal unbewußt etwas mitgeklungen davon, was bei Dir einen falschen Eindruck erweckt hat. Aber ich suche ja ein neues Verhältnis zu Dir. Doch Du sagst zu allem nein. Du lehnst jedes menschliche Verhältnis ab. Dein Ziel scheint ein Mönchs- oder Einsiedlerleben zu sein. Dieser Ansicht nach könnte es nichts geben, was uns verbinden würde. Dann allerdings sehe ich keinen Sinn darin, wenn wir uns noch weiter schreiben.

Aber du schreibst mir trotzdem. Ja Du schreibst, daß Du den Faden, der uns verbindet, erhalten willst, Du sprichst die Hoffnung aus, daß wir den Weg wieder zueinander finden werden. Versteh ich Dich falsch, da ich darin einen Widerspruch sehe? Aber Du hast es mir noch nie gesagt, was es ist, was uns verbindet, oder wie Du Dir unser Verhältnis zueinander denkst. Du sprichst manchmal von einem Verhältnis als Menschen. Es mag dies vielleicht für Dich ein Begriff sein. Aber ich kann darunter nichts verstehen, man kann das nach jeder Seite auslegen.

Du frägst mich, ob ich glaube, daß man zwei Herrn dienen kann. Aber Sofie, ich will ja nicht, daß Du mir »dienen« sollst, oder irgendetwas Letztes in mir siehst. Ich wünsche ja nur, daß wir uns Weggenossen sein können. Ich glaube nicht, daß diese Freundschaft uns das Höchste sein soll. Ich glaube, daß selbst die Liebe nur Sinn hat, wenn etwas Höheres darübersteht. Aber ich glaube auch nicht, daß eine Freundschaft nur Schwäche ist, das Nachgeben irgendwelchen Gefühlen, die einem angenehm erscheinen, oder etwas, was man überwinden sollte. Ich finde, daß sie zur Läuterung beiträgt und dadurch den letzten Dingen näher bringt. Sie kann auch hart sein, da sie einem die Härten der gemeinsam errungenen Erkenntnisse auferlegt.

Du mußt wissen Sofie, ob Du zu einer solchen Freundschaft bereit sein kannst. Man kann sie bestimmt nicht mit jedem Menschen eingehen. Ich glaube nicht, daß man dazu die verschiedenen Meinungen gegenüberstellen muß (sie sind zwischen uns noch manchmal so verschieden, bezw. unreif, wenigstens meinerseits), sondern man muß es fühlen, glaube ich, ob im Grunde etwas Gemeinsames verbindet, ob man sich gegenseitig Vertrauen schenken kann, ob man sich mit offenem Herzen gegenübertreten kann, mit allen Schwächen, die man hat, nicht um ihnen freien Lauf zu lassen, sondern um sich gegenseitig zu helfen und um sich weiterzubringen.

Oder glaubst Du, daß es besser ist, wenn der Mensch alleine ist?

Liebe Sofie, wenn es Dir möglich ist, dann mach bitte dieser Ungewißheit und diesen Zweifeln ein Ende, ganz gleich welches.

Tu, was Du tun mußt. Ich werde es Dir nie übelnehmen, auch wenn ich's nicht begreifen könnte. Fritz.

»Hutzelbrot« ist im Schwäbischen ein Früchtebrot.

Sophie Scholl hatte den jüngsten Sohn der Familie Rennicke, Dieter (»Dieterle«) gezeichnet. Rennickes waren Nachbarn der Scholls im Haus Am Münsterplatz Nr. 33; Frau Rennicke war als Hausmeisterin tätig.

Ulm, 6.1.41.

Lieber Fritz!

Nun will ich nochmals einen Brief an Dich beginnen, der hoffentlich abgeschickt werden kann.

Ich habe mich lange abgemüht, um eine Form zu finden, in der wir miteinander verkehren können. Nun aber glaube ich, daß dies unnötig, vielleicht falsch ist. Es ist nur nötig, daß wir Geduld miteinander haben. Wenn wir uns beide bemühen, zu tun, wie wir für richtig halten, dann muß uns diese Form eines Tages von selbst zufallen. Glaubst Du nicht?

Zu einer Freundschaft bin ich nicht stark genug. Ich weiß nicht, ob auch Du Dich nicht überschätzt.

Zwischen Jungen u. Jungen, oder Mädchen u. Mädchen ist es etwas anderes. Das muß nicht so sein, es gibt sicher Ausnahmen. Aber gehören wir dazu? Überdies: Sind wir denn nicht Freunde? Meine ganze Liebe aber an einen Menschen zu hängen, oder vielmehr mich ganz mit ihm teilen, das bringe ich jetzt nicht fertig.

Ist es denn nötig? – Deshalb muß ich nicht ein Einsiedlerleben anstreben. Dazu gibt es viel zu viel Beziehungen zwischen uns, nicht nur zwischen mir u. Dir, von denen wir sowieso die meisten übersehen, weil wir so grobe Sinne haben.

Eine Freundschaft, in reiner unbegründeter Zuneigung geschlossen, kann es für mich nicht geben. Ich verurteile sie nicht. Aber ich kenne keine Zuneigung, oder Liebe oder wie Du sagen willst, zu einem Menschen mehr. Dies mußte ich Dir auch sagen. Nimm es mir nicht übel. Ich glaube, man kann die Menschen auch anders lieben. Dies will ich versuchen.

Ich hoffe, Du bist in Deinem Urteil über mich nicht härter als ich selbst.

Vom Skifahren schreib ich Dir später.

Sofie

[darunter von Kinderhand eine Zeichnung und der Text: Gruß und Kuß Dein Klaus]

8. 1. 41. [aus Wissant bei Calais, Frankreich]

Liebe Sofie!

Es ist schon nachts 12 Uhr. Ich konnte Dir leider nicht früher schreiben. Ich muß Abend für Abend im Kasino sitzen und selbst am Sonntag Nachmittag. Wir mußten alle Doppelkopf lernen. Mein Kommandeur meint, daß das Dienst sei. Und nun spielen wir vom Abendessen bis 12, 1 Uhr mit viel Gebrüll seitens des Kommandeurs. Unser Inspektor, der etwas schwer begreift ist manchmal nahe am heulen, so wird er vom Kommandeur mit hochrotem Kopf angebrüllt, wenn er eine falsche Karte zieht. Du kannst Dir denken, mit welcher Begeisterung ich dabei bin! Diese Abende kommen mir so nutzlos vergeudet vor, und mir ist es innerlich oft so übel danach. Andererseits ist mein Kommandeur gegenüber manchen Pedanten und »Kommißböcken«, wie er sie selbst nennt, in seiner Großzügigkeit als langjähriger Farmer in Südamerika, wie man unter uns sagt, ein »Pfundsknochen«. Und tagsüber, wenn ich auch nicht angestrengt zu tun habe, so ist mein Tag doch so ausgefüllt, daß es zu keinem Brief oder einer Stunde für sich selbst reicht. Dafür konnte ich die beiden Weihnachtsfeiertage vollkommen für mich verbringen. Ich las die »Raubfischer«, die ich von Dir bekommen habe und knusperte nebenbei von Deinen Brötchen. Sonst ging ich in den Wald, der gleich hinter unserem Dorf anfängt, und in dem man stundenlang gehen kann ohne einem Menschen zu begegnen. Dafür habe ich öfters Wild gesehen, Rehe, Hasen und einmal sogar einen Fuchs, den ich lange beobachten konnte, ohne daß er mich bemerkte. Es war zwar bitter kalt, und auf dem freien Feld pfiff ein scharfer Wind, der mir aber die Müdigkeit des langen Sonntagsschlafs aus dem Gesicht fegte. Ich kam frohen Herzens nach Hause nach solchen Spaziergängen. Ich sollte öfter die Zeit oder die Freiheit dazu haben.

Leider habe ich von Dir seit Weihnachten auch nur einen kurzen Brief bekommen. Aber das konnte ja nicht anders sein, da Du die vergangenen

Tage beim Schifahren warst. Schreibe mir bitte auch etwas davon, wer dabei war, wo ihr gewesen seid und wie sonst ihr die Tage verbracht habt.

Über unsre weitere Verwendung ist immer noch nichts Näheres bekannt. Sie scheint sehr geheim zu sein. Wir warten täglich auf den Abmarschbefehl. Ich warte auch darauf in der Hoffnung, daß er diese furchtbaren, inhaltslosen Abende in irgendeiner Form beenden wird. Ich glaube, daß ich mich in der nächsten Zeit sehr um mich selbst wehren muß.

Ich hoffe, daß ich bald wieder einen Brief von Dir erhalte, vielleicht auch eine Antwort auf meinen letzten Brief.

Ich wünsche Dir eine gute Nacht!

Fritz.

Ich fürchte, daß ich meine Briefe in Zukunft immer zwischen 12 und 1 Uhr schreiben muß.

Fritz Hartnagel las den Roman »Raubfischer von Hellas« von Werner Helwig (1905–1985), erschienen 1939 bei Asmus in Leipzig.

[12. 1. 1941; aus Ulm]

Lieber Fritz!

Wie mir meine Mutter erzählt hat, kommst Du in der nächsten Zeit einmal nach Augsburg, womöglich für mehrere Tage. Ich hoffe, Du läßt die Gelegenheit nicht vorübergehen, auch uns dabei aufzusuchen. Wo werdet Ihr wohl eingesetzt oder seid dies schon? Ich habe schon längere Zeit nichts mehr von Dir gehört, Dein letzter Brief ist vom 27. 12. des alten Jahres.

Ich stecke schon wieder in der Arbeit. Das heißt, ab und zu stecke ich den Kopf, oder nicht nur den Kopf, wieder drüber hinaus. Ich bedaure es immer, daß man die außerordentliche Stimmung, in der man manchmal von Ferien (die für mich oft mit einer Zeit der Arbeit, zu der es sonst nicht reicht, und die, wer weiß, vielleicht wichtiger ist, zusammenfallen) zurückkommt. Diesmal nach dem Skifahren ging es mir besonders so. Diese Aufgewühltheit und Gehobenheit würde so viel nützen, wenn man sie nicht so schnell verlöre. So muß man eben die eigene Kraft anstrengen, und sich nicht auf Stimmungen verlassen, und dies ist auch ganz richtig.

Das kleine Dieterle, zu dem ich manchmal hinunterspringe, macht mir viel Freude. Ich muß aufpassen, daß es mich nicht allzu sehr ablenkt. Ich bade und versorge es manchmal, das ist mir ein ganz besonderes Vergnügen. Wenn ich mal wieder Zeit habe, schicke ich Dir eine Ansicht, wie es einige Wochen älter ist. Es hat sich schon gewaltig verändert, sehr zu seinen Gunsten. Das Seltsamste sind die Augen solch kleinen Kindes, das Dich nicht anders anblickt als einen Stuhl oder ein Tier. Du hast dies ja an Deinem Neffen selbst gemerkt.

Kommst Du bald? Gibst Du mir vorher Nachricht?

Herzliche Grüße

Sofie

Augsburg war bis Kriegsbeginn Fritz Hartnagels Stationierungsort gewesen.

Bei Fritz Hartnagels Neffen handelt es sich um Peter Daub, den ersten Sohn seiner zweitältesten Schwester Frida und ihres Mannes Rudolf (genannt Rudl) Daub.

Ulm, 13. 1. 41

Lieber Fritz!

Heute morgen erhielt ich wieder einen Brief von Dir. Verwöhnen tun wir uns in dieser Beziehung nicht arg, zur Zeit wenigstens. Es klingt lächerlich, wenn ich's schreibe, aber es tut mir so leid, daß Du Deine freie Zeit, die Du jetzt wahrscheinlich nötiger als je für Dich haben solltest, an solch unwichtiges u. lästiges Zeug hängen mußt.

Jetzt will ich Dir aber die gewünschten Auskünfte über das Skifahren geben. Mit waren: Inge, Werner, Lisa, ich, Ottl Aicher u. Grogo (falls Du ihn nicht kennst: es ist ein frischgebackener Biologiestudent.) Wir waren oberhalb Elbigenalp im Lechtal auf einer beinahe feudalen Hütte (eine primitive wäre uns lieber gewesen) ≈ 1800 m. Die Hauptsache aber war: Wir hausten für uns allein. Nähren taten wir uns von Tee und Brot, gingen spät zu Bett und standen spät auch wieder auf. Abends lasen wir zusammen, ein Buch von Bernanos. Wenn Du von ihm etwas bekommen könntest, dort wo Du bist. Er erscheint in Deutschland nimmer, da er ein lebender Franzose ist. Das Buch hieß »Tagebuch eines Landpfarrers«. Wenn Du es nur irgendwie zum Lesen bekommen könntest. Ich jedenfalls möchte es einmal besitzen.

Es war oft lustig, es war oft ernst. Eine erheiternde Rolle spielte eine kleine Kuckucksuhr, die jede Viertelstunde mal kuckuckte. Grogo heißt mit dem Taufnamen Willy; über diesen schönen Namen wurde eines Abends hergezogen. Ich fand ihn unpassend, für Grogo wenigstens, versicherte ihm, ihn sein Lebzeiten über Grogo zu rufen u. sagte: »Deine Frau, die ruft Dich einmal ... »u. während ich mich auf einen möglichst zärtlichen u. blöden Namen besann, schrie die Kuckucksuhr ganz hoch u. lustig: Grogo! Da mußten wir alle furchtbar lachen. Bei jedem Kuckucksruf hieß es: Grogo, Deine Frau! Der arme Grogo. Immerhin, die Kuckucksuhr hat es verstanden, uns noch oft über eine Stimmung hinwegzugrogoen.

Beim Skifahren haben wir heftig geübt, vor allem, des tiefen Schnees wegen, Telemark.

Zu größeren Ausflügen, wie Du u. ich letztes Jahr, sind wir nicht gekommen. Dazu war auch die Umgebung nicht so sehr geeignet.

Ich kam zwei Tage früher heim als die Jungen (Inge u. Lisa blieben noch). Da merkte ich so recht den Unterschied zwischen unserm Kreis u. dem der anderen. Ich sehnte mich während der Bahnfahrt so sehr nach einem Gesicht, das dem meiner Geschwister oder Kameraden geglichen hätte. Kannst Du Dir das vorstellen? Nicht etwa Heimweh, nur die Erkenntnis eines Unterschieds. Selbst die Jungen, die ich im Zug so viel sah, waren nimmer jung, sie benützten ihre Jugend nur zum Genuß. Aber meine Geschwister u. Freunde, wenn auch oft unbeholfener, unwissender, waren doch voll guten Willens. Oder voll Willens zum Guten.

Hier haben schon wieder Kohleferien begonnen. Leider wurde unsre Schule nicht davon betroffen. Ich hoffe, daß wenigstens unsre Prüfung nicht so weit hinausgezogen wird.

Ich bin gespannt, ob Dich der Brief noch an Deinem alten Aufenthaltsort antrifft, oder ob ihr schon wer weiß wohin verschlagen worden seid. Die Möglichkeiten sind ja groß.

Einstweilen viele Grüße von Herzen, ich will versuchen, meine Briefe wieder zahlreicher zu senden, denn ich kann mir die ekelhafte Situation, in der Du sitzest, zum Nichtstun gezwungen, gut vorstellen.

Herzliche Grüße auch von meiner Mutter, inzwischen wirst Du ihren Brief erhalten haben.

Sofie

»Grogo« war der Spitzname von Wilhelm Habermann, einem Freund der Scholls aus dem Kreis um Otl Aicher. Der Spitzname leitet sich her von »Große Gosche«, was sich rein anatomisch auf seinen auffällig großen Mund bezog.

Georg [Georges] Bernanos, »Tagebuch eines Landpfarrers«, Thomas-Verlag J. Hegner, Wien 1936, ^{2}1937.

»Telemark« ist eine bestimmte Technik des Skilaufens, die Ende des 19. Jahrhunderts in der norwegischen Provinz Telemarken entwickelt wurde (»Telemark-Schwung«).

Ulm, 21. 1. 41.

Ich glaube, seit meinem letzten Brief ist schon wieder längere Zeit vergangen, als ich wollte. Aber sie vergeht mir so schnell, die Zeit nämlich, daß mir eine Woche wie ein Tag vorkommt. Du entschuldigst also. Wo steckst Du wohl zur Zeit? Falls die Post jetzt etwas länger braucht, dann erwarte nicht, daß Dein Geburtstagspäckchen schon an Deinem Geburtstag ankommt. Aber ankommen tut's sicher.

Hans kam vorgestern, er hat sein Physikum gut bestanden, zur Hälfte mit eins, zur andern mit 2. Es wäre wunderbar, wenn wir eine Zeitlang miteinander studieren könnten. Wir sind immer voller Pläne, unverwüstlich.

Ich schreibe jetzt in der Schule, um mich herum wird geschwätzt, dies ist wohl eine Entschuldigung für einen wenig sagenden Brief. Aber länger will ich nicht warten, will ich Dich nicht warten lassen.

Gestern war ich mit Hans im Konzert, Wasa Prihocha spielte, Violine;

wir gingen gleich weg nach seinem Spiel, denn wir wollten uns den Eindruck nicht durch ein mangelhaftes Spiel des Ulmer Orchesters verderben lassen. Dann haben wir aber, zusammen mit Olga Habler, noch bis 2 Uhr gefeiert. Dies tut mir manchmal auch gut, neben der Schule, die zeitlich sonst den ganzen Tag ausfüllt. Bis März bin ich hoffentlich fertig. –

Ich bin nun gespannt auf Deinen nächsten Brief, ob er mir etwas Neues von Deiner Tätigkeit erzählt. Mein Vater ist zur Zeit der Ansicht, daß der Krieg noch dieses Jahr zu Ende geht. Aber ich wage nicht zu hoffen, was ich wünsche, aus Furcht, damit die Erfüllung zu verscheuchen. Im tiefsten Grund aus Furcht vor der Enttäuschung. Allmählich allerdings hänge ich nicht mehr an solchen Gefühlen. Ich muß grade dran denken, wie ich mir, um die Bestätigung einer Hoffnung zu erhalten, zur Aufgabe machte, aus unserem Fahrstuhl herauszusteigen, ohne die 2. Tür aufzumachen, u. ohne zu streifen, u. ähnliche Dinge mehr. Geht Dir das manchmal auch so?

Jetzt kommt der Lehrer.
Bis ich Dein Geburtstagspäckchen schicken kann herzl. Gruß
Sofie

»Wasa Prihocha«: ein offensichtlicher Schreibfehler. Vasa Prihoda (1900–1960), Tscheche, in seiner Zeit ein weltberühmter Geiger. Er war zeitweise mit Alma Rosé verheiratet, die postum als Leiterin des »Mädchenorchesters« von Auschwitz Berühmtheit erlangte.

Olga Habler war Sängerin an den Städtischen Bühnen Ulm. Sie war mit den Scholl-Geschwistern befreundet. Da sie eine entschiedene Gegnerin des Nationalsozialismus war, gab es zwischen ihr und den Scholls viele Gemeinsamkeiten.

Ulm, 22. 1. 41.

Lb. Fritz,

heute soll noch Deine Geburtstagspost fortkommen, es fehlt nur noch der Brief. Ich will nicht anfangen, Dir meine Wünsche auszubreiten, es genügt, wenn ich sie für Dich, u. richtig, wünsche. Ich würde es gerne wissen, an welchem Ort, unter welchen Umständen und mit welchen Gedanken Du Deinen Geburtstag verbringst. Ich höre ja in letzter Zeit so wenig von Dir. (Das soll kein Vorwurf sein, Dir geht's ja ebenso). Aber ich hoffe, daß Du Deinen Geburtstag feierst, allein oder nicht. Wenn Du nur die Freude u. Kraft zum Feiern aufbringen kannst!

Ich allerdings, ich habe leicht reden, da ich doch täglich einen Anlaß zur Freude finde. Aber es ist vielleicht heilsam, wenn man gezwungen ist, inwendig zu suchen, weil es außen nichts Suchenswertes gibt (wenigstens scheinbar).

Der kleine Dieter, Kläuschens Brüderlein, macht mir soviel Freude. Oft husche ich abends noch geschwind hinab u. wickle ihn oder geb ihm das Fläschchen. Oft hab ich auch Stift u. Farben dabei. Auch zu Deinem Geburtstag hab ich Dir nichts andres als ein Bildchen von Dieter, dazu ein mangelhaft gerahmtes. Ein Glas habe ich nicht mehr bekommen, Du mußt eben etwas vorsichtig mit umgehen, da es leicht die Farbe verliert. Hoffentlich macht es Dir ein bißchen Freude. Vielleicht kannst Du daraus ersehen, wie weit sich das Menschlein, seitdem Du die letzte Zeichnung erhalten hast, weiter entwickelt hat. Es lacht manchmal schon.

Schreibst Du mir bald einmal wieder? Für heute viele herzliche Grüße.

Sofie

Was ist eigentlich mit Augsburg? Ist das ins Wasser gefallen? Hoffentlich nicht!

Nun muß ich noch einmal ein Blättchen anfangen. Es macht mich oft traurig, daß ich so selten Post von Dir erhalte. Nicht weil ich Briefe von Dir wünsche. Aber ich habe das Gefühl, als wärest Du es müde, mir zu schreiben. Zu müde dazu. Du hast es mir ja auch einmal geschrieben, daß Du müde bist. Könnte ich Dir nur ein bißchen helfen durchhalten. Aber das kannst Du allein. Man kann so viel. Ich glaube es.

Ich will Dich nicht auffordern, mir öfter zu schreiben. Du weißt es ja, ganz bestimmt, was das Richtige ist. Mein Wunsch ist es nur, daß Du die Kraft haben mögest, das immer zu tun. Einfältig zu sein und nicht müde zu werden.

Ulm, 27. 1. 41.

Lieber Fritz,

Dein letzter Brief liegt schon wieder so weit zurück. Ich hoffe, daß daran nichts besonderes schuld ist. Wie geht es Dir? Wahrscheinlich seid ihr inzwischen versetzt worden, hoffentlich brauchen meine Briefe zu Dir nicht so lang. Nächste Woche mache ich meine Prüfung, dann geht die Schule nimmer so lang. Wahrscheinlich muß ich im April zum Arbeitsdienst. Etwas daran wird mir gewiß gefallen. Vielleicht kannst Du vorher einmal nach Ulm. Mit Augsburg ist es scheinbar nichts geworden? Ich bin nun wirklich gespannt auf Deinen nächsten Brief. Nicht wahr, Du läßt mich nicht zu lange warten? Wenigstens möchte ich wissen, ob Dir nichts fehlt. Bin an der langen Schweigepause vielleicht ich schuld?

Hier ereignet sich wenig. Ich lauf vollends alles ziemlich im alten Trott durch. Abends gehe ich meistens noch zum Dieter u. male ihn. Dann wird er auch ab u. zu von mir gefüttert, am liebsten aber bade ich ihn. Er ist ein goldiges Kerlchen. Jetzt blickt er mich oft richtig an und stößt kleine Laute dazu aus. Man merkt, er wünscht schon eine Unterhaltung, von Mensch zu Menschlein. Er macht ganz große Augen u. hat ein enormes Mienenspiel. Es ist fein, ihn so heranwachsen zu sehen. Er ist nun 10 Wochen alt. Er ist meine rechte Erholung, und ich könnte ihm stundenlang zusehen.

Nun muß ich aber immer von mir erzählen, und möchte gerne so viel von Dir wissen. Schreib mir bald, gelt.

Herzlichen Gruß

Sofie.

Sophie Scholl war zunächst wegen ihrer Ausbildung zur Kindergärtnerin vom Arbeitsdienst zurückgestellt worden. Als der folgende Jahrgang 1922 erfasst wurde, muss diese Zurückstellung den zuständigen Stellen aufgefallen sein. Sophie wurde dann kurz vor Weihnachten 1940 nachgemustert und musste folglich damit rechnen, nach ihrer Abschlussprüfung am Fröbelseminar zum Reichsarbeitsdienst eingezogen zu werden. Ihre Hoffnung, die Ausbildung zu einem sozialen Beruf werde als Ersatz für den Arbeitsdienst anerkannt, erfüllte sich also nicht.

Ulm, 1.2.40.
[darunter von anderer Hand:] (muß 41 sein!)

Lb. Fritz,

Nun sind es wohl schon 3 Wochen, seit ich die letzte Nachricht von Dir erhalten habe. Das ist zwar keine sehr lange Zeit, aber wenn man eine andre gewöhnt ist, doch auffallend. Ich will mir jedoch noch keine Sorgen machen, es hat ja schon einmal so lange gedauert – und kam dann doch. Ich kann mir auch gut vorstellen, daß Du keine Lust zum Schreiben hast. Aber verstehst Du, ich verlange ja keine Briefe von Dir, nur ab u. zu eine Nachricht, wie es Dir geht. Du bist mir nicht so fremd, daß mir das gleichgültig wäre.

Vielleicht können wir uns noch einmal treffen, bevor es im Frühjahr wieder lebhafter wird? Aber es wird auch so gehen, wenn wir uns bemühen.

Wenn mir die Zeit reicht, werde ich nach der Schule (etwa Mitte März) mit Lisa noch einmal zum Skifahren gehen, bevor ich für ein halbes Jahr beim Arbeitsdienst eingesperrt bin. Dann sind 3 Mitglieder von unsrer Familie uniformiert.

Bei Werner ist es sehr unsicher, ob er das Abitur machen darf, da er nicht mehr in der H. J. ist (obwohl die Pflicht nur bis zum 18. Jahr geht.) Ottl ist es schon endgültig verweigert worden. Man darf's nicht tragisch nehmen. (Unsre Eltern sind Gott sei Dank vernünftiger als Ottls Eltern)

Bevor ich mit Lisa später weggehe, nimmt mich einige Tage Susanne Hirzel in Beschlag. Es ist ein sehr feines Mädel, ein Glück, daß sie meine Schulzeit hilft erträglich (d. h. lustig) zu machen. Du weißt ja, wie blöd Mädchen sein können, Gott sei Dank. Ich bedauere die Leute, die nicht über jede Kleinigkeit lachen können, d. h. nicht an jedem Ding etwas zum Lachen entdecken können, Salz u. Pfeffer des täglichen Lebens. Das muß mit Oberflächlichkeit nichts zu tun haben. Ja ich glaube, in der traurigsten Minute könnte ich noch etwas Lächerliches finden, wenn nötig.

Dich wird unsre unverwüstliche Laune wahrscheinlich etwas bitter machen, u. ich muß es zugeben, daß ich vom Schicksal äußerlich weitaus besser bedacht bin wie Du. (Dir kommt mein Schulleben wahrscheinlich paradiesisch vor, mit Recht.) Oftmals tut es mir leid, daß ich demgegenüber so wehrlos bin, daß eine so scheinbare Ungerechtigkeit herrscht. Aber vielleicht sind schwierige äußere Umstände oft besser für einen Menschen als solch bequeme. – Und Du bist ja in Deinem Beruf.

Vielleicht hast Du doch einmal Gelegenheit, in die Nähe von Ulm zu kommen. Dann teile mir's schnell mit!

Mit vielen herzlichen Grüßen

Sofie

Werner Scholl war aus Protest gegen den Ausschluss seines Klassenkameraden und Freunds Otl Aicher von der Abiturprüfung aus der Hitlerjugend (HJ) ausgetreten. Der Ausschluss Otl Aichers war damit begründet worden, dass dieser, entgegen den gesetzlichen Bestimmungen, nie Mitglied der Hitlerjugend war. An sich hatte Sophie Scholl Recht mit ihrem Hinweis, dass die Pflichtmitgliedschaft in der Hitlerjugend mit achtzehn endete (Werner Scholl war am 13. November 1940 achtzehn geworden). Der demonstrative Charakter des Austritts hätte aber durchaus Konsequenzen haben können.

Werner Scholl durfte schließlich trotz dieser Protestaktion die Reifeprüfung ablegen, da es ein schlechtes Licht auf die Schule geworfen hätte, wenn gleich zwei Schülern einer Klasse aus demselben politischen Grund das Abitur verweigert worden wäre. Werner lehnte es allerdings ab, sein Abiturzeugnis in Empfang zu nehmen. Sein Bruder Hans hat es später in der Schule abgeholt.

Susanne Hirzel war eine langjährige Freundin von Sophie Scholl, mit der sie bereits im BDM zusammen war und die gemeinsam mit ihr am Ulmer Fröbelseminar eine Ausbildung zur Kindergärtnerin machte. Susanne Hirzel und ihr Bruder Hans gehörten später zum Verteilerkreis für die Flugblätter der »Weißen Rose« und wurden nach der Aufdeckung des Widerstandskreises zu Haftstrafen verurteilt.

Ulm, 21.2.41.

Lieber Fritz,

Du wirst noch gar nicht so arg weit von Ulm fort sein, es ist erst neun Uhr. In die Schule kam ich, unsretwegen, eine Viertelstunde zu spät, und mußte noch mit dem Rad heimrasen, da ich allerhand wichtiges vergessen hatte. Aber manchmal ist anderes noch wichtiger.

In der Schule war ich wie aufgedreht, ich wunderte mich selbst, samt meiner Umgebung kam ich aus dem Lachen kaum heraus. (Frag einen Psychologen, was Überkompensation ist, dann hast Du ungefähr meine Stimmung [)]. Dann als ich heimdurfte, da kam mir erst, daß Du fort bist, nicht zu ändern. Alle Tage vorher wartete nach der Schule ein Abend mit Dir auf mich, jetzt nimmer, komisches Gefühl. Ich hatte mich schon zu sehr an Deine Wärme gewöhnt. Das ist auch eine Gefahr. Zu Hause guckte ich mir die Hefte an, die Du kurz vorher gekauft hattest, u. hatte die blödsinnige Hoffnung, etwas von Dir zu finden, eigens noch für mich bestimmt. Ich hätte gerne etwas von Dir gehabt, das ich immer bei mir haben konnte, den andern unauffällig. Das sind allerdings die ersten heftigen, dem Abschiede entsprungenen, sehr subjektiven Gefühle, die ich selbst nicht einmal alle billigen kann.

Schreib mir nur recht bald, vor acht Tagen erhalte ich sowieso nichts von Dir. Dir geht's ja ebenso. – Ich schreib beim Dieterle, zu dem ich mich geflüchtet habe, auf geklautem Briefpapier, jetzt muß ich wieder hinauf. (Frau Rennicke ist mit Has im Kino)

Leb Dich gut ein, denk an mich, auch an das, was wir gesprochen haben, u. was mir so wichtig ist.

Verzeih mir auch alles, was ich Unrechtes an Dir getan habe, auch während Deines Urlaubs.

Ein Inserat wegen der Hütte wollen wir aufgeben. Ist's recht?

Bücher: Paul Claudel, Francis Jammes, Georges Bernanos, Sertillanges.

Viele Grüße, alles Gute

Sofie

Fritz Hartnagel war zwischen Anfang Februar und dem 21. Februar 1941 für eine nicht mehr bekannte Dauer auf Heimaturlaub gewesen. Für einige Tage war er mit Sophie Scholl zum Skilaufen ins Allgäu gefahren.

Vermutlich bedeutet die Nennung der französischen Autoren Paul Claudel (1868–1955, Schriftsteller, vor allem Dramatiker), Francis Jammes (1868–1938, Schriftsteller), Georges Bernanos (1888–1948, Schriftsteller) und Antonin-Gilbert Sertillanges (1863–1948, Dominikaner, Theologe und Philosoph) hinter dem Stichwort »Bücher« einen Auftrag an Fritz Hartnagel, Bücher der genannten Autoren in Frankreich zu besorgen, da in Deutschland die Literatur des »Feindes« nicht mehr verkauft wurde.

Bernanos war einer der Hauptwegbereiter des Renouveau Catholique, der gegen Ende des 19. Jahrhunderts entstandenen philosophischen, sozialkritischen und literarischen Bewegung, die eine Erneuerung des französischen Geistes durch die Rückbesinnung auf die christlich-katholische Überlieferung anstrebte. Auch Paul Claudel und Francis Jammes waren Anhänger dieser Bewegung.

28. 2. 41. [aus Wissant bei Calais, Frankreich]

Liebe Sofie!

Eben komme ich von einer Kommandoreise zurück, die ich am Montag gleich antreten mußte. Ich hatte nicht gedacht, daß ich bei meiner Rückkunft schon einen Brief von Dir vorfinden würde. Es ist mir darum doppelt arg, daß ich erst heute, nachdem ich schon eine ganze Woche von Ulm weg bin, dazu komme Dir zu schreiben. Hoffentlich hast Du Dir nichts Schlimmes deswegen gedacht.

Es blieb mir nicht viel Zeit zur Eingewöhnung. Ich bin am Samstag Nachmittag hier angekommen und am Abend mußte ich gleich an einem Kasinoabend teilnehmen, der bis morgens 3 Uhr dauerte. Kannst Du Dir vorstellen, wie es mir dabei zu Mute war? Ich hatte es Inge schon am Bahnhof gesagt, wie komisch ich mir in der Uniform vorkam. Der Unterschied ist mir selten so kraß vorgekommen. Ich war ja auch beinahe 3 Wochen in einer Umgebung, die meiner jetzigen vollkommen entgegengesetzt ist.

Meine sofortige Rückberufung aus dem Urlaub war ziemlich überflüssig, denn die vorgesehene Verlegung findet erst Mitte März statt, und zwar sollen wir nach Münster i/W. kommen. Am Montag wurde ich dann gleich nach Münster geschickt um näheres auszukundschaften. Wahrscheinlich bleiben wir nur kurze Zeit zur Überholung in Münster um dann an irgendeinem Kriegsschauplatz eingesetzt zu werden. Wo ist allerdings noch vollkommen unbestimmt. Ich bin nur froh, daß ich meinen Krankheitsurlaub nicht früher abgebrochen habe. Schade, daß es nicht schlimmer war mit meinem Fuß (von einer Bescheinigung wollte niemand was).

Von Münster aus bin ich über Amsterdam gefahren um unsern Inspektor abzuholen, der dort zum Einkaufen war. In Amsterdam war gerade Belagerungszustand, da die Zivilbevölkerung gegen die Judenverhaftun-

Fritz Hartnagel Anfang 1941
auf Dienstreise in Amsterdam

gen, die in den letzten Tagen vorgenommen wurden, demonstrierte. Die Straßenbahnen und ein Großteil der Geschäfte streikten. Die SS ging mit Waffengewalt gegen die Menschenansammlungen vor, wobei es 20 Tote gegeben haben soll. Die Bevölkerung ist natürlich äußerst erbittert.

Luise habe ich in Amsterdam nicht aufgesucht. Ich bin recht froh darüber, andererseits allerdings erschüttert; wenn ich bedenke, welchen Kampf es mich gekostet hat. Nimm mir's nicht übel.

Liebe Sofie, ich dank Dir für alles, was Du mir in meinem Urlaub gegeben hast, vor allem neuen Mut und Zuversicht. Ich komme mir vor als hätte ich eine schwere Krankheit überstanden. In den letzten Tagen, die ich zum größten Teil im Auto verbracht habe, habe ich viel dran gedacht, an Dich und was wir miteinander gesprochen haben. Ich glaube wir sind viel weiter gekommen. Schreib mir bitte so oft Du kannst. Ich will es ebenfalls versuchen.

Herzliche Grüße, auch an Deine Eltern, Inge und Werner, Fritz.

Die Verfolgung der Juden in den Niederlanden, wo auch zahlreiche deutsche Juden nach der Reichspogromnacht (9./10. November 1938) Zuflucht gefunden hatten, begann mit der Besetzung durch deutsche Truppen Anfang Mai 1940. Durch Verordnung des Reichskommissars für die Niederlande, Arthur Seyss-Inquart, vom 15. Mai 1940 wurden die Nürnberger Rassegesetze eingeführt, ab August 1940 mussten alle Juden aus dem öffentlichen Dienst entlassen werden. Seit Anfang 1941 erhielten ihre Lebensmittelkarten den Aufdruck »J«. Die sich immer weiter steigernden Maßnahmen gegen die jüdische Bevölkerung riefen bei großen Teilen der niederländischen Bevölkerung Empörung hervor, die sich schließlich zum aktiven Widerstand steigerte. Besonders hervorzuheben ist hier die Streikaktion der Amsterdamer Dockarbeiter vom 9. bis 11. Februar 1941, die sich gegen Razzien im jüdischen Viertel richtete. Es muss diese Widerstandsaktion gewesen sein, die Fritz Hartnagel als Beobachter miterlebte. Sechzig Dockarbeiter wurden daraufhin in verschiedene deutsche Konzentrationslager verschleppt und fast 400 Juden ins Konzentrationslager Mauthausen deportiert, wo sie zu Tode gemartert wurden.

Der Heimaturlaub, den Fritz Hartnagel im Februar 1941 (Rückreisetag war der 21. Februar) in Ulm verbracht hatte, war offenkundig krankheitsbedingt. Nähere Informationen hierzu sind nicht mehr zu recherchieren.

Luise war die junge Jugoslawin, mit der Fritz Hartnagel im September 1940 in Amsterdam eine kurze Affäre hatte.

Ulm, 28. Februar 1941.

Es reicht mir nur immer zu einem Wisch. Das entschuldigst Du doch, gelt? Von Dir hab ich leider immer noch nichts, obwohl Du nun schon 8 Tage weg bist, der Zeit nach es doch reichen könnte. Vielleicht kommt es durch die Versetzung? Denn an einen Grund wie den Deines vorletzten Urlaubs kann ich ja nicht glauben. Ich bin in Gedanken auch öfters bei Dir als sonst, vielleicht kommt dies davon, daß ich an Dir in meiner leichten Abgeschafftheit (hat sich bei mir schnell) einen Halt suche. Denn ich weiß ja, daß ich auf Dich bauen kann, daß Du mich liebst. Deshalb müssen wir uns ja nicht binden. Ich merke, wie ich Dich von neuem, anders, lieb gewinne. Ich habe Dich gern um des Guten willen, das in Dir ist, um dessentwillen, daß Du ein Mensch bist. Das kann seltsam verbinden.

Ich komme leider nie dazu, Dir ausführlicher zu schreiben, wo es doch uns beiden so nötig wäre. Denn nun bist Du, u. erst jetzt, richtig gewillt, zu mir zu finden.

Herzlichen Gruß, alles Gute

S.

Undatiert [vermutlich Anfang März 1941]

Lieber Fritz,

ich will Dir doch noch geschwind einen Gruß schicken, bevor ich meine Pflicht als treues B. d. M. Mädel erfülle.

Soll ich Dir sagen, wie viel ich in der letzten Zeit an Dich denke? Ich bin im Grunde so froh, daß nun jedes Gefühl in mir so ungezwungen ist für Dich, nun, nachdem wir uns freigemacht haben. Und wenn es auch schmerzt, wenn man auch oft Sehnsucht bekommt nach Wärme u. Geborgenheit bei dem andern, so ist es doch herrlich, seine Freiheit zu fühlen, in einer kalten, aber klaren Luft. Sollte man überhaupt Geborgenheit, Sicherheit bei einem Menschen suchen? Sollte der Gegenstand dieser Sehnsucht nicht ein andrer sein?

Und doch fühle ich mich Dir näher verbunden wie zuvor, nun, da wir ganz frei einander gegenübertreten können.

Ich wollte, ich könnte Dir ein wenig Hilfe geben. Es wird mir kaum gelingen. Aber ich glaube, daß Du allein Dich hältst.

Herzlichen Gruß

Sofie

Bemerkenswert ist, dass Sophie Scholl auch während ihrer Ausbildung im Fröbelseminar noch an den Zusammenkünften des BDM teilnahm, obwohl die Dienstpflicht mit Vollendung des 18. Lebensjahres endete, für Sophie also schon im Mai 1939.

4. 3. 41. [aus Wissant bei Calais, Frankreich]

Liebe Sofie!

Am Sonntag habe ich wieder einen Brief von Dir bekommen. Vielen Dank dafür. Ich habe nur Sorge, ob Du überhaupt schon einen Brief von mir bekommen hast, und daß Du Dir womöglich unnötige Gedanken darüber machst. Ich will Dir darum schreiben, um die Woche, die Du warten mußtest nun durch mehr Briefe zu ersetzen. Hoffentlich nimmst Du mir's nicht übel, daß es nur flüchtige Briefe sind, denn auch heute wieder muß ich die Zeit dafür von meinen Dienststunden wegstehlen, da ich »außerdienstlich« noch weniger Zeit habe. Ich muß Dir leider immer das selbe Leid klagen, nämlich daß ich nicht für mich sein kann. Der Tanzabend, von dem ich Dir schrieb ist in's Wasser gefallen, da die »Damen« nicht erschienen sind. Ich war auch ganz froh drum. Allerdings wurde dann ein furchtbar langweiliger Herrenabend draus. Gestern war das Frontkino in unserem Dorf, wozu ich natürlich auch erscheinen mußte.

Die Abgeschiedenheit von jedem zivilen und wohl auch weiblichen Wesen, das Angewiesensein auf immer dieselben Menschen macht sich mehr und mehr auch bei unseren Offizieren bemerkbar. Es kommt immer häufiger vor, daß sich Leute sinnlos betrinken und die Gespräche drehen sich zum größten Teil um die zotigsten Dinge ohne jede Hemmung. Man muß sich anstrengen, daß nichts abfärbt. Ich will nicht überheblich sein, aber versuchen anders zu sein. Kannst Du verstehen, daß mir dies sehr viel leichter fällt, wenn ich dabei an Dich oder an Euch denken kann? Und ich bin deshalb trotz dieser Umgebung frohen oder zuversichtlichen Herzens.

Wir haben auch einen neuen Doktor bekommen. Gerade das Gegenteil von unserem alten. Ziemlich arrogant und angeberisch. Ich kann mir denken, daß er Dir furchtbar unsympathisch wäre, mir nicht weniger. Ich hatte gestern eine heftige Auseinandersetzung mit ihm. Es war die Rede davon, daß die SS keine Neger gefangen genommen hätte, sondern alle erschossen hätte, die ihnen in die Hände gefallen sind, was unser Dr. voll und ganz rechtfertigte, wogegen ich das als Mord bezeichnete. Er forderte sogar, daß alle Neger, die in Deutschland in Gefangenschaft sind erschossen werden. Ich habe dann die Diskussion abgebrochen um einen regelrechten Krach, der im Entstehen war, zu vermeiden.

Ich überlege mir täglich, wie ich es möglich machen kann in den nächsten Wochen nochmal Urlaub zu bekommen. Es stehen mir ja noch 14 Tage zu. Die werde ich natürlich auf keinen Fall mehr bekommen, aber vielleicht einen Teil davon. Auf alle Fälle werde ich versuchen von Münster aus über Samstag-Sonntag mal nach Ulm zu kommen. Ich könnte Freitag Abend wegfahren und wäre Samstag früh in Ulm und müßte dann am Sonntag Abend wieder fahren. Oder glaubst Du nicht, daß es sich lohnt? Ich wohl, und wenn es nur einige Stunden sind. Mein Kommandeur hat mir dies schon halb versprochen. Schreib mir drum bitte immer, wie sich Deine Zeit gestaltet und was Du vorhast, damit ich mich danach einrichten kann.

Entschuldige, wenn ich so viel von meinen Äußerlichkeiten schreibe, aber sie sind doch nicht immer ohne Einfluß auf die Innerlichkeit. Drum darf ich doch annehmen, daß es auch Dich interessiert? Schreib auch Du mir, was um Dich vorgeht und auch in Dir; das darf ich doch wissen?

Grüße an alle und besonders an Dich!

Dein Fritz.

Die »Neger«, um die es in der Auseinandersetzung zwischen Fritz Hartnagel und dem »Doktor« ging, waren ganz überwiegend in deutsche Gefangenschaft geratene Soldaten der französischen Armee aus den afrikanischen Kolonien. Immer wieder wurden aber auch farbige französische Zivilpersonen, die in Frankreich lebten, von der SS festgenommen.

4.3.41. [aus Wissant bei Calais, Frankreich]

Liebe Sofie!

Eben vor dem Abendessen habe ich einen Brief von Dir bekommen. Du nennst ihn zwar nur einen Wisch, mir ist er aber trotzdem so viel wert. Ich war so froh darüber, daß ich mich heute Abend einfach mit Gewalt losgerissen habe vom Kasino. Nachher will ich noch etwas lesen, das erste Mal seit ich hier bin.

Ich bin froh, daß auch Du etwas Halt bei mir suchst. Ich hab Dir ja erst heute morgen geschrieben, wie sehr Du dazu beiträgst, daß ich über meine wenig schöne Umgebung besser hinwegkomme, und nicht nur über das. Ich glaube, wir sind sehr viel weiter gekommen. Ich merk es, ich kann viel freier zu Dir sein. Auch beim Schreiben, ich schreib eben und nehme an, daß Du's schon verstehen wirst, wie es gemeint ist, wenn es auch manchmal etwas schief ausgedrückt ist, oder sollte es auch einmal falsch oder nicht gut sein, was ich da schreibe, ich habe das Vertrauen, daß Du es nicht übel aufnimmst. Ich habe das Vertrauen zu Dir, und ich glaube auch Du zu mir, daß wir es gut meinen und das Gute wollen. (Übrigens, Du könntest mich jetzt ruhig ärgern, oder vielmehr versuchen mich zu ärgern, ich glaube es würde mir nicht mehr weh tun.) Nun, nachdem wir uns verbunden fühlen (nicht gebunden) nachdem kein Mißtrauen mehr zwischen uns ist, nun erst können wir uns ganz dem widmen, um was es uns eigentlich geht.

Ich kann Dir noch nichts dazu schreiben, ich meine was wir damals in Oberstdorf auf Deinem Bett sitzend besprochen haben, vielleicht wäre es auch besser, wir könnten bald wieder mündlich drüber sprechen, aber ich glaube ich habe den Anfang gefunden um das Gewirr des Knäuels zu lösen. Ich merke, wie oberflächlich ich doch war, ich fühlte (und fühle) wohl die Leere vor mir, aber ich habe nie den Weg gefunden sie auszufüllen und ich habe mir wohl auch nicht die ernstliche Mühe dazu genommen. Liebe Sofie, dies ist vielleicht recht optimistisch und klingt, als hätte ich schon wunder was erreicht, aber versteh mich recht, ich bin nur glücklich, daß ich wieder Halt gefunden habe und Zuversicht.

Wie geht es Eurer Grippe? Hoffentlich ist niemand Eurer Familie ernstlich krank geworden und Ihr seid alle wieder gesund. Ich habe ausnahmsweise auch einmal Schnupfen, aber es macht mir fast noch etwas

Spaß, wenn man so mit Leibeskräften in sein Taschentuch hineinschneuzen kann. – Ich will versuchen, daß ich morgen noch eine Schokoladentafel für Ottl in unserer Marketenderei ergattern kann, vielleicht auch noch einige mehr, damit Ihr auch etwas abbekommt.

Ich freu mich mit Dir, daß Deine Schule bald zu Ende geht. Leider kann ich Dir nichts abnehmen von Deiner Arbeit, die in diesen Tagen vor dem Mündlichen sicher größer denn je sein wird. Schreib mir bitte bald Deine neue Adresse, falls Du nach Tübingen kommst.

Viel Gutes, Dein Fritz.

Ulm, 4.3.41.

Lb. Fritz

Immer wieder so zwischen hinein muß ich Dir so ein Fetzchen zukommen lassen. Heute sind es 11 Tage, daß Du weg bist, aber in dieser sicherlich langen Zeit habe ich keinen Buchstaben von Dir erhalten. Da könnte man eine Wut kriegen, nicht wahr? Aber ich kriege keine, denn noch glaub ich nicht an Deine Schuld. Aber von mir hast Du hoffentlich schon etwas?

Möglicherweise seid ihr schon in Bulgarien, man kann nie wissen. Da hab ich schlechte Aussichten auf Post, mach Dir eben, so wie ich, gewaltsam ein paar Minuten frei, dies reicht's immer.

Wahrscheinlich gehe ich nächsten Donnerstag, der unser letzter Prüfungstag ist, nach Stuttgart zur 9. von Beethoven.

Ein wenig Aussicht zum sofortigen Studieren hab ich wieder bekommen. Heut erhielt ich Antwort auf mein Schreiben. Vorerst wollen sie nur Bestätigungen. Zuviel Hoffnungen mach ich mir nicht. Wenn's aber so wäre, dann könnten wir auch Deinen nächsten Urlaub (der ist doch bald fällig?) nach unserm Belieben ausnützen.

Das ist aber alles Geschwätz, was ich Dir schreibe, u. nicht viel wert.

Gib mir bald einen Brief zu beantworten.

Sofie

Wie Sophie Scholl auf den Gedanken kam, Fritz Hartnagel könnte schon in Bulgarien sein, ist nicht eindeutig zu klären. Am 1. März 1941 schloss sich Bulgarien unter deutschem Druck dem Dreimächtepakt zwischen Deutschland, Italien und Japan an. Im Zuge der Vorbereitungen für den Angriff gegen die Sowjetunion verstärkte Deutschland seine militärische Präsenz in Bulgarien.

5. 3. 41 [aus Wissant bei Calais, Frankreich]

Noch einen Gute Nacht-Gruß, liebe Sofie, zu einem ganzen Brief bin ich schon zu müde. Ich war heute unterwegs nach Etaples. Es war herrliches Wetter und allerhand in der Luft. Die Jäger kurvten zu Du[t]zenden am Himmel und durchzogen mit den Kondensstreifen, die sie in großer Höhe hinterließen, wie einen frisch befahrenen Schihang. Boulogne hatte ich kurz nach einem englischen Fliegerangriff am hellichten Tage durchfahren. Überall wurden die Glasscherben zusammengekehrt und ich sah noch einen Gefr. der Marine, der vollkommen zerfetzt auf der Straße lag. Ein schauderhafter Anblick, der mich den ganzen Tag nicht verlassen will. Kurz drauf sah ich eine Spitfire im Kampf mit einer Me 109, der sich kaum 100 m über uns abspielte. Der Kampf verzog sich dann hinter einen Bergrücken, so daß ich den Ausgang nicht verfolgen konnte. Also ein recht kriegerischer Tag.

Ich empfinde meinen Dienst noch gar nicht als Normalzustand, mir kommt es oft vor, als wäre es nur eine Unterbrechung meines Urlaubs und des Zusammenseins mit Dir, und als müßte es bald wieder anders kommen. Ich nehme meinen Dienst noch gar nicht ganz ernst. Dazu verhilft auch die leise Hoffnung, daß wir uns dieses Frühjahr noch einmal sehen werden. Aber womöglich hättest Du gar keine Zeit mehr dazu, wenn Du nach Tübingen und dann in Arbeitsdienst mußt, selbst wenn es mir möglich wäre. Aber vorläufig lebe ich noch von der Hoffnung darauf. Gute Nacht! F.

[Am Rand:] Ottl muß noch etwas warten mit der Schokolade, wir haben zur Zeit keine mehr.

Die Städte Étaples und Boulogne-sur-Mer liegen südlich von Calais an der Kanalküste.

Nach der von der deutschen Luftwaffe verlorenen Luftschlacht über England im Frühherbst 1940 gewann die Royal Air Force auch in den küstennahen Regionen Nordfrankreichs immer mehr die Lufthoheit. Spitfire und ME 109 (ME für Messerschmidt) waren englische bzw. deutsche Kampfflugzeuge.

Ein zweiwöchiges Praktikum in einem Kinder- oder Säuglingsheim bildete den Abschluss der Ausbildung zur Kindergärtnerin. Sophie Scholl beabsichtigte zunächst, dieses Praktikum in einem Säuglingsheim in Tübingen zu absolvieren, wo ihre Schwester Elisabeth eine Zusatzausbildung als Kinderkrankenschwester machte. Dieser Plan wurde nicht realisiert und Sophie erfüllte ihre Pflicht in einem Säuglingsheim in Ulm.

6.3.41. [aus Wissant bei Calais, Frankreich]

Liebe Sofie!

Eben habe ich Deinen Brief vom 4.3. von Dir bekommen, der mich recht traurig stimmt, da Du anscheinend meine Briefe immer noch nicht bekommen hast. Andererseits freu ich mich, daß Du mir noch nicht böse bist deswegen, das heißt Du bemühst Dich dazu, denn ganz im Innern wirst Du mir sicher etwas gram sein, was ich ja gut verstehen könnte. Ich glaube fast, daß ich recht traurig geworden wäre an Deiner Stelle. Ich dank Dir drum doppelt für Deine Briefe, wenn ich bedenke wie abhängig davon ich bin. Du verstehst das doch richtig? (Ich meine das »abhängig«). Es wäre schön, wenn Du gleich jetzt mit dem Studium anfangen könntest, wonach Du Dich so sehr sehnst. Ich möchte es Dir auch wünschen, damit Dir der Arbeitsdienst erspart bleibt. Ich glaube zwar, daß Du dich auch in einer noch so widrigen Umgebung behaupten würdest, besonders mit Deiner Liebe zum Menschen, die Du zumindest anstrebst. Andererseits bist Du Deiner Umgebung gegenüber doch viel empfindlicher als viele andere, weniger abgebrüht, wie ich zum Beispiel es im Lauf der Jahre unter »fremden« Menschen teilweise geworden bin. Du bist echter. (Dies ist mit ein Grund, warum ich in Deiner Umgebung sein möchte.) Dann wünsche ich Dir auch aus einem ganz egoistischen Grund ein sofortiges Studium, den Du selbst schon angedeutet hast, nämlich, daß wir noch ein pa[a]r Tage zusammen sein könnten. Bei mir hat sich allerdings die Aussicht auf einen Urlaub wieder etwas vermindert, da die Aussicht besteht, daß wir in Münster aufgelöst werden und neue Einheiten aufstellen. Wer weiß, welche Aufgaben mir dann bevorstehen?!

Noch eins wollte ich Dir sagen, falls es mit Deinem Studium klappt. Ich wollte Dir mein monatliches Gehalt, das auf mein Sparkassenkonto überwiesen wird (etwa 200 RM) während der Dauer des Krieges zur Verfügung stellen zum Studium. Du denkst vielleicht es wäre nur eine Laune von mir. Aber es ist mir wirklich ernst damit. Natürlich müßtest Du das ablehnen normalerweise, das gehört sich nicht, oder weiß ich was. Aber stehen wir uns nicht so nahe, daß Du das annehmen kannst, ohne irgendeine Verpflichtung auf Dich zu nehmen? Du würdest mich und auch mein Verhältnis zu Dir recht niedrig einschätzen, wenn Du Dich dadurch gebunden oder verpflichtet fühlen würdest. Weißt Du, ich habe es Dir schon oft gesagt, ich empfinde es als so ungerecht, daß ich in dieser Hinsicht so viel besser bestellt bin wie Du, wobei ich doch bestimmt nicht mehr arbeite wie Du. Und gerade jetzt im Kriege verdiene ich nahezu 500 RM. Ich habe also immer noch mehr als genug und wir können uns noch eine Schihütte kaufen dazu. Wie steht es übrigens damit? Habt Ihr die An[n]once aufgegeben?

Hans braucht ja sein bißchen Geld selbst so notwendig. Es braucht ja außer uns niemand zu wissen, damit kein unnötige[s] Gerede entsteht, [das] uns aber egal sein könnte. Also überwinde alle Hemmungen und überleg Dir ob nicht auch ein materieller Ausgleich zwischen uns möglich ist. Ich würde mich sehr freuen, wenn wir dazu fähig wären.

Ich kann übrigens nun gut verstehen, warum Du gerade Biologie studieren willst (anfangs konnte ich das nicht ganz). Ich glaube daß die Biologie eine wesentliche Voraussetzung für die Philosophie ist. Wenn man sich über den Menschen und seine Stellung in der Welt Gedanken machen will, muß man einfach von dieser oder jener biologischen Theorie ausgehen, ohne daß man sie auf ihre Richtigkeit überprüfen kann, da einem meistens die wissenschaftlichen Voraussetzungen fehlen. Vielleicht ist das mit ein Grund für Dich zu diesem Studium? Nun hoffe ich, daß Du wenigstens einen Teil meiner Briefe bekommen hast inzwischen. Ich hab sie immer mit dem Wunsch eingesteckt, daß die Feldpost das ihrige für eine schnelle Beförderung tun würde. Aber anscheinend geht sie in die Heimat wesentlich langsamer.

Alles Gute und Grüße an alle!

Dein Fritz.

Ulm, 7.3.41.

Lieber Fritz,

heute morgen erhielt ich einen Brief von Dir. Deshalb hab ich mir gedacht, daß ihr noch am alten Fleck seid. Nur Deine lange Schreibpause wollte mich anders überzeugen. Aber dies hat sich ja nun geklärt. Ich kann es mir wohl denken, daß Dir die Umstellung nicht leicht gefallen ist. Hoffentlich hast Du Dich nicht vollständig Deiner Umgebung angepaßt. Aber dies wird wohl jetzt nimmer möglich sein, oder doch?

Die Kommandoreise war aber doch immerhin ein netter Anfang, oder meine ich dies nur?

Übrigens, daß man überall (wie in Amsterdam) radikal vorgeht, finde ich nur gut. Es verwirrt die Erkenntnis der ganzen Sache weniger, als wenn man hier etwas gutes, dort was schlechtes findet und nicht weiß, welches nun das wahre ist.

Vermutlich werdet ihr noch in Griechenland eingesetzt, oder kommt ihr da zu spät?

Du mußt nicht glauben, daß mir's nicht recht wäre, wenn Du Deine Bekannte in Amsterdam aufsuchst. Was mich in Deinem Urlaub vor den Kopf gestoßen hat, war nur, daß Du etwas wiederholst (das durch Dein Schweigen so nebensächlich erschien) dessentwegen Du Dich in einem Brief schon angeklagt hast.

Aber auch ich habe schon vieles bereut, und tu es immer wieder. Ich habe also gar keine Ursache, Dir etwas übelzunehmen. Ich mußte zuerst den Balken aus meinem Auge ziehen. Aber ich möchte gerne wissen, was Dich so zu ihr zieht, daß es Dir so schwer fällt, ihr fern zu bleiben. Sind denn die Umstände für Dich jetzt nicht andere als nach Deinem vorletzten Urlaub? Ich hatte immer das frohe Gefühl, als hätten wir uns weitgehend verstanden, wenigstens zu verstehen gesucht. Das haben wir doch? Das und nichts anderes hat Dir doch die Zuversicht gegeben, nicht?

Heute war ich mit Susanne H. einen ganzen Tag lang auf der Alb. Wir blieben, wo's uns gefiel, liefen, wie's uns gefiel, tranken Most und aßen Spiegeleier und lebten herrlich u. in Freuden. – Meine Prüfung hab ich hinter mir u. sehe einigermaßen erwartungsvoll meiner Zukunft entgegen.

In der Hoffnung auf einen bald nachfolgenden zweiten Brief Deinerseits bleibe ich

ever your Sofie

So geschwind würde ich manchmal gern bei Dir sitzen.

Sophie Scholls Eintreten für ein radikales Vorgehen gegen die Juden (wie in Amsterdam; vgl. Fritz Hartnagels Brief vom 28. 2.) wirkt schockierend. Ihr ging es offensichtlich darum, dass sich das NS-Regime ganz offen, für alle sichtbar, und eindeutig als inhuman entblößte. Dennoch bleibt hier ein bitterer Beigeschmack, wenn in gewisser Weise das leidende Individuum einem übergeordneten Zweck geopfert wird.

Mussolinis Großmacht-Ambitionen richteten sich 1940 auf den Balkan. Ende Oktober 1940 griffen italienische Verbände von Albanien aus, das bereits 1939 von Italien okkupiert und zur Kolonie gemacht worden war, Griechenland an. Von diesem militärischen Vorhaben war die deutsche Regierung nicht unterrichtet. Bereits am 3. November gingen die Griechen zum Gegenangriff über und drängten die Italiener in die Defensive, sie mussten sogar über die albanische Grenze zurückweichen. Im Dezember 1940 erließ Hitler Weisungen für einen Feldzug auf dem Balkan (Unternehmen »Marita«), um dem bedrängten Bündnispartner zur Hilfe zu kommen. Deutsche Vermittlungsversuche Anfang 1941 scheiterten, sodass ein militärisches Vorgehen Deutschlands auf dem Balkan jederzeit zu erwarten war.

Die neue Phase des Krieges sollte am 6. April 1941 beginnen: An diesem Tag überschritten deutsche Wehrmachtsverbände von Bulgarien aus die Grenze zu Jugoslawien. Am selben Tag begann auch der deutsche Feldzug gegen Griechenland.

Susanne H. ist die Freundin und Mitschülerin im Fröbelseminar Susanne Hirzel.

8. 3. 41. [aus Ulm]

Lb. Fritz

Heute erhielt ich 2 Briefe von Dir, herzlichen Dank. Ich will nun wegen des Urlaubs, den Du zu nehmen gedenkst, gleich antworten. Wenn ihr schon am 15. versetzt werdet, dann wäre es vielleicht am geschicktesten, Du kommst am 17. u. 18. Ich würde dann erst am 19. nach Tübingen gehen. Vorher wird Dir's kaum möglich sein, u. ich hab Samstag-Sonntag kaum freie Zeit. (Abschied-Ausstellung u. s. w.) Wenn aber der 17. zu früh ist, dann komme doch lieber erst 14 Tage später, wenn ich mit dem Säuglingsheim fertig bin. Schreib mir bitte einmal einen genaueren Termin, damit ich mich, soweit als möglich, danach richten kann.

Schreib mir doch auch, was für Bücher Du gekauft hast, das würde mich sehr interessieren. Es ist schrecklich, daß Du so wenig Zeit zum Lesen hast. Ich weiß es von meiner kurzen Zeit in Dürrheim her, wie sehr man Bücher braucht, um sich zu halten. Daß dies eure Offiziere nicht einsehen. Es müssen unglaubliche Menschen sein, die es allein nicht mehr aushalten. Manchmal tust Du mir wirklich leid in Deiner Umgebung.

Wenn Du bald wieder kommen willst, ich freue mich. Schreib mir gleich, wenn Du diesen Brief hast, wann das geht. Es braucht nur eine Karte (aber im Kuvert) sein.

Jetzt hab ich gleich Schule.

Ich will Dir aber bald wieder schreiben.

Herzlichst Deine Sofie

Die Versetzung von Fritz Hartnagels Einheit aus Nordfrankreich nach Münster i. W. war für Mitte März vorgesehen.

In Bad Dürrheim hatte Sophie Scholl im Sommer 1940 ein vierwöchiges Praktikum in einem Kindersanatorium absolviert.

Undatiert [9. 3. 1941; aus Wissant bei Calais, Frankreich]

Liebe Sofie!

Ganz schnell ein Sonntagsgruß. Die Post fährt heute schon morgens weg, drum reichts nicht mehr zu einem Brief. Gestern Abend bin ich auch nicht mehr dazu gekommen, wir haben bis $^1/_2$3 Uhr diskutiert, über Hysterie, den Wert des Menschen, über Gott und schließlich über die Frau. Meistens war ich mit meiner Meinung allein und es ist sehr schwer mit Menschen zu sprechen über solche Themen, die von ihrer Ansicht und von sich so eingenommen sind, daß alles andere einfach Quatsch ist. Wenn auch meistens nichts herauskommt bei solchen Gesprächen zwischen Menschen, die sich gar nicht bemühen zu einer Verständigung zu kommen, so tragen sie doch sehr viel zur Klärung und eigenen Festigung bei.

Ich bin gerade aufgestanden. Draußen vor der Tür wartet der Postmann auf meinen Brief. Sicherlich bringt er heute etwas von Dir mit. Da es mich nun den ganzen Tag freut, habe ich auch Dir einen Gruß geschrieben, da er Dich auch ein wenig freuen wird.

Herzlichen Gruß, Fritz.

10. 3. 41. [aus Wissant bei Calais, Frankreich]

Liebe Sofie!

Heute will ich mal endlich die versprochenen Zigaretten für Hans schicken. Leider sind es nicht mehr die besten die wir hatten. Daß Ottl mit seiner Schokoladentafel noch etwas warten muß, hab ich ja schon geschrieben. Wir sind zur Zeit ziemlich ausverkauft. Ich will nun stark hoffen, daß Du wenigstens einige meiner Briefe bekommen hast. Vielleicht sind sie Dir auch schon unangenehm, da sie so oft kommen, und da meistens doch nichts wesentliches drinsteht. Ich schreib sie auch, da sie mir selbst gut tun, so als ob ich für ein pa[a]r Augenblicke bei Dir im gelben Zimmer sitzen würde, so, ohne viel Zweck, einfach bei Dir sein, zum Ausruhen.

Verzeih mir diese Schwäche und gestatte sie mir, ich bin noch abhängig davon. Ich empfinde das wie einen sicheren Ort, zu dem man immer wieder zurückkehren kann. Bei dem Gespräch über die Frau, von dem ich Dir gestern kurz schrieb, wurde gesagt, daß die Frau immer anlehnungsbedürftig ist. Ich war der Ansicht, daß das jeder Mensch sei, ich selbst würde dieses Bedürfnis auch empfinden, worauf mir entgegnet wurde: »Dann sind Sie eben kein Mann!« Vielleicht haben sie recht. Aber oft ist mir dieser so sehr selbstbewußte und rechthaberische Mann auch zuwider.

Heute Mittag gehe ich zum Reiten. Es ist herrlicher Frühling. Grüße von Fritz.

11.3.41. [aus Wissant bei Calais, Frankreich]

Liebe Sofie!

Es reicht mir wieder nur zu ein pa[a]r Zeilen, da in 45 Minuten der Postwagen schon wegfährt. Gestern hatten wir Abschiedsabend vom Pas de Calais. Endlich habe ich Nachricht bekommen, daß Du einen Brief von mir bekommen hast. Das beruhigt mich sehr. Allerdings mußtest Du gerade 14 Tage warten. Was wirst Du alles in dieser Zeit gedacht haben? Aber Du hast mir trotzdem immer geschrieben und dafür dank ich Dir umso mehr. Wir werden wahrscheinlich Ende dieser Woche nach Münster verlegen. Mit dem 17./18. klappt es darum auf keinen Fall. Ob es überhaupt möglich sein wird, daß ich nochmal nach Ulm kommen kann, steht noch nicht fest, da über unser zukünftiges Schicksal immer noch nichts bekannt ist. Drum wirf meinetwegen keinesfalls irgendeinen Deiner Pläne über den Haufen. Wenn es nochmal ginge, würde ich dann Anfang April kommen. Aber das sind vorläufig nur Wunschträume.

Schreib mir auch Deine Tübinger Adresse. Ich glaube es ist am besten ich schicke schon den nächsten Brief an Liesels Adresse.

All die anderen Fragen Deines Briefes zu beantworten, will ich heute Abend versuchen. Hoffentlich stört mich niemand daran.

Heute Mittag werde ich 1 Stunde ausreiten. Ich freu mich drauf, besonders da heute ein herrlicher Frühlingstag ist.

Bis heute Abend herzlichst
Dein Fritz.

11.3.41. [aus Wissant bei Calais, Frankreich]

Es reicht mir wieder nur zu einem kurzen Brief. Eigentlich wollte ich Dir heut Abend ausführlich schreiben. Aber nun findet morgen eine Hauptfeldwebelprüfung statt, die ich noch vorbereiten mußte, so daß ich eben nicht aus der Schreibstube kam, es ist schon 11 Uhr vorbei.

Ich glaube ich habe heute morgen ganz vergessen mich für das Päckchen mit den guten Sachen zu bedanken, auch für die Fotos. Ich war allerdings vor mir selbst entsetzt. Ich glaube, daß ich heute besser aussehe, d. heißt gesünder. So viel ich weiß hat doch Hans auch von Dir ein Kopfbild gemacht. Ich würde mich freuen, wenn ich davon einen Abzug haben könnte. Die einzigen Fotos, die ich von dir hab, stammen von Pfingsten 39, und das ist ja beinahe 2 Jahre her. Auch heute wieder hab ich einen Brief von Dir bekommen. Wir verwöhnen uns beide. Ich bin ja so froh darüber. Die Hoffnung auf einen Brief, der abends von Dir eintreffen wird, hält mich immer in guter Laune. Das Ausreiten heute war einfach herrlich. Ich hatte ein gutes Pferd. Wenn ich leise vor mich hinpfiff, stellte es aufmerksam die Ohren und ging im Takt des Pfeifens. Zum Schluß ritten wir einen gestreckten Galopp, daß die Hufe den Boden kaum mehr berührten. Weit vornübergeneigt pfiff uns der Wind durchs Gesicht, daß die Augen tränten. Wie wir so kreuz und quer durch den Wald ritten, dachte ich wie schön es wäre, wenn wir zwei zusammen ausreiten könnten. Vielleicht kommen wir nochmal soweit.

Schlaf gut, Sofie! Dein Fritz.

Undatiert [12.3.1941; aus Ulm]

Ganz geschwind will ich Dir Deine 3 letzten Briefe beantworten. D.h. beantworten will ich sie später. Hab inzwischen meinen herzlichen Dank!

Ich habe bis zum endgültigen Schluß noch alle Hände voll zu tun, vorher werde ich kaum zu einem rechten Brief kommen, gedulde Dich also bis dahin.

Ich bleibe zu meiner Arbeit im Säuglingsheim doch hier, da die Lisl die ganze Zeit Nachtwache hat und doch keine Zeit hat. Dann habe ich auch am 23. März frei, falls Du Deinen Urlaub dahin richten kannst. Ich freue mich sehr, wenn wir uns bald noch mal sehen.

Ob's mit meinem Studium noch was wird, steht bis jetzt noch in Frage. In ca. 14 Tagen werde ich die Antwort haben.

Über Deinen Vorschlag schreib' ich später. Er ist jedenfalls sehr nett – Dank dir dafür.

Jetzt muß ich ganz schnell Schluß machen, eine frohen Gruß, pflück ein paar Schneeglöckchen auf mein Wohl (kann man das sagen?). Und mach ein Stündlein für Dich frei: Hoffentlich kommst Du ab und zu zum Lesen.

Deine Sofie

Fritz Hartnagels Vorschlag war das Angebot, Sophie Scholl Geld für das Studium zu geben (vgl. Brief vom 6.3.1941).

14.3.41. [aus Münster i.W.]

Liebe Sofie!

Eben bin ich hier in Münster angekommen. Ich will schnell einen Gruß schreiben, damit er den Abendzug noch erreicht und vielleicht morgen schon bei Dir in Ulm ist, falls Du nicht schon früher nach Tübingen weggefahren bist.

Ich bin als Vorkommando hierher geschickt worden, während meine Abteilung am Montag hier eintrifft. Wie ich bereits erfahren habe, sollen wir voraussichtlich bis 20.4. hier bleiben. Damit steigen wieder meine Hoffnungen auf ein pa[a]r Tage Urlaub, vielleicht Anfang April, wenn Du von Tübingen wieder zurück bist. Aber da wir einige Einheiten neu aufstellen sollen, weiß ich noch nicht, welche Aufgabe mir zufällt, unter Umständen gibt es für mich auch viel zu tun in diesen 4 Wochen. Aber vorläufig will ich die Hoffnung nicht verlieren. Macht auch der Arbeitsdienst keinen Strich durch unseren Plan?

Es wäre nicht nur schön, wenn dieser Plan Wirklichkeit würde, sondern sicherlich auch gut. Wir könnten vieles weiterführen, was wir in meinem letzten Urlaub begonnen haben. Und die pa[a]r Stunden, die wir zusammensitzen könnten, würden sicher mehr sein als 100 Briefe, die wir uns schreiben. Nun will ich zum Abendessen gehen (Ich habe heute weder gefrühstückt noch zu Mittag gegessen, da wir den ganzen Tag gefahren sind von Calais bis hierher), und wenn ich nachher nicht zu müde bin will ich weiterschreiben.

Nach Tübingen begleiten Dich all meine guten Wünsche. Dein Fritz.

Grüße an Deine Eltern, Inge und Hans, Klaus und Dieterle nicht vergessen.

16.3.41. [aus Münster i. W.]

Liebe Sofie!

Es ist Sonntag Nachmittag, und der ganze Tag hat schon einen richtig faden Geschmack. Vielleicht kennst Du das auch? Wenn man zu nichts Lust hat, sich weder freut noch ärgert, und am liebsten nichts tun oder schlafen würde. Man sollte in solchen Augenblicken sich geschwind auf ein Pferd setzen können um einen wilden Galopp zu reiten, oder sich in einen kalten See stürzen können, um sich die Faulheit, das ist es nämlich nur, abzuschütteln. Ich will versuchen Dir etwas zu schreiben um diese Trägheit loszuwerden und damit Du in Tübingen gleich einen Brief von mir vorfindest. (Ich will ihn an Liesel schicken).

Du wolltest mal wissen welche Bücher ich eingekauft hatte. Dies sind: Der Mensch im Denken der Zeit von Hans Pfeil, die Bekehrung des Aurelius Augustinus von Romano Guardini, dann ein Buch von Thomas von Aquin, den Titel hab ich nicht mehr im Gedächtnis, in Amsterdam hab ich mir den Untergang des Abendlandes von Spengler gekauft. Ein Buch von Generaloberst v. Seekt wirst Du vielleicht nicht ganz verstehen, ich meine, daß ich es mir erstanden habe. Mich interessiert Seekt vor allem als Schöpfer der Reichswehr eines demokratischen Staates. Bis jetzt habe ich nur das erste Buch gelesen (meistens nachts von 12–1 Uhr.) Es war auch der richtige Anfang für die anderen. Es stellt die einzelnen Auffassungen vom Menschen gegenüber und endet mit dem katholischen Menschenbild als dem vollkommensten. Es gibt einen guten und klaren Überblick.

Noch am letzten Tag vor meiner Abfahrt aus Frankreich bat ich einen Leutnant meiner Abt., der gerade nach Lille fuhr, mir einige Bücher von den franz. Schriftstellern, die Du mir aufgeschrieben hast, mitzubringen. Von Sertillanges bekam er nichts, dafür von den anderen gleich 13 Stück. Aber leider keines deutsch geschrieben. Bis Du sie alle ausgelesen hast kannst Du bestimmt fließend französisch. Rein äußerlich sehen sie wie billige Schundromane aus. Aber das sagt ja nichts über den Inhalt. Hoffentlich kannst Du etwas damit anfangen. Ich schick sie Dir mal nach Ulm, da Du in Tübingen sicher weder die Zeit noch den Platz dafür haben wirst.

Es ist schwer zu sagen, was mich so angezogen hat, zu Luise in Amsterdam. Ich kann mir selbst oft keine klare Antwort geben. Ich glaube, wenn ich ganz ehrlich bin, es ist einfach das Geschlecht, das mich anzieht. Das spielt bei mir oft eine erschreckend große Rolle, und ich muß manchmal allen Willen zusammennehmen um dagegen aufzukommen. Ich muß Dir das sagen, wenn Du mich verstehen sollst, und es ist auch besser, wenn Du nicht zu gut von mir denkst. Es war nie das Gefühl einer inneren Verbundenheit, das mich zu ihr zog, ich wußte von Anfang an, daß es nur ein sinnlicher Trieb ist, und ich wußte, daß es schlecht war was ich tat. Aber ich war zu schwach um zu widerstehen. – Nun, nach meinem Urlaub, sind die Umstände wohl andere, wenn auch die Versuchung dieselbe ist. Aber ich fühle mehr Halt. Mir ist es, als ob wir gemeinsam dagegen ankämpfen würden, als ob Du bei mir wärest und mir beistehen würdest das Gute zu tun.

Schreib mir bitte bald Deine Tübinger Adresse. Hoffentlich dauert es nicht zu lang, bis die Post hierher nach Münster umgeleitet ist. Aber ich will so geduldig warten, falls es nötig sein sollte, wie Du in den ersten 14 Tagen nach meinem Urlaub.

Alles Gute. Dein Fritz.

Übrigens meine neue Adresse:

Feldpost M L33414 Luftgaupostamt Münster

Hans Pfeil (1903–?), »Der Mensch im Denken der Zeit«, Paderborn 1938. Der Philosoph und katholische Theologe vertrat eine fortschrittliche Richtung der klassischen Philosophie. Er gehörte zu der kleinen Gruppe deutscher Philosophen, die ihre Diskurse erfolgreich gegen alle Einflüsse der NS-Ideologie abzuschirmen wussten.

Romano Guardini (1885–1968), »Die Bekehrung des Aurelius Augustinus. Der innere Vorgang in seinen Bekenntnissen«, J. Hegner, Leipzig 1935. Guardini war Theologe und Religionsphilosoph und lehrte, obwohl in Italien geboren, ausschließlich an deutschen Hochschulen (Berlin, Tübingen, München). Er wurde zuerst bekannt als führende Persönlichkeit in der katholischen Jugendbewegung des »Quickborn« und der deutschen liturgischen Bewegung. Er ist bis heute ein bedeutender Vertreter des deutschen Katholizismus in allen Zeit-, Glaubens- und Kulturfragen.

Thomas von Aquin (1225 oder 1226–1274), Scholastiker, seit 1879 der offizielle katholische Kirchenphilosoph. Er verband die Lehren der christlichen Kirche (vor allem Augustinus) mit der Philosophie des Aristoteles. Thomas von Aquin zog als Erster eine scharfe Grenze zwischen Glauben und Wissen. Für den Freundeskreis der »Weißen Rose« spielten später Thomas von Aquins Thesen über gerechte Staatsformen eine wichtige Rolle.

Oswald Spengler (1880–1936), »Der Untergang des Abendlandes. Umrisse einer Morphologie der Weltgeschichte«, 2 Bände, 1. Band: Gestalt und Wirklichkeit, 1918, 2. Band: Welthistorische Perspektiven, 1922. Der Kulturphilosoph Oswald Spengler beschreibt in seinem Hauptwerk die großen Kulturen, die die Weltgeschichte prägen, als Organismen mit begrenzter, von ihm auf 1000 Jahre veranschlagter Lebensdauer. Aus dem Vergleich mit den antiken Kulturen leitet er die Behauptung ab, die abendländische Kultur befinde sich bereits im Stadium der Zivilisation, das zwangsläufig den Untergang einleite (zyklische Geschichtstheorie). Spenglers Werk fand in der Zeit nach dem von Deutschland verlorenen Ersten Weltkrieg und der krisenhaften Anfangszeit der Weimarer Republik großen Widerhall.

Oswald Spengler war erklärter Gegner der Demokratie und entwickelte zeitweise eine gewisse Nähe zum Nationalsozialismus. Eine ihm von Gregor Strasser angebotene Mitarbeit in den »Nationalsozialistischen Monatsheften« lehnte Spengler jedoch mit dem Hinweis auf die »primitive Lösung des Antisemitismus« durch die Nationalsozialisten ab. Auch das Angebot Joseph Goebbels', am 18. März 1933, dem »Tag von Potsdam«, eine Rede zu halten, lehnte Spengler ab. In den folgenden Wochen und Monaten der nationalsozialistischen Herrschaft rückte Spengler immer weiter vom Nationalsozialismus ab, sodass er seit September 1933 nicht mehr in Rundfunk und Presse erwähnt werden durfte.

»Generaloberst v. Seeckt«: Hans von Seeckt (1866–1936) wurde, nachdem er im Ersten Weltkrieg verschiedene militärische Führungspositionen bekleidet hatte, im Juli 1919 Chef des Generalstabs der Reichswehr und im Oktober desselben Jahres Chef des neu errichteten »Truppenamts im Reichswehrministerium«. Fritz Hartnagels Charakterisierung von Seeckts »als Schöpfer der Reichswehr eines demokratischen Staates« entspricht nicht dessen oft verhängnisvoller Rolle in der Weimarer Republik. So weigerte sich von Seeckt im März 1920, gegen den rechts gerichteten Putsch von Walther von Lüttwitz und Wolfgang Kapp (»Kapp-Putsch«) die

Reichswehr einzusetzen (»Reichswehr schießt nicht auf Reichswehr«). Dennoch wurde von Seeckt im Juni 1920 Chef der Heeresleitung und organisierte in dieser Position die im Versailler Vertrag festgelegte Reduzierung der Reichswehr auf 100 000 Mann. 1923 setzte er die Reichswehr gegen die sächsische Regierung aus SPD und KPD ein, die sich gegen die Reichsregierung aufgelehnt hatte. Nach dem Putschversuch Hitlers am 9. November 1923 übertrug Reichspräsident Ebert die vollziehende Gewalt auf den Chef der Reichswehr. Von Seeckt nutzte seine Machtbefugnisse für ein Verbot der NSDAP. Nach dem Ende seiner militärischen Laufbahn schrieb von Seeckt etliche militärhistorische Werke. 1931 nahm er am Gründungstreffen der »Harzburger Front« teil, einem Bündnis von Nationalliberalen und Nationalsozialisten.

Zu den französischen Schriftstellern vgl. Sophie Scholls Brief vom 21.2.1941.

18.3.41. [aus Münster i. W.]

Liebe Sofie!

Wider Erwarten habe ich eben schon einen Brief von Dir bekommen. Er ist zwar schon 6 Tage unterwegs, aber ich habe damit gerechnet, daß nach unserer Verlegung nach Münster die Post zumindest 8–14 Tage ausbleiben würde. Vielleicht kannst Du es nachempfinden, was solch ein Brief für mich bedeutet. Heute zum Beispiel, nachdem erst gestern unsere Abteilung hier eingetroffen war, da ging wieder einmal alles drunter und drüber, überall Fragen und Unklarheiten, hier und dort mußte noch etwas geregelt werden, daß mir die Gedanken bald kreuz und quer durch den Kopf schwirrten. Und mitten in dieses Durcheinander kam Dein Brief. Ich konnte ihn allerdings nicht gleich öffnen, aber das Bewußtsein, einen Brief von Dir in der Tasche zu haben, ließ all die Dinge, die mir erst so wichtig erschienen, in ihrer Bedeutung schwinden. Ich merkte, wie ich meine Leute auf einmal viel freundlicher behandelte und mit einer seltsamen Ruhe. Nicht daß ich meine Aufgabe weniger gründlich versah, aber ich ging nicht mehr drin unter. – Ich möchte einmal so weit kommen, daß man immer und von sich aus in dieser erhabenen (nicht überheblichen) Stimmung sein kann, daß man alles von einem ruhenden Punkt aus sehen kann, der in diesem Augenblick Dein Brief war, und damit Du selbst, und darüber hinaus alles was uns verbindet, und über das tägliche Tun erhebt. Wahrscheinlich ist man dann erst zu der Liebe fähig, von der Du sprachst. Vorläufig aber bist Du und das Bewußtsein unseres gemeinsamen Strebens der ruhende Punkt für mich. Kannst Du das verstehen? Ich meine wenigstens ein Halt.

Am Sonntag hab ich schon einen Brief für Dich an Liesel weggeschickt, da ich annahm, daß Du schon in Tübingen bist. Nun wirst Du ihn wahrscheinlich erst einige Tage später erhalten. Die Liesel hätte sich sicher gefreut, wenn Du die 14 Tage hättest bei ihr sein können. Vielleicht kann ich nun schon an einem der nächsten Sonntage nach Ulm kommen, falls Du frei hast. Ich kann aber immer noch nichts Genaues sagen. Die Umstände sind nämlich folgende: Wir stellen hier in Münster aus unserer alten Abteilung zwei neue Abteilungen auf. Dabei wird voraussichtlich auch das Offiz.-Korps geteilt. Nun hängt alles davon ab, welche Aufg. mir zufällt. Ich spekuliere auf den Posten eines Offz. z. b. V., der im Einsatz den ganzen Nachr.-Einsatz der Abteilung leitet und in Ruhezeiten so viel wie nichts zu tun hat, d. h. ich könnte dann etwas für mich tun. Würde ich diesen Posten bekommen, dann könnte ich evt. einen richtigen Urlaub nehmen können. (Wir rücken erst am 20. 4. wieder hier ab.) Andernfalls wäre ich wahrscheinlich vollauf mit der Neuaufstellung beschäftigt und mit der Ausbildung des Personalersatzes. Ich muß drum mit allen Urlaubsplänen auf diese Entscheidung warten. Schreib mir bitte mal wann Du mit Deinem Säuglingsheim fertig bist.

Bis zum nächsten Brief einen herzlichen Gruß.

Dein Fritz.

Übrigens in meiner Anschrift ändert sich Lp. Postamt Brüssel in Lp. Postamt Münster II.

»Offz. z. b. V.«: Offizier zur besonderen Verfügung

20. 3. 41. [aus Münster i. W.]

Liebe Sofie!

All meine Hoffnungen auf einen Urlaub haben sich zerschlagen. Ab heute ist Urlaubssperre! Ich hab es noch gar nicht richtig begriffen, denn ich lebe die ganzen Tage nur von der Hoffnung auf diesen Urlaub. Jetzt wird es wahrscheinlich wieder monatelang dauern bis wir wieder ein pa[a]r Tage zusammen sein können. Ich habe nur den Trost, daß ich in diesen Monaten wenigstens mit meinen Gedanken nicht alleine sein muß, daß ich mich mit Dir verbunden weiß, und daß ich nach dieser Zeit wieder zu Dir kommen kann, gleich wie, auch wenn es mir nicht gelungen ist an meiner Umgebung und meiner Tätigkeit spurlos vorbeizugehen, oder an dem Schlechten in mir. Darf ich so viel Barmherzigkeit erwarten, oder so viel Liebe? – Ich fürchte ich werde nicht viel Zeit zur Besinnlichkeit haben. Ich hätte sie gerade jetzt so notwendig. – Ich wollte ich könnte mir Dir studieren; aber nicht nur um in Deiner Nähe zu sein. – Das ist die zweite Enttäuschung von heute: Ich habe erfahren, daß ich wahrscheinlich den Posten des Offz. z. b. V. nicht bekommen werde. (Du weißt ja, warum ich ihn gerne hätte).

Ich will trotz allem noch auf einen Samstag-Sonntag-Urlaub nach Ulm hoffen. Ich wünsche ich könnte schon vor diesem Brief bei Dir sein.

Ich will frohen Muts und zuversichtlich bleiben. Kannst Du's auch?

Dein Fritz

Der Grund für die Urlaubssperre war vermutlich der für Anfang April geplante Beginn des Balkankrieges gegen Jugoslawien und Griechenland.

21. 3. 41. [aus Münster i. W.]

Liebe Sofie!

Die Entscheidung ist gefallen. Ab heute bin ich Kompanie-Chef einer selbständigen Luftnachr.komp. bei einer Panzergruppe. D. h. die Kompanie besteht vorläufig nur aus mir selbst, sie soll erst aufgestellt werden.

Es steht eine Riesen-Arbeit vor mir, die mich wahrscheinlich voll und ganz beanspruchen wird. Ich stehe dieser Aufgabe nicht ganz mit ruhigem Gewissen gegenüber. Ich habe zwar dienstlich keine Bedenken, aber ich fühle mich noch nicht reif genug für diese Aufgabe. Auch weißt Du ja selbst, mit welchen Zweifeln ich dem militärischen Leben gegenüberstehe. Ich hätte noch Zeit gebraucht. Es besteht auch die Gefahr, daß man Sklave seiner Arbeit wird, wenn man ganz von ihr beansprucht wird.

Aber ich will versuchen ein guter Komp.-Führer zu sein, ohne mich selbst aufzugeben, ich meine das was ich für richtig und gut halte. – Ich habe allerdings das Glück eine Komp. zu führen, die in ihrer Zusammensetzung, ihrer Stellung und ihrer Aufgabe vielleicht die schönste innerhalb der Luftnachr.-Truppe ist.

Nun wäre es mit meinem Urlaub sowieso aus gewesen. Aber trotz allem hoffe ich noch einen Samstag-Sonntag nach Ulm kommen zu können. Es würde mir bestimmt gut tun bevor es wieder los geht.

Dein letzter Brief liegt zwar erst 3 Tage zurück, aber mir kommt es vor als wären es 14 Tage. Du hast mich verwöhnt. – Schreib mir bald etwas von Dir.

Viele Grüße Dein Fritz.

22.3.41. [aus Münster i. W.]

Liebe Sofie!

Heute hab ich wieder einen Brief von Dir bekommen mit einem Bildchen von Dir. Herzlichen Dank dafür. Du bist furchtbar traurig auf diesem Bild, fast etwas verzweifelt. Aber es gefällt mir. Es ist gut, daß Du mir gerade solch eines geschickt hast. Es wird mich davor bewahren mit oberflächlichen Gedanken bei Dir zu sein. Ich habe das Herzklopfen bekommen beim Anschauen. Ich nehme oft die Verantwortung zu leicht, die man für den anderen hat.

Ich hoffe, daß Du auch die letzte Deiner unliebsamen Arbeiten gut und schnell hinter Dich bekommst. Sicher wirst Du in diesen Tagen todmüde abends nach Hause kommen. Ich will Dich drum nicht drängen mir zu schreiben. Du sollst das beruhigende Gefühl haben nichts mehr tun zu müssen. Ich darf mir doch unserer Verbundenheit sicher sein, auch ohne Briefe? Nur wenn es Dir keine Mühe macht und es Dich dazu drängt sollst Du mir schreiben.

Die letzten Tage waren sehr aufreibend für mich. Ich war manchmal nahe dran, daß mir die Nerven durchgegangen wären. Übermorgen tritt der Stamm meiner Kompanie zusammen, vorläufig nur 70 Mann, sie soll aber 250 Mann stark werden. Sie soll bereits am 15. 3. einsatzbereit stehen. Es werden anstrengende Tage werden bis dorthin. Ich bin erst froh, wenn wir mal im Einsatz sind.

Es ist mir leider nicht vergönnt mich mehr in den Hintergrund zu drängen, was ich bestrebte, nicht um mich der Verantwortung zu entziehen, sondern um mehr für mich sein zu können. Vielleicht bekomme ich noch einmal Gelegenheit mich ganz dem zu widmen, was ich gern tun würde. Es liegt noch so viel Neuland vor mir.

Herzlichen Gruß Dein Fritz.

Grüße an Deine Eltern, Inge und Has!

»Sie soll bereits am 15. 3. einsatzbereit stehen.« Hier muss es sich um einen Schreibfehler Fritz Hartnagels handeln. Das Bereitstellungsdatum für die Kompanie muss nach dem 22. März liegen. Es könnte der 15. 4. gemeint sein.

Ulm, 22. 3. 41

Solange es mir die Zeit erlaubt, will ich Dir geschwind schreiben. Schrecklich, daß es immer so schnell gehen muß, daß man kaum zum Überlegen kommt. Heute habe ich wieder einen Brief von Dir erhalten. Demnach kannst Du in nächster Zeit nicht mehr kommen. So will ich mir umso mehr Mühe mit meinen Briefen geben. Auch ich hab heute eine unerfreuliche Nachricht erhalten: Ich muß in den Arbeitsdienst. Ich habe mich aber mit dieser nächsten Zukunft schon zufrieden gegeben. Ich versuche immer so schnell wie möglich zu akklimatisieren (auch in u. an Gedanken), damit erreicht man die größte Unabhängigkeit von allen, angenehmen u. unangenehmen Umständen. Ich habe mich in dieser Anpassungsfähigkeit schon soweit geübt, daß ich heute nicht länger als 5 Minuten mit dem R. A. D. mich geärgert habe, u. daß Fräulein Kretschmer mir am Ende meiner Schulzeit als auffallendstes Merkmal an mir meine Unberührtheit gefunden hat. Vielleicht deckt es meine Launenhaftigkeit während Deines Urlaubs ein bißchen, wenn ich Dir die 2 Zeilen von einem Moritatverschen der Schulschlußfeier schreibe: »... stets ist sie (S. Scholl) lustig aufgelegt, nichts hatte sie jemals erregt.« Ich bin selbst ein bißchen platt über das Bild, das ich solchen Leuten gebe. Wahrscheinlich werde ich in 10–14 Tagen einrücken. Wenn Münster nicht so schrecklich weit weg wäre (d. h. nicht so viel Fahrtzeit brauchen würde) könnte ich ja auch mal nach dort kommen. Aber ich weiß ja nicht einmal, ob ich noch 3 Tage frei habe. Sonst wäre es nett, nicht? (Dieser Gedanke ist mir eben gekommen, aber nicht ganz im Ernst)

Die Hälfte meiner Säuglingsheimzeit ist vorüber, ich bin gar nicht ungern dort oben. Die Kinder habe ich richtig liebgewonnen, ich würde sie am liebsten alle behalten.

Jetzt wird's Zeit um noch etwas einzukaufen. Vielleicht komme ich morgen noch zum Schreiben.

Inzwischen sei vielmals gegrüßt
von Deiner Sofie

Sophie Scholl musste am 6. April 1941 den Reichsarbeitsdienst (R. A. D.) im Lager Krauchenwies bei Sigmaringen antreten.

Fräulein Kretschmer: Emma Kretschmer war Leiterin des Ulmer Fröbelseminars.

Ulm, den 23. März 1941.

Lieber Fritz,

gestern abend haben wir fast nichts anderes getan als Päckchen gepackt, unter anderen auch eins an Dich. Jetzt soll es schnell abgehen, damit es Dich noch am blauen Montagmorgen oder am grünen Dienstagmittag erreicht u. Dich, während Du Dich an seinem (handarbeitlich wertvollen) Genuß ein bißchen aus der offiziellen Dienststimmung hinausschleichen kannst u. allen Deinen guten Bürgern für ein paar Augenblicke eine recht vergnügte, recht lange Nase machen kannst. Das war ein langer Satz, ich bin ganz erschöpft.

Heute mittag, am Sonntagmittag, reicht mir's vielleicht noch zu einem Sonntagnachmittagsspaziergang, dann hol ich mir ein Zweigchen, denn die Blattknospen brechen in der Zimmerwärme innerhalb einiger Tage auf u. heraus schlüpfen so nette Frühlingsblättchen, Hoffentlich ist Münster nicht zu groß, daß Du auch hinausfindest. Mach Dir nur nicht zu viel Arbeit, der Krieg läuft auch so weiter. Und noch viel mehr als der Krieg läuft weiter, Gott sei Dank, zum Beispiel der Frühling.

Herzliche Grüße
Sofie u. Inge

In der ersten Nachkriegszeit hat Fritz Hartnagel Inge Scholl, Otl Aicher und seiner Frau Elisabeth, geb. Scholl, Auszüge aus den Briefen Sophie Scholls an ihn zur Verfügung gestellt. Nach dem Auszug aus dem Brief vom 23.3.1941 findet sich folgende Notiz:

»Die restlichen Briefe aus dem Jahre 41 und 42 sind verloren gegangen.
Einige wenige sind während der Einschließung von Stalingrad zurückgegangen.
Dann noch einige, die mich im Lazarett in Lemberg erreichten.«

Tatsächlich sind auch aus dem Sommer und Frühherbst 1942, also vor der Einkesselung der sechsten Armee in Stalingrad, einige wenige Briefe Sophie Scholls erhalten, die vermutlich als nicht zustellbar zurückgingen. Die Briefe von Sophie Scholl, die Fritz Hartnagel im Lazarett in Lemberg erhielt, stammen vom Februar 1943.

26.3.41. [aus Münster i. W.]

Liebe Sofie!

Ich will den Tag wieder mit den Gedanken bei Dir beenden. Du verstehst das doch richtig? Auch all meine anderen Briefe? Ich könnte auch sagen: mit den Gedanken in einer anderen Welt. Aber da diese Welt von Dir ausging für mich, und Du der einzige Mensch bist mit dem ich sie gemeinsam habe, oder wenigstens ahne, darum gehen auch meine Gedanken zu Dir. Wenn mir dabei zum Beispiel die Melodie ... deus dominus ... ex gloria ... im Kopf summt, ich glaube, daß es mehr ist, als ein Gefühl; ist sie nicht auch ein Klang aus jener anderen Welt. Ich wage noch nicht da darüber zu schreiben, ich bin nur ganz am Anfang und beginne erst einige wenige Zusammenhänge zu ahnen. Mir ist es, als wollte ich ein in lauter kleine Stückchen zerrissenes Blatt Papier wieder zusammensetzen und bin schon glücklich, wenn ich hier und dort zwei Fetzchen zusammenfügen kann. Ich hoffe einmal das ganze Blatt vor mir zu haben. Ich glaube nicht, daß ich eher davon ablassen kann, nachdem ich einmal begonnen habe.

Es wäre schön und gut, wenn wir wieder zusammensein könnten. Geht es nicht? Schreib mir's bald, oder falls ein Brief zu langsam gehen würde, ruf mich an (Münster: Nr. 41747), wann Du kommen willst. Aber ich will Dich nicht drängen; ich möchte, daß Du Deine freien Tage, falls Du welche haben solltest, so verwendest, wie es für Dich am besten ist, und wie Du am meisten für die nächsten Monate mitnehmen kannst für Dich, so daß Du davon zehren kannst.

Sei herzlichst gegrüßt von
Deinem Fritz.

Die Melodie, die Fritz Hartnagel »im Kopf summt«, gehört zu folgendem Lied:

1. Es wollt' eine Nonne in' Garten gehen.
Ex gloria.
Wollt' pflücken ab drei Blümelein.
Deus dominus miserere nobis.
2. Das erste war ein Nägelein.
Ex gloria.
Ein rosenrotes Nägelein.
Deus dominus miserere nobis.
3. Das zweite war ein Veigelein.
Ex gloria.
Ein himmelblaues Veigelein.
Deus dominus miserere nobis.
4. Das dritte war ein Ilgen.
Ex gloria.
Eine schneeweiße Ilge.
Deus dominus miserere nobis.

5. Es war die heiligste Dreifaltigkeit.
Ex gloria.
Von nun an bis in Ewigkeit.
Deus dominus miserere nobis.

Alte fränkische Volksweise.
In: Ditfurths Fränkische Volkslieder, 1855.

29. 3. 41. [aus Münster i. W.]

Liebe Sofie!

Es ist Samstag Abend, und damit liegt eine recht arbeitsreiche Woche hinter mir. Ich habe alles getan um eine gute Kompanie zusammenzubekommen. Und nun wurde mir heute eröffnet, daß von höherer Stelle ein älterer Hauptmann als Komp.-Chef bestimmt wurde. Ich kann also wieder abdanken, nachdem ich meine Schuldigkeit getan habe. Aber es hat mir weder die Tatsache an und für sich, noch die Art und Weise, mit der man hier mit einem umgeht, viel ausgemacht. Ich bin sogar einerseits recht froh darüber, Du weißt ja, daß ich mich sowieso mehr im Hintergrund halten wollte, um mehr Zeit für mich zu haben und für andere Dinge, die mich zur Zeit mehr interessieren und wohl auch wichtiger sind. Ich verzichte deshalb gerne auf militärische Ehren. Mein Wunsch nun wieder zu meiner alten Abteilung zurückkehren zu dürfen wurde leider abgeschlagen. Ich will nun versuchen, daß ich wenigstens in dieser Komp., die von mir aufgestellt wurde, einen Zugführerposten bekomme. Besonders, da ich dadurch mal endlich aus der Schreibstube herauskäme, und da der Kompanie wahrscheinlich ein ziemlich interessanter Einsatz bevorsteht. Ich vermute, daß wir auf den Balkan kommen, damit ginge auch ein alter Wunsch von mir in Erfüllung, wenn auch mit kriegerischer Umrahmung. Wir sollen bereits am 2. 4. verladebereit sein, das ist am Mittwoch. Damit fällt wahrscheinlich auch unser letzter Plan, nämlich, daß Du mich hier besuchst, in's Wasser. Aber es hat sich hier in den letzten 8 Tagen schon so viel von heute auf morgen geändert, daß ich die Hoffnung noch nicht restlos aufgebe. Sobald ich etwas genaueres weiß telefoniere ich Dir nach Ulm. Hoffentlich mußt Du nicht zu bald in

Arbeitsdienst. Aber mag es kommen wie es will, ich will meinen frohen Mut und die Zuversicht behalten, unabhängig von allen äußeren Begebenheiten. Gestern habe ich ein Päckchen mit einem Brief von Dir und vielen guten Sachen erhalten. Herzlichen Dank dafür, Dir, Inge und allen, die dazu beigetragen haben. Du weißt ja, daß es nicht nur der Inhalt ist, der mich freut, aber auch er allein, ich hab ihn schon reichlich versucht, ist eine Freude wert. Dabei bekomme ich ein ziemlich schlechtes Gewissen, wenn ich dran denke, daß ich verschiedene Sachen, unter anderem auch Ottl's Schokoladentafel, bald 14 Tage schon auf meinem Tisch liegen habe, und nie die Geduld gefunden habe, sie wegzuschicken; ich tu furchtbar ungern Päckchen machen. Das ist aber nur Faulheit.

Jetzt will ich mich noch unter die Dusche stellen und nachher noch etwas lesen, in einem Buch über Augustinus (Ich komme nur langsam vorwärts damit).

Herzliche Grüße Dein Fritz.

Da wir vielleicht bald wieder wegkommen von hier und damit von unserer alten Abteilung, schreibst Du von nun an am besten an meine neue Feldpostnummer: 07 044 (ohne Zusatz).

Bei dem »Buch über Augustinus« dürfte es sich um Romano Guardini, »Die Bekehrung des Aurelius Augustinus«, a. a. O. (vgl. Brief vom 16. 3. 1941), gehandelt haben. Außerdem las Fritz Hartnagel Erich Przawara, »Augustinus. Die Gestalt als Gefüge«, erschienen 1934 bei Jakob Hegner in Leipzig.

Die Auseinandersetzung mit diesem Buch und allgemein mit Augustinus spielt in späteren Briefen Fritz Hartnagels aus dem Jahr 1941 eine zentrale Rolle.

[18. 4. 1941; aus Krauchenwies]

Einen kleinen Brief habe ich heute wieder von Dir erhalten, hab vielen Dank dafür. Ich finde es so ärgerlich, daß man Dir Deine Abende nimmt, kannst Du Dich denn gar nicht wehren? O sie nehmen einem mit diesem sturen Kommißgeist, der überall herrscht, bald jede Mög-

Sophie Scholl (vorne) im Arbeitsdienst
in Krauchenwies, Frühjahr 1941

lichkeit, seinen armen Geist noch ein wenig zu retten vor ihren Uniformen. Wirklich, eine Epoche in der Geschichte des deutschen Volkes! Womit wird man sie später ausfüllen, außer mit Schlachtendaten und ähnlichem?

Es handelt sich um den Tagebuch-Entwurf eines vermutlich nicht abgeschickten Briefes an Fritz Hartnagel. (Zitiert nach: Hans Scholl und Sophie Scholl, Briefe und Aufzeichnungen, hrsg. von Inge Jens, a.a.O., S.218.)

Krauchenwies, 20.4.41

Mein lieber Fritz!

Erlaube mir diesmal diese Anrede. Heute abend war ich eine halbe Stunde im Park, und hattest Du vor Monaten in dem Deinen Schneeglöckchen pflücken können, so finde ich jetzt in meinem Schlüsselblumen in ungezählten Mengen. Und in meinem Park standen da die Baumgruppen im Abendlicht, daß ich auf dem Heimweg rückwärts gegangen bin, um sie noch länger zu sehen. Der Frühlingshimmel, an dem hoch oben die Wolken wie weiße schlanke große Federn von irgendwelchen fremden Vögeln schwebten, und die tiefer hängenden waren ganz orange gefärbt von der untergehenden Sonne. Da wäre ich so gerne noch ein Stück mit Dir gegangen, so sehr gerne. Weißt Du noch, wie wir einmal im Gebirge das Alpenglühen erlebt haben? An all das mußte ich heute abend denken, auch an unsere Fahrt an die Nordsee. Wie wir im Dünensand lagen und spielten. Ich dachte auch an unseren Spaziergang im Herbst an der Donau, und nun erst ging es mir richtig auf, wie häßlich ich damals war und welchen Eindruck Du in Deinen Dienst mitnehmen mußtest. O wie gemein ich doch manchmal sein kann. Und doch bin ich jetzt so froh, daß Du im Februar bei mir warst, daß wir zum Skilaufen gingen, wenn auch manches lieber ungeschehen wäre, so hat es doch zu der Verständigung geführt, die ich schon lange herbeisehnte. Mein lieber Fritz, nun freue ich mich, wenn ich an Dich und mich denke und bin oft voller Hoffnung.

Jetzt muß ich schlafen. Ich schrieb unter der Bettdecke. Deshalb die Schrift.

Herzlichst Deine Sofie

Tagebuch-Entwurf eines vermutlich nicht abgeschickten Briefes an Fritz Hartnagel. (Zitiert nach: Hans Scholl und Sophie Scholl, Briefe und Aufzeichnungen, hrsg. von Inge Jens, a.a.O., S. 218 f.)

28.4.41. [aus Vukovar, Jugoslawien]

Liebe Sofie!

Endlich ist es etwas still um mich, damit ich Dir schreiben kann. Ich weiß nicht, mit welchen Gefühlen und Gedanken Du die lange Schreibpause überstanden hast, besonders jetzt, wo Du selbst wahrscheinlich etwas einsam bist. Aber ich will annehmen, daß es keine trüben Gedanken waren, und daß wir uns dadurch nicht entfernt haben. Die vergangenen 14 Tage, die wir uns auf dem Vormarsch durch Jugoslawien befanden, haben mich nahezu restlos beansprucht. Du kannst Dir vielleicht nicht recht vorstellen, was es da alles zu tun gab und welche Schwierigkeiten dauernd zu überwinden waren, es ist auch zu vielerlei um darüber zu schreiben. Nur manchmal nachts, wenn wir zwischen Kolonnen eingekeilt standen und warteten bis es wieder ein Stück weiterging, wenn mein Kraftfahrer neben mir eingeschlafen war, und wenn ich dann tief in meinem Mantel verkrochen war, dann war Raum auch für andere Gedanken. Wenn wir bei Tag solche Wartestunden verbringen mußten, habe ich manchmal die Zeit benützt um ein pa[a]r Kapitel zu lesen in »Den Bekenntnissen des Augustinus«, die ich bei mir habe. Ich bin selbst erstaunt, mit welcher Wißbegier ich darin lese, wogegen mich früher schon der unterwürfige und demütige Ton abgestoßen hätte daran, da ich stark von Nietzsche beeinflußt war. Aber ich kann mich noch nicht entscheiden. Es ist mir noch so vieles unklar und zweifelhaft. Vor allem fehlt mir ein geschlossenes Bild des Christentums. Was ich finde sind nur Bruchstücke, die nicht immer den Zusammenhang zeigen. Aber ich will weitersuchen. Ich befinde mich wenigstens in einem Zustand, in dem ich nicht bleiben kann, der eine Entscheidung fordert. Wenn ich auch manchmal Angst bekomme und an mir selbst zu zweifeln beginne, wenn ich sehe, wie selbstverständlich und selbstbewußt die Menschen meiner Umgebung leben, so glaube ich doch, daß ich schon einen Schritt weiter gekommen bin. (Ich denke daran, was wir zusammen bei Pascal gelesen haben.)

Wir haben heute das erste Mal Post bekommen seit 3 Wochen. Deine Briefe werden wohl noch unterwegs sein. Dafür habe ich von Deiner Mutter etwas bekommen. Ich möchte gern wissen, wie es Dir im Arbeitsdienst ergeht. Es wäre fein, wenn Du dort einen Menschen gefunden hättest, dem Du näher stehen kannst. Aber wenn es nur ein oberflächliches Sich-Verstehen ist, wäre es oft besser man könnte allein sein, ohne von andern daran gehindert zu werden. Ich empfinde es augenblicklich recht angenehm, daß ich außer den Männern meines Zuges niemanden um mich habe, nach dem ich mich richten müßte, oder der meine Gesellschaft fordert. Meinen nächsten Vorgesetzten sehe ich nur selten, so daß ich zumindest in meiner Freizeit von niemandem beansprucht werde. Ich glaube es wird für Dich das unangenehmste sein, daß Du nach dem sicher oft widerwärtigen Lagerleben nicht einen Ort hast, an dem Du für Dich sein kannst, und daß Du selbst bei Nacht mit andern zusammen sein mußt. Vielleicht kannst Du wenigstens am Sonntag in den Wald flüchten. Ich will die Ruhezeit, die bei uns wieder eingetreten ist dazu benutzen um Dir so oft wie möglich zu schreiben. Vielleicht tut es Dir gut und hilft Dir über die Unannehmlichkeiten hinwegzukommen. – Ich befinde mich zur Zeit mit meinem Zug in Vukovar an der Donau, nachdem wir bis nach Sarajewo gekommen waren, leider nicht weiter nach Süden.

Ich will Dir bald wieder schreiben und wünsche Dir viel Gutes. Herzliche Grüße Dein Fritz.

Aurelius Augustinus (354–430), »Bekenntnisse«. Die große Bedeutung des Augustinus und seiner philosophischen Autobiographie für Fritz Hartnagel und Sophie Scholl wird in späteren Briefen deutlich.

Vukovar liegt, nicht weit von der Grenze zwischen Ungarn und dem ehemaligen Jugoslawien entfernt, an der Donau, ca. 100 km flussaufwärts von Belgrad. Sarajewo liegt in der früheren jugoslawischen Teilrepublik Bosnien und Herzegowina und ist heute Hauptstadt des souveränen Staates Bosnien-Herzegowina.

Agram 4.5.41. [aus Zagreb, Jugoslawien]

Meine liebe Sofie!

Ich habe 3 Briefe von Dir bekommen. Du kannst Dir wohl denken, wie ich mich gefreut habe darüber, nachdem ich über 3 Wochen darauf warten mußte. Das war allerdings nicht Deine Schuld. Leider hab ich Dir in den letzten Tagen nicht so oft schreiben können, wie ich mir's vorgenommen hatte, denn wir sind schon wieder 3 Tage unterwegs nach Graz um dort verladen zu werden in Richtung Breslau. Wenn ich mich auch freue, daß es dauernd weitergeht und keine langen Wartepausen entstehen, so hätte ich doch auch manchmal gerne etwas mehr Zeit für mich. Oft mach ich's auch so wie Du und nehme schnell mein Augustinusbüchlein vor und lese nur ein pa[a]r Seiten drin, wenn mir zu wenig Zeit bleibt, oder wenn ich zu müde bin um mehr zu lesen. Dies bringt mich zwar nicht viel weiter, aber es bewahrt vor der Verflachung und hält wach.

Wo wirst Du wohl sein in diesem Augenblick, an welchem Ort, unter welchen Umständen und was für Menschen hast Du um Dich? Bei welchen Gesprächen mußt Du Deine eigenen Gedanken suchen? Daran denke ich oft, wenn ich selbst bemüht bin in die Einsamkeit zu flüchten, in der ich mich am wohlsten fühle. Dann fahre ich meinen Wagen an ein verstecktes Plätzchen um zu lesen, oder wie gerade jetzt, da ich mich in ein leeres Klassenzimmer zurückgezogen habe um zu schreiben. Aber Du wirst wohl selten diese Möglichkeiten haben darum bedaure ich dich am meisten.

Was für eine Führerin muß das sein, die sogar das Lesen verbietet. Dies ist mir unverständlich. Oder will man damit Gemeinschaft züchten indem man alles Private verbietet? Aber Du wirst sicher die nötige Großzügigkeit besitzen um Dich über solche Verbote hinwegzusetzen.

Ich kann es verstehen, daß Du glaubst nun mehr Halt an mir zu finden, nachdem wir auf dem selben Weg sind im Streben nach dem Guten. Aber Sofie, setz noch nicht zu viel Hoffnung in mich, ich habe gerade in den letzten Wochen gemerkt, wie schwach mein Stand noch ist. Und in manchen Augenblicken war ich gänzlich ohne Halt und wäre sicherlich jeder Versuchung willenlos ausgeliefert gewesen, wenn mich nicht der Zufall, oder Gottes Wille, mich davor bewahrt hätte, gerade in solchen

Augenblicken. Du weißt, was mir so viel zu schaffen macht. Aber ich werde dies auch wohl nie überwinden können, bevor ich nicht in meinem Innersten davon überzeugt bin, daß es überwunden werden muß. Und daran zweifle ich noch! Ich kann nicht verstehen, daß Gott dem Menschen einen Leib gegeben hat, und zwar einen lustvollen Leib, um ihn in Versuchung zu führen, um ihn von Anfang an in Widerstreit zwischen Leiblichem und Geistigem zu setzen. Welch grausamer Gott müßte das sein. Warum läßt er überhaupt zu, daß es Schuld gibt in der Welt? Warum nimmt er nicht das Übel von uns? Er ist doch die höchste Macht der Welt und kann deshalb auch über das Böse gebieten. Könnte es Gottes Wille sein, daß der Mensch durch Sünde gezeugt wird? Du fragst, welche Zweifel grundsätzlicher Art mich noch bewegen, und wie unsicher, es ist schon fast gewagt zu sagen, ich stehe. Auch ich möchte manchmal den Mut sinken lassen, wenn ich diese gähnende Leere vor mir empfinde. Aber dann gibst Du mir wieder Halt und neuen Mut. Ich glaube dies ist das Wertvollste in unserer Freundschaft. Liebe Sofie, wenn Dich dieser Brief gerade in den Tagen um Deinen Geburtstag erreicht, dann weißt Du wohl wieviel Gutes und Schönes ich Dir zu diesem Tag wünsche.

Ich hoffe, wenn wir auf Reichsgebiet eingetroffen sind, daß ich bald dazu kommen werde ein pa[a]r Sachen für Dich einzupacken, und daß Du ein wenig Freude damit haben wirst. Ich will Dir auch gleich verraten, daß auch ein Paar Opanken dabei sind, das sind diese Schnabelschuhe, wie sie in Bosnien getragen werden, und ich hoffe, daß es die selben sein werden, wie die albanischen Schuhe, die Du Dir gewünscht hast.

Einen herzlichen Gruß von Deinem Fritz.

[Am Rand:] Schreib bitte von nun an wieder an meine alte F. P. Nr. 07044.

Nach der Kapitulation Jugoslawiens am 21. April 1941 und der kurz bevorstehenden Kapitulation Griechenlands am 10. Mai 1941 war der Balkanfeldzug beendet. Tatsächlich wurde jedoch zunächst nicht Breslau neuer Stationierungsort von Fritz Hartnagel, sondern ein kleines Dorf in der Nähe von Treubürg in Ostpreußen. Die Stationierung Fritz Hartnagels in Ostpreußen könnte in Zusammenhang mit der bereits sehr weit gediehenen Vorbereitung des Überfalls auf die Sowjetunion gestanden haben (der Angriff auf die Sowjetunion war ursprünglich für Mai 1941 vorgesehen, musste aber infolge des ungeplanten Balkankrieges um vier Wochen verschoben werden). Mit Sicherheit ist dies aber nicht mehr feststellbar.

7.5.41. [aus Leibnitz, Österreich]

Liebe Sofie!

Vorgestern sind wir in Leibnitz südl. v. Graz eingetroffen und morgen werden wir verladen. Es ist schade, daß wir Jugoslawien nur so hastig durchstreift haben. In diesem abwechslungsreichen Land hätte es sicher noch vieles zu sehen gegeben und ich hätte gerne noch einige schöne Sachen mitgenommen. In Agram zum Beispiel sah ich ein wunderschönes gesticktes Kleid ausgestellt, das Dir sicher auch gut gefallen hätte, ähnlich wie Dein Lappenkleid, aber es war leider Sonntag und die Geschäfte waren geschlossen. Jugoslawien ist schon wegen den vielerlei Trachten sehenswert. Es ist erstaunlich mit welch schönen Kleidern gerade in der Agramer Gegend die Bäuerinnen auf dem Feld arbeiten; viele davon könnte man bei uns nahezu als Abendkleid tragen. Unsere mitteleuropäische Kleidung mutet einen an wie ein Trauergewandt gegenüber dieser Farbenfreudigkeit. Besonders fremdartig waren für uns natürlich die Moslems mit ihren verschleierten Frauen, die wie Gespenster aussehen. In manchen Gegenden tragen die Frauen weitbauschige Hosenröcke, was besonders bei Kindern reizend aussieht. Aber ich will lieber aufhören davon zu erzählen, denn sonst kommt Dir Deine unliebsame Umgebung und Dein Eingesperrtsein noch mehr zum Bewußtsein. Dein letzter Brief ist vor nahezu 4 Wochen abgeschickt worden; was mag sich dazwischen alles zugetragen haben? Damals warst Du erst wenige Tage im Arbeitsdienst. Wie hat sich inzwischen Dein Aufenthalt gestaltet? In welchen Stimmungen und Gedanken verbringst Du die Tage? Ich möchte hoffen, daß Du immer dazu fähig sein kannst, alles mit frohem Herzen zu ertragen. Aber ich merke es an mir selbst wie schwierig das oft ist. Oft muß ich mich dabei ertappen, daß ich mich über irgendetwas geärgert habe, oder mich in trübe Stimmung versetzen ließ, was es bestimmt nicht wert gewesen wäre. Sicherlich werden auch Dir Deine Bücher, die

Du mitgenommen hast, immer den Maßstab für Wert und Unwert geben. Hast Du auch manchmal Zeit darin zu lesen? Wenn sie Dich daran hindern, dann vernachlässige lieber Deine Briefe an mich, denn nun kommt es vor allem darauf an, daß Du möglichst oft von Deiner Umgebung befreit wirst. Ich wollte, ich könnte auch etwas dazu beitragen.

Wie wir durch Jugoslawiens herrliche Berglandschaften gefahren sind, habe ich mir wieder einmal Pläne gemacht. Ich dachte mir aus, wie wir nach dem Krieg mit einem eigenen Wägelchen alle Länder, die uns reizen, zusammen durchreisen würden, nicht als vornehme Reisende, sondern ganz einfach evt. mit Zelt, oder den Wagen zum Schlafen eingerichtet, wir würden selber abkochen und uns durch niemanden stören lassen. Aber das sind wohl Träume, und vielleicht hast Du recht, daß ich zu viel fantasiere. Aber wäre es nicht schön?

Bei unsern dauernden Verlegungen werde ich wohl nicht so schnell eine Nachricht von Dir bekommen. Aber einmal werden mich Deine Briefe doch erreichen und dann doppelt Freude bereiten.

Sei recht herzlich gegrüßt von Deinem Fritz.

Meine Adresse lautet nun wieder F. P. Nr. 07044.

10. 5. 40. [41] [aus Breslau]

Meine liebe Sofie!

Heute morgen sind wir hier in Breslau eingetroffen, und gänzlich wider Erwarten war bereits Post für mich da. Ich hab Deine Briefe vom 20., 28. und 27. 4. mit freudigem Herzklopfen empfangen. Vielen, vielen Dank dafür! Ich schätze sie doppelt, da ich es gut mitempfinden kann, wie schwierig das Briefschreiben in Deiner Umgebung sein wird. Ich merke es an mir selbst, wie schwer mir das Schreiben oder Lesen fällt, wenn auch nur ein einziger Mensch noch im gleichen Raum ist, selbst wenn er ganz still sich verhält, allein seine Gegenwart stört meine Konzentration. Wieviel schlimmer muß es in Deiner so lauten Umgebung sein. Darum Sofie, schick mir ruhig jeden Brief, den Du einmal begonnen hast, ich werd ihn und die Situation aus der er geschrieben wurde sicher immer verstehen. Und auch die Äußerlichkeiten sind doch nicht ganz unwe-

Sophie Scholl (unten) bei der Feier
ihres 20. Geburtstags am 9. Mai 1941
im Arbeitsdienst

sentlich, wenn wir uns auch bemühen sie auszuschalten, so bleiben sie doch nicht ganz ohne Einfluß auf uns. – Ich wünsche Dir daß Du bald in den Außendienst kommst. Ist es nicht möglich, daß Du einen Landkindergarten bekommst? Es wäre doch zweifellos das Schönste für Dich. Vielleicht könntest Du dabei sogar außerhalb des Lagers wohnen dürfen, wenn der Kindergarten weiter weg wäre. Um dies zu erlangen würde es sich allerdings lohnen, sich so zu führen, daß man keinen Anstoß erregt. Aber bevor der innere Bestand gefährdet würde ist es sicher besser auf Anordnungen und Verbote keine Rücksicht zu nehmen. Das ist, glaube ich, eine Pflicht und kein individualistischer Egoismus.

Glaubst Du nicht, daß sich Deine Führerin von dem unsinnigen Leseverbot abbringen ließe, wenn Du einmal versuchen würdest in angemessener Form darüber zu reden mit ihr, wenn Du ihr klarmachen würdest, daß Lesen ja nicht immer nur Unterhaltung und Zerstreuung sein muß, daß der Mensch doch auch geistiges Brot braucht. – Selbst ein militärischer Vorgesetzter müßte auf eine derartige Bitte eingehen.

Ich möchte ihn auch gern kennenlernen diesen »Zauberberg« von Th. Mann, der Dir anscheinend sehr viel zu sagen hat. Leider kann ich mir das Buch nicht mehr besorgen. Vielleicht kannst Du mir Deines einmal schicken, wenn Du es verarbeitet hast. Da dieses Buch Dir so wichtig ist, wird es auch für mich etwas bedeuten müssen. – Mit meinem Augustinusbüchlein bin ich nun fertig, das heißt, ich hab es gelesen, aber daß ich auch innerlich mit diesen Problemen fertig geworden wäre oder schlüssig, davon bin ich leider noch weit entfernt. Diese Bekenntnisse jedoch stellen einen so klar vor eine Entscheidung, daß man unmöglich an ihr vorbeigehen kann. Ich möchte auch gar nicht daran vorbei gehen. Diese Unsicherheit und diese Zweifel lassen mir keine Ruhe mehr. Wenn ich nur erstmal verstandesmäßig die Wahrheit erfaßt hätte, dann, glaube ich, würde die Tat leichter folgen. Es hat mich verwundert, daß Du in allen Deinen 3 Briefen diese Dinge erwähnst, die mich am meisten beschäftigen, da sie mir am nächsten liegen und da ich täglich diese Regungen des Fleisches spüre. Du sprichst von Fleisch und Geist oder Gefühl und Verstand und schreibst: »Mit der Zeit bemerke ich manchmal mit Freude, wie Gedanke und Gefühl übereinstimmen können.« Kannst Du mir einmal etwas näher darüber schreiben? Gerade jetzt wünsche ich so oft, daß wir zusammen sein könnten, wenn ich auch gestehen muß, daß sich noch manchmal das Verlangen nach Deiner Wärme dazwischen drängt, so möchte ich doch vor allem mit Dir sprechen können, nachdem ich inzwischen wenigstens einiges schon gesichtet habe. Aber wir werden sicherlich auch so weiterkommen auch in unserem Verhältnis, das ja eng mit diesen Dingen verflochten ist, und von dem wir eigentlich ausgehen.

Ich denke drum bei all diesen Gedanken immer auch an Dich.

Herzlichst Dein Fritz.

Der Brief ist mit großer Sicherheit falsch datiert. Er stammt aus dem Jahr 1941, als Sophie Scholl im Lager Krauchenwies ihren Arbeitsdienst ableistete, worauf der erste Absatz des Briefes eindeutig hinweist. Es muss sich um einen Schreibfehler von Fritz Hartnagel handeln.

1941 war es immerhin kühn von Sophie Scholl, im Reichsarbeitsdienst Thomas Manns »Zauberberg« (S. Fischer Verlag, Berlin 1924) zu lesen. Thomas Mann war seit 1936 zwangsausgebürgert, seine Werke durften nicht verkauft oder aus dem Ausland eingeführt werden und waren auch in Bibliotheken nicht zu haben. Woher Sophie Scholl ihr Exemplar hatte, ist nicht bekannt.

16. 5. 41. [aus Münster i. W.]

Meine liebe Sofie!

Heute Nacht sind wir wieder hier in Münster eingetroffen. Diese tagelangen und so verhaßten Bahnfahrten hab ich ganz gerne, da man dabei wunderschön Zeit hat zu lesen und zu denken, wozu man sonst meistens nicht die richtige Ruhe hat. Ich habe diese Gelegenheit diesmal besonders ausgenützt, da ich auch noch ein ganzes Abteil II. Klasse für mich hatte. Ich wünsche Du könntest auch einmal zwischendurch ein pa[a]r Tage lang solch einen Transport mitmachen, denn Du hast sicher noch ein größeres Bedürfnis nach Zeit, Ruhe und Allein-Sein. Ich kann mir gar nicht recht vorstellen, mit welchen Arbeiten Dein Tag ausgefüllt ist, solange Du nicht im Außendienst bist. Wenn das auch nicht das Wichtigste ist, so wird es doch nicht ganz ohne Einfluß auf Dich bleiben, da Du [Dich] den ganzen Tag damit beschäftigen mußt. Und geht es darum nicht auch mich ein klein wenig was an? – Ich merke es heute schon am ersten Tag, den ich wieder meinem Kompanie-Chef unterstellt bin, daß es mir nach den Wochen der Freiheit und Selbständigkeit, noch manches mal schwerfallen wird [mich] den Anordnungen meines Vorgesetzten, die auch oft noch gegen meinen Sinn gehen, unterzuordnen. Mein Chef ist sehr eigenmächtig und läßt im allgemeinen nicht viel mit sich verhandeln. Aber oft ist es nur Eitelkeit meinerseits, daß mir das Unterordnen schwerfällt. Und gerade das hab ich mir ernstlich vorgenommen, jede Art Eitelkeit in mir zu unterdrücken. Und wieviel kleine und große Eitelkeiten begeht man doch den ganzen Tag, meistens ohne daß es unserem abgestumpften Sinn zum Bewußtsein kommt. Dabei sind aber die äußerlichen Eitelkeiten noch die harmlosesten, viel gefährlicher sind die geistigen; da was man Esprit nennt, die Sucht geistreich zu sein um über den andern zu triumphieren oder um zu imponieren, um sein Selbstbewußtsein (Eigendünkel) zu stärken u.s.f. Man müßte bei jedem Satz, den man spricht oder schreibt, vor sich selbst Rechenschaft ablegen, ob er nicht um des eigenen Ich's willen geschrieben oder gesprochen wurde. Ich glaube erst wenn wir frei sind von jeglicher Art Eitelkeit wird die Erkenntnis der Wahrheit und des Wertvollen in uns Platz finden können.

Oft möchte ich geschwind bei Dir sein, Deine Gegenwart spüren, um zu wissen, daß Du es noch bist, meine liebe Sofie, an die ich meine Briefe und Gedanken richte.

Nimm meine guten Wünsche und Grüße
Dein Fritz.

Der militärische Hintergrund des Umwegs von Jugoslawien über Ostpreußen und Breslau zum alten Stationierungsort Münster in Westfalen ist nicht mehr rekonstruierbar.

Undatiert [wohl nach Mitte Mai 1941; aus Münster i. W.]

Liebe Sofie!

Auch den heutigen Tag möchte ich wieder mit einem Gruß an Dich beschließen. Wenn ich dazu mit meinen Gedanken bei Dir bin, dann kann ich mir Dich nur wie eine Fremde unter all Deinen Lagerkameradinnen vorstellen und dabei fast wie eine Gefangene unter Gefangenen. Ich kann mir das schon äußerlich kaum vorstellen, wie Du in eine Uniform gezwungen bist, die dir so sehr widerspricht, wie Deine Haare, die Du immer frei und lose trägst, unter einem Dir so fremden Hut versteckt sind. Aber dies sind ja nur Äußerlichkeiten, die wenig Bedeutung haben, aber wie viel mehr muß Dir da das ganze Leben und Treiben in Deinem Lager widersprechen und vielleicht auch das Zusammenleben mit den anderen Mädels, bei denen sicherlich, wie ich es bis jetzt überall erlebt habe wo Menschen zufällig zusammengewürfelt wurden, die Minderwertigen, selbst wenn es nur wenige sind, den Ton angeben. (Oder ist es bei Mädchen anders?) Ich merke es an mir selbst, wieviel Kraft es oft kostet, sich darüber zu halten, wenn man dauernd unter solchen Menschen leben muß. Man muß sie schon irgendwo schöpfen können. Und da glaube ich auch, daß die Bücher, die uns zur Zeit beide beschäftigen (Augustinus u. s. w.) dazu beitragen uns aus diesen Nichtigkeiten herauszuhalten, auch wenn wir nicht alles verstehen und selbst wenn wir mit manchem nicht einverstanden sein könnten, so werden sie uns schon dadurch erheben, daß sie vom Guten sprechen und uns auf höhere Güter hinweisen, als sie uns die tägliche Arbeit mit ihrem Drum und Dran bringt, die dann fast nur wie ein notwendiges Übel erscheint.

Aber wie sehr uns diese Bücher bezw. ihr Geist verbinden, oder der Sinn unserer Verbundenheit sind, das merke ich oft, wenn mich ein übler Ton umgibt, wie dann allein der Gedanke an Dich schon mich vor diesen Niedrigkeiten schützt, und mich trotz meiner Armut, von der Du weißt, ein klein wenig reich erscheinen läßt. Ist das nicht der schönste Sinn unserer Freundschaft, daß sie uns Kraft und Halt gibt? Ich weiß dies allerdings nur von mir.

Sei meiner Gedanken immer gewiß und auch meiner guten Wünsche für Dich, die Dich immer begleiten.

Gute Nacht, Dein Fritz.

Für Pfingsten wünsche ich Dir Alleinsein, Sonne, Wald und Blumenwiesen und über alles ein frohes Herze.

Zur Datierung: Der Brief wurde vor Pfingsten 1941 geschrieben. Pfingsten fiel 1941 auf den 1. Juni.

Seit Sophie Scholl am 6. April 1941 den Arbeitsdienst in Krauchenwies bei Sigmaringen angetreten hatte, war sie mit achtzig »Arbeitsmaiden« in einem Nebengebäude eines kleinen Landschlösschens untergebracht. Ihren Schlafplatz bekam sie in einem nicht heizbaren Zehnbettzimmer. Die obligatorischen weltanschaulichen Schulungen ließ Sophie Scholl innerlich unbeteiligt über sich ergehen; sie kapselte sich auch sonst weitgehend von ihren Kameradinnen ab. Der Tagesablauf folgte einem strengen militärischen Ritual: Wecken um 6 Uhr, dann Frühsport, Fahnenappell, Frühstück, Arbeitseinsatz bis 18 Uhr, Abendbrot, gemeinsames Hören der Nachrichten, weltanschaulicher Unterricht, hauswirtschaftliche Fortbildung. In den ersten Wochen durfte Sophie Scholl das Lagergelände nicht verlassen, danach wurde sie zunächst dem »Ortsbauernführer« als Arbeitskraft zugeteilt und musste den ganzen Tag auf dem Feld arbeiten.

Undatiert [um Pfingsten 1941, d.h. Anfang Juni; aus Münster i.W.]

Liebe Sofie!

Gestern habe ich einen Brief von Dir erhalten und heute sogar 3 Briefe, die allerdings schon am 12. 15. und 18.4. abgeschickt wurden. Trotzdem haben sie mir alle eine große Freude bereitet. Wenn ich nun diese 4 Briefe vor mir sehe, da schäme ich mich richtig vor mir selbst, da ich es zwei Tage schon nicht fertig gebracht habe Dir zu schreiben, obwohl ich Zeit genug hatte. Gestern bin ich sogar den ganzen Nachmittag und Abend dagesessen in der Absicht Dir zu schreiben, aber mein Kopf war wie ausgehöhlt und eine erschreckende Willenlosigkeit ließ mich zu keiner Anstrengung aufraffen, so daß ich schließlich enttäuscht und ärgerlich über mich selbst in mein Bett sank. Kannst Du diesen Zustand verstehen? Welchen unheimlichen Schwankungen seiner seelischen Zustände ist der Mensch doch unterworfen. Fast möchte ich glauben, daß man in keinem Augenblick sagen kann das bin ich, wie ich im Grunde bin, da die innere Zusammensetzung sich von Stunde zu Stunde ändert. Oder sind es nur kränkliche Erscheinungen, wie sich auch der Körper in dauernd wechselnder Verfassung befindet?

– Ich hoffe diesen toten Punkt bald überwunden zu haben, von dem ich Dir schon schrieb, und der sich auch darin bemerkbar macht, daß ich in den letzten Tagen an 3 verschiedenen Büchern angefangen habe zu lesen: Pascal, Thomas v. Aquin und einem Buch mit dem Titel: Der Mensch in der Tragik. Aber da ich nicht gleich das finde, was ich erhoffte oder suchte, habe ich nicht die Geduld sie weiterzulesen. Da ist sicher Deine Methode die beste, die Du mir in einem gerade heute erhaltenen Brief schriebst: Sich stur und konsequent vornehmen jeden Tag ein pa[a]r Seiten zu lesen. Vielleicht tun sich dadurch plötzlich ganz neue Gesichtspunkte auf, und man kommt auf einem ganz anderen Weg zum Ziel, als man vermutet hatte. Nun habe ich Dir wieder einmal etwas von meinem Mistkasten vorgelegt (nach Scharlo). Aber ich weiß ja noch so wenig von Dir, trotz allem was uns verbindet; noch so viel von Deinen innersten Gedanken sind mir unbekannt. Ich weiß nicht einmal mit Bestimmtheit, ob Du das was ich suche schon gefunden hast oder ob es auch für Dich darin noch ungelöste Fragen gibt, ob Du wenigstens weißt, was Du zu tun hast, wenn Du auch hin und wieder dagegen verstoßen magst. Hat das nicht auch für mich auch Bedeutung? Und noch so vieles andere? Aber dies soll kein Vorwurf sein, nur ein Wunsch, der wieder dem Wunsch entspringt auch Dir etwas geben zu können, so wie Du mir die Zuflucht meiner Gedanken bist, wenn sie nicht mehr weiter können.

Ich bin bei Dir, Dein Fritz.

Zur Lektüre: Blaise Pascal (1623–1662), der bedeutendste Mathematiker und Physiker seiner Zeit, wandte sich in seinen letzten Lebensjahren religiösen Fragen zu. Sein Denken mündete in einer Mystik der Hingabe an Gott. Sein wichtigstes Buch zu religiösen Fragen ist »Gedanken über die Religion« (Pensées sur la religion, 1669 nach Pascals Tod veröffentlicht).

Um welches Buch von Thomas von Aquin es sich hier handelte, ist nicht mehr feststellbar.

»Der Mensch in der Tragik« (1936) stammt von dem Pädagogen und Theologen Josef Sellmair (1896–1954). Thema ist die aktuelle Bedrohung des christlichen Humanismus.

[ohne Datum: vermutlich Anfang Juni 1941, ohne Ort: Münster i. W.]

Liebe Sophie! Eben bin ich aus Berlin zurückgekommen, wo ich 8 Tage gewesen bin um über meine Erfahrungen im Jugoslawienfeldzug zu berichten. Inzwischen ist auch ein Brief von Dir eingetroffen. Vielen Dank dafür.

Du darfst diese Fragen und Zweifel, von denen ich Dir damals schrieb (Sünde der Zeugung u. s. w.) nicht als Zweifel oder gar Vorwürfe Dir gegenüber auffassen. Es sind dies nur Fragen, die mir aus dem Lesen der Bekenntnisse des Augustinus entstanden sind, die ich eigentlich mir selbst vorlege und damit, daß ich sie Dir schreibe, an uns beide richte. Aber da ich bis jetzt mir selbst nicht mal eine Antwort zu geben vermag, kann ich auch niemandem über die Seinigen einen Vorwurf machen. –

Ich meine bei dieser Frage nicht nur das Geschlechtliche allein, es liegt mir nur am nächsten. Für Augustinus ist alles was vom körperlichen kommt, alle Lust, die uns durch die Sinne übermittelt wird, sündhaft. Er geht sogar so weit die Musik und Malerei als sündhafte Lust der Ohren und Augen zu bezeichnen, sofern sie nicht die Verherrlichung Gottes bezweckt. – Aber da muß sofort die Frage auftauchen, warum hat Gott dem Menschen solch einen sündhaften Leib gegeben, denn begierlich ist er ja schon von Geburt an. Aber darauf baut die ganze christliche Lehre auf: Der Mensch ist von Natur aus verderbt! – Ich verstehe Dich darum nicht recht, wenn Du glaubst, daß dies nicht überaus wichtig ist. Oder meinst Du das anders? Auch glaube ich nicht, daß das Warten mich weiterbringen kann. Ich habe die ganzen Jahre, seitdem ich das erste mal begonnen habe über diese Dinge nachzudenken, gewartet, in der Annahme, daß mir die Erkenntnis des Wahren und Guten von selbst zufallen würde. Aber ich glaube schon, daß man suchen muß um etwas zu finden, das steht auch in der Bibel.

Allerdings, wenn ich den Berg von Unklarheiten vor mir sehe, dann möchte ich fast den Mut verlieren. Und so wirst Du's wahrscheinlich auch meinen, daß ich Geduld haben muß und nicht alles auf einmal erwarten darf, was erst wachsen muß.

Auch meine Briefe sind immer nur Bruchstücke, aus dem Augenblick heraus geschrieben und oft nicht genügend überlegt. Aber bis es zu einem ganzen Brief reicht müßtest Du zu lange warten. Und gerade jetzt möchte ich Dir öfter diese kleine Freude bereiten, wenn man Post bekommt. Darum nimm sie, wie sie gedacht sind als einen kleinen Gruß von Herzen.

Dein Fritz.

Fritz Hartnagel dürfte sich hier auf seinen Brief vom 4.5.1941 beziehen.

Die Gedanken des Augustinus wurden wohl von Otl Aicher in den Freundeskreis hineingetragen. Vor allem Sophie Scholl wurde dadurch stark beeinflusst. Der Briefwechsel zwischen ihr und Fritz Hartnagel war während des ganzen Jahres 1941 durch die Auseinandersetzung mit Augustinus geprägt.

Nach einem durchaus sinnenfreudigen, ja teilweise ausschweifenden Lebenswandel in jüngeren Jahren, der ihn aber immer wieder in große Gewissenskonflikte stürzte, wandte sich Aurelius Augustinus nach seiner Bekehrung zum Christentum vom weltlichen Leben ab und lebte zeitweise als Eremit. Bevor er den Weg zum Christentum fand, war Augustinus vorübergehend Anhänger des damals im römischen Reich verbreiteten Manichäismus, einer streng dualistischen Religion (Gut und Böse, Geist und Materie, Licht und Finsternis). Dieser Dualismus prägte auch Augustinus' spätere Interpretation des christlichen Glaubens. In aller Kürze ist Augustinus' Verständnis christlichen Lebens wohl am besten mit einer Stelle aus dem Achten Buch, Zwölftes Kapitel der »Bekenntnisse« zu charakterisieren, wo Augustinus aus dem Brief des Paulus an die Römer (Römer 13, 13/14) zitiert: »Nicht in Fressen und Saufen, nicht in Kammern und Unzucht, nicht in Hader und Neid, sondern ziehet an den Herrn Jesus Christus und wartet des Leibes, doch also, dass er nicht geil werde.«

Otl Aicher versuchte, sein Leben streng nach den Maßstäben des Augustinus auszurichten. So berichtet Elisabeth Hartnagel, geb. Scholl, dass Otl Aicher in einem unbeheizten Zimmer wohnte, auf dem harten Boden schlief und ohne Tisch nur an einem Stehpult arbeitete. Seine Sammlung von Kunstbüchern, die er sich während der Schulzeit von selbst verdientem Geld gekauft hatte, verschenkte er an die Familie Scholl, da auch sie ihm als Ausdruck von Weltlichkeit erschienen.

Undatiert [Mitte Juni 1941; aus Münster i. W.]

Meine liebe Sofie!

Ich warte täglich und stündlich auf eine Nachricht von Dir, vor allem darüber wie sich Dein künftiges Schicksal entschieden hat. Bis Dich dieser Brief erreicht, wirst Du wohl schon die Gewißheit darüber haben. Hoffentlich eine befreiende. Ich kann leider nichts tun für Dich, als mit ganzem Herzen für Dich hoffen und wünschen.

Ich suche so oft wie nur möglich aus meinem Dienst und meiner Umgebung zu entfliehen, in der ich mich mehr und mehr als Gast fühle. Und wenn's mir nicht gleich gelingt die rettende Insel zu erreichen, dann hol ich mir die pa[a]r Postkartenbildchen, die Du mir geschickt hast und noch einen Zeitungsausschnitt mit einem Jugendbildnis Schuberts, das mir Inge in einem Brief geschickt hat, und das so schön ist wie seine Lieder, die doch von uns kaum zu trennen sind, schon wegen der Erinnerungen, die daran haften, wenn ich dann versuche mich in aufmerksames Betrachten zu versenken, dann erfaßt auch mich die ganze Innerlichkeit, die davon ausgeht, und bringt mich fern von allem Trubel, der mich sonst umgibt. Leider muß ich mich immer wieder darüber schämen, daß ich oft, nur einer augenblicklichen Laune folgend, mich zu einer unnötigen Heftigkeit meinen Leuten gegenüber hinreißen lasse. Es ist meistens nur eine Bequemlichkeit, da es sehr viel einfacher ist einen Mann einfach kommissig anzuschnauzen, als sich in ihn hineinzudenken und ihn so zurechtweisen, als ob man keine Schulterstücke trüge. Ich will versuchen auch im Dienst der zu sein, um den ich auch sonst bemüht bin und mich dabei durch keinen Vorgesetzten beirren lassen.

Deine Fahrt zum Heuholen, von der Du mir erzählt hast, hätte sicher auch recht schlimm ausgehen können, wenn ich dran denke, daß Du vielleicht ohnmächtig geworden und dann vom hohen Heuwagen gefallen wärest. Ist es nicht ein wenig ungerechtfertigter Stolz, wenn Du den Bauern gegenüber nicht zugeben willst, daß es Dir übel ist? Aber ich nehme an, daß Du nur nicht den Mut dazu gefunden hast. Am besten ist wohl Du bleibst immer gesund. Aber da hab ich manchmal Sorge um Dich, da Dir's doch früher öfters nicht gut war und auch Bauchweh hattest, wie wird es Dir da wohl ergehen, wenn Du niemand hast, der sich um Dich kümmert?

Die Schnakenplage, der Du bei Deiner Arbeit ausgesetzt bist, kann ich recht gut mitempfinden. Wenn es auch bei uns zur Zeit nur wenige gibt, so werden wir allein durch die Anzahl von Fliegen, die aber nicht einmal stechen, schon zur Genüge geplagt, so daß ich manchmal über diese Biester eine richtige Wut bekomme. – Ich hoffe, daß all diese Unannehmlichkeiten und Gefahren spurlos an Dir vorübergehen und meine Wünsche, die Dich begleiten, hoffen auch Dich davor bewahren zu können.

[am Rand:] Mit herzlichen Grüßen Dein Fritz.

Mitte Juni 1941 erfuhr Sophie Scholl, kurz nachdem sie mit den anderen »Arbeitsmaiden« ihr Bergfest (die Hälfte des sechsmonatigen Arbeitsdienstes war vorbei) begangen hatte, dass alle angehenden Studentinnen im Anschluss an den Arbeitsdienst ein weiteres halbes Jahr eine Kriegsdienstpflicht mit Unterbringung in Lagern ableisten mussten. Diese Nachricht war noch nicht offiziell, sodass Sophie Scholl unsicher über ihr weiteres Schicksal war. Darauf bezieht sich wohl Fritz Hartnagels Bemerkung über Sophie Scholls »künftiges Schicksal«. Der undatierte Brief dürfte folglich auf Mitte Juni 1941 zu datieren sein.

Anfang Juni konnte Sophie Scholl erstmals nach fast zwei Monaten das Arbeitsdienstlager in Krauchenwies verlassen. Sie wurde tagsüber bei einem Bauern im Dorf als Arbeitskraft eingesetzt, so auch zum Heumachen.

1.7.41. [nordwestlich von Minsk, Weißrussland/Sowjetunion]

Liebe Sofie!

Hoffentlich hast Du für mein Stillschweigen nicht bei mir den Grund gesucht und von der Postsperre der letzten 10 Tagen Kenntnis gehabt. Ich fürchte allerdings, daß noch weitere 10–14 Tage vergehen werden, bis Dich diese Zeilen erreichen, wenn ich dran denke, daß sie in irgendeinem Fahrzeug dieselben verheerenden und verstopften Straßen zurückgebracht werden müssen, auf denen wir mit viel Mühe vormarschiert sind. Wir befinden uns zur Zeit nordwestlich von Minsk, wo gestern von unserer Panzergruppe, bei der wir eingesetzt sind, der Ring um etwa 35 russische Divisionen geschlossen wurde. Zu einer Beschäftigung für mich selbst, wie lesen, werde ich in diesem Feldzug wohl kaum kommen, denn bisher war ich schon froh, wenn ich ein pa[a]r Stunden Schlaf finden konnte. Aber dies ist auch der einzige Mangel meiner körperlichen Bedürfnisse, die ja nicht das Wichtigste sind. Im übrigen hoffe ich auch ohne meine abendliche Lesestunde mich halten zu können. In all dem Drunter und Drüber und bei den oft recht scheußlichen Bildern, die einem längs der Vormarschstraße begegnen, strahlt trotz allem ein blauer Himmel über uns, blühen die Blumen und stehen die Birkenwäldchen in ihrem frischen Grün. Ist dies nicht schon Grund genug sich auch über diese Ereignisse zu erheben?

Hoffentlich hast auch Du immer Anlaß über Deine Arbeitsdienstzeit leichter hinwegzukommen, wobei Dich meine täglichen Wünsche begleiten. Auch wenn ich in den nächsten Wochen nur selten Gelegenheit haben werde Dir einen schriftlichen Gruß zu senden, so glaube ich doch, daß unsere Verbundenheit dieselbe bleiben wird, dies ist auch ein wesentlicher Grund, der mich aufrecht erhält und frohen Muts sein läßt.

Nimm meine herzlichen Grüße und guten Wünsche von Deinem Fritz.

Am 22. Juni 1941 hatte mit dem Überfall auf die Sowjetunion das »Unternehmen Barbarossa« begonnen. Ohne jegliches diplomatisches Vorspiel überschritten im Morgengrauen des 22. Juni deutsche Panzerverbände die Grenze zwischen Ostpreußen bzw. dem »Generalgouvernement« (annektierte polnische Gebiete) und der Sowjetunion. Obwohl die sowjetischen Einheiten in Angriffsstellung gestaffelt waren, stießen die Wehrmachtsverbände, nicht zuletzt dank des Überraschungsmoments, zunächst auf wenig Gegenwehr und rückten rasch vor. Der Beginn des Krieges war ursprünglich auf Mitte Mai datiert worden, musste aber infolge des ungeplanten Balkankrieges verschoben werden.

Nicht zuletzt die Tatsache der Angriffsformation der sowjetischen Panzerverbände hat in den letzten Jahren zu einer Kontroverse in der Geschichtsforschung über die deutsche Motivation für den Angriff gegen die Sowjetunion geführt. Teilweise wurde die These vertreten, es habe sich um einen Präventivkrieg gehandelt, um einem sowjetischen Angriff zuvorzukommen. Inzwischen hat sich jedoch die Auffassung durchgesetzt, dass vornehmlich ideologische Gründe Hitler zum Angriffsbefehl bewogen haben.

Bereits im Sommer 1940 hatte Hitler gegenüber seinen Generälen von der »Vernichtung der Lebenskraft Russlands« gesprochen. Die militärischen Misserfolge gegen Großbritannien führten dazu, dass Hitler sich rascher als vorgesehen diesen Planungen konkret zuwandte. Nach dem in wenigen Wochen erwarteten Zusammenbruch der UdSSR, so glaubte Hitler, würde Großbritannien der »Festlandsdegen« entrissen und es bald zur Kapitulation gezwungen sein. Eine Rolle spielte wohl auch die Erkenntnis, dass der amerikanische Präsident Roosevelt sich darauf einstellte, die Führung im Kampf gegen Hitlerdeutschland zu übernehmen. Der Krieg im Osten musste also beendet sein, bevor die USA rüstungstechnisch kriegsbereit waren.

Im März 1941 benannte Hitler gegenüber Generälen die ideologischen Ziele schon sehr deutlich: »Dieser kommende Feldzug«, so Hitler, »ist mehr als nur ein Kampf der Waffen; er führt auch zur Auseinandersetzung zweier Weltanschauungen.« Die Sowjetunion müsse zerschlagen, die »jüdisch-bolschewistische Intelligenz« beseitigt werden. Rücksicht auf die Zivilbevölkerung dürfe es in diesem Krieg nicht mehr geben. Selbst Generaloberst Erich Hoepner (1886–1944), der später aktiv im Widerstand gegen Hitler tätig war, formulierte in seinem Aufmarschbefehl vom 2. Mai 1941: »Der Krieg gegen Russland ist die zwangsläufige Folge des uns aufgedrungenen Kampfes um das Dasein. Es ist der alte Kampf der Germanen gegen das Slawentum, die Verteidigung europäischer Kultur gegen moskowitisch-asiatische Überschwemmung, die Abwehr des jüdischen Bolschewismus. Dieser Kampf muss die Zertrümmerung des heutigen Russlands zum Ziel haben und deshalb mit unerhörter Härte geführt werden. [...] Insbesondere gibt es keine Schonung für die Träger des heutigen russisch-bolschewistischen Systems.«

Die letzte Formulierung nimmt den berüchtigten »Kommissarbefehl« Hitlers vom 6. Juni 1941 schon vorweg, nach dem die politischen Kommissare der Roten Armee sofort nach der Gefangennahme zu erschießen waren. Außerdem sollte, nach einem Befehl Hitlers vom 13. Mai 1941, die normale Militärgerichtsbarkeit in den besetzten russischen Gebieten außer Kraft gesetzt werden. »Freischärler« und »tatverdächtige Elemente« sollten einem Offizier vorgeführt werden, der ohne förmliches Gerichtsverfahren über deren Erschießung zu entscheiden hatte. Verbrechen gegen die Menschlichkeit und gegen internationales Recht wurden also nicht nur durch die Einsatzgruppen der SS, sondern auch von der Wehrmacht selbst begangen.

Fritz Hartnagel befand sich am 1. Juli in der Nähe von Minsk, der Hauptstadt der Sowjetrepublik Weißrussland. Seine Fernmeldeeinheit war der Heeresgruppe Mitte unter Generalfeldmarschall von Bock zugeordnet, die über Minsk und Smolensk in Richtung Moskau vorstoßen sollte.

10. 7. 41. [aus Lepel, Weißrussland/Sowjetunion]

Liebe Sofie!

Gestern, bei der ersten Post, die uns bis jetzt erreicht hat, war auch Dein Brief vom 20. 6. dabei. Auch von Inge hab ich ein Päckchen mit einem Brief erhalten. Vielleicht kannst Du mitempfinden, was für mich solch ein Gruß gerade in diesen Tagen bedeutet, die nur aus Dienst bestehen und in denen kein Raum auch nur für Gedanken an andere Dinge vorhanden ist.

Ich habe gerade Nachtdienst und will die betriebsarme Zeit dazu ausnützen Dir zu schreiben, wenn mich auch alle Augenblicke ein Telephonanruf oder ein Melder mit einem Funkspruch unterbricht. Aber ich nehme an, daß Du nicht weniger auf Post wartest wie ich, und daß Du meinen Brief mit Nachsicht aufnehmen wirst. Dazu hindert mich eine ununterbrochene Müdigkeit, einen vernünftigen Gedanken zu fassen. In den vergangenen 3 Wochen konnte ich nur 2 Nächte durchschlafen. Aber die Müdigkeit und die daraus folgende Unfähigkeit zum Denken wirst Du bei Deiner harten Bauernarbeit wohl zur Genüge kennengelernt haben. Ich denke mit Grauen an meine Arbeitsdienstzeit zurück. Weniger wegen der körperlichen Anstrengungen als wegen der Eintönigkeit der Arbeit, bei der die Stunden dahinkriechen. Über Eintönigkeit kann ich mich zur Zeit zum Glück nicht beklagen. Wir sind fast jeden Tag an einem anderen Ort eingesetzt und zu manchen Tageszeiten ist ein ganz toller Betrieb auf unserer Funkzentrale, daß man seine ganzen Sinne zusammennehmen muß um ihn zu bewältigen. Zur Zeit befinden wir uns in Lepel ostw. der Beresina. Morgen verlegen wir wahrscheinlich nach Witebsk an der Düna, die heute überschritten wurde. Der Feldzug gegen Rußland wird wohl noch einige Wochen dauern, denn der Russe wehrt sich sehr hartnäckig, und dann sind es bis Moskau von hier auch immer noch etwa 700 km. Aber bis Du Deinen Arbeitsdienst hinter Dir hast werden wohl auch wir so weit sein, um an Urlaub denken zu können. Ohne diese Hoffnung allerdings wäre alles trostlos.

Herzlichen Gruß und viel Gutes

Dein Fritz.

Lepel in Weißrussland liegt ca. 150 km nordöstlich von Minsk. Die Beresina entspringt nicht weit von Lepel entfernt und mündet in den Dnjepr, der wiederum westlich von Moskau entspringt und in Nord-Süd-Richtung fließend über Weißrussland und die Ukraine ins Schwarze Meer mündet. Witebsk liegt im äußersten nordöstlichen Zipfel von Weißrussland an der Düna, die bei Riga in die Ostsee mündet.

19. 7. [1941] [aus Russland, Ort unbekannt]

Liebe Sofie!

Heute haben wir endlich wieder einmal Ruhetag. Während der Regen auf das Dach trommelt sitze ich in meinem Wagen mit dem Schreibblock auf den Knien, umhüllt von Zigarettenqualm, ohne daß eine dienstliche Pflicht meine Gedanken belastet, mit dem wohligen Gefühl allein und trocken und warm in meinem eigenen »Häuschen« zu sein. Nun will ich mich auch noch einer bedrückenden Sorge entledigen, die mich befällt, wenn ich dran denke, daß Du in den letzten 4 Wochen nur 2 hastige Briefe von mir erhalten hast, und dies ist wohl noch nicht ganz sicher, dabei nehme ich allerdings an, daß auch Du, besonders in diesen Tagen, der Verbundenheit der Dir näher Stehenden bedarfst. Dieses Bewußtsein ist für mich zur Zeit das einzige, das mich über den dienstlichen Alltag, der mich ganz und gar beansprucht, hinaushebt.

Rußland ist die Trostlosigkeit selbst, sowohl die Landschaft, wie auch die Menschen und ihre Behausungen. Die Gesichter, die einem an der Vormarschstraße begegnen, sind entweder voll Hinterlist und Grausamkeit oder durch Schmerz und Leid verzerrt. Alles was für uns einmal einen gewissen Glanz und besonderen Reiz hatte, wie russische Lieder, Russenkittel u. s. w. hat ihn in dieser Umgebung gänzlich verloren; und ich habe oft eine leise Sehnsucht nach einer schwäbischen Landschaft und nach der Häuslichkeit ihrer Bewohner und vor allem nach einem jener Lieder, die wir oft abends gesungen haben.

Wenn ich auch während dieses Feldzugs keine kaum mehr Post von Dir erwarten darf, so will ich auch ohne Nachricht von Dir annehmen daß all meine guten Wünsche für Dich nicht umsonst sein werden.

Viele Grüße von Herzen
Dein Fritz.

24.7.41. [nördlich von Smolensk, Russland]

Liebe Sofie!

Bevor mein Dienst wieder beginnt noch einen kurzen Gruß. Wir befinden uns zur Zeit in einem kleinen Dorf etwa 100 km nördlich von Smolensk. Als wir vorgestern hier ankamen ist die Bevölkerung vor uns ausgerissen; wir waren anscheinend die ersten Deutschen in diesem Dorf. Nun sind die Leute schon zutraulicher geworden und die Frauen schälen uns die Kartoffeln und die Männer machen das Holz für die Küche. Die Russen sind gerne zu jedem Dienst bereit. Anscheinend aus Freude und Dankbarkeit, daß wir sie anständig behandeln. Ich glaube nicht, daß sie für die Befreiung vom Bolschewismus diese Dankbarkeit erweisen. Denn für diese Menschen wird es in ihrer Armseligkeit immer gleich sein ob sie vom Zar oder Stalin oder Hitler beherrscht werden. Obwohl man im Kampf gegen das bolschewistische Rußland noch am ehesten mit ganzem Herzen dabei sein kann, muß man sich bei allen Kriegen fragen, was der Nutzen für den Einzelnen sein wird; allein schon materiell gesehen und erst recht in geistiger Hinsicht. Ich glaube der letzte berechtigte Grund zu einem Krieg müßte ein religiöser sein.

Gestern bin ich in diesem Feldzug das erste mal wieder zum Lesen gekommen.

Ich mußte allerdings die Feststellung machen, daß ich schon nach wenigen Seiten nicht mehr aufnahmefähig war. Ich glaube auch im Denken muß man wie zu körperlichen Arbeiten in Übung bleiben. Aber schon die wenigen Seiten haben genügt mich zu beleben und zu erheben und meine Gedanken aus dem alltäglichen Trott herauszureißen. Wenn mir nur das immer gelingt in diesen Tagen glaube ich schon viel gewonnen zu haben. Die Gefahr abzustumpfen und zu erstarren ist so groß.

Ich weiß nicht wie es um Dich steht, aber ich bin voll Hoffnung und Zuversicht für Dich. Ich bin bei Dir

Dein Fritz.

Smolensk am Dnjepr liegt bereits in Russland (früher: Russische Sozialistische Föderative Sowjetrepublik).

1.8.41. [nördlich von Smolensk, Russland]

Liebe Sofie!

Ich habe zwei Briefe von Dir erhalten! Grüße aus einer andern Welt. Nachdem es nun seit vier Wochen die ersten sind, kannst Du wohl das Hochgefühl meiner Freude ermessen. Dazu hat auch das kleine Photo von Dir beigetragen, wenn es Dich auch in einer unliebsamen Umgebung, in Reih und Glied gepreßt zeigt, so ist es doch etwas von Dir, wo wir zeitlich und räumlich so weit voneinander entfernt sind. Auch das Postkartenbildchen, in so krassem Gegensatz es auch zu meiner Umgebung steht, um so mehr trägt es dazu bei mich von meiner wesenlosen Geschäftigkeit meines Dienstes wegzuführen, dorthin, wo wir uns beide vereinigen.

Wir befinden uns immer noch am gleichen Ort, von dem aus ich Dir schon das letzte Mal geschrieben habe. Unser Vormarsch ist für einige Zeit ins Stocken geraten, da erst die Panzer und Kraftfahrzeuge wieder überholt werden müssen. Hoffentlich geht es bald wieder weiter, damit auch dieser Feldzug ein schnelles Ende nimmt. Daß ich es von ganzem Herzen herbeisehne wirst Du verstehen können. Manchmal könnte es einem fast unheimlich werden in diesem Rußland, wenn man durch die riesigen Sümpfe und Wälder fährt auf den endlosen und grundlosen Sandwegen, wenn die Hütten immer armseliger werden und die Bewohner immer lumpiger und schmutziger, und man frägt sich unwillkürlich, wie sollen wir da nur wieder zurückkommen; dabei haben wir noch einen weiten Weg vor uns. Man darf diesen Feldzug nicht mit den Westfeldzug vergleichen, denn der Russe kämpft äußerst zäh und verbissen, dann sind es unheimlich große Räume, in denen sich der Feldzug abspielt, dazu nahezu ohne Straßen, die uns wohl am meisten zu schaffen machen. Nun hab ich aber schon viel zu viel von diesem Krieg geschrieben. Aber mein ganzer Tageslauf ist darin eingespannt und die Gefahr, daß alles was uns wichtiger ist zu kurz kommt, ist groß. Zur Zeit geht mein Dienst als Leiter des Funkdienstes von Mittags 12 Uhr bis morgens 0300 Uhr. Dann schlafe ich in meinem Wagen (der schon den ganzen Feldzug mein Heim ist) solange die Hitze und die Fliegen es mir erlauben. Bis ich mich dann rasiert, gewaschen und mein Schmalzbrot verzehrt habe, bleiben mir noch zwei Stunden um all die Kleinigkeiten zu regeln, die Du sicher auch aus Deinem Lagerleben kennst. Und dann beginnt dasselbe wieder von vorn, sofern wir nicht auf dem Marsch sind. Aber die Hauptsache wird in diesen Tagen sein, daß wir wach bleiben, d.h. die Sehnsucht in uns wach halten, und uns nicht in die große Maschine pressen lassen, von der ja auch Du zur Zeit bedroht bist.

Ich freu mich bis alles vorbei ist, Dein Arbeitsdienst und »mein Krieg«. Meine Gedanken suchen ihre tägliche Zuflucht bei Dir, oder bei uns, wie Du es nennen willst.

Viele Grüße von Herzen

Dein Fritz.

Den Grund für das Stocken des Vormarsches bei Smolensk schildert Fritz Hartnagel nicht ganz richtig, wahrscheinlich waren ihm auch nicht alle Zusammenhänge bekannt. Tatsächlich stieß die Heeresgruppe Mitte nördlich und südlich von Smolensk auf so heftige sowjetische Gegenwehr, dass Hitler selbst den Befehl erteilte (Weisung Nr. 34), vom Angriff auf die Verteidigung überzugehen.

8.8.41. [nördlich von Smolensk, Russland]

Liebe Sofie!

Eben hatte ich mich hingesetzt um Dir zu schreiben, da kam ein Anruf meines Chefs, und er hat mich zu sich befohlen wegen einer geradezu lächerlichen Geringfügigkeit, offensichtlich nur um mich zu schikanieren und um mir seine Macht zu zeigen, da wir in den letzten Tagen öfters Zusammenstöße hatten, wobei ich mich ihm gegenüber ziemlich bockbeinig zeigte und je energischer er wurde umso lässiger entgegnete ich ihm um zu zeigen, daß ich mir von ihm nichts sagen lasse (nicht um meine eigene Person hervorzuheben, sondern weil die Aufgeblasenheit meines Chefs geradezu zum Ohrfeigen reizt.) Nun will ich erst recht noch einen kleinen Gruß an Dich schreiben, bevor ich zu ihm fahre ins nächste Dorf.

Deinen Wunsch mit dem russischen Kostüm würde ich Dir natürlich gern erfüllen, aber bis jetzt habe ich etwas derartiges noch nicht entdeckt. Die russischen Frauen tragen meistens nur einen schäbigen Rock, etwa wie eine Hemdschürze, und wenn es kälter ist darüber eine dickgefütterte verdreckte und zerfetzte Jacke, deren ursprüngliche Farbe man meistens nicht mehr feststellen kann. Die einzige »Tracht«, die es hier gibt ist ein gewöhnliches Kopftuch. Bis jetzt habe ich auch in ganz Rußland noch keinen Kaufladen gesehen. Die Leute kennen gar kein Geld. Unsere Eier, Milch u.s.w. handeln wir nur gegen Tauschgegenstände ein, wobei es natürlich immer einen richtigen Judenhandel gibt. Die einzige größere Stadt, durch die wir bis jetzt kamen war Witebsk (etwa 200000 Einw.). Aber die ganze Stadt ist bis zum letzten Haus abgebrannt, ein trostloses Bild, vor allem auch das Los der Bevölkerung, die nichts zu essen hat. Wenn es nicht trotz allem so viel Schönes gäbe! – – – Vorgestern, als ich einen kleinen Genesungsspaziergang machte, entdeckte ich unweit unseres Dorfes ein wunderhübsches Tälchen, in dem sich früher vielleicht mal ein Bächlein schlängelte. Nun stand hohes Gras, dazwischen vielerlei Büsche, Tannen, Kiefern und vor allem kleine Birken zerstreut, so als ob sie von Gärtnern kunstvoll angeordnet worden wären. Und in der Luft summte und zirpte es von unzähligen Insekten, und alles überwölbte ein strahlend blauer Himmel. So ging ich eine Stunde glückseelig, wie von allem menschlichen entrückt in den Sommer hinein, den ich dabei das erstemal in diesem Jahr so richtig erlebte. Ich kann es lebhaft mitempfinden, was es für Dich bedeutet, wenn Du Dich auf Deinem Heimweg nur geschwind ein Weilchen unter einen Baum setzen kannst, oder einen Nachmittag für Dich weggehen kannst, vielleicht ins Donautal, wenn dann noch einer Deiner Lieben Dich begleiten kann, dann sind es sicherlich Stunden, von denen Du wieder tagelang zehren kannst. Hoffentlich überrascht Dich noch oft solch ein Besuch wie Inge oder Hans, damit die Wochen vollends schneller für Dich vorbei gehen.

Unser Vormarsch geht leider immer noch nicht weiter. Hoffentlich kommen wir nicht in den Herbst hinein, denn die Nächte sind teilweise jetzt schon ziemlich kühl, und in Rußland wird das Zelt die einzige Unterkunft bleiben (ich selbst schlafe fast schon den ganzen Feldzug in meinem Wagen). Ich fürchte, daß Du Deinen Arbeitsdienst schon längst beendet hast, bis ich einmal dazu komme in Urlaub zu fahren, dazu wenn Hitler sein Versprechen halten will und wir dieses Jahr noch nach

England gehen. Dies scheint allerdings kaum noch möglich zu sein, obwohl gewisse Anzeichen dafür sprechen.

Nun muß ich aber zu meinem Chef fahren!

Mit meinen Gedanken will ich über alles hinweg bei Dir bleiben.

Dein Fritz.

11.8.41. [nördlich von Smolensk, Russland]

Liebe Sofie!

Noch geschwind bevor es vollends dunkel wird einen kurzen Abendgruß und einen Dank für Deinen Brief, den ich heute von Dir erhalten habe (23.7.). Aber immer nur geschwind und kurz! Ich glaube ich habe Dir noch nie einen Brief geschrieben, gründlich, so wie er eigentlich sein sollte, durchdacht und ein Ganzes. Es sind immer nur ein pa[a]r Wellenspritzer aus dem Gedankengewoge, zusammenhangslos und ohne Grund. Wie oberflächlich sie doch sind, und nicht nur meine Briefe oft auch meine Gedanken, vor allem unkonsequent. Wenn ich nur dran denke mit welcher geradezu kindlichen Leichtfertigkeit ich an meine Zukunft denke, vielmehr dran vorbeidenke, da sie mir als unlösbares Problem erscheinen will; so etwa wie als Kind: »Es wird schon von alleine kommen, wenn man mal älter geworden ist ...« Aber ich glaube, daß nichts von alleine kommt. Aber ich weiß auch, daß es erst brennendere Fragen zu lösen gilt, und sich das andere sich erst daraus ergeben muß.

Ich nehme jedoch an, daß auch Du Dich schon darüber freuen wirst, daß überhaupt ein Brief eingetroffen ist, ganz gleich was drin steht – und darum nehme ich mir auch den Mut einfach so hinzuschreiben. Auch das Eintreffen Deines Briefes von heute war wieder ein freudiges Ereignis. Ich habe es ausgekostet wie ein gutes Stück Kuchen (entschuldige diesen materiellen Vergleich, vielleicht ist er auch durch meine augenblicklichen Verhältnisse im tiefen Rußland bedingt!). Ich habe ihn, den Brief, erst sorgsam zu Seite gelegt und noch all meine Dienstgeschäfte erledigt, dann habe ich mich erst noch umständlich von oben bis unten von dem täglichen Schmutz gereinigt, mit einem Eimer Wasser. So, mit dem Gefühl des Frischgebadet-seins, und zu diesem freudigen

Ereignis eine Zigarette rauchend (das kann ich mir nur zu ganz besonderen Anlässen erlauben, denn es war die zweitletzte), so tat ich den ersten Bissen.

Du bist zum Glück immer erstaunlich optimistisch über Dein eigenes Schicksal, wenigstens nach außen. Aber sicherlich ist es auch das Beste, und wenn sich nichts Schönes zeigen will, so muß man es wohl suchen und für denjenigen, der ein offenes Herz dafür hat, wird sich immer so vieles finden über das man sich freuen kann. Aber ich denke mit Grauen an meine eigene Arbeitsdienstzeit zurück und kenne das Tage- und Stunden-Zählen, wenn ich's auch nur $^1/_4$ Jahr aushalten mußte. Am härtesten kam mich die Eintönigkeit der Arbeit an, bei der die Stunden dahinschlichen. Wenn ich daran denke bedrückt es mich um so mehr, daß Du anscheinend immer noch auf eine Nachricht von mir warten mußt. Wenn Du auch ganz geduldig bist, so wirst Du doch nicht immer ein bitteres Gefühl unterdrücken können, dem sogar manchmal ich mit nüchterner Überlegung zu Leibe gehen muß, wenn bei der Post mal nichts für mich dabei ist, und dabei habe ich doch bestimmt keinen Grund dazu. Aber ich hoffe, dies alles in diesen Tagen, in denen ich etwas mehr Zeit habe, wieder gut machen zu können. Ich habe nun einen weiteren Feldwebel zur Ablösung mit herangezogen, so daß ich nun jede 3. Nacht ganz durchschlafen kann und auch sonst noch ein pa[a]r freie Stunden habe, die mir gut tun und mich daran hindern, daß ich mich ganz in meinem Dienst verliere. – Heute Nachmittag habe ich mich wieder in mein Täle zurückgezogen, von dem ich Dir schon geschrieben habe. Es gibt dort jetzt wunderbare Waldhimbeeren. Und wie ich ganz dem Genuß des Alleinseins und vor allem auch der Himbeeren hingegeben war, wurde ich allerdings ziemlich plötzlich in die kriegerische Wirklichkeit zurückgerufen. Ich hörte ein fremdes Motorengeräusch und entdeckte auch gleich ziemlich hoch am blauen Himmel vier Russen. Aber dies ist hier etwas alltägliches und als die Flugzeuge gerade auf mich zugeflogen kamen, dachte ich in meinen Himbeerstauden geborgen mehr spielerisch, jetzt wenn sie die Bomben fallen lassen würden müßten sie etwa gerade bei mir auftreffen. Aber ich hatte kaum zu Ende gedacht, als ich schon das Sausen in der Luft hörte. Ich warf mich sofort auf den Boden, aber die Bomben fielen eine halbe Ewigkeit, so erschien es mir wenigstens, in Wirklichkeit waren es natürlich nur wenige Sekunden. Aber je lauter das

Sausen wurde um so mehr hatte ich das Gefühl, daß die Bomben unmittelbar bei mir einschlagen müßten und um so mehr drückte ich mich in die Erde hinein, als ob ich sie umarmen wollte, bis endlich die erlösende Detonation erfolgte. Der Aufschlag erfolgte allerdings etwa 200 m von mir entfernt bei einer Flakstellung, die leider zwei Verletzte hatte.

Aber dann ließ ich mir doch wieder die Himbeeren schmecken.
[am Rand:] Nun, liebe Sofie, für heute will ich mit herzlichen Grüßen und guten Wünschen Schluß machen.

Dein Fritz.

18.8.41. [nördlich von Smolensk, Russland]

Liebe Sofie!

Nun geht auch der August schon zur Neige und ich freu mich, daß damit das Ende Deines Arbeitsdienstes auch nicht mehr allzu fern liegt. Andererseits bin ich etwas bekümmert darüber, daß es nun schon 4 Wochen her sind, daß wir hier an ein und dem selben Ort sitzen, und dabei liegen noch keine Anzeichen dafür vor, daß wir bald weitermarschieren werden, im Gegenteil. Die Lage ist mehr denn je ungeklärt und dementsprechend sind auch die Gerüchte und Vermutungen äußerst zahlreich. Man spricht teilweise von nur beschränkten Operationsabsichten gegenüber Rußland, vor allem Besetzung der Ukraine als Ernährungsgrundlage. Dies würde auch mit dem augenblicklichen Stillstand hier in unserem Abschnitt nach Beendigung der Schlacht von Smolensk übereinstimmen. Aber praktisch würde das auf einen Stellungskrieg hinauslaufen, denn die Russen sind noch lange nicht geschlagen, wenn sie auch erhebliche Verluste erlitten haben. Aber wie dieser Feldzug auch bei günstigstem Verlauf beendet werden soll ist mir noch ziemlich unklar. Denn endgültig besiegt, d.h. so, daß wir im Osten keine Front mehr haben, ist der Russe erst, wenn wir in der Mongolei angelangt sind, und dies erscheint ziemlich unmöglich. Ich hoffe nur, daß wir noch vor Beginn des Winters hier aus Rußland herausgezogen werden. Mir graut davor, wenn ich dran denke, daß wir den Winter hier verbringen sollten. Doch wenn es sein müßte, hoffe ich auch dies schadlos zu überstehen. Zur Zeit sind ja die

Möglichkeiten zu neuen Kriegsschauplätzen reichlich vorhanden. Die Landung der Amerikaner in Portugal oder auch in Afrika wird von verschiedenen Seiten sehr stark vermutet, und auch bereits Gerüchte, daß wir dorthin kommen sollen, liegen vor. Zumindest ist das Ende dieses Krieges noch nicht abzusehen, und wenn man darauf angewiesen wäre den Trost nur im Weltlichen zu suchen, dann könnte man den Mut verlieren. Ich beginne allmählich zu ahnen wohin mein, oder unser beider Weg führt, wenn ich ihn auch noch nicht ganz verstandesmäßig begriffen habe. Er wird uns sicherlich, besonders in solch ungewissen Zeiten, eng verbunden halten. So bin ich trotz allem voll freudiger Zuversicht.

Herzlichst Dein Fritz.

Der Stillstand des Vormarsches war auf einen Befehl Hitlers nach der Eroberung von Smolensk Ende Juli und der Einkesselung der in der Umgebung der Stadt operierenden sowjetischen Truppen zurückzuführen. Entgegen der Meinung seiner Generäle, die die Eroberung Moskaus nicht nur aus politischen, sondern auch aus militärstrategischen Gründen (Rüstungsindustrie, Verkehrsknotenpunkt) als vorrangig ansahen, sandte Hitler die größten Panzerverbände nach Norden (Leningrad) und Süden (Kiew). Hitlers Neigung, den Weg nach Moskau zu meiden, soll nicht zuletzt auf seine abergläubische Angst zurückzuführen gewesen sein, den Spuren der napoleonischen Armee zu folgen. Anfang September änderte Hitler seine Meinung erneut und erklärte sich mit der »Operation Taifun«, dem Vorstoß auf Moskau, einverstanden.

Zu einer Landung der Alliierten (Briten und Amerikaner) kam es erst am 10. Juli 1943 auf Sizilien, wenige Wochen nachdem die deutschen Truppen in Nordafrika unter Generaloberst von Arnim vor der britisch-amerikanischen Übermacht kapitulieren mussten.

20.8.41. [nördlich von Smolensk, Russland]

Ach liebe Sofie, wie hatte ich mich gestern gefreut, als ich 4 Briefe von Dir erhalten hatte, und als ich dann diese Nachricht gelesen hatte, zum Glück im letzten von allen vieren, da war ich recht niedergeschlagen und fassungslos. Und ich kann es jetzt noch nicht begreifen, daß es Wirklichkeit sein soll, daß Du nochmal 6 Monate im Arbeitsdienst bleiben mußt. Dies ist unmöglich Sofie, Du mußt alles tun um freizukommen, auch mir zuliebe, denn auch für mich war es immer ein befreiendes Gefühl, wenn ich mit Dir rechnen konnte, noch 8 noch 7 noch 6 Wochen - - - und nun auf einmal noch 7 Monate und 10 Tage! Was mußt Du noch alles überstehen, bis Du endlich dort bist, wo Du sein möchtest und wo Du hingehörst? Wenn ich überlege, was ihr eigentlich den ganzen Winter über tun sollt, wo's doch beim Bauern kaum eine Arbeit gibt, dann wird meine Wut noch größer, die ich nicht ganz unterdrücken kann. Aber besser ist wohl zu überlegen, wie vielleicht dieses Unheil noch abzuwenden ist. Ich sehe allerdings nur die eine Möglichkeit, daß Deine Mutter für Dich als Gehilfin im Haushalt eingibt und dies mit der großen Wohnung, Büro und evt. mit ihren schlechten Füßen begründet. Vielleicht ist Eure Hausärztin bereit ein derartiges Zeugnis auszustellen. Oder siehst Du sonst noch eine Möglichkeit? Wenn ich Dir das Ganze bloß abnehmen könnte, ich würde es gerne tun, wenn Du dadurch in Freiheit kämest, mir würde es auch nicht so viel ausmachen, aber Du mußt fliegen können, wohin Dein Herz Dich führt, sonst bist Du keine Sofie mehr. Aber nun will ich noch abwarten und hoffen. Und wenn auch das Schlimmste sich nicht umgehen ließe, so werden wir sicherlich auch dafür einen Trost finden. Ich glaube, dies wäre ein großer Reichtum.

Nun will ich aber trotz dieses Ereignisses, wenn es auch noch so traurig ist, nicht vergessen für Deine Briefe danken, von denen ich wieder für einige Zeit zehren kann. Ich lese sie jeden Tag einmal durch und manchmal auch öfters, und dann ist es so, als ob ich etwas Wirkliches von Dir hätte, etwas Gegenwärtiges.

Heute im Nachtdienst, wenn ich nicht zu sehr mit dem Schlaf kämpfen muß, will ich Dir weiterschreiben.

Nimm all meine Wünsche und Grüße
von Deinem Fritz.

Am 4. August 1941 hatte die Reichsregierung beschlossen, den Reichsarbeitsdienst für alle Mädchen um sechs Monate Kriegshilfsdienst zu verlängern.

2.9.41. [bei Smolensk, Russland]

Liebe Sofie!

Ich sitze wieder in meinem Wagen und draußen regnet und stürmt es recht naßkalt und unfreundlich. Das wäre so die richtige Umgebung um uns so manches zu erzählen, es bräuchte ja nicht allzu wichtig zu sein, nur so miteinander schwätzen und vielleicht eine Zigarette dazu rauchen. Du hättest sicher die Schuhe ausgezogen und würdest mit angezogenen Beinen in einer Ecke kauern. Wahrscheinlich müßte ich Dir dabei die Füße warmreiben, da schon die meinigen leicht kühl sind. So in Gedanken schwätz ich oft mit Dir und manchmal, wenn ich ganz allein bin, auch nicht nur in Gedanken. Du würdest mich sicher auslachen dabei.

Zur Zeit träume ich oft davon, wie es wäre, wenn ich mir nach dem Krieg eine Hühnerfarm anlegen würde. Und ich rechne mir sogar schon aus, wieviel Hühner ich haben müßte um davon leben zu können. Nur soviel, daß ich die Arbeit noch allein bewältigen könnte und niemand fremdes um mich haben müßte. Natürlich müßte die Farm weit von jeder Stadt entfernt sein, und möglichst auch nicht mitten im Dorf liegen: Am schönsten auf einer Waldwiese, oder an einem kleinen See. Ich würde mir dann ein kleines Holzhäuschen bauen. (Allerdings müßte ich vorher noch einige Zeit zu einem Schreiner in die Lehre gehen um auch evt. einen neuen Stall oder sonstige Ausbesserungen selbst machen zu können.) Dann müßte auch ein gemütliches Zimmerchen drin sein mit viel Platz für Bücher. Und an den Abenden könnte ich mich dann mit all dem beschäftigen, was mir wichtig erscheint und auch öfter Dir einen Brief schreiben. Und in Deinen Semesterferien würde ich Dich dann zu mir in mein Waldhäuschen und zu meinen Hühnern einladen. Ich weiß sogar schon, was ich am ersten Abend für Dich kochen würde, nämlich ein Bauernfrühstück. Am ersten Tag müßtest du mir das schon noch selbst überlassen, später könntest Du ja etwas mithelfen beim Kochen und vielleicht auch mit meinen Hühnern biologische Experimente anstellen. Vielleicht wirst Du schon erbost sein über meine Phantastereien und denken, es wäre besser er würde seine Zeit vernünftiger ausnützen. Oder nicht?

Aber wenn ich mir das auch alles mit viel Phantasie ausdenke, so ist doch auch ein wenig Ernst dabei. Sofie, Du mußt mir einmal schreiben, in welcher Tätigkeit Du mich am besten vorstellen könntest. Darüber haben wir noch gar nie gesprochen, und wahrscheinlich siehst Du besser die Grenzen meiner Möglichkeiten als ich selbst. Nun hoffe ich, daß ich morgen, wenn wir Post bekommen werden, auch eine Nachricht von Dir erhalten werde, auf die ich ungeduldig warte. Mit vielen herzl. Grüßen und Wünschen

Dein Fritz.

2.9.41. [bei Smolensk, Russland]

Liebe Sofie!

Eben traf der Spruch ein: »Obln. Hartnagel morgen unbedingt zur Heeresgruppe Mitte zur Sonderverwendung.« Das heißt also versetzt mit unbekanntem Marschziel. Ich gehe recht ungern von meinem Zug weg, mit dem ich recht gut ausgekommen bin. Wer weiß was die Zukunft bringt. Zumindest eine völlig fremde Umgebung, während hier wenigstens die Unteroffiziere und ein Teil der Mannschaften von meiner alten Abteilung waren. Es kommt mich etwas hart an, fast so, als ob man von zuhause weg müßte und zwar für immer. Aber Du bleibst mir wenigstens, das hilft mir über alles hinweg, und es mag kommen was will, wenn ich mich mit Dir verbunden weiß, und in Dir immer eine Zuflucht habe. Wer weiß, wann ich wieder Gelegenheit habe Dir zu schreiben und vor allem wann mich wieder Post von Dir erreichen wird. Darum nimm in aller Eile meine herzlichen Grüße und viel gute Wünsche.

Ich bleibe bei Dir, Dein Fritz.

Ich schreib Dir so bald wie möglich, und nimm mir's nicht übel, wenn's nur ein pa[a]r hastige Zeilen sind wie diese hier.

Weimar, 5. 9. 41.

Liebe Sofie!

Wahrscheinlich hast Du meinen Brief von vorgestern, in dem ich Dir ganz kurz mitteilte, daß ich versetzt bin, noch gar nicht erhalten, und Du wirst sicher erstaunt sein plötzlich einen Brief aus Weimar zu erhalten. Ich kann es selbst noch kaum fassen, gestern früh, als ich mit einer JU 52 startete, hörte ich noch das dumpfe Donnern der Front, abends um $^1/_2$6 Uhr landete ich bereits in Ostpreußen, und saß gleich wieder im D-Zug, der mich über Berlin hierher nach Weimar, mitten ins Herz Deutschlands, brachte. Und hier sitze ich nun zwischen den vier Wänden einer Kasernenstube und versuche die Überraschung zu verdauen, nämlich daß ich nach Afrika komme. Ich soll hier wieder einmal einen Nachrichtenzug aufstellen, und dann sofort, d. h. in 14 Tagen, nach Lybien zum Afrika-Korps abrollen. Ich freu mich natürlich, wieder einen neuen Zipfel unserer Erde kennenzulernen, in dem nun ganz andere Verhältnisse herrschen. Aber es tut mir weh, daß ich meinen alten Zug, mit dem ich mich eingespielt hatte, und in dem ein feines Verhältnis herrschte, zurücklassen muß, und nun ohne irgendeinen bekannten Menschen von vorn anfangen muß. Aber noch mehr bedaure ich, daß nun ein eventueller Urlaub in immer weitere Ferne rückt. Aber ich will mir Dich nur um so näher halten, damit ich auch die kommende Zeit schadlos überstehen werde. Aber wie wird es Dir ergehen im nächsten halben Jahr? Ich habe leider noch keine Nachricht darüber. Hoffentlich wird Dir nicht alles zu schwer und kannst trotz allem letztlich doch Deinen frohen Mut bewahren. Bitte schreib mir bald etwas von Dir und zwar für die nächsten 14 Tage: Obln. F. H.

Fl. Erg. Aufkl. Gruppe Weimar-Nohra
Aufstellungsstab A.
Später lautet dann meine Feldpostnummer 44019.
Nun sei für heute von Herzen gegrüßt von Deinem Fritz.

Der Afrikafeldzug, bei dem Fritz Hartnagel eingesetzt werden sollte, hatte seinen Ursprung in dem missglückten Versuch des faschistischen Italien, das unter britischer Herrschaft stehende Ägypten von seiner libyschen Kolonie aus zu erobern (September 1940). Der drohende Verlust des gesamten italienischen Kolonialreichs veranlasste Benito Mussolini, den Verbündeten Deutschland um militärische Hilfe zu ersuchen. Unter dem Oberbefehl von Generalleutnant Erwin Rommel landeten am 11. Februar 1941 deutsche Truppen in Tripolis. Der wechselvolle Kampf zwischen deutschen sowie italienischen und britischen Verbänden dauerte bis zum Herbst 1942, wobei die deutsch-italienischen Truppen fast ständig unter massiven Nachschubproblemen zu leiden hatten. Endgültig aussichtslos wurde die militärische Lage für die Achsenmächte Deutschland und Italien, als am 8. November 1942 100 000 amerikanische und britische Soldaten in Marokko landeten und eine zweite Front in ihrem Rücken eröffneten. Am 13. Mai 1943 kapitulierte die Heeresgruppe Afrika unter Rommels Nachfolger Generaloberst von Arnim.

Entgegen den Planungen kam Fritz Hartnagel nie nach Afrika. Er wurde, so sah er es später selbst, in Weimar schlicht vergessen. Auf diese Weise blieb er mitten im Krieg für ein gutes halbes Jahr (bis Mitte März 1942) im friedlichen Weimar.

8.9.41. [aus Weimar]

Liebe Sofie!

Nun hab ich schon so lange nichts mehr von Dir gehört, Dein letzter Brief ist vom 9.8., daß ich recht im Ungewissen über Dich bin. Und sicher wird sich gerade in diesen Tagen so vieles für Dich entschieden haben und wer weiß, wie es nach diesen Ereignissen in Dir aussehen mag, welchen Mißmut sie in Dir zurückgelassen haben? Doch ich glaube wohl, daß Du trotzdem, wenn auch all Deine Pläne und Hoffnungen für die Zukunft vorerst zusammenstürzen, den Weg aus diesem Wirrwarr in's Freie finden kannst, so daß Du außerhalb stehst. So bemühe ich auch mich, durch die teilweise schmerzvollen Veränderungen meiner äußeren Umstände mich nicht beirren zu lassen. Aber mein Schmerz wird ja durch die Vorfreude auf einen interessanten Einsatz in einem fremden Erdteil wesentlich versüßt, und es ist ja wohl auch ein Unterschied, ob man nur eine Einheit von Soldaten und eine gewohnte Umgebung im Stich lassen muß oder die Gewißheit einer goldenen Freiheit und der lange ersehnten befriedigenden Tätigkeit, die Du wahrscheinlich mit einem halben Jahr Eingesperrt-Sein tauschen mußt.

Meine Arbeit ist hier schon wieder in vollem Gang, und trotzdem ich diese unliebsame Aufstellungstätigkeit im vergangenen März zur Genüge kennengelernt habe, gibt es natürlich wieder hunderterlei Fragen, die ihrer Klärung bedürfen, diesmal nur mit dem Unterschied, daß ich so ziemlich alles allein machen muß, da ich keinerlei eingearbeitete Hilfskräfte habe. Ich bin drum schon froh, bis ich mit meinem Häufchen wieder auf der Bahn sitze und nach Süden rolle. Aber die Mühe, die ich mir jetzt während der Aufstellung mache, erspart mir später sicher viel Zeit und Kummer. So habe ich heute auch meinen alten Kraftfahrer angefordert, der nun schon den ganzen Krieg hindurch mein treuer Begleiter war. Hoffentlich wird dem Antrag stattgegeben, denn er war nicht nur mein Kraftfahrer, der auch rührend um mein leibliches Wohl besorgt war, sondern auch alle Freude und allen Kummer mit mir teilte, so daß ich seine beruhigende Begleitung nicht mehr missen mag.

Nun hoffe ich, daß mich bald ein Zeichen von Dir erreicht, denn sicher wird schon manches Brieflein von Dir im tiefen Rußland nach mir umherirren, und bald den Weg zu mir nach Weimar finden. Einstweilen hoffe ich, daß es Dir gut geht und füge all meine guten Wünsche für Dich dazu.

Dein Fritz.

1. 11. 41. [aus Weimar]

Liebe Sofie!

Den ersten Tag, den ich wieder hier in Weimar verbracht habe, möchte ich mit Dir beschließen. Trotz allem, allem, was die vergangenen Tage uns gebracht haben, glaube ich dies zu können, wenn wir uns in Barmherzigkeit zuwenden. Und diesen Trost habe ich mitgenommen, daß wir doch noch Hand in Hand gehen können. Aber glaube nun nicht, daß ich mich wieder in Deiner Geborgenheit wiege und nur auf Deine Hilfe hoffe. Ich glaube, gerade dieser Augsburger Tag mit seinen schrecklichen Verfehlungen, die uns fast verzweifeln ließen, er brachte mich (uns) weiter. Ich kann Dir noch nicht genau sagen warum und wie und wohin. Ich glaube einfach, daß wir den Weg aus diesem Abgrund finden werden.

Es ging mir heut Abend plötzlich auf, wir müssen frömmer sein, wenn wir beisammen sind. Das ist vielleicht keine besondere Weisheit und ich kann Dir auch nicht recht sagen wie ich das meine. Einfach bei allem was wir tun uns fragen, ob es auch auf Gott bezogen ist. Ja, Sofie, denk dran, wenn uns die Versuchung wieder anfallen sollte, frag mich dies, und auch ich werde mich bemühen dran zu denken, vor allem dann, wenn wir uns in den Armen halten sollten, dann wirst Du und ich an diese Zeilen hier denken, und sobald wir dran denken dies sofort in Worten ausdrücken, ganz gleich wie und wenn es noch so plump kommen sollte, nicht geistreich sein wollen vor dem anderen, sondern reden wie ein Kind.

Wenn wir gemeinsam diesen Schritt tun würden, zu dem Du mir geraten hast, einfach einmal zu glauben – fromm zu sein?

Sofie, vielleicht können wir einmal auch zusammen beten.

Ich übergehe alle Äußerlichkeiten in der Hoffnung, daß diese den Umständen entsprechend, wie bei mir, gut bestellt sind. Hoffentlich tut Dir die Kälte nicht so sehr weh, ich muß bei jedem Windstoß, der mich durchbläst dran denken.

Mit guten Wünschen

Dein Fritz.

Schon seit Anfang Oktober 1941 war Sophie Scholl in einem Kinderhort in Blumberg tätig, wo sie ihren halbjährigen Kriegshilfsdienst ableisten musste. Ihr Gesuch, diesen Dienst im Büro des Vaters in Ulm ableisten zu dürfen, war abschlägig beschieden worden. Blumberg, am Rande des Schwarzwaldes nahe der Schweizer Grenze gelegen, war ursprünglich nicht mehr als ein Dorf. In der Nähe des Ortes gab es Eisenerzvorkommen, deren Förderung schon vor fast 200 Jahren eingestellt worden war. Da der nationalsozialistische Staat mit allen Mitteln versuchte, von Rohstoffimporten, die infolge des Krieges und des chronischen Devisenmangels immer schwerer zu beschaffen waren, unabhängig zu werden, wurde die Erzförderung bei Blumberg wieder aufgenommen. Dadurch hatte sich die Einwohnerzahl des Ortes innerhalb weniger Jahre fast verzehnfacht, ohne dass der Wohnungsbau und die Infrastruktur mit diesem Zustrom Schritt halten konnten. Entsprechend schwierig waren auch Sophie Scholls Lebensverhältnisse. Vor allem die Kälte machte ihr zu schaffen.

Sophie Scholl und Fritz Hartnagel hatten sich Ende Oktober in Augsburg getroffen. Die Umstände dieses Treffens sind nicht bekannt.

Weimar, 4. 11. 41.

Liebe Sofie!

Heute habe ich nun den ersten Brief von Dir bekommen, mit einer neuen, schön gemalten Anschrift, wie zum Zeichen, daß ein neuer Abschnitt in unserer Beziehung begonnen hat. Und das ist doch auch so? Ich danke Dir sehr, auch für einen zweiten Brief, den ich heute bekommen habe, v. 7. 10., den Du an meine Feldpostnummer geschickt hattest.

Ich bin so froh, daß trotz allem, was mir im ersten Augenblick unüberwindbar schien, ich mich von Dir nicht getrennt fühle. Im Gegenteil, wie oft war ich durch meinen Kummer, meine Wehmut und meine Enttäuschungen von Dir getrennt, schon die ganzen Jahre, so oft Du zu mir anders warst als ich's wünschte, hoffte und ersehnte (in meinem Egoismus). Dagegen, wenn ich es fertig brächte, im richtigen Sinn zu lieben, was könnte mich von Dir noch trennen, selbst Deine größte Abneigung nicht, oder gerade diese Abneigung müßte nur eine noch viel größere Liebe hervorrufen, da Du der Hilfe bedürftig wärest in Deinem Haß. Ich glaube, zu einer derartigen Liebe ist man nur fähig, wenn man sich an Gott hält, wenn man betet. Denn wie könnte jemand einen Menschen selbstlos lieben, ohne auch nur die geringste Gegengabe zu fordern, wenn ihm nicht alles, was Menschen geben können (ich meine an Menschlichem) nutzlos wäre.

Ich weiß nicht mehr genau, was ich Dir über jene Stunde beim Frisör gesagt hatte, aber dies war es, was mir klar wurde: daß alle irdischen Freuden nur von Trauer und einem faden Geschmack gefolgt sind (Und welche hätte ich auch noch nicht genossen!), und daß eine dauerhafte und beseeligende Freude nur in Göttlichem begründet sein kann. – War es dazu nicht notwendig, daß wir so tief gesunken waren? Und sind wir nicht wenige Stunden danach ein zweites Mal der Versuchung erlegen und wurden in verzweifelte Machtlosigkeit gestürzt um uns zu zeigen, daß man nur mit Gott oder in Gott Macht hat zu widerstehen, um uns zum Glauben zu führen.

Und steht dieser Augsburger Tag nicht in einem eigenartigen Zusammenhang mit jenem Montag Abend? War Augsburg nicht notwendig um mir zu zeigen, daß mein Schmerz sinnlos war? – Entschuldige, wenn ich mich in meinem neuen Eifer in manchem übersteigern sollte, vielleicht muß noch manche zu üppig hervorgeschossene Ranke wieder abgeschnitten werden, und auch manche Enttäuschung das Holz noch härten.

Bei jedem eisigen Windstoß, der mich durchbläst, muß ich an Dich denken, arme Sofie wie wird es Dir bloß ergehen, wo es hier schon so empfindlich kalt ist und etwa 20 cm Schnee liegen? Ich habe Dir gestern die Handschuhe abgeschickt, und morgen Nachmittag gebe ich meinem ganzen Zug dienstfrei, damit ich Gelegenheit habe die Wolle für Dich zu kaufen, für Deine Unterhose. Notfalls will ich auf ein pa[a]r Briefe von Dir verzichten, damit Deine warme Hose schneller fertig wird – aber nur unter der Bedingung, daß sie bis an die Knie reicht!! –

Ich weiß noch nicht, ob ich für Samstag-Sonntag schon wieder Urlaub einreichen kann, da mein eigenmächtiges Fernbleiben einige Aufregung hervorgerufen hat, allerdings ohne ernstere Folgen. Gib mir bitte auf jeden Fall Bescheid, wo Du am Sonntag bist. Meine Telefonnummer: Weimar 6366 und dann Nebenapparat 116 verlangen. Wann wir nun endgültig abrücken steht immer noch nicht fest, vermutlich Mitte November. Aber ich glaube bestimmt, daß ich vorher noch einmal kommen kann, und darauf freue ich mich.

Und nun eine gute Nacht!

Herzlichst Dein Fritz.

10. 11. 41. [aus Weimar]

Liebe Sofie!

Da ich heute abend ab 6 Uhr an einem Kasinoabend teilnehmen muß, zu meinem größten Kummer, schwänze ich nun eine Stunde meines Dienstes, damit Du heute noch einen Gruß von mir bekommst.

Heute morgen, nachdem ich noch 1 $^1/_2$ Stunden marschieren mußte, war ich zu müde dazu.

Ach Sofie, wie schmerzlich war es mir gestern abend, als mein Zug anrollte, und Du so einsam und verlassen unter all den Menschen zurückbleiben mußtest, und als ich Dich so stehen sah, und ich Dir noch so gerne irgendetwas gegeben hätte, da fragte ich mich bangen Herzens, ob ich auch immer so zu Dir war um Dir zu geben. Ich glaube manchmal habe ich mich von dem Genuß meiner eigenen Freude über unser Zusammensein überwältigen lassen. Verzeih mir dies. Ich bin ja selbst noch so schwach, und manchmal erscheint es mir als eine Anmaßung, Dir etwas geben zu wollen. Ich kann Dir nur meine Bereitwilligkeit dazu geben und hoffen und Gott bitten, daß er sie erfülle. Aber ich glaube doch, daß wir mit jedem Zusammensein ein Stückchen weiterkommen. Sind wir es nicht auch am Sonntag? Ich habe die feste und beglückende Zuversicht mitgenommen, daß sich noch alles lösen wird zwischen uns und daß wir zum Guten gelangen werden, sofern es einem Menschen je möglich sein wird. Und hat sich nicht schon das Wesentlichste gelöst, dadurch, daß wir nun beide bemüht sind unser Handeln auf Gott zu beziehen? Und wenn wir nun gewillt sind uns demselben Gesetz zu unterwerfen, dann müssen wir doch auch zum gleichen Ziel kommen.

Ich bin auch froh, daß Du Dich vor mir nicht verschließen willst. Obwohl dies in meiner Haltung zu Dir nichts ändern dürfte, so macht es mir doch vieles leichter und ich kann freier zu Dir sein und ich brauche keine Hemmungen mehr vor Dir haben, ich meine Hemmungen Dir alles zu sagen, was mir am Herzen liegt. Ich glaube, daß wir uns dann auch gegenseitig mehr helfen können, sofern es in unserer Macht liegt, oder doch inniger füreinander beten, wie wir's uns versprochen haben.

Heute habe ich auch gleich einen Brief von Dir vorgefunden, v. 5. 11., Du nennst ihn einen Brief aus Schwäche. Ich kann nicht glauben, daß dies Schwäche sein soll, die Sehnsucht nach der Liebe des anderen. – Wenn wir dazu fähig sind einen anderen Menschen wirklich zu lieben (gläubig zu lieben), ist dies nicht eine Gabe, die uns von Gott geschenkt wird, oder ist es nicht eigentlich Gottes Liebe, die durch uns wirkt? Und hieße es nicht, sich den Gaben Gottes, oder der Liebe Gottes, zu entziehen, wenn wir uns für die Liebe des Nächsten nicht empfänglich zeigen würden. Welchen Sinn hat dann die Liebe für den Geliebten, wenn das Verlangen nach ihr nur Schwäche ist. Dann wäre ja die Liebe nur Selbstzweck, das heißt, nur die Betätigung in Liebe hätte Sinn, nicht aber ihre Auswirkung für den anderen. Wenn also die Liebe von Gott kommt, und welchen anderen Ursprung könnte sie denn haben, dann ist auch das Verlangen nach der Liebe des andern nur das Verlangen nach der Liebe Gottes, die uns durch den Nächsten vermittelt wird. – Dabei komme ich noch auf etwas anderes:

Es ist nicht notwendig, ja sogar gegen den Sinn der Liebe, daß der Liebende (durch den Gottes Liebe fließt) wiedergeliebt werden muß. Aber wenn nun auch den Geliebten die Liebe zum anderen erfüllt, so wirkt in beiden nicht nur die Liebe Gottes, sondern auch gleichzeitig das Verlangen nach ihr. So können zwei Menschen auf wundersame Weise in der Erfüllung der Liebe Gottes und in der Sehnsucht nach ihr für ewig zusammengefügt sein. (Ich meine dabei immer die Liebe, »die nicht das ihre sucht«).

Ich glaube, wir müssen jede sich irgendwie bietende Gelegenheit für ein Zusammensein ausnützen, solange ich noch in Deutschland bin. Drum habe ich mich heute auch gleich nach den besten Möglichkeiten zu Dir zu kommen erkundigt. Die größte Schwierigkeit ist die, daß nun ganz strenge Bestimmungen erlassen wurden, wonach Sonntagsurlaub nur bis zu 100 km gewährt werden darf. Ich habe drum heute schon zu meinen Eltern telegraphiert und um meine Zivilsachen gebeten, dadurch würde ich einer Kontrolle durch Zugstreifen entgehen. Die Zugverbindungen nach Freiburg sind ganz günstig. Wenn ich Samstag Vormittag offiziell nicht frei bekomme, was wahrscheinlich ist, könnte ich trotzdem evt. 9.56 Uhr hier wegfahren und wäre 21.14 in Freiburg, sonst auf jeden Fall ab 12.49 Uhr und an in F. 22.53. Für die Rückfahrt könnte ich außer 17.27 auch noch 18.55 fahren, was dann ziemlich auch mit Deiner Abfahrtszeit übereinstimmt. – Nun hoffe ich, daß mein Zivil noch rechtzeitig eintrifft, sonst müßten wir uns evt. auf den übernächsten Sonntag vertrösten.

Nun die herzlichsten Grüße und gute Nacht.

Dein Fritz.

Von dem heutigen Kasinoabend hatte ich mich glücklicherweise bald französisch verabschieden können, um an diesem Brief weiterzuschreiben.

Während der Zeit, in der Fritz Hartnagel in Weimar stationiert war und Sophie Scholl ihren Kriegshilfsdienst in Blumberg ableistete, trafen sich die beiden häufig am Wochenende in Freiburg. Um im Hotel problemloser ein Doppelzimmer zu bekommen, hatten sie sich einfache Eheringe gekauft.

Die intensiven Überlegungen über Gott und die Liebe in diesem und den folgenden Briefen aus Weimar waren stark durch Fritz Hartnagels Beschäftigung mit dem dänischen Philosophen und Theologen Søren Kierkegaard (1813–1855) beeinflusst.

Weimar, 11. 11. 41.

Liebe Sofie!

Ich warte sehr auf einen Brief von Dir. Wie wird es um Dich stehen? Es liegen zwar nur zwei Tage zwischen uns, aber was kann da alles vorgehen an inneren und äußeren Ereignissen! Ich will versuchen mit meinen guten Wünschen und meinen Gebeten Dich mit einer schützenden Mauer zu umgeben. – Ich lebe nur von dem »uns«, in das doch nun auch Gott unlöslich mit verflochten ist, vielmehr wir sind in Gott verflochten, drum glaube ich auch darin aufgehen zu dürfen.

Mir ist heute noch etwas eingefallen zu dem was ich Dir schon letzte Woche geschrieben habe: daß jede irdische Freude einen faden Nachgeschmack hat und eigentlich gar keine Freude ist, da sie nur einer egoistischen Begierde entspringt, nur genießt. Ich meine nun damit nicht, daß der Mensch auf Erden zu überhaupt zu keiner Freude fähig ist. Wahre Freude ist es aber, wenn wir alles, worüber wir uns freuen, in Dankbarkeit als ein Geschenk Gottes annehmen, als ein Zeichen der Liebe Gottes. Wahre Freude kann nur erzeugen, was der Liebe Gottes entspringt. Freude kann nur sein wo Liebe ist. Und Liebe kann nicht erstrebt oder gesucht werden, sondern wird als Geschenk empfangen, und so ist auch die Freude ein Geschenk. Aber um beschenkt werden zu können muß man bereitwillig sein zum Empfangen, d. h. demütig. Um also für die wahre Freude zugänglich zu sein, müssen wir demütig sein und nicht begierlich.

Vielleicht kann man auf diese Weise auch dem Geschlechtlichen einen Sinn geben, von dem ich noch nicht recht weiß, welcher Platz und welche Bedeutung ihm zukommt. Ich meine, in Demut als ein Geschenk Gottes empfangen, und selbst geben in Liebe zu dem anderen. Dies setzt allerdings jene Liebe voraus, von der ich Dir gestern versuchte zu schreiben, d. h. praktisch die Ehe zwischen Mann und Frau.

Nun, liebe Sofie, für heute eine gute Nacht. Es ist schon 12 Uhr vorbei. Ich wache noch bei Dir bis Du schläfst mit meinen Gedanken.

Dein Fritz

Freitag-Abend. [14. 11. 1941; aus Weimar]

Meine liebe Sofie!

Mein Koffer ist gepackt (ein riesengroßer!), ich habe zu Abend gegessen, so viel, daß mir's fast schlecht davon ist, und nun sitze ich hier und warte bis der Omnibus fährt, der mich zur Bahn fährt. Seltsam, ich habe heute ein richtiges Reisefieber, trotzdem ich eigentlich die Samstag/Sonntag Fahrten allmählich gewöhnt sein sollte. Aber ruhig und ganz gelöst von allem was mich drücken könnte bin ich erst bei Dir, da sieht sich alles ganz anders an, und die Folgen, die doch mein unerlaubtes Fernbleiben hervorrufen könnten, sind mir dann ganz nebensächlich. Ich fühl mich ja ganz sicher bei Dir wie in einer festen Burg. Ach würde ich nur schon Deine Nähe spüren!

Heute Morgen, als ich um 1 Uhr von unserem Kameradschaftsabend kam, da war's mir innerlich richtig übel. Das ist mir alles so zuwider, und ich sitz dabei und lache mit, obwohl ich am liebsten in die Einsamkeit meines Zimmers flüchten würde. Es ist so furchtbar, wenn man so tun muß als ob, zumal man sich dabei selbst schlecht und unehrlich vorkommt und vielleicht auch ist. Ich wäre so froh, wenn ich all das hinschmeißen könnte um ein freier Mensch zu sein, oder doch wenigstens ein ganz einfacher Soldat, der nur stillzustehen braucht.

Nun, wenn Du dies liest, ist auch unser letztes Zusammensein schon vorbei. Ich will hoffen, daß es auch dazu beigetragen hat, daß wir die lange Zeit der Trennung gut überstehen werden, so daß ich nach einem halben, $^{3}/_{4}$ oder gar ganzen Jahr, wieder genau so freudigen Herzens wie heute wieder zu Dir kommen kann.

Sei lieb gegrüßt!

Dein Fritz.

Fritz Hartnagel rechnete beim Schreiben dieses Briefes damit, dass der Transport nach Libyen unmittelbar bevorstehe (»unser letztes Zusammensein«).

18.11.41. [aus Weimar]

Liebe Sofie!

Heute habe ich Deine Zeilen vom Montag erhalten. Ich bin Dir so dankbar für jeden Gruß, den Du mir zukommen läßt. Ich möchte gerne noch einmal Gelegenheit haben bei Dir zu sein, um das wieder gut zu machen, was ich in Schwachheit falsch gemacht habe. Ich glaube, ich war schon wieder auf einen falschen Weg geraten. Ich hatte versucht meiner Liebe zu Dir und meiner Sehnsucht nach Deiner Liebe einen göttlichen Sinn zu geben. Ich möchte zwar nun nicht verneinen, was ich Dir über Liebe schrieb, aber der Beweggrund dazu war ein falscher. Denn ich liebte nicht Gott und in dieser Liebe Dich, sondern ich liebte Dich und glaubte durch Dich Gott zu lieben. Bei Kierkegaard habe ich für mein vermeintliches Leid einen höheren Sinn gefunden: »Verweigerte der Mensch ihm seine Liebe, so half er ihm, die Gottes zu finden, die seliger ist, als was in eines Menschen Herzen aufkam; verweigerte der Freund ihm seinen Trost, so half er ihm den Gottes zu finden, der über alle Maßen ist; verweigerte die Welt ihm ihren Beifall, so half sie ihm, den Gottes zu finden, der über allen Verstand geht.« Und auch das noch hat geholfen mir Halt zu geben in diesen Tagen, in denen mich wieder die Mutlosigkeit übermannen wollte: »Freude und Leid, Glück und Unglück, Not und Sieg sind für ihn Gaben; denn ihm ist der Geber das Wichtigste.«

Vielleicht helfen diese Worte auch Dir in Deiner Kümmernis. Ich möchte es hoffen.

Und für mich Sofie, für mich ist es immer gut, wenn Du mich dran erinnerst, daß Du mich nicht gern hast, damit ich nicht versucht werde meinen Trost bei Dir zu suchen! Und damit ich Dich auf die richtige Weise lieben kann. Das möchte ich so gerne lernen.

Sei von Herzen gegrüßt
Dein Fritz.

Das Kierkegaard-Zitat kann nicht nachgewiesen werden. Neben Kierkegaard war es nach wie vor Augustinus, der Fritz Hartnagels Denken stark beeinflusste.

30. 11. 41. [aus Weimar]

Meine Sofie!

Heute zum Sonntag habe ich Deinen Brief erhalten. Es ist auch für mich gut, wenn Du mir solches schreibst, vielleicht hilfst Du mir gerade dadurch. Ach könnte mir dieser Brief nur immer gegenwärtig bleiben, vor allem wenn ich bei Dir bin, würde ich nur immer spüren, wie sehr mir Deine Tränen das Herz zusammenkrampfen lassen. Wenn ich auch für mich selbst keine Reue empfinden kann, da ich im Geheimen noch immer versuche etwas Gutes in unserem körperlichen Zusammensein zu finden, oder auch, da ich durch meine Verdorbenheit zu sehr abgestumpft bin, so empfinde ich doch bittere Reue angesichts Deiner Tränen und Deiner Schmerzen; was würde ich nicht tun um sie zu stillen! Doch, liegt es nicht nur in meiner Hand, liegt es nicht nur an meinem guten Willen? Wenn ich Dich wirklich liebe Sofie, dann muß ich aus Liebe anders sein zu Dir. Und wenn ich jemals wieder fehlen sollte, dann habe ich Dich nicht geliebt. Und wenn ich nicht anders fertig werde damit, so doch aus Liebe zu Dir, denn sie ist noch immer die größte Macht in mir.

Drum, liebe Sofie, fasse ich Mut und hoffe auch Dir etwas davon geben zu können. Und vergiß nicht, mich daran zu erinnern, wenn ich schwach bin, an Deinen Brief und an Deine Tränen, aber auch daran, worüber ich Dir früher schon geschrieben habe, denn wenn wir auch äußerlich von der Krankheit geheilt sein sollten, so bedarf es doch noch der inneren Heilung, damit wir lernen zu glauben und Gott zu lieben. Wenn auch die wirkliche Heilung von innen, oder von Gott kommen muß, so wird sie doch leichter vonstatten gehen, wenn wir nicht immer wieder auf so augenfällige Weise abrutschen in die Sünde, die alles bisher erklommene als sinnlos erscheinen läßt, allen Vorsätzen in's Gesicht schlägt und Mut und hoffnungslos macht.

Ich schreibe es Dir wieder, so lächerlich es auch gerade bei mir klingen mag: wir müssen beten, öfters beten, denn solange das Gebet noch in Erinnerung ist (d. h. doch der Wille zum Guten) kann man auch nichts Schlechtes tun.

Liest Du auch noch jeden Abend ein pa[a]r Seiten in »unseren« Büchern, oder in der Bibel? Ich glaube, das hilft viel und öffnet das unempfindliche Herz. Wenn wir wieder beisammen sind, und ich hoffe nächsten Samstag, dann müssen wir zusammen lesen. Ich hatte schon zweimal meinen Thomas dabei, um Dir abends vor dem Einschlafen daraus zu lesen, aber es kam immer anders, auch durch meine Schuld. Und als wir beide so in Verzweiflung waren, da habe ich einfach draus vorgelesen, ich weiß nicht ob es paßte, ich hoffte nur Dir etwas Trost und Halt geben zu können. – Bring auch Du etwas mit, was wir zusammen lesen können, wenn's nur ein pa[a]r Zeilen sind.

Liebe Sofie, wenn es Dir ein wenig zu helfen vermag, dann denk daran, daß ich jeden Abend bei Dir bin mit bangenden, hoffenden und liebenden Gedanken für Dich, und daß ich für Dich bete, inniger als für mich selbst. Ach Sofie, hätte ich die Kraft Dich ganz zu umfangen, mit schützenden Armen. Mir kommen Tränen bei diesem Gedanken vor Schmerz und vor Glück.

Dein Fritz.

Ich werde also nächsten Samstag-Sonntag nach Freiburg kommen. Ich habe ihn eigentlich schon Frl. Hänisch versprochen, da sie diesen Sonntag keine Zeit hatte, aber ich werde ihr einfach schreiben wie es ist, daß ich lieber zu Dir fahre.

Hoffentlich hat Dir auch der heutige Sonntag zu Hause wieder etwas Kraft und Halt geben können.

F.

»Thomas« ist Thomas von Aquin.

Was mit »unsere« Bücher gemeint ist, ist nicht eindeutig. Sicherlich gehörten dazu die »Bekenntnisse« des Augustinus und wohl auch Erich Przywara, »Augustinus. Die Gestalt als Gefüge«.

Wer »Frl. Hänisch« war, ist nicht aufzuklären.

Weimar, 25. 12. 41.

Meine liebe, gute Sofie!

Du hast mich in den letzten Tagen so reich mit Briefen bedacht, daß ich ganz beglückt bin darüber. Auch heute am 1. Weihnachtsfeiertag kann ich mich wieder über einen Brief von Dir freuen. Könnte ich es Dich nur etwas fühlen lassen, wie froh es in mir ist und wie sehr ich Dich an mich drücken möchte. Auch, wie als Weihnachtsgeschenk, habe ich heute das Windlicht erhalten.

Als wir letztesmal zusammen waren hast Du mich daran erinnert, daß ich nicht nur Dir zuliebe beten und das Gute erstreben dürfe. Vielleicht hattest Du diesen Eindruck bekommen, und ich kann ihn auch nicht ganz abstreiten. Denn daß ich überhaupt begonnen habe nach der Wahrheit zu suchen, das verdanke ich Dir, und es stimmt wohl, daß ich nur Dir zuliebe all meine Vorurteile beiseite geschoben habe, allerdings auch durch die schlimmen Wochen und Monate des letzten Winters, wovon Du ja weißt, die mir den Mut und die Zuversicht genommen hatten, besonders für Hilfe empfänglich geworden. (Man sieht daran, wie oft das Schlimme seinen guten Sinn haben kann.) Und so lasen wir damals zusammen Pascal (erinnerst Du Dich noch, in Oberstdorf?). Ich glaube, daß ich mich damals vor allem deshalb weiter damit befaßt habe, da es Dich bewegte und da ich hoffte Dir dadurch näher zu kommen. Aber schon sehr bald merkte ich, daß ich von etwas erfaßt worden war, wovon ich nicht mehr loskommen kann, das nach einer Lösung drängt. Und so war mein Suchen nicht mehr die Sehnsucht nach Dir, sondern die Sehnsucht nach der Wahrheit. Doch Du standest mir dabei zur Seite, und auch heute noch, helfend, ermunternd und mich wach haltend. Und schon deshalb ist mein Weg zu Gott aufs engste mit Dir verbunden. Aber heute weiß ich nun, daß ich Dich nur lieben kann, wenn ich Gott liebe, oder aber auch, daß ich Gott liebe, wenn ich Dich lieb habe. (Thomas: »so ist es ein und dieselbe Liebeshaltung, in der wir Gott und den Nächsten lieben.« »Gott lieben wir im Nächsten.«) So darfst Du nicht glauben, daß ich Gott suche nur Dir zuliebe, sondern ich liebe Dich Gott zuliebe. Ich glaube, nur wenn wir sie so auffassen ist die Liebe wahrhaft beglückend, daß einem das Herz zerspringen möchte. Drum sollte immer, wenn wir in Liebe vereinigt sind, Gott gegenwärtig sein, und wo wahre Liebe ist, ist er es auch. Das habe ich heute auch im Windlicht gelesen: »Wo zwei oder drei versammelt sind in meinem Namen, da bin ich mitten unter ihnen.«

Mir kommt das nun so deutlich zum Bewußtsein, was ich schon oft gefühlt habe, daß ich Dir fern bin, wenn ich Gott fern bin, oder umgekehrt. Und das ist eigentlich logisch. Solange ich Gott treu bleibe, muß ich auch Dir treu bleiben. Ach Sofie, welch beglückende Kraft ist das, die von nichts anderem abhängt als von Gott!

Über Neujahr fahre ich nun auf jeden Fall nach Hause, schon weil ich dringend Wäsche gebrauche und auch weil ich einige neue Bücher mitnehmen möchte, z. B. Newman. Vielleicht treffe ich Dich noch an, wenn Du vom Schifahren zurückkehrst.

Sei mit ganzem Herzen gegrüßt!

Dein Fritz.

Das »Windlicht« war ein informelles Informations- und Diskussionsblatt des Ulmer Freundeskreises. Dieser Freundeskreis umfasste ungefähr zehn Personen. Die Initiative zu dieser unregelmäßigen Publikation ging von Otl Aicher aus. Das »Windlicht« sollte den persönlichen Kontakt unter den Freunden, der durch den Krieg unmöglich geworden war, ersetzen. Sein Erscheinen begann vermutlich im Sommer 1941 und endete im Februar 1942, nachdem Inge Scholl nur mit List und Kaltblütigkeit verhindern konnte, dass ein Exemplar in die Hände der Gestapo fiel, und die Freunde danach erfuhren, dass dieses »Windlicht« als Fortsetzung »bündischer Umtriebe« gewertet werden konnte, worauf 16 Jahre Gefängnis standen (vgl. dazu den eindrucksvollen Bericht von Inge Aicher-Scholl in: Hans Scholl und Sophie Scholl, Briefe und Aufzeichnungen, hrsg. von Inge Jens, a. a. O., S. 316 ff.).

Das von Fritz Hartnagel verwendete Zitat aus dem »Windlicht« stammt aus Matthäus 18, Vers 20 (letztes Abendmahl).

John Henry Kardinal Newman (1801–1890) war 1845 von der anglikanischen zur römisch-katholischen Konfession konvertiert. Um welches Buch es sich hier handelt, ist nicht feststellbar. Der Impuls zur Lektüre von Newman ging sicherlich von Sophie Scholl aus, die sich bereits seit einiger Zeit zumindest von Aspekten der katholischen Kirche angezogen fühlte. Den Anstoß, sich mit dem katholischen Glauben auseinander zu setzen, hatte Otl Aicher gegeben. Wie weit die Anziehungskraft des Katholizismus auf Sophie Scholl sich bis zu ihrem Tode entwickelt hatte, ist umstritten.

Undatiert [vermutlich 11. 1. 1942;
im Zug zwischen Donaueschingen und Stuttgart]

Du meine Liebe!

Gleich vom Zug aus sollst Du einen kleinen Gruß bekommen, der dazu beitragen soll Dir die Woche abzukürzen. Ich bin ja so froh, daß wir nächsten Samstag schon wieder zusammensein können, wieder ein Inselchen zum verschnaufen. Mit dieser Hoffnung wird die kommende Woche sicher schnell und schmerzlos vergehen, für mich sind es ja nur 5 Tage.

Es freut mich arg, daß du zu meinen Gunsten entschieden hast, obwohl ich es gut hätte verstehen können, wenn Du den nächsten Sonntag nach Hause gefahren wärest, ich hätte bestimmt kein bitteres Gefühl gehabt Dir gegenüber.

Vorhin habe ich mit der größten Selbstverständlichkeit von Dir als meiner Braut gesprochen, als wir uns im Abteil über die Zugverbindungen nach Donaueschingen unterhielten. Da hättest Du nicht dabei sein dürfen, sonst hätte ich sicher einige unterirdische Puffer oder Zwicker einstecken müssen.

Ach Sofie, so froh und unbeschwert war ich überhaupt noch nie bei irgendeinem anderen Menschen, wie bei Dir. Das ist so überwältigend, wenn ich's bedenke, daß wir so lieb und innig beisammen sein können. Ich will Dir danken indem ich Dich noch mehr lieb habe, so fest ich's kann.

Jetzt kommt gleich Stuttgart, wo ich diesen Zettel einwerfen will.

Von Herzen Dein Fritz.

Hoffentlich kannst Du alles lesen!

Aus diesem Brief lässt sich schließen, dass Fritz Hartnagel Sophie Scholl zumindest gelegentlich auch in oder bei Blumberg besuchte (Donaueschingen ist die nächstgelegene Bahnstation). Vermutlich fuhren sie von dort nach Konstanz weiter, wo sie sich im »Inselhotel« einquartierten.

15. 1. 42. [aus Weimar]

Meine liebe Sofie!

Deinen Montag-Brief habe ich erhalten. »Denn alles Geschöpf Gottes ist gut und nichts verwerflich, was mit Danksagung empfangen wird!« (1. Tim. 4,4) Dies vor allem möchte ich Dir erwidern, liebe Sofie. Kannst Du so nicht auch meine Umarmung empfangen, ohne daß sie Dich von Gott trennt, sondern vielleicht sogar zu ihm hinführt? Ich glaube, wenn sie uns von Gott wegwendet, dann nur, wenn wir darin das unsere suchen, unser eigenes Ich bereichern wollen, anstatt dem anderen zu geben aus Liebe. Ich kann leider nicht sagen, daß es immer so war, vergangenen Sonntag: gebend und dankend empfangend.

Dann ist es schlecht und trennt uns weit von Gott, da der Sinn des körperlichen Eins-Sein, als ein Eins-Sein in schenkender Liebe und damit in Gott, verloren gegangen ist, und nur noch die Handlung übrig geblieben ist. Ich möchte sagen, das heiligende fehlt. Aber daß ein tiefer göttlicher Sinn auch in der Umarmung liegt, das glaube ich sicher. Hast Du es noch nie gespürt bei innigem Verbundensein, wie das eigene Ich zerfließt und etwas ganz Neues, wie von einer fremden Macht, in Dir ist? Dies ist die Macht Gottes, glaube ich.

Morgen will ich weiterschreiben.

Suche und bete mit mir um den richtigen Weg zwischen uns.

Liebend Dein Fritz.

Undatiert [zweite Januarhälfte 1942;
im Zug zwischen Donaueschingen oder Freiburg und Weimar]

Du, meine Sofie!

Jetzt sind wir noch wenige Kilometer voneinander, aber jede Minute führt mich der Zug weiter und weiter von Dir fort. Zum Glück kann er unsre Herzen nicht voneinander trennen, im Gegenteil, je weiter er von Dir fortrollt, um so mehr zieht es mich wieder zu Dir zurück und um so inniger möchte ich bei Dir sein. Liebe Sofie, das darfst Du ganz fest glauben, daß ich Dich immer lieb habe, wenn auch manchmal irgendetwas Äußerliches zwischen uns liegt, wie heute im Zug, anfangs. Mir ist es heute so deutlich aufgegangen, warum wir uns auch körperlich gern haben möchten und müssen. Weil wir so am deutlichsten und am einfachsten bezeugen können, daß wir es gut miteinander meinen. Es ist wohl derselbe Grund, warum sich ein Kind an seine Mutter schmiegt, z. B. in Gegenwart fremder Leute, weil es sich dort geschützt fühlt. Dieses körperliche Verbundensein überwindet dann bei mir die Scheu vor Dir als einem anderen Menschen, so daß ich alles was ich hab Dir in die Hände legen kann, voll Vertrauen auf Deine Barmherzigkeit. Diese Scheu vor allen Menschen ist mir oft etwas Quälendes, und wenn ich mit meinem Willen dagegen angehen will, mach ich es nur noch schlimmer. Um so beglückender empfinde ich es, wenn ich innerlich so ganz gelöst bei Dir sein kann. Diese Scheu ist es glaube ich auch, die mich von Inge trennt. Ich weiß selbst nicht woher das kommt. Sei nachsichtig mit mir. Du bist der einzige Mensch, bei dem sich dieser Bann bei mir löst, so daß ich nichts Fremdes und nichts Trennendes zwischen uns empfinde.

Ich freu mich so arg auf unseren nächsten Sonntag, an dem ich wieder ganz bei Dir sein darf. Freu Dich auch, dann vergehen die Tage dazwischen viel leichter, dazu kommt die Hoffnung auf Deine baldige Entlassung, die auch mich richtig froh macht.

Liebe, liebe Sofie, wie soll ich Dir sagen, wie ich Dich gern hab.

Dein Fritz.

Weimar, 18.2.42.

Meine liebe Sofie!

Nun liegt schon wieder der 2. Diensttag hinter uns (Ich wollte, es wäre der 2. Dienstag!!). Obwohl ich heute schon einen Mann bestrafen mußte, sind sie bei mir sicher angenehmer verlaufen wie bei Dir, denn ich bin ja mein eigener Herr und kann so ziemlich schalten und walten wie ich will. Und wie ein unliebsamer Vorgesetzter, oder überhaupt ein Zwang, drückend auf einem lastet, das habe ich ja bei meinem letzten Komp. Chef zu spüren bekommen, dabei glaube ich solches noch wesentlich leichter zu ertragen wie Du. Aber daß Du so empfindsam gegen diese Gewalt und Grobheit und Ungerechtigkeit bist, im Grunde freu ich mich darüber, obwohl ich Dir manches mal ein dickeres Fell wünschte, um Dir den Schmerz zu ersparen. Aber meine größere Unempfindlichkeit rührt wohl auch zu einem Teil von einer gewissen Abstumpfung her, wie ein alter Karrengaul seine Zügel nicht mehr so lästig empfindet, während er als junges Pferdchen sich mit aller Kraft und seiner ganzen ursprünglichen Wildheit dagegen gesträubt hat. Weißt Du Sophie, wie Du so in Tränen ausgebrochen bist, als in Freiburg die Alarmsirene heulte, im ersten Augenblick war ich ganz bestürzt, aber dann wären beinahe auch mir die Tränen gekommen, ich glaube aus Liebe, die sich so spürbar in mir regte und mit der ich Dich hätte am liebsten ganz umgeben beschützen können. – Dies tut mir manchmal richtig weh, daß unserer Liebe menschliche Grenzen gesetzt sind, die auch durch die innigste seelische und körperliche Verbindung nicht überwunden werden können. Ich glaube auch die stärkste Liebe verlangt nach mehr, nach noch innigerem Verbundensein, bis zum Einssein. Aber diese Vollendung der Liebe wird wohl erst im erlösten Zustand des Menschen, im Jenseits möglich sein, so auch unsere Liebe zu Gott, daß wir alle in Gott Eins sind.

Ich will Dich lieb haben ganz und gar!

Dein Fritz.

Die ungewöhnlich lange Schreibpause zwischen Mitte Januar und dem 18. Februar 1942 dürfte ihren Grund darin haben, dass Fritz Hartnagel Anfang Februar nach Rom abkommandiert wurde, um beim dortigen Generalstab für den Afrikafeldzug Erkundigungen über die weitere Verwendung seiner Nachrichteneinheit einzuholen. Diese Romreise findet, vermutlich aus Gründen der Geheimhaltung, in keinem Brief Erwähnung.

19. 2. 42. [aus Weimar]

Du, meine liebe Sofie!

Kannst Du ermessen, wie groß heute meine Freude war, als ich heute Mittag Dein Telegramm bekam: »Habe Sonntag frei«! Es war plötzlich alles so leicht und so licht und so sonnig. Leider wurde es hier auf der Vermittlung um 24 Stunden verbummelt, und so kam ich um einen ganzen Tag Vorfreude. Hoffentlich klappt nun alles mit den Zugverbindungen, vor allem mit dem Anschluß nach Donaueschingen. Aber diese bange Sorge drückte mich noch auf jeder Fahrt zu Dir, und es ist dann immer so befreiend, wenn ich Dir endlich die Hand drücken konnte.

Allmählich staune ich mehr und mehr wie nebensächlich mir mein Dienst geworden ist. Ich würde nun schon lieber noch ein pa[a]r Monate hier in Weimar bleiben, als nach Afrika zu gehen. Vor einem halben Jahr hätte ich dies noch weit von mir gewiesen. Auf die Ehre evt. Komp.-Chef zu werden würde ich jetzt auch lieber verzichten. Du weißt ja in welchem Konflikt ich stehe, der oft drückend auf mir lastet.

Heute mußte ich schon eine Rede des Gauleiters Sauckel über mich ergehen lassen, vielmehr ein Geschrei! Aber ich will ruhig sein, vorgestern bekam ich einen von der Prüfstelle geöffneten Brief, und drin war ein Bücherprospekt von Rieck in Aulendorf! Ich hab mir natürlich eins gegrinst!

Jetzt muß ich dann in mein Bett kriechen, da ich schon gänzlich durchgefroren bin in meinem eiskalten Zimmer. Aber übermorgen schon kann ich mich ja bei Dir wieder aufwärmen, und nicht nur körperlich. Ach Sofie, wenn ich Dich nicht hätte, wenn ich nicht zu Dir kommen könnte, und sei es auch nur in Gedanken!

Komm auch Du zu mir, immer wann Du willst, ich will Dich mit Liebe umgeben und bete jeden Abend, daß ich's mit Deinem Herzen tue.

Dein Fritz.

Dies ist gleich der erste Gruß am Montag, hoffe ich. Nimm ihn mit frohem Herzen, auch wenn wieder eine Arbeitswoche vor Dir liegt. Er ist ja mit so viel guten und innigen Wünschen geschrieben, daß Du schon diesen Wünschen zuliebe froh werden müßtest, und dabei gibt es noch viel mehr und noch viel Größeres zum Freuen.

Sei fest umarmt!

Fritz Sauckel war Gauleiter in Thüringen. Er wurde vom Nürnberger Kriegsverbrecher-Tribunal wegen Verbrechen gegen das Kriegsrecht und gegen die Menschlichkeit zum Tode verurteilt.

Die Buchhandlung Rieck in Aulendorf, in Oberschwaben im Kreis Ravensburg gelegen, wurde 1938 als Reise- und Versandbuchhandlung für Theologie und Geisteswissenschaften gegründet. »Durch Buchanzeigen in der Frankfurter Zeitung von noch verfügbarer, gegen das Naziregime gerichteter Literatur gewann die Buchhandlung einen großen Kundenkreis aus dem Widerstand.« (zitiert aus der Homepage der Buchhandlung Rieck)

Otl Aicher erinnerte sich: »diese buchhandlung war keine buchhandlung des widerstands. ich meine, sie war mehr. sie spielte intelligenz gegen die partei aus in dem sinn, daß sie die bücher führte, die zu beurteilen die adepten der neuen weltanschauung zu dumm waren, die aber das rechten, das interpretieren dessen, was geschah, am glimmen und gelegentlichen flackern hielt.« (Otl Aicher, »innenseiten des kriegs«, a.a.O., S. 196)

Weimar, 3.3.42.

Du, meine Sofie!

Ich habe schon wieder einen Brief von Dir in Händen, Deinen »Montagsgruß«. Wie froh er mich macht, überhaupt alles was ich von Dir bekomme! Du tust damit so viel Gutes an mir. Weißt Du, solange ich mich mit ganzem Herzen über Deinen Brief freue, kann ich nichts Schlechtes tun oder denken. Und schon dadurch führst Du mich zum Guten, da ich fühle, daß Du mich nur mit so inniger Freude zu erfüllen vermagst, wenn ich alles von Dir mit reinem Herzen empfange.

Am Samstag Abend saß ich eine zeitlang allein mit Traude zusammen, es war ein seltsames »Betasten«, das mich immer, sobald ich's spüre, etwas unsicher macht. Zu meinem Unglück blieb das Gespräch auch gleich an einer meiner wunden Stellen hängen, nämlich meinem Beruf. Wie sollte ich ihr nur diesen ganzen Konflikt begreiflich machen? Erst versuchte ich dann die Rechtfertigung meines Berufes, wohl auch aus Trotz gegen diese Aggression, und dann mußte ich mich doch mit Zugeständnissen zurückziehen und am liebsten hätte ich mich gleich in die äußerste Ecke verkrochen. Welch seltsamen und verworrenen Eindruck muß sie von mir bekommen haben! Ich glaube dies ist auch ein Grund für meine Scheu vor allen Fremden, da noch so viel Unklares in mir ist.

Bitte Sofie laß mich am Sonntag zu Dir kommen, wenn es irgendwie geht, obwohl ich selbst allmählich Bedenken bekomme, wenn ich einfach jeden Samstag blau mache, nicht wegen meinen Vorgesetzten, sondern wegen den Männern meines Zuges. Aber es ist noch so schrecklich lang bis übernächsten Sonntag, daß mir die Spanne unüberbrückbar erscheinen will. Doch ich will auch geduldig warten können, ich hab Dich ja bei mir in meinem Herzen, ganz fest.

Dein Fritz.

Traute Lafrenz (geb. 1919), die Fritz Hartnagel in Weimar traf, war Medizinstudentin aus Hamburg, die zum Sommersemester 1941 nach München gekommen war, um dort ihr Studium fortzusetzen. Alexander Schmorell, der Traute Lafrenz bereits 1939 kennen gelernt hatte, als er im Sommersemester 1939 in Hamburg studierte, machte sie mit seinen Münchener Freunden bekannt. Zwischen ihr und Hans Scholl entwickelte sich eine vorübergehende Liebesbeziehung. Im Winter 1941/42 half Traute Lafrenz im Büro von Robert Scholl in Ulm aus. Dabei lernte sie Sophies jüngeren Bruder Werner kennen und lieben.

Traute Lafrenz gehörte schon als Schülerin zusammen mit ihren Mitschülern Margaretha Rothe und Heinz Kucharski einem oppositionell eingestellten Lesekreis um die Lehrerin Erna Stahl an. Aus diesem Lesekreis entwickelte sich eine lose miteinander verbundene oppositionelle Gruppierung. Ende 1942 gelang es Traute Lafrenz, das dritte Flugblatt der »Weißen Rose« (das zum passiven Widerstand aufrief) nach Hamburg zu bringen. Die Hamburger Gruppierung vervielfältigte und verteilte dieses und möglicherweise auch weitere Flugblätter (sie wird deshalb auch als »Hamburger Zweig der Weißen Rose« bezeichnet).

Traute Lafrenz wurde im zweiten Münchener Prozess vor dem Volksgerichtshof am 19. April 1943 wegen Mitwisserschaft zu zwölf Monaten Gefängnis verurteilt. Die Hamburger Gruppe wurde im Herbst 1943 von der Gestapo aufgedeckt, ihre Mitglieder sämtlich verhaftet. Traute Lafrenz übersiedelte nach dem Krieg in die USA, wo sie unter ihrem Ehenamen Page lebt.

Weimar, 12.3.42.

Meine liebe Sofie!

Hab herzlichen Dank für Deinen Brief, den ich heute bekommen habe. Hoffentlich ist nun Dein Treffen mit Otl ohne Zwischenfälle zustande gekommen. Ich hab etwas Sorge wegen den schlechten Zugverbindungen. Freu Dich nur fest auf den kommenden Frühling, mir war es auch ganz leicht zu Mute als dieser Tage die Sonne so warm schien, aber nun hat sich diese Freude durch die Nachricht über unsre und damit meine weitere Verwendung, die heute Abend eingetroffen ist, leider wieder etwas verdunkelt. Unsere Tropenverwendung ist nun endgültig in's Wasser gefallen. Ich werde aus meinem Zug eine Kompanie aufstellen müssen und damit nach Rußland ziehen. Vorläufig werden wir, wahrscheinlich schon in den nächsten Tagen, wie mir angekündigt wurde, nach Frankreich verlegt werden um die Aufstellung vorzunehmen. Am schmerzlichsten ist mir dabei, daß wir uns wahrscheinlich hier in Weimar gar nicht mehr treffen können, und damit ist es auch mit unsern gemeinsamen Sonntagen vorbei und eine lange Wartezeit beginnt wieder. Ach Sofie wie soll das nun werden, mir ist Angst und bang. – Nun hatte ich erst gestern, das ist die Idee von der ich Dir schrieb, ein Urlaubsgesuch nach Rom geschickt, welches von dort aus mit ziemlicher Wahrscheinlichkeit genehmigt worden wäre. Nun hoffe ich nur noch, daß unsere Verlegung nicht so schnell stattfindet, so daß ich Dich wenigstens noch einmal treffen kann. (Zimmer und Schlafwagen habe ich bereits bestellt!).

Sonst, ich werde schon durchkommen, auf jeden Fall, habe ich doch nun einen Halt, der mir immer greifbar ist, wenn ich nur will. Und auch Du Sofie, Du willst mich doch weiterhin gern haben, gelt?

Ich will mich trotzdem über die warme Sonne und den kommenden Frühling freuen!

Ich bleibe Dein Fritz.

P.S.

Wir haben heute im Kasino heftig über Politik gestritten, daß ich jetzt ganz nervös bin. Es ist schwer mit Menschen zu diskutieren, die nicht objektiv bleiben und dauernd von der Sache abgehen.

Sophie Scholl hatte sich während ihrer Zeit in Blumberg mindestens zweimal mit Otl Aicher getroffen. Er war in dieser Zeit zu ihrem wichtigsten Gesprächspartner, vor allem in religiösen Fragen, geworden.

Da Fritz Hartnagels Zug eigentlich für die Verwendung in Libyen vorgesehen war, war er dem deutsch-italienischen Oberkommando für den Afrikafeldzug in Rom unterstellt. Deshalb hatte er auch sein Urlaubsgesuch nach Rom geschickt.

Über die Gründe für die veränderte Truppenverwendung kann nur spekuliert werden. Denkbar ist, dass eine weitere Verstärkung der deutschen Truppen in Nordafrika angesichts der, allerdings vorübergehenden, Erfolge gegen die Briten im Frühjahr 1942 nicht mehr als dringlich erachtet wurde. Dagegen hatte sich die Situation an der Ostfront im Winter 1941/42 dramatisch verschlechtert: Der Vorstoß auf Moskau war ins Stocken geraten, erstmals waren deutsche Einheiten vor personell weit überlegenen Einheiten der Roten Armee zurückgewichen. Auch die Krim musste von der Wehrmacht teilweise wieder geräumt werden. Angesichts der Misserfolge in Russland hatte Hitler am 19. Dezember 1941 von Brauchitsch als Oberbefehlshaber des Heeres entlassen und selbst die Führung der Armee übernommen.

Mit einer Offensive im Frühsommer 1942 (die Frühjahrsniederschläge ließen weite Teile Russlands im Schlamm versinken und machten für beide Seiten militärische Operationen so gut wie unmöglich) wollte Hitler die Initiative an der Ostfront zurückgewinnen. Geplant war, im nördlichen und mittleren Frontabschnitt zur Verteidigung überzugehen und alle Kräfte auf den südlichen Teil der Front zu konzentrieren. Ziel der Offensive sollten der Kaukasus und das Kaspische Meer mit seinen reichen Ölvorkommen sein.

Mit dem japanischen Überfall auf den Stützpunkt der amerikanischen Pazifikflotte in Pearl Harbour auf Hawaii am 7. Dezember 1941 war der Krieg endgültig zum Weltkrieg geworden. Am 11. Dezember 1941 hatte Hitler den USA gleichzeitig mit den anderen Dreierpaktstaaten Italien und Japan den Krieg erklärt. Diese gemeinsame Kriegserklärung, auf die Hitler gedrängt hatte, resultierte nicht zuletzt aus Hitlers Absicht, die Ausgleichsbemühungen zwischen den USA und Japan zu unterlaufen, die im Herbst 1941 vor einem Erfolg zu stehen schienen. Nach einem Arrangement mit Japan hätten sich die USA verstärkt auf dem europäischen Kriegsschauplatz engagieren können.

Sonntag-Abend [15.3.1942; aus Weimar]

Meine liebe Sofie!

Wie ist Dirs heute wohl ergangen? Ist Dein Treffen mit Otl ohne Schwierigkeiten zustande gekommen? Und was hast Du davon mitgenommen? Ich mußte heute schon eine Feierlichkeit anläßlich des Heldengedenktages über mich ergehen lassen. Insofern traf es sich ganz gut, daß wir für heute nichts ausgemacht hatten, doch notfalls hätte ich geschwänzt. Hoffentlich war Otl durch eine ähnliche Feier nicht verhindert.

Nun warte ich mit Hoffen und Bangen auf den nächsten Sonntag. Hast Du schon ein Telegramm abgeschickt? Mir will es scheinen, als hinge von diesem Sonntag das ganze nächste halbe Jahr ab. Aber das ist natürlich nicht so, habe ich doch nun alles in mir, was ich dafür brauche um es zu bestehen, nun weiß ich das Ziel und finde immer Halt, wenn ich nur mit ganzem Herzen will. Und, liebe Sofie, bin ich doch auch Deines liebenden Beistandes gewiß, wenn je mein guter Wille erlahmen sollte, so wirst Du mir helfen ihn wieder aufzurichten. Drum will ich zuversichtlich sein, auch wenn wir uns nicht mehr treffen sollten. Ich bin bei Dir

Dein Fritz.

Der Brief stammt wohl vom 15.3.1942, da an diesem Tag der »Heldengedenktag« gefeiert wurde. In »Heldengedenktag« war von der NS-Führung im »Gesetz über die Staatsfeiertage« von 1934 der Volkstrauertag umbenannt worden. Der Volkstrauertag war 1919 zum Gedenken an die Gefallenen des Ersten Weltkriegs eingeführt worden. Man wollte nun nicht mehr passiv trauern, sondern in stolzer Trauer der Gefallenen gedenken. Am zweiten Novembersonntag wird der – nun wieder – Volkstrauertag erst seit 1952 begangen.

Sophie Scholl und Otl Aicher trafen sich in Münster (Munster) im Elsass. Otl Aicher war zu der Zeit als Rekrut in Épinal (Frankreich) stationiert und war den ganzen Tag mit dem Rad unterwegs gewesen, Sophie kam mit dem Zug. Samstagabend und während der ganzen Nacht philosophierten die beiden leidenschaftlich. Otl Aicher beschrieb später seinen Eindruck von Sophie Scholl: »sophie hatte einen geradlinigen intellekt und konnte schnell nachfassen. (...) warum hat frankreich, dieses land der philosophie, sein handeln preisgegeben? sophie insistierte, daß paris gegen die nazis hätte verteidigt werden müssen. es hat sein gesicht verloren. man kann nicht unter dem vorwand, kulturgüter retten zu wollen, sich aus der vollendung der philosophie davonstehlen, nämlich erkenntnis wahr zu machen im handeln. der verlust von dingen läßt sich verschmerzen, nicht aber der verlust von sein, nicht der verlust seines wesens, nicht der verlust seines angesichts.« (Otl Aicher, »innenseiten des kriegs«, a. a. O., S. 72 ff.)

In diesen Überlegungen spiegelte sich erneut, wie schon bei ihren Äußerungen zur Deportation der Juden von Amsterdam, Sophie Scholls fast beängstigend radikales Denken wider.

Undatiert [15. oder 16. 3. 1942; aus Weimar]

Liebe Sofie!

Bevor ich mich noch unter die warme Brause stelle, noch einen kleinen Gute-Nacht-Gruß. Ich schreibe Dir ja nur, da vielleicht diese Zeilen Dich in ähnlich frohe Stimmung versetzen könnten, wie es Dein Briefchen heute bei mir fertig gebracht hat. Nicht nur wegen seines Inhalts, sondern einfach weil Du an mich denkst. Nun, mag es gut oder schlecht sein, es ist einfach so, daß mich so ein kleiner Gruß in ein eigenartiges Gefühl der Sicherheit und Geborgenheit versetzt. Es ist dann so als könnte ich mich unter die Bettdecke verkriechen, während es draußen stürmt und blitzt und donnert, und in meinem herausfordernden Übermut wünschte ich, daß es nur noch heftiger donnern möge. –

Ich kann Dir noch von einem kleinen Erlebnis erzählen. Es ist zwar gar nichts besonderes dabei geschehen, nur da es mir so verblüffend zum Bewußtsein kam, ist es mir in Erinnerung geblieben. Als ich heute morgen aus dem allgemeinen Getriebe meiner Schreibstube geschwind durch mein Fenster hinausschaute, vor dem ein pa[a]r kleine Tannenbäumchen stehen, da hüpfte gerade ein kleines, pludriges Vögelein mit einer leuchtend gelben Halskrause, so vergnügt von Ast zu Ast, und die dunkelgrünen Tannen und das bunte Vögelein gehörten so untrennbar zusammen, daß es mir vorkam wie ein Märchenbild. Dagegen erschien mir das ganze Getue um mich herum, mit seinem Schreibmaschinengeklapper, Telephongeklingel, das Hackenklappen der aus- und eingehenden Soldaten, die ganze wichtigtuerische Geschäftigkeit, wie der Wahnsinnszustand eines Irren, gegenüber dieser natürlichen Harmonie.

Nun sei von Herzen und in lieben Gedanken gegrüßt

von Deinem Fritz.

Der Brief dürfte vom selben oder dem folgenden Tag stammen wie der vorangegangene.

Sonntag 29. 3. 42. [aus Le Mans, Frankreich]

Meine liebe Sofie!

Eben ist unser Zug in Le Mans eingetroffen. Und bis wir vollends zur Bahnrampe rangiert werden, will ich Dir gleich einen Gruß zukommen lassen, denn wer weiß ob ich heute noch dazu komme, wenn ich gleich meine neue Aufgabe in Angriff nehmen muß. Das hat lange gedauert mit unserem Transport, heute ist es der 6. Tag, den wir unterwegs sind. Leider muß ich mir vorwerfen, daß ich die Zeit nicht so ausgenützt habe, wie ich mir's vorgenommen hatte. Ich habe mich zu sehr zum Skat und Schachspiel verleiten lassen.

Ein schöner Morgengruß war es heute morgen, als ich aus meinem Schlafsack gekrochen war und den ersten Blick durchs Fenster warf, da stand ein Birnbaum voll von weißen Blüten dicht davor und nicht weit davon ein Pfirsichbaum mit seinen kleinen Rosablüten und in einem Garten blühten gelbe Narzissen, und die Sonne brach gerade durch den Dunst und glitzerte im Morgentau. Da wurde es mir für ein pa[a]r Augenblicke so richtig froh, aber dann empfand ich es wieder um so bedrückender, wenn ich an meine Arbeit dachte, die so ganz im Gegensatz zu diesem Anblick steht, die mir dann so widersinnig erschien und weit entfernt von dieser Ordnung.

Ich habe Dich begleitet gestern bei Deinem Abschied von Blumberg, und wie ich dran dachte mit welchen Gefühlen Du wohl zu Hause angekommen sein magst, da wurde es auch mir ganz leicht. Aber ich mußte auch dran denken, wie ich Dich in Weimar vom Bahnhof abgeholt hätte und an den Samstag und Sonntag und Montag, die wir zusammen verbracht hätten und, ich will es lieber vergessen, an meinen Urlaub. Ach Sofie, Du bist für mich das Fensterchen, durch das ich in eine andere Welt schaue, mach es mir auf, so weit und so oft Du's kannst.

Einen lieben Gruß
Dein Fritz.

Nun kann ich Dir auch gleich meine vorläufige Feldpostnummer schreiben: 06023.

Hoffentlich dauert es nicht zu lange, bis ich ein Briefchen von Dir in Händen halte.

Es ist inzwischen Abend geworden und schon so viel Neues ist seit heute morgen auf mich eingestürzt, daß mir ganz der Kopf weh tut. – Ich bewohne hier ganz allein ein Einfamilienhäuschen mit 3 Zimmern Küche und Bad. Doch die ganze Ausstattung meiner Behausung besteht aus 1 Bett, 1 Tisch, 1 Schrank und 3 Stühlen. Doch ich bin sehr froh, daß ich allein bin. So habe ich jeden Abend ein Örtchen, an dem ich den ganzen Plunder meines Dienstes von mir werfen kann.

Ich seh kaum noch was ich schreibe, da mein Zimmer noch keinen Verdunkelungsvorhang hat.

Sei mir von Herzen gegrüßt
von Deinem Fritz.

Le Mans liegt ca. 100 km südwestlich von Paris, halbwegs zwischen der Hauptstadt und dem Golf von Biskaya.

Am Samstag, dem 28. März 1942, ging Sophie Scholls Kriegshilfsdienst in Blumberg zu Ende.

14.4.42. [aus Le Mans, Frankreich]

Meine liebe Sofie!

Auch heute Abend wurde ich wieder bis 11 Uhr im Kasino festgehalten. Erst war Kegelabend, aber dann brannte die Sicherung durch in der Kegelbahn und der Kommandeur ging zum Skat über. Ich spielte notgedrungen noch ein Schach und hab mich dann davongeschlichen.
Wie kann mich das in Wut bringen, wenn ich dran denke, was ich in dieser Zeit alles hätte tun können. Manchmal möchte ich am liebsten davonlaufen. Könnte ich nur ein einfacher Soldat sein. Aber ich hab ja Dich und auch heute hat mich wieder ein Brief von Dir entführt und mir gezeigt, daß ich nicht hilflos diesem Zwang ausgeliefert bin. Du hilfst mir ja bei dem Sprung ins Freie und wenn es nur die paar Minuten vor dem Einschlafen sind. Ist doch die Hauptsache, daß ich noch jeden Tag weiß, wo ich stehe und wohin ich gehöre. Und das macht mich auch wieder froh, wenn ich nach allem, was der Tag auch brachte wieder hinfinde, wo ich sicher und geborgen bin. – Meine Lesestunde ist leider in den letzten Tagen sehr zu kurz gekommen. Ich bin zur Zeit bei Edgar Dacqué: »Das verlorene Paradies«. »Gestalt als Gefüge« habe ich noch nicht in meinem Besitz. Kannst Du es mir besorgen?

Sei für heute nun von Herzen gegrüßt, Du meine liebe Sofie. Ich bleibe bei Dir

Dein Fritz

Edgar Daqué (1878–1945), »Das verlorene Paradies«, München und Berlin (Oldenbourg Verlag) 1938. Dacqué (geboren in Neustadt an der Weinstraße) war von Hause aus Paläontologe. In seinen Werken vermischte er zunehmend Naturwissenschaft, Mythologie und Religion. Kern seiner Anschauungen war eine Art von Evolutionstheorie. Nach seiner Auffassung existierte der Mensch durch alle geologischen Epochen der Erdgeschichte in der jeweils vorherrschenden Gestalt (also z.B. als amphibisches Wesen oder als Echse der Dinosaurierzeit). Die Erinnerung an alle Katastrophen der Erdgeschichte wie die Sintflut oder der Untergang von Atlantis hätten sich bis heute im kollektiven Unterbewusstsein des Menschengeschlechts erhalten. Später distanzierte er sich teilweise von dieser Evolutionstheorie, blieb aber im Kern seinen ursprünglichen Aussagen treu, formulierte sie nur philosophischer.

Augustinus, »Die Gestalt als Gefüge« in der von Erich Przywara kommentierten Auswahl, 1934 bei Jakob Hegner in Leipzig erschienen.

Donnerstag vor dem Dienst.
[vermutlich 7.5.1942; aus Le Mans, Frankreich]

Meine liebe Sofie!

Wenigstens einen kleinen, wenn auch hastigen Gruß will ich Dir heute morgen noch zukommen lassen. Wieviel und meist unerfreuliches liegt schon wieder zwischen uns. Am Montag Abend habe ich in Freiburg keinen Anschluß mehr bekommen, da der Zug, den ich mir ausgesucht hatte auf Grund des Fahrplanwechsels nicht mehr verkehrte. Denk Dir, so habe ich nochmal im »Freiburger Hof« übernachtet. Sogar in einem Doppelzimmer, aber leider mit einem wildfremden Leutnant zusammen. Wie schön wäre es da gewesen, wenn wir hätten noch bis Dienstag in Freiburg bleiben können. Doch ich bin ja schon so froh, daß ich überhaupt bei Dir sein konnte. Wieviel Widerliches mußte ich gleich über mich ergehen lassen. Als ich am Dienstag Abend um 12 Uhr hier ankam, wurde ich bereits am Bahnhof von zwei Leutnants abgeholt. Sie schleppten mich gleich zu einer Beförderungsfeier meines inzwischen zum Leutnant beförderten Obfw. Nürnberg. Wie fremd ich in dieser Runde saß, wirst Du Dir wohl vorstellen können. Und dabei hatte ich mir vorgenommen Dir gleich nach meiner Ankunft ein pa[a]r Zeilen zu schreiben. Nun glaubte ich wenigstens am Mittwoch Abend mich ganz Dir zuwenden zu können, doch dafür war bereits ein Uffz.-Abend für meine Kompanie angesetzt, von dem ich erst heute morgen um 2 Uhr zurückgekommen bin.

Ach Sofie, mir fällt das alles so schwer, und ich komm mir so verlogen und unwahr dabei vor, wenn ich so tun muß als ob. Wie gut, daß ich mich zu Dir flüchten kann, Du liebe Sofie.

Könntest Du's spüren, wie fest Du in meine Arme geschlossen bist!

Dein Fritz.

[am Rand:] Unser Abmarsch ist noch unbestimmt! Schreib mir bald Deine Münchner Adr. Und wie's Dir dort geht.

[am Rand der ersten Seite:] Das Nachthemd hab ich in Freiburg mitgenommen! Ich schick Dir's sobald ich Deine Adresse weiß.

»Obfw.«: Oberfeldwebel
»Uffz.«: Unteroffizier
Kurz bevor die Einheit, die Fritz Hartnagel in Le Mans aufgestellt hatte, Ende Mai 1942 nach Russland verlegt wurde, erhielt er noch einmal einen kurzen Heimaturlaub. Er traf sich mit Sophie Scholl in Tübingen; sie fuhren weiter nach Freiburg, wo sie im schon vertrauten Hotel »Freiburger Hof« übernachteten (dort hat Sophie Scholl offenbar ihr Nachthemd vergessen). Von dort fuhren sie vermutlich, dies ist nicht gesichert, nach Konstanz, wo sie sich im »Inselhotel« einquartierten. In diesem Hotel hatten sie schon während Sophie Scholls Kriegshilfsdienst in Blumberg mehrfach übernachtet.

Nach dem Tod von Sophie Scholl berichtete Fritz Hartnagel seiner späteren Frau Elisabeth Scholl, Sophie habe ihm während einer der Bahnfahrten im Mai 1942 einen Bezugsschein für einen Vervielfältigungsapparat mit der Bitte überreicht, ihn so bald als möglich mit einem Stempel seiner Kompanie zu versehen (vgl. Fritz Hartnagels Brief vom 31. August 1942). Außerdem habe sie ihn um 1000 Reichsmark »für einen guten Zweck« gebeten, die er ihr auch gegeben habe.

Dieser Bericht wird auch durch ein Schreiben Fritz Hartnagels aus dem Jahr 1946 an die Spruchkammer bestätigt, mit dem er seinen Einspruch gegen die Einstufung als »Mitläufer« begründete. Dort führte Fritz Hartnagel unter anderem aus:

»Von 1937 bis zu ihrem Tode verband mich mit Sofie Scholl eine enge Freundschaft. Von da an wurde mir die Familie Scholl zur 2. Heimat. (…) Wie sehr ich in das Vertrauen eingeschlossen war, zeigt, dass Sofie Scholl im Mai 1942 mich gebeten hatte mittels einer von mir mit Wehrmachtssiegel zu versehenden Bescheinigung einen Vervielfältigungsapparat zu beschaffen. Ich kam dann wenige Tage darauf zum Einsatz nach Russland, wovon ich erst nach den Münchner Ereignissen zurückkehrte.«

Dass Fritz Hartnagel von Sophie Scholl den tatsächlichen Verwendungszweck erfahren hat, ist wahrscheinlich – vielleicht nicht im Detail, aber doch im Wesentlichen. In einem Gedächtnisprotokoll schrieb er in der Nachkriegszeit: »Ich kann mich leider nicht mehr erinnern, ob ich von mir aus von Sofie näheren Aufschluß über die Verwendung des gewünschten Vervielfältigungsgeräts erbeten habe. Auf jeden Fall hat mir Sofie ein Vorhaben dargelegt, das mich im Schreck zu folgender Frage veranlasste: ›Bist Du dir im Klaren, dass dies Dir den Kopf kosten kann?‹ Sofie erwiderte darauf mit fester Stimme: ›Ja, darüber bin ich mir im Klaren.‹ Merkwürdigerweise haben wir beide kein Wort mehr darüber gesprochen. Vielleicht wollten wir die letzten Stunden vor unserer Trennung nicht mit so schweren Problemen belasten.«

Wenn diese Erinnerung Fritz Hartnagels richtig ist, und es gibt eigentlich nichts, was dagegen spricht, würde das bedeuten, dass Sophie Scholl schon sehr früh, kurz nach ihrer Ankunft in München, in die Flugblattaktionen ihres Bruders und seiner Freunde Alexander Schmorell und Christoph Probst eingeweiht war. Möglicherweise hatte Hans Scholl sie auch bereits in Ulm über seine Pläne informiert. In der Literatur wird der Sachverhalt überwiegend so dargestellt, dass Hans Scholl seine Schwester aus der gefährlichen Untergrundarbeit heraushalten wollte. Als Sophie Scholl aber die Flugblätter im Juni zu Gesicht bekam (nach deren eigenen Erinnerungen durch Traute Lafrenz), sei ihr nach Sprache und Diktion der Texte sofort klar gewesen, dass ihr Bruder Hans Verfasser oder Mitverfasser sein musste.

Die späteren Vernehmungsprotokolle der Gestapo dokumentieren, dass Sophie Scholl für die Finanzen der »Weißen Rose« zuständig war. Sie erwähnte dort auch das Geld, das sie von Fritz Hartnagel erhalten hat. Um keinen Verdacht auf Fritz Hartnagel zu lenken, behauptete sie, sie habe das Geld für Bücher erhalten. Bei diesen Vernehmungen bestritt Sophie Scholl allerdings, dass sie an der Herstellung und Verbreitung der Flugblätter im Frühsommer 1942 beteiligt war.

Sonntag 10. 5. 42. [aus Le Mans, Frankreich]

Liebste Sofie!

Zwei Briefe aus München haben mich schon erreicht. Ach könnte ich nur etwas dazu beitragen Dir ein friedliches und volles Herze zu schenken. Doch meine einzige Macht ist mein Gebet, in das ich Dich einschließe wie mich selbst. Auf das vertraue ich und mit ihm hoffe ich für Dich. Liebe Sofie, wenn Du es für gut hältst, fahre doch einfach für ein pa[a]r Tage weg, such diese Einsamkeit, die Dir mangelt, denn ist es nicht wichtiger, daß Du in Dir selbst einen festen Grund findest, als daß Du irgendein Wissen in Dich einpfropfst. Du bist ja nun endlich (für eine gewisse Zeit wenigstens) ungebunden, tu doch, was für Dich gut und notwendig ist.

Gestern, Samstag Nachmittag, war ich nun in der Stadt um einzukaufen. Doch es sieht arg schlecht aus. An Schuhen gibt es meist nur noch Segeltuchschuhe mit Gummisohlen, und die noch vorhandenen Lederschuhe sind ganz kleine Nummern. Die Stoffe sind meist ganz miserables Zeug, das für ein Kostüm nicht taugt. Das einzige was ich mitgenommen habe sind 2 m Stoff für einen Rock, den ich ohne Punkte bekommen habe. Weißt Du, ich stell mir daraus einen ziemlich weiten dirndlartigen Rock vor, mit Trägern über die Schulter aus dem selben Stoff, und dazu ein weißes Blüschen. Aber Du wirst ja besser wissen, was Du damit anfangen kannst. Leider konnte ich auf der Rückfahrt von Freiburg in Paris nicht einkaufen, da ich erst abends um $^1/_2$9 Uhr dort eingetroffen bin und gleich weiterfahren mußte. Ich will's versuchen noch einmal hinzufahren, denn dort ist sicher noch mehr zu bekommen. Doch viel lieber will ich versuchen Dich nocheinmal zu treffen, wenn ich schon um einen Tag Urlaub eingeben muß. Diesen Egoismus nim[m]st Du mir doch nicht übel? Unser Abtransport steht immer noch nicht fest, und denk Dir, ich hätte ruhig noch bis heute und noch länger wegbleiben können! Ich würde es ja so gern noch einmal versuchen 2 oder 3 Tage zu Dir zu kommen, wenn ich nur wüßte, ob ich Dich so einfach von Deinem Studium wegholen kann. Ich müßte Dich dann wieder nach Freiburg kommen lassen, da ich von dort aus notfalls am schnellsten wieder bei meiner Kompanie wäre. Aber das sind natürlich vorläufig nur Wünsche, denn heute Abend erst kommt mein neuer Kommandeur hier an, den ich überhaupt noch nicht kenne, und der sicher auch mich erst kennenlernen will bevor er mich gleich wegfahren läßt. Dann, wie sollte ich Dich nur verständigen, vielleicht am besten mit einem Telegramm an Fr. Scholl! Weißt Du Sofie, solche Möglichkeiten auszuknobeln, macht mir einen ganz besonderen Spaß, wie auch das Studium des Fahrplans, um die besten Züge zu Dir auszusuchen. Du darfst also meine Pläne leider nicht allzu ernst nehmen.

Du Liebe, was meinst Du denn, was Du mir Schlechtes zugefügt hast? Tust Du mir doch so viel Gutes, führst Du mich doch immer aus meiner Umgebung hinaus. Und ich könnte nur schwerlich alles bestehen, wenn ich nicht wüßte, daß Du mir beistehen willst, schon dadurch, daß Du mich lieb hast und für mich betest. Könnte es auch Dir helfen, daß ich für Dich da bin, wenn auch noch schwach und arm.

Mit allem Dein Fritz.

Sophie Scholl war um den 1. Mai 1942, und nicht, wie in der Literatur überwiegend dargestellt, erst am 9. Mai, ihrem 21. Geburtstag, in München angekommen. Die Erwähnung von zwei Briefen Sophie Scholls aus München, die Fritz Hartnagel bereits bis zum 10. Mai in Frankreich erreicht haben, belegt dies.

Sophie Scholl wurde gleich nach ihrer Ankunft in den Freundeskreis ihres Bruders Hans eingeführt, der bereits seit dem Sommersemester 1939 an der Münchener Universität Medizin studierte. Sophie Scholl wohnte zunächst bei Professor Carl Muth in München-Solln. Carl Muth war Herausgeber der gerade verbotenen Monatsschrift »Hochland«, die einen fortschrittlichen Katholizismus vertrat. Er war zum wichtigsten Mentor von Hans Scholl geworden. Mit Datum vom 18. Mai 1942 wurde Sophie Scholl an der Münchener Universität immatrikuliert.

30. 5. 42. [bei Stalino]

Meine liebe Sofie!

Eben sind wir durch das Industriegebiet von Stalino gekommen und fahren nun nach Mariupol am Asowschen Meer, wo unsre Fahrt wahrscheinlich heut noch, nun nach 10 Tagen, ihr Ende finden wird, leider damit auch die geruhsame Zeit. Ich will Dir drum trotz heftigstem Wackeln des Zuges diesen Gruß zukommen lassen, damit Du nicht zu lange auf Nachricht von mir warten mußt. Ich will hoffen, daß Dir auch so ein kleines nichtssagendes Briefchen Freude macht und uns zusammenführt, so etwa, als ob wir Arm in Arm dahinschlenderten.

Ich bin froh, daß wir das Glück haben gerade am südlichsten Flügel der Ostfront eingesetzt zu werden. Vielleicht sehen wir noch den Kaukasus! Aber auch auf die Wolga in ihrem Unterlauf würde ich mich freuen. Heute Nacht haben wir zum dritten Mal bei hellem Mondschein den Dnjepr überquert. Dieser Anblick macht mir fast so einen gewaltigen Eindruck, als ob ich in den Sternenhimmel schauen würde, so fern allem Menschlichen, so Ausdruck einer wahrlichen Urgewalt, daß die Furcht das Herz beklommen macht. Aber wie gut, daß wir uns an solchen Bildern erheben dürfen, im Bewußtsein unserer unendlichen Schwachheit.

Nun ist es inzwischen schon Montag Abend geworden, und ich sitze bereits wieder in »meinem« Zimmer, einer Art Lehrerzimmer einer Schule, in dem ich mich noch ziemlich verloren vorkomme, denn das einzige was diesen sonst völlig leeren Raum füllt, ist ein Feldtisch, ein Feldstuhl und mein Tropenbett. Nun geht leider die Arbeit wieder los, ähnlich wie in den ersten Tagen in Le Mans, aber ich nehme an, daß sich der Ansturm bald wieder legen wird, wenn hier wieder alles eingelaufen ist. Ich will mir auf jeden Fall wieder meine tägliche Lesestunde sichern.

Heut morgen, als wir gerade beim Ausladen waren, wurden wir ziemlich unsanft hier in Mariupol begrüßt, indem der Russe einige Bomben auf den Bahnhof abwarf, die aber zum Glück in meiner Kompanie kein Unheil anrichteten.

Ich freu mich nun sehr darauf, bis ich die erste Nachricht von Dir erhalten werde und erfahre, wie es um Dich steht. Doch ich will, und muß leider auch, geduldig warten. – Vielleicht kann ich diesen Brief morgen einer Maschine mitgeben, die nach Deutschland fliegt, dann könnte er Dich unter Umständen in zwei bis drei Tagen schon erreichen! Dann kannst Du meine Grüße gewissermaßen noch »warm« empfangen. Doch sie dürften ja eigentlich nicht erkalten, wo sie so herzlich gemeint sind. Sei von lauter Gutem und Liebem umgeben!

Dein Fritz.

Beim Transport von Le Mans in Frankreich nach Russland reiste Fritz Hartnagel zunächst unabhängig von seiner Kompanie. Da er auf diese Weise schneller war, konnte er es einrichten, über München zu fahren und so Sophie Scholl noch einmal zu treffen. Wie lange er sich in München aufhielt, ist nicht bekannt. Es war das letzte Zusammensein der beiden.

Nach dem Scheitern der deutschen Offensive gegen Moskau im Herbst 1941 und den erbitterten Abwehrkämpfen gegen die Rote Armee im Winter 1941/42 glaubte die deutsche Führung, im Sommer 1942 die Entscheidung im Osten suchen zu müssen. Am Jahrestag der »Machtergreifung« (30. Januar) erklärte Hitler den Krieg im Osten zum Kampf für Europa und die zivilisierte Menschheit.

Im Mai 1942 begannen die Vorbereitungen für die als »Operation Blau« bezeichnete deutsche Sommeroffensive im Osten. Bei einer Konferenz im Hauptquartier der Heeresgruppe Süd in Poltawa (westlich von Charkow) am 1. Juni 1942 erwähnte Hitler Stalingrad kaum. Es ging nur darum, die dortigen Waffenfabriken auszuschalten. Deutsche Truppen sollten lediglich so weit vordringen, dass die Stadt beschossen werden konnte. Hitlers vordringliches Interesse galt den Ölfeldern des Kaukasus.

Die Stadt Donezk, Metropole im Donezbecken (heute Ukraine), wurde 1924 nach Josef Stalin in Stalino umbenannt. Seit 1961 erhielt die Stadt im Rahmen der Entstalinisierung in der Sowjetunion wieder ihren alten Namen zurück.

Mariupol (Mariupilj) liegt am Südrand des Donezbeckens. Das Asowsche Meer ist ein Nebenmeer des Schwarzen Meeres.

9.6.42. [aus Mariupol, Ukraine/Sowjetunion]

Meine liebe Sofie!

Würde ich nur endlich einmal Post von Dir bekommen, dann wärst Du mir schon viel näher. Doch ich weiß ja, daß es nicht Deine Schuld ist, und ich will Dich trotzdem fest in meinem Herzen behalten, genauso als ob ich bei Dir wäre. Daß ich Dich in meinem Herzen spüre, ist mir oft nur noch der einzige Sonnenstrahl, der mich erwärmt und belebt und mich nicht in diese trostlose Leere sinken läßt, die mir von allen Seiten droht, da spüre ich in allen widerlichen Stunden beim Dienst und vor allem im Verkehr mit andern Offizieren, daß ich ja wo ganz anders hingehöre.

In den letzten Tagen war ich viel unterwegs, weshalb ich auch kaum zum Schreiben gekommen bin. Am Samstag bin ich nach Charkow geflogen. Das war ein aufregender Flug, plötzlich blieb der Motor stehen und wir mußten eine Notlandung machen – das Benzin war ausgegangen! Auf dem Weiterflug hat sich mein Flugzeugführer dermaßen verfranzt, daß wir nicht mehr wußten, wo wir waren. Wir haben drum die zweite Notlandung gemacht um zu erfragen, wo wir uns befinden. Zum Glück ist dies mit dem Storch keine große Schwierigkeit. Wir waren etwa 200 km um 90° falsch geflogen. Als wir nun endlich den richtigen Kurs hatten kamen wir in ein Gewitter hinein, daß unser kleiner Vogel nur so tanzte. Ich habe natürlich aufgeatmet, als ich in Charkow dann wieder festen Boden unter mir spürte. Wir waren sieben Stunden in der Luft gewesen. Der Rückflug am andern Tag verlief dafür ganz ruhig. Ich hätte gern einen Foto bei mir gehabt, für den Dnjepr von oben, oder eine typisch russische Kirche mit vielen verdrillten Türmchen, oder für solch ein ukrainisches Dorf mit seinen weißgetünchten und strohbedeckten Lehmhäuschen. – Heute Abend spielte ein russisches Varieté für meine Kompanie, Lieder und Tänze. Es war leider etwas zu varietémäßig und es fehlte das Ursprüngliche.

Sei wie immer gegrüßt von ganzem Herzen.

Dein Fritz.

Charkow liegt ca. 300 km nördlich von Mariupol im Zentrum des Industriegebiets der südlichen Ukraine. Hier, in der südlichen Ukraine, lag das schwerindustrielle Zentrum der Sowjetunion. Allerdings war es der sowjetischen Führung mit einer logistischen Meisterleistung gelungen, einen großen Teil der Industrieanlagen vor den anrückenden deutschen Truppen in Gebiete jenseits des Urals zu verlagern. Dadurch wurden die wirtschaftlichen Voraussetzungen für die letztlich erfolgreiche Gegenwehr der Roten Armee geschaffen.

Der »Storch« (Fieseler Fi 156 Storch) war ein kleines Verbindungs- und Aufklärungsflugzeug mit guten Kurzstart- und -landeeigenschaften.

16. 6. 42. [aus dem Ostteil des Donezbeckens, Russland]

Liebste Sofie!

Nun sind es schon 4 Wochen, seit wir uns trennen mußten. »Schon«, weil wir leider noch keine Post bekommen haben, aber eigentlich müßte ich »erst« sagen, denn diese Zeit will mir wie ein viertel Jahr erscheinen, und je größer die Zeitspanne, die zwischen uns liegt, umso näher rückt doch auch unser Wiedersehen. Jeder Tag den ich hier unter meinen dienstlichen Verhältnissen verbringen muß, liegt drückend auf mir, und es wäre alles trostlos, wenn ich nicht die Hoffnung haben könnte, einmal von diesem Druck freizukommen. Ich stehe zu den übrigen Offizieren in einer ständig aufreibenden Spannung, zwischen meinem eigenen Streben und Wünschen und zwischen deren Wunsch, mich in ihre hohle Gesellschaft einzugliedern, oder vielmehr meine Pflicht mich dort einzuordnen. Leider bin ich zur Zeit mehr denn je verpflichtet an mancherlei Festen und Feiern teilzunehmen, deren ganzer Inhalt nur durch große Mengen Alkohol hevorgerufen wird. Mit welch widerwärtigen Gefühlen komme ich oft von solchen Abenden zurück! – Das beste Verhältnis habe ich noch zu meinem Burschen. Inzwischen hat sich herausgestellt, daß er ehemaliger Sturmschärler ist und auch alle Lieder kennt, die einmal für uns eine besondere Bedeutung hatten (ich glaube ein Schubertlied gibt uns heute mehr), und daß er auch mit der Gestapo schon Bekanntschaft gemacht hat!

Es tut mir auch gut, daß wir hier im Freien hausen. Oft ziehe ich den ganzen Tag keine Uniform an, sondern nur die Sporthose. Vor meinem Zelt blüht ein großer Busch Wildrosen, der das ganze Zelt mit seinem Duft erfüllt. Wie froh bin ich noch jetzt über unsre gemeinsam verbrachten Tage. Ich muß mir schon den Vorwurf machen, daß ich sie in der Fülle allen Glücks nicht gründlich genug in mich aufgenommen habe. Ich durchblättere sie jetzt wie ein dickes Buch, das man wohl mit ganzem Herzen gelesen hat, aber ob des Vielen gar nicht ganz begreifen konnte. Und so sind mir die Seiten dieser Tage oft wieder ganz neue Erlebnisse. Wie wird es Dir ergehen, Du mein Liebes? Ich kann leider nur für Dich hoffen und wünschen. Anbei 2 Feldluftpostmarken. Du mußt auf die betreffenden Briefe »Feldluftpost« schreiben und den Umschlag rot durchkreuzen wie ein Eilbrief. Ich freu mich, bis die erste Marke mich wieder erreicht. Nur 10 Gramm!!

Immer Dein Fritz

Inzwischen hatte Fritz Hartnagels Einheit Mariupol verlassen und ca. 100 km östlich davon, also im östlichen und damit bereits russischen Teil des Donezbeckens, in einem kleinen Dorf Quartier genommen.

Die Sturmscharen zählten zum Katholischen Jungmännerverband. Ihren Ursprung hatten die Sturmscharen in Wandergruppen, die in der Tradition der Jugendbewegung ihr Wanderersein als Lebenshaltung verstanden. Im Januar 1939 wurden mit dem Katholischen Jungmännerverband auch die Sturmscharen vom NS-Regime aufgelöst.

18. 6. 42. [aus dem Ostteil des Donezbeckens, Russland]

Du liebe Sofie!

Ich muß leider immer noch in's Leere hinein schreiben und weiß nicht wie es um Dich steht, was Dir Schlimmes oder auch Schönes zugestoßen ist, wie Du Deine Münchner Umgebung empfindest, wie Dich das Studium befriedigt, ich weiß auch nicht, wie Du meine Grüße empfängst. Nimm sie drum, wie sie Dir auch erscheinen mögen, so gut und so herzlich, wie sie gemeint sind. Du bist in meinem Herzen genau so als ich noch bei Dir war.

Meine Lesestunde kommt in letzter Zeit sehr kurz, ich glaube, ich bin in den letzten 14 Tagen nur 1 mal dazu gekommen. Das spüre ich auch, da ich mir gegenüber Manchem so arm und so trostlos vorkomme. Ich will nun einfach auch diese Stunde von meinem Dienst wegstehlen, wie auch die Zeit für dieses Briefchen. – Ich glaube, daß wohl jeder, außer wenigen besonders Begnadeten, verarmt und verflacht, wenn er nur aus sich selbst schöpfen muß und lebt wie ein Einsiedler, wenn er keine Eindrücke und Anregungen von andern empfängt. Und praktisch bin ich ja auch zu solch einem Einsiedlerleben gezwungen, trotz der vielerlei Eindrücke, die aber meist von wenig schöner Art sind, und gegen die ich mich nur immer behaupten muß. Drum bekommt das Lesen für mich eine ganz besondere Bedeutung. Manchmal bin ich richtig beglückt, daß man aus einem Buch so vieles schöpfen kann.

Mit Dieter Daub hab ich mich nun schon mehrmals getroffen. Aber wir sind nie richtig warm geworden. Er geht zu sehr in seiner Offz.-Umgebung auf, wohl mehr aus Gewöhnung, denn im Grunde ist er sicher etwas tiefer veranlagt. So gehen unsre Gespräche fast nie um etwas Bestimmtes, sondern hüpfen nur hin und her, wohin sie der Zufall führt, oft auch mehr aus Verlegenheit.

Die Sonne scheint hier brennend heiß und ich habe schon einen empfindlichen Sonnenbrand. Das freut mich hier am meisten, daß wir so ganz im Freien leben, und daß ich abends ganz allein unten längs des Baches schlendern kann.

Ach Liebe Du, spürst Du wie nah ich Dir bin?

Dein Fritz.

Dieter Daub war der Bruder von Fritz Hartnagels Schwager Rudolf (Rudl) Daub.

25.6.42. [aus dem Ostteil des Donezbeckens, Russland]

Meine Liebe!

Ich darf mich schon wieder über 4 Briefe von Dir freuen! Wie reich bin ich da. Sie vermitteln mir einen stillen Besitz, der mich unabhängig macht, von meiner dienstlichen Umgebung. Ich verbringe jede freie Minute mit Dir, und zum Glück sind diese nunmehr etwas reichlicher geworden. Ich halte mich auch so viel wie nur möglich vom Kasino fern um mir diese Niedergeschlagenheit zu ersparen, die solche Stunden immer bei mir auslösen. Ich falle jedoch bereits unangenehm auf durch meine Zurückgezogenheit.

Leider enthalten Deine Briefe auch die Nachricht, daß Deine kurze Zeit der Freiheit bald wieder zu Ende gehen wird. Doch kann Dich nicht Dein Vater zur Arbeitshilfe im Büro anfordern? Aber dies sind wohl müßige Ratschläge, denn Du wirst ja sicher selbst alles tun, was versucht werden kann. Nütze nur die Zeit, die Dir noch bleibt, und ich freu mich, daß Du schon so Schönes erlebt hast, wie Deine Passauer Tage, die Wies-Kirche, oder die abendlichen Stunden um den Samowar. Wie schön, daß auch mein Wein dazu beitragen konnte, und wie lieb von Dir, daß er auch der Anlaß zu einem geheimen Gedenken war.

Ich lese zur Zeit immer noch in meinem Newman-Buch, vor allem über den Glauben und Glauben und Vernunft. Es hat mir schon viel Schönes eröffnet, wenn ich auch nur mühsam weiterkomme, und es mir oft scheinen will als ob ich stehenbleibe, und als ob meine Zweifel nicht geringer würden. Doch mangelt uns nicht nur am richtigen Glauben, wenn wir diese gähnende Leere in uns verspüren, die uns weder Freude noch Schmerz empfinden läßt? Brauchten wir nicht nur kindlich und rückhaltlos glauben, um allen Reichtum und alle Seeligkeit zu besitzen? Wir sind zu sehr in unserem eigenen Ich befangen und fühlen uns wie ein Gegenpol zu aller übrigen Welt und glauben mit unserem eigenen Verstand alles beurteilen und richten zu müssen, anstatt uns als williges Glied in die göttliche Ordnung einzufügen.

Es ist so schön und gibt mir so viel Mut, daß wir diesen Weg gemeinsam suchen, so wird uns nichts mehr trennen.

Sei fest in meine Arme geschlossen, Du liebe Sofie.

Dein Fritz.

Sophie Scholl hatte erfahren und dies wohl auch Fritz Hartnagel geschrieben, dass alle Studentinnen in den Semesterferien zu Rüstungseinsätzen verpflichtet waren, wollten sie nicht ihre Berechtigung zum Weiterstudieren verlieren.

Zu John Henry Kardinal Newman vgl. den Kommentar zum Brief vom 25. 12. 1941.

26. 6. 42. [aus dem Ostteil des Donezbeckens, Russland]

Meine liebe Sofie!

Gleich fliegt eine Maschine nach Deutschland, die auch Dir noch einen kleinen Gruß mitbringen soll. Könnte ich Dir nur in Worten sagen, wie sehr ich bei Dir bin. Meine Gedanken sind bei Dir, wenn ich einschlafe und wieder aufwache und so oft sie nur Zeit haben zu Dir zu huschen. Das ist etwas so wunder-volles, daß ich nie allein sein muß, daß Du immer bei mir bist, wie ein zweites Ich, daß ich Dich mit all meinen Gedanken und Wünschen beschützen darf wie mein kleines Schwesterchen, mit dem ich mich auf einem weiten Weg befinde. Das macht mich oft ganz erschrocken, wenn ich so recht dran denke wieviel mir zuteil wird.

Gestern mußte ich wieder einen Kasinoabend über mich ergehen lassen. Wie schade um all den guten Wein, der so sinnlos und formlos hinuntergesoffen wird, um nur möglichst bald in »Stimmung« zu kommen, die sich dann in wüsten Zotereien, viel Krach und zerbrochenen Gläsern äußert. Wie arm sind diese Menschen, wenn dies ihre ganze Freude ist, deren sie fähig sind. Es ist erschreckend mit welcher zynischen Kaltschnäuzigkeit mein Kommandeur von der Abschlachtung <u>sämtlicher</u> Juden des besetzten Rußland erzählt hat und dabei von der Gerechtigkeit dieser Handlungsweise vollkommen überzeugt ist. Ich saß mit klopfendem Herzen dabei. Oh wie froh war ich, als ich wieder allein auf meinem Feldbett lag und zu Dir und meinem Gebet flüchten konnte.

Mein Bursche ist wieder rührend. Aus einem Hufeisen hat er mir einen schönen Kerzenleuchter geschmiedet, indem er auf die Enden zwei gehämmerte Blechschälchen aufgesetzt hat für 2 Kerzen, und an die Biegung hat er eine schön geschwungene Öse zum Halten aufgeschmiedet. Ich schick Dir mal ein Bildchen von ihm. Auch von mir ist hier schon eins entstanden, beim Mittagsschlaf auf meinem Wieschen, auf dem auch mein Zelt steht.

Nun ist mir es brennend heiß eingefallen, daß ich Dir noch gar nicht meine Kleiderkarte geschickt habe. Nun wird es wohl erst auf den Herbst mit einem Kostüm reichen. Hoffentlich bekommst Du auch noch einen schönen Stoff.

Sei von ganzem Herzen gegrüßt.

Ich bleibe Dein Fritz.

Bereits während seines ersten Russlandeinsatzes im Sommer 1941 hatte Fritz Hartnagel eine Unterhaltung von Offizieren mitgehört, in der es um Massenerschießungen von Juden in den besetzten Gebieten ging. Die Ahnung von schweren Verbrechen, die von Einsatzgruppen der SS, aber möglicherweise auch von Wehrmachtsangehörigen begangen wurden, hatte Fritz Hartnagel wohl zwischenzeitlich verdrängt. Jetzt wurde sie zur schockierenden Gewissheit.

27.6.42. [aus dem Ostteil des Donezbeckens, Russland]

Meine liebe Sofie!

Zum Samstag-Abend kam eben noch ein Briefchen von Dir an. Wieviel Freude bringt es mir und wenn es noch so klein ist. Dies ist immer den ganzen Tag eine Spannung wie vor einem großen Ereignis, wenn der Postwagen zum Postholen weggefahren ist, und heute hat er uns noch besonders auf die Folter gespannt, da er unterwegs Panne hatte. Ich denke mir, daß Du an mich denkst, trotz all dem Vielen, das Dir begegnet.

Meine Tage verlaufen zur Zeit recht ruhig und ohne Aufregung, fast etwas eintönig. Doch darüber bin ich nicht traurig. Langweilig wird es mir nur in Gesellschaft anderer. In dieser Ruhe und dieser Schönheit, die mich umgibt, machen meine Gedanken die schönsten Spaziergänge, doch meistens enden sie bei Dir. – Wir haben hier unsere besondere Tageseinteilung eingeführt, wir stehen morgens um 4 Uhr auf und gehen um 8 Uhr zu Bett, da es um 3 Uhr schon taghell ist und abends um 8 schon zu dämmern beginnt. Die Sonnenuntergänge sind hier jeden Abend ein herrliches Schauspiel. Ich mache um diese Zeit immer meinen Abendbummel unten am Bach entlang, wo die ganze Nacht die Frösche quaken. Leider dürfen wir wegen Seuchengefahr nicht drin baden. So mußte ich heut meine Sonntagswäsche mit der Waschschüssel durchführen, trotzdem gab sie mir das schöne Gefühl »wie nach dem Bade«.

Heute brachte mein Dienst eine schöne Aufgabe. Ich schrieb ein Gesuch zur Tilgung einer gerichtlichen Strafe für einen meiner Soldaten, der wegen unerlaubter Entfernung bestraft worden war mit 5 Monaten Gefängnis. Da hab ich mich richtig angestrengt, als ob's um ein Todesurteil ginge. Wenn ich solch einen Straffall verfolge und dabei den ganzen Lebenslauf des Betreffenden betrachte, erscheint es mir immer als ob jede Strafe eine Ungerechtigkeit bedeuten würde. Denn entweder hat er schon von Natur aus die Anlagen, oder unglückliche Umweltseinflüsse haben ihn zu seinen Verfehlungen geführt. Haben wir als Menschen überhaupt das Recht über einen anderen zu urteilen und zu richten?

Nun nimm für heute meine herzlichen Grüße und schlaf in meinen Armen ein. Gute Nacht liebe Sofie.

Dein Fritz.

Grüße auch Hans und alle Scholl's, wenn Du wieder nach Hause kommst.

29.6.42. [aus dem Ostteil des Donezbeckens, Russland]

Meine liebe Sofie!

Ich will den Tag wieder bei Dir beenden und alles abschütteln, was mich den Tag über beschwert hat. Leider war es lauter Unangenehmes was mir mein Dienst heute gebracht hat. Zuerst mußte ich feststellen daß über die Hälfte der Kompanie nicht zum befohlenen Frühsport angetreten war, so daß ich mit Strafexerzieren und sonstigen Strafmaßnahmen eingreifen mußte, und dann mußte ich einen Mann zur gerichtlichen Bestrafung einreichen wegen Wachvergehens. Mich deprimiert es immer wenn ich mit solcher Härte einschreiten muß. Aber ich muß immer wieder einsehen, daß mit Vernunft bei den meisten nicht zu rechnen ist, sie fügen sich nur in die gegebenen Notwendigkeiten ein, wenn sie die Gewalt hinter sich spüren. Dadurch werde ich als Vorgesetzter leider in eine Stellung gezwungen, die einem Polizisten ähnelt, der nur immer rügt und droht.

Zu meinen beiden Leutnants stehe ich trotz meiner Bemühungen mehr in ein persönliches Verhältnis zu kommen, immer noch ziemlich reserviert. Sie überschlagen sich im Stillstehen und Ehrenbezeugungen und in »gehorsamsten« Redensarten, daß es mir oft peinlich ist. Es wird mir auch schwer fallen, in ein herzliches Verhältnis zu ihnen zu kommen, denn der eine ist ein großer Angeber und sehr von sich eingenommen und der andre ein armseliges Bübchen und Muttersöhnchen mit milchigem Brillengesicht und vor allem ohne irgendeine innere Haltung. Das zeigt, daß er öffentlich für die gesamte Kompanie sichtbar auf seinem Tisch das eingerahmte farbige (!) Photo eines Mädchens stehen hat, das er in Frankreich kennengelernt hat, zudem mit einem ausdruckslosen und öden Gesicht, aus dem jedermann eine dirnenhafte Veranlagung erkennen kann. Selbst meine dauernden spöttischen und zynischen Bemerkungen haben ihn noch nicht dazu veranlassen können, das Bild zu entfernen.

Aber nun habe ich Dir schon viel zu viel von meinem Dienst erzählt, den ich doch lieber von Dir fernhalten möchte. Denn wie schön ist es für mich, daß mich bei Dir gar nichts von alledem belastet, da schau ich auf all dies zurück als ob es mich gar nichts anginge. Wenn ich von unserem gemeinsamen Urlaub zurückkomme, dann komme ich mir immer vor wie aus den Wolken gefallen. Wann darf ich wieder zu Dir zurückfliegen? Wenn meine Wünsche mich tragen könnten, wär ich schon längst bei Dir. So kann Dich nur mein liebster Gruß erreichen.

Dein Fritz.

Am Vortag, dem 28. Juni, hatte die eigentliche »Operation Blau« (vgl. Anmerkung zum Brief vom 30.5.1942) begonnen.

1.7.42. [aus dem Ostteil des Donezbeckens, Russland]

Du liebe Sofie!

Denk Dir auf welch eigenartige Weise ich heute Nacht zu einem Brief von Dir kam. Der Russe warf heute Nacht das erste Mal seit wir hier sind einige Bomben auf unser Dorf ab. Ich stand daraufhin auf um den angerichteten Schaden festzustellen, zum Glück ist es gut abgegangen, und dabei wurde mir Dein Brief vom 16.6. überreicht, der noch am späten Abend eingetroffen war, als ich mich schon zum Schlafen gelegt hatte. Da war natürlich der Schrecken schnell verflogen und ich freute mich nur noch über Deinen Brief. Als ich nun heute morgen gerade aufgewacht war, überreichte mir mein Bursche einen zweiten Brief von Dir und sogar einen Luftpostbrief, der nur fünf Tage unterwegs war. Er ist in der Nacht übersehen worden. Doch ich war nicht böse darum, denn könnte ich mir einen schöneren Morgengruß wünschen?

Oh liebe Sofie, Du machst mich so froh mit Deinen Briefen. Da ist mir's, als ob Du ganz nahe bei mir wärst und mein Herz fängt an zu klopfen als ob ich Dich in meinen Armen halten würde und unsere Gedanken in Liebe sich vereinen, wie in den seligsten Stunden unseres Zusammenseins. Ich bin glücklich, daß ich in Deine Stille miteingeschlossen bin und daß ich sie durch meine Gegenwart nicht störe. Ich will all Deine Schmerzen und Freuden in meine Liebe betten, die, für mich selbst so unfaßbar, mir als ein Geschenk gegeben wurde. Welch schöne Aufgabe wurde mir damit zuteil!

Schreib mir nur immer auch von den Menschen Deiner Umgebung, denn wenn sie Dir wichtig sind, dürfen sie doch für mich nicht fremd bleiben. Dann kann ich wenigstens in Gedanken mit in Eurem Kreise sitzen; wenn ich auch, ich fürchte es, als Fremder unter Euch wäre. Es würde wohl einige Zeit dauern, wenn ich jemals aus meiner Umgebung freikommen könnte, in der ich mich nun 6 $^1/_2$ Jahre befinde, bis ich aus meiner Abwehrstellung herausfinden würde und mich frei bewegen könnte. Diese Zeit wird wohl kaum spurlos an mir vorüber gehen. Doch abfärben wird sie wohl kaum, denn je stärker ich ihren Druck verspüre, um so größer wird auch meine Abneigung.

In meinem Garten sind nun gerade die Kirschen reif, und ich sitze nach jedem Mittagessen eine halbe Stunde in den Ästen eines Kirschbaumes, wenn auch eines Komp. Chefs unwürdig, so ist doch ihr Genuß mangels anderer ein doppelter.

Sei lieb gegrüßt und geküßt von Deinem Fritz.

3.7.42. [aus dem Ostteil des Donezbeckens, Russland]

Du meine liebe Sofie!

Wie fest hab ich Dich in mein Herz geschlossen, als ich gestern Deinen Luftpostbrief (v. 26.6.) gelesen hatte. Ruh Dich in meinen Armen aus, von allem Leid, das Dir zugestoßen ist. Wenn ich auch nicht weiß, was Dir übles widerfahren ist, sei lieb und innig bei mir aufgenommen. Nimm allen Trost, den ich Dir geben könnte, Du liebe Sofie. Wie kannst Du glauben, daß Du mich in Anspruch nimmst, oder mich mit Deinen Sorgen belastest! Verbringe ich doch jeden Tag mit Dir, und sind doch Deine Sorgen auch meine Sorgen, wie auch Deine Freude die meinige ist. Was könnte jemals meine Liebe von Dir wenden, es sei denn ich würde mich zum Schlechten kehren. Könnte sie Dir nur etwas helfen, denn sie ist das einzige was ich Dir geben kann.

In Bälde wird meine geruhsame Zeit wohl zu Ende gehen, denn das Vorkommando ist heute schon abgefahren. Wir werden ein pa[a]r hundert Kilometer weiter nördlich eingesetzt. So sehr ich mich darauf freue eine andere Gegend und andere Menschen kennenzulernen, so sehr tut es mir auch leid, daß ich auf meine freie Zeit, die ich hier so herrlich genießen konnte, wieder verzichten muß.

Gestern Abend habe ich mich mittels eines Dolmetschers mit unserem Bauern unterhalten, von dem ich Dir schon erzählt habe. Es ist grauenhaft, was diese Menschen leiden mußten und noch leiden an körperlichen und seelischen Nöten. Er hatte zwei Kinder, unser Bauer. Das eine ist 1933 verhungert und das andere ist im selben Jahr aus Brotneid erschossen worden, als er mit seiner Familie auf Wanderschaft war um Essen zu suchen. Die Bolschewisten haben damals den Ukrainern einfach die ganze Ernte weggenommen, worauf über die Hälfte verhungert ist.

Auch heute wieder sind viele am verhungern, vor allem in den Städten. Die Straßen hier sind voll von wandernden Familien, die ihre letzten Bekleidungsstücke, die sie noch besitzen, gegen Mehl eintauschen. – Erstaunlich war für mich auch, daß hier nahezu die ganze Bevölkerung evangelisch ist. Bis vor 4 Jahren wurde hier in der Kirche noch Gottesdienst abgehalten. Dann haben die Bolschewisten den Pfarrer nach Sibirien verschleppt und die Kirche geschlossen. Jedermann der betend angetroffen wurde, wurde nach Sibirien verbannt. Ich glaube, uns hat noch das kleinere Übel getroffen, angesichts dieses Elends.

Du mußt es spüren, wie fest Dein Herze in dem meinen ruht.

Dein Fritz.

Welches Leid Sophie Scholl zugestoßen war, lässt sich nicht mit Sicherheit feststellen. Denkbar ist, dass ihre Sorgen mit dem Auftauchen der ersten vier Flugblätter (Mai bis Juli 1942) der »Weißen Rose« in München in Zusammenhang standen (vgl. hierzu den Kommentar zum Brief Fritz Hartnagels vom 7. 5. 1942).

Möglich ist aber auch, dass sich Sophie Scholl Sorgen wegen ihres Vaters machte, dem ein Prozess wegen »Heimtücke« bevorstand (vgl. Fritz Hartnagels Brief vom 30. 8. 1942).

4. 7. 42. [aus dem Ostteil des Donezbeckens, Russland]

Du liebe Sofie!

Laß mich den Samstag Abend bei Dir verbringen. Wo sollte ich mich sonst hinwenden, wenn ich bei Dir keine Zuflucht finden dürfte. Dies erfüllt mich immer wieder voll Glück und Dankbarkeit. Ich erlebe es jeden Tag neu, so als ob es das erste Mal in mir aufkommen würde, dies Beglückende, daß ich mein Herz in das Deine legen darf. Drum nimm es mit Nachsicht auf, wenn ich es Dir immer wieder sagen muß, wie sehr Du in mein Herz geschlossen bist. Wie will ich mich bemühen Dir zum Guten zu sein. Gib mir Deinen Beistand, liebe Sofie.

Welcher Irrtum ist es, die Natur als Maßstab unseres Handelns zu nehmen und ihre Grausamkeit als »groß« zu bezeichnen. Wenn sie auch aus Gottes Hand geschaffen ist, so trägt sie doch den Stempel der Unvollkommenheit, denn sie ist ja mit der Natur des Menschen gefallen. Es lebt in ihr genau so viel Wut und Haß, Eifersucht, Hinterlist, Bosheit, Neid, Dünkel und Gier, wie wir sie beim Menschen finden. Doch keines von diesen vernunftlosen Wesen hat eine Seele, keins weiß, daß es erschaffen ist. Wir aber wissen von wem wir erschaffen sind, und daß wir zu unserem Schöpfer in einem verpflichtenden Verhältnis stehen. Uns ist mit dem Gewissen die Fähigkeit gegeben Gutes von Bösem zu unterscheiden. – Die Frage warum dann die Natur in einem solch unvollkommenen Zustand geblieben ist, ist die gleiche warum es Gott zugelassen hat, daß wir Menschen sündhafte Wesen geworden sind. Dies ist genauso unergründlich wie die Frage, warum es Gott gefallen hat seine von Ewigkeit an dauernde Einsamkeit zu beenden und die Welt zu erschaffen. Diesen Geheimnissen müssen wir unsere Vernunft unterwerfen und uns zum Glauben bekennen.

Mein Dienst, so ruhig er zur Zeit sonst verläuft, hat heute wieder Ärger gebracht. Ich mußte zwei Mann bestrafen, weil sie aus Leichtsinn und Gleichgültigkeit zwei Kraftfahrzeuge kaput[t] gemacht haben. Es tut mir immer weh, wenn ich so hart sein muß.

Eben erfahre ich, daß morgen eine Maschine nach Deutschland fliegt. Dann wirst Du diese Zeilen bald in Händen haben. Nur die Reihenfolge der Briefe kommt dadurch durcheinander, was Dich hoffentlich nicht verwirren wird. – Meine Kleiderkarte habe ich abgeschickt – verzeih mir meine Schlamperei!

Nun nimm meine Grüße von Herzen und alles was ich Dir geben kann.

Dein Fritz.

10.7.42. [aus Artemowsk, Ukraine/Sowejtunion]

Meine liebe Sofie!

Nun ist es wohl mit meiner Ruhe für längere Zeit zu Ende, da wir gestern und vorgestern verlegt haben und heute der Vormarsch in unserem Abschnitt begonnen hat. Wir liegen zur Zeit in der Gegend von Artemowsk nördlich Stalino in einem schönen Wald. Es gab schon manche Aufregung heute, wenn dies und jenes nicht klappte. So sind von meinen 73 Kraftfahrzeugen schon 12 ausgefallen. Dabei ist die Nachschublage hier dermaßen schlecht, daß wir 500 km zurückfahren müssen um Ersatzteile zu bekommen. Du kannst Dir vielleicht vorstellen welche Schwierigkeiten und Probleme da für mich entstehen. – Wie schön ist es da, wenn ich zwischen allem Drunter und Drüber geschwind an Dich denken kann. Das gibt mir wieder so viel Ruhe und ich kann all die Dinge, die sich hier um mich abspielen und in denen ich mich für Augenblicke verloren habe, wieder an ihrer richtigen Stelle einordnen. Da stehe ich plötzlich auf einem hohen Berg und schaue in so weite Ferne, daß meine Umgebung mir ganz klein erscheint. Ich will mich täglich bemühen meinen Platz und meinen Weg, den ich gehen möchte, wiederzufinden.

Leider werde ich nun auch für längere Zeit wieder auf Post verzichten müssen, denn bis sie wieder zu unserem neuen Standort umgeleitet ist wird wohl einige Wochen dauern. Doch wenn es auch schön ist Post zu bekommen, so darf es doch nicht der einzige Faden sein, der uns verbindet. Sind wir ja so fest von Herzen miteinander verbunden, daß ich alle Wartezeit mit frohem Mut überstehen will.

Ein schöner Schmetterling mit dunkelbraunen, samtenen Flügeln umflattert mich schon eine ganze Weile und läßt sich unbekümmert auf mir nieder, eben hat er sich sogar auf meine schreibende Hand gesetzt. Was er mir wohl sagen will?

Vorgestern war ich wieder mit dem Flugzeug unterwegs. Solch ein Flug ist immer ein schönes Erlebnis. Meist sind wir in kaum 5 m über die Felder hinweggebraust und die in großen Scharen arbeitenden Mädchen und Frauen, (Männer sieht man selten), haben uns heftig zugewinkt. So kam ich selbst aus dem Winken kaum heraus. Es gibt hier in der Ukraine riesige Sonnenblumenfelder, die oft bis an den Horizont reichen. Sie beginnen jetzt gerade zu blühen. Daneben liegen wieder große Strecken Brachland, das in einem tiefen Blau leuchtet. Diese Farbenpracht liegt aus der Luft gesehen wie ein bunter Teppich da.

Eben erfahre ich, daß wir morgen schon wieder weiterziehen.

Einen innigen Gruß und alle guten Wünsche von

Deinem Fritz.

13.7.42. [aus Artemowsk, Ukraine/Sowjetunion]

Meine liebe Sofie!

Heute hatte ich Glück in allem Pech. Ich bin gestern zu unserem alten Platz zurückgeflogen um nach meinen defekten Fahrzeugen zu schauen, die dort noch stehen.

Da brach uns beim Landen der Sporn ab, so daß ich nicht mehr zurückfliegen konnte. Zufällig war eben ein Personenwagen wieder fahrbereit geworden, so daß ich noch am Abend wieder losfahren konnte. Wir fuhren die ganze Nacht durch (ohne Licht) bis wir morgens um 3 Uhr wieder festsaßen. Wir hatten Federbruch! Da blieb mir nichts anderes übrig als mich auf die Straße zu stellen und trampender Weise zu meiner Kompanie zurückzukehren. Dort kam ich nun heute Mittag verdreckt und hungrig und totmüde an. Unterwegs, als mein leerer Magen sich immer unangenehmer bemerkbar machte, überlegte ich mir noch, daß ich gern auch noch auf ein Mittagessen verzichten würde, wenn ich nach meiner Rückkehr dafür einen Brief von Dir vorfinden würde. Und denk Dir nur, es lag ein Brief auf meinem Tisch! Könnte ich mir eine schönere Belohnung auf diese Fahrt hier wünschen? Ich bin Dir ja so dankbar für jede Zeile, die Du mir schickst, auch wenn es Trauriges ist. Denn wenn ich selbst versucht bin müde zu werden, dann ist es der Wunsch Dir helfen zu können, der mich dazu treibt weiter zu suchen. Denn wie könnte ich Dir beistehen, wo ich selbst noch so schwach bin. Es ist das Beste was wir uns geben können, wenn wir uns bemühen selbst gut zu sein, auch um der Nächsten willen. Ist es nicht das Schönste, wenn so unsere Verbundenheit uns zum Guten führt. Würden wir nicht mit jedem Verzagen auch den Nächsten im Stich lassen? Oh liebe Sofie, laß mich teilhaben an Deinen Schmerzen, laß uns den Knoten gemeinsam lösen, Du hilfst auch mir damit. Laß mich wissen was Dich schmerzt, was Dich verwirrt und mutlos macht. Denn was Dein Mangel ist, ist auch der meine, und was Dein Reichtum ist, ist auch mein Reichtum, wenn wir uns eng verbunden bleiben.

Liebe Sofie, ich empfinde Dich immer mehr nicht nur als Gegenstand meiner herzlichsten Zuneigung, sondern wie ein Stück von mir selbst für das ich mit verantwortlich bin, dessen Gedanken und Gefühle und

Fritz Hartnagel als Oberleutnant in den Steppen der Ukraine während des Vorrückens der Wehrmacht in Richtung Stalingrad und Kaukasus; Juli 1942

dessen Schmerzen und Freuden mich genauso angehen, wie meine eigenen.

Oh Liebe Du, wer hat Dich so tief in mein Herz gelegt? Komm zu mir und laß Dich umfangen.

Ich bete für Dich wie für mich.

immer Dein Fritz.

18.7.42. [östlich von Woroschilowgrad, Ukraine/Sowjetunion]

Meine liebe Sofie!

Schon mehrere Tage bin ich nicht mehr zum Schreiben gekommen, da wir dauernd auf dem Marsch waren. Zur Zeit sind wir nun ostw. Woroschilowgrad, das gestern genommen wurde. Seit gestern Abend regnet es in Strömen, so daß die Straßen grundlos verschlammt sind. Da muß man sich mit dem Kraftwagen Meter für Meter mühselig vorarbeiten. Welch erhabenes Gefühl ist es da, als ich gestern den ganzen Tag mit dem Flugzeug unterwegs war, wenn man so mühelos dahinfliegt und unten auf der Vormarschstraße quälen sich Tausende von Fahrzeugen durch den Dreck. Doch als wir in ein Gewitter hineinkamen und die Böen unseren kleinen Vogel hin und her warfen, wären wir doch lieber wieder auf dem Boden gestanden, auch wenn er dreckig ist. – Ich hause nun wieder in meinem Wagen, da man auf dem durchnäßten Boden kein Zelt aufstellen kann. Das ist jetzt ein molliges Gefühl, wenn der Regen auf das Dach trommelt und ich im Trockenen sitzen kann, während ich den ganzen Nachmittag draußen herumgestapft bin um für die Unterbringung, Verpflegung und Sicherung meiner Kompanie und so vielerlei Kleinigkeiten zu sorgen. Wie schön ist es, wenn ich mich nun nach alledem zu Dir wenden darf, und daß Du mir nahe bist, wenn ich nur an Dich denke. Und oft in dem schlimmsten Durcheinander erscheinst Du mir plötzlich wie ein Sonnenstrahl, der durch die Wolken bricht und der mir zeigt, daß auch hinter dieser verfinsternden Wolkendecke noch so unendlich Vieles und Schönes liegt.

Ich kann nun nicht mehr sehen was ich da auf meinen Knien schreibe.

Nimm alle Grüße und guten Wünsche, die ich täglich zu Dir schicke, auch wenn ich in diesen Tagen weniger zum Schreiben komme.

Von Herzen Dein Fritz.

Die ukrainische Stadt Luhansk (auch Lugansk) wurde 1935 nach dem sowjetischen Revolutionär, Politiker und Marschall der Roten Armee Kliment Jefremowitsch Woroschilow (1881–1969) in Woroschilowgrad umbenannt. Seit dem Ende der Sowjetunion trägt die am Fluss Donez gelegene Stadt wieder ihren alten Namen.

27.7.42. [östlich von Woroschilowgrad, Ukraine/Sowjetunion]

Meine liebe Sofie!

Nun hast Du lange warten müssen, seit meinem letzten Brief; die vielen Ereignisse die dazwischen liegen lassen es mi[r] wenigstens so erscheinen. Hoffentlich sind keine Befürchtungen oder sonstige Vermutungen in Dir aufgekommen. Wir befinden uns mitten im Vormarsch in Richtung Stalingrad und stehen zur Zeit etwa 150 km vor dem östlichsten Donbogen. In den letzten Tagen haben wir fast täglich von einem Flugplatz zum anderen verlegt, da gab es natürlich manche Aufregung und manches Durcheinander, wodurch ich keine Zeit mehr fand Dir einen Gruß zu schicken.

Doch zwischen allem Ärger und allem Durcheinander bist Du mir immer nah. Könntest Du's spüren wie dankbar ich Deiner gedenke, so oft mir nur eine freie Minute bleibt. Dann empfinde ich es immer so seltsam und beruhigend, wenn ich mich zu Dir wenden darf, grad wie ein klarer Sternenhimmel über einem zusammengeschossenen Dorf.

Diese Tage des Vormarsches, die mich so voll in Anspruch nehmen, lassen kein befriedigendes Gefühl in mir aufkommen. Sie sind trotz aller Ereignisse so leer, und das beglückende Empfinden des Guten, das uns doch trotz allem noch gegenwärtig ist, will nur selten in mir aufkommen. Da mangelt mir auch der Trost eines innigen Gebetes, wenn ich ihm auch täglich nachkomme, doch oft nur aus Pflichtgefühl, anstatt aus Herzensbedürfnis. Ich sehne mich so sehr nach Ruhe.

Seit Beginn des Vormarsches haben wir keine Post mehr bekommen. Diese Zeit erscheint mir als ob es Monate wären, doch es sind leider erst zwei Monate seit unserem letzten Zusammensein vergangen. Da ich so im Ungewissen über Dich bin, kann ich nur hoffen und wünschen und für Dich bitten. Ich bin bei Dir, liebe Sofie, so wie ich von Dir ging, mit ganzem Herzen.

immer Dein Fritz

Grüße recht herzlich Deine Eltern, Brüder und Schwestern. Auch vielen Dank für mein Lebkuchenpäckchen von Inge, das mich mit der letzten Post erreichte.

Stalingrad an der unteren Wolga hieß bis 1925 Zarizyn, wurde dann nach dem sowjetischen Diktator Stalin umbenannt, um schließlich im Zuge der Entstalinisierung 1961 den Namen Wolgograd zu erhalten.

Unter dem Eindruck rascher Erfolge der Wehrmacht bestimmte Hitler in seiner Weisung Nr. 45 vom 23. Juli 1942 die kurzfristigen Kriegsziele neu. Stalingrad sollte jetzt direkt angegriffen und erobert werden, ohne die Kaukasuspläne zurückzustellen.

Zum Zeitpunkt der Niederschrift dieses Briefes hatte die 2. Armee bereits den Donbogen in unmittelbarer Nähe Stalingrads (Don und Wolga, an der Stalingrad liegt, nähern sich hier bis auf ca. 50 km) erreicht.

30. 7. 42. [östlich von Woroschilowgrad, Ukraine/Sowjetunion]

Meine liebe Sofie!

Endlich kann ich wieder einmal an einem Tisch sitzen, Tinte und Federhalter auspacken und beim Kerzenlicht in meinem gemütlichen Zelt Dir einen Brief schreiben in aller Ruhe. Da der Vormarsch in unserem Abschnitt durch den starken russischen Widerstand zur Zeit etwas ins Stocken geraten ist, sitzen wir nun schon drei Tage am gleichen Ort, wodurch ich wieder etwas mehr Zeit zur Verfügung habe. Nach drei Wochen bin ich heute wieder das erste Mal zum Lesen gekommen, immer noch in meinem Newman. Da ich ja nun die ganze Zeit mit ganz anderen, fast entgegengesetzten, Dingen beschäftigt war, konnte ich nur wenige Seiten verkraften, und jede Zeile nahm ich in mir auf wie Tropfen eines kostbaren Getränks. Dieses tägliche Lesen, das merke ich gerade jetzt so deutlich, ist mir noch eine unentbehrliche Stütze, die mich vor dem Abgleiten in die Leere bewahrt, vor der ich mich aus eigener Kraft noch nicht schützen kann.

Es war wieder rührend wie mein Bursche gestern mein Zelt einrichtete. An die Wand heftete er die Skizze vom kleinen Dieterle und neben meinem Bett legte er mein Newman-Buch bereit, er wußte sogar, daß ich beim Lesen des zweiten Bandes bin!

Wir liegen zur Zeit in einer geradezu steppenhaften Einöde, ohne irgendeinen Schatten spendenden Baum oder Busch. Bebautes Land gibt es nur um die Dörfer herum, die oft 30 bis 40 Kilometer voneinander entfernt liegen. Dazwischen liegt endloses nur leicht hügeliges Brachland. Der nächste brauchbare Brunnen liegt von hier etwa 20 km entfernt, so daß wir das Wasser bereits rationieren mußten. Tagsüber herrscht hier bereits solch eine brütende und schwüle Hitze, daß man zu einer körperlichen wie geistigen Arbeit fast unfähig ist. Dagegen wird es abends in kürzester Zeit empfindlich kühl. – Aber wieviel Leben ist in dieser Öde, wenn man sie aufmerksam beobachtet! Da schwirrt und zirpt und kriecht und fliegt eine Unzahl von Insekten, Käfern, [Ei]dechsen und Vögel in einer solchen Mannigfaltigkeit, daß ich fast auf Schritt und Tritt eine neue Art entdecke, die ich noch nie gesehen habe.

Liebe Sofie, verzeih mir, wenn Du in diesen Tagen manchmal etwas lange auf einen Gruß von mir warten mußt. Und sei sicher, daß ich bei Dir bin, so oft Du nur Deine Gedanken mir zuwendest. Und wenn der Tag mich auch noch so sehr in Anspruch nimmt, bevor ich die Augen zumache am Abend schließe ich Dich in mein Herz und meine Arme ein.

Sei lieb und von Herzen gegrüßt von Deinem Fritz.

1.8.42 [zwischen Dnjepr und Don, Russland]

Meine liebe Sofie!

Gestern hat mich wieder ein Gruß von Dir erreicht, ein kleines Päckchen. Es war zwar schon über vier Wochen unterwegs zu mir, aber ich bin ja so froh über alles was ich von Dir in Händen habe, so auch über die Gutsle und das beiliegende Briefchen, zumal es nach drei Wochen wieder der erste Gruß von Dir war. Es ist ja erstaunlich, daß uns die Post überhaupt noch erreicht, nachdem kaum die dringendsten Nachschubgüter nach vorne kommen. Doch wie lange ich auch immer auf eine Nachricht von Dir warten muß, ich will Dich in meinem Herzen behalten als ob Du immer bei mir wärest.

Vermutlich wird nun Dein Semester schon zu Ende sein, und ich weiß nicht einmal, wo Du Dich nun befindest, ob und was Du arbeiten mußt, oder ob Du noch frei über Dich verfügen darfst. Hoffentlich kannst Du wenigstens zu Hause wohnen, das würde Dich sicher mit manch Unangenehmem wieder versöhnen.

Du bist arg optimistisch, wenn Du meinst, daß ich bis zu Deinem Semesterbeginn wieder bei Dir gewesen bin. Die zur Zeit laufenden Operationen dauern bestimmt noch bis Einbruch des Winters an, und wer weiß, ob wir dann den Winter über aus Rußland herausgezogen werden, nachdem hier noch viele Einheiten im Einsatz sind, die schon seit Juni letzten Jahres in Rußland sind. Und an Urlaub aus Rußland heraus ist kaum zu denken. Doch ich will auf ein Wunder hoffen!

Noch ein Ereignis: Ich wurde heute zum Hauptmann befördert! Du wirst Dir denken können, mit welch zweifelhaften Gefühlen ich diese Nachricht aufnahm. Nun bin ich wieder eine Stufe weiter in ein System gedrängt, dem ich am liebsten den Rücken kehren möchte. Ich komme mir vor wie eine Puppe, die nach außen etwas darstellt, was sie innerlich gar nicht ist. Könnte ich nur ein ganz einfacher Soldat sein, der sich geben kann wie er ist. Wenn ich die üblichen Beförderungsfeierlichkeiten (Saufereien!) schon hinter mir hätte, wäre es mir schon um einiges wohler.

Wie beruhigend ist es, daß ich ein Gut doch wenigstens ahne, das mir niemand nehmen kann, das mich über alles in eine Glückseeligkeit erhebt, wenn ich es mir mit ganzem Herzen erstrebe. Wenn auch so vieles ausweglos erscheint, so kann ich doch in froher Hoffnung bleiben.

In meinem Hoffen und Wünschen und Bitten bist Du meine liebe Sofie mit eingeschlossen wie ich selbst.

immer Dein Fritz.

Da ich annehme, daß Du nach Semesterschluß nicht mehr in München bist, will ich den Brief nach Ulm schicken.

Um sich zum nächsten Semester erneut immatrikulieren zu können, mussten Studentinnen in den Semesterferien mindestens zwei Monate in Rüstungsbetrieben arbeiten. Neben dem Einsatz von »Fremdarbeitern«, Menschen aus den eroberten Gebieten, die in Deutschland zu Zwangsarbeit eingesetzt wurden, sollte auf diese Weise der Arbeitskräftemangel infolge der Abwesenheit von Millionen Männern gemildert werden.

In völliger Überschätzung einiger lokaler militärischer Erfolge gegen die sowjetischen Truppen hatte Hitler den Feldzugplan erneut umgestürzt: Die Heeresgruppe Süd wurde aufgelöst und die neu gebildete Heeresgruppe A sollte noch vor der Einnahme Stalingrads in den Kaukasus und ans Kaspische Meer vorstoßen. Dadurch wurde die Front extrem überdehnt, was zwangsläufig zu immer gravierenderen Nachschubproblemen führte. Diese Entscheidungen hatten auch zur Folge, dass die militärischen Kräfte, die für die Einnahme Stalingrads zur Verfügung standen, erheblich reduziert wurden.

5. 8. 42. [zwischen Dnjepr und Don, Russland]

Meine liebe Sofie!

Zum Glück habe ich meine offizielle Beförderungsfeier nun hinter mir und habe mich aller Pflichten entledigt, die solch eine Beförderung üblicherweise mit sich bringt. Fast möchte ich sagen, es war gut, daß alles ziemlich schnell betrunken war. So konnte ich wenigstens verhältnismäßig bald verschwinden. Leider hatte ich durch das viele Zutrinken auch etwas zuviel bekommen. Ach wie gräßlich war es mir da zu Mute, und wie sehr sehnte ich mich nach dem Guten und Echten und Lichten.

Oh liebe Sofie, laß uns fern von all diesen Scheußlichkeiten sein, wir könnten sonst nie von Herzen froh werden. Oft will es mir scheinen, daß diese Menschen gerade das als groß und »herrisch« ansehen, was ihrem Gewissen widerspricht, und der Gehorsam gegen einen inneren Befehl ist Schwachheit, Mangel an Selbstbewußtsein, sklavische Unterwürfigkeit. Eine Diskussion mit solchen Menschen ist unfruchtbar und zwecklos, da es schon ihrer Selbstüberheblichkeit widerspricht, sich in die Meinung eines anderen nur einmal hineinzudenken. So habe ich mich vor einigen Tagen mit meinem Kommandeur und noch andern in einen Streit über das Thema »Bevölkerungspolitik« eingelassen. Aber der Horizont dieser Menschen reicht über materielle Dinge nicht hinaus, das höchste Ziel ist nur die Macht, das Herrsein, woran sie sich mit engstirniger Borniertheit festbeißen, ohne sich darüber klar zu sein warum und wozu diese Macht. – Da fühle ich mich oft glücklich, daß ich darüber hinaussehe, und doch wenigstens weiß, und so sicher weiß, wonach ich zu streben habe.

Heute brachte mein Dienst wieder einen schwierigen Fall, den ich mir lange überlegte. Ein Mann hatte einem Kameraden 57 R[eichs]m[ark] gestohlen und war seiner Tat überführt. Normalerweise hätte ich gegen ihn Tatbericht zur gerichtlichen Bestrafung einreichen müssen. Aber ich ließ ihn, nachdem ich ihm lange und in aller Ruhe ins Gewissen geredet hatte, unbestraft gehen. Er ist 20 Jahre alt und Vollwaise und ohne jede Angehörigen. Da er bei einer gerichtlichen Bestrafung unter etlichen Monaten Gefängnis nicht weggekommen wäre, hätte ihm sein ganzes Leben dieser Makel angehaftet, und ich fürchtete, daß er dadurch in einen Wurstigkeitsstandpunkt verfällt, indem er sich sagt, es ist sowieso schon alles verloren. Ich bin nun gespannt, ob meine Nachsicht der größere Ansporn zur Besserung ist.

Ich weiß nicht, wo Du Dich nun nach Semesterschluß befindest, und wie es Dir ergeht. Doch ich will Deinetwegen, wie Du meinetwegen, guten Mutes sein.

Sei bei mir, wie ich bei Dir, von Herzen verbunden.

Dein Fritz.

6.8.42. [zwischen Dnjepr und Don, Russland]

Meine Liebe!

Schnell noch bevor die Post weggeht einen Gruß. Von meinem zwar abwechslungsreichen, aber was das Wesentliche betrifft doch eintönigen Dasein als Kompanie-Führer kann ich Dir nur wenig schreiben. Doch ich bemühe mich auch diesem Dasein einen Inhalt zu geben, der mir ja auch in dieser landschaftlichen wie geistigen Einöde gegenwärtig ist, wenn ich ihn nur suche. Aber ich bin oft zu träge um über meine Umgebung hinauszufinden. Da ist mir das Lesen und auch das Briefe-Schreiben immer wieder eine gute Hilfe.

Wie sehr sehne ich mich danach einmal auf einem fruchtbareren Boden zu stehen, als ihn meine augenblickliche Umgebung darstellt. Es soll mir ein Trost sein, daß die Gewächse auf magerem Boden zwar weniger prächtig und weniger üppig blühen, aber dafür widerstandsfähiger werden.

Heute war ein Oberleutnant vom Heer bei uns zu Gast, der auf ein Flugzeug wartete um in Urlaub zu fliegen. Er hat als Verheirateter seit genau 2 Jahren keinen Urlaub mehr gehabt! Wie verwöhnt bin ich dagegen, und ich glaube schon die Zeit nicht mehr abwarten zu können bis zu meinem nächsten Urlaub. Wie dankbar muß ich da sein für den vergangenen Winter in Weimar!

Heute verbrachten wir eine unruhige Nacht, da die russische Lufttätigkeit sehr rege war und unser Flugplatz mehrmals angegriffen wurde, doch ohne wesentlichen Schaden anzurichten. Noch heute morgen bereits bei hellem Tageslicht tummelten sich plötzlich in niedriger Höhe 7 Russen über unserm Platz. Aber durch unser Flak und MG-Feuer drehten sie wieder ab ohne Bomben werfen zu können. Dabei war ich das zweite Mal in diesem Kriege zum Schießen auf den Gegner gezwungen.

Nun liegen wir schon über 8 Tage auf demselben Platz, da die Front nicht mehr vorwärts kommt und zur Zeit zur Verteidigung gezwungen wurde, da der Russe sehr starke Kräfte in den Donbogen hineingeworfen hat. Dadurch bin ich wieder etwas zur Ruhe gekommen und ich habe wieder mehr freie Zeit, worüber ich ganz froh bin.

Vielleicht bringt der Postholer heute Abend auch einen Brief von Dir. Wie würde ich mich da freuen!

Einen lieben und innigen Gruß von Deinem Fritz.

Die entscheidende Ursache für die Verzögerungen war tatsächlich weniger die heftige Gegenwehr der Roten Armee als vielmehr wachsende Versorgungsengpässe bei den deutschen Armeen, die zeitweilig zum völligen Stillstand der militärischen Aktionen führten.

7.8.42. [zwischen Donez und Don, Russland]

Meine liebe Sofie!

Ich bin so froh, daß Du da bist, und daß ich zu Dir kommen kann. Da bin ich nie allein, und alle Widerwärtigkeiten verschwinden, da sie in Deiner Gegenwart doch so lächerlich und nebensächlich erscheinen. Ich bin Dir so dankbar, und dieses Gefühl der Dankbarkeit treibt mich immer mehr dazu Dich mit inniger Liebe zu umgeben. Sie ist mir jeden Tag ein neues und wundersames Erlebnis, sie regt sich in mir wie etwas Fremdes, das gar nicht von mir kommt. Ich will sie wie ein Geschenk behüten und bewahren.

Da Du Dich in einem Deiner Briefe darum sorgst, wie es mir mit dem Essen geht, will ich Dir nur schreiben, daß ich gestern Abend eine Riesenportion gebackene Kalbsleber mit Bratkartoffeln gegessen habe. Du siehst, daß ich nicht hungern muß, wenn auch Frischgemüse, Salat und auch Obst einem sehr mangelt. In dieser Gegend hier gibt es leider keine so guten Kirschen mehr, wie unten am Asow'schen Meer. Das macht sich auch durch sehr viel Zahnfleischerkrankungen bemerkbar. Auch die berühmte Rußlandkrankheit, die wohl jeder einmal durchgemacht hat, tritt wieder häufig auf, so daß ich fast immer etwa 10% Kranke in der Kompanie habe. Es handelt sich dabei um eine ruhrähnliche Erkrankung mit meist starkem Fieber. Doch ich selbst bin von allem bis jetzt verschont geblieben. Auch die große Hitze tagsüber und die Kälte bei Nacht werden zu diesen Darmerkrankungen beitragen. Das Klima ist hier ganz seltsam. Mittags zwischen zwölf und vier ist es so drückend heiß, daß man kaum zu einer geistigen oder körperlichen Arbeit fähig ist und schon vom Stilliegen schwitzt. Gegen 7 Uhr geht die Sonne ziemlich rasch unter und bereits eine halbe Stunde später ist es finster. Genauso schnell stürzt aber auch die Temperatur, so daß ich nachts im Trainingsanzug in meinen Schlafsack krieche und noch eine Decke drüber lege.

Nun hab ich noch eine Bitte. Meinem Burschen wollte ich gerne einmal ein Geschenk machen. Und da er Schmied ist und Kunstschmied werden möchte, dachte ich an das Buch mit vielen guten Abbildungen von Schmiedearbeiten, eisernen Toren u.s.w. Du weißt sicher, was ich meine. Könntest Du mir dieses besorgen? Nur mit dem Schicken wird es Schwierigkeiten haben. Ich würde Dir dann meine Päckchenmarke für den nächsten Monat schicken, dann könntest Du vielleicht auch noch ein Büchlein für mich dazu packen.

Sei von meinen Armen und meinem Herzen umfangen.

Dein Fritz.

11.8.42. [zwischen Donez und Don, Russland]

Meine liebe Sofie!

Heute hat mich wieder ein Brief vom 15.7. von Dir erreicht. Du weißt ja, wie viel mir gerade jetzt jeder Gruß von Dir bedeutet, und ich bin dankbar für jedes Zeichen, das von außen kommt und mich von meiner militärischen Umgebung wegführt.

Gestern hatte ich wieder viel Ärger. Noch in der Nacht wurden mir Wachvergehen in zwei Fällen gemeldet. Ich machte dann von morgens 3 Uhr bis fast zum Abend Vernehmungen, denn ich mußte die Betreffenden zur gerichtlichen Bestrafung einreichen, wenn ich es auch sonst schon in mehreren Fällen verhindert habe um die Betreffenden nicht ihr ganzes Leben mit einem Makel zu behaften. Doch in diesem Fall hatte ich erst am Nachmittag des selben Tages eine Belehrung vor der Kompanie über Wachvergehen durchgeführt, so daß ich schon zur Festigung meiner Autorität so handeln mußte. Über das Wort Autorität wirst Du sicher lächeln, doch so oft ich's auch immer anders versuchte, durch die Erfahrung wurde ich immer belehrt, daß nur mit Strenge und einem gewissen komissigen Ton solch eine Masse in Ordnung zu halten ist. Doch ich bin immer bemüht, vor allem im Verkehr mit einzelnen, von Mensch zu Mensch über den einzelnen Fall zu sprechen, und den Betreffenden in aller Ruhe zu überzeugen, daß seine Handlungsweise nicht richtig war.

Zur Zeit ist es bei uns immer noch unheimlich heiß. Heute haben wir im Schatten 42° Grad gemessen. Da läuft einem sofort der Schweiß herunter, wo nur ein Kleidungsstück den Körper berührt. Drum ist meine einzige Bekleidung, solange wir noch am gleichen Ort liegen, nur die Sporthose. Meine Kerze habe ich an einem Stab festgebunden, da sie jeden Abend, anstatt mir aufrecht wie eine Kerze zu leuchten, ihren Kopf über die Tischkante herabhing und sich nicht mehr dazu bewegen ließ Haltung anzunehmen.

Es ist fein, daß Du so viel zum Zeichnen kommst, und schon die pa[a]r Skizzenstriche, über die Du Deinen Brief geschrieben hast, haben mich gefreut, und ich war über die zügigen und so sicheren Striche, die das Wesentliche umreißen, etwas erstaunt, da ich von Deinen früheren Zeichnungen eine etwas sanftere Linienführung in Erinnerung hatte. Ich würde mich arg freuen, wenn Du mir wieder einmal irgendeine gelegentliche Skizze schicken würdest.

Sei lieb gegrüßt von Deinem Fritz.

16.8.42. [am Westufer des Don, Russland]

Meine liebe Sofie!

Gestern hat mich Dein kleiner Zigarettengruß erreicht. Dann hab ich also doch richtig vermutet, daß Du inzwischen in Ulm bist. Nur ob Du für die ganze Dauer Deiner Semesterferien zu Hause bleiben kannst, weiß ich leider nicht. Ich will es für Dich wünschen. So wenig schön es ist, daß Hans nach Rußland gekommen ist, so wird er doch auch wieder seine Bereicherung daran haben, zumal er noch nie in Rußland gewesen ist.

Verabschiedung der Medizinstudenten
zur Frontfamulatur am Münchner Ostbahnhof,
23. Juli 1942. In der Gruppe vor Sophie Scholl
von links: Hubert Furtwängler, Hans Scholl,
Samiller (Vorname unbekannt), Alexander Schmorell

Und für ein viertel Jahr kann er's ja ruhig auch auf sich nehmen. Arbeit wird er genügend haben. Von unserem Flugplatz wurden vergangene Woche an einem Tag 1000 Verwundete mit Ju 52 zurückgeflogen.

Wir haben vorgestern wieder weiter nach Osten verlegt und befinden uns westlich Kalatsch im großen Donbogen. Die Tage nach solch einer Verlegung sind für mich immer die arbeitsreichsten, denn dann müssen die Nachrichtenverbindungen neu geregelt werden und der ganze Betrieb den neuen Verhältnissen entsprechend neu organisiert werden. Aber sobald mein Zelt wieder steht, ist es, als ob ich wieder zu Hause wäre. Darin fühle ich mich schon ganz heimelig. Es ist ein Hauszelt, 3 x 3 m groß, auf dem Boden eine Segeltuchunterlage und sogar noch eine Bastmatte, und dann steht mein Feldbett drin, mit einem schneeweißen Moskitonetz, unter dem ich mich besonders geborgen fühle, ein Tisch und ein Stuhl gehört dann noch zur Einrichtung meiner Behausung. Mein Bursche bastelt mir dann immer noch ein Tischchen vor's Zelt für die Waschschüssel, morgens richtet er mein Waschzeug her, alles schön sortiert, und sogar eine neue Rasierklinge ist schon im Apparat eingespannt. Du siehst, daß es mir geradezu fürstlich ergeht.

Mein Bursche hat mir auch schon einige Predigten von einem ihm bekannten Wehrmachtspfarrer zum Lesen gegeben! Er will mir nun einige Predigten des Bischofs von Münster beschaffen. In unserer Meinung sind wir uns schon ziemlich einig und hegen keine Vorsicht mehr voreinander. Ich habe wirklich Glück gehabt, daß ich ihn als meinen Kraftfahrer und ständigen Begleiter ausgewählt habe. Sonst wäre er mir unter der Masse von 250 Mann wahrscheinlich gar nicht aufgefallen. Ich erzähle nur von mir, doch von Dir weiß ich ja nur so wenig, daß ich Dich immer nur wieder meiner Gedanken, all meiner guten Wünsche versichern kann. Dein Fritz.

Die zum Medizinstudium freigestellten Studenten mussten in den Semesterferien zu einer, wie es hieß, Famulatur an die Front, wo sie als Sanitäter, tatsächlich aber oft schon als Ärzte eingesetzt wurden. Hans Scholls Studentenkompanie war am 23. Juli 1942 an die Ostfront abgefahren.

Die Stadt Kalatsch liegt am östlichen Donufer, nur ca. 60 km von Stalingrad entfernt.

Clemens August Graf von Galen (1878–1945), Bischof von Münster, hatte im

Sommer 1941 öffentlich gegen die Mordaktionen der Nationalsozialisten gegen behinderte Menschen, euphemistisch als »Euthanasie« bezeichnet, protestiert. Dieser Protest führte, zusammen mit ähnlichen Aktionen von Seiten der evangelischen Kirche (u.a. Theophil Wurm, der württembergische Landesbischof), Ende 1941 zumindest zu einer Einschränkung des Euthanasie-Programms.

18. 8. 42. [nahe des Don, Russland]

Meine liebe Sofie!

Erst heute morgen um 4 Uhr kam ich von einem ziemlich aufregenden Flug zurück. Ich mußte gestern am Spätnachmittag mit dem Storch zu einem Gefechtsstand, der ziemlich in Frontnähe war. Nun ist die Steppe hier so gleichförmig öde und fast ohne Anhaltspunkt, daß es, zumal mit den schlechten Karten, die meistens nicht stimmen, sehr schwierig ist sich zu orientieren. So kam es auch, daß wir plötzlich in 20 m Höhe über der vorderen Linie flogen. Zum Glück waren die Russen gerade dabei sich zu ergeben, und die deutschen Infanteristen zogen sie gerade aus ihren Schützenlöchern heraus, denn sonst wäre es uns sicher schlimm ergangen. Wir machten natürlich schleunigst kehrt und setzten uns auf das nächste ebene Plätzchen um nachzufragen wo wir uns befinden. Schließlich haben wir nach schwierigem und nunmehr vorsichtigem Suchen den Gefechtsstand gefunden. Auf dem Rückflug, es war inzwischen $^{3}/_{4}$7 Uhr geworden, wurde es auf einmal in wenigen Minuten dermaßen dunkel, daß wir nicht mehr weiterfliegen konnten. Dazu trug auch der Qualm der an vielen Stellen brennenden Steppe und der auf den Wegen von Kraftfahrzeugen oft hundert Meter hoch aufgewirbelte Staub bei. Da wir in der Nähe von Truppen kein geeignetes Landefeld fanden, mußten wir uns mitten in die Steppe setzen. Da standen wir nun, zwar froh wieder festen Boden unter uns zu haben, doch ohne etwas zu essen oder trinken, leider nur mit einem kurzärmligen Uniformhemd bekleidet. Mein Flugzeugführer hatte nicht einmal eine Waffe bei sich. Wir bauten dann das Maschinengewehr aus dem Flugzeug aus und legten uns unter die Maschine um den Morgen abzuwarten. Die ganze Nacht flackerten die Leuchtkugeln am Horizont auf und knatterten die Maschinengewehre in der Ferne. Wie sehnsüchtig warteten wir auf den ersten Morgenschimmer am Himmel. Um $^{1}/_{2}$4 Uhr konnten wir dann wieder starten. – Und denk Dir, wie schön ich für alles belohnt worden bin. Als ich heute morgen wieder in mein Zelt trat, lag ein Brief von Dir auf meinem Tisch!

Das war eine lange Nacht zum Nachdenken, angesichts des Krieges und eines klaren Sternenhimmels. Es ist so viel Grauenhaftes, daß Stunde für Stunde Millionen von Soldaten auf beiden Seiten in ständiger Gefahr stehen, nur damit beschäftigt sich gegenseitig zu töten, und nur für diesen Zweck denken und arbeiten wieder Millionen, werden Familien getrennt und in tiefes Leid gestürzt. Die Not der Bevölkerung in dieser unfruchtbaren Gegend ist furchtbar. Fast der ganze Viehbestand ist schon abgeschlachtet, die wenigen Gemüsegärten sind ausgeplündert, zur Ernährung der Soldaten. Wohl das größte Elend müssen die Gefangenen durchmachen. Vor einigen Tagen sah ich auf einer Strecke von etwa 3 km 15–20 tote Russen neben der Straße liegen, die einige Tage früher noch nicht dalagen, als ich dieselbe Strecke fuhr. Es kann sich also nur um Gefangene handeln, die, vor Erschöpfung und Hunger zusammengebrochen, von den Wachmannschaften vollends erschossen wurden.

Wie sollen wir solches Elend, das doch auch das unsrige sein muß, so viel irrsinnige Verworrenheit anders ertragen, als daß wir uns frei machen von allen Erdenwünschen, frei von diesem Leben und uns ganz in die Gnade begeben, die uns verheißen ist. Wie sicher sind wir da, wenn wir nichts mehr verlieren können, da wir nichts mehr haben auf dieser Welt. So weit möchte ich kommen, nichts mehr zu besitzen, was mich von Ihm trennt. Doch da ist noch so manches, von dem ich mich nicht trennen möchte.

Sicher wird Dir das Geborgensein zu Hause, und vor allem bei Inge, gut tun, nach den abwechslungsreichen und bewegten Wochen in München. Du schreibst wenig, wie es um Dich steht. Doch was könnte ich andres für Dich tun, als Dich in mein Gebet mit einschließen.

Ich will versuchen meine Mutter zu einem Opfer für Herrn Prof. Muth zu bewegen, wenn es auch schwierig sein wird, da sie ihn doch gar nicht kennt und nichts von ihm weiß.

Ich fühle mich nicht im Stande Herrn Prof. Muth zu schreiben, auch empfinde ich es als etwas anmaßend. Wie sollte ich ihm eine Aufmunterung geben können? Rechne es mir nicht als Borniertheit an, aber ich fühle mich zu gering dazu.

Dir einen lieben und herzlichen Gruß von Deinem Fritz.

Carl Muth (1867–1944) war Publizist und Herausgeber der progressiven katholischen Zeitschrift »Hochland« in München, die im Juli 1941 verboten wurde. Durch Vermittlung von Otl Aicher lernte Hans Scholl Carl Muth im Herbst 1941 kennen. Zwischen den beiden entwickelte sich eine enge intellektuelle Beziehung. Beide bestärkten sich in ihrer vehementen Abneigung gegen die Herrschaft des Nationalsozialismus. Als Sophie Scholl Anfang Mai 1942 zum Studium nach München kam, wohnte sie die erste Zeit bei Carl Muth in München-Solln. Aufgrund seines labilen Gesundheitszustandes als Diabetiker war Professor Muth auf Nahrungsmittel angewiesen, die es in der Kriegszeit nicht oder nur selten zu kaufen gab. Fritz Hartnagels Mutter verfügte, da sie in ihrem Garten Hühner hielt, über Eier. Darauf bezieht sich das »Opfer«, zu dem Fritz Hartnagel seine Mutter bewegen wollte.

21.8.42. [nahe des Don, Russland]

Meine liebe Sofie!

Gestern war es ein viertel Jahr, daß wir in München voneinander Abschied nahmen. Wäre damit wenigstens die Hälfte meiner Wartezeit schon vorbei! Doch ich habe keinen Grund zu dieser Hoffnung, aber auch nicht zu einer besonderen Befürchtung. Ich will die Zeit geduldig an mir vorübergehen lassen, in der Hoffnung, daß wir einmal doch wieder zusammenfinden werden, wie wir voneinander gegangen sind, wenn auch bei uns beiden, doch vor allem bei Dir, viele neue Eindrücke dazwischen liegen werden. Doch wie wir uns auch wiederfinden, es soll mich nichts mehr verbittern und mutlos machen. Ich bemühe mich mehr und mehr von Dir frei zu kommen. Versteh es richtig liebe Sofie, um Dich vollkommen lieben zu können. Denn das wäre nur eine geringe Liebe, die einen Lohn und Gewinn erwartet, und von der Gegenliebe abhängig ist. – Ich möchte mich frei machen von allen Wünschen und nur noch einem Wunsch nachstreben, daß das Licht des Guten und Wahren immer in mir gegenwärtig sein und mich beglücken möge. Was könnte mich dann noch enttäuschen? Vielleicht gelangt mir dabei meine Einsamkeit und die Eintönigkeit meiner Umgebung zugute.

Wie hat sich nun Dein Schicksal entschieden? Wenn Du nur wenigstens zu Hause wohnen kannst, daß Du Dich jeden Tag zu Hause bei Inge wieder aufmuntern kannst, dann wird Dir der Fabrikdienst, wenn Du ihn nicht umgehen kannst, sicher erträglicher.

Wenn Du mir die Adresse von Hans und Werner schreiben würdest, könnte ich ihnen Zigaretten schicken, denn damit sind wir zu Zeit ziemlich gut versorgt, besonders, da wir als fliegender Verband mit Flugzeugen immer Nachschub bekommen.

Grüße Deine Eltern, Inge und Liesl, wenn sie noch zu Hause ist, und Dir einen lieben Gruß.

von Deinem Fritz.

Ich habe Anfang Juli 200 R[eichs]m[ark] an Dich abgeschickt, allerdings nach München. Hoffentlich haben sie Dich inzwischen erreicht. Es wäre schade, wenn uns dadurch die Bücher, von denen Du schriebst, verloren gingen. Ich kann Dir aber bald wieder etwas schicken, da ich ja hier doch nichts brauchen kann. F.

23.8.42. [nahe des Don, Russland]

Meine liebe Sofie!

Ich will Dir nur Gute Nacht sagen. Heute war ein richtiger Sonntag, nicht nur weil es Bohnenkaffee gab und heute Mittag sogar einen Pudding, sondern es war ein richtig ruhiger Tag, an dem ich nicht viel Arbeit hatte, und an dem ausnahmsweise alles lief wie es sollte, so daß ich keinerlei Ärger hatte. Nur am frühen Morgen gab es eine kleine Aufregung, als ein Flugzeug eine Meldung abwarf, daß sich 3 km von uns entfernt mehrere bewaffnete Russen befänden. Mit etwa 40 Mann suchte ich dann die Gegend ab, fanden jedoch nur eine vor kurzem verlassene Funkstelle, so daß der Erfolg unsres »kriegerischen« Unternehmens lediglich der war, daß wir von Schweiß vollkommen durchnäßt wieder zurückkamen. Heute Abend ist es nun wieder empfindlich kalt, so daß es mich direkt an Fingern und Füßen friert und der Atem richtig dampft. Ich will meinen Trainingsanzug und Bauchbinde heute Nacht anziehen. Ich habe sehr viele Leute in meiner Kompanie, die dieses Wechselklima nicht ertragen, und ständig Durchfall oder Fieber haben. – Die Fliegenplage wird allmählich immer schlimmer, obwohl wir uns weitab von jeder menschlichen Siedlung mitten in der Steppe befinden. Das sind so widerliche Biester, da man fast wehrlos dagegen ist. Wenn ich morgens frühstücke ist im Nu das Marmeladenbrot, oder was ich gerade habe, schwarz von lauter Fliegen. Diese Dinger sind hier so frech und gierig, daß man sie fast mit den Fingern fassen kann, und oft muß man sie mit Gewalt vom Mund oder den Nasenlöchern vertreiben. Ich esse jetzt auf meinem Bett unterm Moskitonetz.

Zur Zeit überlege ich es mir immer ernstlicher, ob ich meines Vaters Geschäft übernehmen soll, wenn es mir je gelingen würde nach dem Krieg vom Militär freizukommen. Ich habe mir schon viele Pläne gemacht und könnte mir diesen Beruf befriedigend vorstellen, wenn ich auch nicht darin untergehen will. Doch wenn mich auch solch ein Geschäft bis zu einem gewissen Maße binden würde, so hätte ich doch noch weit mehr persönliche Freiheit wie als Soldat. Könntest Du [Dir] mich vorstellen als »ehrbaren Kaufmann«? Es hat ein etwas spießerhaftes Geschmäckchen, doch das hängt vom Einzelnen ab.

Ich warte auf eine Nachricht von Dir, die letzte ist schon 4 Wochen alt, ich grüß Dich wie immer. Du bist fest in meinem Herzen drin, und in meinem Gebet geborgen.

Dein Fritz.

Fritz Hartnagels Vater besaß einen Versandhandel für Schmierstoffe, Seife, Waschmittel und vieles mehr. Teilweise wurden die Waren (z.B. Schuhcreme) selbst hergestellt. Kunden waren vor allem Bauern aus Niederbayern und dem Bayerischen Wald.

Undatiert [August 1942; aus Ulm]

Hast Du meinen letzten Brief mit den Fotos von Prof. Muth erhalten? Ich lege hier noch eines bei, damit Du auch sicher eines erhältst.

Ich habe jetzt noch einige Wochen in der Fabrik zu arbeiten. Das ist eine schrecklich seelen- und leblose Beschäftigung, den ganzen Tag an der Maschine die ewig gleiche Bewegung zu machen, die nichts von einem verlangt außer Konzentration, aber ein dressierter Affe, wenn er so dumm wäre und sich dazu bewegen ließe, könnte dies auch. Körperlich müde und seelisch angeödet kehrt man abends heim. Der Anblick der vielen Menschen vor den vielen Maschinen ist ein trauriger, und erinnert an den von Sklaven. Nur daß ihr Sklavenhalter ein von ihnen selbst gekrönter ist. Neben mir arbeitet eine Russin, ein Kind in ihrem arglosen rührenden Vertrauen selbst den deutschen Vorarbeitern gegenüber, deren Fäusteschütteln und brutalem Geschrei sie nur ein nicht verstehendes, beinah fröhliches Lachen entgegensetzt. Wahrscheinlich muten sie diese Menschen komisch an, und sie hält ihre Drohungen für Spaß. Ich freue mich, daß sie neben mir arbeitet, und versuche, das Bild, das sie von den Deutschen erhalten könnte, ein bißchen zu korrigieren. Aber auch viele der deutschen Arbeiterinnen erweisen sich freundlich und hilfreich, erstaunt darüber, auch in den Russen Menschen vorzufinden, und noch dazu solch unverbildete, denen Mißtrauen etwas Fremdes ist. – Doch ist das bloß eine Beurteilung nach den allerdings zahlreichen Russen u. Russinnen, die in meiner Fabrik arbeiten. Die deinige wird mehr Geltung haben. Bist Du noch am Schwarzen Meer, an jenem Ort, den Du nicht verraten darfst? Ich bin mit vielen guten Wünschen bei Dir!

Deine Sophie.

Der obere Teil des Blattes ist abgerissen, keine Anrede, datiert von fremder Hand: August 1942.

Sophie Scholl leistete ihren Rüstungseinsatz in der Ulmer Schraubenfabrik »Fervor«. Dieser Pflichtdienst endete am 19. September 1942, wie sich aus einem Brief Sophie Scholls an ihren Vater rekonstruieren lässt.

26.8.42. [nahe des Don, Russland]

Meine liebe Sofie!

Es ist schon wieder so kalt heute Abend, daß ich am ganzen Körper friere. Drum nimm für heute die pa[a]r Zeilen als Zeichen, daß ich mit ganzem Herzen bei Dir bin. Wir sind uns zwar fern und unsere Erlebnisse sind so verschieden und ich weiß fast gar nichts wie es Dir ergeht, was kann ich da anderes für Dich tun, als Dich lieb zu haben so gut und so fest ich's kann und Dich mit Wünschen Hoffen und Bitten zu umschließen. Vielleicht kannst Du trotz aller Trennung ihre Wärme spüren und wenn es Dir not tut darin untertauchen.

Heute Nacht hatten wir – 4 Grad Kälte und heute Mittag war es wieder so heiß, daß man nur mit Sporthose bekleidet beinahe zu schwitzen begann. Durch den hohen Temperaturunterschied spürt man die Kälte doppelt, so daß ich heute Nacht trotz Leibbinde, Unterhose, Schlafanzug, Pullover, Trainingsanzug, Socken, Schlafsack und einer Decke ziemlich gefroren habe.

Morgen werden wir wieder nach vorne verlegen. Würde nur bald eine Entscheidung fallen, damit man das Ende eher absehen könnte. Eben fällt mir ein, daß heute vor 3 Jahren erster Mobilmachungstag war! Wie viel Kriegsjahre werden noch folgen?

Doch ich bin zuversichtlich und frohen Muts. Unser höchstes Gut kann uns niemand nehmen.

Ich bin ganz bei Dir.

Dein Fritz.

30.8.42. [nahe des Don, Russland]

Meine liebe Sofie!

In den letzten Tagen bin ich verwöhnt worden! Vor zwei Tagen bekam ich einen Brief von Dir, vorgestern ein Päckchen mit Brötchen, und gestern einen Brief und ein Gutsle-Päckchen mit einem Brief. Ich will Dir's danken indem ich mich immer bemühe Dir so oft wie möglich zu schreiben, um Dir eine gleiche Freude zu machen. Aber leider erreicht Dich anscheinend meine Post recht unregelmäßig, da Du schreibst, daß Du schon 11 Tage auf Nachricht von mir wartest. Doch laß uns dadurch nicht verdrießen, wenn wir einmal warten müssen, sind wir doch viel enger verbunden, als es Briefe bezeugen können. Oft fehlt auch mir der Geist um Dir zu schreiben, so sehr mich auch mein Herz dazu drängt. Nicht daß wir uns nichts zu sagen hätten, ich wäre glücklich und keinen Augenblick gelangweilt, könnte ich mit Dir dahinschlendern wie in unseren Freiburger Tagen, doch vor dem geschriebenen Wort fürchte ich mich fast ein wenig. Das steht so unerbittlich und so unverrückbar fest, wie für ewige Zeiten, das plätschert nicht dahin wie eine Welle, die bereits von der nächsten überholt wird, das steht so nackt, herausgerissen aus allen Gedanken und Gefühlen, für immer und von allen Seiten prüfenden Blicken ausgesetzt, daß es sich schämen möchte. Doch Du wirst es nicht verlachen, so dumm und plump und unschön es auch dastehen mag, Du wirst es in Deiner Liebe aufnehmen und spüren daß es gut gemeint war. Gelt Sofie? So schreib auch Du mir, wie Dir's der Augenblick gibt.

Deinen ersten Brief, in dem Du von der Bestrafung Deines Vaters schreibst, habe ich nun auch erhalten. Ich bin einigermaßen beruhigt, daß Dein Vater die Strafe so gefaßt und überlegen aufgenommen hat. Dann wird er sicher alles gut überstehen und die Strafe wird ihn nur noch sicherer und fester machen. Aber nun lastet die sowieso so viele Arbeit allein auf der armen Inge. Wie soll sie das nur bewältigen können? Könntest doch Du ihr wenigstens helfen, anstatt in der Fabrik zu arbeiten! – Wie wird es Dir ergehen in dieser neuen Umgebung? Kannst Du abends wenigstens nach Hause fahren? Schreib mir bitte alles was bei Euch vorgeht.

Meine Gedanken und Wünsche umgeben Dich. Dein Fritz.

Grüße herzlichst Deinen Vater, Deine Mutter und Inge.

Robert Scholl, Sophies Vater, war am 3. August 1942 von einem Sondergericht wegen »Heimtücke« zu vier Monaten Haft verurteilt worden. Er war von seiner Sekretärin denunziert worden, weil er während eines Gesprächs im Büro Hitler »eine Gottesgeißel« genannt und ergänzt hatte: »Wenn er nicht bald Schluß mit dem Krieg macht, werden in zwei Jahren die Russen in Berlin stehen.«

31.8.42. [kurz vor dem Don, Russland]

Meine liebe Sofie!

Ich will Dir gute Nacht sagen und Dich wissen lassen, daß ich jeden Tag mit meinen Gedanken bei Dir beschließe. Da schläfst Du so friedlich in meinen Armen ein, und auch ich fühl mich geborgen an Deiner Seite. Meine Gedanken ruhen bei Dir, da brauchen sie sich nicht zu fürchten, denn Du wirst sie zum Guten führen.

Heute habe ich nochmal das Büchlein gelesen, das mir Inge mit auf den Weg gab: Martin Deutinger, das große Gebet. Ich schöpfte daraus so viel in mein Herz, daß ich nachher ganz glücklich war über meinen Besitz, oder besser mein Geschenk. Ich zähle dies Büchlein zu den schönsten, die man nie auslesen kann. – Wenn Du mir etwas zum Lesen schicken könntest, ich wär Dir sehr dankbar. Zum Glück finde ich immer die Zeit dazu, abends und nach dem Mittagessen. Vielleicht zur Zeit noch mehr wie Du, wenn Du in der Fabrik arbeiten mußt und vielleicht abends zu Hause auch noch helfen.

Ich freu mich mit Dir auf Deine neue 2 Zimmer-Wohnung. Hast Du auch schon die nötige Einrichtung? Du weißt doch, daß Dir mein Sessel und mein Rauchtischchen zur Verfügung stehen, ich habe meinen Eltern bereits geschrieben, Du brauchst die Sachen nur abholen. Wann werde ich auch einmal unter Euch sitzen können?

Hans und Werner haben ja ein wunderbares Glück, daß sie in dem so weiten Rußland zusammengetroffen sind, und sogar vorläufig beisammen bleiben! Das wird ihnen sicher vieles erleichtern.

Zur Zeit liegen wir nun 3 km vom Don entfernt. Wir schauen sehnsüchtig zu dem hier so seltenen Wasser hinunter, aber leider können wir nicht drin baden, da auf dem anderen Ufer noch der Russe sitzt, und der Don ist hier nur so breit, wie die Donau bei Regensburg. Weißt Du wann ich mein letztes Bad genommen habe? Mit Dir zusammen in Freiburg! Seither muß ich mich täglich mit 5 Liter Wasser begnügen. Dabei ist hier auf den Straßen ein unvorstellbarer Staub, daß man oft glaubt keine Luft mehr zu bekommen und nach jeder Fahrt mit einer dicken Staubschicht überzogen ist. – Den gewünschten Bezugschein kann ich nur unter Schwierigkeiten erhalten, ich habe immer noch

Bedenken und weiß nicht, ob der Zweck eventuelle Unannehmlichkeiten rechtfertigen würde.

Nimm meinen Gruß von Herzen, Dein Fritz.

Martin Deutinger (1815–1864), katholischer Philosoph und Theologe. »Das große Gebot. Eine Philosophie der Liebe aus den religiösen Schriften Martin Deutingers«, zusammengestellt von Franz Zimmer, erschien erstmals 1921 (Matthias Grünewald-Verlag, Mainz).

Sophie und Hans Scholl hatten in einem Rückgebäude in der Franz-Joseph-Straße in München-Schwabing zwei zusammenhängende Zimmer gefunden, die sie demnächst gemeinsam bewohnen wollten.

Inzwischen war auch Sophie Scholls jüngerer Bruder Werner nach Russland abkommandiert worden – durch Zufall ganz in die Nähe von Hans Scholl, sodass sich die Brüder mitten in Russland besuchen konnten.

Was es mit dem von Sophie Scholl »gewünschten Bezugschein« auf sich hatte, ist nicht mit letzter Sicherheit festzustellen. Wahrscheinlich aber ist der Bezugschein für einen Vervielfältigungsapparat gemeint gewesen, den Fritz Hartnagel im Mai auf der Fahrt von Freiburg nach Konstanz von Sophie Scholl erhalten hatte (vgl. Fritz Hartnagels Brief vom 7.5.1942).

6.9.42. [am Don, Russland]

Meine liebe Sofie!

Nur schnell einen kleinen Gruß, da morgen eine Maschine in's Reich fliegt, so daß Du ihn vielleicht schneller als sonst erhalten wirst. Wenn er Dir leider nicht mehr bringen kann als ein langsamer, so ist er doch gewissermaßen noch »wärmer«.

Ich bin froh, daß Du trotz allem was Dich bedrückt Deine Zuversicht behalten willst. Wir würden das Vertrauen zu Gott verlieren wenn wir die Zuversicht aufgeben wollten. Zeugt nicht Mutlosigkeit für einen Mangel an Glauben. Manchmal wenn ich mich frei gemacht habe von allen eigensüchtigen Wünschen und Begierden, wenn es mir gelingt mich nur noch als Mittel zu betrachten, dann glaube ich die »vita beata« des Hl. Augustinus zu ahnen. Doch leider sind dies nur Lichtblicke und oft taste ich noch in tiefer Dunkelheit. Da Du vielleicht meine letzten

Briefe noch nicht erhalten hast, will ich Dir's nochmal schreiben, daß ich meine Mutter gebeten habe mein Sparkassenbuch Deiner Mutter zu bringen, damit Ihr nicht in Not sein müßt, nachdem Dein Vater in's Gefängnis mußte. Leider kann ich nur dazu beitragen die materielle Not zu lindern. Könnte ich wenigstens ein Teil des Opfers Deines Vaters abnehmen!

Ich habe Dich in einem meiner letzten Briefe gebeten mir Bücher zu schicken, falls es Dir möglich ist. Da aber das Schicken mit Feldpost Schwierigkeiten machen würde (nur 100 g), möchte ich Dich bitten, falls Du etwas für mich hast, ein Päckchen an einen Urlauber meiner Kompanie zu schicken, der bis zum 25.9. mit folgender Adresse zu erreichen ist: Ogefr. Schuldis, Freiburg/Breisgau Albert-Straße 5.

Nun, liebe Sofie, nimm diesen kleinen Brief mit allem was ich Dir an Gutem wünschen und geben kann. Ich bleib Dein Fritz.

Herzliche Grüße an Deine Mutter, Deinen Vater und Inge.

»De vita beata« (Über das Glück), verfasst im Jahre 386, gehört zu den frühen Schriften des Aurelius Augustinus. Es sind Gespräche wiedergegeben, die Augustinus mit Freunden in Cassiciarum bei Mailand führte. Augustinus geht hier davon aus, dass das glückliche Leben das eigentliche Ziel des Menschen sei. Es gebe eine unerschütterliche Wahrheit, die Wahrheit Gottes. Die Erkenntnis dieser Wahrheit sei möglich, sie führe zu wahrem Glück in der Vereinigung mit Gott.

7.9.42. [am Don, Russland]

Meine arme Sofie, wie viel Schlimmes mußt Du noch über Dich ergehen lassen? Wie froh war ich, als Du endlich von Blumberg weg warst, und nun wieder geht es Dir fast noch schlimmer wie mir scheint. Wenn Du auch am Abend zu Hause sein kannst, so bist Du doch eine unglaublich lange Zeit an die Fabrik gebunden. Dazu kommt noch der lange Fahrweg, und daß Du am Abend vom langen Stehen natürlich todmüde bist, so daß Dir vom zu-Hause-sein kaum was übrig bleibt. Liebe Sofie, da will ich mich gerne auf Deine Briefe gedulden, nicht daß in Deinen wenigen (so gut wie keinen) freien Stunden auch noch das Briefeschreiben, oder das Schuldgefühl einer unerledigten Pflicht auf Dir lastet. Ich will trotzdem annehmen, daß meine Gedanken, so oft sie zu Dir fliegen, bei Dir in Güte aufgenommen sind, auch wenn sie dann keine sichtbare Erwiderung finden. – Hoffentlich fängt bald Dein Semester wieder an, oder werde einfach krank; natürlich nicht richtig, wenn Du es nicht schon bist von der ungewohnten körperlichen Anstrengung, fürchte ich. Und ich kann wieder nur zusehen, wie Du leiden mußt, ohne Dir helfen zu können. Doch mit einem kann ich Dir vielleicht eine kleine Freude bereiten wenn Du abends müde aus der Fabrik heimkommst, indem ich Dir so oft wie möglich einen Gruß schicke. Und wenn Du Dich mit ein pa[a]r, vielleicht nichtssagenden Zeilen zufrieden gibst, die Dir nur sagen möchten, daß ich Dir nahe bin und Dir helfen möchte, dann will ich mich gerne bemühen.

Denk Dir, von wann Dein letzter Brief stammt, er ist vom 31. 8., also nur 6 Tage unterwegs gewesen! Das mutet mich so eigenartig an, daß das was ich nun vor mir habe von Dir erst letzten Sonntag, an den ich mich noch genau entsinnen kann, geschrieben wurde. Hoffentlich legt mein gestriger Brief, den ich einem Urlauber mitgegeben habe, seinen Weg genau so schnell zurück.

Ich kann Dir im Brief leider nicht viel Geld schicken, da ich nur Rubel habe, mit denen Du nichts anfangen kannst. Vielleicht kannst Du den beiliegenden Kreditkassenschein wenigstens einwechseln. Ich wollte ihn eigentlich für Einkäufe in Frankreich aufheben, ich Optimist! Vor einigen Tagen habe ich durch Postanweisung 250 Rm an Dich abgeschickt.

Nimm liebe Sofie, meinen Gruß und gute Wünsche.

Von Deinem Fritz.

Ich bin gespannt auf Dein Kostüm! Wann darf ich's sehen?

9.9.42. [am Don, Russland]

Meine liebe Sofie!

Heute Morgen um 4 Uhr wurde ich recht unliebsam aus dem Schlaf gerissen. Plötzlich standen einige ziemlich betrunkene Offiziere gröhlend in meinem Zelt und zerrten mich aus meinem Schlafsack. Sie kamen von der Ln. Kompanie unserer Nachbargruppe, die 20 km von uns entfernt liegt, und hatten die ganze Nacht durchgezecht. Da blieb mir nichts übrig als gute Miene zum Ganzen zu machen und mit unseren letzten kostbaren alkoholischen Getränken rauszurücken. Mir sind solche Situationen, die keineswegs von einer gewissen Herzlichkeit getragen sind und nur zum Ziel haben auf gröbste und geistloseste Weise betrunken zu sein, immer so zuwider, daß ich am liebsten davonlaufen möchte. Wie kostbar könnte uns solch eine Flasche Wein oder Sekt sein, der dann durch unsere Gemeinsamkeit zu einem noch viel besseren und sinnvolleren Getränk erhoben würde, während er in solchem Kreise hinuntergetrunken wird, nur damit er getrunken ist. Ich glaube, man kann auch einen Wein entwürdigen, wenn man ihn nur zur Betäubung seines Geistes verwendet, bzw. um das Bewußtsein seiner inneren Leere zu verscheuchen. Wie schrecklich ist diese künstliche »Freude«. Solche Augenblicke führen mich immer so inniglich zu Dir, dann schließe ich Dich in meine Arme mit dem innigsten Wunsch, daß wir uns immer mit reinem Herzen begegnen mögen. Nur so können wir wirklich froh sein.

Heute habe ich den ganzen Tag 9 Bewerber für die Offizierslaufbahn geprüft, durch schriftliche Arbeiten und mündliche Diskussion. Wenn es auch recht anstrengend war sich ständig auf sein Gegenüber zu konzentrieren und zu versuchen jede geistige und körperliche Bewegung zu erforschen, so ist dies doch noch eine meiner liebsten dienstlichen Beschäftigung[en]. Unter anderem habe ich auch das Thema gestellt: Was sagen Sie zu dem Satz: Ein Mensch wird besser indem er gebildeter wird. Die meisten haben ihn bejaht, während er nach meiner Meinung entschieden abgelehnt werden müßte. Ich bin nun gespannt auf die mündliche Aussprache zu diesem Thema, die ich morgen mit jedem einzeln durchführen will. – Nimm diese dienstlichen Dinge, die doch den größten Teil meines Tuns ausmachen auch als einen Gruß von

Deinem Fritz.

12.9.42. [am Don, Russland]

Meine liebe Sofie!

Wie reich bin ich gestern mit Post bedacht worden! Zwei Briefe von Dir, darunter bereits einer vom 5.9., und ein Päckchen und einen Brief von meiner Mutter. Doch nicht nur <u>mit</u> Post, sondern auch <u>durch</u> Deine Post bin ich so reich beschenkt worden. Ich kann Dir alles Liebe nur danken, indem ich Dich immer inniger in mein Herz schließe.

Wie sollen wir es anders ertragen, was Du so sachlich und darum um so ergreifender nebeneinander stellst, daß Ernst Reden gefallen ist, Dein Vater seine Strafe, und Du Deinen Fabrikdienst antrittst, als daß wir vertrauen auf die Liebe Gottes, die, uns erfüllend, uns zu viel höheren Gütern führt, als sie uns jemals genommen werden können, und durch welche wir alles Leid umhüllen als Bestes was wir geben können.

Heute bin ich die ganze Nacht nicht zum Schlafen gekommen. Wir hatten einen Hauptmann und zwei Leutnants unserer Nachbargruppe zum Kaffee eingeladen, und da bei uns abends ein Film gespielt wurde (im Freien!), sahen sie sich auch diesen noch an. Da es nun schon mal für die Heimfahrt dunkel geworden war, setzten wir uns zu einem Glas Wein zusammen, über dem es unter Aufopferung unserer mageren Bestände wieder hell geworden war. Zum Glück ist es nicht nur eine sture Sauferei geworden, sondern wir haben aufs Heftigste diskutiert, so daß wir gar nicht merkten, wie die Zeit vergangen war; vor allem mit einem Leutnant, der Parteiredner ist und meinem Leutnant Nürnberg, der H. J. Führer ist. Die Unterhaltung war wenigstens insofern erfreulich, als sie auf beiden Seiten sachlich und logisch geführt wurde und von meinen Gegenüber irgendwelche Anschauungen nicht als indiskutable Tatsachen vorausgesetzt wurden. Könntest Du oder Dein Vater nur einmal bei solch einer Diskussion dabei sein. Allein habe ich oft einen harten Stand. Als ich z. B. dem heutigen Staat Egoismus vorwarf, der von der Gesamtmenschheit aus gesehen nicht gerechtfertigt werden könne, wurde mir entgegnet, daß doch selbst der Christ ein Egoist sei, da er nur Gutes täte um seelig zu werden und den Qualen der Hölle zu entgehen. Trotzdem ich den Unsinn fühlte, konnte ich im Augenblick keine Entgegnung finden.

Für heute sei lieb gegrüßt von Deinem Fritz.

Ernst Reden (1914–1942) war ein Freund der Scholl-Kinder, vor allem von Inge Scholl. Er stammte aus Köln und leistete in Ulm seinen Wehrdienst ab. Durch Freunde aus der Jugendbewegung lernte er Hans Scholl kennen. Die beiden organisierten in Ulm eine Gruppe der verbotenen d.j. 1.11. Ernst Reden war, ebenso wie Inge, Hans, Werner und kurzzeitig auch Sophie Scholl, 1938 im Zusammenhang mit den Aktionen gegen »bündische Umtriebe« verhaftet worden. Man hielt ihn acht Monate zunächst im Gefängnis, dann in einem Konzentrationslager fest. Er hatte vor allem durch seine Begeisterung für Literatur großen Einfluss auf die Scholl-Geschwister.

14.9.42. [am Don, Russland]

Meine liebe Sofie!

Heute war wieder ein Freudentag. Ein Brief von Dir und einer von Inge hat mich erreicht und außerdem ist der Urlauber mit Deinem Bücherpäckchen zurückgekommen. Das Schmiedebuch hat meinen Burschen riesig gefreut. Etwas Besseres hättest Du gar nicht finden können, da jeweils auch die Herstellungsweise kurz erläutert ist. Er will nun den langen Winter dazu ausnützen sich in der Schmiedekunst zu üben, wenn er Eisen auftreibt.

Die letzten drei Tage war ich auf unserem neuen Platz um die Arbeiten für den Ausbau unserer Winterquartiere vorzubereiten. Dabei war ich gestern auch in Stalingrad um die Möglichkeit der Holzbeschaffung zu erkunden. Es war wohl der erschütterndste Eindruck von Elend und Trostlosigkeit, den ich in diesem Feldzug gewonnen habe. Schon die ganze Straße vom Don nach Stalingrad ziehen tausende von Flüchtlingen, Frauen und kleine Kinder und alte Männer, ohne eine Unterkunft ohne etwas zu essen, denn aus dem Land gibt es nichts zu holen, da ist eine endlos öde Steppe, durch die der Weg in mehreren hundert Metern Breite, wie ein wilder Fluß mit vielen Nebenarmen dahinzieht. Da saßen sie auf ihren pa[a]r Habseligkeiten im Regen und warteten bis sie von einem deutschen Auto mitgenommen wurden, oder quälten sich mit einem Handkarren mühselig vorwärts. Ich habe auf dem Rückweg, soviel ich unterbringen konnte, einen alten Mann, der kaum mehr gehen konnte, eine ältere und eine junge Frau mitgenommen. Wie die sich freuten und andächtig hinten drin saßen, wie Kinder. Die ältere von den Frauen hat sich immer wieder bekreuzigt. – Von Stalingrad ist ein großer Teil abgebrannt und der Rest, der noch steht wird von der deutschen Wehrmacht abgebrochen um Holz zu gewinnen zum Bau von Truppenunterkünften. Leider bleibt uns nichts anderes übrig als genau so zu handeln, da es in ganz Südrußland keinen Wald gibt. Mir ist es noch ein Rätsel woher wir für diesen Winter Brennholz bekommen sollen. Aber auch dafür muß es noch eine Lösung geben. Diese Schwierigkeiten nehmen mich zur Zeit stark in Anspruch.

Für Deinen Brief und das Buch »Schönheit«, von dem Du mir schon manchesmal erzählt hattest, einen herzlichen Dank. Ich bitte und wünsche für Dich und behalte Dich in meinem Gedenken. Dein Fritz.

Gruß und Dank an Inge.

Ende August erreichten deutsche Truppen erstmals die Wolga. Am 3. September begann der Angriff auf den Verteidigungsring von Stalingrad durch die sechste Armee unter General der Panzertruppe Friedrich Paulus und andere Wehrmachtseinheiten. Dieser Angriff war vom 22. bis 24. August durch massive Bombardierung der Stadt vorbereitet worden, bei der ca. 40 000 Menschen, überwiegend Zivilisten, den Tod fanden – vergleichbar mit den Folgen der Bombenangriffe auf Hamburg ein knappes Jahr später. Bis Mitte September hatten sich einzelne Stoßtrupps unter großen Verlusten bis in die Nähe des Stadtzentrums herangekämpft. Bereits zu diesem Zeitpunkt war absehbar, dass eine militärische Entscheidung vor Einbruch des Winters nicht mehr herbeizuführen war. In den nächsten zwei Monaten, bis Mitte November 1942, konnte die Wehrmacht nach und nach fast 90 Prozent der Stadt erobern, wobei oft einen ganzen Tag um jedes Haus, oft nur um wenige Quadratmeter gekämpft wurde.

Theodor Haecker, »Schönheit. Ein Versuch«, erschienen bei Jakob Hegner, Leipzig 1936.

16.9.42. [zwischen Don und Wolga, Russland]

Meine liebe Sofie!

Nur einen lieben Gruß, damit Du spürst, wie meine Gedanken bei Dir sind. Doch wie soll ich's sagen, was ich Dir Liebes in ihm schicken möchte, wo mir dazu die Worte fehlen. Und selbst wenn ich bei Dir wäre, ich könnt Dich nur in meine Arme drücken, zum Zeichen wie fest Du in mein Herz geschlossen bist. Und auch dies nur, wenn ich's ganz rein und innig tue, als Abglanz einer höheren Liebe. Ich bin so froh, daß mir eine solch schöne Aufgabe zuteil geworden ist, die mich immer erfüllen kann, so weit ich auch von Dir entfernt sein mag.

Unser Schicksal hat sich nun schon mit ziemlicher Sicherheit entschieden. Wir sind bereits dabei unsere Winterquartiere auszusuchen. Wahrscheinlich bleiben wir in der Gegend von Stalingrad. Ich hab mich schon einigermaßen damit abgefunden, denn im Ernst konnte ich einen ähnlichen wie den letzten, Weimarer Winter doch nicht erwarten, so schön es auch gerade jetzt wäre, wo Du sicher besser über Deine Zeit verfügen könntest wie letztes Jahr. D. h. wenn erst wieder Dein Fabrikdienst vorbei ist; – ich hoffe, recht bald! An Zeit wird es mir dann allerdings kaum mehr mangeln. Ich will sie gründlich ausnützen. Vielleicht habe ich dann auch die Geduld russisch zu lernen, wozu ich bis jetzt fast noch nicht gekommen bin. Ich staune über Deine russischen Kenntnisse, die wesentlich weiter gehen als daß ich's verstehen könnte. Hast Du Russisch-Unterricht genommen, oder hat Dir das Schurik beigebracht? – Ich habe auch immer noch meine alte blecherne Zigarettenschachtel, die mich an Dich erinnert, sooft ich sie aufmache. Weißt Du noch was Du hineingeschrieben hast? – »[Yest man teberat.]« –

In den letzten Tagen ist es bei uns empfindlich kalt geworden. Alles gräbt sich tief in die Erde ein, um gegen den scharfen Wind geschützt zu sein. Gestern Abend bin ich schon um 7 Uhr, dick eingepackt in meinen Schlafsack geschlüpft, da es in meinem Zelt am Tisch sitzend zu kalt geworden war. Selbst das Lesen habe ich nach kurzer Zeit wieder aufgegeben um noch tiefer in meinen Schlafsack zu kriechen. Das ist schade um die schöne Zeit, denn so habe ich beinahe 12 Stunden geschlafen. Könnt ich nur Dir etwas davon abgeben, Du würdest es dringender brauchen. – Einen lieben Gruß von Deinem Fritz.

Die Wiedergabe der Inschrift in der Zigarettendose ist nicht eindeutig zu entziffern.

Schurik, das ist Alexander Schmorell, studierte wie Hans Scholl, mit dem er seit 1940 befreundet war, in München Medizin. Er gehörte derselben Studentenkompanie an wie Hans Scholl. Die beiden verband die gemeinsame Arbeit als angehende Ärzte und die ablehnende Haltung gegenüber dem Nazi-Regime. Alexander

Schmorell war der Sohn einer Russin und eines Deutschen. Nach dem frühen Tod der Mutter wurde er von einem russischen Kindermädchen erzogen, das kaum Deutsch sprach. Deshalb wuchs Alexander Schmorell zweisprachig auf.

Im Sommer 1942 verfasste Alexander Schmorell gemeinsam mit Hans Scholl die ersten Flugblätter der »Weißen Rose«. Auch an allen folgenden Aktivitäten des Freundeskreises war er maßgeblich beteiligt. Nach der Verhaftung von Hans und Sophie Scholl am 18. Februar 1943 unternahm er einen Fluchtversuch, der missglückte. In einem Münchner Luftschutzkeller, in den er sich bei einem Fliegeralarm geflüchtet hatte, wurde er am 24. Februar 1943 erkannt und verhaftet. Zusammen mit Willi Graf und Kurt Huber wurde er am 19. April 1943 vom Volksgerichtshof zum Tode verurteilt und am 13. Juli 1943 durch das Fallbeil hingerichtet.

18.9.42. [nahe Stalingrad, Russland]

Meine liebe Sofie!

Heute haben mich zwei Briefe Deiner Mutter erreicht! Bitte sag ihr einstweilen, bis ich dazu komme wieder zu schreiben, meinen herzlichsten Dank. Leider bin ich auf die Idee für Deinen Vater ein Gnadengesuch zu schreiben von alleine nicht gekommen. Ich werde mich aber gleich dran machen. Vielleicht hat es Aussicht auf Erfolg, wenn sich ein »Hauptmann« dafür einsetzt. Das klingt doch schon etwas nach einer würdevollen Persönlichkeit; daß sich dahinter noch beinahe ein Junge verbirgt, wissen die Betreffenden ja nicht.

Aus dem Brief Deiner Mutter habe ich auch entnommen, daß Dein Fabrikdienst nur 4 Wochen dauert. Dann wird er ja in den nächsten Tagen wieder zu Ende sein. Ich bin froh, Dich dann nicht mehr in so mißlichen und anstrengenden Verhältnissen zu wissen. Zu Deiner Böhmerwaldfahrt wünsche ich Dir dann viel Schönes, und daß sie Dir trotz allem Bedrückenden viel Freude bringen möge. Hoffentlich habt Ihr auch schönes Wetter dazu. – Wir sind zur Zeit eifrig dabei uns Erdbunker zu bauen, da es in den Zelten, vor allem bei Nacht, schon zu kalt wird. Ich arbeite selbst dabei mit, was mir trotz Blasen und Muskelkater gegenüber meiner sonst rein geistigen Arbeit Spaß macht. Allerdings kann ich meine Arbeitszeit, im Gegensatz zu Dir, nach eigenem Ermessen festlegen.

Fritz Hartnagel beim Bunkerbau
für den Winter vor Stalingrad;
Herbst 1942

Ich glaube aus den Briefen Deiner Mutter herauszulesen, daß meine Schilderungen einzelner Erlebnisse bei Dir und Deiner Mutter den Eindruck hervorgerufen haben, als ob ich ständig in Gefahr stünde. Ich habe davon nur geschrieben, weil es an den betreffenden Tagen gerade etwas besondres war. Doch an den anderen Tagen bin ich beinahe so wenig gefährdet wie Du, oder zumindest nicht mehr, als irgendein Bewohner des Rheinlandes.

Nimm für heute die pa[a]r Zeilen und meine lieben Grüße und guten Wünsche dazu.

Dein Fritz.

Nach dem Ende ihres Fabrikdienstes fuhr Sophie Scholl mit ihrer Schwester Elisabeth nach München, um ihr Zimmer auszuräumen. Anschließend waren einige Ferientage im Böhmerwald geplant. Nach Auskunft von Elisabeth Hartnagel, geb. Scholl, fand diese Reise nicht statt. Sophie Scholl schrieb am 4.10.1942 an ihre Freundin Lisa Remppis: »Unsere Böhmerwaldfahrt wurde hinausgeschoben. Wir sind z.Zt. in München, um Prof. Muth, der bei dem letzten Angriff Schaden gelitten hat, zu unterstützen.« Der erste große Bombenangriff traf München in der Nacht vom 19. auf den 20. September 1942.

Fritz Hartnagels Vergleich seiner eigenen Gefährdungslage mit der der »Bewohner des Rheinlandes« dürfte sich darauf beziehen, dass das Rheinland aufgrund seiner geographischen Nähe zu England schon früh wiederholten Bombenangriffen ausgesetzt war. So erlebte Köln in der Nacht vom 30. auf den 31. Mai 1942 als erste deutsche Großstadt einen »1000-Bomber-Angriff«.

20.9.42. [nahe Stalingrad, Russland]

Meine liebe Sofie!

Gestern und heute hast Du mich wieder mit Post bedacht! Der gestrige Brief stammt noch vom 26.7. (!) und heute hat mich Dein Brief mit der Skizze und Otl's Aufsatz erreicht. Für alles meinen Dank! Die Skizze gefällt mir gut und Otl's Aufsatz werde ich mir noch für nachher im Bett aufbewahren. Das Lesen vor dem Einschlafen ist so gut, das ist, als ob mir der Schmutz des Tages abgewaschen würde. Zur Zeit lese ich zum zweiten Mal Guardini, Augustinus Bekenntnisse. Doch es war vor 1 1/2

Jahren als ich es als erstes Buch dieser Art gelesen hatte, wobei ich damals noch wenig verstanden hatte.

Heute habe ich das Gnadengesuch für Deinen Vater abgeschickt mit Luftpost. Möge es zu einem guten Ende beitragen. Doch wenn von allen Seiten solche Gesuche kommen, müßte doch Aussicht auf Erfolg bestehen. Ich habe mir heute schon gedacht, ob Deine Mutter nicht den Kreisleiter von Öhringen, der doch Deinen Vater gut kennt, bitten könnte, ebenfalls ein Gesuch einzureichen. Vielleicht habt Ihr auch sonst noch einige »Persönlichkeiten« in Eurem Bekanntenkreis, die sich für Deinen Vater einsetzen würden. Ich kann es mir gar nicht wirklich vorstellen, daß Dein Vater wie ein Verbrecher gefangen ist, im Sträflingsanzug steckt, und diese unwürdige Behandlung über sich ergehen lassen muß. Vier Monate ist eine lange Zeit, wenn ich mir vorstelle, daß es gerade heute vier Monate sind, daß ich von Dir Abschied nehmen mußte. Ich lege auch dieses Schicksal in meinem Gebet in Gottes Hand.

Heute ist Sonntag. Er unterscheidet sich zwar von den anderen Tagen nur dadurch, daß es Bohnenkaffee und ein gutes Sonntagsessen gibt. Doch das ist für uns schon Festtag genug. Heute gabs zum Beispiel eine Gemüsesuppe mit Mark, dann Gänsebraten mit Tomatensalat (für die ganze Kompanie = 36 Gänse!) und zum Nachtisch eine Riesenportion Pudding aus Dosenmilch! Du siehst, des Essens wegen bräuchte ich nicht in Urlaub fahren! – Zur Zeit habe ich nicht viel zu tun. Ich betätige mich deshalb, da es mir Spaß macht, hauptsächlich als Erdarbeiter an meinem Bunker, für den ich 20 cbm Erde ausheben muß, sonst auch noch als Architekt und Bauleiter aller Bunkerbauten im Kompaniebereich. Mein neuester Plan ist ein Sauna-Bad.

Dir liebe Sofie alles Gute!

Dein Fritz.

Welche Skizze und welcher Aufsatz von Otl Aicher gemeint sind, ist nicht mehr zu ermitteln.

Ferdinand Dietrich, Kreisleiter von Öhringen (zum Kreis Öhringen gehörte auch Forchtenberg, wo Robert Scholl Bürgermeister gewesen war und wo Sophie Scholl geboren wurde), war trotz seiner hohen Funktion innerhalb der NSDAP ein persönlicher Freund von Robert Scholl bis zu dessen Tod.

Die deutschen Soldaten in Russland ernährten sich aus dem eroberten Land. Die russischen Bauern wurden mit Waffengewalt gezwungen, all ihre Vorräte herauszugeben. Die 36 Gänse und die übrigen Zutaten des Sonntagsessens, von dem Fritz Hartnagel schreibt, waren mit Sicherheit auf eben diese Art organisiert worden.

30. 9. 42 [nahe Stalingrad, Russland]

Meine liebe Sofie!

Nur ein kleines Zeichen, daß ich Dir nahe bin. Es ist das Einzige, was die pa[a]r Zeilen Dir bringen können. Laß Dir's genügen, denn wie könnte ich Dir's anders sagen, wie Du in meine Gedanken und meinen Tageslauf hineingeflochten bist?

Die letzten beiden Tage war ich nach langer Zeit wieder einmal unterwegs um meine abgesetzten Trupps zu besichtigen. Als Schönstes habe ich einen herbstlichen Strauß zurückgebracht. Es sind einige Zweige mit feurig roten Blättern, die nun meinen Bunker mit einem rötlich-warmen Licht erfüllen. Als ich mit meinem Burschen zusammen im Wagen schlief, entspann sich am Abend noch eine Unterhaltung über Religion, die mir so gut getan hat, vor allem, daß ich überhaupt mit irgend einem Menschen über solche Dinge sprechen konnte, ohne Zurückhaltung, zu der ich immer gezwungen bin. – Es steht nun endgültig fest, daß wir den kommenden Winter hier in der Gegend von Stalingrad verbringen müssen. Doch was mein Herz mit wahrer Freude zu erfüllen vermag, ist für mich nicht ferner als anderswo. Auf alles andre will ich verzichten können.

Du bleibst von guten Wünschen umgeben, von Deinem Fritz.

3. 10. 42. [nahe Stalingrad, Russland]

Meine liebe Sofie!

Ich habe wieder Post von Dir erhalten! Dein Päckchen vom 13. 9. und einen Brief vom 21. 9. Ich dank Dir für alles, auch Deiner Mutter für das Opfer einer so wertvollen Päckchenmarke. Doch wem habe ich dadurch ein Päckchen weggenommen?! Die Brötchen sind zu gut, und meine Eßlust ist hier in Rußland schon so groß geworden, daß ich die Schachtel immer wieder vorholen muß, um nur »eines« zu entnehmen, obwohl sie für heute schon längst weggepackt ist. Du siehst wie groß mein Materialismus ist, letzten Sonntag hatte ich vor wegzufahren um meine abgesetzten Trupps zu besuchen, doch wie ich am Abend zuvor erfuhr, daß am andern Tag Sonntag ist, habe ich die Fahrt schnell um einen Tag verschoben, nur, weil es sonntags bei uns ein besonders gutes Essen gibt. Doch der andre Inhalt des Päckchens ist mir nicht weniger wertvoll. Leider aber habe ich die »Bekenntnisse« schon bei mir, dieselbe Ausgabe, nur nicht mit einem so schönen Einband. Wie ich Dir schon geschrieben habe bin ich gerade dabei sie zum zweiten Male zu lesen. Aber das konntest Du ja nicht wissen. Hoffentlich kommt der Urlauber, dem Du etwas für mich geschickt hast, bald zurück und macht es nicht wie ein anderer Urlauber meiner Kompanie, der Anfang Juli beurlaubt wurde und bis heute noch nicht wieder zurückgekehrt ist.

Ich bin nun froh, daß Du, vorerst wenigstens, wieder frei bist und über Dich selbst verfügen kannst. Nutze nur die Zeit, wir wissen nicht was noch kommen wird, wenn ich dieses Elend bedenke, das der Krieg über dieses Land gebracht hat. Man wird schon ganz stumpffühlig wenn man auf Schritt und Tritt den verhungerten und zerlumpten Flüchtlingen aus Stalingrad begegnet, um das immer noch heftig gekämpft wird, und das wohl noch den Winter über ein Kampffeld bleiben wird, da die Russen auf dem anderen Wolgaufer sitzen. Oder eine Gefangenenkolonne, sie birgt soviel Elend, daß man davor die Augen schließen möchte.

Es ist mir nun nicht mehr allzu leid, daß wir den Winter über im Einsatz bleiben müssen, denn die Einheiten, die herausgezogen werden, kommen nicht etwa nach Deutschland oder Frankreich, sondern werden nur weiter zurück in die Ukraine gezogen um verpflegungsmäßig nicht dem Westen zur Last zu fallen. Da habe ich wenigsten keine Sorge, wie ich meine Soldaten beschäftigen soll, und Urlaubsbedingungen sind hier wie dort gleich schlecht.

Grüße Inge und alle andern; Dir einen besonders lieben Gruß
v. Deinem Fritz.

Die Situation der Flüchtlinge, von denen Fritz Hartnagel schreibt, war vermutlich dramatischer, als er ahnen konnte: Die überlebende Zivilbevölkerung Stalingrads versuchte zwar vor den anrückenden deutschen Panzern über die Wolga nach Osten zu fliehen, was aber nur einem relativ kleinen Teil gelang (die vorhandenen Schiffe und Boote wurden vor allem für militärische Zwecke benötigt und lagen zudem fast ständig unter deutschem Feuer). Die in Stalingrad verbliebenen Zivilisten, meist Frauen – soweit sie nicht von der sowjetischen Armee zur Bedienung von Flakgeschützen u.ä. rekrutiert worden waren –, Kinder und Alte, wurden nach dem Einrücken deutscher Einheiten in großer Zahl einfach in die Steppe getrieben, wo sie der sichere Hungertod erwartete.

Die in Gefangenschaft geratenen sowjetischen Soldaten wurden in provisorischen Lagern in der Steppe interniert. Ihre Verpflegung war von Anfang an sehr schlecht; als aber der Nahrungsmittelnachschub auch für die deutschen Soldaten knapper wurde, erhielten die Gefangenen nichts oder fast nichts mehr zu essen. Zahllose sowjetische Kriegsgefangene sind in deutschen Lagern verhungert.

9. 10. 42. [bei Stalingrad, Russland]

Meine liebe Sofie!

Obwohl ich schon zwei Stunden hier sitze um Dir zu schreiben habe ich noch kein Wort aufs Papier gebracht, da meine Gedanken immer wieder abirren zu dienstlichen Dingen, die mich seit einigen Tagen wieder stark in Anspruch nehmen. Unser Winterquartier liegt nun endlich fest, es liegt zwischen Kalatsch und Stalingrad. Aber das ganze Quartier besteht nur aus einer Schlucht, die von der Frühjahrsschmelze in die sonst ebene Steppe eingerissen wurde. Wir müssen also für den Winter Erdbunker bauen. Dazu stehen uns allerdings keinerlei Baumaterialien zur Verfügung. Die einzige Quelle dafür sind die zusammengeschossenen Häuser in Stalingrad. Du wirst Dir denken können, daß die Aufgabe aus dem Nichts für 270 Mann Unterkünfte für einen russischen Winter zu bauen mancherlei Probleme stellt. Dabei ist die Planung selbst das Einfachste, aber wir haben kein Holz, keine Nägel, keine Steine, kein Fensterglas, kein Stroh, keine Kohlen, und was das Schlimmste ist, nur unzureichendes Handwerkszeug. Da werden täglich unzählige kleine und große Fragen an mich herangetragen, die alle einer Entscheidung bedürfen. Und die Zeit drängt bereits, daß wir in die Erde kommen bevor es anfängt zu frieren. – Verzeih mir drum liebe Sofie, wenn meine Gedanken nicht immer den Absprung finden in Deine Umgebung und Deine Verhältnisse, und wenn meine Briefe in den letzten Tagen etwas seltener geworden sind. [Hier ist mit Bleistift nachträglich ein Kreuz eingefügt, ein weiteres am Rand, aber ohne die zu erwartende Einfügung.] Doch wenn ich in meinem Abendgebet den Weg finde, der über all dies hinausführt, dann weile ich auch bei Dir mit liebenden Gedanken bis mich der Schlaf umfängt. Und mit diesen Gedanken verbringe ich auch die wachen Minuten vor dem Aufstehen.

Ich habe wieder einen Brief von Dir erhalten, allerdings einen ziemlich alten, er stammt vom 3.7.42. Doch er freute mich drum nicht minder, da er mir auch ein Stückchen von Dir gebracht hat.

Ich schicke meine Wünsche und Gedanken zu Dir, sie begleiten Dich wie immer, als ob ich bei Dir wäre.

Dein Fritz

Grüße an Inge und Deine Mutter und wenns geht an Deinen Vater.

18.10.42. [bei Stalingrad, Russland]

Meine liebe Sofie!

Wieder ein Brief hat mich erreicht, diesmal aus München. Wenn Du dabei bist Eure Wohnung für das nächste Semester einzurichten, denk auch daran, daß Du bei mir zu Hause einen Sessel und ein Rauchtischchen abholen kannst. Ich hoffe, daß ein pa[a]r Ferientage mit Lisl zusammen im Bregenzer Wald noch zustande gekommen sind, denn ich kann es mir gut vorstellen, daß Du in Deinen Semesterferien weniger freie Zeit hattest als während Deines Studiums, ganz abgesehen von Deinem Fabrikdienst. Eine warme Herbstsonne wünsch ich Euch dazu. Bei uns scheint seit zwei Tagen die herbstliche Schlechtwetterperiode eingetreten zu sein. Es regnet ununterbrochen und draußen ist ein Dreck, daß ich mich kaum aus meinem Bunker wagen kann. Aber drinnen ist es drum umso gemütlicher, wenn mein kleiner Ofen eine mollige Wärme gibt.

Eine Begegnung mit Waldemar Gabriel wäre sicher gut gewesen, denn solch ein Verhältnis aus sicherer Distanz kommt mir etwas gekünstelt vor. Vor zwei Tagen waren wieder zwei Leutnants unserer Nachbargruppe bei uns zu Gast. Das war ein heftiger Diskussionsabend, der bis morgens 3 Uhr dauerte und auch gestern habe ich mit meinen Kompanieoffizieren bis 2 Uhr gestritten. Der Ausgangspunkt ist meist ein politisches Problem, das folgerichtig zu philosophischen oder religiösen Fragen führen muß. Der Gegenstand unserer Unterhaltung war vor allem die Behauptung meiner Gegensprecher (ich bin leider immer allein mit meiner Meinung) daß die Natur gut sei, da sie ja von Gott geschaffen sei. Ein Gesetz der Natur sei aber der Kampf aus Selbsterhaltungstrieb, nur aus dem Tod entstünde Leben, das ewige Stirb und Werde. So sei auch der Kampf Volk gegen Volk, die Unterdrückung oder Vernichtung des Schwächeren ein Gesetz der Natur und deshalb gut.

Im Winter werden wir leider wieder in einem gemeinsamen Kasino der Gruppe verkehren müssen, während wir bis jetzt in der Kompanie unser eigenes Kasino hatten, in dem ich die Gespräche etwas nach meinem Geschmack lenken konnte. Aber der geistreichste meiner Offz. geht nun in Studienurlaub.

Eben fing es das erstemal an zu schneien.

Von Herzen Dein Fritz.

Hier erinnert sich Fritz Hartnagel falsch: Ferientage mit Liesel (Elisabeth Scholl) waren im Böhmerwald, nicht im Bregenzer Wald geplant.

Waldemar Gabriel war als Soldat zeitweise in Ulm stationiert gewesen. Dort hatte er Sophie Scholl kennen gelernt und war auch einige Male in der Wohnung der Familie Scholl am Münsterplatz. Die beiden verband die Malerei; Waldemar Gabriel besorgte für Sophie Scholl verschiedentlich Malutensilien. Wie der Satz in Fritz Hartnagels Brief zu verstehen ist (möglich wäre, dass Waldemar Gabriel inzwischen ebenfalls in Russland eingesetzt war), ist nicht zu klären.

20. 10. 42. [bei Stalingrad, Russland]

Meine liebe Sofie!

Nur wieder einen Gruß will ich Dir schicken, der uns verbinden soll, damit wir uns nicht verlieren. Weder äußere Ereignisse noch Erlebnisse in meinem Innern geben mir Anlaß zu einem Brief. Nur Trägheit und Lustlosigkeit kennzeichnen meinen augenblicklichen Zustand, aus dem oftmals eine unbeherrschte, schlechte Laune entspringt. Ich glaube daß über solch einen »toten Punkt« der Wille hinweghelfen muß. Schon die Freude über eine kleine Arbeit, vielleicht nur das Schreiben eines Briefes oder das gründliche Durcharbeiten eines Buches, überwindet diese Trägheit und regt Neues an. Meine dienstliche Betätigung vermag dies leider nur selten. – Für den Winter will ich mir vornehmen täglich meine Stunden einzuteilen und meinen Dienst auf ganz bestimmte Stunden zu beschränken, denn insgesamt macht er kaum mehr als einen halben Tag aus, aber auf den ganzen Tag zerstreut füllt er die Zeit doch so aus, daß dazwischen nicht viel übrig bleibt.

Wenn es Dir möglich ist liebe Sofie, möchte ich Dich bitten mir eine Blockflöte zu kaufen und eine Blockflötenschule dazu. Ich hab ein so großes Bedürfnis nach Musik in dieser Eintönigkeit, und vielleicht könnte ich's diesen Winter über so weit bringen, daß wir einmal zusammen spielen könnten.

Seit dem schweren Bombenangriff auf München, von dem Du und Deine Mutter schreibst, habe ich Sorge, daß eines Tages auch Ulm überrascht werden könnte. Seid nur recht vorsichtig und geht rechtzeitig in den Luftschutzkeller. Ich bin froh, daß alle die mir lieb und teuer sind bis jetzt wenigstens keinen Luftangriffen ausgesetzt sind. Bei uns ist es zur Zeit so ruhig, daß ich nicht mehr gefährdet bin als Du in Ulm.

Ich fürchte, daß der Gaskrieg in diesem Krieg nicht ausbleiben wird. Die letzten Wehrmachtsberichte sprechen bereits offen von einem Bruch der Genfer Konvention!

Ich wünsche Dich in eine Hand, die stärker ist als alle diese Mächte.

Ich bleibe von Herzen Dein Fritz.

In der Nacht vom 19. auf den 20. September 1942 griff die Royal Air Force (RAF) erstmals München massiv an. Bei den Bombenabwürfen kamen 34 Zivilisten ums Leben.

Obwohl sowohl Deutschland als auch die alliierten Mächte über große Vorräte an Giftgas und auch an biologischen Waffen (vor allem Milzbranderreger) verfügten, wurden diese im Zweiten Weltkrieg zumindest auf dem europäischen Kriegsschauplatz niemals eingesetzt (ob Japan in China Giftgas eingesetzt hat, ist nicht mit Sicherheit zu sagen). Giftgas war zunächst durch das Haager Kriegsrecht von 1899 verboten, aber im Ersten Weltkrieg dennoch massiv eingesetzt worden. Das Verbot wurde durch die Genfer Konvention von 1925 erneuert. Vermutlich waren aber nicht Völkerrechtstreue der Grund für den Verzicht auf Giftgas, sondern die schlechten Erfahrungen im Ersten Weltkrieg: Gas macht keinen Unterschied zwischen Freund und Feind.

Ulm, den 28. Oktober 1942.

Mein lieber Fritz!

Heute habe ich einen Brief von Dir erhalten und danke Dir von Herzen dafür. Ich wollte, ich könnte Dir in dem Streit, den Du oft in Gesprächen mit Deinen Offizieren führen mußt, mit dem, was ich weiß und bin, zur Seite stehen. Weißt Du, daß sich nicht ihr ganzes Inneres gegen dieses Naturgesetz, den Sieg des Mächtigeren über das Schwache, aufbäumt, scheint mir schrecklich und entweder entartet oder ganz und gar unempfindsam. Schon ein Kind ist mit Grauen erfüllt, wenn es den Sieg eines mächtigen Tieres über ein schwaches, und dessen Untergang miterleben muß. Mich hat diese so ganz und gar unumgehbare Tatsache als Kind und auch später immer sehr bewegt und traurig gemacht, und ich habe mir das Hirn zermartert, wie man sich aus diesem allgemeinen Zustande heraushalten könnte. Der Anblick eines unschuldigen kleinen Mäuschens in der Falle hat mir immer Tränen in die Nase steigen lassen, und daß ich darüber froh wurde wieder, und jetzt noch froh bin trotzdem, kann ich bloß einem Vergessen verdanken, das aber doch keine Lösung ist. Es kann ja hier auf Erden auch keine Lösung geben. Im Römerbrief heißt es: Denn das ängstliche Harren der Kreatur wartet auf die Offenbarung der Kinder Gottes. Sintemal die Kreatur unterworfen ist der Eitelkeit <u>ohne</u> ihren Willen, sondern um deß Willen, der sie unterworfen hat, auf Hoffnung. – Fritz, lies dieses Kapitel unbedingt selbst durch, nach diesem Brief, oder jetzt gleich. Und lies den herrlichen Satz zu Beginn: Denn das Gesetz des Geistes, der da lebendig macht in Christo Jesu, hat mich frei gemacht von dem Gesetz der Sünde und des Todes. – Sind jene nicht arm, entsetzlich arm, die dies nicht wissen und glauben? Diese ihre Armut müßte uns immer wieder geduldig machen ihnen gegenüber, (und das Bewußtsein unserer eigenen Schwachheit, denn was wären wir allein gelassen), selbst wenn ihr dummer Hochmut uns zornig machen möchte. Und wenn sie an den Sieg der Macht glauben, so frage sie doch, ob sie der Meinung seien, daß der Mensch dem Tiere ganz gleichgestellt sei, oder ob er darüber hinaus an einer Welt des Geistes teilnähme. Frage sie, sie werden in ihrem Hochmut das letztere sicher bejahen. Und frage sie weiter, ob ein Sieg des Fleisches od. der brutalen Gewalt in der Welt des Geistes nicht eine Schmach sei, ob in dieser Welt nicht andre Gesetze gelten als in jener des Fleisches, ob vielleicht ein kranker Erfinder oder, um von der zweifelhaften Technik loszukommen, ein kranker Dichter oder Philosoph in jener Welt des Geistes nicht mehr wögen, mehr Kraft hätten als ein gehirnarmer Athlet, ein Hölderlin mehr als ein Schmeling. (Diese Nebeneinanderstellung möge Hölderlin verzeihen, sie tut mir selbst weh.) Ja wir glauben auch an den Sieg der Stärkeren, aber der Stärkeren im Geiste. Und daß dieser Sieg vielleicht in einer andern als unserer beschränkten (so schön sie ist, klein ist sie doch) Welt mächtig wird, nein, dies wird er hier schon, aber strahlend hell von allen gesehen wird, das macht ihn nicht weniger erstrebenswert.

Wenn sie sagen, die Natur sei gut, weil sie von Gott erschaffen wurde, so vergessen sie, daß der Mensch und mit ihm die ganze Natur gefallen ist nach dieser Schöpfung, die Gott als »sehr gut« bezeichnet hat. Wie unterwürfig sie hier auf einmal unter Gottes Urteil sich fügen! Denn das glaube ich nie und nimmer, daß es ein Mensch gut findet, wenn ein schwaches Land, von einem mächtigen Heer überfallen, zugrunde geht. Der schlechteste Mensch, er mag sonst seine Freude daran haben, wird das nicht gut finden. Die Herrschaft der brutalen Gewalt wird immer den Untergang oder wenigstens das Unsichtbarwerden des Geistes bedeuten, wollen sie das, sie, die mit Dir streiten? Oh diese faulen Denker! Mit ihrem sentimentalen Stirb und Werde. Nur aus Leben entsteht Leben, oder haben jene schon beobachtet, daß eine tote Mutter ein Kind geboren hat? Haben sie schon beobachtet, daß ein Stein, dem man sogar einen Schein von Leben nicht absprechen kann, da er ist, und ein Schicksal hat, sich vermehrt? Sie haben noch nicht nachgedacht über den widersinnigen Satz: Nur aus Tod entsteht Leben. Und mit ihrem Selbsterhaltungstrieb werden sie ihrer Selbstvernichtung entgegensteuern. Sie wissen nichts von einer Welt des Geistes, in der das Gesetz der Sünde und des Todes überwunden wird.

Daß Du selbst da draußen nicht von den Kasinoabenden verschont bist, ist zu lästig. Zugleich auch zu lächerlich. O wie wirst Du aufatmen, wenn dies alles hinter Dir ist, wie werden wir alle aufatmen, wenn es soweit ist. Es wird nicht mehr zu lange dauern. Bekommst Du an Weihnachten wohl Urlaub? Hans wird demnächst kommen, und auch Werner hat Aussichten. Du hattest doch Deinen Jahresurlaub noch nicht? Wenigstens nicht ganz. Ich würde mich ja sehr freuen.

Noch eins: immer warte ich vergeblich auf eine Päckchenmarke. Ich muß fast böse mit Dir sein! Die andern schicken doch auch, warum Du nicht? Ich muß von Werners Marken eine nehmen, bloß damit Du etwas zu Weihnachten kriegst. Willst Du Dir's recht zu Herzen nehmen? Es dürfte Dir doch nicht zu schwer fallen, eine zu erlangen.

Und jetzt zum versöhnlichen Ende: Einen recht lieben Gruß von Deiner Sophie.

Sophie Scholl bezieht sich hier auf Fritz Hartnagels Brief vom 18.10.1942.
Römer 8, Vers 19,20; »den herrlichen Satz zu Beginn«: Römer 8, Vers 2.
Max Schmeling (1905–2005), Boxweltmeister von 1932 bis 1934.

Ulm, den 4. November [von fremder Hand ergänzt:] 1942(?)

Mein lieber Fritz!

Weil mein gestriger Brief doch wohl recht spät Dich erreichen wird, will ich Dir auch heute einen Gruß senden. Der Brief von gestern nämlich liegt in Deinem Adventspäckchen, das Du einer Päckchenmarke von Werner verdankst. Schon vor Wochen hatte ich Dir ein Adventskränzchen geflochten. Das Tannenreis zu holen hatte mir Waldemar Gabriel geholfen im Klosterwald, an einem schönen sonnigen Mittag, der scheinbar noch so weit von der Weihnachtszeit entfernt war. Abends haben wir dann in der Diele viele Kränzchen gemacht, und, trotz Oktober, Weihnachtslieder gesungen. Es wollte aber nicht so recht werden, nicht etwa weil es zu früh war, sondern weil Inge zuviel lachte und weil Waldemar daneben saß wie ein Zuschauer, etwa mit dem Lächeln Philipps (kannst Du Dich an Philip noch erinnern?), das mich, ohne daß ich einen Grund dafür angeben könnte, im Innersten stört. Er erinnert überhaupt sehr an Philip. Doch muß ich ihn gleich wieder in Schutz nehmen, denn er spielt nicht wie Philip, ich glaube, es ist alles an ihm sehr ernst zu nehmen, wie er selbst alles ernst nimmt. Außerdem scheint er mir doch wesentlich klüger, und ich habe es ihm gegenüber noch nicht vermocht, in Diskussionen einen Sieg zu erringen. Dazu bin ich zu dumm, und kann zuwenig auf seine spöttische Art eingehen. Seltsamerweise habe ich nachher nicht das Gefühl einer Niederlage, und er nicht das eines Sieges. Auch habe ich wenig mit ihm geredet, ihn in der Hauptsache Inge überlassen. Trotzdem habe ich den Eindruck, nicht wirkungslos an ihm vorübergegangen zu sein. – In Beziehung zu einem neuen Menschen zu treten ist doch ein großes und wichtiges Ereignis, eine Kriegserklärung und Liebeserklärung zugleich.

Von Dir habe ich schon lange nichts mehr gehört. Ich kehre jeden Tag enttäuscht, aber nicht entmutigt vom Briefkasten zurück. Hast Du recht viel zu arbeiten?

In der letzten Zeit habe ich viel nachgedacht, welchen Beruf Du wohl ergreifen könntest nach dem Krieg. Hätte das Geld da noch einen Wert, so könnte es vielleicht doch aus Deiner Hühnerfarm etwas werden. Bloß würde ich eher einem Bauernhof als einer Hühnerfarm zuneigen. Da brauchst Du etwa 3 Jahre Ausbildung. Ich überlege noch weiter. Daß Dir etwas gelingt, wenn Du es beginnst, daran zweifle ich nicht (ich habe ein ganz sicheres Gefühl dabei).

Doch vorerst drücken Dich und mich andere Sorgen.

Und froh sind wir beide, was kommen mag, und der gemeinsame Grund, auf dem wir stehen, ist das stärkste Band, das uns zusammenknüpft.

Herzliche Grüße und Wünsche!

Deine Sophie

Dieser Brief ist nicht eindeutig zu datieren. In ihrem Brief vom 28.10.1942 schrieb Sophie Scholl: »Heute habe ich einen Brief von Dir erhalten …«. In diesem Brief, eine Woche später, aber heißt es: »Von Dir habe ich schon lange nichts mehr gehört.« Seine Idee einer Hühnerfarm entwickelte Fritz Hartnagel in einem Brief vom 2.9.1941. Im November 1941 aber leistete Sophie Scholl ihren Kriegshilfsdienst in Blumberg. Denkbar wäre, dass sie im Oktober und November 1941 jeweils Heimaturlaub hatte (der 4. November 1941 war allerdings ein Dienstag, sodass es sich nicht um Wochenendurlaub handeln konnte). Letztlich bleibt die Datierung des Briefes also unklar.

Wer Philipp war, ist nicht mehr zu klären.

4. 11. 42. [bei Stalingrad, Russland]

Meine liebe Sofie!

Manchmal fällt es mir recht schwer es Dir zu sagen, so sehr Du auch in meinen Gedanken eingeschlossen bist, eben dieses, daß ich bei Dir bin. Dieses Du, liebe Sofie, möcht ich Dir sagen und Herz und Arme für Dich öffnen. Doch da scheint mir jedes Wort übertrieben und banal zugleich, wo ich nur schlicht und rein Dir nahe sein möchte. Und wenn ich Dir von meinem Tageslauf erzähle, da erscheint er mir so nichtig und gering, daß er's nicht wert ist ihn niederzuschreiben, gegenüber dem Geschenk, das uns täglich zuteil wird. Auch meine Liebe, in die Du eingeschlossen bist, rechne ich dazu. (Ich ahne es mehr und mehr, daß es seliger ist zu lieben, als geliebt zu werden.)

Es erfüllt mich jedesmal von Neuem mit Freude und mit Dankbarkeit, daß Dein Vater wieder unter Euch ist. Nicht nur seinet- oder Euret-wegen, auch weil uns Gott ein so sichtbares Zeichen seiner Gegenwart gegeben hat, indem er unser aller Gebete erhört hat.

Nimm heute nur diesen Gruß, mit allem was er Dir bringen möchte.

Dein Fritz.

Mitte Oktober 1942 wurde Robert Scholl »wegen guter Führung« und weil er nicht vorbestraft war, die Hälfte seiner Haftstrafe erlassen. Vermutlich haben auch die vielen Eingaben und Gnadengesuche zu dieser vorzeitigen Haftentlassung beigetragen.

Ulm, den 6. November 1942.

Immer noch warte ich vergeblich auf Post von Dir. Diese lange Pause muß ich um so öfter an Dich schreiben. So möchte ich auch heute, nachdem ich noch ein wenig vor dem Klavier gesessen bin, bei Kerzenlicht und dem köstlichen Geruch verbrannten Tannenreises, nicht vergessen, Dir einen Gruß zu senden, sei er noch so kurz. Und den Gang an den Briefkasten an der Bahn will ich in Gedanken an Dich tun, durch die dunklen Gassen, die kaum die Sterne erhellen können, obwohl sie heute wieder durch die Wolken auf uns heruntersehen. Auch auf Dich! Man könnte sonst manchmal verzagen, denn sovieles ist es, das uns bedrücken will.

Und von allen Geschwistern, die hier sind soll ich Dir herzlich grüßen.

Ich wünsche Dir alles Liebe und Gute!

Deine Sophie

Auch bei diesem Brief ist die Datierung fragwürdig (vgl. Anmerkungen zum Brief vom 4. 11. 1942).

Ulm, den 7. Oktober [November] 1942.

Mein lieber Fritz!

Heute abend kommt Hans von Rußland zurück. Nun sollte ich mich recht freuen, daß er wieder bei uns ist, und ich tue es auch, und male mir schon die Tage aus, die wir gemeinsam in München verbringen werden, in unserer kleinen Wohnung und die wohl fruchtbar sein können.

Und doch kann ich mich nicht ungetrübt freuen. Die Unsicherheit, in der wir heute dauernd leben, die uns ein fröhliches Planen für den morgigen Tag verbietet und auf alle die nächsten kommenden Tage ihren Schatten wirft, bedrückt mich Tag und Nacht, und verläßt mich eigentlich keine Minute. Wann endlich wird die Zeit kommen, wo man nicht seine Kraft und all seine Aufmerksamkeit immer nur angespannt halten muß für Dinge, die es nicht wert sind, daß man den kleinen Finger ihretwegen krümmt. Jedes Wort wird, bevor es gesprochen wird, von allen Seiten betrachtet, ob kein Schimmer der Zweideutigkeit an ihm haftet. Das Vertrauen zu anderen Menschen muß dem Mißtrauen und der Vorsicht weichen. O es ist ermüdend und manchmal entmutigend. Doch nein, ich will mir meinen guten Mut durch nichts nehmen lassen, diese Nichtigkeiten werden doch nicht Herr über mich werden können, wo ich ganz andere unantastbare Freuden besitze. Wenn ich daran denke, fließt mir Kraft zu, und ich möchte allen, die ähnlich niedergedrückt sind, ein erfrischendes Wort zurufen.

Von Dir ist schon nun schon so lang keine Post mehr gekommen, daß ich mir allerlei Gedanken mache. Bist Du am Ende verlegt worden, aber das kann ich nach Deinen vorherigen Briefen doch fast nicht vermuten. Doch wenn es Dir gut geht, warte ich gerne. Vielleicht geht auch einiges verloren.

Ich möchte einmal wieder mit Dir durch den Wald laufen, oder egal wo; doch das steht noch in der Ferne, wenn auch nicht in der unerreichbaren.

Einstweilen muß mir ein Briefbogen genügen, der Dir viele herzliche Grüße zuträgt von Deiner Sophie.

Ab 1. Dez. wohne ich München 13, Franz Josefstr. 13 b. Fr. Dr. Schmidt, Hth. [Hinterhaus]

Bei der Datierung dieses Briefes hat sich Sophie Scholl offenbar verschrieben.

7. 11. 42. [bei Stalingrad, Russland]

Meine liebe Sofie!

In meinem Bunker ist es so heiß, daß mir der Schweiß auf die Stirn tritt, trotzdem seit gestern nunmehr der Winter eingebrochen ist, und zwar gleich mit ziemlicher Heftigkeit, während vor einigen Tagen meine Männer noch mit entblößtem Oberkörper gearbeitet haben. Leider kommt er für uns schon zu früh, da wir mit unserem Bunkerbau noch lange nicht fertig sind, da wir 3 Wochen vergebens auf einem andern Platz gearbeitet haben. Dies ist zur Zeit mein größter Kummer, und die unzähligen kleinen und großen Fragen verfolgen mich oft noch abends, wenn ich noch eine Stunde lese, so daß ich mich plötzlich dabei ertappe, daß ich gar nicht mehr aufpasse was ich eigentlich lese. Diese Aufgabe will ich nicht auf die leichte Schulter nehmen, denn die Kälte ist doch eine drohende Gefahr, denn hier in der Stalingrader Ecke soll die Kälte noch stärker sein wie im Norden, da der Ostwind ungehindert von der Kirgisensteppe herfegen kann. Und dann müßten meine Nachlässigkeit doch nur meine Männer büßen.

Ein trauriges Ereignis: Mein Bursche ist versetzt worden, und zwar zu einem Luftwaffensturmbataillon. Er hat selbst ein Gesuch um Versetzung eingereicht, wohl mehr aus Abenteuerlust, und dann kann ich es ja auch gut verstehen, daß es ihn nicht befriedigt hat mein Dienstmädchen zu machen. Für mich jedoch bedeutet seine Versetzung einen großen Verlust.

Die militärische Lage in Stalingrad ist mir selbst ein Rätsel. Die Russen haben nur noch wenige Quadratkilometer entlang der Wolga in Besitz, und in diesen Trümmerhaufen schleudern ununterbrochen unsere Stukas und die Artillerie ihre Bomben und Granaten hinein, daß man nicht glauben kann, daß sich noch irgendein menschliches Wesen darin hält. Trotzdem wird nun schon wochenlang um dieses kleine Fleckchen gekämpft. Man möchte fast annehmen, ein zweites Verdun. – Die russische Lufttätigkeit ist in den letzten Tagen wieder etwas lebhafter geworden. Vor einigen Tagen hatten wir einen recht heftigen Angriff von etwa 15 Maschinen erlebt, die erst Bomben warfen und anschließend kaum 10 m Höhe über den Platz brausten und aus allen Rohren schossen. 4 Bomben fielen mitten in den Bereich meiner Kompanie, allerdings ohne großen Schaden anzurichten. Ich war gerade dabei mit meinem Hauptfeldwebel die Urlaubseinteilung festzulegen. Als wir gemeinsam unterm Tisch lagen um Deckung zu nehmen während draußen die Bomben krachten, meinte dieser mit trockener Gelassenheit: »Hoffentlich brauchen wir keinen von der Urlaubsliste streichen!«

Du, liebe Sofie, bist trotz allem was mich beschäftigt täglich in meinen Gedanken.

Sei lieb und herzlich gegrüßt von Deinem Fritz.

Tatsächlich hielt die Rote Armee seit Mitte Oktober nur noch einen schmalen Streifen auf dem rechten (westlichen) Wolgaufer. Was Fritz Hartnagel nicht wusste und was auch die deutsche Aufklärung erst spät erkannte, war, dass die Sowjetunion nördlich und südlich von Stalingrad ca. 1 Million Soldaten sowie eine große Anzahl an Geschützen, Panzern und Flugzeugen zusammengezogen hatte.

Der Vergleich mit Verdun bezieht sich auf den Ersten Weltkrieg. In dem monatelangen Kampf um die französische Festung Verdun (an der Maas) im Jahr 1916 starben auf deutscher Seite ca. 362 000, auf französischer ca. 337 000 Soldaten.

Da Fritz Hartnagel erkannte, dass die Schlacht um Stalingrad den Winter über anhalten würde (wie prekär die Lage der sechsten Armee tatsächlich war, konnte er zu diesem Zeitpunkt noch nicht wissen), schickte er möglichst viele seiner Soldaten in Urlaub. Diese Heimaturlauber entgingen so dem Kessel, in dem die sechste deutsche Armee wenig später eingeschlossen werden sollte.

9. 11. 42. [bei Stalingrad, Russland]

Meine liebe Sofie!

Mein kleiner Ofen glühte heute Abend wie ein dunkelroter Lampion. Damit die Hitze nicht umsonst war, machte ich gleich große Wäsche von Kopf bis zu Fuß. Und nun sitze ich noch im Schlafanzug um Dir einen gute-Nacht-Gruß zu schicken. Ob es wohl das Gefühl des frisch gebadet sein ist mit dem Wunsch in ein frisches Bett zu schlüpfen, das mich heute Abend so sehr an unser Freiburg erinnert, wo wir doch jede Badegelegenheit so reichlich ausgenützt hatten? Nimm es so dies Brieflein, als ob ich bei Dir wäre wie damals, als ob sich unsre Hände finden würden wie damals, bis sie sich im Schlaf entgleiten. O Liebe, wie froh bin ich, daß ich zu Dir Du sagen kann, wirklich Du, und nicht nur aus Gewohnheit. Du Liebe sag ich leise vor mich hin und bin dann nicht mehr allein. Du Liebe brauch ich nur zu sagen, und all der dienstliche Ärger fällt von mir, als ob er plötzlich jeden Wert verloren hätte. Du Liebe denk ich nur und alle Freude, die mich erfüllt, erfüllt mich doppelt, da wir uns dann zusammen freuen. Ach könntest Du es immer spüren, wie mein Herz bei Deinem ist!

Nun geht es leider schon zur Neige, dieses Päckchen voll köstlicher Schleckerei, das mich heute erreicht hat. Und Du siehst, wie weit meine Gefräßigkeit hier in Rußland gediehen ist, daß ich der Versuchung nicht widerstehen kann immer wieder solch eine köstliche Haselnuß herauszupicken. Damit nun Dein liebes Päckchen nicht nur dazu beiträgt mich in Selbstzerwürfnisse über meine Willensschwäche zu stürzen, will ich's lieber gleich vollends aufessen. (Nun hab ich ja endlich eine Begründung gefunden um auch den Rest zu vertilgen!) Auf jeden Fall, hab herzlichen Dank für Deinen »süßen« Gruß.

Nun gute Nacht, lieb und innig bleib ich bei Dir
Dein Fritz.

Weißt Du auch welcher Vorrat mir diesen Monat zu Ende geht, den Du mir nach dem letzten Tag unseres Zusammenseins mit auf den Weg gegeben hast?!

11. 11. 42 [bei Stalingrad, Russland]

Meine liebe Sofie!

Gestern habe nun auch ich die offizielle Mitteilung des Oberstaatsanwaltes erhalten, daß unserem Gesuch um Freilassung Deines Vaters stattgegeben wurde. Immer wieder erfüllt es mich mit Freude, daß Ihr wieder im gewohnten Kreise beisammen sein könnt. Ich kann es mir da vorstellen, daß Euch jeder Tag zu einem Festtag wird und daß Ihr enger und inniger zusammenrückt denn je. Vielleicht ist nun auch schon Hans wieder unter Euch, so daß die Freude für beide eine noch größere ist.

Auch Dein Schokolädchen hat mich erreicht, und wenn ich dran denke wie gern Du es selbst gegessen hättest, würde ich es am liebsten wieder einpacken und Dir schenken. Doch auch meine Versuchung ist nicht gering, und allmählich spielt alles was mit dem Essen zu tun hat hier in Rußland eine viel größere Rolle. So war es z. B. kein geringes Ereignis, als wir heute 100 Ztr. Kartoffeln bekamen, mit denen wir bisher sehr knapp versorgt waren. Nun mußte allerdings auch gleich ein Kartoffelkeller gebaut werden, damit sie uns nicht erfrieren. (Zur Zeit haben wir etwa – 20° Kälte). So kommen Tag für Tag neue Bauprojekte hinzu, und sicherlich wird das Buddeln und Bunkerbauen nie zu Ende gehen. Das Planen und Entwerfen solcher Bauvorhaben macht mir immer viel Spaß, doch wird die Arbeit von Tag zu Tag schwerer. Der Boden ist schon so hart gefroren, daß jede Schaufel voll Erde mühselig herausgehauen werden muß. Bis wir dann alles unter Dach und Fach gebracht haben wird dann sicherlich der Verlegungsbefehl kommen! Dies ist zur Zeit noch unser großes Rätselraten, was mit uns geschehen wird. Zur Zeit stehen ja wieder alle Himmelsrichtungen im Bereich der Möglichkeit. Unser Wunschtraum sieht etwa so aus: Verlegung nach Deutschland, dort umrüsten für Afrika und im Frühjahr nach Marokko. Doch vorläufig muß ich etwa $^{1}/_{4}$ meiner Kompanie für Luftwaffeninfanterieeinheiten abgeben, und wer weiß, ob das nicht noch uns allen blüht.

Ich glaube, ich habe es Dir noch gar nicht geschrieben, daß ich seit etwa 4 Wochen einen neuen Leutnant habe. Er war zwar schon immer als F[eld]w[ebel] in der Kompanie und ist nun zum Leutnant befördert worden. Er ist schon 30 Jahre alt, aber sieht noch ganz jugendlich aus, ein seriöser junger Mann. Vornehmer Vertreter in Babywäsche von Beruf. Charakteristisch: stets frisch gewaschenes und mit Reisebügeleisen gebügeltes Taschentuch in der Brusttasche. Durch sein liebenswürdiges und bescheidenes Wesen komme ich gut mit ihm aus. Zur Zeit sind wir beide die einzigen Offiziere in der Kompanie, denn Lt. Nürnberg ist auf Hochzeitsurlaub und Lt. Säwert befindet sich im Lazarett wegen Gelbsucht.

Nun hab ich Dir wieder mehr als genug von meiner dienstlichen Umgebung erzählt. Du aber bist mir in allem was mich umgibt gegenwärtig.

Von Herzen Dein Fritz.

Hans Scholl kehrte mit seiner Stundentenkompanie am 6. November 1942 aus Russland nach München zurück und fuhr am nächsten Tag nach Hause nach Ulm.

Fritz Hartnagels »Wunschtraum« zeigt, dass auch Offiziere den Ernst der Lage für die sechste Armee in Stalingrad völlig verkannten bzw. von den russischen Truppenbewegungen nichts wussten.

[von Inge Scholl hinter dem Absender geschrieben: »Gott sei Dank«]

14. 11. 42. [bei Stalingrad, Russland]

Meine liebe Sofie!

Es ist nicht viel was sich bei mir ereignet, und fast möchte ich wünschen, daß ich von meinem Dienst mehr in Anspruch genommen würde. Denn oft habe ich festgestellt, daß ich mehr für mich selbst getan habe, wenn mein dienstliches Tun mich schon gewissermaßen in Eifer gebracht hatte. Ich muß es leider gestehen, daß ich oft sehr unter meiner Trägheit und Faulheit leide, die mich niedergeschlagen und mißmutig macht, wenn ich ihrer bewußt werde. Dabei liegt noch so unabsehbar viel Brachland vor mir, das noch zu bearbeiten ist, daß ich um jede Minute froh sein sollte, die mir dafür bleibt. Doch ich verstehe es nicht immer den Augenblick zu nutzen, ich glaube immer, diese Aufgaben, die vor mir stehen, einmal mit Vorbereitung und dann gründlich und in einem Zuge in Angriff zu nehmen zu müssen. Aber da diese Gelegenheit, mich nur mit solchem beschäftigen zu müssen, für mich wohl nie mehr kommen wird, mache ich so nur wenig Fortschritte. Ach würde dieses Fünkchen, das manchmal in meinem Herzen glimmt, nie erlöschen, denn solange dieses Fünkchen glimmt, kann auch die Hoffnung auf ein Feuer nicht erlahmen. Durch Beten will ich es entzünden, und damit meine Lauheit und Lustlosigkeit überwinden.

Einen schwierigen Fall habe ich zur Zeit zu bearbeiten, der mir viel Kopfzerbrechen macht, da ich mit meinem Entschluß, das ganze Leben eines Menschen entscheidend beeinflusse. Einen Feldwebel meiner Kompanie, den ich immer für anständig und charakterfest beurteilt hatte, habe ich fortgeschickt ins rückwärtige Gebiet, um dort für die Kompanie Frischgemüse, Kartoffeln u. s. w. zu beschaffen. Er hat dabei von einem Russen ein Paar Damenschuhe gegen 3–4 Ztr. Weißkohl eingehandelt, die er von einem deutschen Landwirtschaftsführer für die Kompanie erhalten hatte. Da es sich hierbei einwandfrei um eine Unterschlagung handelt, könnte dieser Fall nur gerichtlich bestraft werden, und das würde zumindest einige Monate Gefängnis und Degradierung bedeuten, womit dem Feldwebel als aktivem Uffz. der Beruf genommen würde. Aber die Angelegenheit einfach unter den Tisch fallen lassen, und es bei einer gründlichen Aussprache belassen, kann ich nicht, da mir der Fall von Untergebenen gemeldet wurde. Da fällt es mir schwer eine Entscheidung zu treffen, die unter Umständen unabsehbare Folgen haben kann. Wie ich es schon öfters erfahren habe, wird der Bestrafte durch eine zu harte Strafe nur noch haltloser, indem er sich sagt, es ist ja sowieso schon alles verloren.

Nimm diese Bruchstücke aus meinem Tageslauf als einen Gruß von Deinem Fritz.

Die Bemerkung von Inge Scholl auf dem Absender kann eigentlich nur so interpretiert werden, dass sie froh war, nach langer Zeit wieder eine Nachricht von Fritz Hartnagel zu erhalten. Dazu in Widerspruch steht die Tatsache, dass sich Sophie Scholl in ihrem Brief vom 28.10.1942, also nicht einmal drei Wochen zuvor, für einen Brief bedankt. Unklar ist allerdings, wie lange dieser Brief von Fritz Hartnagel unterwegs war. Möglicherweise ist so doch eine lange Pause entstanden.

Ulm, den 18. November 1942.

Eigentlich wollte ich Dir gestern abend schon schreiben. Doch wurde ich durch Äußerlichkeiten daran verhindert. Du glaubst ja nicht, wie sehr und wie lange ich auf Post von Dir gewartet habe, und welche Befürchtungen und Vermutungen in dieser langen Wartezeit wachgerufen wurden, die sich so schlecht mit der Faulheit des Schreibers erklären ließ. Doch nun geht es Dir ja unverändert gut, d.h. mehr unverändert als gut. Ich freue mich, daß Du die Öde, die ja doch in Dir eintreten mußte, in Deiner Arbeit und Abgeschnittenheit (schon 5 Jahre, oder noch länger, lebst Du in dieser Wüste), zu überwinden entschlossen bist, und wenn ich könnte, so würde ich Dich immer mehr aufhetzen gegen die Gleichgültigkeit, die über Dich kommen könnte, und ich wünschte, der Gedanke an mich wäre ein steter Stachel gegen sie.

Ja könntest Du dort einmal in eine Kirche und am Abendmahl teilnehmen. Welche Trost- und Kraftquelle könnte Dir das sein.

Denn gegen die Dürre des Herzens hilft nur das Gebet, und sei es noch so arm und klein.

Wie in jener Nacht in Blumberg, so will ich es Dir und mir stetig wiederholen: Wir müssen beten, und für einander beten, und wärest Du hier, ich wollte die Hände mit Dir falten, denn wir sind arme Kinder, schwache Sünder. O Fritz, wenn ich Dir jetzt nichts anderes schreiben kann, so doch bloß deshalb, weil es erschreckend lächerlich ist, wenn ein Versinkender, anstatt um Hilfe zu rufen, beginnt über irgendein wissenschaftliches, philosophisches oder theologisches Thema sich auszulassen, dieweil die unheimlichen Schlingarme der Wesen auf dem Meeresgrunde ihm Beine und Arme umklammern, und die Wogen über ihm zusammenschlagen; bloß deshalb, weil ich Angst in mir habe und nichts als Angst und mich nur nach dem sehne, der mir diese Angst abnimmt.

Ich bin Gott noch so ferne, daß ich ihn nicht einmal beim Gebet spüre. Ja manchmal, wenn ich den Namen Gott ausspreche, will ich in ein Nichts versinken. Das ist nicht etwa schrecklich, oder schwindelerregend, es ist gar nicht – und das ist noch viel entsetzlicher. Doch hilft dagegen nur das Gebet, und wenn in mir noch so viele Teufel rasen, ich will mich an das Seil klammern, das mir Gott in Jesus Christus zugeworfen hat, und wenn ich es nicht mehr in meinen erstarrten Händen fühle.

Ich bitte Dich: denke an mich in Deinem Gebet; ich will Dich auch nicht vergessen.

Deine Sophie

Die große Angst, die aus diesem Brief spricht, hatte vermutlich mit den Planungen zur Fortsetzung der Flugblattaktionen zu tun. Der Münchener Freundeskreis, heute als »Weiße Rose« bekannt (der Name rührt von der Überschrift über den ersten vier Flugblättern her: »Flugblätter der Weißen Rose«), bemühte sich seit der Rückkehr der Medizinstudenten aus Russland um eine Verbreiterung der Basis der Widerstandsaktionen. Das Ziel war, möglichst in allen deutschen Universitätsstädten Helfer zu finden und Kontakt zu Widerstandsgruppen in Berlin aufzunehmen.

Ulm, den 19. November 1942.

Mein lieber Fritz!

Heute erhielt mein Vater die Nachricht, daß er seinen Beruf nimmer ausüben dürfe; da er politisch unzuverlässig sei. Wir hatten ja darauf gewartet, aber auf eine Eingabe von 30 unserer größten Kunden hin (darunter auch der Kreisamtsleiter von Ulm) doch noch einige Hoffnung gehegt. Dieses Verbot hat mit der gerichtlichen Strafe meines Vaters nichts gemein, es wurde vom NS Rechtswahrerbund auf Veranlassung von Seiten der Partei erlassen.

Das ist natürlich wieder ein Schlag. Wenn man nicht damit rechnen könnte, daß der Krieg innerhalb absehbarer Zeit zu Ende ist, wäre es sogar ein sehr schmerzlicher, denn mit einem Buchhaltergehalt (diesen Posten könnte mein Vater allenfalls noch ausfüllen) kann man keine so große Familie ernähren, Kinder studieren lassen und dazuhin noch eine teure Wohnung halten. Doch im Hinblick auf das Kriegsende möchte mein Vater wegen diesem Jahr oder wie lange es noch gehen mag, die Wohnung nicht aufgeben.

Da Du uns in finanzieller Beziehung schon Deine Hilfe angeboten hast – jetzt werden wir sie brauchen können. Aber nicht Dein Sparkassenbuch – verstehst Du, daß wir das Geld aus Deinen Händen u. nicht aus den Händen Deiner Eltern, die in dieser Hinsicht von Dir so verschieden sind, annehmen möchten. Wir hatten damals ausgemacht, daß Du <u>uns</u> monatlich etwas überweisen läßt, anstatt Deiner Sparkasse.

Ich komme mir lächerlich und fast unverschämt vor, wenn ich Dir da so meine (vielmehr Deine) Vorschläge niederschreibe, doch läßt sich's ja kaum vermeiden. Sei so gut, und hebe so einen Brief von mir nicht auf. Sie könnten, wenn Du sie später wieder liest, ein verzerrtes Bild erwecken, weil Dir nicht mehr alle die Umstände, wie wir sie jetzt haben, nahe sind.

Deine bevorstehende Verlegung hat auch in mir Hoffnungen auf ein Wiedersehen wachgerufen. Immerhin besteht die Möglichkeit. Nach Afrika werdet ihr wohl kaum kommen? Ich hoffe nicht.

Seit einigen Tagen sind Hans und Schurik hier. In der nächsten Woche werden wir wieder in München anfangen. Nun heißt sich's eben einschränken, und ich tu es ja gerne.

Nun laß Dich herzlich grüßen von uns allen, besonders von Deiner Sophie.

Kannst Du mir nicht einmal einen Pack Briefumschläge beschaffen?

Im nationalsozialistischen Staat waren meist Parteiorganisationen an die Stelle unabhängiger Berufsvertretungen getreten (die oft undurchschaubare Verschränkung von Partei und Staat war typisch für die NS-Zeit). Sie regelten berufsständische Angelegenheiten im Sinne der NSDAP, so auch die Zulassung zum Beruf. Der NS-Rechtswahrerbund war zuständig für Richter, Staats- und Rechtsanwälte und eben auch für Steuer- und Wirtschaftsberater wie Robert Scholl.

Der Pack Briefumschläge war mit Sicherheit für die Versendung von Flugblättern der »Weißen Rose« gedacht. Dabei ist zu bedenken, dass sich schon verdächtig machte, wer Briefumschläge oder Briefmarken in größerer Stückzahl kaufen wollte. Dies galt umso mehr, als anzunehmen war, dass die Gestapo bereits nach den Urhebern der ersten Flugblätter vom Juni 1942 fahndete.

9.12.42. [zwischen Don und Stalingrad, Russland]

Meine liebe Sofie!

Allmählich komme ich wieder zur Besinnung und habe Zeit meine Gedanken zu Dir zu schicken und wieder einen Gruß von ganzem Herzen nach so langer Pause. Inzwischen ist so vieles passiert, daß ich Dir in einem Brief gar nicht alles schildern kann. Wir mußten am 22.11. fluchtartig unseren Flugplatz vor den Russen räumen und konnten uns nur mit Mühe auf das ostwärtige Donufer durchschlagen. Wir hatten dabei einen großen Teil unserer Fahrzeuge und des Gerätes verloren. Ich bekam dann den Auftrag als dienstältester Offizier unserer ehemaligen Gruppe aus den Resten innerhalb 6 Stunden ein Infanteriebataillon aufzustellen, das dann sofort unter meiner Führung einen Verteidigungsabschnitt übernehmen mußte. Nun stehen wir schon 14 Tage den Russen gegenüber, es waren oft furchtbare Tage. Es ist schwer Entschlüsse zu fassen, die in jedem Falle über Menschenleben entscheiden. Über unsere Lage wirst Du sicher durch den Nachrichtendienst orientiert sein. Zur Zeit aber ist es in unserem Abschnitt ziemlich ruhig.

Ich will mich immer bemühen mich über all das Furchtbare, all den

Wahnsinn zu erheben, dorthin wo ich sicher bin, was auch um mich vorgehen mag.

Als gestern der Russe ein recht heftiges Feuer auf unsere Stellungen legte und ringsherum der Kriegslärm tobte, saß plötzlich ein Vöglein am Rande meines Schützenlochs und piepste vergnügt, als ob es sich darum gar nicht kümmern würde. Ich weiß nicht was mich dazu bewegte in diesem Augenblick so sicher anzunehmen, daß dies nur ein Gruß von Dir sein könne. Dann fühlte ich mich auf einmal so sicher in meinem Loch als ob mir nichts auf dieser Welt etwas zu Leide tun könnte.

Vielleicht wird Dich dieser Brief noch zu Weihnachten erreichen, wenn ich Gelegenheit habe ihn einem Transportflugzeug mitzugeben. Es ist alles was ich Dir zu Weihnachten schicken kann, einen lieben und innigen Gruß von Deinem Fritz.

Recht herzliche Grüße und Wünsche für alle Lieben daheim.

Im Morgengrauen des 19. November 1942 hatte der Gegenangriff der Roten Armee unter der Bezeichnung »Operation Uran« begonnen. Starke sowjetische Panzer-, Infanterie- und Kavallerieeinheiten waren zunächst von Norden über den Don vorgestoßen. Wenig später war von der Roten Armee südlich von Stalingrad ein weiterer Angriff von der Wolga aus vorgetragen worden. Die Sowjets hatten für ihre Offensive Frontabschnitte ausgewählt, die hauptsächlich von rumänischen Einheiten besetzt waren (Rumänien war seit der Machtübernahme der faschistischen »Eisernen Garde« unter Marschall Antonescu 1940 Verbündeter Hitlerdeutschlands). Diese Frontabschnitte waren von der sowjetischen Militärführung bewusst ausgewählt worden, da die rumänischen Divisionen wesentlich schlechter ausgerüstet waren als die deutschen. Neben dem Überraschungsmoment und der Schwäche der rumänischen und italienischen (im äußersten Nordwesten des Frontabschnitts) Verbündeten waren die katastrophale Nachschubsituation (vor allem Treibstoffmangel) der sechsten deutschen Armee und weiterer Einheiten sowie – wieder einmal – die eklatante Unterschätzung der Stärke der Roten Armee durch die verantwortlichen deutschen Heeresführer für das rasche Vordringen des sowjetischen Angriffs verantwortlich. Hinzu kam, dass Hitler darauf beharrte, die Abwehrschlacht vom Obersalzberg bei Berchtesgaden aus zu leiten, was das organisatorische Chaos noch verstärkte. Bereits am 22. November 1942 war die deutsche sechste Armee von Verbänden der Roten Armee auf einem Gebiet von ca. 30 mal 50 km eingekesselt. Am 23. November hatte Generalmajor Paulus Handlungsfreiheit für einen Ausbruch durch die noch nicht sehr tief gestaffelten Reihen der sowjetischen Belagerer erbeten. Am 24. November hatte Hitler, nach Zusicherung durch Göring, die sechste Armee aus der Luft versorgen zu können, Stalingrad zur Festung erklärt und jeden Ausbruch untersagt. Tatsächlich gelang es der Luftwaffe an keinem einzigen Tag, die benötigten 100 Transportflüge durchzuführen. Von den selten mehr als 30 startenden Junkers 52 und teilweise noch größeren Flugzeugen wurde oft die Hälfte oder mehr von der feindlichen Flugabwehr oder von Jagdflugzeugen abgeschossen, sodass bald Bomber (Heinkel 111) von ihren eigentlichen Einsätzen abgezogen und als Transporter eingesetzt werden mussten. Die Ernährungslage war so schon Anfang Dezember katastrophal: 200 Gramm Brot und eine Wassersuppe waren in der Regel die tägliche Ration, die in den folgenden Wochen noch weiter reduziert werden musste. Auch der Nachschub an Munition blieb weit hinter den militärischen Erfordernissen zurück.

Offensichtlich war Fritz Hartnagels Einheit vor der sowjetischen Offensive zuletzt auf dem westlichen Donufer stationiert gewesen, von wo sie sich am 22. November vor den von Nordwesten heranrückenden Panzerverbänden der Sowjetarmee über den Don nach Osten zurückziehen musste. Denkbar, wenn auch nicht sicher, ist, dass es das Flugfeld bei Golubinski am Don (ca. 20 km nördlich von Kalatsch) war, das fluchtartig aufgegeben werden musste. In Golubinski befand sich bis zu diesem Tag das Hauptquartier der sechsten Armee.

12. 12. 42. [zwischen Don und Stalingrad, Russland]

Meine liebe Sofie!

Nur schnell noch einen lieben Gruß, weil morgen wieder Post weggeht, und wenn er Glück hat findet er auch ein Flugzeug, das ihn aus dem Kessel, in dem wir zur Zeit stecken, hinausbringt.

In unserem Abschnitt, den wir besetzt haben, ist es zur Zeit noch sehr ruhig. Der Russe sitzt zwar stellenweise bis auf 300 m uns gegenüber, und da er nicht so mit Munition sparen muß wie wir, schießt er den ganzen Tag mit Granatwerfern auf unsere Stellungen. Doch diese sind recht gut ausgebaut, so daß er uns wenig anhaben kann. Die Gedanken und die Gespräche drehen sich natürlicherweise immer wieder um unsere augenblickliche Lage, wann und wie mit unserer Befreiung zu rechnen ist. Doch zweifeln wir nicht daran und sind zuversichtlich und guten Muts. Doch was auch kommen mag, ich will es frohen Herzens auf mich nehmen, im Bewußtsein eines Besitzes, den keine Macht dieser Erde nehmen kann.

Die Gefahr dieses Krieges ist vor allen Dingen die, dumpf und gleichgültig zu werden, wo täglich so viel Elend an den Augen vorüberzieht, so viel Leiden und der Tod drüben oder hier, wo es unsere Aufgabe als Soldaten ist, dies alles noch zu mehren. Hart werden nennt man dieses gleichgültig werden und hält es für eine hervorragende Tugend!

Du, liebe Sofie, bist in meinen Gedanken erst recht in diesen Tagen. All meine guten Wünsche für Dich schließ ich ein in mein Gebet, das allein mir Halt gibt in all dem Taumel.

Sei von Herzen gegrüßt von Deinem Fritz.

Dir und Deinen Lieben ein schönes Weihnachten, wenn der Brief Dich noch vorher erreichen sollte.

Am 12. Dezember 1942 begann unter der Bezeichnung »Operation Wintergewitter« der einzige ernsthafte Versuch, die eingeschlossene sechste Armee zu entsetzen. Allerdings hatte Hitler nicht die Absicht, der sechsten Armee den Ausbruch zu gestatten. Ziel war also lediglich, den Belagerungsring zu durchbrechen, um so den Nachschub zu sichern. Mit einer Panzerdivision, die bald durch weitere Panzereinheiten, die aus Frankreich herangeführt worden waren, und durch den neuen Panzertyp »Tiger« verstärkt wurde, versuchten die Generale Hermann Hoth und Friedrich Kirchner von Süden her zu der eingeschlossenen sechsten Armee vorzudringen. Tatsächlich näherte sich dieser Vorstoß bis auf 40 km dem Kessel, konnte ihn aber nicht erreichen. Hitler untersagte der sechsten Armee, mit einem Ausbruchversuch den Panzereinheiten entgegenzukommen. Die ca. 70 verbliebenen Panzer der sechsten Armee verfügten zudem nur noch über Treibstoff für höchstens 20 km. Damit war die sechste Armee endgültig verloren.

Im Dezember 1942 verlor die sechste Armee durch Feindeinwirkung, Krankheit und Hunger 80 000 Mann. Untersuchungen, die ein deutscher Pathologe im Kessel von Stalingrad vornahm, ergaben, dass mindestens die Hälfte der toten Soldaten verhungert war.

Über der Beschreibung der Situation der deutschen Soldaten im Kessel von Stalingrad darf nicht vergessen werden, dass es den Soldaten der Roten Armee nicht besser ging – auf beiden Seiten wurde unvorstellbar gelitten und massenhaft unter erbärmlichen Bedingungen gestorben, was Fritz Hartnagel, wie sein Brief zeigt, durchaus erkannte. Auf einen wesentlichen Unterschied muss allerdings hingewiesen werden: Die sowjetischen Soldaten verteidigten ihr Land gegen einen Aggressor, die deutschen Soldaten waren die Angreifer, die tief in fremde Gebiete eingedrungen waren.

23.12.42. [auf dem Rückzug auf Stalingrad, Russland]

Meine liebe Sofie!

Endlich komme ich wieder dazu Dir ein Lebenszeichen zu schreiben, und da nun morgen Heiliger Abend ist gehen natürlich meine Gedanken um so mehr zu Dir und allen Lieben zu Hause. Wenn auch bei mir die äußeren Umstände in krassem Gegensatz zu einer weihnachtlichen Stimmung stehen, so kann doch trotzdem in unserem Herzen Weihnachten sein. Und vielleicht trägt all das Schreckliche, das sich um mich abspielt, dazu bei ein innerliches Weihnachten zu feiern. Von Dir liebe Sofie kann ich ja leider nun schon wochenlang keine Nachricht mehr bekommen, so daß ich Dich nur Gott anbefehlen kann in meinen Gebeten.

Der 19.12. hat uns einen furchtbaren Tag gebracht. Wir hatten in der Nacht vom 18./19. einen neuen Abschnitt übernommen mit meinem Bataillon, und am Morgen griff der Russe dort mit einer Heftigkeit an, die selbst für unsere Infanteristen ungewöhnlich war. Die Erde bebte und kochte den ganzen Tag unter dem Artilleriefeuer, so daß man glauben konnte, es würde kein Leben mehr übrigbleiben auf diesem Stückchen Erde. Unsere Verluste waren auch derart, daß von meinem Bataillon gerade noch die Stärke einer Kompanie übrig geblieben ist.

So hart und schrecklich diese Tage sind, sie machen mich leicht und frei von allen irdischen Wünschen, wo täglich ihre Vergänglichkeit mir vor Augen steht. Auch der Tod verliert allmählich seinen Schrecken. Wie froh bin ich, von einem Besitz zu wissen, der mir durch nichts genommen werden kann. Drum will ich immer frohen Mutes sein, was auch kommen mag. Dies will ich auch für Dich wünschen und erbitten.

Ein Satz aus dem Augustinus fällt mir noch ein, den ich einmal Inge zum Tod von Ernst Reden schreiben wollte. Er schreibt über den Tod seines Freundes etwa so: »Nur deshalb war mein Schmerz so groß, weil ich mein Herz in den Sand geschüttet hatte, indem ich einen Sterblichen liebte als sollte er nicht sterben.«

Du bist immer in meinen Gedanken zu Hause. Sei lieb und herzlich gegrüßt und damit auch all Deine und meine Lieben.

Dein Fritz.

Die von Fritz Hartnagel geschilderte sowjetische Offensive lässt sich nicht in Zusammenhang mit größeren Militäraktionen bringen. Die sowjetische Aktion »Kleiner Saturn«, die zu dieser Zeit in Gange war, richtete sich nicht gegen den Kessel von Stalingrad, sondern gegen die rückwärtigen deutschen Linien. Zu einer Verstärkung der sowjetischen Vorstöße gegen den Kessel selbst könnte die Tatsache beigetragen haben, dass zwischen dem 15. und 20. Dezember 1942 die Wolga so fest zugefroren war, dass die Rote Armee auch schweres Kriegsgerät über den Fluss transportieren konnte, was zeitweise durch Eisgang fast völlig verhindert worden war (die treibenden Eisschollen machten den Transport mit Booten unmöglich).

Zu Ernst Reden vgl. Fritz Hartnagels Brief vom 12.9.1942.

Ulm, den 26. Dezember 1942.

Mein lieber Fritz!

Wie mag es Dir am Weihnachtsabend zu Mute gewesen sein? Ich wünsche mir, daß Du trotz Deiner Umgebung, trotz dem fehlenden Weihnachtsbaum und den fehlenden Gaben Deiner Freunde froh gewesen bist, denn alles das ist es ja nicht, was uns an diesem Abend die Freude weckt. Und diese Freude will ja zu Dir genau so kommen wie zu mir, vielleicht hat sie den Weg in Dein Herz gefunden.

Hast Du noch zu lesen? Ich möchte Dich immer wieder dazu anspornen, und wenn es noch so sauer wird. Wir haben ja unsern Verstand zum Denken bekommen, das ist eine Arbeit, aber kein Gefühl wird sie uns ersparen können.

Die Zeit wird auch nimmer so fern sein, wo Du nicht mehr durch äußere Umstände von einer rechten Arbeit abgehalten bist.

Uns geht es gut insofern, als wir alle frohen Muts sind und gute Menschen neben uns wissen. Was Vater im neuen Jahr arbeiten wird, wissen wir noch nicht. Geldsorgen gibt es natürlich schon. Doch die müssen zu meistern sein.

Wenn nur Du gesund wieder kommst! Du weißt ja, was ich für Dich wünsche. Dies alles lege ich in die Hand, die unsre ohnmächtige Liebe mächtig werden läßt.

Deine Sophie

Ulm, den 30. Dezember [1942]

Mein lieber Fritz!

Heute lag ein ungestempelter Brief von Dir im Briefkasten! So etwa, wie Du geschrieben hast, habe ich mir's gedacht, und doch berührt es mich viel unmittelbarer, wenn Du es mir berichtest. O welche schmerzliche Ungeduld erfüllt mich, wenn ich daran denke, daß dieser Brief, wenn er überhaupt ankommt, Wochen unterwegs sein wird, wo ich doch am liebsten geschwind bei Dir wäre. Auch Dein Brief ist ja schon 3 Wochen alt, (ich bedaure sehr, daß derjenige, der ihn eingeworfen hat, nicht persönlich ihn übergeben hat, vielleicht hätte er mir manches erzählen können.) und was alles ist in diesen 3 Wochen schon geschehen, welche Nachrichten haben wir von den Truppen ostwärts des Dons, unter denen Du Dich befindest. Doch wenn Du diese Zeit nur überstehst, das wie ist dann nicht so wichtig, oder besser, darum habe ich keine so große Sorge, denn ich weiß ja, daß Dich der Gedanke an den, der Dich führt, ruhig machen kann.

Könnte ich Dir Kraft zuschicken, daß Du Deine täglichen großen Sorgen leichter bewältigen kannst. Es ist eine sehr schwere Aufgabe, die Dir gestellt ist, denn es geht um Menschenleben.

Vielen vielen Dank für Deinen Gruß, ich habe mich so gefreut, daß Du das Vögelein gesehen hast. Wenn Du nur den Blick für diese Dinge nicht verlierst!

Ich will Dir recht oft schreiben, vielleicht findet doch einmal etwas zu Dir!

Von allen Grüße! Doch keiner so innig wie der meine. Deine Sophie.

Ulm, den 30. Dezember 1942.

Wieder so ein ruhiger Abend zu Hause. Ich habe mir aus dem Radio eine schöne alte Musik hergeholt, eine Musik, die die Sinne beruhigt, die mit ordnender Hand durch das verwirrte Herz geht. Diese Schönheit kann niemals schlecht sein, sie atmet ja das Leben eines reinen Geistes, und eines klaren, manchmal mathematisch klaren Geistes. Alle die moderne

Dies könnte das abgerissene Bild sein, das Sophie Scholl dem Brief vom 30. Dezember 1942 beilegte.

Musik ist nicht mehr ganz rein, man braucht Bilder, um sie aufzunehmen, sie hat das Gebiet der eigentlichen Musik schon verlassen. Trotzdem bin ich weit davon entfernt, sie nicht anzuerkennen, warum nicht, ich liebe auch die Bilder aus Ton einer Sintenis etwa, doch reichte sie mir nie an einen Mozart oder gar Bach heran.

Das Foto ist vor einem Jahr etwa gemacht, ich hab's aus einem Album von Hans herausgerissen, weil es eine unmögliche Stellung darstellte, und Dir den Kopf noch übrig gelassen. Jetzt zwar sehe ich nicht so aus, die Haare reichen mir bis auf die Schulter bald, bis Lisl sich wieder einmal ihrer erbarmt.

Hoffentlich können wir bald wieder wie letztes Jahr zusammen durch die Stadt schlendern, es braucht ja nicht Freiburg zu sein. Ich mußte heute abend so daran denken, weil ich wie damals mit meinen Kunstsohlen auf dem frischen Schnee so furchtbar rutschte.

Herzliche Grüße!

Deine Sophie.

Renée Sintenis (1888–1965), Graphikerin und Bildhauerin, die vor allem durch ihre Porträtbüsten und Kleinplastiken junger Tiere (»Bilder aus Ton«) bekannt geworden war.

Da dieser Brief als unzustellbar zurückging, ist das abgerissene Foto erhalten.

Ulm, den 1. Januar 1943.

Mein lieber Fritz!

Heute haben wir zusammen einen schönen Spaziergang nach Geislingen gemacht, dem Bergrand entlang durch den lichten Buchenwald, und den herrlichen frischgefallenen Schnee. So am hellen Mittag im Schnee, da kann einen so ein ausgelassener Übermut packen, daß man tobt und Blödsinn treibt wie im Backfischalter. Während diese Stimmung, wenn die Dämmerung anbricht im verschneiten Wald oder zwischen den schmalen hohen schneebedeckten Häusern, in das Gegenteil umschlägt, in eine erwartungsvolle feierliche Stille, wie vor Weihnachten.

Ich schlafe mit Hans zusammen in dem oberen Stüblein, und da fallen vor dem Einschlafen in weiten Abständen noch einzelne Worte, Früchte eines Rückblicks auf den Tag, oder Fragen, die durch Gespräche oder Gelesenes neu aufgetaucht sind. So sagte Hans gestern abend (weil ich gerade die Theodizee Leibniz' lese), Leibniz habe als erster die Allmacht Gottes beschränkt, weil Gott nur Gutes, nichts Böses vollbringen <u>könne.</u> Hierauf stellte ich anstatt des »können« »wollen«. Doch mußte ich dies gar bald fallen lassen und brachte zu meiner Hilfe den Vergleich: Gottes Unfähigkeit, bös zu sein, ist genau so wie die Unfähigkeit eines Klugen, dumm zu sein. Hans wollte diesen Vergleich zwar nicht gelten lassen, doch mir leuchtet er jetzt immer mehr ein. Wäre Gott nicht gut, so wäre er nicht weise, und umgekehrt. Sein Mangel ist es, keinen Mangel haben zu können.

Doch wie wird Dir dieses Geschriebene alles in Deinem Kriegslärm vorkommen? Ich bin bei Dir, so sehr ich vermag!

Deine Sophie.

Geislingen liegt an der Fils, einem Nebenfluss des Neckars, die sich hier tief in die Hochebene der Schwäbischen Alb eingegraben hat. In Geislingen lebte auch der Maler Bertl Kley, den Sophie Scholl schon mehrfach besucht hatte.

Gottfried Wilhelm Leibniz (1646–1716), »Essais de théodicée sur la bonté de Dieu, la liberté de l'homme et l'origine du mal« (1710), erschienen in deutscher Übersetzung 1924 in Leipzig unter dem Titel »Die Theodizee«. In dem Werk geht es im Wesentlichen um die Rechtfertigung Gottes angesichts des von ihm in der Welt zugelassenen Übels. Leibniz legt diese Welt als die beste aller möglichen Welten dar.

Undatiert [3. 1. 1943; aus Ulm]

Mein lieber Fritz!

Vielleicht hat ein Luftpostbrief größere Chancen, zu Dir zu gelangen. Deshalb will ich hier die leere Seite doch noch ausnützen. Ich verfolge die Nachrichten mit viel größerem Interesse, seit ich weiß, wo etwa Du steckst. Hoffentlich geht es Dir recht gut, daß Dich auch der Kriegslärm und das Elend nicht aus Deiner geraden Bahn bringen können. O ich glaube wohl, daß das Elend stumpf machen will, doch denke daran: Un esprit dur, du coeur tendre! Oftmals bin ich unglücklich, daß alles Leid nicht durch mich geht, so wenigstens könnte ich einen Teil meiner Schuld abtragen an denen, die unverdient so viel mehr leiden müssen als ich. In Gedanken bin ich jetzt so viel bei Dir, daß ich oft meine, wir müßten uns begegnen. Doch frage ich mich immer wieder mit Sorge, wie es Dir jetzt ergehen mag. Du weißt, wie schwer ein Menschenleben wiegt, und man muß wissen, wofür man es in die Waagschale wirft. Welche Verantwortung, die Du trägst! Doch Du weißt ja eine Kraftquelle.

Und nun Gott befohlen!

Deine Sophie.

Datiert durch einen Brief von Sophie Scholls Mutter L. Scholl (Lina = Magdalene Scholl), »Im Jahr des Heils 3. 1. 42«, mit Anmerkung von anderer Hand »muß 43 sein!«. Auf dessen letzter Seite findet sich der Brief von Sophie Scholl. Vom Inhalt des Briefes her ist eine Datierung ins Jahr 1942 ausgeschlossen, da sich Fritz Hartnagel zu der Zeit in völligem Frieden in Weimar befand.

»[Il faut avoir] Un esprit dur, du coeur tendre« (Man muss einen harten Geist und ein weiches Herz haben): Der Satz stammt von dem französischen Philosophen Jacques Maritain (1882–1973). Er wurde von Otl Aicher als eine Art Motto in den Ulmer Kreis eingeführt. In welchem Werk Maritains Otl Aicher dieses Zitat gefunden hatte, ist unklar. Maritain griff es in seinem Werk »Le paysan de la Garonne« (Paris 1966; deutsch: »Der Bauer von der Garonne. Ein alter Laie macht sich Gedanken«, Kösel-Verlag, München 1969) erneut auf.

17. 1. 43. [auf dem Rückzug auf Stalingrad]

Meine liebe Sofie!

Nach langer langer Zeit wieder einen Gruß. Wir haben sehr schlimme Tage hinter uns. Seit 8 Tagen sind wir in ständigem Rückzug auf Stalingrad. Seit 8 Tagen sind wir bei 30° Kälte im Freien gelegen, ohne eine Möglichkeit uns aufzuwärmen. Mein Btl. ist vollkommen aufgerieben. Ich selbst habe beide Hände erfroren, davon 2 Finger mit Erfrierungen 3. Grades. Ich war nun eben auf dem Weg zum Hauptverbandsplatz, um in ärztliche Behandlung zu gehen. Aber dort werden nur Schwerverwundete angenommen. Nun habe ich endlich einen gastfreundlichen Offz. gefunden, der mich wenigstens in seinen warmen Bunker aufgenommen hat. Ich weiß nicht, wie nun alles weitergehen wird. Die Lage ist hier ziemlich hoffnungslos. Wenn mich nicht ein anderes Schicksal ereilt, vor dem ich mit Gottes Hilfe oft auf wundersame Weise bewahrt worden bin, dann bleibt vielleicht nur noch die russische Gefangenschaft. Doch alle Hoffnung habe ich noch nicht aufgegeben. Und wenn wir unsere Hoffnung nicht an dieses Leben hängen, was kann uns dann schon genommen werden? Ich will beten und nochmals beten in diesen Tagen, und auch Du und alle Lieben sind darin innigst eingeschlossen. Was könnte ich auch anderes für Dich tun, als den Schutz Gottes und die Liebe Gottes für Dich zu erbitten. Sei von ganzem Herzen und in inniger Liebe gegrüßt, meine liebe gute Sofie. Grüße Deine Eltern, Deine Geschwister, und auch um einen Gruß an meine Angehörigen möchte ich Dich bitten, falls ich nicht mehr dazu kommen sollte.

Ich bleibe Dein Fritz.

»Btl.«: Bataillon

Am 10. Januar 1943 hatte die Operation »Ring« der sowjetischen Armee begonnen. Die Sowjets konzentrierten sich auf ein Vorrücken von Westen her auf Stalingrad zu. So ging aus deutscher Sicht zunächst die westliche Ausbuchtung des Kessels, die sogenannte Nase von Marinowka, verloren. Die eingeschlossene sechste Armee verfügte zu diesem Zeitpunkt kaum noch über Munition oder Treibstoff, und die Verpflegungssituation war katastrophal: Es gab fast kein Brot mehr und das wenige, sehr weiche, wasserhaltige Brot, das noch zur Verteilung kam, wurde »Eisbrot« genannt, weil es bei dem strengen Frost gefroren war. Verwundete konnten nur noch unzureichend oder gar nicht mehr versorgt werden. Nicht Gehfähige wurden auf Lastwagen verladen und, wenn der Treibstoff ausging, in der eisigen Steppe zurückgelassen. Die Versorgung aus der Luft war aufgrund des Mangels an Flugzeugen und der hohen Verluste fast zusammengebrochen. Am 15. Januar ging schließlich auch der Flugplatz Pitomnik verloren, über den bisher alle Transporte abgewickelt worden waren. Man versuchte, in aller Eile das Flugfeld Gumrak, ca. 10–15 km östlich von Pitomnik, so weit zu präparieren, dass dort Versorgungsflugzeuge landen konnten. Während General Paulus, Oberkommandierender der sechsten Armee, vergeblich um die Genehmigung bat, dass noch kampffähige Einheiten auf eigene Faust versuchen sollten, die Einkreisung zu durchbrechen, machte sich die militärische und politische Führung offenkundig keine rechte Vorstellung von den Zuständen innerhalb des Kessels. Noch am 15. Januar 1943 hatte Reichspropagandaminister Goebbels verkündet: »Das Ringen um Stalingrad nähert sich seinem erfolgreichen Ende.«

Ulm, den 7. Februar 1943

Mein lieber Fritz!

An Deinem Geburtstag war Haecker bei uns. Das waren eindrucksvolle Stunden. Seine Worte fallen langsam wie Tropfen, die man schon vorher sich ansammeln sieht, und die in diese Erwartung hinein mit ganz besonderem Gewicht fallen. Er hat ein sehr stilles Gesicht, einen Blick, als sähe er nach innen. Es hat mich noch niemand so mit seinem Antlitz überzeugt wie er.

Zur Zeit ist Otl in Urlaub. Ich habe in den letzten Tagen viele Stunden bei ihm verbracht, weil er mich modelliert hat. Nun habe ich große Lust in meine Hände bekommen, es ihm gleichzutun. Ich freue mich schon darauf. Die Feder oder das Bleistift sind viel zu ungeduldig, um ein Gesicht festzuhalten. Auch habe ich, wenn ich sie gebrauche, nicht diese Sicherheit, die ich beim Betasten des Lehms spüre, beinahe verführerisch.

Ich warte ungeduldig auf Deine nächste Nachricht. Hoffentlich bist Du weitertransportiert worden und kannst es bewerkstelligen, wenigstens in meine Nähe zu kommen. Das heißt, solange ich noch frei bin (das ist ja sehr bemessen), fahre ich natürlich zu Dir. Ich bin schon voller Freude in dem Gedanken, mit Dir zusammen zu sein. Jede Minute schießt ein neuer Plan in mir hervor, wie Unkraut aus einem Misthaufen. Doch leuchtet das Unkraut in allen Farben.

Doch ich werde mich bezähmen, Du brauchst nicht schon jetzt Angst zu haben.

Laß Dich vielmals recht von Herzen grüßen!

Deine Sophie.

Fritz Hartnagel war am 4. Februar 26 Jahre alt geworden.

Sophie Scholl musste damit rechnen, dass sie in den Semesterferien erneut zu einem Einsatz in der Rüstungsindustrie herangezogen würde (»solange ich noch frei bin«).

Theodor Haecker (1879–1945), Schriftsteller und Philosoph, war Privatgelehrter. Seine Hauptwerke »Vergil, Vater des Abendlandes« (1931), »Was ist der Mensch?« (1933) und »Schöpfer und Schöpfung« (1934) waren den Scholl-Geschwistern durch Vermittlung von Otl Aicher bekannt. Eine persönliche Bekanntschaft ergab sich durch Carl Muth. Obwohl er seit 1935 Redeverbot und seit 1938 Publikationsverbot hatte, las Haecker im Frühsommer und Herbst 1942 in dem Münchener Freundeskreis verschiedentlich aus seinen Werken. So auch am Nachmittag des 4. Februar, als er im Atelier des Architekten Manfred Eickemeyer, in dessen Keller die Flugblätter der »Weißen Rose« gedruckt wurden, vor geladenen Gästen aus »Schöpfer und Schöpfung« und aus seinen unveröffentlichten Tagebüchern las.

Sophie Scholl war Anfang Februar 1943 nach Ulm gefahren. Über die Gründe schreibt sie in ihrem Brief vom 10.2.1943.

Einen Tag bevor in Rundfunk und Presse die Kapitulation der sechsten Armee in Stalingrad bekannt gegeben wurde, hatte Sophie Scholl durch einen Anruf ihrer Mutter (die die Nachricht wiederum von Fritz Hartnagels Mutter erhalten hatte) erfahren, dass Fritz Hartnagel noch kurz vor dem Ende aus dem Kessel von Stalingrad ausgeflogen worden war. Nähere Auskünfte hierüber gibt Fritz Hartnagels Brief vom 12.2.1943.

Ulm, den 10. Februar 1943.

Mein lieber Fritz!

Hoffentlich genügt die Adresse, die Deine Mutter uns telefonisch mitgeteilt hat. Dann wird Dich endlich wieder etwas von unserer Welt erreichen. So laß Dich erst von Herzen begrüßen, nachdem Du so lange und weit von uns weggewesen bist. Und nun ist dies Wiedersehen, das uns bevorsteht, für mich so anders als alle anderen. So als würdest Du zurückkehren um ganz dazubleiben. Und wenn ich bisher zu müde war zum Pläne machen, weil sie ja doch durch den Krieg alle zu Schanden wurden, so schießen sie jetzt empor wie Urwaldblumen nach einem langen warmen Regen, so bunt und ungeheuerlich. Doch wollen sie mir gar nicht ungeheuerlich vorkommen, sondern alle sehr durchführbar.

Entschuldige, daß ich so über's Ziel hinausschieße und nicht mehr sehe, was klein und groß ist. Am liebsten möchte ich gar nichts mehr schreiben, bevor Du da bist, denn meine Ungeduld möchte Dich am liebsten morgen schon hier sehen, obwohl Du sagtest, daß dafür wenig Aussicht besteht. Ich glaube es trotzdem.

Meine Hände sind noch ganz unbeholfen, heiß und zittrig vom langen Wäsche auswringen, denn ich helfe diese Woche daheim, weil Mutter und Inge so halb krank sind, (Brechdurchfall), und nächsten Sonntag Taufe ist. Doch Du weißt wahrscheinlich gar nicht, daß seit 5 Monaten eine Frau, Freundin von Frau Kley, bei uns wohnt, die ein Baby bekommen hat. Das wird nun getauft. Doch das ist ja nicht so wichtig.

Schreib, sobald Du kannst, Deine genaue Adresse, wann Du kommen darfst, ob ich Dich besuchen soll und was sonst noch für mich wichtig ist.

Verzeih noch einmal meine laute Freude, hoffentlich hat sie Dir nicht wehgetan, und werde schnell gesund. Viele liebe Grüße! Deine Sophie

[am linken Rand:] Meine Adresse: München 23, Franz Josefstr. 13 Hth.

Frau Kley war die Frau des Kunstlehrers und Malers Bertl Kley aus Geislingen. Deren schwangere Freundin war von den Scholls bis nach der Geburt des Kindes in ihrer Wohnung am Ulmer Münsterplatz aufgenommen worden, da sie als ledige werdende Mutter in der damaligen Gesellschaft einen außerordentlich schweren Stand hatte. Gleich nach der Taufe des Kindes kehrte Sophie Scholl nach München zurück.

12. II. 43. [aus dem Lazarett in Lemberg]

Meine liebe Sofie!

Endlich hat sich eine Krankenschwester meiner erbarmt, und hat mir aus der Stadt dieses Briefpapier mitgebracht, so daß ich Dir wieder öfters einen Gruß schicken kann. Mein ganzes Gepäck mußte ich bei den Russen lassen. Nicht einmal mein Waschzeug konnte ich retten. Aber dies ist ja alles ohne Bedeutung, wenn ich dran denke, daß ich in letzter Minute aus dem Kessel von Stalingrad entwischen konnte. Ich bin am Abend des 22. 1. weggeflogen. Dies war der letzte Tag, an dem Flugzeuge noch im Kessel landen konnten. Ich bin in diesen schlimmen Tagen so oft auf wundersame Weise bewahrt worden, daß ich dies nicht nur als glückliche Zufälle ansehen kann.

Ich will Dir erzählen, wie mir's seit meinem letzten Gruß aus Stalino ergangen ist. Am 28. 1. wurde ich mit einem Verwundetentransport nach rückwärts abtransportiert. Ich erwartete natürlich einen Lazarettzug, wie er in unseren Illustrierten und Wochenschauen immer gezeigt wurde. Aber wir wurden in Viehwagen so eng wie Heringe eingepfercht, daß nicht einmal alle liegen konnten. Für mehrere Wagen war ein Betreuer eingeteilt, so daß wir praktisch auf uns selbst angewiesen waren. Diese Fahrt ging 6 Tage und sollte eigentlich in Lublin enden. Aber am 6. Tag regnete es in Strömen, und tropfte auch durch das Dach unseres Waggons durch, daß wir bald alle im Wasser lagen. Auf unseren energischen Protest beim Transportführer wurde dann zum Glück in Lemberg der ganze Waggon geräumt. Hier in Lemberg habe ich ein sehr gutes Lazarett erwischt, sowohl was die Einrichtung betrifft, wie auch die ärztliche Versorgung. Gleich am anderen Tag nach meiner Ankunft wurden dann meine beiden erfrorenen Finger amputiert, es war gerade mein Geburtstag! Zu unserem Arzt habe ich großes Vertrauen. Wenn man ihn im Operationssaal sieht, würde man ihn als

Oberstabsarzt nicht erkennen. Da arbeitet er hemdsärmelig mit einer weißen Hose bekleidet und einer von Gips verschmierten Gummischürze. Er ist vor allem Spezialist für Knochenschüsse, und flickt nach eigenem Verfahren wieder zusammen, was von anderen Ärzten längst amputiert würde.

Die Schwestern kamen mir anfangs etwas befremdend vor. Sie sind mehr Dämchen, als Schwestern und wollen poussiert sein. So herrscht hier die Verpflegung betreffend eine schreckliche Günstlingswirtschaft. Doch ich komme schon zu meinem Teil, auch wenn ich die Schäkerei nicht mitmache. Das Essen spielt natürlich nach so langen Entbehrungen eine große Rolle. Ich lag zuerst mit einem Hauptmann auf einem Zimmer. Der Typ eines aktiven Offz. wie er uns beiden auf die Nerven geht. Unsere Unterhaltungen waren dementsprechend auch richtig spärlich, wofür er sich umso mehr mit den hübschen Schwestern beschäftigte, während er auf die weniger hübschen schimpfte. Vielleicht hat es die Schwester gemerkt, daß wir uns nicht ausstehen können, oder hat er selbst aufgrund seiner guten Beziehungen veranlaßt, auf jeden Fall wurde ich in ein anderes Zimmer gelegt zu einem SS-»Leutnant«! Doch trotz des schlechten Vorzeichens verstehe ich mich sehr gut mit ihm.

Leider können wir vorläufig nicht ins Reich abtransportiert werden, da die Verwundeten aus Stalingrad nicht nach Deutschland dürfen! Man fürchtet wohl, daß durch die Erzählungen dieser Soldaten die Bevölkerung noch mehr in Aufregung gebracht würde, einen anderen Grund kann ich mir nicht denken. Am liebsten würde ich, nachdem meine Wunden einigermaßen abgeheilt sind und ich wieder gehen kann, gleich nach Hause fahren und von dort aus ins Lazarett in Behandlung gehen. Aber das würde wohl noch einige Wochen dauern bis ich so weit bin. Vorläufig muß ich wegen meinen Füßen immer noch im Bett liegen (das wirst Du an meiner Schrift schon gemerkt haben!)

Nun hab ich aber genug von mir erzählt. Von Dir konnte ich leider nun schon ein Vierteljahr keine Post mehr bekommen. Was wird sich in dieser langen Zeit bei Dir alles ereignet haben? Sicher bist Du längst wieder in München. Aber hoffentlich darfst Du auch weiterstudieren, nach den neuen Arbeitsbestimmungen!

Kannst Du Dir denken, wie sehnsüchtig ich auf eine Nachricht von Dir warte? Schreib mir bald und grüße Hans und auch Deine Eltern und Inge, wenn Du wieder nach Ulm kommst.

Dir, liebe Sofie, einen lieben und herzlichen Gruß von Deinem Fritz.

Meine Adresse:
Reservelazarett IV, Lemberg,
Bergsanatorium, Postfach 77

Schreib mir auch Deine Münchner Adresse.

Lemberg gehörte bis zum Einmarsch der Sowjetunion 1939 (als Konsequenz des geheimen Zusatzprotokolls zum Hitler-Stalin-Pakt) zu Polen und dann bis zu deren Auflösung 1991 zur Sowjetunion (als Folge der auf den alliierten Kriegskonferenzen beschlossenen Westverschiebung Polens). Heute liegt die Stadt in der westlichen Ukraine.

Lublin liegt in Polen (dem damaligen »Generalgouvernement«), südöstlich von Warschau.

Am 20. Januar 1943 hatte die sowjetische Offensive gegen die eingeschlossenen deutschen Einheiten nach einigen Tagen relativer Ruhe mit verstärkter Kraft wieder eingesetzt. Der Flugplatz Gumrak war nur noch wenige Kilometer von der vorrückenden Front entfernt. Eine erneute Kapitulationsaufforderung der Sowjets lehnte Paulus auf Befehl Hitlers zum wiederholten Male ab. Am 22. Januar begann die sowjetische Schlussoffensive auf die fast wehrlosen Reste der sechsten Armee. Von welcher Piste aus Fritz Hartnagel am Abend dieses 22. Januar 1943 ausgeflogen wurde, ist nicht ganz klar. Nach Wehrmachtsdokumenten war der Flugplatz Gumrak seit dem 22. Januar, 4 Uhr morgens, nicht mehr anfliegbar. Als Ersatz stand für ganz kurze Zeit eine provisorische Piste bei Stalingradski, wenige Kilometer südöstlich, zur Verfügung. Wie Fritz Hartnagel schreibt, konnten an diesem Tag die letzten Flugzeuge im Kessel von Stalingrad landen und auch wieder starten. In einem im Internet zugänglichen Bericht schreibt allerdings ein Bordmechaniker, der zur Besatzung eines dieser Flugzeuge gehörte, er sei am Morgen des 23. Januar ein letztes Mal in Stalingradski gelandet, wenige Stunden bevor auch diese letzte Flugpiste von der Roten Armee erobert wurde*. Schon das Flugfeld bei Gumrak, und erst recht die Piste bei Stalingradski waren für größere und schwerere Flugzeuge wie die JU 52 (der Versuch, noch größere Flugzeuge einzusetzen, war schon früher infolge mangelnder Infrastruktur und hoher Abschussraten eingestellt worden) nicht geeignet. Deshalb wurden überwiegend Heinkel He 111, eigentlich Bomber, eingesetzt. Mit einem solchen Flugzeug wurde auch Fritz Hartnagel nach eigenen Erzählungen ausgeflogen. Er berichtete, drei He 111 seien gelandet und sofort von noch gehfähigen Verletzten gestürmt worden. Warum er selbst an Bord gelangte, ist nicht ganz klar. Laut seinen Berichten wurde er von einem anderen Offizier (oder Unteroffizier?) nach vorne geschoben. Dramatisch waren die hektischen Startvorbereitungen. Zahllose Soldaten versuchten, an Bord zu gelangen, und klammerten sich an die Fahrgestelle der startbereiten Flugzeuge. Die Flugzeugbesatzung stieß diese Menschen durch den offenen Bombenschacht mit Gewehrkolben zurück, um überhaupt starten zu können. Warum Fritz Hartnagel zu den Auserwählten gehörte, die gerettet wurden, ist unklar. Möglicherweise spielte dabei sein Offiziersstatus eine Rolle, vielleicht war es aber auch nur Glück im allgemeinen Chaos. In der Literatur wird detailliert berichtet, dass in den letzten Wochen vor der Kapitulation an den Flugplätzen jegliche Disziplin verloren gegangen war und viele Starts so abliefen wie der beschriebene. Ohne Chancen waren demnach Schwerverwundete, die nur liegend transportiert werden konnten, da sie zu viel Platz im Flugzeug in Anspruch genommen hätten und zudem im Kampf um freie Plätze hoffnungslos unterlegen waren.

An diesem 22. Januar 1943 erhielten die Reste der sechsten Armee einen Funkspruch von Hitler, der ihr Schicksal besiegelte: »Kapitulation ausgeschlossen. Truppe verteidigt sich bis zuletzt.«

Fritz Hartnagel wurde nach Stalino (heute Donezk in der Ukraine) ausgeflogen.

Die Vermutung, dass die Verwundeten aus Stalingrad nicht nach Deutschland durften, um die Verbreitung unerwünschter Informationen zu unterbinden, entsprach der Realität. Schon zuvor waren zahllose Feldpostbriefe von in Stalingrad eingeschlossenen Soldaten von der Postprüfungsstelle des Heeres abgefangen worden, um zu verhindern, dass die wirkliche Lage der sechsten Armee in der Heimat bekannt wurde. Dass Fritz Hartnagels Briefe aus Stalingrad, soweit zu überblicken, alle Sophie Scholl erreichten, ist darauf zurückzuführen, dass er die Briefe Mitgliedern der Flugzeugbesatzungen (er war selbst Angehöriger der Luftwaffe) persönlich übergeben hatte und diese so erst hinter den Frontlinien zur Feldpost gegeben wurden.

* www.assicamp.de/newsartikel/stalingrad/page/index _14.html

Unter derselben Adresse, index_15, findet sich auch eine eindrucksvolle Schilderung der Ereignisse vom 22. Januar durch einen deutschen Soldaten, der ebenfalls an diesem Tag aus dem Kessel ausgeflogen wurde.

Ulm, 13. Februar 1943.

Mein lieber Fritz!

Jeden Tag laufe ich an den Briefkasten weil ich meine, daß eher etwas für mich dabei ist, wenn ich selbst danach sehe. Bisher jedoch wurde meine Hoffnung betrogen. Doch wirst Du jetzt wohl noch nicht schreiben können mit Deinen erfrorenen Fingern.

Hier herrscht ein rechtes Aprilwetter, Schnee löst den Sonnenschein ab, und ich muß gestehen, ich bin nicht minder kindischer Stimmung, ohne besonderen Anlaß. Wahrscheinlich als Reaktion auf die ganze Zeit bisher steigen harmlose, farbenreiche Zukunftsträume auf. Gott sei Dank sehe ich ihre Harmlosigkeit und Nebensächlichkeit ein, sonst könnte ich leicht, wie so viele, darin versinken, und mich bloß deshalb freuen über das nahe Ende des Krieges. Doch nicht deshalb freue ich mich. Nein gewiß nicht.

Wahrscheinlich werde ich im nächsten Semester auch zum Arbeitseinsatz herangezogen. Ich bin nicht so unglücklich darüber, weil ich auch noch leiden will (das ist zu viel gesagt, aber wenigstens noch unmittelbarer betroffen sein will) unter der ganzen Zeit. Verstehst Du, das Mitleiden fällt oft schwer und wird gerne Phrase, wenn nicht der eigene Körper weh tut.

Ich freue mich so, bis ich endlich wieder mit Dir sprechen kann. Denn was ich so schreiben kann, ist doch bloß ein Tropfen aus dem großen Reservoir, das sich allmählich angesammelt hat.

Soll ich zu Dir fahren? Du brauchst bloß zu schreiben.

Herzlichst Deine Sophie.

München, 16. 2. 43.

Mein lieber Fritz!

Noch einen kurzen Gruß, bevor ich wieder in meine Vorlesungen laufe. Ich hatte es Dir ja, glaube ich, schon geschrieben, daß ich 10 Tage daheim war, um dort zu helfen. Diese Tage, obwohl ich nicht viel zu meiner eigenen Beschäftigung komme, tun mir immer wohl, und wenn es nur deshalb wäre, weil mein Vater sich so freut, wenn ich komme, und sich wundert, wenn ich wieder gehe, und weil Mutter um so 1000 Kleinigkeiten besorgt ist. Diese Liebe, die so umsonst ist, ist für mich etwas Wunderbares. Ich empfinde sie als etwas vom Schönsten, was mir beschieden ist.

Die 150 km, die zwischen Ulm u. München liegen, verändern mich dann so rasch, daß ich selbst erstaunt bin. Ich werde von einem harmlosen ausgelassenen Kind zu einem auf sich gestellten Menschen. Doch dieses Alleinsein tut mir gut, wenn ich mich auch manchmal nicht so wohl darin befinde, weil ich doch von Menschen recht verwöhnt bin. Aber geborgen fühle ich mich erst dort, wo ich merke, daß eine selbstlose Liebe da ist. Und die ist doch verhältnismäßig selten.

Wie geht es Dir? Schon 14 Tage sind vergangen seit Deinem letzten Brief aus Stalino, und ich bin ein bißchen unsicher, wenn ich mich an Dich wende, weil ich nicht weiß, wie es um Dich steht, und welche Gefühle ich Dir entgegenbringen darf. Doch sei versichert, daß es immer die der Liebe und Dankbarkeit sind.

Deine Sophie

Sophie Scholl war am 14. oder, wahrscheinlicher, am 15. Februar (einem Montag) aus Ulm nach München zurückgekehrt.

M.[ünchen], 16.2.43.

Mein lieber Fritz!

Gestern habe ich einen wunderbaren blühenden Stock gekauft, er steht vor mir auf dem Schreibtisch am hellen Fenster, seine graziösen Ranken, über und über mit zarten lila Blüten besetzt, schweben vor und über mir. Er ist meinen Augen und meinem Herzen eine rechte Freude, und ich wünschte mir nur, daß Du kommst, bevor er verblüht ist. Wann wirst Du nur kommen?

Meine ersten Briefe werden Dich wohl kaum erreichen, sie waren falsch adressiert. Und ob diese dürftige Adresse genügt? Doch muß ich ja warten, bis Du zuerst mir schreibst.

Wir haben hier eine kleine Geyerausstellung hergerichtet. Wir sind sehr oft mit ihm zusammen, man fühlt sich in seiner Nähe riesig behaglich. Wie schade, daß ich Dir davon schreiben muß, daß Du nicht selbst hier bist. Vielleicht können wir bald zusammen irgendwo anfangen!

Sei für heute vielmals gegrüßt von Deiner Sophie.

Wilhelm Geyer, ein Kunstmaler aus Ulm, war schon im Januar nach München gekommen, um Carl Muth zu porträtieren. Der Kontakt war durch Hans Scholl hergestellt worden. Die Ausstellung von Bildern Geyers, der schon lange Ausstellungsverbot hatte, fand im Atelier Eickemeyer statt.

Dieser Brief dürfte der letzte sein, den Sophie Scholl an Fritz Hartnagel geschrieben hat, auch wenn die Reihenfolge der beiden vom 16. Februar 1943 datierten Briefe nicht mit Sicherheit festzustellen ist. Zwei Tage später, am 18. Februar, einem Donnerstag, wurde Sophie Scholl zusammen mit ihrem Bruder Hans in der Münchener Universität verhaftet, als sie ein von Professor Kurt Huber verfasstes Flugblatt, das auf die Niederlage der sechsten deutschen Armee in Stalingrad reagierte (»Erschüttert steht unser Volk vor dem Untergang der Männer von Stalingrad«), in der Münchener Universität verteilten. Auch Christoph Probst wurde kurz danach in Innsbruck verhaftet und nach München gebracht.

Bereits vier Tage später, am 22. Februar 1943, fand der Prozess vor einer eigens aus Berlin angereisten Kammer des Volksgerichtshofs unter Vorsitz von Roland Freisler statt. Sophie und Hans Scholl sowie Christoph Probst wurden wegen Hochverrats und Feindbegünstigung zum Tode verurteilt und noch am selben Tag um 17 Uhr mit dem Fallbeil hingerichtet.

17.2.43. [aus dem Lazarett in Lemberg]

Meine liebe Sofie!

Manchmal, ich habe ja viel Zeit zum Nachdenken, wird es mir ganz bang, wenn ich dran denke, daß 3 Monate vergangen sind, seit ich die letzte Nachricht von Dir und auch von zu Hause erhalten habe. Könnte sich in dieser langen Zeit nicht auch manch Schlimmes ereignet haben? Doch ich will warten und hoffen bis der erste Brief eintrifft.

So kann ich nur wieder von mir schreiben. Doch mein Tageslauf bringt wenig Ereignisse. Er besteht aus Schlafen, Essen und Lesen. Im

Lesen bin ich allerdings auf die hiesige Hausbibliothek angewiesen, die durch Spenden zusammengestellt ist. Da kannst Du Dir ja ihren Inhalt vorstellen. Zur Zeit lese ich die Chronik der Grafen von Zimmern. Sie ist ganz interessant zu lesen und gibt einen guten Einblick in die Zustände des späten Mittelalters. Ich würde mich sehr freuen, wenn Du mir etwas zum Lesen schicken könntest, damit ich die viele freie Zeit auch nutzbringend anwende. Meine Hand macht schon gute Fortschritte. Seit einigen Tagen muß ich sie täglich zwei Mal in eine Lösung von übermangansaurem Kali baden. Dadurch wurde die Bildung einer Haut schon gut gefördert, so daß die beiden Amputationswunden schon zur Hälfte zugewachsen sind. Leider bildet sich nun in der Handfläche anscheinend eine Entzündung. Doch der Arzt will mit einem operativen Eingriff noch warten und hofft, daß die Entzündung so wieder weggeht. Seltsamerweise schmerzen die Wunden von der Amputation gar nicht, dagegen aber die beiden Finger, die gar nicht mehr dran sind. Da rumoren noch die Nerven als ob die beiden Finger in einem Schraubstock gequetscht würden. Aber durch die Dauer der Gewöhnung ist dies nur noch ein harmloses Schmerzgefühl, so daß ich wie ein Gesunder im Bett liege.

Leider habe ich mit meinem Gepäck auch einige wertvolle Bücher verloren. Vor allem die Bekenntnisse des Augustinus (Zum Glück hatte ich die von Inge kurz zuvor noch abgeschickt), dann Haeckers »Schönheit« und noch andere. Hoffentlich wird die Post, die mir nach Schließung des Kessels geschickt wurde, wenigstens an den Absender wieder zurückgeleitet. Vermutlich werden sich neben anderen wertvollen Sachen auch Bücher, vor allem von Dir, darunter befinden, und diese stellen ja heute einen unersetzlichen Wert dar. – Schreib mir bald liebe Sofie. – Ich bleibe mit guten Wünschen bei Dir. Dein Fritz.

Die »Chronik der Grafen von Zimmern« erschien erstmals 1565; sie bietet eine sehr anschauliche Beschreibung der Umbruchphase vom Mittelalter zur Neuzeit in Südwestdeutschland.

22.2.43. [aus dem Lazarett in Lemberg]

Meine liebe Sofie!

Ich danke Dir sehr, daß Du mir so fleißig schreibst, trotzdem Du anscheinend immer noch keine Post von mir erhalten hast. Du tust mir so viel Gutes damit. Wieder hat mich heute ein Gruß erreicht, von dem mir als Erstes einige zarte, lilarote Blütenblätter in den Schoß fielen. Und wie ich dann Deinen Brief in Händen halte, und dazu die Sonne schon ganz warm durchs Fenster hereinstrahlt, muß da nicht der Frühling bei mir einkehren? Oder zumindest eine Vorahnung und eine starke Hoffnung auf seine Nähe? Und wenn ich nicht zu früh oder ohne jeden Urlaub wieder an die Front geschickt werde, dann werden wir ihn sogar gemeinsam erleben dürfen. Diese Vorfreude rankt um mich und macht mich frohen Herzens, wie Dein üppig blühender Blumenstock, der Dich entzückt.

Aber vorläufig mußt Du mir schon noch etwas von Deiner Umgebung erzählen, von der ich ja bis jetzt noch gar nichts weiß. Z.B. ob Hans noch bei Dir in München ist und wer sonst noch in Deiner Nähe ist.

Ich verbringe viele Stunden des Tages bei Dir. Nimm dies als ein kleines Zeichen dafür.

Herzlichst Dein Fritz.

Diesen Brief schrieb Fritz Hartnagel am Tage der Hinrichtung von Sophie Scholl. Die lilaroten Blütenblätter stammten von dem »blühenden Stock«, von dem Sophie Scholl in ihrem letzten Brief an Fritz Hartnagel schreibt.

23.2.43. [aus Lemberg]

Meine liebe Sofie!

Ich weile bei Dir in München. Wie wirst Du den Tag verbringen? Du hast mir übrigens noch nie etwas über Deine Vorlesungen geschrieben, die doch sicher einen wesentlichen Teil Deines Tages beanspruchen. Doch auch ich empfinde sie nicht als das Wichtigste für Dich, obwohl Du ja eigentlich zum Studium in München weilst. Die Menschen und die vielerlei Eindrücke und Anregungen die Dir vor allem bei Deinen guten Beziehungen begegnen erscheinen mir wesentlicher. Und daß Du darin zu ordnen und zu sichten weißt, bin ich mir sicher. Zeichnest und malst Du auch immer noch fleißig? Hoffentlich versäumst Du nicht die Gelegenheit wenigstens ein Atelier zu besuchen, wenn Du Dich schon nicht ganz diesem Studium widmen willst. Wer weiß, wie lange Du noch Gelegenheit dazu hast. Ich hoffe sehr, daß Du von einem Kriegseinsatz verschont bleibst, wenn ich auch Deinen »Wunsch« verstehen kann, unter unserer Zeit auch leiden zu müssen. Doch ich weiß, wie empfindsam Dich so etwas bedrücken würde, da Du zum Glück noch nicht so abgestumpft bist gegen solche äußeren Einflüsse, wie ich etwa.

Von mir kann ich nur erzählen, daß es mir gut geht, und daß es mir bei Dir noch wesentlich besser ginge. Ach, ich male es mir jeden Tag von neuem aus. – Mit unseren Schwestern bin ich nun, ohne mein Zutun in ganz gute Beziehungen gekommen. Einige kommen öfter uns zu besuchen und zum Schwätzen, am Sonntag sogar mit einer Flasche Wein, und vor einigen Tagen waren mein Stubengenosse und ich zum Bohnenkaffee und Kuchen auf ein Schwesternzimmer eingeladen. Wir hätten beide lieber unsere Ruhe, aber der leiblichen Genüsse willen, kann man sich das ja gefallen lassen. Du siehst, ich bin immer noch furchtbar verfressen, und manchmal schäme ich mich vor mir selbst, wenn ich um die Essenszeiten ungeduldig, wie der Löwe im Käfig, auf das Essen lauere. Hoffentlich werde ich diese Reaktionserscheinung auf die langen Entbehrungen bald überwinden.

Ich komme bald wieder zu Dir mit einem kleinen Gruß.

Für heute gute Nacht.

Dein Fritz.

»Die Menschen und die vielerlei Eindrücke und Anregungen erscheinen mir wesentlicher« (als das Studium): Diese Priorität, die Fritz Hartnagel in seinem Brief formulierte, entsprach genau der, die Sophie Scholl in den knapp zehn Monaten ihres Lebens in München für sich selbst gesetzt hatte. Elisabeth Hartnagel, die zweimal für mehrere Tage zu Besuch in München war, gewann den Eindruck, dass das Studium für Sophie Scholl, von den Vorlesungen Professor Kurt Hubers einmal abgesehen, praktisch keine Rolle spielte. Einem Ulmer Freund, der sie ebenfalls in München besuchte, nahm Sophie Scholl in einem Brief das Versprechen ab, in Ulm niemandem (vor allem nicht ihren Eltern) zu erzählen, was sie wirklich in München treibe.

24. 2. 43. [aus dem Lazarett in Lemberg]

Meine liebe Sofie!

Hoffentlich ärgerst Du Dich nicht, wenn Du so einen Wisch erhältst, auf dem nichts weiter steht, als daß ich wieder einen Tag mit Dir beschließe. Und wenn Du nur liest, was da drauf steht, dann wären solche Grüße wohl wert ärgerlich weggelegt zu werden. Doch ich glaube Du verstehst mich, daß diese Zettel nicht Inhalt sein sollen, nur eine äußerliche Verbindung möchten sie sein, durch die aber alles hinüber und herüber fließen kann, was wir uns geben möchten, keine schwärmerische Liebe, auch kein großes Wissen, sondern nur, und das ist viel mehr, das selbstlose füreinander Dasein. O Sofie, mir ist es so klar, wie ich zu Dir kommen muß. Vielleicht haben auch die Stalingrader Tage noch dazu beigetragen mich zu läutern.

Ich warte mit Ungeduld bis wir wieder beisammen sind. Ich glaube wir werden uns schnell finden, obwohl es bis jetzt die längste Trennung war. Meine Hand macht von Tag zu Tag weitere Fortschritte. Für kleinere Verrichtungen kann ich sie schon wieder benutzen.

Einen lieben Gruß von Deinem Fritz.

26. 2. 43. [aus dem Lazarett in Lemberg]

Meine liebe Sofie!

Deine Mutter war so liebenswürdig und hat den Brief, den Du noch an meine Feldpostnummer geschickt hattest, und der wieder zurückkam, gleich mit meiner neuen Anschrift versehen. Und vorgestern bekam ich auch von Deiner Mutter einen lieben Brief. Es ist so schön, nicht mehr nur auf sich selbst angewiesen zu sein und sich für Augenblicke auch mal der Sorge der liebenden Nächsten anvertrauen zu können. Von zu

Hause habe ich leider immer noch keine Nachricht erhalten, so daß ich in ernstlicher Sorge bin. Dazu traf heute noch die Voranmeldung eines Ferngesprächs für mich ein (das Gespräch ist bis jetzt nicht angekommen), so daß ich neuen Anlaß zu Befürchtungen hatte. Doch ich hoffe immer noch, daß meine Mutter in ihrem Eifer gleich ein Paket weggeschickt hat, das noch irgendwo herumliegt.

Otl's Urlaub wird Dir sicher manche Anregung gebracht haben. Ich kenne ihn zwar noch viel zu wenig um über ihn urteilen zu können, doch alles was ich von ihm kenne, verrät, daß eine Macht in ihm wirkt, die nicht nur aus Fleiß, Geschicklichkeit und geistiger Begabung besteht. – Das Modellieren würde ich gleich gründlich anfangen, wenn Du soviel Lust dazu verspürst. Erinnerst Du Dich noch an Deinen Kopf im Dünensand?

Ich wollte Dir eigentlich heute etwas von meinem übrigen Geld schicken (einige hundert Mark mußte ich leider in Stalingrad lassen), damit Du nicht so darben mußt, aber, falls Deine Tage in München gezählt sein sollten, damit Du sie noch recht nach Herzenslust verbringen kannst. Doch da taten mir die schönen Kreditkassenscheine wieder leid, falls ich doch noch einmal nach Frankreich kommen sollte, wo sie Dir ja auch zu Gute kommen. Aber es ist wohl besser ich schicke sie.

Hast Du mir schon etwas zum Lesen geschickt? Ich möchte etwas zum Arbeiten haben, vielleicht einen Thomas v. A. auch eine gute Literaturgeschichte würde mich interessieren. Du wirst schon das richtige für mich finden. – Der Verlust meiner Bücher schmerzt mich mehr als alle anderen Sachen. Vor allem die 2 Bände Newman, mein kleiner Augustinus und der Martin Deutinger von Inge waren mir teuer. Die Schönheit von Haecker ist natürlich auch futsch, ohne daß ich sie gelesen hatte.

Für heute herzlichst Dein Fritz.

Sophie Scholl hatte Otl Aicher im Lazarett in Bad Hall bei Linz besucht und ihn gedrängt, nach München zu kommen, sobald er entlassen würde. In der Zeit, als Sophie Scholl ihrer Mutter zu Hause geholfen hatte, war auch Otl Aicher in Ulm, und die beiden haben sich mehrmals getroffen.

Das Treffen zwischen Otl Aicher und dem Münchener Freundeskreis kam nicht mehr zustande. Otl Aicher hat 1968 über den Verlauf seines Urlaubsbesuchs in München Folgendes berichtet:

»Mitte Februar kam ich nach München, wohnte im Hause von Professor Muth und erhielt, noch ehe ich mit Hans und Sophie Kontakt aufnehmen konnte, einen Anruf aus Ulm, ich solle Hans darüber verständigen, das Buch ›Machtstaat und Utopie‹ sei vergriffen. Ich rief Hans an, sagte ihm, dass ich ihm eine wichtige Mitteilung machen müsse. Wir verabredeten uns für den nächsten Tag auf 11 Uhr in seiner Wohnung Franz-Joseph-Straße 13. Um 11 Uhr fand ich die Wohnung verschlossen. Nach einer halben Stunde kam ich wieder. Mich empfing die Gestapo – Es war der 18. Februar 1943.« (zitiert nach: Hans Scholl und Sophie Scholl, Briefe und Aufzeichnungen, hrsg. v. Inge Jens, a. a. O, S. 357)

Die Nachricht aus Ulm war, wie Otl Aicher wusste, eine verschlüsselte Warnung von Hans Hirzel, die aber mit an Sicherheit grenzender Wahrscheinlichkeit nicht besagte, dass die Gestapo Hans Scholl mit der Flugblatt-Aktion in Verbindung gebracht hatte.

Hans Hirzel war der jüngere Bruder von Sophie Scholls Freundin Suse, der noch in Ulm das Gymnasium besuchte. Hans Hirzel hatte die Aufgabe übernommen, Flugblätter der »Weißen Rose« in Ulm und Stuttgart zu verschicken. Mitte Februar war Hans Hirzel vorübergehend festgenommen worden, ohne dass ihm Konkretes vorgeworfen wurde. Das war Anlass für seine Warnung über Otl Aicher an Hans Scholl.

Das angemeldete Ferngespräch kam nie in Lemberg an. Fritz Hartnagel erhielt erst Ende Februar oder Anfang März einen Brief von Sophie Scholls Mutter, in dem sie ihm von den Verhaftungen in München berichtete und ihn bat, ein Gnadengesuch einzureichen. Gegen den Rat der Ärzte ließ er sich sofort aus dem Lazarett entlassen. Da Fritz Hartnagel keine Stiefel mehr besaß oder, was wahrscheinlicher ist, normale Stiefel wegen seiner Erfrierungen an den Füßen nicht anziehen konnte, lieh er sich von einem Offizier, mit dem er zu diesem Zeitpunkt das Zimmer teilte, Filzstiefel. Er fuhr auf schnellstem Wege nach Berlin, um beim dort ansässigen Volksgerichtshof ein Gnadengesuch einzureichen. Von Berlin aus rief er bei der Familie Scholl in Ulm an, um sich über den Stand des Verfahrens zu erkundigen. Von Werner Scholl erfuhr er, dass die Todesurteile bereits vollstreckt waren. Werner Scholl, der zu dieser Zeit zufällig Heimaturlaub hatte, war als Soldat als einziges Mitglied der Familie Scholl auf freiem Fuß geblieben. Die Eltern sowie Inge und Elisabeth Scholl waren kurz nach der Beerdigung von Sophie und Hans auf dem Friedhof am Perlacher Forst in München in Sippenhaft genommen worden.

Fritz Hartnagel während seines Genesungsurlaubs
im April 1943 am Wohnzimmerfenster
der Familie Scholl in Ulm

Statt eines Nachworts: Zwei Briefe von Sophie Scholls Mutter an Fritz Hartnagel

Ulm, den 23. 2. 43

Lieber Herr Hartnagel!

Ich weiß nun nicht, welcher Brief Sie zuerst antrifft, der meine oder der von Inge vom 22. 2. L. Post. Obwohl wir ja wenig Hoffnung haben, dass Ihr Gesuch rechtzeitig eintrifft, wollten wir es doch nicht unterlassen, es Ihnen nahezulegen. Niemand konnte uns sagen, ob die Urteile sehr bald vollstreckt werden, oder ob meines Mannes Gnadengesuch zuerst geprüft wird. Wir hätten auch gar nichts gewußt, wenn nicht Freunde gekommen wären und hätten uns gesagt, daß die beiden und noch ein Student, Vater von drei kleinsten Kindern verhaftet seien. Einer ist geflohen. Die Einzelheiten erzählen wir Ihnen, wenn Sie bei uns sind. Es braucht sich niemand ihrer zu schämen, was sie taten, geschah aus ganz reinem Herzen. Bei der Hauptverhandlung waren sie so vollkommen wahr, daß wir uns nur wundern mußten. Wie eine Fügung Gottes kam Werner am 19. 2. in Urlaub. Er war auch bei uns in München. Heute ist Inge hingefahren, sie hofft, wenigstens Sofie noch sehen zu dürfen. Sie nahm auch einen Brief von Ihnen mit, den Sie am 18. d. M. abschickten. Wir brachten ihr Ihren vorletzten. Sie sagte, sie habe Ihnen während ihrer Verhaftung geschrieben, wir sollen Sie grüßen. Sofie und Hans waren so gefaßt und abgeschlossen mit dem Leben, daß man selbst getröstet war. Sofie lehnte leicht und lächelnd an der Heizung und hatte einen Glanz in ihren Augen, den ich sonst nicht kannte. Sie ließ gar nichts mehr an sich herankommen, sie hatte wohl in diesen Tagen alles niedergekämpft. Beide rühmten sie die gute Behandlung der Beamten. Hans war sehr abgemagert. Aber seine Augen waren leuchtend und er versicherte uns, daß ihm das Scheiden keinen Schmerz mache, alle sollen wir grüßen, dazu gehören auch Sie. Das Göttliche war ihnen Tröstung und willkommen.

Sofie hatte den Wunsch, Sie in Lemberg zu besuchen.

Lieber Herr Hartnagel, verwerfen Sie jetzt nicht das Leben, das Gott Ihnen neu geschenkt hat. Umsonst ist das nicht. Denken Sie, wie hart es für uns Eltern ist, die Kinder, die wir so sehr liebten, die so gute, reiche Gaben hatten, mehr als andere, für unser ganzes irdisches Leben vermissen zu müssen.

Sie hängen mit einer ganz seltenen Treue und Liebe an Sofie, was sie im tiefsten Herzen auch hegte und gerne an diesen Platz sich flüchtete, wenn so vielerlei Menschen in ihr Leben traten. Wir hatten schon allerlei Pläne mit Ihnen, unbeschadet Ihrer amputierten Finger. Wir möchten fragen, gab es denn keine zehntausend Legionen Engel, die dies alles hätten vermeiden können. Aber da höre ich schon wieder Sofie singen: Gott hat es so gewollt. Sie können sich denken, wie es uns anfällt, immer diesen Doppelnamen »Hans und Sofie«. Es ist furchtbar schwer. Ich bin so dankbar, daß wir es gemeinsam tragen, aber meinem Mann gehen seine beiden Lieblinge sehr nahe. Das können wir nicht aus eigener Kraft und wir müssen uns ganz in Gottes Gnade fallen lassen. Das warum wollen wir nicht aufkommen lassen, wir ahnen es. Ich will für heute schließen, hoffentlich kommen Sie bald, Sie sind uns jetzt ein Teil Sofie.

Ich schreibe Ihnen noch mal die Adresse auf, wohin Sie das Gnadengesuch telegraphisch richten sollen als Stalingradkämpfer:

Reichsanwalt beim Volksgerichtshof Berlin
Generalstaatsanwalt.

Ihre L. Scholl

Zunächst erstaunt es, dass Sophie Scholls Mutter am 23. Februar 1943 Fritz Hartnagel darum bittet, ein Gnadengesuch für ihre Kinder einzureichen. Tatsächlich wusste Magdalene (genannt Lina, daher auch die Unterschrift »L. Scholl«) am Vormittag des 23. Februar noch nicht, dass Hans und Sophie bereits tot waren.

Nachdem die Eltern ihre Kinder im Anschluss an den Prozess vor dem Volksgerichtshof noch einmal sehen durften, fuhren sie zurück nach Ulm. Sie wussten nicht, dass die Todesurteile unmittelbar nach diesem letzten Kontakt vollstreckt werden würden. Am nächsten Tag brachte das »Ulmer Tagblatt« keine Nachricht über die Vollstreckung, aber am Nachmittag dieses Tages kam die Frau eines Neu Ulmer Kunden von Robert Scholl mit der Ausgabe der Neu Ulmer Zeitung, die eine Meldung über die Hinrichtung enthielt, in die Wohnung der Familie Scholl am Münsterplatz. Der Brief muss also am Vormittag des 23. Februar 1943 geschrieben und zur Post gebracht worden sein.

Fritz Hartnagel bei der Familie Scholl,
Frühjahr 1943

Der Brief, den Sophie Scholl aus der Haft an Fritz Hartnagel schrieb, hat diesen nie erreicht. Er wurde vermutlich von der Gestapo konfisziert. Auch Nachforschungen nach Kriegsende haben kein Ergebnis gebracht. Möglicherweise ist der Brief bei den Bombenangriffen auf München verloren gegangen.

Ulm, den 25. 2. 43

Lieber Herr Hartnagel!

Es ist nun doch alles gekommen, wie es kommen mußte. Gestern vor Sonnenuntergang haben wir unsere zwei Kinder zur Ruhe gebracht. Sie ruhen in einem Grab im Perlacher Forst oben ganz in der Nähe des Waldes. Das Grab haben wir gekauft. Wir sind dankbar, daß alles so rasch ging und sie so bald ihre Ruhe fanden. Gleich nach der Stärkung des hl. Abendmahls schon – es läßt sich manches nicht niederschreiben. Sofie konnte gerade noch Ihren zweitletzten Brief lesen, den wir ihr brachten. Hoffentlich bekommen Sie ihren Brief, den sie Ihnen noch schrieb. Wir denken jetzt so viel an Sie und sprechen von Ihnen. In welch tausendfaches Leid sind Sie jetzt geworfen worden. Doch wollen wir uns von Sofie nicht beschämen lassen. Der Seelsorger sagte, so etwas von Tapferkeit sei ihm bis zuletzt noch nie vorgekommen. Wir wollen uns beugen vor dieser Heimsuchung, die unsagbar scheint. Die ganze Schwere können wir heute noch nicht ermessen und das ist gut. Denn es werden Stunden kommen, wo einen das Heimweh und der Schmerz umwerfen wollen. Es gibt wohl wenig Familien, wo die Liebe zueinander und das Sich-verstehen wollen so im Vordergrund stand, namentlich bei den fünf Geschwistern. Und wir merken, warum die beiden, besonders Hans, geistig immer höher stiegen und nicht genug bekommen konnten. So viel, viel Schönes und Edles sahen, lasen und sprachen sie miteinander und wie empfänglich waren sie für die Schönheit und Größe der Natur, besonders der Berge. Das haben Sie ja alles schon selbst miterlebt. Sofie hat als Letztes noch Lisel modelliert, sie wurde nicht ganz fertig und sagte: »ich mache es nächsten Samstag-Sonntag«. Da können sie aber schon nicht mehr kommen.

Lieber Herr Hartnagel, es ist uns so bange um Sie, bis Sie dies alles erfahren haben. Es ist neben dem großen Schmerz um unsre beiden der nächste. Wenn Sie nur bald heimkommen dürfen, daß wir mündlich einander trösten können. Besonders Lisel wird Ihnen manches erzählen, die kurz vorher längere Zeit dort war und wo sie viel von Ihnen sprachen.

Nun haben Sie sich gefreut nach dieser langen und schweren Trennungszeit, wo Sie wie ein Wunder aus dem Feuer gerettet wurden. Und jetzt ist es so undurchdringlich Nacht um Sie her. Aber, immer steht eine lichte Gestalt, die nun bei Gott ist. Ich sagte in den letzten Minuten, als ich ihrem lächelnden Gesicht ganz nahe war: Aber gelt, Jesus, da sagte sie überzeugend: Ja, aber Du auch.

Wir sind so dankbar, daß Werner bei uns ist. Wie hätten wir ihm auch diese Botschaft beibringen können.

Sie werden von Sofie allmählich die Briefe bekommen, Lisel sagte, in München habe sie jeden Tag geschrieben.

Ich will nun schließen. Mein lb. Mann, Inge, Lisel und Werner senden Ihnen herzliche Grüße besonders Ihre

L. Scholl

Historischer Überblick
Herbst 1937 bis Frühjahr 1943

Jahr	Innenpolitik, Besatzungspolitik	Außenpolitik, Zweiter Weltkrieg
1937	Seit einem Gestapo-Rundschreiben vom April 1936 zum Verbot der bündischen Jugend verstärktes Vorgehen gegen »bündische Umtriebe«.	
		5. 11.: Ansprache Hitlers vor den Oberbefehlshabern der Wehrmacht über seine außenpolitischen Ziele: Militärischer Schlag gegen Österreich und die Tschechoslowakei; Durchsetzung der Lebensraumpolitik nicht nach 1943/44 (»Hoßbachprotokoll«).
	Jahresende: Nach offiziellen Angaben wurden 1937 500 000 Verurteilungen aus politischen Gründen ausgesprochen (ohne Sondergerichte).	*6. 11.*: Beitritt Italiens zum Antikominternpakt.
1938		*4. 2.*: Entlassung des Reichkriegsministers von Blomberg und des Oberkommandierenden von Fritsch. Hitler wird im »Erlass über die Führung der Wehrmacht« Oberbefehlshaber der Wehrmacht. *11. 3.*: Einmarsch deutscher Truppen in Österreich. *10. 4.*: Volksabstimmung über die »Wiedervereinigung Österreichs mit dem Deutschen Reich«. *30. 5.*: Weisung Hitlers an die Wehrmacht zur Zerschlagung der Tschechoslowakei.

Jahr	Sophie Scholl	Fritz Hartnagel
1937	Schülerin der Obersekunda (11. Jahrgangsstufe) der Oberrealschule für Mädchen, Gruppenführerin im »Bund Deutscher Mädel« (BDM).	Leutnant der Luftwaffe, stationiert in Augsburg.
	September: Bei einer privaten Tanzveranstaltung lernen sich Sophie Scholl und Fritz Hartnagel näher kennen.	
	November: Hausdurchsuchung durch die Gestapo bei Familie Scholl. Inge, Werner und kurzfristig auch Sophie Scholl werden verhaftet, Hans Scholl wird aus dem Wehrdienst heraus festgenommen; Verfahren wegen »bündischer Umtriebe«.	
1938	*Frühjahr*: Sophie Scholl wird »wegen Untreue und unbotmäßiger Äußerungen« als BDM-Gruppenführerin degradiert, bleibt einfaches Mitglied. *2. 6.*: Während die meisten Verfahren wegen »bündischer Umtriebe« unter eine Amnestie aus Anlass der Einverleibung Österreichs ins Deutsche Reich fallen, findet gegen Sophie Scholls Bruder Hans, dessen Freund Ernst Reden und zwei weitere Jugendliche ein Verfahren vor dem Sondergericht in Stuttgart statt. Sie werden zusätzlich wegen angeblicher »homosexueller Handlungen« belangt (der Paragraph 175 wurde benutzt, um gegen unbotmäßige Jugendliche und junge Erwachsene vorzugehen). Hans Scholl erhält, im Gegensatz zum älteren Ernst Reden, eine so geringe Strafe, dass sie unter die Amnestie fällt.	

Jahr	Innenpolitik, Besatzungspolitik	Außenpolitik, Zweiter Weltkrieg
1938	*August:* Juden müssen in Dokumenten den Beinamen »Israel« bzw. »Sarah« führen.	*18. 8.*: Rücktritt Ludwig Becks, des Chefs des Generalstabs des Heeres, wegen Hitlers Kriegsplänen. *29. 9.*: Münchner Konferenz zwischen Chamberlain, Daladier, Mussolini und Hitler mit dem Beschluss zur Abtretung des Sudetenlandes durch die Tschechoslowakei an Deutschland.
	5. 10.: Die Pässe aller deutschen Juden werden von nun an mit einem »J« gestempelt.	*1. 10.*: Beginn des Einmarsches deutscher Truppen in die sudetendeutschen Gebiete. *21. 10.*: Erste Weisung Hitlers zur »Erledigung der Resttschechei«.
	9. 11.: Inszenierter Pogrom gegen Synagogen, jüdische Geschäfte und Wohnungen (von den Nationalsozialisten als »Reichskristallnacht« bezeichnet); in den folgenden Wochen verschiedene Verordnungen gegen die Juden (Ausschluss aus dem Wirtschaftsleben, finanzielle Kollektivstrafen, Einschränkung der Bewegungsfreiheit).	
1939	*30. 1.*: Hitler prophezeit vor dem Reichstag die »Vernichtung der jüdischen Rasse in Europa« während eines künftigen Krieges.	
		15. 3.: Einmarsch deutscher Truppen in die Tschechoslowakei. *16. 3.*: »Zerschlagung der Resttschechei«, Bildung des »Reichsprotektorats Böhmen und Mähren«; Slowakei erklärt ihre Unabhängigkeit und stellt sich am 23. 3. unter den »Schutz« des Deutschen Reiches. *21. 3.*: Deutschland fordert die Rückkehr Danzigs ins Reich und exterritoriale Verbindungen durch den polnischen Korridor.

Jahr	Sophie Scholl	Fritz Hartnagel
1938		*August–Oktober*: Fritz Hartnagel liegt 7 Wochen mit Typhus im Krankenhaus.
	Robert Scholl drängt seine jüdischen Mandanten zur Auswanderung. Spätestens seit 1936 sah er die Entwicklung voraus, die sich in den Novemberpogromen erstmals mit massiver Gewalt manifestiert.	
1939		
		Februar–März: Fahrlehrerausbildung in Rudolstadt/Saale.

Jahr	Innenpolitik, Besatzungspolitik	Außenpolitik, Zweiter Weltkrieg
1939		*23. 3.*: Durch ein Abkommen mit Litauen gewinnt Deutschland das im Ersten Weltkrieg verlorene Memelgebiet zurück. *26. 3.*: Deutschland kündigt den Nichtangriffsvertrag mit Polen. *31. 3.*: England und Frankreich beenden Appeasementpolitik gegenüber Deutschland und geben eine Garantieerklärung für Polen ab.
		23. 8.: »Hitler-Stalin-Pakt«: Nichtangriffspakt zwischen Deutschland und der Sowjetunion mit geheimem Zusatzprotokoll, das eine Aufteilung der Interessensphären und den Plan für die Aufteilung Polens zwischen den beiden Mächten enthält.
	Über eine Million Kriegsgefangene und Zivilisten werden zum Arbeitseinsatz nach Deutschland gebracht, die führenden Schichten Polens, insbesondere die Intelligenz, werden in Konzentrationslager deportiert oder sofort ermordet. Die jüdische Bevölkerung Polens wird zunächst in Gettos (das erste Getto wird am 30. April 1940 in Lodz eingerichtet) zusammengepfercht und später in den Vernichtungslagern ermordet.	*1. 9.*: Nach einem fingierten Angriff von SS-Einheiten in polnischen Uniformen auf den grenznahen Sender Gleiwitz beginnt um 4.45 Uhr der deutsche Überfall auf Polen und damit der Zweite Weltkrieg; Kriegserklärung Englands und Frankreichs an Deutschland; der Großteil der polnischen Armee ergibt sich innerhalb von zweieinhalb Wochen, Warschau kapituliert nach deutscher Bombardierung am 27. September; am 17. September marschiert die Rote Armee in Ostpolen ein.
	8. 11.: Missglücktes Attentat Georg Elsers auf Hitler im Münchner Bürgerbräukeller.	

Jahr	Sophie Scholl	Fritz Hartnagel
1939		
		April: Fritz Hartnagel wird zu einer Ausbildungskompanie nach München versetzt.
	Juli/August: Geplante Jugoslawienreise von Sophie Scholl und Fritz Hartnagel scheitert an der Verhängung einer Devisensperre. Stattdessen Reise nach Norddeutschland an die Nord- und Ostseeküste sowie nach Worpswede bei Bremen.	
		Stationiert in Calw im Schwarzwald (bis Anfang November) in Erwartung eines französischen Angriffs als Folge der französischen Kriegserklärung nach dem Angriff auf Polen; entgegen den deutschen Erwartungen verhält sich Frankreich völlig ruhig.
		Seit *November* stationiert in Düsseldorf.

Jahr	Innenpolitik, Besatzungspolitik	Außenpolitik, Zweiter Weltkrieg
1940	*Dänemark* behält bis 1943 eine eigene Regierung und eigenes Recht. Ende 1943 gelingt es, fast alle dänischen Juden vor der Deportation zu retten: Die meisten können rechtzeitig gewarnt werden und fliehen, ca. 5000 Juden werden bei Nacht und Nebel mit Fischerbooten nach Schweden gebracht. *Norwegen*: Ein Großteil der norwegischen Juden kann ins neutrale Schweden fliehen. *Niederlande*: Die verschärfte Repressionspolitik führt ab 1941 zu wachsendem Widerstand der Zivilbevölkerung. Nach der Deportation von 425 Amsterdamer Juden folgen Ende Februar Hunderttausende dem Aufruf der illegalen Kommunistischen Partei zu einem Solidaritätsstreik mit der jüdischen Bevölkerung. Dennoch wird der Großteil der jüdischen Bevölkerung in den folgenden Jahren in die Vernichtungslager deportiert (darunter auch Anne Frank). Während der Norden *Frankreichs* von deutschen Truppen besetzt wird, wird im Süden ein Marionettenregime unter Marschall Pétain in Vichy installiert. Die Deportationen französischer Juden beginnen im März 1942. Insgesamt fallen ca. 70 000 Juden dem Holocaust zum Opfer. Zahllose Franzosen werden als Arbeitskräfte nach Deutschland deportiert. Der häufig von Kommunisten initiierte Widerstand gegen die deutsche Besatzung wird nach dem Überfall auf die Sowjetunion 1941 erheblich intensiviert. 20 000 bis 30 000 Widerstandskämpfer kommen bei Kämpfen oder durch Exekutionen ums Leben.	*Ab 9. 4.*: Um einem Festsetzen der Briten an der norwegischen Küste zuvorzukommen und die Erzlieferungen aus Schweden über den norwegischen Hafen Narvik zu sichern, besetzen deutsche Soldaten bei geringer Gegenwehr Dänemark und Norwegen. *10. 5.*: Beginn des Angriffs im Westen: Unter Verletzung der Neutralität beider Länder marschieren deutsche Truppen durch die Niederlande und Belgien (Kapitulation am 15. bzw. 28. Mai), um zur französischen Küste des Ärmelkanals vorzustoßen; 14. Juni nahezu kampflose Besetzung von Paris, 25. Juni tritt Waffenstillstand in Kraft. *Juli*: Beginn des Luftkrieges gegen England zur Vorbereitung einer Landung in England; wegen hoher deutscher Verluste wird das Vorhaben schon im September wieder aufgegeben.

Jahr	Sophie Scholl	Fritz Hartnagel
1940	*März*: Sophie Scholl besteht ihr Abitur. *Anfang Mai*: Beginn der Ausbildung zur Kindergärtnerin am Ulmer Fröbelseminar in der Hoffnung, auf diese Weise um den Reichsarbeitsdienst herumzukommen.	Seit *Anfang März* in Gelsenkirchen stationiert. Aufstellung einer Einheit, die für den Frankreichfeldzug bestimmt war (was F. H. zu diesem Zeitpunkt noch nicht wusste).
		Fritz Hartnagels Fernmeldeeinheit rückt mit der Heeresgruppe B zunächst in die Niederlande, dann nach Belgien ein; Ende Mai erreicht sie Cambrai in Nordost-Frankreich. *Anfang Juli* erreicht F. H. Wissant bei Calais, wo sich das Offizierkorps in einem kleinen Château einquartiert. Hier bis Mitte März 1941 stationiert.
	August: Ferienpraktikum in einem Kinderheim in Bad Dürrheim im Schwarzwald.	

Jahr	Innenpolitik, Besatzungspolitik	Außenpolitik, Zweiter Weltkrieg
1940	*31. 7.*: Auftrag an Reinhard Heydrich, Chef des Reichssicherheitshauptamtes der SS, »Vorbereitungen für eine Gesamtlösung der Judenfrage in Europa« zu treffen. *August*: Nach anhaltenden Protesten aus kirchlichen Kreisen wird das Programm zur Vernichtung »lebensunwerten Lebens« (»Euthanasie«) eingeschränkt.	*18. 12.*: Weisung des Oberkommandos der Wehrmacht zum Überfall auf die Sowjetunion.
1941	*Jugoslawien*: Unmittelbar nach der Besetzung des Landes beginnen zunächst serbisch-nationalistische, später kommunistisch orientierte Partisanen den Kampf gegen die deutschen Besatzer, die mit zahllosen Racheaktionen gegen die Zivilbevölkerung antworten. Der Partisanenarmee unter Tito gelingt es 1944, das Land aus eigener Kraft von den deutschen Besatzern zu befreien. *Griechenland*: Auch hier beginnt nach der deutsch-bulgarischen Besetzung ein Partisanenkrieg, der aber trotz britischer Materiallieferungen vor allem aufgrund von bis zum bewaffneten Kampf eskalierenden Auseinandersetzungen zwischen rivalisierenden Partisanenverbänden (Monarchisten gegen Kommunisten) weniger erfolgreich verläuft. Deutsche Vergeltungsaktionen fordern vor allem auf dem Peloponnes zahlreiche Opfer unter der Zivilbevölkerung. *Sowjetunion*: Den vorrückenden deutschen Soldaten folgen sog. Einsatzgrup-	*6. 4.*: Beginn des Balkanfeldzuges, der Hitler aufgrund großer militärischer Schwierigkeiten Italiens in Albanien notwendig erscheint, um für den geplanten Krieg gegen die Sowjetunion diese Flanke frei zu haben. Seit Februar unterstützt ein deutsches Korps die in Nordafrika in Bedrängnis geratenen Italiener; in den folgenden Monaten geht die Initiative und Hauptlast des Krieges immer mehr auf Wehrmachtsverbände unter dem Oberbefehl von Feldmarschall Rommel über. *6. 6.*: »Kommissarbefehl« des Oberkommandos der Wehrmacht: die politischen Kommissare in der Sowjetarmee sind bei Ergreifung ohne Gerichtsverfahren sofort zu erschießen. *22. 6.*: »Unternehmen Barbarossa«: deutscher Überraschungsangriff auf die Sowjetunion; Anfang September wird Leningrad eingeschlossen, Ende des Monats Kiew erobert und eine Großoffensive gegen Moskau begonnen, die aber bald zuerst im Schlamm, dann in der

Jahr	Sophie Scholl	Fritz Hartnagel
1940		
1941	*März*: Sophie Scholl besteht die Abschlussprüfung am Fröbelseminar; sie ist jetzt ausgebildete Kindergärtnerin. Ihre Hoffnung, der Arbeitsdienst bleibe ihr erspart, erfüllt sich nicht. *6.4.*: Sophie Scholls halbjähriger Arbeitsdienst in Krauchenwies bei Sigmaringen beginnt.	*14.3.*: Fritz Hartnagel kehrt aus Frankreich zurück und ist vorübergehend in Münster i.W. stationiert, um dort eine neue Nachrichteneinheit aufzustellen. *Ab ca. 14.4.*: Einsatz in Jugoslawien im Rahmen des Balkanfeldzuges. Am *5. Mai* verlässt Fritz Hartnagels Einheit Jugoslawien. Über Österreich geht es zunächst für kurze Zeit nach Breslau; bereits am 16.5. kehrt F.H. nach Münster zurück. *Mitte Juni* wird Fritz Hartnagels Einheit in die Nähe von Treubürg in Ostpreußen verlegt. *Ca. 22.6.*: Fritz Hartnagels Nachrichteneinheit rückt mit der Heeresgruppe Mitte auf sowjetisches Territorium vor; am 1.Juli befindet er sich in der Nähe von Minsk in Weißrussland, Ende Juli bei Smolensk in Russland, wo der Vormarsch ins Stocken gerät. *3.9.*: Fritz Hartnagel erhält den Befehl, in Weimar innerhalb weniger Wochen eine neue Fernmeldeeinheit aufzustel-

Jahr	Innenpolitik, Besatzungspolitik	Außenpolitik, Zweiter Weltkrieg
1941	pen mit der Aufgabe, »in eigener Verantwortung gegenüber der Zivilbevölkerung Exekutivmaßnahmen« zu ergreifen. Sie ermorden Juden (z. B. Massaker von Babi Jar, dem 1941 30 000 Juden aus Kiew zum Opfer fallen), Sinti und Roma, kommunistische Funktionäre und Kriegsgefangene. Im weiteren Kriegsverlauf richtet sich der Terror der Einsatzgruppen, unterstützt durch verschiedene Einheiten der Wehrmacht (im Umfang bis heute umstritten) und Verbände aus den besetzten Ländern immer stärker gegen die gesamte Zivilbevölkerung, sodass die anfängliche Sympathie, die vor allem in den westlichen Teilrepubliken der Sowjetunion den deutschen Truppen entgegengebracht wird, schnell in Hass umschlägt. *1. 9.*: Juden in Deutschland und in den besetzten Gebieten müssen den gelben »Judenstern« tragen.	extremen Kälte des einsetzenden Winters stecken bleibt. Nach zweiwöchigem Schweigen ruft Stalin das sowjetische Volk zum »Großen vaterländischen Krieg« auf; bereits ab November kommt es an verschiedenen Frontabschnitten zu sowjetischen Gegenoffensiven; im Prinzip scheitert der Russlandfeldzug bereits um die Jahreswende 1941/42.
		7. 12.: Angriff japanischer Kampfflugzeuge auf die Basis der amerikanischen Pazifikflotte in Pearl Harbour auf Hawaii; die USA und Großbritannien erklären Japan den Krieg; entsprechend den Bündnisverträgen mit Japan erklären auch Deutschland und Italien den USA den Krieg: Der europäische Krieg ist zum Weltkrieg geworden.
1942	*Januar*: »Wannseekonferenz«: Heydrich erläutert seinen Plan zur sogenannten »Endlösung der Judenfrage«: Alle Länder im deutschen Machtbereich sollen systematisch von Juden »gesäubert«, diese nach Osteuropa deportiert, in Lagern zusammengefasst und zunächst als	

Jahr	Sophie Scholl	Fritz Hartnagel
1941	Im *Oktober* endet Sophie Scholls Arbeitsdienst; schon einige Zeit davor hat sie allerdings erfahren, dass sie anschließend ein weiteres halbes Jahr »Kriegshilfsdienst« in Blumberg, einem kleinen Ort nahe der Schweizer Grenze, leisten muss.	len; er geht von einem Einsatz in Nordafrika aus. Tatsächlich wird aus den geplanten wenigen Wochen ein fast halbjähriger Aufenthalt im friedlichen Weimar; im Februar 1942 wird Fritz Hartnagel nach Rom abkommandiert, um bei der dort ansässigen militärischen Führung für den Afrikafeldzug Informationen über die weitere Verwendung einzuholen – ohne Ergebnis. Später stellt sich heraus, dass Fritz Hartnagels neu aufgestellte Einheit von der Wehrmachtsführung schlicht vergessen wurde. In diesen Wochen und Monaten häufige Bahnreisen nach Freiburg oder Donaueschingen, um Sophie Scholl zu treffen.

Jahr	Innenpolitik, Besatzungspolitik	Außenpolitik, Zweiter Weltkrieg
1942	Arbeitskräfte ausgebeutet, dann ermordet werden. Alle Vernichtungslager (Auschwitz, Treblinka, Majdanek, Sobibor, Belzec) werden in Süd- und Ostpolen errichtet.	
	30. 5.: Der erste große Bombenangriff auf eine deutsche Stadt trifft Köln *30. 5.*: Attentat auf Reinhard Heydrich durch einen tschechischen Nationalisten; als Racheakt wird fast die gesamte Bevölkerung des Ortes Lidice ermordet.	*Anfang Mai*: Beginn der Sommeroffensive der Wehrmacht an der Ostfront. *28. 6.*: Beginn der »Operation Blau«: Ziel ist zunächst die Einnahme von Stalingrad, um dann mit je einem Heeresflügel nach Norden gegen Moskau und nach Süden in den Kaukasus (Unterbrechung der Öltransportwege der Sowjets, Verbesserung der eigenen Treibstoffversorgung) auszugreifen; Erfolge werden überschätzt, der Feldzugsplan wird umgestoßen: gleichzeitig Eroberung Stalingrads und Vorrücken in den Kaukasus. *17. 7.*: Deutsche Einheiten erreichen den Don. *7. 8.*: Beginn der Offensive gegen Stalingrad. *23. 8.*: 40 000 Menschen kommen in Stalingrad durch deutsche Luftangriffe ums Leben.
		13. 9.: Deutsche Soldaten rücken in Stalingrad ein. *16. 9.–18. 11.*: Erbitterte Häuser- und Straßenkämpfe in Stalingrad; Mitte November sind 90% der Stadt in deutscher Hand.
		19. 11.: Operation »Uran«: In einer doppelten Zangenbewegung stoßen starke sowjetische Verbände nordwest-

Jahr	Sophie Scholl	Fritz Hartnagel
1942	*Ende März* endet Sophie Scholls Kriegshilfsdienst in Blumberg.	*Mitte März*: Fritz Hartnagels Nachrichteneinheit wird vorübergehend nach Le Mans (Frankreich) verlegt; sie soll zur Kompanie aufgestockt und dann in Russland eingesetzt werden. Am 19. März verlässt Fritz Hartnagel Weimar.
	Anfang Mai: Sophie Scholl siedelt nach München über und immatrikuliert sich an der Universität für das Studium der Biologie und Philosophie.	*Anfang Mai*: Fritz Hartnagel erhält einige Tage Urlaub; er trifft sich mit Sophie Scholl in Freiburg.
	Mai/Juni: Sophie Scholl ist vermutlich zusammen mit ihrem Bruder Hans und dessen Freunden Alexander Schmorell und Christoph Probst (?) an der Herstellung und Versendung der ersten vier Flugblätter der »Weißen Rose« beteiligt.	*Mitte Mai*: Marschbefehl für den Einsatz in Russland; Fritz Hartnagel reist unabhängig von seinen Soldaten und kann noch einmal ein kurzes Treffen mit Sophie Scholl in München arrangieren. *20. 5.*: Die beiden trennen sich in München; sie werden sich nie wiedersehen.
	Juli: Nach Ende des Sommersemesters werden Hans Scholl und seine Freunde zu einer Frontfamulatur nach Russland abkommandiert; am 23. 7. verlassen sie München; die Aktivitäten der »Weißen Rose« ruhen bis zu ihrer Rückkehr Anfang November.	Stationierung in Mariupol am Asowschen Meer. In den folgenden Wochen Vorrücken hinter der Front in Richtung Osten; Mitte August erreicht Fritz Hartnagels Kompanie den Don gegenüber der Stadt Kalatsch.
	August/September: Sophie Scholl muss in einem Ulmer Rüstungsbetrieb einen zweimonatigen Kriegshilfsdienst leisten. *3. 8.*: Sophies Vater Robert Scholl wird von einem Sondergericht wegen Verstoßes gegen das »Heimtückegesetz« zu einer viermonatigen Haftstrafe verurteilt (er hatte z. B. im Büro Hitler als »Gottesgeißel« bezeichnet und war von seiner Sekretärin angezeigt worden).	*1. 8.*: Fritz Hartnagel wird zum Hauptmann befördert. *Anfang Oktober*: Die Soldaten der 6. deutschen Armee graben sich bei Stalingrad in Erdbunker ein, um sich gegen die Kälte zu schützen.
	Anfang November: Hans Scholl und Freunde kommen aus Russland zurück, das Wintersemester steht bevor.	*Gegen Ende November*: Nach der Einkesselung erhält Fritz Hartnagel als

Jahr	Innenpolitik, Besatzungspolitik	Außenpolitik, Zweiter Weltkrieg
1942		lich und südlich von Stalingrad über die Frontlinie vor. *22. 11.*: Die sowjetischen Verbände treffen sich bei Kalatsch am Don und schließen die 6. Armee unter General Paulus ein. *12. 12.*: Mit der Operation »Wintergewitter« beginnt der einzige ernsthafte Entsatzversuch für die 6. Armee. *24. 12.*: Der 4. Panzerarmee unter Generaloberst Hoth, die bis auf 43 km auf den Kessel vorgerückt war, wird der Rückzug befohlen; damit ist die Rettung der 6. Armee gescheitert. Ein Grund für das Scheitern ist die drohende Gefahr, dass die im Kaukasus operierende Heeresgruppe A durch sowjetische Truppen abgeschnürt wird. Zur Sicherung des Donbogens werden Hoth Panzerverbände entzogen.
1943	*18. 1.*: Joseph Goebbels: »Das Ringen um Stalingrad nähert sich seinem erfolgreichen Ende.«	*10. 1.*: Mit der Operation »Ring« beginnt die Rote Armee mit der raschen Einschnürung des von der 6. Armee gehaltenen Kessels. *15. 1.*: Pitomnik, der wichtigste Flugplatz im Kessel, wird von den Sowjets erobert. Bis zum 22. 1. konnte der Flug-

Jahr	Sophie Scholl	Fritz Hartnagel
1942	*19. 11.*: Robert Scholl erhält wegen politischer Unzuverlässigkeit Berufsverbot.	dienstältester Offizier den Auftrag, aus den restlichen Einheiten in seinem Abschnitt ein neues Infanteriebataillon zusammenzustellen.
	1. 12.: Sophie und Hans Scholl beziehen zwei Zimmer in der Franz-Joseph-Straße 13 in München.	*19. 12.*: Fritz Hartnagels Infanteriebataillon übernimmt einen neuen Frontabschnitt und gerät unter heftigen Beschuss. Von dem Bataillon (1000 Mann) bleibt die Stärke einer Kompanie (ca. 150 Mann) übrig.
	November/Dezember: Die Münchener Studenten versuchen, ihren Widerstand auf eine breitere Basis zu stellen und neue Quellen zur Finanzierung zu finden; der Versuch, Mitstreiter in anderen Universitätsstädten zu finden, scheitert weitgehend, erste Kontakte zu Widerstandsgruppen in Berlin verlaufen dagegen vielversprechend. Eugen Grimminger, ein Freund Robert Scholls, stellt schließlich 500 Reichsmark zur Verfügung. *Dezember*: Willi Graf entschließt sich endgültig zu einer Mitarbeit in der »Weißen Rose«; kurz vor Weihnachten weiht Hans Scholl Professor Kurt Huber ein, der seine Unterstützung zusagt. Noch vor Weihnachten verfassen die Studenten das fünfte Flugblatt, das nach den Weihnachtsferien versandt wird. Sophie Scholl verbringt die Weihnachtsferien zu Hause in Ulm.	
1943	*Anfang Januar*: Versendung des fünften Flugblattes.	

Jahr	Innenpolitik, Besatzungspolitik	Außenpolitik, Zweiter Weltkrieg
1943		platz Gumrak unter ständigem Beschuss angeflogen werden. *17. 1.*: Die 6. Armee wird in die östliche Hälfte des Kessels zurückgedrängt. *20. 1.*: Nach wenigen Tagen relativer Ruhe beginnt die Schlussoffensive der Roten Armee.
	30. 1.: Hermann Göring vergleicht in einer Rundfunkansprache die 6. Armee mit den Spartanern an den Thermopylen.	Im Morgengrauen dieses Tages geht auch der Flugplatz Gumrak verloren; für ca. einen Tag steht die schlechte Piste bei Stalingradski zur Verfügung; am 22. 1. oder 23. 1. startet das letzte deutsche Flugzeug aus dem Kessel. Ebenfalls am 22. 1. verbietet Hitler die Kapitulation der Reste der 6. Armee. *Ende Januar*: Durch einen Durchbruch der Sowjets wird der Kessel in einen Nord- und Südteil zerschlagen. *29. 1.*: Am Vorabend des 10. Jahrestages der Machtergreifung Hitlers funkt Generaloberst Paulus: »An den Führer! Zum Jahrestag Ihrer Machtübernahme grüßt die sechste Armee ihren Führer. Noch weht die Hakenkreuzfahne über Stalingrad. Unser Kampf möge den lebenden und den kommenden Generationen ein Beispiel dafür sein, auch in der hoffnungslosesten Lage nie zu kapitulieren. Dann wird Deutschland siegen. Heil mein Führer! Paulus, Generaloberst.« *31. 1.*: Kapitulation des Südkessels. *2. 2.*: Kapitulation des Nordkessels.

Jahr	Sophie Scholl	Fritz Hartnagel
1943		
		22 1.: Fritz Hartnagel wird mit Erfrierungen an Händen und Füßen von einem von drei Flugzeugen, die noch in Stalingradski gelandet waren, nach Stalino ausgeflogen. *28.1:* Verwundetentransport im Güterzug.
	Anfang Februar: Sophie Scholl fährt für einige Tage nach Hause, um ihrer kranken Mutter zu helfen. *Mitte Februar*: Das sechste und letzte Flugblatt, von Professor Kurt Huber verfasst, ist fertiggestellt: »Erschüttert steht unser Volk vor dem Untergang der Männer von Stalingrad.«	*3. 2.*: Ankunft in Lemberg; Fritz Hartnagel werden zwei Finger der linken Hand amputiert.

Jahr	Innenpolitik, Besatzungspolitik	Außenpolitik, Zweiter Weltkrieg
1943	*18. 2.*: Goebbels hält im Sportpalast von Berlin seine berüchtigte Rede, in der er u. a. sagte: »Wollt ihr den totalen Krieg? Wollt ihr ihn, wenn nötig, totaler und radikaler, als wir ihn uns heute überhaupt noch vorstellen können? (Die Menge erhebt sich wie ein Mann. Sprechchöre: ›Führer befiehl, wir folgen‹)«.	

Jahr	Sophie Scholl	Fritz Hartnagel
1943	*18. 2.*: Sophie und Hans Scholl legen am Vormittag während der Vorlesungszeit Flugblätter vor die Hörsäle. Nachdem sie die Universität bereits verlassen haben, kehren sie noch einmal um, um restliche Flugblätter, die sich noch in ihrem Koffer befinden, von der Empore in den Lichthof der Universität zu werfen. Dabei werden sie beobachtet und verhaftet. Wenig später wird auch Christoph Probst verhaftet. *22. 2.*: Vormittags findet der Prozess gegen die drei vor dem Volksgerichtshof statt. Sie werden zum Tode verurteilt. Um 17 Uhr desselben Tages stirbt Sophie Scholl unter dem Fallbeil.	
		Ende Februar: Fritz Hartnagel erfährt durch einen Brief von Sophie Scholls Mutter von den Verhaftungen. Er veranlasst seine sofortige Entlassung aus dem Lazarett und fährt nach Berlin, um beim Reichsanwalt am Volksgerichtshof ein Gnadengesuch als Stalingradkämpfer einzureichen. Durch ein Telefonat mit Werner Scholl erfährt er, dass die Urteile bereits vollstreckt sind.

Auswahlbibliographie

Aicher, Otl: innenseiten des kriegs. Frankfurt ²2004

Aicher-Scholl, Inge: Sippenhaft. Nachrichten und Botschaften der Familie in der Gestapo-Haft nach der Hinrichtung von Hans und Sophie Scholl. Frankfurt 1993

Breinersdorfer, Fred: Sophie Scholl. Die letzten Tage. Frankfurt 2005

Drobisch, Klaus: Wir schweigen nicht. Die Geschwister Scholl und ihre Freunde. Berlin (Ost) 1972

Fürst-Ramdohr, Lilo: Freundschaften in der Weißen Rose. München 1995

Hanser, Richard: Deutschland zuliebe. Leben und Sterben der Geschwister Scholl. München 1984

Hirzel, Susanne: Vom Ja zum Nein. Eine schwäbische Jugend 1933–1945. Tübingen 1998

Huber, Clara (Hrsg.): Kurt Huber zum Gedächtnis. »... der Tod war nicht vergebens«. München 1986

Jahnke, Karl-Heinz: Weiße Rose contra Hakenkreuz. Studenten im Widerstand 1942/43. Einblicke in viereinhalb Jahrzehnte Forschung. Rostock 2003

Jens, Inge (Hrsg.): Hans Scholl und Sophie Scholl, Briefe und Aufzeichnungen. Frankfurt 1984, 1988 (zahlreiche Neuauflagen)

Knoop-Graf, Anneliese/Jens, Inge (Hrsg.): Willi Graf, Briefe und Aufzeichnungen. Frankfurt 1988

Kulturinitiative Freiburg: Die Weiße Rose. Gesichter einer Freundschaft. Freiburg 2004 (Katalog zur gleichnamigen Ausstellung)

Leisner, Barbara: »Ich würde es genauso wieder machen«. Sophie Scholl. München 2000

Lill, Rudolf (Hrsg.): Hochverrat? Die Weiße Rose und ihr Umfeld. Konstanz 1999

Moll, Christiane: Die Weiße Rose, in: Steinbach, Peter/Tuchel, Johannes (Hrsg.): Widerstand gegen den Nationalsozialismus. Bonn 1994

Petry, Christian: Studenten aufs Schafott. Die Weiße Rose und ihr Scheitern. München 1968

Schneider, Michael C./Süß, Winfried: Keine Volksgenossen. Studentischer Widerstand der Weißen Rose. München 1993

Scholl, Inge: Die Weiße Rose. Erweiterte Neuausgabe. Frankfurt 1993 (zahlreiche Neuauflagen)

Steffahn, Harald: Die Weiße Rose. Mit Selbstzeugnissen und Bilddokumenten. Reinbek 1992

Vinke, Hermann: Das kurze Leben der Sophie Scholl. Ravensburg 1980 (zahlreiche Neuauflagen)

Vinke Hermann: Fritz Hartnagel. Der Freund von Sophie Scholl. Zürich – Hamburg 2005

Register